ИМПЕРАТОРСКАЯ
Евгений Анисимов
РОССИЯ

# 俄罗斯帝国史

〔俄罗斯〕叶夫根尼·安尼西莫夫 著

高雅君 译

上海三联书店

# 序　言

这本书讲述了两个多世纪的俄罗斯历史，这一历史时期在很大程度上决定了这个国家的走向。从彼得大帝到尼古拉二世的俄罗斯帝国时代让俄罗斯变得伟大，奠定了俄罗斯强大的基础，但同时也决定了1917年它的落幕。这本书用通俗且生动的语言详细地讲述了这一历史阶段。本书主要根据历代沙皇统治的时期进行结构划分，其中一部分还根据特定事件对历史产生的影响而和事件本身归纳在了一起。

除了对14位沙皇统治时期的叙述之外，本书还加入了一些对主题起到补充作用的内容。它们有几种类型。"人物"是书中讨论的历史事件参与者的简短传记，这些特殊的传记还包含了某些"传说和谣言"。我认为读者有权了解历史学家对历史上各种冲突、秘密或丑闻的思考和看法。这些并非是说长道短地议论隐私，而是身处那个时代的历史学家做出的判断。

"文献"是对本书正文最重要和最常用的补充说明方式。事实上，历史学家对某些事件的解释并不总能赢得读者的信任，对历史学家如何获得支持他论断的依据或者证据总是有各种各样的猜疑。历史学家使用的材料被称为"文献"，历史学家"回归"到源头，寻找它，以便得出更准确的信息和结论。有很多历史学家出于私心隐藏自己的发现而不让读者了解事实真相。在我看来，这是错误的立场。历史学家不应该对读者保有秘密，很多文献（更不用说档案）被印在旧期刊、文件集、稀有版本中，普通读者很难获得。在这本书中，我尽可能多地让读者关注文献，让读者对特定历史事件的不同解读产生更浓厚的兴趣。当然，提供完整的文献并按照科学规范进行评论是没有意义的。还有一点，就是遇到很难搞清楚事实的情况时需要大量引用文献内容，但问题的实质还在，那就是让读者自己去熟悉历史文献，让他们亲身感受历史原本的"味道"。

另一个补充是"笔记"。我抱有一些希望，那就是我的"笔记"能以某种方式帮助读者理解这些历史。这些反思的核心都是永恒的问题：为什么俄罗斯民族没有像其他民族那样成功？俄罗斯成功和失败的原因是什么？为什么俄罗斯会走这条道路？俄罗斯的未来会怎样？

除此之外，本书还包含许多读者会感兴趣的简短的参考资料，书末附有详细的年表，以及推荐文献列表，方便对某一主题感兴趣的读者更详细地了解。

叶夫根尼·安尼西莫夫

# 目 录

**第一部分　17世纪末至18世纪初的俄罗斯**

17世纪末俄罗斯的人民和政权 / 003

俄罗斯社会的危机 / 007

1682年的政变：三权分立的建立 / 010

彼得在普列奥布拉任斯基的岁月 / 015

柯奎和他的居民：彼得一世的新朋友 / 018

1689年的政变：三权分立的结束 / 021

彼得的成年时代：阿尔汉格尔斯克之旅 / 024

1695—1696年：亚速战役 / 027

驻西欧大使馆 / 030

1698年：射击军暴动，与妻子离婚 / 034

在北方战争前夕 / 038

北方联盟的成立：北方战争 / 043

"纳尔瓦的混乱" / 046

"攻下硬骨头" / 051

圣彼得堡的建立 / 056

一座岛屿要塞的建成 / 060

陆军重组 / 065

地方行政改革：参议院成立 / 068

战争资金的来源 / 071

产业改革 / 074

波兰战役：奥古斯特二世的背叛 / 076

1708—1709年：瑞典的进攻 / 079

乌克兰盖特曼伊万·马泽帕 / 082

1

顿河上的布拉文叛乱 / 085

波尔塔瓦战役的辉煌 / 087

波罗的海东部纳入俄罗斯势力范围内 / 092

"邪恶的普鲁特" / 095

甘古特战役和对芬兰的征服 / 099

欧洲城市的建设 / 102

战争的胜利：1721年《尼什塔特和约》/ 109

彼得——"伟大的祖国之父，全俄的帝王" / 112

新帝国的活动 / 115

行政体制改革：重商主义思潮 / 117

革新的参议院 / 119

省、外省、县 / 122

官僚主义国家 / 123

教会等级的修正 / 126

人头税的引入 / 131

全俄罗斯人民的产物 / 133

俄罗斯的商业和工业 / 138

彼得改革旋风中的"平民" / 141

文化领域的改革——教育 / 143

风习改革 / 146

娱乐活动 / 149

俄罗斯妇女社会的建立 / 155

圣彼得堡——帝国首都 / 157

俄罗斯艺术家 / 162

王子阿列克谢事件 / 164

政治调查：秘密办公厅 / 167

彼得与叶卡捷琳娜的家庭悲剧 / 168

彼得大帝的性格 / 172

## 第二部分　后彼得帝国时代及其统治者（1725—1762）

叶卡捷琳娜一世登基 / 181

1725—1727年：叶卡捷琳娜一世掌权 / 184

缅希科夫失宠被流放 / 188

宫廷迁回莫斯科 / 191

1730年：参议院大臣的"企图" / 196

1730—1740年：安娜·伊凡诺芙娜的统治 / 203

安娜·伊凡诺芙娜的宫廷小丑 / 205

俄罗斯与波兰和土耳其的战争 / 210

安娜·伊凡诺芙娜时期的贵族政策 / 214

比龙的摄政和倒台 / 220

从安娜·利奥波多芙娜掌权到伊丽莎白·彼得罗芙娜宫廷政变 / 222

伊丽莎白作为女性统治者 / 227

伊丽莎白女皇的亲信 / 229

伊丽莎白时期的经济和内政 / 236

俄罗斯的启蒙运动 / 237

莫斯科大学和艺术学院 / 242

伊丽莎白时期的音乐和戏剧 / 244

伊丽莎白时期的巴洛克建筑 / 249

18世纪中叶的盛宴 / 253

伊丽莎白时期的俄罗斯地主家庭 / 259

萨尔蒂奇哈案 / 265

伊丽莎白时期的法典草案——"伊万·舒瓦洛夫基本法则" / 270

伊丽莎白时期的外交政策 / 272

俄罗斯加入七年战争 / 277

伊丽莎白女皇逝世，彼得三世登上皇位 / 283

**第三部分 叶卡捷琳娜二世和保罗一世的帝国时代（1762—1801）**

年轻时的叶卡捷琳娜 / 289

针对彼得三世的阴谋 / 291

1762年：宫廷政变 / 293

叶卡捷琳娜二世的第一次改革 / 296

米罗维奇的叛乱和伊凡六世被谋杀 / 301

法典委员会和叶卡捷琳娜二世的立法指令 / 309

1771 年：瘟疫暴动 / 313

普加乔夫起义 / 315

1768—1772 年：俄土战争 / 320

1770 年：切什梅海战 / 324

1772 年：第一次瓜分波兰 / 331

作为俄罗斯一部分的克里米亚 / 332

希腊计划 / 336

与土耳其和瑞典的战争 / 338

乌沙科夫的海上胜利 / 342

第二次和第三次瓜分波兰 / 346

叶卡捷琳娜二世与法国大革命 / 349

拉季舍夫和其他启蒙家的案例 / 351

最高法院委员会——帝国理念 / 355

1775 年：省级改革 / 359

1785 年：《贵族宪章》/ 365

叶卡捷琳娜二世时代的经济 / 369

第三等级 / 371

叶卡捷琳娜二世和教会 / 374

1785 年：《农村条例》草案 / 378

叶卡捷琳娜二世宪法草案 / 380

叶卡捷琳娜二世时代的启蒙运动 / 383

叶卡捷琳娜二世时期的文学和媒体 / 385

叶卡捷琳娜二世时期的圣彼得堡 / 393

叶卡捷琳娜二世时期的建筑 / 396

建造冬宫 / 400

圣彼得堡的娱乐消遣 / 405

叶卡捷琳娜时期的剧院 / 407

叶卡捷琳娜二世时期的绘画和雕塑 / 409

18 世纪下半叶的服装和发型 / 411

18 世纪的食物和饮品 / 417

俄罗斯医学起源 / 420

爱情、婚姻、女人和孩子 / 424

叶卡捷琳娜二世的最后几年 / 435

叶卡捷琳娜二世之死 / 440

不受欢迎的继承人 / 444

18 世纪第五位沙皇 / 447

保罗的军队改革 / 450

官僚主义和警察制度的加强 / 452

米哈伊洛夫斯基城堡的建造 / 454

苏沃洛夫的意大利 – 瑞士之战 / 458

保罗一世在米哈伊洛夫斯基城堡去世 / 460

## 第四部分　亚历山大时代（1801—1825）

亚历山大一世登上王位 / 465

"年轻朋友"与改革草案 / 470

国家改革 / 476

高加索战争的开端 / 478

与拿破仑的两次战争 / 480

在提尔西特与拿破仑结盟 / 483

1812 年战争开始 / 485

博罗金诺战役 / 487

俄罗斯军队撤退与莫斯科大火 / 490

游击队和法国人的撤退 / 491

俄罗斯军队的解放战役 / 498

亚历山大的新政策 / 501

军事点 / 504

十二月党人 / 505

亚历山大时代的圣彼得堡 / 508

亚历山大一世妹妹们的命运 / 514

1824 年洪水 / 518

亚历山大一世的晚年 / 520

王位空白期和参议院广场上的起义 / 523

对十二月党人的审判 / 524

## 第五部分 尼古拉一世统治时期（1825—1855）

尼古拉一世的个性 / 531

尼古拉一世周围的人 / 535

尼古拉一世与亚历山德拉·费奥多罗芙娜的家庭 / 537

第三厅和宪兵队 / 538

农民问题 / 542

与波斯和土耳其的战争 / 545

1830—1831 年：镇压波兰起义 / 548

亚历山大·普希金 / 553

乌瓦罗夫的三原则 / 556

莫斯科小组与彼得·恰达耶夫 / 559

尼古拉时期的圣彼得堡 / 563

涅瓦大街和郊区 / 566

古典主义的秋天 / 570

尼古拉时代的住宅与服饰 / 573

饭店的出现 / 577

萧条的经济 / 579

农民问题 / 581

欧洲宪兵和高加索地区的征服者 / 588

克里米亚战争的开端——阿利马河岸的败仗 / 590

围困塞瓦斯托波尔 / 593

尼古拉一世之死 / 596

## 第六部分 亚历山大二世统治时期——大变革时代（1855—1881）

亚历山大二世个性改革的开端 / 601

废除农奴制 / 604

市政与司法改革 / 607

陆军和海军改革 / 609

教育改革 / 611

波兰起义 / 612

新的对外政策 / 614

高加索战争结局 / 615

俄罗斯在远东与中亚 / 617

俄土战争：解放保加利亚 / 619

改革的最后阶段 / 620

"人民意志"与沙皇 / 622

刺杀亚历山大二世 / 630

**第七部分　亚历山大三世统治时期（1881—1894）**

亚历山大三世——"加特契纳的隐士" / 639

"人民专制制度"与更加严格的政治体制 / 642

与法国的联盟 / 647

经济政策 / 648

贵族阶层与资产阶级 / 649

19世纪初到20世纪初的女性问题 / 653

住　宅 / 659

节日的宴席、食物和饮品 / 661

亚历山大之死 / 663

**第八部分　尼古拉二世统治时期（1894—1917）**

尼古拉——人与统治者 / 667

加冕礼和霍登加惨案 / 669

马克思主义 / 672

俄日战争 / 673

1905年革命与《十月宣言》/ 677

斯托雷平和他的政策 / 682

经济振兴与罗曼诺夫家族300周年 / 686

第一次世界大战爆发 / 687

拉斯普京与对他的谋杀 / 694

    大公党 / 696

    王朝危机 / 698

    二月革命——专制制度被推翻 / 699

**大事年表** / 703

**参考文献** / 715

# 第一部分

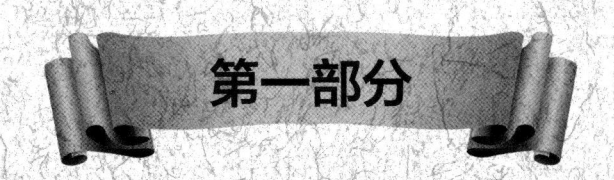

## 17 世纪末至 18 世纪初的俄罗斯

# 17 世纪末俄罗斯的人民和政权

早在 17 世纪末,俄罗斯就已经是世界上最大的国家之一:西部沿斯摩棱斯克—基辅一线与波兰毗邻,东部直达鄂霍次克海,北部边界消失在北冰洋海岸的皑皑白雪之中,而南部边界的岗哨可以远眺大高加索山脉。俄罗斯境内分布着茂密的落叶林和针叶林、广袤的沼泽地、湍急的河流、无边无际的冻土带以及沃罗涅日和叶列茨南部肥沃的黑土地。

如果我们乘飞行器俯瞰当时的俄罗斯,在无边的绿色海洋里很难看到城市或者大型城镇里才有的那种成片的灰木屋和教堂圆顶。村庄都隐藏在茂密的森林边缘,很难被发现,村庄附近可以看到狭长的耕地。看着这些田野,我们就会明白,当初农民是多么艰难地从森林里争到一块土地改造成农田。俄罗斯夏季短暂,黑麦、燕麦、荞麦和亚麻是俄罗斯的主要传统农作物。

飞越莫斯科,那是一座喧闹的大城市,几十座教堂的金色圆顶在远处闪闪发光,从首都向四面八方延伸出来的道路,很快就变成了荒野,渐渐消失在茂密的森林和沼泽中。春秋两季泥泞的道路让乘车和骑马出行变得异常艰难:车轮和马蹄陷在烂泥中无法行走,枯树枝和木头陷入深不可测的沼泽中,飞舞的蚊虫一刻也不让人安宁。而且,旅行者很可能会成为森林中成群野兽的猎物。武器需要随时在手,成群结队的强盗和劫匪对旅行者来说是一场真正的灾难。

只有在冬天,当沼泽和河流结冰时,出行才变得轻松些。但是,仍然有严寒、暴风雪、凶猛的狼群的威胁,并不是每个旅行者都能安全到达最近的村庄或驿站,它们之间被数十俄里的刺眼的雪域隔开。距离的遥远和路途的险阻使出行困难重重,以至于沙皇的信使从莫斯科出发,需要 7—8 个月的时间才能抵达遥远的鄂霍次克!

17 世纪末俄罗斯沙皇的头衔包括了所有承认他为统治者的领地的名称。在沙皇头衔的开头，列出了构成俄罗斯国家基础的最大属地：俄罗斯本土（或后来的大罗斯）、小俄罗斯（小罗斯）或乌克兰、白俄罗斯或白罗斯。然后就是16世纪俄罗斯征服的原鞑靼汗国（王国）——包括喀山、阿斯特拉罕和西伯利亚汗国。然后列出了俄罗斯沙皇（大公）的其他庄园。这些头衔如此之多，以至于书写公文时为了简单起见，在列明主要领地名称之后，通常是"……及，等等，等等"。

17世纪末，分散在广袤的俄罗斯的人口只有560万人——也就是说，当时俄罗斯全境的人口比今天的莫斯科人口还少！而相对较小的邻国波兰人口有800万人，法国人口有1900万人，这在当时属于人口非常稠密的国家了！俄罗斯的人口分布极不均衡，他们中的大多数人居住在所谓的莫斯科区——发达的非黑土区中心和西北部，人口近300万人。北方生活着不超过50万波默尔人和其他土著民族，而在西伯利亚，即使把被征服的所有人口都算在内，人口还是要比北方地区少。

在俄罗斯的核心区域，绝大多数（超过90%）的居民是俄罗斯人。在最国际化的中伏尔加地区，俄罗斯人几乎占总人口的三分之二。根据1719年的数据，在150万人中，俄罗斯人有近100万。而鞑靼人21.1万，楚瓦什人21.8万，莫尔多瓦人7.7万，马里人4.8万，总计不超过56万人。在西伯利亚，48.2万不同民族的居民中，有32.3万俄罗斯人，随着俄罗斯人口迅速增加，人们开始从中心区域向周边的自由土地进行迁移。

俄罗斯曾经是一个以农村、农业为主的国家。只有13.4万人居住在城市，占国民总数的0.02%（现在的俄罗斯，不是世界上最发达的国家，有一半以上的人口居住在城市，在其他更发达的国家，城市居民的占比达到90%甚至97%）。像辛比尔斯克这样拥有超过2000人口的地方在当时已经是大城市了，这并不奇怪，1678年在俄罗斯173个城市中，有136个城市的居民少于1000人。

1678年俄罗斯全国有贵族7万，教士14万。行政机关由9000名文职人员组成，全军（连同服兵役的贵族）不超过20万人。考虑到13.4万城镇工商业人口，俄罗斯560万居民中的非农人口甚至不到50万。因此，俄罗斯沙皇的大多数臣民都是农民。一个显著的特点是，其中340万人（或其中62%）是农奴，是从出生到死亡都没有任何权利的奴隶。这深刻影响了俄罗斯的社会进程，其影响甚至持续到现代。

俄罗斯河流纵横交错，广袤的土地由脆弱的陆路交通连接在一起，城市之间都相距甚远。而作为一个国家整体，首先是因为它的大多数居民都是俄罗斯人并且说同一种语言，其次是因为他们都只信仰东正教。另外专制制度和16至17世纪特有的官僚体系是维系国家整体的其他手段。

根据其政治制度，17世纪末的俄罗斯是一个君主专制国家。无论是首都莫斯科，还是遥远的边疆，沙皇都一直拥有至高无上的权力。每位地区的总督都是沙皇权力的代表，同时也是独裁者意志的执行者。这就是为什么在17世纪下半叶总督赫鲁晓夫对流放者说："对你们来说我不代表莫斯科吗？"军事力量和作为上帝在人间的代表所带来的敬畏进一步加强了沙皇的权力。长期以来，沙皇都是"君主"，即"领主"，是所有臣民的君主，没有例外。从上到下整个俄罗斯社会被划分为不同的社会群体和阶层，等级分明。

沙皇处于社会等级的顶端，遥不可及。下面是两类公务人员：贵族，即政治精英，任职于为沙皇服务的机构，在宫廷、国家和军队履行职责；义务役人员，即选拔、征召、聘用的人员。

贵族被划分为几个"等级"。最高级别的成员包括波雅尔、御前侍臣、内廷御膳官和其他"杜马官员"，他们属于波雅尔杜马——沙皇的咨询机构。沙皇发出指令，波雅尔批准通过，很多法令就是这样产生，然后从首都发往全国。无论军团长官，还是大城市的总督，包括驻外使节都是由杜马成员担任。杜马不仅成为负责制定法令的机构，也成为中央行政机关。

沙皇宫廷主要由首都御前大臣、莫斯科贵族和宫内侍臣组成，负责履行国家主要的军事和行政职责，其中有一些就是杜马官员。而地方的行政事务由级别更低的团队负责。

但是，地方贵族还是要比地方义务役人员过得要好。地方义务役人员在整个行政系统里属于最低级，这些人通常是从城市平民、农民和杂役中招募。他们负责要塞的警卫（担任炮手、参谋等），守卫防御工事（加入射击军），完成地方长官的行政命令（成为信使、城市哥萨克）。

所有服役的人，无论是贵族还是义务役人员，都比最底层的人员享有更多的特权，而农民不仅要向国家缴纳税赋，还要服劳役和奉献农产品。公务人员完全免税。君主因他们的奉献而赐予他们金钱和财产。还有一点需要指出，"薪水"（"工资"）的概念是近代才出现的，而在当时，只有"赏赐"，也就是如果君主愿意，他就会给予下属一些赏赐。在赏赐请愿书中,他们写道:"为了我的奉献,我的君主,请给予我赏赐吧。"其中土地的赏赐是最贵重的,在为君主服务期间获得有农奴的土地,也就是庄园。庄园主也就是地主不仅从农民那里收租,还强迫农民劳作而从中获利,进而保证他们的生活和作战效率——这同时也是沙皇对他们的要求。

# 俄罗斯社会的危机

17世纪最后20年俄罗斯社会相对比较稳定，主要城市没有发生大的动乱，也没有发生农业歉收和瘟疫。城市和乡村的人口增加，贸易更加活跃，莫斯科和其他城市的商人家庭富裕起来，新的集市开放，更多的人去往西伯利亚和南部定居，税收和关税适中，民众都可以负担得起。

尽管如此，这个国家却在不知不觉中进入了改革或者革命前的危机之中。危机是如何出现的？17世纪末，俄罗斯在经济发展速度和步伐上都明显落后。莫斯科当局在图拉附近建立冶金厂的尝试也没有带来预期的效果，钢铁和以前一样必须从瑞典和其他国家进口。俄罗斯实际上没有独立的对外贸易，也没有自己的商船队，波罗的海和黑海也没有属于俄罗斯的出海口。然而在无人干涉的白海和里海，俄罗斯的造船业和商船航运也还处于起步阶段。

危机的第一个信号开始来自战场。1677—1681年的俄土战争并没有给俄罗斯的军队带来荣耀，1687年和1689年的两次克里米亚战役以及1695年的亚速战役也是如此。当时，俄罗斯的主要军事对手——波兰、土耳其和鞑靼的军队——都没有现代化的武器和先进的作战方法。然而，俄罗斯的军队还是输给了他们，或者——最好的情况是——打得好坏参半。所有这些都对俄罗斯的国际形象产生了沉重打击，俄罗斯在欧洲大国的"上流社会"中是完全没有地位的。

众所周知，一个国家在国际社会中的地位和军队的可靠性能够反映该国的国内情况。俄罗斯军队的物质基础是前面提到的封建地主庄园经济。整个17世纪地主庄园经济瓦解的速度相当缓慢，也渐渐地失去了临时的功能，即因服役而获得土地。许多服役人员实际上想方设法为自己获得土地，并将土地视为自己的遗产——就像他们从父亲和祖父那里获得的世袭遗产一样。因此，无论是士兵还是组成当地骑兵的贵族都没有投入战斗的愿望，也不愿提高他们的军事技能。

从步兵中选拔出来的射击军,一直是俄罗斯军队中最精锐的部分,战斗力下降得尤其快。守卫克里姆林宫的射击军居住在莫斯科的射击军营地,不从事军事训练,反而从事贸易和手工业。这种军队很难打胜仗。

因此,17世纪末俄罗斯的军事危机是众所周知的,它不仅是军队的问题,也是社会危机的体现。俄罗斯的整个服役制度、军阶等级都需要改革。这个国家需要另一支军队——一支常备军,一支欧洲发达国家的君主都拥有的军队。然而,要摧毁旧军,再造一支新军,并非易事。这需要勇气、坚定的意志、愿意承担巨大风险的准备和成本。

17世纪下半叶,经济、军队、整个官僚体系的危机是同时发展的,与俄罗斯社会普遍的意识危机有关。尼康新礼仪派和阿瓦库姆旧礼仪派之间、尼康和沙皇阿列克谢·米哈伊洛维奇之间的激烈斗争使许多习惯"旧礼仪"的民众焦头烂额。东正教分为两个不可调和的阵营:新礼仪派和旧礼仪派。旧教派信徒,在当局的术语中,称为分裂派教徒。教会的分裂反映了当时俄罗斯民众的思想混乱,传统的中世纪意识已经出现了深深的裂痕。从17世纪下半叶开始,人们对待世界的态度和生活目标发生了改变。在文学作品中,传统的英雄——一个安静思考上帝的圣者——被有活力、热爱生活、拥有鲜明个性、有新的物质生活目标的人所取代。对于许多有思想的俄罗斯人来说,俄罗斯需要品尝欧洲文化果实。许多受过教育的宗教人士从基辅这个东正教神学和文学学术的中心来到莫斯科。他们带来了新的知识、审美观和哲学思想,改变了俄罗斯教会和文化孤立的旧传统。所有这些和其他新奇事物都遭到了保守派的强烈抵制。俄罗斯社会陷入了分歧和争议之中。这毫无疑问是一场意识形态危机。它在17世纪80年代初期愈演愈烈。1682年俄罗斯发生了一系列戏剧性事件。那一年,俄罗斯遭遇了王朝危机,同时它也是一场政治危机。

[文 献]

在给彼得一世的信中,伊万·波索什科夫描述了俄罗斯军队的状况:

"有许多人在服役,如果仔细观察他们,他们身上除了可耻,你什么也看不到。步兵的枪支性能很差,而且他们还不知道如何使用,他们只用长矛和弓箭来搏斗,然而这些东西却很钝……我们的骑兵,不仅仅是外国人,我们看着他们都会感到羞耻：起初，他们只有瘦弱的马和钝的军刀，他们是可怜的，并且没有衣服穿，他们没有能力拥有枪支。真的，我的主人，我看到有些贵族不会冲锋，更不用说射中目标了……他们不关心杀死敌人，只关心如何回家，然而他们仍然会祈求上帝受轻伤，但从伟大的君主那里，他们会因为为君主服役受到赏赐，看看，那些躲在灌木丛后面的人……然后我从许多贵族那里听到：'主，上帝侍奉伟大的君主，不要从鞘中取出刀。'"

尽管我们承认伊万·波索什科夫对当时军队的主要痛处做了敏锐和正确的描述，但总的来说，伊万·波索什科夫是一个可耻的人。他是一个文字狂和冒险家，远离军事，他的判断是不专业和肤浅的。此外，他显然希望用他对俄罗斯军队状况的讽刺描绘来取悦沙皇彼得一世，彼得一世对他的军队也有类似的看法……

# 1682年的政变：三权分立的建立

1682年4月27日（公历5月7日。在1918年1月26日宣布采用公历之前，俄罗斯一直使用旧历），沙皇费奥多尔·阿列克谢耶维奇去世，当时他只有20岁。1676年，其父沙皇阿列克谢·米哈伊洛维奇去世后，体弱多病的他继承皇位，但仅统治了6年。尽管费奥多尔结过两次婚，但他没有孩子。沙皇死后聚集在克里姆林宫的波雅尔（大贵族）将决定谁成为俄罗斯的下一位君主。有两位候选人：16岁的王子伊凡和10岁的王子彼得，他们俩都是沙皇阿列克谢·米哈伊洛维奇的孩子，但不是同一个母亲。

阿列克谢的第一任妻子、皇后玛丽亚·伊里尼奇娜（1669年去世）来自米洛斯拉夫斯基家族，为沙皇阿列克谢生育了13个孩子，到1682年，其中有6位公主和一位王子（伊凡）还活着。阿列克谢的第二任妻子娜塔莉亚·基里洛芙娜，她有两个孩子幸存下来，就是公主娜塔莉亚和王子彼得。根据传统，王朝继承中不考虑女性，伊凡和彼得兄弟成为真正的王位竞争者。经过大牧首、波雅尔（大贵族）和其他国家宫廷官员一番深思熟虑后，4月27日，彼得·阿列克谢耶维奇成为年轻的沙皇。他们这样做并非偶然：所有人都明白，王子伊凡不能胜任这个位置。他是个软弱无能的少年，在发展上明显逊色于活泼聪明的弟弟彼得。

但在每一位王子的背后，都有他的家族和支持者，他们组成了宫廷和政治集团。米洛斯拉夫斯基家族尤其强大。实际上在费奥多尔·阿列克谢耶维奇统治时期，就由已故皇后玛丽亚·伊里尼奇娜的兄弟、侄子和亲戚负责所有事务。他们计划在新沙皇伊凡·阿列克谢耶维奇的领导下继续家族的事业。支持10岁的彼得成为沙皇的人来自另一个家族——他们把米洛斯拉夫斯基家族的计划打乱了。米洛斯拉夫斯基家族决定采取武力行动。这场阴谋由波雅尔（大贵族）伊万·伊里奇·米洛斯拉夫斯基和他的侄女索菲亚·阿列克谢耶芙娜公主策划。

**王朝分支 1**

阿列克谢·米哈伊洛维奇（1629—1676，1645 年成为沙皇）

第一任妻子玛丽亚·伊里尼奇娜·米洛斯拉夫斯基（1626—1669）

第二任妻子娜塔莉亚·基里洛芙娜·纳雷什金（1651—1694）

**玛丽亚的子女**

德米特里（1648—1649）

叶夫多基娅（1650—1712）

玛莎（1652—1707）

阿列克谢（1654—1670）

安娜（1655—1659）

索菲亚（1657—1704，在 1682—1689 年成为掌权者）

叶卡捷琳娜（1658—1718）

玛丽亚（1660—1723）

费奥多尔（1661—1682，1676 年成为沙皇）

费奥多西亚（1662—1713）

西蒙（1665—1669）

伊凡（1666—1696，1682 年成为沙皇）

叶夫多基娅（1669）

**娜塔莉亚的子女**

彼得（1672—1724，1682 年成为沙皇）

娜塔莉亚（1673—1716）

费奥多拉（1674—1678）

有谣言称纳雷什金家族阴谋杀死王子伊凡,在金钱和利益的许诺下,1682年5月15日中午,米洛斯拉夫斯基家族和其党羽成功煽动射击军发动叛乱。这是10岁的彼得一生中最可怕的一天。随后他和母亲、哥哥伊凡一起站在克里姆林宫的红廊上。楼下是成群的射击军,奔跑着,到处是枪炮声。他们奉索菲亚等人的命令,把娜塔莉亚皇后的亲戚和亲信拖到门廊上,用乱枪打死。死者中包括纳雷什金家族的首席顾问、米洛斯拉夫斯基家族最忌惮的波雅尔(大贵族)阿尔塔蒙·马特维耶夫,以及娜塔莉亚皇后的兄弟。射击军拖着血淋淋、残破的尸体穿过泥泞的道路,带到红场公开展示。在阳光明媚的5月里,这个凄惨景象永远停留在未来俄罗斯改革者的记忆中,射击军成为彼得永远的死敌。他称他们为"嗜血的蝗虫"。

莫斯科射击军暴乱后,俄罗斯形成了三权共治的局面:除了彼得之外,伊凡·阿列克谢耶维奇也被立为沙皇,索菲亚公主成为国家的统治者——摄政王。尽管彼得仍然是君主,但权力实际上完全从纳雷什金家族转移到了米洛斯拉夫斯基家族。更准确地说,权力转移到索菲亚和她的主要顾问——瓦西里·瓦西里耶维奇·戈利岑公爵和射击军的负责人费奥多尔·列昂蒂耶维奇·沙克洛维特手中。戈利岑公爵被许多人认为是索菲亚公主的情人。

文后我摘录了两段对1682年莫斯科叛乱的不同描述。其中一个作者来自纳雷什金家族,反对射击军;另一个作者来自索菲亚阵营,属于米洛斯拉夫斯基家族。通过对比我们发现他们每一方都用有利于己方的方式叙述此事件。研究历史的人需要谨慎,不要只被一种观点所左右。

正如我们所看到的,对于这次叛乱的历史有着完全不同的说法:完全没有伊凡的讲话(实际上也没有过),对于射击军来说杀死多尔戈鲁科夫也不需要那么多具体的描述。

[文 献]

以下摘自某份文献的片段,作者属于米洛斯拉夫斯基阵营:

"5月15日8时,警报响起,一位信使从皇宫来到射击军军营:'射击军士兵们,你们还不知道吧,皇宫内已经证实,照亮我们的天星已经陨落,伊凡王子已经不在了。'在这之后,射击军们手持旗帜和武器来到克里姆林宫,径直走向殿内,开始号啕大哭，满脸是可怜的泪水，他们哭喊着问道：'我们的光，伟大的君主，伟大的彼得·阿列克谢耶维奇大公……请告诉我们你的君主兄弟，伊凡·阿列克谢耶维奇大公，是生是死！'然后沙皇、大公和公主们都走到金廊上，大公伊凡·阿列克谢耶维奇说道：'纳雷什金一家人（即皇后娜塔莉亚·基里洛芙娜的兄弟们）想把我勒死。'射击军请求沙皇、大公与公主说出叛徒的名字。大公伊凡·阿列克谢耶维奇就说道：'你们，忠诚的射击军们，我的臂膀，我怜悯你们，你们坚持了信仰和真理，我将把所有的叛徒交给你们，你们自己知道谁是你们要找的人。'然后射击军将第一个贵族阿尔塔蒙·马特维耶夫处决……射击军来到院子里将尤里·阿列克谢耶维奇·多尔戈鲁科夫大公带出来，然后把他砍成碎块。"

因此，根据这份文献，纳雷什金家族想要"勒死"伊凡大公，由于射击军的英勇干预才阻止了悲剧发生。在伊凡大公的亲自许可下，他们惩治了叛徒，同时还杀死了无辜的人，顺便还杀死了他们的上司——射击军部指挥官大公尤里·阿列克谢耶维奇·多尔戈鲁科夫。

以下是另一份文献的摘录，其作者支持纳雷什金家族，对所有事件的解释不同，称此事件为赤裸裸的、无端的暴力：

"那一年5月15日，莫斯科陷入混乱。射击军……和士兵……在11点钟来到克里姆林宫，带着横幅，敲着战鼓，带着火枪，带着长矛，扛着军斧，冲进城市，叫喊着，似乎奥弗纳塞·基里洛维奇·纳雷什金（皇后娜塔莉亚·基里洛芙娜的兄弟）已经勒死了大公伊凡·阿列克谢耶维奇……射击军和士兵冲进了城市，冲到克里姆林宫，冲进红廊、寝宫、沙皇办公厅，他们……从长廊上把人扔到地上，用斧子和长矛乱砍乱刺。他们用暴力杀死了大贵族：他们从君主身边架走了贵族阿尔塔蒙·马特维耶夫，将他从门廊扔到地上，拿起长矛、斧头砍向他……御前大臣奥弗纳塞·基里洛维奇·纳雷什金被拉下来……在宫殿下面被长矛刺击，然后被斧子砍死。尤里·阿列克谢耶维奇·多尔戈鲁科夫被带到上层门廊，那里一片吵闹声；他们又把他拖回殿里。大声喊叫之后院子里的射击军冲了进来。他们闯进酒窖，开始喝酒。过了一会儿，从大街上跑来另外一队射击军，他们从另外一边把多尔戈鲁科夫带上门廊，然后从窗户扔到地上。多尔戈鲁科夫被斧子砍死之后被拖到门前的街道上，尸体在门口躺了一夜。第二天在咒骂声中尸体被砍成几段。"

[人　物]

## 索菲亚·阿列克谢耶芙娜公主

索菲亚公主从小就显示出了与众不同。她的老师西蒙·波洛茨基称她是"一个非常聪明的女孩,并且具有敏锐的洞察力,有着完全如男人的头脑"。在那个时代,这算是对女性最高的褒奖。索菲亚学习神学、历史,通晓拉丁语和波兰语,根据当时传统,她还创作诗歌。在沙皇费奥多尔的统治下,她开始出现在公众场合,参与政务,尽管这些是不被大众接受的。而在她的兄弟沙皇费奥多尔去世后,索菲亚希望不再离开她热爱的政治和社交生活。她不想和其他公主一样被关在修道院里。1682年5月,她成为摄政王开始统治这个国家,并取得了一些成就。然而,外交政策的失败和在与彼得的斗争中的优柔寡断导致她在1689年垮台,被彼得以苏珊娜的名义囚禁在修道院,47岁时去世。

## 彼得在普列奥布拉任斯基的岁月

起初，年轻的彼得的生活看起来没有任何改变。彼得和母亲、皇后娜塔莉亚住在克里姆林宫，参加了所有宫廷仪式，但随后他们开始在莫斯科附近的宫殿中停留的时间越来越长。最终，沮丧的沙皇一家在莫斯科东北部普列奥布拉任斯基村附近的夏宫安顿下来。彼得大帝一生中著名的普列奥布拉任斯基时期开始了。

彼得很少出现在克里姆林宫，只出现在外交招待会和宗教仪式上，其余时间他在普列奥布拉任斯基的森林和田野之间度过。这直接影响了俄罗斯未来改革者的性格。在射击军叛乱之后，他摆脱了克里姆林宫这个封闭的禁锢世界。克里姆林宫不仅仅充斥着礼仪、限制，而且是用"祖国的精神"培养王子，需要熟知古代罗斯精神上和国家层面的遗产。彼得住在普列奥布拉任斯基村，并没有像他的父亲或兄弟费奥多尔那样接受传统的东正教教育，也不能像父兄一样能够与教会学者在同等水平上研究信仰、教会文学和文化等复杂问题。彼得的老师并不严格，他只能教授一些零碎的知识（彼得的老师尼基塔·佐托夫只是个杜马文书，此人出名的不是学识，而是肆无忌惮的酗酒），结果导致彼得像半个文盲，向来都不是很明白语法和拼写规则，甚至在成年后也要按照拼音写字。当然，重点不在于彼得是否接受神学学前准备，甚至不在于他的语法的好坏（尽管这很重要），而在于彼得没有吸收俄罗斯传统文化中固有的价值体系，这个体系基于东正教信仰、"典籍中的智慧"、对先辈传统的尊重，与天主教、西方新教以及东部穆斯林"肮脏"的世界保持距离。

得益于传统教育的缺席，自由的环境极大地促进了彼得个性的形成。他童年的主要爱好——军事游戏——逐渐变得越来越复杂，木制的枪和大炮被真品取代，木兵被活人替代。这些彼得无休止军事游戏的第一批参与者，都是彼得身边的同龄人，包括侍餐人员、内侍、马夫。他们同沙皇一起长大，最终变成了士兵和军官，起初军事游戏只是为了娱乐，后来就发展成了一支真正的军队，在17世纪80年代末独立为两个警卫团,即普列奥布拉任斯基和谢苗诺夫斯基(根据普列奥布拉任斯基村庄附近的村子命名)。普列奥布拉任斯基和谢苗诺夫斯基的"军事游戏"丰富了彼得的军事知识和技能。彼得热衷于学习战斗技术、战术演练(为了正确指挥部队)、火炮和弹道学(为了准确射击)、数学和防御工事(为了正确防御或围攻堡垒)、天文学和制图(以确定地形、在海上驾驶船只)等。此外,彼得沉迷于手工艺,如木工、车床、冶炼、印刷等。这表现了沙皇对具体的、有形的劳动成果的热爱,同时也体现了彼得的理性主义精神。

还有一点要强调的是,彼得一世在仇恨中长大,他仇恨那些政变者,1682年5月政变时他还是一个10岁的男孩,而这些人在他面前杀害了他的亲戚。彼得从母亲和亲戚那里继承了对射击军和索菲亚的强烈仇恨,索菲亚剥夺了纳雷什金家族的影响力、特权和沙皇真正的权力。但这种仇恨让他走得更远。多年来,他从对特定的人转移到了对整个俄罗斯的旧传统、习俗和偏见的仇恨。年轻的彼得担心自己的前途:从现实角度来说他的未来并不光明,他只是一个半官方的沙皇,没有自己的军队,没有资金来源,缺少大多数波雅尔(大贵族)、贵族和教会的支持。他实际上是被自己的敌人控制着。因此仇恨、对命运和政治前途的恐惧在很大程度上影响了彼得一世的作为,影响了他对莫斯科、克里姆林宫、传统俄罗斯及其政客的看法。可以说,正是彼得对索菲亚、米洛斯拉夫斯基家族、射击军统治下的俄罗斯的仇恨,以及对旧莫斯科死胡同、小巷、角落和缝隙里隐藏的杀手的仇恨,这些无意识的(有时甚至有意识的)激励促成了彼得的改革,进而深深地影响了俄罗斯的历史进程。

[ 文 献 ]

与他的兄弟伊凡完全不同,性格活泼、精力充沛、思想丰富的彼得更吸引人们的注意力。1683年夏天,沙皇们接待了瑞典国王查理十一世的使团。大使馆秘书坎普弗写道:

"在圣像下的两把银椅上,两位沙皇都穿着全套镶嵌着闪耀宝石的皇室服装。兄长拉着帽子盖住眼睛,视线低垂到地上,没有看任何人,几乎一动不动地坐着;而弟弟看向了大家,他有着英俊的面庞,他讲起话来,就让人感觉到在他身上流淌着年轻的血液。他惊人的美貌让在场的所有人都为之惊叹，他的活泼让老成持重的莫斯科大官僚们感到不安。当使者递交信函，两位沙皇需要同时起身询问对方王室的健康状况时，彼得没有按照礼仪要求和他的兄弟一起举起自己的帽子，而是迅速从座位上跳了起来，自己举起了王室的帽子，开始说惯常的问候：尊贵的国王陛下，我们的卡洛斯·斯韦斯基兄弟身体好吗？

"使者们没有看到，伊凡身后的王座后面，开了一扇用布小心遮挡的窗户。通过窗户，有人提示伊凡如何回复使团。而彼得不需要提示——他能快速理解，并迅速回答使团的问候。"

# 柯奎和他的居民：彼得一世的新朋友

到 17 世纪 80 年代末，彼得一世的军事游戏已经变得类似于小部队的真实演习。在普列奥布拉任斯基村附近，他下令建造"游戏堡垒"普雷斯堡，在这座游戏堡垒周围，彼得一世的"游戏兵团"进行演习，他们获得了战斗经验，这在以后会派上大用场。他们当中排名第一的士兵正是勇敢的彼得一世本人，化名彼得·米哈伊洛夫。这个化名来自他的祖父——罗曼诺夫王朝的第一位沙皇米哈伊尔。彼得用这个化名出国旅行，在近卫军和海军服役。

游戏兵团使彼得一世的队伍更接近专业军队，由此他还结识了后来指挥俄罗斯步兵的帕特里克·戈登中将。他为彼得一世的游戏兵团提供装备，两个人经常见面和交谈。帕特里克·戈登是一位睿智、坚定、从容的苏格兰老兵，他于 1661 年来到俄罗斯，是一位经验丰富的指挥官和优秀的工程师。戈登很了解俄罗斯，很显然他很同情彼得，将自己的未来与彼得联系在一起，他预测这个躁动的年轻人在未来会成为优秀的指挥官和政治家。在沙皇周围，除了普通的外国医生之外，还出现了教授军事的教官。彼得结识了两个荷兰船员卡斯滕·布兰特和弗朗茨·蒂默曼，他们向年轻的彼得讲述了荷兰的人文，教授了造船的基础知识。

与外国专家的友谊将彼得一世带到了一个被称为柯奎的外国人定居点。这里居住着为国王服务的各国军官、工程师、商人和企业家，总而言之，各种各样的人都来到俄罗斯寻找金钱、名望和地位。外国人的定居点位于莫斯科郊区，远离东正教圣地，那里满大街都是秉持无神论、戴着假发套、叼着烟斗的外国人。也许是命运安排，柯奎离普列奥布拉任斯基村只有几分钟的路程，而彼得一世开始越来越频繁地跑到那里。然而这一切都是慢慢形成的：大概在 17 世纪 80 年代后期到 90 年代初期，当时索菲亚政权已经倒台。事实证明，柯奎对彼得来说是一个不寻常且具有启发意义的地方。从本质上讲，它是一个存在于俄罗斯土地上的西式小镇，高高的树篱和成簇的树木使人们无法窥探这个定居点，它与传统的俄罗斯城市截然不同。干净的街道上有德意志和荷兰建筑风格的舒适房屋、鲜花和观赏树木、尖顶的教堂、风车、小酒馆，到处烟雾缭绕。在柯奎，那些富裕居民的家中，还有海外的珍品、稀有而美丽的物品、工具、书籍、器械等。总的来说，这里充斥着在俄罗斯人眼中一切奇怪的东西——风俗、音乐和娱乐。在这里可以自由闲逛，和穿着奇异的女郎们跳舞，一起谈笑风生。这是一个未知的、令人向往的世界！彼得带着他与生俱来的热情，投入其中。

在外国人定居点与外国人交流的生活对彼得来说意义重大，这促使其成为未来的改革者和西化的俄罗斯人，彼得逐渐地越过了对数十代俄罗斯人来说不可逾越的界限。从古罗斯起，在俄罗斯人的意识中，"神圣的古罗斯"应当与"亵渎神明"的西方、"天主教徒、路德"（即新教徒）的异教徒严格区分开来。彼得不太懂德语和荷兰语，外国人也说着滑稽的俄语，但在工作中，在大炮旁，在普雷斯堡堡垒上，在佩列斯拉夫尔湖的那艘微型护卫舰的甲板上，然后在柯奎的宴会和舞会上，他们很快就找到了共同语言，并成为朋友。国籍、信仰、年龄和其他差异在这里已经没有意义，工作和狂欢将每个人联系到了一起。值得注意的是，彼得的父亲和兄弟总是回避外国人，根据仪式，在与外国使节握手后，会立即用银壶中的水长时间洗手，"以免弄脏手"！

大约在1690年，当彼得18岁时，他遇到了弗朗茨·勒夫特上校，两人成为亲密的朋友。弗朗茨·勒夫特是瑞士人，当时是欧洲的一名普通雇佣兵，为出价高者提供服务，1675年因为偶然的原因来到俄罗斯。他在外国人定居点定居，在那里买了房子并结了婚。彼得非常喜欢时年37岁的勒夫特。勒夫特是一个英俊、有教养的骑士，舞姿优雅敏捷，知道如何对女士们说甜言蜜语。但同时，勒夫特也是一个勇敢的士兵，他见多识广。他大方、慷慨的天性，以及无可置疑的交友天赋，深深地吸引了年轻的沙皇。如果可以和永远严肃的戈登谈政务，那和勒夫特就可以开一开玩笑，与他在一起时间过得轻松简单。彼得非常需要可靠、忠心的人，因为他生命中一段艰难的时期即将到来。

[文　献]

在彼得大帝的早期历史中,"俄罗斯舰队始祖"——一艘小船——占据着重要地位。这是彼得大帝在他父亲沙皇阿列克谢·米哈伊洛维奇的乡村住所伊兹迈洛沃发现的一艘英国小船。以下是多年后彼得大帝在"海事条例"(俄罗斯主要的海军法)的序言中谈到的内容:

"我们碰巧在伊兹迈洛沃的亚麻院子里,在谷仓里走来走去,在祖父尼基塔·伊万诺维奇·罗曼诺夫的房子里,我看到了一艘外国船,我问弗朗茨船用来干什么。他说,这是英国的船。我问:'用在什么地方?'他说船只在驾驶和运输过程中使用。我一直在问:'这与我们的船比有什么优势?它的形式和坚固度比我们之前看到的船更好吗?'他告诉我,它不仅能顺风航行,而且可以逆风航行。这让我感到非常惊讶,可以说是难以置信。然后我接着问:'有没有人能修复并展示一下它?'他说,有人可以。我听了大喜,命人去找那个人。弗朗茨找到了荷兰人卡斯滕·布兰特,他对这艘船进行了维修并制作了桅杆和船帆,并在亚乌扎河逆风前进,这令我十分惊讶和大为欢喜。然后,当我经常和弗朗茨一起使用时,船并不总是能很好掌控,而是更多地停在岸边。我问:'为什么会这样?'他说河很窄。然后我把船搬到了黍池,在那儿我也发现了船的一点优势,兴趣也越来越浓厚。这就是为什么我开始寻找有更多水的地方,然后他们告知我可以去佩列斯拉夫尔湖,我只能以对三一修道院的承诺为幌子,求我的母亲让我去那里,其实是在那里建船。"

这艘船奇迹般地幸存下来,于1723年被运送到圣彼得堡。"海军少将彼得·米哈伊洛夫"和其他海军将领乘坐这艘船从喀琅施塔得绕行,在喀琅施塔得的俄罗斯海军中队的每艘船都向其鸣炮敬礼。后来,这艘小船被小心翼翼地拿出来参加海上阅兵,但已经将其固定在了旗舰的销钉上。现在,这件无价之宝被安全地存放在圣彼得堡的海军博物馆中。海军舰队的"亲属关系"令人好奇。彼得称这艘小船为"俄罗斯舰队的祖父"。在给亲友的信中,彼得称与他同时代的舰队的船只是他的"孩子"。所以,他自己才是俄罗斯舰队真正的"父亲"……

# 1689 年的政变：三权分立的结束

彼得、伊凡和索菲亚三股势力不可能长期共存。彼得逐渐成熟。1689 年初，彼得结婚了，但和以前一样，仍然不能处理政务。履行摄政王职责的索菲亚本应该在沙皇兄弟成年之后远离权力舞台，但这位意志坚定、野心勃勃的公主不甘于此。两个敌对阵营——普列奥布拉任斯基和克里姆林宫——之间的怒火、相互不满和猜疑逐渐加剧。

尽管索菲亚七年的摄政以稳定与和平著称，但她在与彼得和站在彼得身后的纳雷什金家族的斗争中失败了。原则上，上层和军队不赞成由女人和她的宠臣进行统治。克里米亚战役损坏了女统治者及其统帅的声誉，首当其冲的是波雅尔（大贵族）杜马的大公戈利岑。同时，索菲亚也不能再指望射击军的支持了。1682 年，在索菲亚上台后不久，射击军在首领伊万·霍万斯基大公的带领下企图发动政变，索菲亚政府进行了镇压，射击军的实力被大大削弱。此外，彼得开始对处理公共事务表现出兴趣，有时会出现在波雅尔（大贵族）杜马中，这也证明他可以开始亲政了。

1689 年夏，索菲亚与彼得姐弟的国家之争落幕。7 月 8 日，彼得当着所有贵族和民众的面与索菲亚发生争吵，然后愤怒地离开了克里姆林宫。这场丑闻之后双方的关系急剧恶化。8 月 7 日至 8 日晚上，两名射击军士兵到达普列奥布拉任斯基叫醒彼得并告知他索菲亚和沙克洛维特正在准备对他下手。直到现在，我们也不知道这是一次挑衅，还是索菲亚真的打算要对纳雷什金家族痛下杀手，但这些事件成为改变当时俄罗斯整个政治格局的导火线。帕特里克·戈登将军这样写道：

> 彼得从床上下来，没来得及穿上靴子，就冲进马厩，吩咐给马备好鞍，跳上马，消失在最近的森林里。他们给他带来了外套，他匆匆穿好衣服，在几个人的陪同下向三一修道院疾驰，早上 6 点终于到达，此时他筋疲力

尽。人们把他从马上扶下来，让他上床睡觉。他流下了痛苦的眼泪，将所发生的事情告诉了修道院院长并要求保护……沙皇突然失踪的消息在首都蔓延开来，但索菲亚的手下试图将整件事保密或假装这件事不需要太值得关注。

在距离莫斯科70俄里的三一修道院中，彼得的家人很快就到了——皇后娜塔莉亚·基里洛芙娜皇后、年轻的妻子叶夫多基娅·费奥多罗芙娜、亲友、亲密的贵族和仆人。然后彼得开始发布命令，要求军人必须为他服务，这意味着宣布军事行动已经开始。彼得的突然逃亡无非是宣战，索菲亚的阵营根本没有为事态的发展做好准备。意识到自己地位的危险，索菲亚公主求助于权威的波雅尔（大贵族），想让他们至少在形式上让她和她的弟弟和解。索菲亚和她的随从试图说服彼得回来，但未能如愿。波雅尔（大贵族）、大牧首、外国军官、贵族等陆续来到三一修道院，并留在那里。从形势上讲，他们不可能对彼得提出异议，因为彼得是一个合法的沙皇，那时他已经被认为是一个成年人了，也就是说国家已经不需要摄政。此外，索菲亚派出的一些人带着彼得一世的命令返回莫斯科，并要求索菲亚交出纳雷什金家族的主要敌人和索菲亚的宠臣——射击军的负责人费奥多尔·沙克洛维特，索菲亚最终不情愿地同意并接受了这个条件。沙克洛维特被带到三一修道院，人们立即开始折磨他，使其供认参与反对彼得的阴谋。随后，索菲亚决定亲自去三一修道院，但在莫斯科附近沃兹德维任斯基这个令人难忘地方（在那里，1682年索菲亚逮捕并处死了企图叛乱的伊万·霍万斯基大公），公主被彼得派来的人拦住，并宣读了命令让她返回莫斯科。之后彼得给他的兄弟沙皇伊凡写了一封信，以一种非常明确的方式指出三权共治的时代已经结束，索菲亚的权力被剥夺。在这封信中，我们第一次听到了这头幼狮威猛的吼声。

被沙皇彼得派往克里姆林宫的代表是波雅尔（大贵族）大公伊万·特罗埃库罗夫，他敦促索菲亚离开王宫，搬到新圣女修道院。索菲亚犹豫了一下后还是照做了，她的时代终结了……

[文　献]

彼得提醒他的兄弟，他们在1682年完全可以合法地拥有王位，只有"我们两个人拥有俄罗斯王国的世袭权杖"，并且"决不能让第三个人得到。我们的姐姐索菲亚·阿列克谢耶芙娜是如何让我们的国家与我们的人民受她的意志控制。你作为君主要知道这一点。现在，那些恶人拿着我们的赏赐，却不满足我们的宠爱，违背他们的诺言，图谋杀害我们和我们的母亲，因此他们应该为所犯下的罪行承受被搜查和拷问等惩罚"。

然后是最重要的事情："现在，兄弟，上帝托付给我们两个人的王国，在这个年纪，由我们自己统治的时刻到了，但还有第三个可耻的人——我们的姐姐索菲亚公主——拥有我们两个男性的头衔并控制我们的人身自由，你的意志也会屈服于她，因为她考虑到要开展政务并在未经我们允许的情况下给自己庇护，她还想戴上一顶王冠给我们带来终极侮辱。君主兄弟，在我们这个完美的年龄，让那个人统治我们的国家，这是可耻的。"

在这里，彼得实际上宣布自己是君主，保留更换政府的唯一权利："但是，君主兄弟，我向您宣布并请求：请您以我们父亲般的意志，为了我们最好的利益和人民的安宁，君主，按照命令委派诚实的法官，替代不忠之人，让我们的国家早日取得宁静与和平。我的君主兄弟，我们一切都有了正确的衡量标准（也就是确立标准）。而你，至高无上的兄弟，会像父亲一样受到尊重……"

# 彼得的成年时代：阿尔汉格尔斯克之旅

总之，1689年8月，刚刚满17岁的彼得意外地为自己赢得了一场不流血的胜利。在与病弱的兄弟统治者伊凡共同执政期间，他逐渐成为一个成熟的统治者。但奇怪的是，彼得大体上并没有什么改变。他没有参与政务，而是将其委托给他的舅舅列奥·纳雷什金。对他来说，军事演习、射击、在佩列斯拉夫尔湖上的"游戏"船上航行仍然是最重要的。就这样持续了好几年。后来震惊俄罗斯的改革想法并没有立即出现在彼得的脑海中。这些想法是逐渐成熟的，为了实现它们，彼得不得不接受一些人生课程。

1693年和1694年，年轻的沙皇两次前往阿尔汉格尔斯克，在这里接受了他的人生第一课。阿尔汉格尔斯克实际上是俄罗斯唯一与世界直接联系的大门。这里有一个很大的港口，在短暂的北方夏季，数百艘外国船只会来到这里。他们带来西方商品，离开时装满木材、大麻、皮革、荤油和毛皮。这座城市又大又热闹，阿尔汉格尔斯克的外国人定居点甚至比莫斯科的外国人定居点还要大。1693年抵达阿尔汉格尔斯克，彼得有生以来第一次看到大海和真正的船只，场面令彼得一世震惊。如历史家蒙·博戈斯洛夫斯基写的一样，从阿尔汉格尔斯克时代开始，"海浪的声音、海风、海洋的一切元素吸引着他，随着时间这些东西成为一种必然的需要。他将对大海产生一种内在的渴望"。

作为一个积极、活泼的人，彼得并不局限于从岸边观察海和船。在游艇"圣彼得号"上，他出海为离开阿尔汉格尔斯克的外国商船送行。1694年夏天，彼得第二次访问阿尔汉格尔斯克时，他乘坐游艇前往索洛维茨基群岛时在公海遭遇了一场可怕的风暴。情况十分危险，海浪喧嚣，沙皇及随行人员差点死在海上。关键时候，洛茨曼·安提普·季莫菲耶夫的技术拯救了沙皇，这是俄罗斯历史上自伊戈尔王公之后，俄罗斯第一次有沙皇在海上航行。此后，为纪念这一历史事件，索洛维茨基群岛上一直矗立着一个带有纪念铭文的大型木制十字架。

当订购的44门炮护卫舰"神圣预言号"从荷兰抵达阿尔汉格尔斯克时,彼得的幸福感溢于言表。他立即驶入北冰洋测试了自己的新战舰。彼得的命运永远和海洋连接在一起,他不能没有大海!这也决定了俄罗斯的命运,它终将成为一个海上强国。

## [传说和谣言]

### 俄罗斯的首次飞行

一个人用自制的翅膀飞行的形象在俄罗斯航空史上已经司空见惯。究竟发生了什么,是否存在这次飞行,很少有人知道。我们可以肯定地说这次飞行实际上不存在,但如此大胆的想法确实起源于那些我们不知道的莫斯科工匠的脑海中。在御前大臣伊·亚·热利亚布日斯基的"笔记"中,有一段关于1695年4月30日事件的讲述:一个农夫大喊"救命!"(这就是骗子和上访者通常会采用的引起注意的方式,在这种情况下,当局无法隐瞒此事)他被带到了射击军长官部,并受到讯问。在审讯中他说,有了翅膀,他会像鹤一样飞翔。并且根据伟大君主的法令为自己制作云翼,这些翅膀从君主的国库中兑换了18卢布。大公伊万·鲍里索维奇·特罗埃库罗夫(射击军长官)带着战友和其他人一起观看。那个农夫整理好翅膀,习惯性地画了个十字,开始扇动他的翅膀。他想起飞,却飞不起来,他说自己把翅膀弄重了。博亚尔(大贵族)对他发牢骚,那个农夫拍打自己的前额,想着做出另一些翅膀。

## [笔 记]

在彼得大帝的生活中,海洋和船只占据了一个特殊的位置。从沙皇成年后的梦境记录(包括彩色梦境)中可以看出,船只、大海没有放过彼得,它们走进他夜晚的梦中。对大海的热爱不是偶然的,不仅仅是一个年轻人与生俱来的浪漫主义。彼得的内心世界和一艘移动的船的形象之间存在某种和谐的对应关系。难怪普希金找到了一个辉煌的形象,这是彼得之于俄罗斯的象征——一艘帆船,桥上有一位伟大的船长，在清新的风中航行：

> 这位船长就是那个光荣的船长
> 让我们的土地移动
> ……

为什么说彼得时代的俄罗斯是一艘船？18世纪的一艘强大而壮观的船，在逆风巨浪中航行，是当时技术发展的最高产物。对于彼得和当时的许多人来说，船是一切的象征，一切都是依靠精确的计算和知识来建造的，这是在与无知和危险因素的斗争中取得的成就，汹涌、无尽的大海很好地诠释了这一点。这背后是17—18世纪初的主要哲学思想，这可以在哲学家洛克、莱布尼茨、霍布斯等人的书中读到。这一理念的精髓在于：通过经验获得的知识、研究是实现人类幸福和福祉的最可靠手段。人们需要在开放的自然规律的基础上安排好自己的生活，一切都会变得有条不紊。国家在实现普遍幸福方面发挥了特殊作用。在理性、知识的基础上建立国家，并使其成为实现众生幸福的手段——这是每个改革者的最高目标。

一个理性的人有权利也有能力为了更高的目标改进社会组织，霍布斯写道："建立国家就像建房子。"彼得大帝就可以这样说："建立国家就像建造船只。"事实上，出海权的争夺、舰队的建设、国家的改革、俄罗斯为了幸福的未来而进行的变革——这一切自然而然地发生在彼得的活动中。所有这一切都将新俄罗斯塑造成一艘船一样生动的形象，俄罗斯是由一位伟大的同为造船者和船长的人在海浪中掌舵的。这就是为什么阿尔汉格尔斯克的大海对彼得的命运产生了如此强烈的影响。

## 1695—1696年：亚速战役

1694年，彼得遭受了重大的打击。1月，他的母亲娜塔莉亚·基里洛芙娜去世了，享年还不到43岁。她的一生对彼得有着巨大的影响。彼得一世无法忍受莫斯科宫廷仪式般的生活，而母亲竭力劝导彼得学会忍耐。母亲的离世让他伤心欲绝。母亲是他最亲近、最亲爱的人。尽管如此，在母亲离世后彼得也没有从事政务。1694年发生的最大事件是莫斯科郊外的所谓得科茹霍夫演习——大量军队进行了多日的演习，演习内容包括射击和攻击防御工事。

但很快演习突然结束，一场真正的战争即将到来。实际上，战争已经持续了很长一段时间，索菲亚政府与波兰、威尼斯和奥地利组建了反土耳其神圣同盟，为了履行盟友职责同土耳其及其附庸克里米亚汗国开战。1687年和1689年发生了两次由戈利岑领导的克里米亚战役，结果两场战役都大败。尽管直到1695年都没有特殊的军事行动发生，但俄罗斯仍与克里米亚和奥斯曼帝国处于交战状态。盟友坚决主张俄罗斯应该与鞑靼人和土耳其人作战。事实上，作为参与战争的交换，俄罗斯获得了基辅的所属权（更准确地说，这座城市被俄罗斯以10万卢布的价格买下了）。如今这个伟大的战利品必须摆在战场上，为了不像戈利岑大公那样战败后艰难逃脱，彼得一世决定进攻顿河口与亚速海交汇处的土耳其堡垒。

因此在1695年，彼得一世觉得科茹霍夫演习和攻击普雷斯堡的经历足以让他快速占领亚速这个小型的、过时的堡垒。但沙皇犯了一个致命的错误：他和他的将军们都没有占领亚速的能力和经验。此外，土耳其人的大胆进攻给围攻者造成了巨大的损失。堡垒的守备部队勇敢地击退了沙皇优势军队的进攻。10月20日是令俄罗斯人感到羞耻的一天，他们不得不解除对亚速的围攻然后仓促撤退，因为又一个艰难的冬天来临了。

在亚速城墙下，彼得一世第一次展示了使他成为一位伟大的政治家和指挥官的优秀品质。事实证明，失败并没有使他灰心，而是鞭策他并给予他力量。彼得勇于为失败承担责任，他能够清醒地评估自己的错误，分析造成溃败的所有情况，并总结经验教训。1695年亚速战役失败之后彼得意识到，要想占领堡垒就需要专业的军事工程师，于是他在奥地利紧急聘请了这些人。此外，他还意识到，他需要一支舰队来切断亚速与黑海之间的联系和补给，否则战争就无法继续下去。1695年11月从战场上归来后，彼得一世做出了一个历史性的决定：他下令组建一支舰队。

对俄罗斯这个陆上国家来说，值得注意并具有象征意义的是俄罗斯海军开始在远离海洋的地方组建——这就是与海洋隔绝的俄罗斯的状况。从莫斯科附近的阿尔汉格尔斯克，到普列奥布拉任斯基，在1695年至1696年的冬天，一艘拆解状态的荷兰大桅战船被交付（它是1694年在阿姆斯特丹订购的）。之后工程团队开始复制所有零件并将它们运送到沃罗涅日，那里的战船已经组装好并下水。与此同时，成千上万的农民被赶进了沃罗涅日的森林中。他们开始砍伐树木，将木材顺着河流漂送到沃罗涅日，在那里，荷兰、英国和其他国家的造船工匠开始紧急地建造船只。令人难以置信，但却是事实：到1696年4月，共有22艘战船、名为"圣彼得号"的加莱赛型战船和4艘阻塞船入役。由彼得一世亲自指挥的"普林西普号"大战船作为前往亚速的舰队的旗舰启航了。整个舰队出现在惊讶的土耳其人面前，他们甚至还没有拆除城墙上俄罗斯人的围困结构。他们相信沙皇在经历了前一年的惨痛教训后，会在很长一段时间忘记去要塞的路。同年5月27日，亚速海第一次看到了俄罗斯国旗。被小船围绕的战船舰队驶向公海。俄罗斯人有没有能力管理舰队，船只是否用潮湿的木材仓促建造，是否还有很多缺陷，这些都不重要。重要的是舰队现身的这一事实。1696年7月19日，亚速的敌人在严密包围下向俄罗斯投降。

亚速的胜利鼓舞了彼得，他下令恢复完全被毁的亚速，并让俄罗斯移民和定居者与失宠的射击军定居在此地及周边地区。沙皇没有等待达成和平协议来获得出海口，就下令（在1696年的沃罗涅日中队和沃罗涅日海军部的基础上）成立亚速海军，该海军已经是由大型海军舰艇组成了。1696年10月20日，波雅尔（大贵族）杜马做出了一个历史性的决定：通过了建设海军的法案。船舶的成本以非常税的形式与纳税人的数量成比例分配，一些富有的贵族和拥有数百户人家的修道院需要为所有船只的建造提供资金。

在亚速战役期间，彼得一世作为未来的改革者表现出了另一个重要特征。他并没有将自己局限于恢复被摧毁的亚速，而是决定在塔甘罗格建设一个港口和一座城市。按照起初的想法和原定计划，他们立刻着手开始在亚速海沿岸建造一座与传统的俄罗斯城市不同的城市。此次建设城市的经验被证明对未来的1703年涅瓦河首府和圣彼得堡的建设很重要，而塔甘罗格本身便成为摸索在荒漠地区建设城市方法和技术的试验场。

在亚速战役影响下，彼得第一次感受到了对俄罗斯、王朝、军队和人民的巨大责任感，而这个重担现在落在了他的肩上。沙皇从亚速战役开始，为祖国服务的行动开始计时，为俄罗斯服务的想法成为彼得大帝生活的主要核心，这并非巧合。他不只是坐在王位上，而以俄罗斯的名义为俄罗斯的未来努力服务的理想，使他的一生拥有了更高尚的意义。年轻沙皇曾经旷日持久的游戏和娱乐结束了——他是一个成年人了。

# 驻西欧大使馆

不知道彼得在什么时候以及在什么情况下产生了与大使一起出国的想法。与沙皇的许多其他行动一样，1697—1698年的这次旅行也是非同寻常的。在此之前俄罗斯都没有发生过类似事件，没有一位沙皇离开过自己的国家！彼得一世是以彼得·米哈伊洛夫的名义跟随大使馆人员出国的。这个使团可以称得上是一支伟大的外交商队。自古以来，俄罗斯沙皇都派出过这样的商队前往西欧——直到18世纪，俄罗斯在其他国家的首都都没有常驻的外交使团。因此，会时不时从莫斯科派出一个由一些贵族带领的大使团，先后走访几个国家，拜访国王和大公，与大臣们谈判。1697年春，彼得一世决定继续派遣使团开展此项工作。

大使团由三名全权大使率领：弗朗茨·勒夫特将军、外交部门主要负责人与大使团团长波雅尔（大贵族）费奥多尔·戈洛文和杜马书记普罗科菲·沃兹尼岑。大使团计划访问奥地利、荷兰、丹麦、英格兰、勃兰登堡（1699年前称普鲁士）、威尼斯和罗马的教皇。大使团的活动计划很广泛：谈判、招待会、会谈。在与土耳其人的战争中获得欧洲列强的支持和援助是俄罗斯外交使团的主要目标。

彼得化名彼得·米哈伊洛夫，作为一个平常贵族混在大使团的随从中。大使团由贵族、仆人、志愿兵组成，他们前去学习造船。彼得为什么这样做，无法给出确切的回答。也许彼得想避免为他安排冗长乏味的接待和仪式，这些他在国内早就无法忍受了。此外，可能主要的原因是，他希望在出国访问时能够活动自由来做自己喜欢的事情，而这些事可能与沙皇尊贵的头衔不符。

1697年4月1日，彼得随使团抵达了他出访的第一个外国城市——瑞典利沃尼亚的前首都里加。瑞典人对大使团进行了隆重的接待，假装没有注意到在贵族中的俄罗斯沙皇。总督埃里克·达尔伯格甚至禁止这位俄罗斯高级贵族及其随从检查和测量里加的防御工事。之后这便成为北方战争爆发的官方原因之一。但是，恼怒的彼得从里加前往库尔兰和勃兰登堡时，这些国家的最高政要和君主并没有犯这样的错误，而是在公开接待了大使团后，带着极大的尊重秘密地接待了彼得，大家都惊讶于这个不寻常的人。

彼得在去往荷兰的路上几乎没有停留。与其说他被好奇心所吸引，不如说他被学习的欲望所吸引，最重要的是，他被造船所吸引。8月，他赶在大使团到达之前就抵达了荷兰并居住在赞丹小镇。在这里，他立即在造船厂找到了一份木匠的工作。此外，他还视察了荷兰的工厂、造船厂、作坊，与名人、科学家、发明家交谈。荷兰吸引彼得一世并非没有原因。他听说过无数次这个尽管面积很小却很伟大的国家！商人拥有无数的宝藏，数百艘航行于全世界海洋的船只，银行，造船厂，工厂，舒适的城市，一流的港口，作坊，拥有伦勃朗、维米尔、哈尔斯画作的博物馆——所有这些财富都是荷兰人凭借勤奋、技能和天赋创造的。他们用自己的双手建设了自己的国家，从海洋上征服土地并用高大的水坝来保护，而这些土地甚至低于海平面！美丽的荷兰兴旺繁荣，到处是风景如画的农场、著名的磨坊、郁金香、舒适的城市，整洁的家庭主妇用肥皂水清洗房屋前的人行道。这个小民族多次抵挡住了强敌的进攻，守护住了自己的财富，勇敢地捍卫了民族的独立。

彼得在赞丹小镇住的时间不长。好奇的围观者从四面八方汇集而来，怀着令人难以置信的好奇心来观察俄罗斯沙皇，观察这个或是在造船厂挥舞着斧头，或是轻松地在城镇的街道上溜达或驾驶自己小船的沙皇。长此下去，彼得的生活和工作将大受影响。不久，彼得一世搬到阿姆斯特丹，与亚历山大·缅希科夫、亚历山大·基金和其他志愿兵一起，开始在东印度公司的造船厂建造"彼得保罗号"。他与其他工匠没有区别，人们只是称他为"木匠彼得"。有一次，两个英国贵族来看望沙皇，问师傅，在船台工作的人群中，哪位是俄国沙皇。师傅喊道："木匠彼得，你为什么不帮助你的战友？"英国人看到一个穿着皮围裙的高个子男人一言不发地放下斧头，把木头架在肩膀上。辛勤工作对彼得一世来说不是负担。他不知疲倦，并充满无限好奇。一天晚上，他乘坐一辆马车过一座桥，突然某些东西让他大为惊讶。沙皇停下来，手里拿着一个折尺，爬到桥的拱顶下，开始在黑暗中测量，并在灯笼的光线下将一些关于结构的数据记录在他的笔记本上。在空闲的日子里，他喜欢在阿姆斯特丹——运河和船舶之城——逛逛市场、商店和作坊。沙皇在那里学会了如何缝补自己的衣服，学会了如何做鞋，并在当地的牙医那里练习巧妙地拔牙，这让他的朝臣们感到大为震惊。冬天,当荷兰人在结冰的运河上欢快地滑冰时,彼得喜欢坐在小酒馆里喝杯啤酒。

在荷兰没住几个月,1698 年 1 月,彼得一世带着一小波随从搬到了英国。他想看看这个"世界熔炉"里的生活是怎样的,他梦想着去伦敦,与伟大的奥兰治亲王威廉三世交朋友。威廉三世也是荷兰的统治者——尼德兰执政——并赢得了对法国路易十四战争的辉煌胜利。还有一个实际的目标将这位造船沙皇吸引到了英国,他对荷兰的造船业失去了兴趣。在荷兰造船厂,一切都是基于匠人的丰富经验靠肉眼完成的。虽然成果总是不错的,但在俄罗斯不可能找到这么多工匠来快速建造数十艘船。彼得一世意识到仅仅挥动斧头是不够的,需要复杂的公式和图纸来设计和建造几十艘标准战舰。这些内容在英国教授那里可以找到。彼得去了那里,很快就学会了如何设计船只。英格兰让他感到震惊,尤其是它的舰队。为了这位俄罗斯客人,威廉三世特意安排了演习和模拟战斗。彼得十分高兴。然后沙皇对他不知好歹的下属不止一次地说到,英国海军上将的生活比俄罗斯沙皇的生活要好得多,"英格兰是世界上最好、最美丽的岛屿"。许多俄罗斯人到现在仍然认同这一点。

1698 年春天,彼得回到荷兰,与大使团穿越整个欧洲来到了维也纳。有一个版本说彼得从维也纳去了威尼斯。威尼斯档案馆保存了秘密警察的信息,一群不知名的俄罗斯人来到威尼斯一天并游览了这座城市。彼得本人可能是在这些俄罗斯人之中,他们想看看威尼斯潟湖这个奇迹。但彼得在维也纳没停留太久,不得不更改旅行计划的原因是收到了从俄罗斯传来有关射击军叛乱的消息……

[文 献]

年轻的彼得在国外引起了大众对他的兴趣,许多见过他的人都对这位俄罗斯沙皇有着非比寻常的记忆。他们其中一个人这样讲道:

"在任何地方,他都表现出非凡的好奇心,经常问到远远超出他所问问题的人的知识范围的事情。他微妙的观察力和特殊的理解天赋并不逊于他非凡的记忆力。许多人对他在工作中的敏捷感到惊讶,他甚至超越了业内有经验的人。"

在第一次出国时见到彼得的人注意到他脸上洋溢着特别的表情和神采、高大的身材、从容和乐观、与生俱来的深沉智慧、对工作的热爱以及……在与人打交道时非常粗俗，在餐桌上与他自己的随从和旁人交谈时的举止也很不得体。

## [笔　记]

　　彼得一世在完成欧洲之行后得出了什么结论？毕竟，他了解了荷兰、英国等世界上最富有、最发达的国家。他看到在这些国家人们的生活是多么的繁荣、舒适和富足。彼得赞赏西方文明的经济和军事实力。而对于每一个好奇的人来说，他在某个时刻想弄明白：人们在生活制度方面取得如此明显成功的原因是什么？这些国家的繁荣生活的机制是什么？这个社会是如何运作的？彼得表现出对奥兰治的威廉三世的钦佩，但也没有隐藏这样一个事实：威廉无论是在荷兰还是在英格兰都不像彼得一样掌握大权，他喜欢的这些国家都不是专制的君主制。我们知道彼得匆匆离开了荷兰最高立法机构，他对英格兰议会不予置评。

　　后来，众所周知，彼得非常明确地表示："英格兰式的自由完全不适用于俄罗斯，有必要了解一个民族并知道如何控制它。"怎么能不记得伊凡雷帝对伊丽莎白女王的轻蔑指责，后者让"商人"掌管一切。总之，在改革的概念中，在从一个极端到另一个极端的转变中，他显然是从这样一种观点出发的：在俄罗斯，拥有（正如他所认为的）懒惰、忘恩负义的人民，广阔的未开发空间，进步、胜利和繁荣的基础并不是他在西方看到的——议会制、阶级权利和选举产生的权力机构、财产制度，而是专制权力。他不止一次地表达了这个想法。在西方，充满对阿姆斯特丹和鲱鱼的喜爱，也只是为了尽可能多地吸收技术方面的实用功利知识，利用西方专家在技术、医学、建筑、军事事务等方面的经验，而不是政治及其他的人文学科。彼得得出了这样一个结论，直到现在许多非民主国家仍然在采用：为了让国家富强繁荣，需要迅速、不浪费时间地从西方引进一切所需的东西——工业、法律、习俗、书籍、服装、武器、技术。从那时起一直到最后，这个想法一直伴随着彼得，为了他的国家梦想，他倾注了自己的一生来实现这个想法。他不惜牺牲时间、金钱、自己、人民和俄罗斯来实现这个梦想。

# 1698年：射击军暴动，与妻子离婚

如果没有从收到的消息中得知，位于西部边境大卢基的蒙·格·罗曼达诺夫斯基大公的射击军发动叛乱并开往莫斯科。也许彼得一世会在国外停留更长时间，彼得一世日夜兼程仓促回到俄罗斯。与此同时，戈登将军率领忠于政府的军队在新耶路撒冷附近与叛军遭遇。经过一个小时的战斗，射击军溃败，随后其领导人被逮捕并迅速处决。抵达莫斯科后，彼得一世开始对叛乱进行调查，试图找出它的起源，查找射击军和索菲亚及其亲信之间关联的可能性。叛乱一定事出有因——叛乱分子利用沙皇不在俄罗斯的空当，打算将权力交还给失势的公主。

之前从来没有见过沙皇如此无情和残忍。众所周知，彼得本人参与了对射击军的审讯和酷刑。此外，他还大规模地公开处决叛乱分子，并强迫自己的亲信砍下被判死刑的射击军士兵的头颅。总共有两千多人在莫斯科及其周边地区被处决，其中大多数人未经调查或审判。

沙皇的暴行可以用他对过去的仇恨来解释，这种仇恨突然表现在处理射击军的叛乱上。显然，此时的沙皇感受到了紧张和恐惧。在酷刑和处决中穿插着彼得及其随行人员组织的盛大酒会，这使所发生的一切都变得阴暗可怕，不禁让人想起伊凡雷帝那个可怕的时期。处决一直持续到1700年初，沙皇对他的姐姐索菲亚和玛莎充满怒气。在搜查射击军的过程中查获的事实无疑表明，前统治者参与了这次阴谋，通过仆人和亲戚烹饪的馅饼隐藏来往书信。彼得亲自审问索菲亚和玛莎，但还是决定不折磨她们。然而，公主们的室内女眷不得不充分领略沙皇的愤怒——她们受到了残酷的折磨，其中一位怀孕的女人在可怕的折磨中分娩了。结果，索菲亚被隔离在新圣女修道院，以苏珊娜修女的名义被剃光头发，并于1704年在那里去世。彼得的另一位姐姐玛莎以玛格丽塔的名字剃度后当了修女，并被囚禁在圣母升天修道院（伊凡雷帝的旧巢穴）。她于1707年在那里去世。

通过残酷的屠杀，彼得一世试图消除反抗他的所有根源。此外，沙皇回到莫斯科后，下令剪掉自己亲信波雅尔（大贵族）们的胡须，并命令所有贵族换上欧式服装。连波雅尔（大贵族）的容貌都让他恼火，更别提他们的想法、行为、意图了。凭借这一象征性的举动，他开始了他的伟大改革。不久之后，剪胡子事件在阿斯特拉罕引发了一场血腥的起义。反叛者和彼得都明白正在发生的事情意味着什么。与胡须的斗争并不是沙皇心血来潮：胡须是一面旗帜，一种斗争的象征。没有胡子的是我们自己人，有胡子的就是陌生人，是敌人！不是每个人都有抵抗暴力的勇气。1704年，下诺夫哥罗德人阿列克谢·伊万诺夫来到莫斯科喊道"言行一致"。他被抓获并带到了刑讯室。审讯时他说："我来通知君主，他正在破坏基督教信仰，下令刮胡子，穿德意志衣服，抽烟。君主改变了一切！"他们拷问他是谁"教"他这么说的，以及他的同伙是谁，他在地牢里无法忍受折磨，最终死去。

这种胆大妄为的人很少，但也有很多人认为胡须和古装意味着虔诚，而这被反基督的沙皇残暴地摧毁了。这整个被称为"胡须"的运动给民众心里留下沉重感。让人记起一位学者的话："为了提升你的国家，有必要羞辱自己的国家吗？"然而，几年后，商人和市民又重新获得了留胡须的权利。那些愿意支付100、50或30卢布的人——根据他们的职位和地位——在他们的脖子上可以佩戴一个特殊的"胡须徽章"并可以炫耀自己的胡须。实在没什么可讲究的——那些用来炫耀的胡须也并没有得到尊重，年轻人很快就沉迷于剃须，并嘲笑自己无知的父亲把剃掉的胡须隐藏起来放在棺材里，这样就会在另外一个世界再重粘胡须以便体面示人。

回到家后，彼得一世甚至不想见他的妻子叶夫多基娅。他很久以前就决定了他们之间婚姻的命运——离婚。他期待着见到他的情妇安娜·蒙斯，安娜是来自德意志区的一位德意志葡萄酒商的女儿，是莱福尔将她介绍给了他。几年来，安娜一直是沙皇的情妇。即使彼得身在伦敦，但他当时就下令并说服他厌恶的叶夫多基娅自愿去修道院做修女——这是与她离婚的唯一方法。回到莫斯科后，沙皇发现自己的旨意尚未兑现，皇后仍住在克里姆林宫里。1698年8月31日，沙皇试图用四个小时说服他的妻子前往修道院，但无济于事。一个月后，彼得的儿子阿列克谢被从他的母亲身边带走，带到了普列奥布拉任斯基，交给了彼得的妹妹娜塔莉亚·阿列克谢耶芙娜，而叶夫多基娅被带到了苏兹达尔代祷修道院。

将叶夫多基娅送到修道院后，彼得获得了他需要的婚姻自由。他与安娜·蒙斯的恋情仍在继续。众所周知，如果不是在1702年他突然发现安娜对他不忠的话，他本来打算正式迎娶安娜。在施利塞尔堡附近溺水的萨克森外交官科尼塞克与安娜·蒙斯的爱情通信被彼得发现了。此后，安娜被软禁在家多年，之后嫁给了一位普鲁士特使。安娜于1714年去世。

## [人　物]

### 叶夫多基娅·费奥多罗芙娜

1689年，17岁的沙皇彼得一世的亲戚在没有征得他同意的情况下，让他"娶了"20岁的女孩叶夫多基娅·费奥多芙娜·洛普金娜。这场婚姻是纳雷什金家族对抗米洛斯拉夫斯基家族阴谋的一部分，后者让伊凡沙皇"娶了"普拉斯科维娅·萨尔蒂科娃。彼得和叶夫多基娅一起生活了将近10年，叶夫多基娅生下了三个儿子，只有阿列克谢幸存下来，但是夫妻俩的生活并不幸福。叶夫多基娅明显与彼得不般配，他们仿佛生活在不同的时代、不同的世纪里：彼得感觉自己生活在18世纪自由、开放、实用主义的欧洲，而在传统思想培育下长大的叶夫多基娅则保留了俄罗斯17世纪的思想，要求女性遵循深闺习俗，因循保守……因此，夫妻的性格大相径庭。彼得的冲动、傲慢、自私与叶夫多基娅的固执和不满针尖对麦芒。叶夫多基娅是一个自傲和固执的人，她接受不了彼得不安分的生活方式。多年来，夫妻之间的鸿沟越来越深，尤其是在安娜·蒙斯出现后。1698年，在沙皇的授意下，事情以叶夫多基娅被带到了苏兹达尔代祷修道院而收场。这个29岁、充满力量的女人拼命抵抗：她不想被活生生地关在牢房里。裹头巾之后成为名为艾琳娜的修女，叶夫多基娅并没有接受命运的安排。很快她就扔掉了她的修女服开始正常的生活。

她被允许作为一个世俗的女人、作为一个朝圣者居住在修道院。1710年，她与斯捷潘·格列博夫少校开始了一段短暂而暴风雨般的恋情。在保存下来的信中，叶夫多基娅写给他，说自己是一个喜怒无常、活泼而感性的女人："你这么快就忘了我。无法取悦你。这还不够，很清楚，你的脸，你的手，你身体的全部，你的手脚关节都被我的泪水浇灌……"1718年，王子阿列克谢案被揭开，格列博夫也被牵扯其中，与叶夫多基娅的信也就被发现了。在地牢中的一次审讯中，叶夫多基娅被迫签署了一份忏悔字据——这是俄罗斯历史上少见的文件之一："我，前皇后，修女艾琳娜……在与斯捷潘的口供中承认，在他募兵时曾与他一夜风流，一切错在我；我亲笔写下，艾琳娜。"为什么彼得需要这样的字据？大概是为了更狠更可怕地打击和羞辱自己的前妻和儿子。叶夫多基娅和格列博夫的通奸甚至被写在一份文告中，在整个俄罗斯都被传阅……格列博夫在红场中央被活生生刺穿身体，被苦苦折磨了将近一天。为了不让他因寒冷而太早死亡，刽子手给他披上了一件短皮大衣……这期间，从头到尾，一名神父站在行刑处附近等待他忏悔。没预料到的是——格列博夫在沉默中死去……对于彼得来说，这样一个倔强与自尊的臣民死去——违背理性的声音和不被痛苦的恐惧支配——这样的结果是出乎意料的。任何一个罪犯都没有权利昂首阔步走向自由或下一个世界——这就是专制权力的永恒原则。彼得没有忘记这一点。1721年，他下令每年在所有教堂中都要对斯捷潘·格列博夫进行诅咒，就像之前对格里什卡·奥特列皮耶夫、斯捷潘·拉津、万卡·马泽帕所做的那样……多么可怕的国家罪犯！而在他们之中，有的只是前公主的同居者。

修女艾琳娜还在新拉多加的监狱修道院里等待，那里有着连看守都受不了的严寒，他们请求当局从那里"调离"他们。然后她被转移到施利塞尔堡——众所周知，这个地方也没有好到哪去。当彼得于1725年1月去世，叶卡捷琳娜一世登上王位时，囚犯的生活变得更糟。直到1727年春天，随着她自己的孙子、沙皇阿列克谢的儿子彼得二世继位，叶夫多基娅才被释放并被带到了莫斯科。但她不再有任何政治影响力，并于1731年在索菲亚公主曾经结束生命的新圣女修道院去世。

# 在北方战争前夕

在国外，彼得密切关注欧洲的国际形势，关注大使团同荷兰、普鲁士和奥地利谈判的进展。他注意到欧洲的局势越来越紧张，越来越危险。长期以来，欧洲一直是英国、法国、荷兰、奥地利等大国之间激烈竞争的舞台。他们的统治者正在等待年老体弱的西班牙国王查理二世死去。查理二世没有子女，许多人想要得到西班牙王位，但继承顺序排在第一位的是强大而好斗的法国国王路易十四的孙子安茹公爵。在这种情况下，英国、荷兰和奥地利不可避免地强烈反对法国实力的增强。一场战争即将来临，这场战争在历史上被称为西班牙王位继承战争（1702—1713年）。俄罗斯不打算干预即将到来的冲突，但彼得在考虑其国家政策的未来方向时，试图将这一冲突考虑在内并加以利用。

还有一些事情需要考虑——俄罗斯正处于十字路口。在整个17世纪，三个政策方向对俄罗斯至关重要：南部与土耳其及其附庸克里米亚汗国的关系，西部与波兰（波兰立陶宛联盟）的关系，最后是西北部与瑞典的关系。俄罗斯同这几个国家的关系在17世纪不平衡且戏剧性地发展。几个世纪以来，鞑靼人袭击的威胁笼罩着俄罗斯南部的土地。克里米亚认为自己是金帐汗国的继承者，并将俄罗斯视为附庸，要求每年缴纳贡品，这在莫斯科被谦虚地称为礼物——"纪念品"。尽管如此，即使在彼得统治时期，这些"纪念品"也被运送到了巴赫奇萨莱。这并没有使俄罗斯免于袭击，在整个17世纪，游牧民族犯下了无数罪行，数十万俄罗斯人被从俄罗斯的村庄和城市俘获，他们在伊斯坦布尔和中东的市场上被当作奴隶贩卖。

当奥斯曼帝国这个强大而又有侵略性的国家将克里米亚纳入自己的统治之下时，其军队威胁着整个欧洲，而从南方对俄罗斯的威胁也增加了。土耳其人在黑海北部地区站稳脚跟，而且没有打消向北方即乌克兰扩张的企图，自17世纪中叶以来，乌克兰已成为俄罗斯和波兰之间接连不断斗争的战场。如上所述，应"神圣同盟"——奥地利、威尼斯和波兰——的要求,俄罗斯对鞑靼人和土耳其人发动了克里米亚战役(1687年和1689年)和亚速战役(1695年和1696年)。到1697年春天,俄罗斯大使团启程前往欧洲时,同盟对奥斯曼帝国的战争尚未结束,但双方实际上并没有进行军事行动。大使团应该唤醒沉睡的盟友。彼得当时正陶醉于亚速战役的胜利,并正在考虑扩大他在南部的统治,为此他在沃罗涅日建立了一支舰队,建立了塔甘罗格和其他堡垒。在彼得看来,占领黑海可以使俄罗斯控制战略空间,是俄罗斯崛起的坚实基础。但是单独与土耳其人作战是很困难的。奥斯曼帝国的力量是众所周知的,为了彻底解决这场旷日持久的战争,需要盟友之间充分的协调和积极的行动。

前往各国使馆时,彼得希望吸引新的欧洲君主加入与土耳其人的战争中,为此他与勃兰登堡、荷兰和英国举行了会谈。会谈并没有取得任何成果。奥地利和其他国家——神圣同盟成员国——正准备在欧洲发动一场大战(即"西班牙王位继承战争"),土耳其的问题并没对他们形成困扰。另一方面,彼得完全明白,单靠自己的力量是无法到达黑海沿岸的。

长期以来,当时的波兰并不适合成为对抗土耳其人的真正的盟友。但在1696年6月,波兰国王扬·索别斯基去世,波兰开始了一段"无王者"的艰难时期,当时波兰王位的各个候选人之间爆发了一场场殊死的斗争。彼得并没有忽视波兰事务,作为俄罗斯沙皇,他对波兰立陶宛联邦本身的力量调整非常感兴趣。17世纪,俄罗斯和波兰处于敌对关系,而且经常公开敌对关系。在17世纪初的动荡时期之后,当波兰占领并夺取俄罗斯西部土地时,俄罗斯独裁者为夺回这些土地而战,尤其是斯摩棱斯克。在1650年代至1660年代,乌克兰成为邻国关系的争论焦点。经过漫长的战争,俄罗斯重新获得了新领地,并根据1686年的《永恒和平条约》,获得了乌克兰的首都基辅。

在17世纪,波兰国家实力逐渐衰弱,俄罗斯在其内政中的影响力增加。当扬·索别斯基国王去世后,波兰人开始在两位波兰王位候选人——法国王子孔德和萨克森选帝侯弗里德里希·奥古斯特——之间进行选择时,彼得毫不迟疑地介入了邻国的内政。孔德是土耳其传统盟友路易十四的亲信,这一人选断然不适合俄罗斯。因此,彼得给华沙的绅士写了一封充满警告和威胁意味的信。

总之,彼得已经准备好用火和剑来支持更能被俄罗斯接受的萨克森选民候选人,弗里德里希·奥古斯特在1697秋季成为波兰国王奥古斯特二世，他自然而然地成为俄罗斯的盟友。在1698年夏天从奥地利返回的途中，彼得一世在波兰城市拉瓦-鲁斯卡停留，并会见了奥古斯特二世，这更印证了双方的盟友关系。他们立即找到了共同语言，并彼此欣赏。两人都很年轻，年龄几乎相同（奥古斯特出生于1670年，彼得出生于1672年）。像彼得一样，奥古斯特是一个高大强壮的人，这一特点反映在他的封号上。同样，奥古斯特也刚刚开始他的政治生涯，他既对强大他的家乡萨克森（他继续担任该邦国的选侯）感兴趣，也希望巩固他在波兰的权力。这只能通过个人权威和在未来战胜敌对势力来实现。

目前尚不清楚俄罗斯的外交政策在何时以及在何种情况下发生变化，导致它与萨克森、丹麦建立军事联盟，并与瑞典开战。不能排除的是两位君主的谈话，表达了对瑞典采取联合行动的想法，他们口中说出了一个决定性的话语，几乎决定了整个北欧未来四分之一世纪的发展。彼得回国之后，俄罗斯、丹麦和萨克森外交官之间的秘密谈判就开始了，这绝非巧合。

[文 献]

到了彼得大帝时代，在与波兰的关系中，俄罗斯越来越频繁地开始利用黄金对非常贪婪的波兰贵族进行收买，试图使一个贵族团体与另一个贵族团体对立起来，通过保留士绅的无限自由来破坏波兰的国家体制，从而实现全面削弱波兰立陶宛联邦的最终目标。与此同时，俄罗斯开始将波兰视为其影响力的区域，并拼命抵制其他大国特别是法国对波兰事务的干涉，而法国总是准备好波兰王位的候选人。正是在1697年，在华沙宣读了文中提到的俄罗斯沙皇的公文。

"我们，伟大的君主，我们的皇室陛下，与你们的君主、波兰的国王们一直保持着友谊，所以不希望贵方有这样一位受到法国和土耳其一方支持的国王，我们希望您（波兰立陶宛联邦的贵族）一起登上波兰立陶宛联邦和立陶宛大公国的宝座……成为民众的国王，即他可以是任何人，只要不与我们敌对。"

为了让沙皇的公文在华沙听起来更有分量，蒙·格·罗曼达诺夫斯基的60000人军团被命令越过波兰边境。

[笔 记]

彼得和奥古斯特当时都很年轻且傲慢。奥古斯特二世和彼得一世即将拔剑相向来决定谁才是北方真正的统治者。在此之前，一个半世纪以来，瑞典与其邻国——俄罗斯、丹麦、波兰立陶宛联邦、勃兰登堡（普鲁士）——进行了长期战争。胜利女神一直在垂青瑞典人，他们在战场上击败了所有敌人。瑞典帝国的扩张始于16世纪中叶，当时国王埃里克十四世从丹麦手中夺取了雷维尔（现为塔林）。之后瑞典人占领了利沃尼亚和芬兰。国王统帅古斯塔夫二世·阿道夫在17世纪初期的军事行动中取得了巨大的成功，用武力强迫俄罗斯割让古老的诺夫哥罗德土地——卡累利阿地区和英格里亚（伊佐尔斯基地区），并从波兰立陶宛联邦手中夺取了里加和利沃尼亚。除此之外瑞典人在17世纪初长期占领大诺夫哥罗德和普斯科夫。

瑞典在三十年战争中取得了胜利。瑞典帝国在德意志北部，即波美拉尼亚获得了广阔的土地。17世纪40—50年代与丹麦的战争给瑞典带来了丰厚的战利品——斯堪的纳维亚半岛南部（斯科讷）和挪威东部。1655年到1660年与俄罗斯人和波兰人的战争中，瑞典人捍卫了他们在波罗的海南部和东部的控制权。最终，17世纪下半叶，瑞典帝国的领土从北海一直延伸到巴伦支海。与此同时，波罗的海几乎成为瑞典的内海。瑞典在所有地区的统治权都得到其邻国的承认，他们被迫与瑞典签署边界条约并不断对此予以确认。俄罗斯也同瑞典签订了类似的条约，分别是1617年的《斯托尔波沃和约》和1667年的《卡迪斯和约》。

瑞典只有200万人口，但发达的采矿和冶金工业以及国王和贵族的勇敢好战使其成为一个强国。指挥官的超前战略，官兵的经验和勇气，是瑞典人取得辉煌胜利的关键。同样重要的是，瑞典军队由从特殊军区周围的农村居民中招募的军团组成。和平时期，士兵和军官在农村生活。单一组成的军队非常团结并拥有强大的战斗力。只有几个国家结盟才能对瑞典采取军事行动，可见瑞典的军事力量有多么强大。

在17世纪末，瑞典和以前一样，对于俄罗斯而言，仍然是骄傲和强大的邻国。无论俄罗斯外交官多么努力地试图让瑞典废除1617年屈辱的《斯托尔波沃和约》并归还俄罗斯沿涅瓦河和卡累利阿的土地，但一直没取得任何的进展。因此，在1676年的俄瑞谈判中，沙皇大使们声称"即使发生战争，也不会拱手让出一个村庄"。有时，瑞典外交官在没有完成谈判的情况下，就收起帐篷（通常谈判是在边境的普柳萨河边）回家。事实上在17世纪末，瑞典并不想与邻国发生冲突。这是由其国内的形势决定的。1697年，国王查理十一世去世，15岁的少年卡尔十二世继位，他没有任何治国理军的经验。因此，瑞典人以各种可能的方式向俄罗斯展示了他们希望和平的意愿，他们在1697年向彼得的亚速舰队赠送了300门大炮，并在1699年派出了大使团，保证他们将"神圣地遵守与俄罗斯的所有和约"。瑞典外交官还要求俄罗斯沙皇郑重确认这些条约。而此时，彼得和他的达官显贵们处境很艰难。一方面，他们不希望引起瑞典人的怀疑；另一方面，不想违背对上帝的起誓，以便之后在不可避免地与瑞典决裂之时，他们不会被视为背誓者。1700年夏天，彼得一世的亲信雅科夫·希尔科夫大公率领大使团回访斯德哥尔摩，并向卡尔十二世递交了沙皇彼得的友谊保证书。几乎在同一天，俄罗斯在莫斯科宣布与瑞典开战。

## 北方联盟的成立：北方战争

瑞典人的担忧并不是无理由的。早在1698年，他们就意识到俄罗斯人正在与萨克森和丹麦外交官进行谈判，以缔结针对瑞典的联盟。事实确实如此。谈判很艰难，拖了两年之久，各方从一开始就试图让自己占据最有利的局面，并最终从未被杀死的"瑞典狮子"的皮毛中获取最大的一块（三冠下的狮子是瑞典王国的象征）。奥古斯特二世声称在北方联盟中担任领导角色。他打算攻占瑞典海外最富有的地区——利沃尼亚与里加。这将扩大奥古斯特二世在波兰乃至整个波罗的海地区的影响力。按照奥古斯特二世的计划，俄罗斯被赋予了配角地位。

在当时的描述中，彼得还未成为经验丰富、精通国际事务的外交官。起初，他不顾一切地信任奥古斯特，因此同意担任萨克森助手的角色。同时，俄罗斯为自己制定的任务对于其未来而言是严肃且重要的。正如他们当时所说，这是关于"祖国和祖父"的回归——瑞典利用俄罗斯正处于衰弱时期和17世纪初的混乱之中，趁机夺取了俄罗斯人的土地。这不仅仅是战争爆发的正式原因。作为一个独裁者，俄罗斯沙皇的后裔彼得想把长久以来属于俄罗斯的东西夺回来，这被彼得视为恢复正义和洗去曾经失败耻辱的使命。与此同时，彼得也希望俄罗斯领土能直通大海。在此之前的几年中，俄罗斯以同样的方式冲向了亚速海。在当时国家的独立首先被理解为贸易和国际关系的自由，不通过第三国就能够直接通过海洋与其他国家进行沟通。

彼得在与瑞典人开战路上的唯一阻碍是与土耳其尚未达成和解。1699年，杜马书记叶梅利安·乌克兰塞夫乘坐"堡垒号"船驶往伊斯坦布尔，并在那里进行了相当漫长的和平谈判。与萨克森的同盟条约于1699年11月11日在普列奥布拉任斯基签署。俄罗斯承诺在与土耳其缔结和平条约后立即与瑞典开战。具有象征意义的是，许多年后，在1722年庆祝与瑞典签订新城条约的第一天，彼得亲手放火烧毁了自己度过童年的木制普列奥布拉任斯基宫，因为就在1699年从那里爆发了战争之火。

丹麦国王的大使团也抵达莫斯科。俄罗斯与这个遥远但强大的国家因对瑞典的共同仇恨而联系在一起。波罗的海沿岸没有哪个国家像丹麦一样会受到瑞典如此长期残酷的压迫。瑞典人经常与丹麦人作战，并不断剥夺他们在斯堪的纳维亚半岛的领土。17世纪末，瑞典人包围了丹麦，并从大陆一侧将他们的军队驻扎在与丹麦相邻的荷尔斯泰因公国。因此，1700年9月14日丹麦与萨克森的联合条约在萨克森首府德累斯顿签署之后，丹麦军队便进入荷尔斯泰因，围攻勒嫩堡要塞。萨克森人甚至更早地开始了战争。早在1700年2月上旬，他们便不宣而战攻入了利沃尼亚，并包围了里加。

最终在1700年8月8日，莫斯科收到了乌克兰塞夫与土耳其人缔结和约的消息。在莫斯科的街头，准备已久的关于俄罗斯加入对瑞典战争的法令开始宣读。众所周知，彼得确实渴望开战，根据丹麦大使的说法，"沙皇全身心地投入到战争事业中……他的愤怒越来越强烈，他常常含泪，对君士坦丁堡谈判放缓表示不满"。在最后一刻，彼得屈服于奥古斯特二世的要求，放弃了英格里亚（涅瓦河地区），下令将部队派往爱沙尼亚边境，那里有两座位于河岸边的瑞典堡垒——纳罗瓦河-伊万哥罗德和纳尔瓦。俄罗斯军队将进攻这里，吸引里加的瑞典军队增援，从而帮助萨克森人。

9月11日，一支近4万人的庞大的俄罗斯军队逼近纳尔瓦，那里的驻军人数甚至不足2000人。于是，持续21年的北方战争开始了。战争在新一代人出生、长大甚至成人时才结束，对他们来说，1700年"邪恶"纳尔瓦的记忆已经成为一个传说。

[文　献]

北方战争开始时，一个相当有影响的人物是利沃尼亚贵族冯·帕特库尔，他离开了瑞典，一开始为奥古斯特二世效力，之后为彼得一世效力。他是一个雄心勃勃、相当务实，又有一些愤世嫉俗的人物，总是试图在任何地方都担任首要角色。1699年，他为奥古斯特二世编写了关于北方联盟成立条款和与彼得一世缔结条约的备忘录。在备忘录中关于俄罗斯的内容如下：

"……莫斯科是第三个需要特别注意的势力。沙皇的援助最值得信赖，因为他本人向国王陛下（奥古斯特二世）提议与瑞典开战……一切都取决于沙皇的援助……沙皇有义务在金钱和军队上帮助国王陛下，尤其是步兵，他们非常有能力在战壕中作战，并在敌人的射击下英勇死去，这将拯救国王陛下的部队，国王陛下的部队此时仅用于掩护。此外，在某些情况下，有必要用条约将这个强大的盟友束缚住，这样他就不会在我们眼前独吞我们获得的那块，也就是说，这样他就不会占有利沃尼亚。有必要在条约中明确应该属于他的东西，要做到这一点，需要向他展示他的祖先证明他们对利沃尼亚所有权的荒谬说辞，并通过历史和地理来解释他们可以向哪些土地提出公平的主张，也就是说，不要超过英格曼兰和卡累利阿。"

帕特库尔认为俄罗斯是一头听话的大象，是取之不尽的炮灰和金钱的来源，彼得的许多盟友都认同这一点。帕特库尔的担心得到了验证——俄罗斯并没有将自己局限于"祖国和祖父"丢失的领土，而是占领了奥古斯特想得到的埃斯特兰和利沃尼亚。但帕特库尔无从得知此事。1705年，作为俄罗斯在奥古斯特宫廷的大使，他被移交给瑞典人，并根据卡尔十二世的法令以叛国罪被处决。

## "纳尔瓦的混乱"

事实证明，纳尔瓦要塞异常坚固，对它的围攻一直持续到深秋。俄罗斯军队等待了很长时间，等待攻城炮的到来。没有攻城炮，就不可能攻破纳尔瓦强大的防御工事，而泥泞的道路阻碍了攻城炮运往纳尔瓦河岸。1700年10月20日俄军才第一次成功地向纳尔瓦要塞的防御工事进行了炮击。但炮兵准备只是围攻的开始——这是一个复杂的军事问题。

与此同时，俄军的处境也一天比一天危险：许多攻城武器和火药甚至不能使用；对伊万哥罗德薄弱的防御工事发动了三次进攻，均以失败告终；军营里开始出现瘟疫。盟军的情况更糟。在纳尔瓦附近，1700年7月14日，瑞典军队轰炸了哥本哈根，随后登陆并包围了丹麦首都。这出乎所有人的意料，丹麦人对瑞典的偷袭没有任何准备，而后立即请求和平谈判。和约是在德国特拉文达尔城堡签署的。丹麦国王腓特烈四世满足了卡尔十二世的所有要求：丹麦退出战争并退出北方联盟。里加附近的奥古斯特二世也传来坏消息，由于害怕卡尔十二世的进攻，奥古斯特二世前往波兰。现在只剩下俄罗斯与它的对手一对一较量。10月初，俄军司令部获悉，瑞典军队由国王率领，在佩尔瑙（派尔努）登陆，攻向雷瓦尔（塔林）。11月16日，卡尔十二世袭击了鲍里斯·彼得罗维奇·舍列梅捷夫的骑兵，迫使他从通往纳尔瓦的道路上撤退。很明显，卡尔十二世正朝着被围困的堡垒前进，以营救堡垒驻军。面对驻扎在附近的2.5倍于己的俄军，卡尔十二世唯一的优势就是敏捷的速度和冲击。

1700年11月19日，瑞典军队迅速袭击了俄罗斯军队的营地。他们成功突破了防御工事，俄罗斯军队陷入恐慌。俄罗斯士兵冲向纳尔瓦河上唯一的桥，人群开始互相踩踏并压垮了桥，成千上万的人落入了冰冷的水中。舍列梅捷夫的骑兵也慌了手脚，骑兵冲向纳尔瓦，在损失千人的情况下，渡河到达安全的对岸。只有近卫军团——普列奥布拉任斯基团、谢苗诺夫斯基团以及列福尔托沃团顽强迎击了敌人并设法守住了阵地。当天晚上，俄罗斯指挥部决定投降。俄罗斯军队将旗帜和大炮交给胜利者后，开始沿着仓促修复的浮桥越过纳尔瓦河。瑞典人没有信守诺言，开始从俄罗斯士兵手中夺取武器，掠夺辎重。许多俄罗斯军队的将领和军官被瑞典人扣押，他们被带到瑞典，在那里，他们在监狱里度过了很多年。

而此时，彼得并不在纳尔瓦前线。在纳尔瓦惨败的前一天，他带着部队的总司令戈洛文和他的宠臣缅希科夫匆忙离开营地，前往大诺夫哥罗德。没有理由指责彼得是怯懦的——在亚速城的城墙下，他已经展示了自己的勇敢。或许，彼得不知道卡尔十二世的军事天赋，认为他不敢立即攻击俄罗斯人的优势部队，而是会选择机动，寻找机会与被围困的驻军联系。或许，彼得离开纳尔瓦附近的营地，决定不再冒险，是因为如果他投降或死亡，战争的失败将不可避免。尽管彼得充满勇气，但也需要避免冒不必要的风险。

彼得一世在诺夫哥罗德得到惨败的消息，但并没有陷入绝望，也没有示弱。相反，正如他在困难时刻经常表现的那样，他振作起来，并开始行动。在彼得同他亲信的信件和命令中证明了他的决心和意志。

在诺夫哥罗德停顿下来之后，彼得一世试图用剩余的部队封锁通往莫斯科的道路，同时指示舍列梅捷夫骚扰敌军。然而，这一切都取决于纳尔瓦获胜者的下一步行动。卡尔十二世解除了纳尔瓦的围困并击败了俄罗斯军队，但他没有趁机扩大战果，而是在塔尔图附近以备再战。从这里有两条路摆在卡尔十二世面前：一条到俄罗斯，进攻普斯科夫、诺夫哥罗德和莫斯科；另一条到利沃尼亚和里加。彼得一世已经被打败，构不成威胁。因此，卡尔十二世决定首先对付奥古斯特——毕竟萨克森军队驻扎在利沃尼亚，对瑞典在波罗的海的领地构成了严重威胁。此外，卡尔十二世对这位气势磅礴、野心勃勃的波兰国王也有一种报复心态，他想羞辱奥古斯特，想尽一切办法"给他一个教训"。因此，在1701年春天，他将部队转向里加，而不是普斯科夫。彼得此时可以感谢上帝让他得到了一个喘息的机会，使他有机会重振战败的军队并恢复军事行动。

尽管遭遇挫折，沙皇仍试图维持战败后破裂的北方联盟。1701年2月，彼得在立陶宛城市比尔扎伊会见了奥古斯特二世，并确保了联盟条约的有效。为此，俄罗斯承诺用金钱和士兵帮助奥古斯特。但在1701年夏天，沙皇收到了新的令人痛心的消息——卡尔十二世在里加附近击败了萨克森人,而列普宁将军的俄罗斯军队在没有盟友帮助的情况下,沿着普斯科夫撤退。卡尔十二世没有追击匆忙撤退的俄军,他强烈渴望击败奥古斯特二世,他认为奥古斯特二世是一个不光彩且不值得尊重的君主。

1701年和1702年,彼得在高强度的工作中度过。由陆军元帅舍列梅捷夫指挥的俄罗斯军队执行了沙皇信中概述的计划,即不断地破坏敌人的领地。舍列梅捷夫利用瑞典军队的主力离开利沃尼亚和爱沙尼亚,开始持续谨慎地对瑞典的领地进行攻击和突袭。俄军蹂躏了瑞典最富裕的省份:他们烧毁城市、村庄和农场,毁坏庄稼,并将当地居民劫持。这些残暴行动的目的是恐吓当地民众,并抢夺瑞典军队的补给和基地。1701—1702年间,俄军攻占了瑞典8座小要塞和城市,烧毁了600多个村庄和庄园。

1701年夏天,舍列梅捷夫在南爱沙尼亚赢得了对瑞典人的第一次显著胜利,之后又取得了接连不断的新的胜利。这些胜利积少成多,对尚未从纳尔瓦的失败中恢复过来的俄罗斯军队的士气提升有着极大的促进作用。此外,新招募的士兵还在小规模的战斗和冲突中获得了战斗经验。

1701年夏,俄罗斯军队击退了瑞典海军对阿尔汉格尔斯克的攻击。阿尔汉格尔斯克是俄罗斯最重要的港口,大部分的必需品都通过这个港口从西方运送进来。炮兵瞄准手伊万·里亚博夫表现英勇,在诺沃德斯克要塞的炮火攻击下,两艘瑞典战舰搁浅,瑞典舰队无法通过要塞,瑞典人摧毁俄罗斯主要港口的计划失败了。

[文 献]

在1700年11月至12月那些令人难忘的艰难日子里,彼得着手恢复军队的实力。他非常担心瑞典人进军普斯科夫和诺夫哥罗德。这些要塞被紧急加固,每个人都参与施工行动,包括年长的诺夫哥罗德都主教约伯。应沙皇之命,诺夫哥罗德军团的贵族们从四面八方赶来。1700年12月5日,彼得写信给舍列梅捷夫,这位将军刚刚带领疲惫的骑兵离开纳尔瓦。显然,舍列梅捷夫认为冬歇期已经到来,并希望骑兵得到休整。但完全不是那么回事,彼得警告舍列梅捷夫,让他即使在冬天也要继续战斗:"不管任何情况,我命令你的骑兵继续行动,保护已占领的地区(为了将来的行动）并继续攻占新的地区以杀伤敌人。也没什么好辩解的，军队数量足够，而且江河沼泽都结冰了……"

这种专注和决心成为彼得未来岁月的主要特征。

* * *

在舍列梅捷夫的部队完成行军开始过冬后，荷兰人德布鲁因在莫斯科写道：

9月14日，大约800名瑞典俘虏，包括男人、女人和儿童被带到莫斯科。起初，他们以每人3或4荷兰盾的价格出售，但几天后，他们的价格升至20甚至30荷兰盾。外国人以如此便宜的价格购买了俘虏，反而让这些俘虏感到高兴，因为外国人购买他们只是为了在战争期间让他们服务，战后他们就能恢复自由身。俄罗斯人也买了许多这样的俘虏，但其中最不幸的是那些落入鞑靼人手中的人，他们失去自由成为奴隶——这是最悲惨的情况。

总的来说，当时的俘虏，无论是军人还是平民的处境都非常悲惨。七年战争前，俄罗斯军队盛行一种古老的传统，将俘虏的士兵和被征服国家的平民，连同他们的财产、牲畜等都被视为胜利者的战利品。根据这种传统，所有囚犯都成为"俘虏"，换句话说是成为奴隶，无论该人以前的身份是士兵还是军官，无论他们的地位、财产如何。谋杀囚犯不被认为是犯罪，在那个时代，被俘家庭成员的分离和买卖、对妇女和儿童的暴力行为是司空见惯的。

[人　物]

### 鲍里斯·彼得罗维奇·舍列梅捷夫

几乎在整个北方战争中，鲍里斯·彼得罗维奇·舍列梅捷夫都是俄罗斯军队的总司令、最年长的陆军元帅，他受人尊敬且出身名门望族。舍列梅捷夫从小就忠实地为君主服务，是世袭的职业军人和外交官。舍列梅捷夫身材高大，甚至称得上肥胖，他脸色苍白，眼睛呈蓝色，他的庄重、高贵、沉着、礼貌和良好的举止让他在众多贵族中脱颖而出。舍列梅捷夫曾多次出国旅行，对西方风俗习惯了如指掌，甚至在彼得改革之前，他就剃了胡子，穿着时髦的欧洲服装。

然而，舍列梅捷夫虽然有功绩，但他并不是一个杰出的人，他仍然是一个完全普通，并且不出众、没有想象力和精神追求的人。"我没有好钻研的精神。"他在写给朋友阿普拉克辛的一封信中承认。但另一方面，在最激烈的战斗中他总能给部下带来信心和勇气，也许这就是彼得将自己的军队托付给他的原因。尽管彼得总是对舍列梅捷夫的迟钝感到不满，但彼得并不急于放弃舍列梅捷夫，并没有解雇他，因为彼得知道"老马不会破坏犁沟，俄罗斯人不会徒然冒险"。舍列梅捷夫知道，彼得不喜欢冒险，并在保护自己的军队。此外，在军事环境中总是有一定的"分数"，根据这个，按出身、贵族血统、服务年限、资历划分，舍列梅捷夫无疑排第一。他尽可能在俄罗斯发动了一场"非英雄"但理性的战争：慢慢地，以巨大的优势力量，向前推进并站稳脚跟，等待君主的新命令。

但总的来说，元帅的生活是艰苦的，是非常令人感到疲惫的。对敌人来说，舍列梅捷夫是可怕的，他被一种可怕的责任压着：他一直感到担忧，不仅为托付给他的军队，也为自己。彼得利用舍列梅捷夫的能力和经验，但并不完全信任他，因为他是老贵族的代表。彼得会避开他，不让他进入自己的核心圈子，并派间谍到陆军元帅的总部监视他。在这个不稳定、不可靠的位置上，舍列梅捷夫总是害怕激怒君主，害怕失去他的仁慈、奖励和赞美。舍列梅捷夫于1719年2月17日在莫斯科去世，直到最后，他的意志和身心都没有得到安宁。为皇家服务占据了舍列梅捷夫所有的时间，吞噬了他的一生。作为俄罗斯最富有的地主，舍列梅捷夫很少去过自己的庄园。他多次试图辞职。"我的上帝，"他写信给阿普拉克辛，"让我们摆脱不幸，让我们在这个世界上至少存在一点点平静，尽管我们可以在其中生活那么一小会儿。"舍列梅捷夫试图前往基辅佩乔尔斯克修道院，但被彼得嘲笑，并命令他娶一个年轻女子来代替他修行。1718年，病重的舍列梅捷夫在遗嘱中要求将他埋葬在基辅佩乔尔斯克修道院——"我没能在那里生活，但我将会躺在这个神圣的地方！"但君主另有决定。舍列梅捷夫被安葬在亚历山大涅夫斯基修道院。因此，尽管老元帅死了，他仍要服务于国家，继续在永恒的恐惧和囚禁中生活——这是这座著名墓园建立的目的。

# "攻下硬骨头"

到了1702的夏天，很明显，征服爱沙尼亚和利沃尼亚并不是彼得在这场战争中的主要目的，他制订了一个独立的并让冲突的所有参与者出乎意料的行动计划。1702年初，彼得决定为俄罗斯征服瑞典的英格里亚，他精心准备了行动计划。为了转移已经进军波兰的卡尔十二世的注意力，彼得命令舍列梅捷夫的军队骚扰里加以及利沃尼亚和爱沙尼亚的其他大型要塞。与此同时，后方的工作也在艰苦地进行着：部队正在秘密部署，在拉多加和其他边境城市，储存了大量用于围攻和占领要塞的弹药和装备。1702年夏天，彼得启程前往阿尔汉格尔斯克。8月19日，他从海边的纽赫奇村写信给奥古斯特二世，含糊其词道："我们正在靠近敌人的边界，当然，在上帝的帮助下，我们打算做一些创举。"究竟是怎样的"创举"，在8月底就将为人所知。

事实证明，彼得确定了白海海岸线距离奥涅加湖仅170俄里，之间由斯维尔河与拉多加湖相连，进而与涅瓦河相连。彼得下令铺设一条穿过森林的道路，并运用俄罗斯纤夫拖船的传统，让当地农民和士兵拖行13艘海船，其中有两艘快艇。这些船在1702年8月26日被投入奥涅加湖水域，然后通过斯维尔河抵达拉多加湖。与此同时，舍列梅捷夫和列普宁奉命率军向瑞典要塞诺特堡方向行进。

彼得确实做到了。卡尔十二世的主力被牵制在波兰，而留在英格里亚、卡累利阿和芬兰的是瑞典弱小的兵团和驻军，俄罗斯军队超出敌军数倍，拥有压倒性的优势。卡尔十二世忙于波兰的战争，无法帮助他在波罗的海的部队和驻军。俄罗斯军队的一个严重不足就是缺乏军舰，没有军舰就很难控制拉多加、涅瓦河和海边的广阔水域。但在这方面，彼得也取得了很多成就。1702年初，荷兰造船大师沃特·沃特森在新建成的夏斯基造船厂开始建造第一批军舰。同时，另外两家造船厂——诺沃拉多兹卡亚和洛德诺波尔斯卡亚——建成了，开始打造未来的波罗的海舰队。在欧洲雇用的水手和造船者抵达拉多加湖和奥涅加湖，其中最多的是荷兰人，以及地中海最优秀的造船者希腊人和最优秀的船员伊比利亚人。

1702年8月27日，由伊万·泰尔诺夫上校指挥的哥萨克分遣队乘坐30艘战船成功袭击了驻扎在凯克斯霍尔姆的瑞典海军中将努默斯率领的拉多加湖舰队。瑞典人失去了5艘战船，同时损失了300人，无法再从拉多加水域保护英格里亚。总之，俄军在涅瓦地区的进攻是精心谋划过的。正如19世纪晚期的军事历史学家波波罗夫斯基所写的那样："彼得一世迈出的每一步都是没有风险的，都是事先考虑好的。"

9月初就提前集结在斯塔拉亚拉多加地区的俄军（3.5万人），在9月27日出现在诺特堡城墙下，不久俄军开始炮击要塞。位于涅瓦河右岸并掩护维堡的瑞典将军克罗尼奥特率领军队试图阻止俄罗斯人的行动，但他们很快被击退。

诺特堡－奥雷舍克是位于涅瓦河源头拉多加湖的奥雷岛上的一座堡垒，由莫斯科大公尤里·达尼洛维奇于1323年建造。根据1617年的《斯托尔波沃和约》，它归瑞典人所有，被称为诺特堡。它是整个普里涅夫斯基地区的防御的关键，攻下这座坚固的高墙堡垒并不容易。从一开始，俄罗斯指挥部就使用大口径攻城武器对岛屿防御工事进行猛烈而持久的炮击——总共向堡垒发射了大约3000枚炸弹和炮弹。这在堡垒中引起了无数火灾和破坏，墙壁上被炸开了裂缝。10月11日，在密集的炮击之后，沙皇派出突击队乘船攻击。但只有500人的瑞典守军勇敢地迎击敌人，并没有让俄罗斯人翻越城墙。瑞典人顽强抵抗了13个小时。而在突击队中，谢苗诺夫斯基团的中校米哈伊尔·米哈伊洛维奇·戈利岑表现出了非凡的勇气。对堡垒城墙的第二次攻击依然没有成功。后来，少尉库德里亚夫采夫和22名士兵因"逃避攻击"而被处以绞刑。不久，炮手中尉、未来的大公缅希科夫率领的增援部队赶到了。俄罗斯军队发起了第三次进攻，然而他们再次失败了……但最终，瑞典人扔出了白旗。

一向高度赞赏勇敢作战的彼得一世允许瑞典驻军离开要塞，正如《彼得大帝日记》中所说，"他们嘴里叼着子弹，举着飘扬的旗帜，敲着战鼓（根据当时的习俗，投降者根据协议投降可以带走军事物资），带着四门炮离开。"瑞典人登上船只，沿着涅瓦河前往宁尚兹。沙皇下令立即开始对被占领的堡垒进行修复工作，派出2000人的驻军到岛上，并将堡垒重新命名为施利塞尔堡（德语翻译为"关键城市"）。作为一个 18 世纪的人，喜欢寓言的彼得一世选择这个名字并非偶然。这个要塞确实是英格里亚地区防御的关键点。

# [文　献]

历史资料有时提供了难得的机会，让人们可以从不同的角度审视过去发生的事件。《彼得大帝日记》中保存了一份笔记，记录了进攻诺特堡的战况。以下是对进攻最激烈时刻的描述：

"要塞里着起了大火，然后我们的突击队员（志愿兵）收到了进攻的命令……他们从四面八方对要塞发动了进攻，但那些志愿兵的攻击并不顺利。为此，中校戈利岑大公的谢苗诺夫斯基军团接到命令发起进攻，然后是少校卡尔波夫的普列奥布拉任斯基军团……这次进攻持续了 13 个小时……但是，敌人冷静反击，抵抗强烈，由于我们的攻击云梯太过简易……他们无法爬上并占据关口；而敌人……不断地用大炮向我们射击，还有炸药，不断点燃，从墙上滚下来，对我们造成了巨大的难以忍受的伤害。此时已经下令撤退，但在一片混乱中命令无法传达到指挥官，指挥官戈利岑大公下令放开船只，有些人开始逃离敌人的残酷射击，正当徘徊时，缅希科夫中校开始号召，船只、人员等被带到岸边来帮助我们。看到这种绝望的状况……敌人筋疲力尽之后举旗投降。"

瑞典的文献资料《关于俄罗斯人围攻诺特堡期间发生的最重要事情的报告》指的是在 1702 年，从瑞典人的角度所描述的画面，和《彼得大帝日记》记述的是同一时刻，当时俄罗斯人：

"……他们向要塞投掷了一个火球，火球所到之处无数房屋被大火吞没，很难被扑灭……很快敌人开始袭击所有的 3 个关口。第一次攻击是从凌晨 1 点到 6 点，这一次的敌人被我方连续投掷的手榴弹击退。第一波攻击刚刚结束，紧接着他们又以新的和更多的军队发动另一波攻击……被以相同的方式击退。下午 3 点之前敌人以更多人数的军队发起了更为猛烈的进攻，然后也被击退，但最大的困难是我们的军队手头上没有更多的手榴弹了，不得不使用石块；敌人不甘于此，而是用所有可用的力量继续围攻要塞，这些力量是用船只运送过来的，（驻军）手边已经没有充足的手榴弹和石头了，枪也因长时间射击而爆裂，所有子弹都用完了……驻军完全被削弱了……然后所有军官向指挥官报告，认为已经无法再次击退大规模的进攻了。"

经过艰苦的防御作战后，瑞典人放弃了要塞。

还有一份文件——彼得一世在写给杜马书记员维纽斯的著名信函中提到了"攻下硬骨头"：

"我向你宣布，在上帝赐予者的帮助下，这座要塞经过残酷而极其艰难的攻击（从午夜4点开始，到下午4点结束），对方投降了。根据协议（投降协议），指挥官施利彭巴赫和他的驻军被释放……的确，这块骨头非常硬，但是，感谢上帝，我很幸运地将它啃下了。我们的炮兵奇迹般地履行了他们的职责。"

## [人　物]

### 陆军元帅米哈伊尔·米哈伊洛维奇·戈利岑

米哈伊尔·米哈伊洛维奇·戈利岑是一个波雅尔（大贵族）的儿子，是古老的格迪米诺维奇家族的后裔，他一开始在军中服役。同时代人一致评价他是"一个非常英勇和无私的人，通过对抗瑞典人的许多壮举证明了自己的勇气"。戈利岑在1702年10月12日的壮举尤其被所有人铭记，部分已经在正文中描述过。他率领突击队，来到诺特堡城墙下。当进行第一次攻击攀爬城墙遭受失败后，沙皇彼得命令戈利岑撤退。但据传说，他给出了一个大胆的回复："我不属于您，君主，现在我只属于上帝。"然后，当着沙皇和全军的面，他下令将接他离开的空船推离岸边。多么壮烈的举动，真正的古风，彰显了斯巴达人或罗马人的精神！

戈利岑一直闪耀着勇士的光芒，从来都是冲锋在前。正如一位当代人所写的那样，他习惯了"迎面走向敌人，嘴里叼着烟斗，无视瞄准他的飞弹和锋利的武器"。戈利岑在波尔塔瓦战役中表现出色，1714年他成为征服芬兰的英雄，在那里他取得了对战瑞典人的几场重要胜利。戈利岑在俄罗斯军队中属于将军中的另类：士兵、军官和上级都喜爱他。在所有人眼里他长得不高，矮壮，有着黑黝黝的脸、清澈的蓝眼睛和纯种的鼻子。他之所以被人喜爱，不仅是因为他的勇敢，还因为他众所周知的天生善良、待人友善、举止温和谦逊，这在将军中是难得的美德。是的，彼得一世本人也高度赞赏戈利岑。哪个君主不爱一个从不让胜利女神溜走的指挥官!

如许多杰出的指挥官一样,米哈伊尔·米哈伊洛维奇·戈利岑大公在政治事务上经验不足,一切都听从他的哥哥、狡猾的德米特里·米哈伊洛维奇·戈利岑。据说,在战斗中受伤的元帅甚至不敢坐在他哥哥面前——他非常尊敬他……与德米特里的亲近关系毁了他。1730年初,安娜·伊凡诺芙娜女皇上台后,以德米特里为首的最高参议院被解散,米哈伊尔·米哈伊洛维奇·戈利岑元帅被逐出军队,于1730年底去世。世人悲痛地认为,戈利岑元帅死于无聊——毕竟,笼中的老鹰是活不长的。

# 圣彼得堡的建立

夺取诺特堡之后，彼得一世进行了庆祝，但决定不再沿着涅瓦河继续进攻，而是将行军推迟到1703年春天。那个冬天，正如俄罗斯第一份报纸《新闻报》报道的那样，缅希科夫的分遣队袭击了克克斯霍尔姆附近的庄园和村庄，并在那里俘虏了"瑞典平民，男性500人，女性2000人"。早在1703年3月中旬，彼得一世就在施利塞尔堡为未来的战役做着紧急准备。他怕耽误时间，不想让瑞典人重新夺取主动权。4月6日，他写信给舍列梅捷夫，说他正在等待舍列梅捷夫和他的兵团，"在这里，在上帝的帮助下，一切都准备好了，我不能再写了，只有时间、时间、时间，不要让敌人预测到我们的行动，否则留给我们的只有叹息"。

舍列梅捷夫的兵团于4月23日从施利塞尔堡沿涅瓦河右岸向下移动，并很快接近宁尚兹要塞。要塞的指挥官约翰·阿波罗夫非常清楚双方的力量是不对等的，所以提前向维堡请求了支援。1702年10月，他以800人的驻军准备防御，准备了城堡里的所有49门大炮。10月20日，他下令清理未来的战场，还下令放火烧毁要塞城墙外的城市建筑，以及奥赫塔河岸上的国有仓库。但是那个秋天俄罗斯人并没有来……

宁尚兹要塞不可能立即被攻下，舍列梅捷夫的士兵开始为围攻做准备——他们开始挖掘战壕并建立炮垒。4月28日，彼得一世率领一支带警卫的船队沿着涅瓦河沿岸经过宁尚兹，瑞典人试图从宁尚兹的堡垒开炮阻止，但没有起到作用。因此，在1703年4月的最后一天，彼得第一次身处这个后来与他的生活永远联系在一起的地方。沿着涅瓦河航行具有明显的探索、侦察性质。俄军司令部担心，基地设在维堡的海军上将纳默斯不会援助被围困的宁尚兹驻军。4月30日，俄军企图发动新的进攻，但被驻军再次击退。必须同意那些历史学家的观点，宁尚兹攻防战对双方来说都是相当血腥的。

但很明显，这座堡垒无论如何注定要沦陷。阿波罗夫指挥官完成了自己的职责，最终屈服于俄罗斯人（特别是在堡垒经过了长达 14 小时的炮击和火药库爆炸之后），并决定于 1703 年 5 月 1 日献城投降。根据投降协议，5 月 2 日，阿波罗夫将城市钥匙放在银盘上交给陆军元帅舍列梅捷夫，并与驻军、士兵和军官的家属在鼓点声中永远地离开了宁尚兹。

彼得的部队进入宁尚兹，在那里举行了祈祷仪式。这座城市立即被更名为施洛特堡。有理由相信，位于涅瓦河发源地的施利塞尔堡（关键—城市）与施洛特堡（城堡—城市）的名称之间存在着一定的寓意联系（关键—城堡）。俄罗斯对涅瓦河的统治破坏了瑞典整个波罗的海东部防御的完整性，在卡累利阿的瑞典军队与在爱沙尼亚的瑞典军队之间被切断了联系。用一句话概括，"俄罗斯在海边站稳了脚跟"，彼得立即决定在这里建城。

圣彼得堡是少数几个有确切建城日期的城市之一——1703 年 5 月 16 日。我们不仅知道这个令人难忘的日子，而且还知道这个城市的"受孕之夜"——同一天晚上。1703 年 5 月 2 日，彼得召开了著名的军事委员会会议，决定了圣彼得堡的命运。

圣彼得堡的建立是彼得一世和他周围的许多人经过深思熟虑计划后的结果。1703 年 4 月末，沙皇为未来的堡垒选址，仔细勘察了涅瓦河沿岸。他不是一个人，而与各种专家一起勘察了这片土地。当时要塞的建立需要实地勘察，分析图纸，深度测量，与工程人员、炮手和水手讨论许多技术问题。费奥凡·普罗科波维奇在他的《彼得大帝传》中写道，沙皇"坐在船上，从康采夫要塞沿着涅瓦河及其岛屿，一直到海口，开始积极地勘察，在这件事上并非没有建议和精通此事的人"。我们知道，当时彼得的随从中有两个筑城建筑专家：法国总工程师约瑟夫·加斯帕德·兰伯特和德国工程师 B. A. 基尔申。第一位绘制了 1702 年炮轰后正在重建的施洛特堡—施利塞尔堡堡垒的图纸，而第二位绘制了涅瓦岛上堡垒的前两个计划。直到 1705 年去世，基尔申领导了彼得保罗要塞的建设。法国伟大工程师沃邦学派的继任者兰伯特也起了很大作用。兰伯特在 1703 年秋天被授予了圣安德烈勋章，以高度赞赏这位总工程师在堡垒建设中所做出的贡献。此外，在 1695—1696 年的亚速战役之后，沙皇本人在筑城方面获得了丰富的经验。毕竟沙皇为塔甘罗格的选址以及在顿河口建立圣彼得要塞耗费了大量时间。历史学家认为，兔子岛要塞的一幅施工图纸是由沙皇亲手绘制，这绝非巧合。

5月6日至7日晚上，又发生了一件令人难忘的事。在彼得一世和缅希科夫的指挥下，30艘载有卫兵的快艇袭击了驻扎在涅瓦河口的瑞典船只——一艘侦察通信舰和一艘小艇，夺取并登上了船只。缅希科夫和沙皇本人都参加了这场短暂的激烈战斗。由于这一英勇表现，沙皇被授予圣安德烈勋章。

### 圣徒安德烈·佩尔沃兹方内勋章（圣安德烈勋章）

这是俄罗斯的第一枚勋章，由彼得大帝于1699年3月10日设立。圣安德烈被尊为俄罗斯的守护神，人们相信他神圣化的地方，出现了基辅和大诺夫哥罗德。据传说，罗马人将他钉在斜十字架上来处决他。正是这个带有被钉在十字架上的圣徒形象的十字架成为该勋章的基础。除了十字架外，佩戴在右肩上的银色星星和蓝丝带被认为是该勋章的标志。费奥多尔·阿列克谢耶维奇·戈洛文将军成为第一位获得该勋章的骑士。在彼得一世执政期间，共有38人获得了该勋章。沙皇本人于1703年5月成为第六位获得该勋章的人。1917年专制政权垮台后，该勋章被取消，但随着苏联的解体和俄罗斯的复兴，它再次成为政府最高荣誉的象征。恢复勋章授勋后第一个获得该勋章的是利哈乔夫院士。

### [文 献]

1703年4月9日，阿波罗夫上校预见到俄罗斯将发动新的进攻，写信给国王：

"一旦涅瓦河的冰融化，敌人很可能会乘船来到这里，敌人拥有大量船只。绕过尚特堡垒并在科武萨里（白桦岛）登陆，从那里敌人将可以阻止沿涅瓦河一线的所有行动。"

但瑞典的援助一直没有到来。4月26日，阿波罗夫报告敌人已经逼近要塞：

"大约3点钟，敌人进攻了帕耶和桑拿堡垒。经过两个小时的战斗，俄军被击退了……我手里有700名健康的士兵。没有团长，我自己是如此的累，为了检查防御阵形我只好一直骑在马上。我现在就能看到他们带着飘扬的白旗正沿着海岸行走。"

不得不对指挥官的勇气表示敬意，因为他没有在优势敌人面前放弃战斗。

* * *

这座伟大城市（圣彼得堡）最重要的历史时刻被记录在《彼得大帝日记》的摘录中，包括北方战争期间最重要的历史事件：

"占领卡内茨之后，派出了一个军事委员会，以决定是就地加固还是换个更方便的地方（这个地方很小，离海远，而且这个地方也不是很坚固，也就是说，根据自然条件这个地方不便于防御）。找一个新的地方并不容易，但几天后还是找到了一个合适的地方——一个名为留斯特夜兰的岛屿（也就是兔子岛），在旧俄历5月16日建立了一个命名为圣彼得堡的要塞，留下了部分军队驻守……"

# 一座岛屿要塞的建成

留斯特夜兰岛有一个芬兰名字"叶尼萨里岛",也就是"兔子岛"。涅瓦河口地区的河流、村庄、地区、山川都拥有芬兰名称——芬兰人和英格里亚人在这里定居了很长时间。后来,俄罗斯人、英格里亚人和沃德斯基农民也慢慢出现在这里。在沼泽遍布和树木繁茂的涅瓦河谷的几个地方立即开始建设。在兔子岛上,先是匆忙建造了一座土制要塞,1710年建成一座石制要塞,并开始建造彼得保罗大教堂。在邻近的广阔的别列佐维岛(后来被命名为彼得堡岛),开始建造城市主体。为彼得一世建造的一座小木屋一直被保存到今天。

在要塞外,修建了三一教堂,在教堂附近建立了一个同名的广场——一个官方举行庆祝活动的地方,还建立了办公厅、店肆、码头和港口。在瓦西里岛的一端(尖端)建造了一个炮台,也就是在涅瓦河左岸开始建造海军部,同时既建造船厂又建堡垒。

兔子岛上的要塞不足以保卫涅瓦河口。1703年整个夏天,瑞典船只在海边徘徊,甚至不允许为数不多的俄罗斯船只出海。瑞典船只刚返回维堡过冬,彼得就登上一艘快艇,检查了雷杜沙利岛(科特林岛),测量了附近航道的深度,并说道"在海里,建一个要塞"。在1703—1704年的冬天,根据彼得自己建造的模型,建筑师多梅尼科·特雷齐尼建造了一座非凡的建筑。在将科特林与大陆隔开的海峡冰面上,用原木制成的巨大箱子里装满巨石。在石头的重压下,箱子破裂后石头触底浅滩。在此基础上建造了一座有14门炮的三层木塔。

与此同时,科特林河岸、要塞的对面也建立了炮台。这样每艘试图进入涅瓦河河口航道的船只将遭到交叉火力的攻击。俄罗斯人建得很快,建成之时冰雪尚未融化,瑞典军舰无法出航。彼得的想法成功了。在1704年5月7日,诺夫哥罗德都主教约伯对要塞举行了圣洁仪式,正如《彼得大帝日记》中所指出的:"这座要塞当时被称为喀琅施洛特,字面意思是王冠城堡,在里面举行了三天的庆典。"1720年以后,这座要塞被称为喀琅施塔得。

因此,通往彼得堡的航道永远对敌舰关闭,一座坚固的要塞像利剑"悬挂"在涅瓦河河口。随后几年,瑞典人试图"打倒"它,将俄罗斯人驱逐出涅瓦河岸的所有尝试都以失败告终。在喀琅施塔得要塞的可靠保护下,这座城市开始迅速发展。喀琅施塔得成为俄罗斯海军的主要基地,舰队所需的仓库、船闸、工厂、水手定居点都建在这里。

在圣彼得堡的建设过程中,彼得同时给自己设定了几项任务。圣彼得堡不仅要成为对抗瑞典人的强大要塞,而且要成为一座世界性的港口城市,迎接世界各地的商船。

非常具有象征意义的是,在1703年秋天,第一艘驶往圣彼得堡的商船是荷兰的。然而,这艘荷兰商船是意外驶入涅瓦河的。瑞典舰队完全控制了波罗的海,几乎直到1721年战争结束。瑞典私掠船对通往俄罗斯港口的商业航运构成了严重威胁。因此,俄罗斯迫切需要建立一支海军来保护通往圣彼得堡的海上航线。没有船只,军队的地面行动就难以开展。英国的例子表明,海上力量在世界政治中起了相当重要的作用。

已经有造船经验的彼得立即开始着手在波罗的海创建舰队。当时的船有复杂的结构,为了建造、维护和使用它,需要许多不同的专家,从船舶木材专家到可以将船舶驶出港口的航行员。舰队需要造船厂和军火库、仓库和军营、码头和运河、工厂和车间、训练水手的学校和学院。彼得是一个很好的组织者,他知道如何挑选聪明的人,能够为每件事务夜以继日地工作。最不知疲倦和忘我的工人是沙皇本人,在圣彼得堡的造船厂、建筑工地、练兵场、兵器库等地,随处可见他工作的身影。

俄罗斯第一家造船厂于1702年在夏西河上建立,次年建造了奥洛涅茨造船厂,1705年圣彼得堡最大的造船厂海军部造船厂成立。在其运营的前20年中,共有268艘舰艇从船坞下水,其中包括33艘战列舰。彼得太心急,以至于即使是冬天,仍有船只下水。彼得的目标最终实现了——在最初的10到15年里,他建立了一支舰队,逐渐将瑞典人赶出了波罗的海。波罗的海人民很快就习惯了蓝白相间的圣安德烈旗。

为了加快创建自己的舰队,彼得下令招募外国水手并为此支付了大笔资金。此外，他还下令从英国和荷兰的造船厂购买正在建造的船只或已造好的船只，并将它们带到俄罗斯。彼得考虑到，由于浅滩、岩石、狭窄的通道和岛屿众多，在遍布礁石的芬兰进行军事行动会很困难。因此，在创建舰队的同时，他开始建造多桨战船，为此他邀请了亚得里亚海城市的多桨战船大师，在圣彼得堡建立了一个大型的大桨战船造船厂。很快俄罗斯就拥有了一支庞大的划艇舰队，这使得在芬兰海岸等不方便大型船只行动的地方作战以及远距离转移部队、货物和马匹成为可能。

## [ 传说和谣言 ]

### 先辈们的日期名称游戏

每一个伟大的事件的背后都跟随着大量的传说。所以在1885年P.N.彼得罗夫的巨著《圣彼得堡的历史》出版之前，没有人怀疑1703年5月16日在兔子岛上兴建了一座城市，并在同一时间就被命名为圣彼得堡。这一结论来自许多渠道和消息，包括来自《彼得大帝日记》的内容，其中记录"……要塞建立并命名为圣彼得堡"。费奥凡·普罗科波维奇在《彼得大帝传》中以大致相同的方式写道："当会议结束决定要在上述提到的岛屿上建设要塞，并以圣徒彼得的名义，将这个城市命名为圣彼得堡。"佚名文章《论圣彼得堡的构想和建设》讲述了这个传奇故事，故事中详细描述了彼得如何于1703年5月16日在城市建设奠基仪式上安放带有圣安德烈遗骨的金色方舟，方舟的盖上据称雕刻着"……沙皇之城圣彼得堡建城"。据称，在仪式结束时，彼得说："以圣父、圣子和圣灵之名，阿门，圣彼得堡城建立。"

历史学家P.N.彼得罗夫怀疑这座城市在建成时是否就被称为圣彼得堡。他甚至表示，这座城市不是在5月16日而是在6月29日建成的。这座城市的历史也应该从这一天开始计算。这位学者得出了让大多数人出乎意料的结论，因为在历史文献中，直到1703年6月29日，在彼得日（即圣彼得和圣保罗之日，也是沙皇彼得一世的同名日）之前，根本没有提到"圣彼得堡"这一名称。仅从彼得日开始，诺夫哥罗德都主教约伯以圣徒彼得和保罗的名义在兔子岛上为木制教堂举行圣洁仪式，那时的文件中出现了"圣彼得堡"这个名字。

彼得罗夫的观点立即遭到同行们的质疑，他们表示应该将两个事件分开——要塞在兔子岛建立的那一天（5月16日）和要塞被命名的那一天（6月29日）——

就像将孩子的生日和他的受洗日分开一样。然而，与此同时，对于彼得罗夫关于要塞为什么在一个半月内保持无名，所有的解释都未能令人信服。在1703年6月28日，彼得一世在他的一封信中提到了"在新建的要塞上"，但没有提及要塞的名字。直到6月30日，沙皇收到的一封来自斯特列什涅夫的信中标注有"从圣彼得堡邮局收到"。1703年7月1日，沙皇亲自写下"来自圣彼得堡"；在他7月7日的信中，我们可以读到"来自圣彼得堡要塞"。总而言之，可以肯定的是，这座城市的名字是要塞建立一个半月后出现的。历史学家N.V.戈利岑试图找到反对彼得罗夫观点的论据，来证实自己的言论，因为他看到了一封来自彼得的亲信侍臣、未来的一等文官G.I.戈洛夫金的信，日期为1703年7月16日，他在信中告诉收件人"这座新建的城市在彼得日当天被命名为彼得波尔"，信上注有"来自彼得波尔"。不能不说在给定的资料中，城市的名称有所不同。这是符合历史初期特点的。我们熟悉的名字——圣彼得堡——并没有立刻流行起来。在彼得大帝时代的文献中，它被称为彼得罗波尔、彼得波尔和圣彼得罗波利斯。总的来说，当时他们并没有用后来经典的名称"圣彼得堡"来命名这座城市。根据彼得一世的书信，可以看出沙皇本人最常称这座城市为圣彼得堡。在彼得时代，他们并没有特别考虑地名的书写。对于俄罗斯人而言，施洛特堡要么被说成施洛特伯奇，要么被说成施洛特布克，但最重要的是，他们说错了施利塞尔堡的名字。好吧，俄罗斯人没有办法流利而准确地说出这些词语。没有办法，还有一个词俄罗斯人的舌头也无法搞定——奥拉宁鲍姆，也可以说成拉姆鲍弗、拉姆鲍姆、拉尼鲍姆、拉尼姆鲍姆、阿拉尼姆鲍姆。众所周知，彼得本人根本没有对这些问题感到困惑，他经常听到什么就直接写什么。同样的道理，圣彼得堡的名字也是这种情况。

## [笔　记]

1703年春天，当彼得第一次到达涅瓦河岸时，年仅30岁。但那个时候他也不算年轻了，主要是因为他已经经历了很多的大风大浪，似乎没有什么可以让他感到惊讶或惊喜的了。但是，在那个值得纪念的5月的一天，在未来彼得格勒一侧的沼泽岸边下船后，他很高兴，并立即下令在空地上建造一座松木屋，这座木屋三天后建成了。于是，令他自己、身边的人以及整个俄罗斯出乎意料的是，沙皇突然在这里寻到了一个珍贵的精神家园，永远地依恋着这个地方，在这里建立了一座城市，最终它成为帝国的首都。其他人很难理解，沙皇为何以如此不同寻常的温柔态度对待这个位于空旷河流上不起眼的小村落？为何他在信中以法语的方式称这座小镇为"天堂"，并准备与现实背道而驰，为了涅瓦河口这片贫瘠的土地，将普斯科夫，甚至几乎俄罗斯的一半交给顽固的瑞典国王卡尔十二世？

当然，每个人都知道当时的俄罗斯需要进入波罗的海的港口。但常识还是提醒彼得，这块土地的代价太高了。为什么首都、国家的心脏要搬到这么危险的边界区域？但是当一个人的行为被爱支配的时候，常识又能意味着什么！

正是爱在城市的诞生中发挥了巨大作用。令人惊讶的是，彼得很快就定居在这里，并与他的"彼得堡小城"结下了不解之缘。这是可以理解的——在这之前，彼得没有自己的家，他的生活就像风中的风滚草一样漂泊不定。在这位至高无上的独裁者不安的背后，是他童年和青年时期的悲惨经历——多年来对"旧时代"的恐惧和仇恨，对未来的政治前途和生活怀有恐惧。他不喜欢莫斯科错综复杂的街道和小巷。沙皇不止一次被告知，有人准备刺杀他，因为他总是在没有护卫的情况下夜间出行。他不可能再回到莫斯科，那里弥漫着令人憎恶的守旧气息，所有的事业都淹没在莫斯科的泥泞中，那里充满混乱和懒散，所有的决定都被推迟到明天、假期过后，"以后再做"。而且，沙皇的个人生活也没有值得炫耀的地方：与叶夫多基娅之间没有幸福，与安娜·蒙斯的恋情也没有成功。沙皇和所有人一样都需要家庭的温暖与平静，但莫斯科并不是他灵魂的诞生地，不是舒适、静谧的家！一有机会彼得就想逃离这个地方。

在这里，在涅瓦河畔，在一个新的地方，没有过去的记忆，彼得的一切都很完美。赢得了对瑞典人的第一场胜利，他的家庭生活得到改善。他怎么会想到，建城不到七年，他就会乘坐以女儿的名字命名的"Lizetka"战船扬帆出海。在长途旅行中，他会梦想回到他的天堂并拥抱他心爱孩子的时刻。是的，他按照自己的意愿，按照他的梦想，以自己的方式建造了这座城市，而不考虑"老家伙们（旧传统）的意见"。总之，在这里他有空间和自由，虽然只是对他自己而言……

## 陆军重组

彼得一世认为 1700 年纳尔瓦战役的战败是一个残酷的教训,他没有责怪将军和士兵,也没有责怪自己或周围的人。从失败中,彼得得出了主要结论——军队需要改革,需要在新的原则基础上建立一支军队。在纳尔瓦战役之后,彼得改变了军队的战略、战术原则、军队组成和服役基础。彼得领导下的军事行动的主要目标不再是占领要塞,而是在战斗中击败敌人。同时,彼得要求军队集中注意力和小心谨慎,能够时刻领先敌人,在决定性的方向和所需的时间里取得兵力优势。他教导步兵和骑兵协同作战,并将龙骑兵引入俄罗斯军队,即骑兵经过徒步训练,可以作为步兵编队作战。

炮兵仍然是彼得一世最喜欢的军队。在纳尔瓦战役之后,俄罗斯人失去所有的大炮,他们不得不重新铸造大炮,为此他们甚至拆除了教堂的一些大钟。尽管这一行动并没有给俄罗斯敲响钟声带来灾难性的后果,但它在社会上的影响却是强烈的。新的彼得罗夫斯基炮兵成为欧洲最强大和最先进的炮兵之一,彼得不惜金钱和火药来改进它。彼得罗夫斯基炮兵分为团属炮兵、野战炮兵和攻城炮兵三种主要类型,装备精良,在射击练习和战斗中磨炼了技能。野战炮兵尤其强大,有 100 多门炮,配备有经验丰富的炮手和强壮的马匹。在北方战争期间,俄罗斯炮兵的行动多次帮助军队取得战斗的胜利。

彼得采取的战略战术需要军队采取不同的训练。之前一年一两次的阅兵和少有的演习被不间断的训练所取代,训练并没有随着年轻新兵转变为正规士兵而结束。在日常练习、射击和演习的帮助下,每个士兵的行动都高度熟练(其他欧洲军队也按此种方法训练军队)。这保证了军队的机动性,减轻了在战场上指挥大量军队的压力。彼得希望军队的军官和士兵保持纪律性,同时兼顾独立和积极性。遵循瑞典指挥官和国王古斯塔夫二世·阿道夫的管理概念,彼得试图摆脱原来士兵遭受的残酷对待，不想把士兵变成行走的机器，而是让士兵成为一个服从的臣民，一个诚实正派的人。

迫切需要改变的是军队的招募和保障制度。过去，世袭军人和服役人员一直与土地绑定在一起，也就是通过服役来获得土地。这一切都要改变：实行统一的货币工资，从应征入伍者中招募士兵，而在近卫团训练的贵族和知识分子被训练成军官。征兵制度始于1705年。1700年纳尔瓦战役前后，彼得用所谓的"自由人"，即社会各阶层的志愿者，弥补了正规军团中的兵力不足，而且参军的农奴就可以摆脱地主奴役从而获得自由。然而，到1705年前，开始组建庞大军队时，这样的人口资源就已经不够用了。就在那时，新兵来源转向直接从农民那里进行招募，决定从100户农民中抽取一个新兵。然而，这个比例也会发生变化——可以从200户农民中抽取一个新兵，也可以从75户农民中抽取一个新兵，甚至可以从20户农民中抽取一个新兵，等等。

服役对农民而言是沉重的负担。农妇们哀悼她们的儿子被征召入伍，对于她们来说，一旦从军，就意味着儿子已经死了一般。毕竟，他们再也不能回家，因为当时的兵役不仅是终身的，而且是非常苛刻的。为了不给新兵逃跑的机会，他们会像罪犯一样被锁上镣铐，在像监狱一样的"车站"里关上几个月。各地的农民对招募的新兵负有共同的责任，如果有一个新兵逃跑了，他们就不得不再提供一个新兵。

在军队中实行严厉的纪律，最轻微的违规行为都将受到严厉惩罚。"军事条例"规定了严厉的惩罚措施，包括监禁、捆绑、分尸、穿刺等。为了防止新兵逃跑，1712年的一项法令规定给新兵"在左臂上用针刺十字架，并用火药擦拭"。这些刺在手臂上的标志非常可怕，以至于被人们称为"反基督印记"。

尽管征兵制度存在严重缺陷，但150多年来，它为俄罗斯军队提供了单一种族和社会同质人员，结合规律性和纪律性，确保了其作战能力。从这个意义上说，俄罗斯军队复制了当时的俄罗斯社会——军官是贵族，主要是地主；士兵是农民，主要是农奴。

[文　献]

在写于1716年的"军事条例"的序言——俄罗斯军队的主要文件——中,彼得表达了他一贯付诸实践的主要思想:秩序、可预测性、规范性是军队生活的基础,乃至是整个社会的基础。遵循这一点,胜利是显而易见的:

"当军队被规范时,在全能的上帝的帮助下,实现了摧毁……瑞典人的巨大进步。因此,每个人都可以评判,只有良好的秩序会让胜利接踵而来,因为野蛮人的无序习惯,不可能期望它能带来什么好处。出于这个原因,在这件事上对双方来说都是不言而喻的(即'规范性'和'无序的习惯')。本'军事条例'的意义,使每个军人都知道自己的职责,要补充知识,不为无知辩解。"

# 地方行政改革：参议院成立

纳尔瓦战役的失败向彼得表明，俄罗斯不仅要进行军队改革，还要对整个国家机构进行改革，而军队只是国家的一部分。起初，管理体制没有发生重大改革，中央的国家机构负责收税并为军队提供一切必需品：武器、服装、补给、人员。但在北方战争初期，人们已经清楚地看到，所有这些机构都很难应对因战争初期失败而产生的系列问题，即建立正规军的问题。由于无法从隶属于中央机构的各县得到军队所需的一切，各军团不断地向中央抱怨资金、武器、人员和物资的短缺。县是彼得大帝时代之前俄罗斯唯一的行政单位，由州长官管理，而这一管理模式已经过时。就规模而言，有些县的面积甚至比现代的州的面积还要大，这些县的管理官员无法胜任给军队提供征集和转移人员、物资、金钱与给养的服务。

1707—1710年俄罗斯进行第一次省级改革，改革的本质在于将国家新领土划分为更大的单位——管辖几个旧县领土的省，省长是各省之首，被赋予了巨大的权力。1712—1715年，省制变得更加复杂：各省被划分为由高级指挥官管理的省份。

于是，原来的"二级"管理（官厅—县）被"四级"（厅—省—行省—县）取代。机构数量的增加也伴随着官员数量的增加。省长最重要的助手是高级指挥官（管理军事事务）、总政委（负责向民众征税）和地方自治官（法官）。省级指挥官隶属于最高指挥官。这次改革以牺牲中央机构的权力为代价，地方权力急剧加强，体现了管理分权化。彼得有意如此，因为他希望把地方税的征收管理得井井有条，以便改善军队供应。改革决定了每省（取决于户的数量）应该为国家开支的主要项目——陆军、海军、炮兵和外交——提供多少资金支持。为了避免运输过程中必然的金钱损失和繁文缛节，各省和军队之间建立了直接沟通。军队的团名是以他们获得津贴和新兵来自的省份命名，如下诺夫哥罗德骑兵、斯摩棱斯克步兵等。每个团都有一名来自"自己"省的克里格委员，负责监督军队服装配套、物资状况是否良好，从该省招募新兵，用地方收来的钱给官兵发工资。省克里格委员会的活动由参议院下属的克里格特别委员会办公室负责人监督。

地方政府改革和克里格委员会制度的建立与上级机关参议院及其下属机构组织的改革紧密相连。上级机关改革发生在1711年3月，此前，最高审议机构是自古就有的波雅尔（大地主）杜马，由于这些人中许多之前是索菲亚的支持者，因而彼得一世并不信任他们。彼得继位后，波雅尔（大地主）杜马会议召开得越来越少，直到1704年完全取消。此后，文献资料中没有再提到杜马会议。

杜马被一个由最重要官厅和办公厅负责人组成的临时机构——部长委员会——取代，该委员会的会议与财政监管机构召开的近臣会议在同一房间召开。1711年，部长委员会由管理参议院取代，参议院创建的正式契机是彼得即将动身与土耳其开战。但从关于参议院的第一条法令中可以很明显看出，该机构的创建时间并不是很短，它已经成立很长一段时间，被任命为参议院成员的人是长期工作的而不是临时就业。1711年3月5日，俄罗斯体制引入了合议制，即参议员通过投票对事情作出决议，每位参议员只有一票。同时，分配到参议院大法官办公室的书记员们也收到了关于新的文书工作和处理文书事务的法令。每位参议员都必须在参议院会议记录的相关政务上针对自己的决议署名。彼得认为这个程序非常重要：署名增加了官员对决议的责任感。

在国家机构中，如军队引入就职誓言，承诺"诚实、廉洁、不偷懒"地服役来维护国家利益。彼得创建的参议院一直存在到1917年，期间一直作为俄罗斯帝国行政体系中最重要的组成部分之一。

## [文 献]

在俄罗斯，一个国家机构首次收到指示——关于其职权范围和权限的法令，参议院应该："1. 法庭应是公正的，不公正的法官应受到惩罚，剥夺他们的荣誉和所有的财产；诽谤者也会受此待遇。2. 监督整个国家开支，取消不必要花费，尤其是没有意义的开支。3. 尽可能收敛钱财，因为钱是战争的动脉……"

彼得早在1711年之前就引入了新的公文处理体制。他是第一个在自己颁布的法令上签名的俄罗斯沙皇。1707年彼得颁布的一项法令至今仍因其独创性而广为人知，它在公布时没有被歪曲，有时它会被赋予完全相反的含义！该法令简单而富有表现力，彼得要求部长委员会成员的所有决定："……都要亲手签署，没有签名人们根本无法开展任何政务，只有这样做，任何愚蠢才都会暴露出来。"换句话说，在签署法令时，请仔细查看签署的内容，为自己的决定承担责任。

## 战争资金的来源

从组建参议院的法令中可以看出,该机关主要被赋予监督司法和财政的职责。在该法令中,彼得将财务系统形象地比喻为血液循环系统——血液循环提供必要的物质来滋养身体。谁有更多的钱,谁就能赢得战争——这是沙皇的主要观点。但从哪里获得战争资金?彼得要求勤俭节约,取消不必要的开支。此外,沙皇认为需要与其他国家发展贸易,特别是与中国和波斯。将东方商品转售给西方是最赚钱的项目之一,这能为国库提供大量资金。

国库的一个主要资金来源是各种买断与垄断行为。假设人们需要某种产品,例如盐,国家会与某个商人或公司签订协议,承诺让其提供盐并出售给买家。商人们会立即向国家支付一大笔钱,买断盐业供销权一段时间。同时,除了与国家达成协议的商人、公司之外,不允许其他商人、公司提供盐并出售。上述情况就属于垄断与买断,这种操作一下子给国家,或者如他们当时所说,给国库带来了很多资金。由于很多商品对于人们来说是必不可少的,所以来自大量必需品的买断资金流入国库。国库还从重新铸造银币和铜币——俄罗斯流通的主要货币类型——中获得巨额利润,这一行为被称为再分配。旧硬币被熔化成金属后再铸造成相同面额的新硬币,但每个硬币的含银量减少了。换句话说,一磅白银之前用于铸造 10 卢布的银币,现在则可以铸造 14 卢布的银币,国家从货币再分配中获得额外的钱(每 10 卢布中赚 4 卢布)用于自需。然而,这是对硬币的一种糟蹋。

尽管如此,国家收入的主要来源仍然是对农民和城镇居民的征税,也就是说整个战争的重担都落在了他们肩上。正如历史上经常发生的那样,人民的拼命努力使胜利成为可能,但也导致了人民的贫困甚至破产。纳税人被分配了各种各样的税务:人丁税(新兵)、徭役(在工地、造船厂劳作)、大车运输税(为国家提供大车)、马税(为军队提供和维护马匹)、义务税(让士兵在农民院子留宿)、自然税(为军队交付粮食,为马匹提供饲料)。最后是金钱,即我们通常意义上讲的税收。

所有非货币性的义务通常都伴随着不包括在税款中的货币性支付。1705年,为了向军队输送新兵,法令规定要从每家每户收集大量的金钱和货物。

在上缴税款的同时,人民还需要向工地派遣工人和赶车人。新的一年开始了,人民不知道要缴多少税,但税收增加是毋庸置疑的。农民的经历都说明了这一点,每年都有新的税种加入到前一年的永久性税种中。税收有两种类型——从当年开始每年固定要征收的,以及国家因紧急事务而征收的。每次,农民们都不知道自己究竟要如何纳税:第一年的税收是为了买军粮,下一年他们就被告知要把粮食的一部分以实物形式存入国库(其他年就要缴纳现金),第三年他们被命令用自己的马车拉着收集的粮食将它们送到圣彼得堡或基辅。与此同时,粮食供应类型也经常发生变化——要么是未磨碎的黑麦,要么是面粉,要么是谷物,又或者是面包干。毁灭性税收的多样化看不到尽头,最终多种税类混杂在一起——金钱—劳役—实物。要知道,俄罗斯是一个国土辽阔的国家,所以在某些地区,军队与舰队需要的粮食、饲料或其他补给品所需的人口成本要比其他地区多出数倍。这样的税收政策毁了纳税人,激起了他们逃避义务、远离税吏、反抗税收压迫的情绪。

# [文 献]

以下是瓦尔代地区大米诺雷吉村村长科农·季霍诺夫在"1710年收入与支出文书"中记录的关于派遣新兵的内容:

"3月15日,根据伟大君主的法令,从89户中招募了新兵马克·伊万诺夫。大米诺雷吉地方官费多尔·安德罗诺夫为该新兵发放制服和食物(面粉和燕麦片),以及一个新兵在路上(到达兵团之前)与返回办理公务时所需的开支12卢布。登记食物花费2枚三戈比的硬币,在诺夫格勒,书吏瓦西里·纳斯托扬诺夫为新兵衣服花了2.5卢布。在瓦尔代为该新兵置办了袍子,这是在到达诺瓦格勒所必需的东西,随即:买了一件带填料的皮大衣,价格是30枚三戈比硬币;一顶船帽,价格是14枚三戈比硬币;还有白长袜,价格是4枚三戈比硬币。脚镣花了8枚三戈比硬币,手镣花了4枚三戈比硬币。新兵得到20枚三戈比硬币作为路费,两枚三戈比花在送行面包上,还有价值五戈比的葡萄酒和价值半戈比铜币的啤酒一杯。新兵的守卫人格拉西姆·彼得罗夫得到20枚三戈比硬币。雅科夫·丘林因招募新兵而获得七格里夫纳。新兵自愿参军会奖励他价值十二戈比的啤酒和葡萄酒。新兵途中沐浴，花三戈比，肥皂一戈比，梳子半戈比。为了抓捕新兵，给叶尔莫·莱雅科夫列夫半卢布，还给了谢苗·卢金3枚三戈比硬币（很明显，新兵可能直接从澡堂逃走了，为了抓捕他还雇了一名射击军）。是的，是付给射击军费多尔·沙平西格里夫纳抓捕那个新兵的。走到鲍里索夫村他得到了2枚三戈比硬币，之后沿着加夫里拉·萨尔达托夫询问新兵下落……"

# 产业改革

如果没有经济和工业改革，军队获取胜利将变得遥不可及。战前，俄罗斯的铁要么来自瑞典，要么来自荷兰人在图拉地区建造的小工厂。但随着战争的爆发，铁明显供应不足。此外，军队不仅需要武器，还需要衣服、鞋子、弹药。这意味着有必要建造工厂与制造厂来生产制服所需的布料，生产帽子的毛毡，制造鞋子和马具的皮革，编织帆的帆布，绞麻做绳索，研磨火药，等等。

总之，正如通常发生的那样，战争迫使工业发展，成为技术进步的主要推动力。国家的军事订单如此之大，以至于有必要在全国范围内紧急建造新的冶金厂并扩大旧冶金厂的规模——在卡累利阿、图拉、利佩茨克、乌拉尔和其他地方。彼得大帝时代，俄罗斯有两百家工厂和制造厂，比之前多了十倍，其中许多新工厂的主要建设者是国家。国家还为旧工厂扩建提供资金，邀请外国专家。国家对私人企业家的帮扶是多方面的——当然这些企业家会承诺迅速开始铸造大炮，生产陆军和海军所需的布料和其他产品。

得益于乌拉尔丰富的矿产，彼得大帝时代经济得到了真正飞跃。在乌拉尔建厂十分艰难，建设者不得不开拓很多荒凉之地。但到了1701年12月15日，涅瓦诺夫斯基工厂第一座高炉中就炼出了第一批铸铁。世界上任何地方的铁都无法与由这家铸铁厂冶炼出的铁媲美！

奥洛涅茨和利佩茨克地区开始陆续建造炼铁厂，这些地方的矿石比乌拉尔要差，但工厂位置靠近中心。北方战争前5年，有11家冶金厂为国家提供了铁。1700年，俄罗斯铁产量为15万普特。到了1725年，铁产量达到80万普特，是原来的五倍多。这使得扩大金属加工行业成为可能，或者简单讲，枪支和武器的生产产业规模得以扩大。1712年，著名的图拉武器工厂在自古以枪匠闻名的图拉建成。1721年，在圣彼得堡附近同样著名的谢斯特罗列茨克兵工厂开始投入生产。俄罗斯冶金产业的成功如此显著，以至于自 1705 年以来，炮兵不再需要新的枪支或炮弹——军火库里塞满了这些东西。

彼得大帝时代，轻工业工厂也开始迅速发展，莫斯科成了轻工业中心。在那里，建立了生产帆布、绳索、弹药、马鞍、布和毛毡的工厂，还有生产纽扣、袜子的工厂和造纸厂。莫斯科的布厂是俄罗斯第一家大型纺织企业，从事进口羊毛的纺织品生产。彼得颁布了一项关于在俄罗斯南部地区养殖绵羊的法令，很快布料厂和其他工厂就开始使用国产羊毛生产纺织品了。

18 世纪早期的工厂和制造厂是作坊，都是以体力劳动为主的相当简陋的企业。制造厂与中世纪作坊的不同之处在于，一个工人并非对产品进行所有操作（就像中世纪的大师一样），而只负责产品中的一环，这就是所谓的劳动专业化分工。作坊中许多有一技之长的专家为整个生产工作贡献他们的劳动。此外，作坊中使用的是水通过轮子和钻杆系统旋转产生的机械动力。

国家帮助小厂主和制造者建立自己的工厂（"工厂"一词源于动词"建造"），或者将国家工厂承包给他们。彼得大帝时代为各行各业众多有进取心的人提供帮助，为发展、丰富和造福国家提供了可能。尽管企业家的出身不同，君主还是用资金帮助他们，派遣外国工程师、冶金师来指导他们工作，并为工厂主提供了大量的优惠政策。工厂主将管辖包括工厂在内的数十个村庄的广阔土地，土地"登记"在他们名下，村庄的居民不是为国家工作，而是为工厂主工作。在私营企业家中，巴兹宁和杰米多夫是众所周知的。

杰米多夫父子在乌拉尔和西伯利亚拥有大型冶金厂。17 世纪末，铁匠尼基塔·杰米多夫凭借一双巧手和进取的事业心深得彼得喜爱。在君主的支持下，杰米多夫在图拉附近建立了一家钢铁厂，但他事业真正的大规模发展是在乌拉尔，他得到了国有涅维扬斯基工厂，并被允许无限制地开采矿石与建立工厂。很快，德米迪奇（沙皇对他的称呼）成为富人，在乌拉尔地区创造了大量的财富，在那里他感觉自己像个小国王，他用丰厚的礼品为自己谋求优惠和特权。人们对企业家敛财及滥用职权的控诉引来审计员在乌拉尔做调查，德米迪奇运用金钱"缓和"了与审计员的关系。1720 年，德米迪奇获得了贵族地位和新姓氏——杰米多夫。他的儿子阿金菲后来在乌拉尔建立了一个真正的帝国，那里只遵循一条法律——主人意志。

# 波兰战役：奥古斯特二世的背叛

圣彼得堡和喀琅施塔得建成之后，彼得一世没有就此止步，1704年俄罗斯军队对纳瓦尔进行再次围攻。在此期间，位于爱沙尼亚南部的多帕特要塞（现为塔尔图）被舍列梅捷夫率军围攻后陷落。8月6日，轮到纳尔瓦了：经过长时间炮击与短暂的血腥攻击后，要塞塔楼上出现了一面白旗，接下来，伊万哥罗德指挥官投降并交出了他的要塞。

彼得一世为波罗的海周边的胜利感到鼓舞，但他很清楚圣彼得堡的命运取决于此刻距离纳尔瓦与多帕特很远的波兰的事态发展。战争宿命不可避免地引导着彼得，与此同时在波兰，瑞典正在"猎杀"奥古斯特二世，后者知道卡尔十二世的压倒性力量，千方百计地避免与他发生直接冲突。进入波兰后，卡尔十二世粗鲁而傲慢，表现得像个征服者。

"这位国王，"一位跟随卡尔十二世行军至波兰的法国人写道，"他是一个纯粹的士兵。毫无疑问，他的品质是伟大而优越的，然而他这种不屈性决定了他的性格……十分粗鲁严厉，与人很难相处。"

抵达华沙后，卡尔十二世开始迫使自尊的波兰人接受他提出的条件，其中最主要的条件是推翻奥古斯特二世的王位。为了替换奥古斯特，卡尔向波兰人推荐自己的门徒——波兹南总督斯坦尼斯瓦夫·莱什琴斯基。当波兰人试图反对这一条件时，卡尔用武力强迫参议员和贵族选举斯坦尼斯瓦夫登上王位。结果，一些被暴力冒犯的参议员和贵族组成支持奥古斯特、反对斯坦尼斯瓦夫的桑多梅日联盟。彼得巧妙地利用卡尔这一政治失误，于1704年8月在纳尔瓦签订俄波联盟协议，波兰立陶宛联邦支持俄罗斯参战。根据这个协议，彼得派出12000人的军队支援奥古斯特的军队，并给奥古斯特送去了金钱。为此，整个俄罗斯农民都要缴纳沉重的附加税。

总之，为了在必要情况下帮助奥古斯特的萨克森军队，1704—1705年俄罗斯军队开始在波兰聚集。1705年5月，彼得一世亲自抵达军队大本营波洛茨克。北方战争的所有主人公——奥古斯特二世、卡尔十二世和彼得一世——几乎紧挨着。1705年的夏秋悄然过去，卡尔依旧没有离开华沙，而彼得的军队前往格罗德诺冬季营地，准备从那离开回到俄罗斯。但在途中，彼得收到一个惊人的消息：卡尔率领军队在严寒中迅速而突然地出现在格罗德诺附近，中断了俄军的交通线，切断了俄军骑兵与主力部队的联系。彼得紧急向奥古斯特二世寻求帮助，派舒伦堡将军前往格罗德诺，但在1706年2月上旬，萨克森人被瑞典人彻底击败。

俄罗斯军队的处境变得极其危险，最终它可能会变成被屠宰的羔羊，纳尔瓦大屠杀的历史可能会重演。直到3月24日，俄军指挥官奥吉尔维元帅利用尼曼河上的冰层漂移，阻止瑞典人来到格罗德诺，成功地将部队从被围困中解救出来。发生在格罗德诺附近的事件对整个军事战略局势产生了非常不利的影响。卡尔没有追赶匆忙向东离去的俄罗斯人，而是迅速转向萨克森州首府德累斯顿。借此，他将波兰国王奥古斯特与萨克森选帝侯置于绝境。

最终奥古斯特投降，1706年10月13日，他在莱比锡附近的阿尔特兰斯塔特城堡与卡尔签署和约。奥古斯特放弃了波兰王位，转而支持斯坦尼斯瓦夫一世，断绝了同俄罗斯的结盟，并将俄罗斯辅助军团士兵交给瑞典人。该协议的特殊之处在于，奥古斯特对彼得隐瞒了这一协议，此时的彼得仍然对他这位盟友充满信心。该协议自然不会隐瞒太久，彼得很快就发现了端倪。

沙皇对所发生的事情感到异常愤怒和恼火。彼得感觉自己受到了冒犯，不是因为波兰前国王签署投降书这一事——因为生死有命。彼得不止一次地试图寻找调停人，与卡尔进行谈判以结束战争，只要对方同意保留俄罗斯入海口和圣彼得堡这些条件。然而，卡尔不愿意与"莫斯科人"达成这样的和平。彼得从没想过作为自己最亲密的盟友，奥古斯特竟会隐瞒与瑞典人的协议。尤其令人难过的是，在此之前，彼得与奥古斯特称兄道弟，沙皇在信中称奥古斯特为"最亲爱的兄弟和真正的朋友，而不是政治伙伴"，写信表达特别的"兄弟之情"，而这个"兄弟"不光彩地背叛了沙皇。奥古斯特背叛带来的外交后果很严重——北方联盟彻底瓦解，无法等到波兰与萨克森援助的俄罗斯发现自己孤立无援，只能单独面对瑞典人。在奥古斯特退位后，桑多梅日联盟实际上被瓦解了，斯坦尼斯瓦夫一世的地位比以往任何时候都稳固，他作为唯一的国王，开始得到大多数波兰贵族的认可。失去了波兰立陶宛联邦这个盟友，彼得一世在波兰土地上失去立足点。之后，他还试图与卡尔建立关系，希望与他和解，但这位维京人国王考虑到自己的实力，傲慢地宣称"他宁愿牺牲自己国家的最后一个居民，也不愿同意将彼得堡交到彼得手中"。卡尔唯一想要的就是让彼得像奥古斯特一样服从他。

# 1708—1709 年：瑞典的进攻

1706 年 12 月，俄罗斯军队在白俄罗斯若夫克瓦举行了一次会议，决定不在波兰与瑞典人展开全面战争，而是要撤回自己领土，并"折磨"敌人，在途中摧毁敌人的粮食、饲料，毁坏房屋。在这段战争时期，可以清楚地看出，彼得对自己军队的实力没有信心，他不急于在决战中与卡尔十二世正面交锋。瑞典人一出兵，沙皇就决定撤退，然而随着时间一点点流逝，瑞典军团却一动不动。卡尔表现得像一头长时间盯着猎物的狮子，时刻准备迅速出击。直到 1707 年 12 月，他仍没有对彼得采取任何行动，但在圣诞节前夕，卡尔突然将他的部队派往当时有俄罗斯军团驻扎的格罗德诺。突击来得如此迅速且出人意料，以至于在卡尔攻进沙皇夜宿房间的前两个小时，彼得才设法逃离格罗德诺。

这一切让彼得感到惊恐万分，毕竟，此时迅速逼近的瑞典国王可以向任何方向移动——普斯科夫、利沃尼亚、圣彼得堡、莫斯科、乌克兰。但瑞典人又停下了，他们待在原地五个月没动！最后，1708 年 6 月瑞典军队越过别列津纳河，来到莫吉廖夫。很明显，瑞典国王打算穿过白俄罗斯，走这条通往莫斯科的最短路线。

1708 年 7 月 3 日，俄军与瑞典军队的第一次野战发生在戈洛夫钦附近。不幸的是，俄罗斯人在这场战役中并没有取得成功，卡尔在俄军从莫吉廖夫出发沿着道路行进到数俄里处时，冲击了俄军阵地中心，迫使 A. I. 列普宁将军率领的总队狼狈逃窜。两天后，卡尔进入莫吉廖夫。彼得对列普宁军团战斗不力、组织混乱和弃枪逃走感到愤怒，对列普宁作出审判并将其（一段时间内）降级为士兵。

1708 年 8 月 28 日，两国在多布罗姆村附近展开了新的战斗，结果俄军取得了一些胜利。戈利岑大公的军队袭击了瑞典人的先锋队，直到卡尔十二世主力部队展开援救行动时，戈利岑才撤退。彼得对这场战斗很满意：既因为戈利岑率领部队谨慎而大胆地出击，也因为他们撤退时井井有条。彼得给 F. M. 阿普拉克辛写信说：

"当我开始服役时,我还没有听到或看到我们的士兵有如此火热和体面的作战。愿上帝保佑,从现在开始永远如此!"

多布罗姆之战似乎并没有改变什么。俄军仍在撤退,瑞典人顽固地紧跟其后。但是俄军在战斗和小规模冲突中顽强抵抗,采取了多种战术——焦土战术、毁坏田野村庄、将人畜分散在森林中、封锁水井和道路,这一切战术对抵抗瑞典人起到了一些作用。卡尔开始越来越偏离白俄罗斯到莫斯科这一最短路线,带领军队向斯摩棱斯克前行。

9月底的情况显示,瑞典人1708—1709年冬季驻扎地显然不会像卡尔起初所梦想的那样是莫斯科。1708年9月28日,当彼得设法抓住了卡尔的战术错误时(自以为是的性格在瑞典国王身上很常见),之后的发展就变得明了。彼得早就观察着莱文豪普特军团的动向,他们正带着卡尔进攻莫斯科急需的大量物资供给,从利沃尼亚赶来与瑞典人的主力部队接头。当莱文豪普特军团距离卡尔的军队只有几天的路程时,彼得迅速安排部分俄军部队切到莱文豪普特军团前面,并在莱斯诺伊村附近与瑞典人展开了一场战斗。

战斗是血腥而绝望的,在一平方俄里的小空地上,数千名士兵进行着生死战。瑞典人经受住了俄罗斯军队的十次袭击!到了晚上,夜幕笼罩,异常疲倦的双方士兵坐在血迹斑斑的草地上,靠得很近。

整个庞大的瑞典供给部队落到彼得手里,莱斯诺伊战役极大地鼓舞了俄军士气。后来,沙皇称莱斯诺伊战役的胜利为波尔塔瓦胜利之母,这并非巧合——这两次战役之间正好相隔九个月。这场战斗在战略意义上也是不可估量的,毕竟,卡尔没有得到补给和军粮后被迫放弃前往莫斯科的行动,转向乌克兰。不过,瑞典国王这么做是有意为之,他指望得到乌克兰盖特曼伊万·马泽帕的支持,后者早已与他媾和。

[文 献]

在《彼得大帝日记》中,一位目击者表达了莱斯诺伊战役后自己的感受并描述了脑海中浮现的惊人场面:

"两边的士兵都累得不能再打了,双方在战场上坐下来,休息了很长一段时间,两军之间相隔半门大炮或更近的距离……(看到双方之间如此温馨的画面,真是令人惊叹)。"

双方都在等待救援，与国王主力部队分开的瑞典人在等待上帝援助，而R.H.鲍尔将军带领的俄罗斯人在彼得的命令下，急忙赶去莱斯诺伊村救援。当鲍尔将军的救援临近，瑞典人的命运就注定了，俄罗斯生力军将敌军击退。

"然后我们又重新向敌人发起攻击，在那里发生了一场激烈的战斗，最初用枪射击，然后用刺刀和剑直奔敌人，在胜利女神的眷顾下，我们在战场上将敌人彻底击倒，并缴获了他们的辎重和大炮，获得完美胜利。此时，暴风雪到来，夜幕降临，剩下的敌人趁夜色逃窜，而我们被暴风雪困住，不得不在原地过夜。"

我们看到战斗结束时近乎电影般恐怖的画面，血淋淋的广袤战场迅速陷入黑暗，伤者的呻吟声被暴风雪的呼啸声淹没，生者和死者都被大雪覆盖。

# 乌克兰盖特曼伊万·马泽帕

1708年10月末,彼得在从斯摩棱斯克前往乌克兰的途中,听到一个可怕的消息:乌克兰盖特曼伊万·马泽帕已经加入了瑞典人的阵营。这可能是导致俄罗斯进入战争的悲惨转折点——毕竟乌克兰的实力和资源是如此雄厚。在此之前,伊万·斯捷潘诺维奇·马泽帕被认为是彼得最可靠的支持者之一,沙皇尊重他的才智与经验,对其始终保持着友好和信任的态度。此时,马泽帕的背叛令彼得备受煎熬。

从马泽帕的观点和行为中可以看出,他与乌克兰上层阶级没有什么区别,他们将庄园、农奴、个人财富看得比独立更重要。1707—1708年事件后,一切都发生了剧烈改变,俄罗斯军队仓促撤退,在乌克兰的俄罗斯行政人员陷入了忐忑不安中,这也证明了彼得与俄罗斯在乌克兰的地位是脆弱的。实质上,撤退到斯摩棱斯克的沙皇,对待乌克兰的倒戈也只能听天由命。瑞典人转身南下意味着一场外来的战争已经来到了乌克兰的土地上。毕竟,乌克兰与俄罗斯和瑞典之间的波罗的海冲突无关,他们只是派哥萨克人陪同俄罗斯步兵出征,到了1702年哥萨克人还是义无反顾地离开英格里亚回到了乌克兰。

除此之外,彼得、俄罗斯官员和俄军将领们还大肆虐待乌克兰人,强迫他们去修筑防御工事,并向其征收大量重税。最后,对于乌克兰人的民族意识来说,俄罗斯对波兰的巴结令乌克兰感到极为不快,彼得以战胜卡尔为名,承诺把乌克兰右岸送给波兰。

与此同时,在乌克兰右岸,由谢苗·帕利和萨姆斯领导的反对波兰人的起义已有数年,右岸的一些领土实际上从波兰脱离。但彼得不想与波兰人关系变得紧张,准备将乌克兰起义军交给他们。考虑到这些动向,马泽帕明白:随着俄罗斯军队的失败或撤退,他扮演俄罗斯沙皇长期忠实仆人的角色将走到尽头。预见到这些事件,马泽帕与卡尔十二世进行了秘密谈判,然而他并不走运,没有预料到瑞典人会行军至乌克兰。这样一来，马泽帕没时间准备来"沉着"应对乌克兰与俄罗斯的关系，他变得异常紧张，害怕暴露，于是决定带着三千哥萨克人投奔卡尔。当时乌克兰军队的主要力量在白俄罗斯，彼得得知马泽帕的背叛后，没有给时间让乌克兰人思考，俄方迅速展开应对行动。元帅缅希科夫带领军队占领并烧毁了马泽帕的首府巴图林市，然后俄军立刻进行了没有马泽帕的处决仪式，代表马泽帕的傀儡被拖到断头台上，被"授予"特殊的"犹大"丑角形象后处决。而马泽帕本人也被宣布革出教门——受到教会诅咒。紧急聚集到一起的乌克兰上层阶级选择忠于莫斯科的伊万·斯科罗帕茨基为乌克兰新盖特曼。与此同时，俄罗斯军队突袭了扎波罗热并将其摧毁，尽管马泽帕叛变造成的损害微不足道，但彼得对乌克兰人的不信任感却在日益渐增。

马泽帕计划失败的主要原因是，他没有得到乌克兰人民的支持。半个世纪以来，乌克兰人民一直生活在莫斯科的统治下，被战争的恐怖和强大的沙皇威胁所恐吓，所以他们对马泽帕的号召保持沉默。乌克兰人民既不相信这位沙皇以前的奴隶老盖特曼，也不相信无缘无故来到乌克兰土地上的残酷海外征服者卡尔。结果，马泽帕陷于孤立无援状态。1708年秋天，关于乌克兰，彼得满意地写道"这片土地保持了原样"，这意味着他仍是乌克兰的主宰。

## [笔　记]

在俄罗斯史学中，马泽帕的作为被称为叛国，这种举动并不是只有一次，也绝非独一无二，类似的立场动摇不止一次发生在乌克兰盖特曼身上。乌克兰盖特曼在1654年成为俄罗斯公民，1723年彼得一世细数了尤里·赫梅利尼茨基、伊万·布留霍维茨基、谢苗·姆诺戈里希尼和其他17世纪盖特曼的"叛国罪"，愤怒地写道："每个人都知道，从获得俄罗斯公民的波格丹·赫梅利尼茨基时代起……所有盖特曼都是叛徒，我们的国家，特别是小俄罗斯遭受了多么大的灾难。"然而彼得没有提到赫梅利尼茨基本人在走到生命尽头时不再信任俄罗斯，开始与瑞典国王卡尔十一世进行秘密谈判的有关内容。

必须承认，发生上述事件的原因都是因为乌克兰发现自己处于俄罗斯的统治之下。1654年，莫斯科将乌克兰"置于自己的保护之下"，保证乌克兰的国家安全，免受其永恒敌人——波兰人和克里米亚人——的侵害。事实上，伴随着这种庇护，俄罗斯将农奴制带到了乌克兰，而自由的哥萨克人在此之前从未体验过这种枷锁。在1654年之后的半个世纪里，乌克兰佩列亚斯拉夫拉达在俄罗斯的统治下，已经从民主哥萨克政府转变成了俄罗斯众多地主与农奴居住的省份之一。俄罗斯帝国封建农奴制植根在自由乌克兰土地上的过程很痛苦，盖特曼马泽帕的统治史（1687—1708）就是这条艰难道路的一部分。

马泽帕本人一直被称为莫斯科的忠实支持者，乖乖地履行彼得一世的意志，他说："沙皇想留我到哪里，让我去哪里，我就去哪里。"在乌克兰人民看来，这极大地伤了他们的心。1705年，哥萨克中尉曼德里克的调查开始了，他说："只要这个盖特曼还活着，我们乌克兰就无法变好，因为他是沙皇意志的执行者；莫斯科沙皇摧毁我们的人民并将他们流放，而盖特曼则以各种方式使乌克兰衰落……他经常跑到莫斯科去学习如何摧毁我们的人民。"这位不幸的哥萨克中尉，因为这句话被马泽帕处死。

马泽帕写信给彼得建议如何统治乌克兰及其人民："我们的人民愚蠢而善变……伟大的君主不要对小俄罗斯人民过于信任，请求您屈尊，毫不迟疑地派遣一支勇敢、训练有素的精良军队前往乌克兰，以维持小俄罗斯人民的服从和忠诚。"

## 顿河上的布拉文叛乱

1708—1709年可能是彼得一生中最艰难的岁月,卡尔马不停蹄地行军,莫斯科有必要做出紧急准备以防御瑞典人的入侵——这几乎是无法避免的。在马泽帕背叛之后,彼得需要不惜一切代价将乌克兰置于自己的统治之下。此外,有必要通过建造、修复征服的要塞,让新舰队下海来巩固俄罗斯在波罗的海的地位。不仅如此,彼得还被大量外交事务、内政管理、工业和财政问题压得喘不过气来。

在1708—1709年瑞典攻势最猛烈的几个月里,康德拉季·布拉文领导的叛乱在顿河全面爆发。在某些时刻,彼得甚至会受到来自叛军、敌军和马泽帕的支持者的联合威胁。布拉文叛乱是由彼得在大北方战争初期的内部政策导致的。该政策在征税方面尤其严酷和无情,没收农民的一切为军队和战争提供所需,结果导致了农民破产和他们对当局的反抗。文献资料指出,当时发生了多起抢劫、袭击地主庄园与政府官员的案件,农民"用脚投票"来反对沙皇的政策——他们从村庄逃到南部和西部。顿河上游及其支流长期以来一直是来自中心逃跑人士的避难所,正是这些人充当了顿河哥萨克队伍大部分的志愿者。顿河哥萨克人是一群勇敢无畏的人,作战的兄弟情谊以及他们遵循的黄金法则将他们团结在一起——任何来到顿河的人都会获得自由。在这一点上,他们真实地意识到自由的顿河哥萨克人身上永恒的精神。

然而,专制的彼得不想考虑这一点,在收到地主和地方当局关于农民逃往顿河的报告后,于1707年夏天下令由大公尤里·多尔戈鲁基负责指挥派遣侦探分队抓捕并遣返逃犯。从一开始,多尔戈鲁基就表现得粗鲁无礼,无视哥萨克人的传统与习俗,他率领的分队在顿河上引起了轩然大波。正如布拉文后来在号召书中所写,多尔戈鲁基的手下"用火焚烧许多村庄,用鞭子殴打许多老人,割断他们的嘴唇和鼻子,把婴儿吊在树上,还把妇女和女孩带到他们那里满足他们无耻的欲望"。

多尔戈鲁基的行为引发顿河人民的不满后起义爆发。1707年10月9日晚上，首领康德拉季·布拉文率领200名哥萨克人杀死了尤里·多尔戈鲁基和他的手下。布拉文及其支持者在1707年的冬季起义失败后，于1708年春天再次发动起义，并以更强劲的势头爆发。与此同时，瑞典人已经越过边界行军至莫斯科，俄罗斯内忧外患加剧。沙皇任命被杀的尤里·多尔戈鲁基的兄弟瓦西里·多尔戈鲁基大公为分队的负责人前往顿河，并下令让他立即镇压叛乱。在复仇心的驱使下，瓦西里·多尔戈鲁基变得无情，他在给下属下达命令时写道："围着城镇与村庄侦查时，将其烧成灰烬，把里面的人杀光，砍杀他们的主谋，击退他们的反抗意愿。"

而这样的暴行只会激发叛乱的火焰。布拉文将切尔卡斯克市变为了顿河军队的首府，哥萨克人将他选为军事首领。起义迅速发展，扎波罗热哥萨克分队作为辅助来投奔布拉文。哥萨克分队到达伏尔加河，占领了察里津，布拉文的助手伊格内修斯·涅克拉索夫围攻了萨拉托夫。真正的威胁笼罩着亚速、塔甘罗格和亚速号舰队。彼得特别担心南部俄罗斯要塞可能会失守，毕竟，在那样艰苦条件下服役和从事防御工事的是前近卫军和许多政治流亡者。亚速和塔甘罗格的陷落对彼得来说将意味着灾难，这会导致克里米亚和土耳其对俄罗斯的反抗。而这一切都如此糟糕地赶到一块：1708年7月6日，布拉文率人靠近亚速；两天后，卡尔十二世在戈洛夫钦附近击败了列普宁军团。但布拉文的人未能夺取亚速，他们遭到来自舰队和要塞的攻击，只能被迫撤退。7月7日，部分哥萨克人决定投奔沙皇，打算俘虏布拉文以表忠心。然而，在一场夜战中，布拉文并没有落入他们的手中，但等待失败哥萨克领袖的命运就是被杀掉。

起义以失败告终，哥萨克人很难抵抗配有火炮的正规部队。多尔戈鲁基大公在顿河城镇和村庄中肆意屠杀，满载绞刑犯的木筏沿着顿河漂浮。霍万斯基大公的分队一边行军，一边烧毁了沿途的一切。被俘的哥萨克人从顿河被送到阿斯特拉罕执行死刑，彼得的一位亲密战友写信给沙皇提及给顿河居住的哥萨克人的妻子和孩子一条活路："您不应该顾虑他们——他们会自己消失。"也就是说，这些人会死于饥饿和随之而来的严寒。在涅克拉索夫的指挥下，大约两千名哥萨克人带着他们的妻子和孩子逃到了土耳其，在两个半世纪后，他们的后代才回到了自己家乡。

## 波尔塔瓦战役的辉煌

冬季，卡尔十二世的军队在乌克兰驻扎的处境非常艰难。首先，1708—1709年的冬天异常严寒，许多士兵被冻死了。其次，彼得不允许瑞典人舒适地在乌克兰的村庄安顿下来——俄罗斯人的焦土战术起了作用。前进中的瑞典军队要么发现的是灰烬，要么他们不得不付出惨重代价占领坚固的城镇。瑞典军队的力量被削弱，而瑞典人也没有从马泽帕那里得到什么帮助。马泽帕曾向瑞典国王许诺，哥萨克人会全力支持瑞典军队，然而无数的食物与饲料供应并没有实现。1708年底，马泽帕试图与彼得谈判求饶，作为忠诚的保证，他承诺俘虏卡尔后把他交给俄罗斯人。彼得作为一位经验丰富的政治家并没有拒绝与马泽帕接触，但谈判因不明原因而中断。

1709年春天，瑞典军队对波尔塔瓦要塞进行了围攻，占领波尔塔瓦要塞能打开通往哈尔科夫和别尔哥罗德以及克里米亚与土耳其奥恰科夫的通道。最后，卡尔打算把彼得引到此处，在空旷之地与他厮杀。事实证明，卡尔的用意是正确的，对波尔塔瓦的围攻使俄军无法进一步撤退。无论是出于战略角度还是道德原因，彼得都不允许波尔塔瓦投降。波尔塔瓦要塞司令科林和他的驻军英勇保卫了要塞七周，彼得无法将他们抛弃。

然而1709年6月上旬，科林告知沙皇，要塞的防御越来越艰难——战士们很疲惫，物资耗尽，城市即将被围攻摧毁。彼得命令科林要不惜一切代价坚持到主力军队逼近。从那一刻起，卡尔在战场上与彼得厮杀的愿望也变成了彼得的愿望。一场全面的战斗变得不可避免。

1709年6月20日，俄罗斯军队越过沃尔斯克拉河，来到离波尔塔瓦不远的地方。军队身后是陡峭的河岸，左边是茂密的森林，右边是深谷。士兵们迅速建立了战垒，面前是相当狭窄的波尔塔瓦战场。彼得下令在战垒对面建造几个土制防御工事棱堡。为避免敌人来到俄军战垒，士兵们昼夜建设棱堡。

6月26日至27日的一个夏夜，瑞典人也没有入眠，他们走上空地，整理战斗队形。前一天，卡尔在与忠于彼得的哥萨克人发生冲突时腿部受伤。他被担架抬到军营，军队迎接他们的国王。总司令、陆军元帅兰斯基尔德伯爵按照国王指令指挥进攻。清晨，伴随着战鼓的轰鸣，瑞典人的四支纵队向俄军靠近。这是个历史性的时刻。

当时世界上最优秀的军队之一踏上战场。它的士兵和军官被称为卡罗莱纳人，这些人历经九年战争的锻造，他们经验丰富，纪律严明，冷血无情。他们由才华横溢的将军——勒文豪普特、斯坦博克、斯帕尔、霍恩等人——率领作战。最后，军队是直到战败那天才知道他们的统领是伟大的国王。

在波尔塔瓦战役前夕，瑞典军队不得不解决彼得给他们设置的障碍。在前往俄军战垒的途中，他们首先需要击退缅希科夫的骑兵进攻，随后遭到驻扎在棱堡中的俄军火力的阻击。瑞典军队在行进中无法将这些棱堡攻下，于是被迫绕过棱堡保持安全距离。在机动行军时，瑞典的一个纵队脱离主力后被俄罗斯骑兵摧毁。在战斗各个阶段，瑞典人都遭受了巨大的损失，原因在于俄罗斯炮兵的精准射击。俄罗斯炮兵表现出了高超的战术水平，而瑞典人在这场战斗中，除了信号炮外，根本没有枪支。波尔塔瓦之战在数百架俄罗斯火炮的持续轰鸣声中进行。

瑞典人希望突破俄罗斯的战垒。这时，彼得的军队离开战垒来到战场，军营士兵列队成两排。俄罗斯人比瑞典人多——32000人对20000人，军队向敌人移动。沙皇骑着一匹名叫莉赛特的马，紧随其后的是陆军元帅舍列梅捷夫。之后，在飘扬的白色和彩色旗帜下，整个俄罗斯军队在鼓声中前进。

在成千上万士兵和军官的注视下，彼得将指挥权交给了陆军元帅舍列梅捷夫，退到一边，加入了他的普列奥布拉任斯基兵团阵列。俄罗斯军队的队列组织得异常严密：第二阵线距离第一阵线相当远。这使预备队避免了不必要的损失，但也存在着阵形中断的危险。然而此种用意是可行的，当第一阵线在战斗中需要恢复力量时，第二阵线的完整力量可以为第一阵线提供援助。然而第二阵线很快就变得有必要，因为瑞典人全力冲击了俄罗斯的第一阵线中心并突破了它。

密切注视敌人行动的彼得紧急指挥第二阵线士兵，带领他们来到被突破的地方。一场顽强的肉搏战随之而来，碰撞的纵队——蓝色的瑞典军队和绿色的俄罗斯军队——宛如血色浪潮在生死之战中蔓延。战斗高潮即将到来，这同样是致命时刻，一刻钟就能决定战斗中的一切。俄罗斯军队赢得了胜利，主要得益于士兵们的耐力，他们承受住了经验丰富的劲敌带来的巨大压力。

接下来是彼得期待的转折点。卡罗莱纳人无法承受俄罗斯人的攻击，害怕被包围（因为更多的俄罗斯人在与瑞典人作战时将战线拉得更长，并且他们可能从侧翼攻击瑞典人），正如彼得所写的那样，"很快高潮时刻显示"，卡罗莱纳人跑了。

一场追逐开始了，不过很快在战场边界就结束了，俄军没有进一步行动。线式战术中止，为避免失去对军队的控制，军队在胜利后离开战场。此外，在这不眠之夜，令人难以置信的战斗带来的紧张感让士兵们感到异常疲倦，马也需要休息。当然还要收缴梦寐以求的战利品，俄军在战场和波尔塔瓦附近的营地中缴获了大量的战利品。卡尔手下著名的将领和朝臣被俘，国王试图营救他的士兵，但这一切都是徒劳，卡尔的随从将他带离了波尔塔瓦战场。

到了晚上彼得才准备对卡尔展开追击。彼得想要和自己的"卡尔兄弟"见一面——他幽默地称其为劲敌。瑞典人匆忙撤退到克里米亚，第二天来到第聂伯河畔的佩列沃洛奇纳镇。当疲惫的瑞典人来到河边时，他们几乎看不到对岸——第聂伯河是如此宽阔。河岸边没有船只，周围也没有可以做木筏的树林。

卡尔、马泽帕和随行人员以及大约1300名士兵设法来到河对岸。其他部队（超过16000人）都厌倦了战斗，在草原上的疾驰导致士气低落，结果在缅希科夫和戈利岑领导的仅9000人的军队面前，瑞典部队没有进行任何抵抗就全都投降了。142面旗帜和军旗倒在胜利者的脚下，几乎所有瑞典军队的名将都放下了他们的剑。目前尚不清楚为什么如此强大的瑞典军队会遭此惨败。不过，后来的瑞典人安慰自己说，正是波尔塔瓦之战，让瑞典集中兵力试图称霸世界的时代结束了。从那一刻起，这个不光彩的"殊荣"传给了瑞典国王及其后代的获胜者。但是，我们可以将失败者比作"在波尔塔瓦之战失利的瑞典人"，或以嘲讽的口吻表示"正如瑞典人在波尔塔瓦之战中自我安慰时常说的那样：'胜利将属于我们！'"。

彼得本人展示了自己作为一个成熟指挥官和勇敢士兵的一面。他为战斗做好充分的准备，创造了对战瑞典人的兵力优势，密切关注战斗的发展，没有错失主动权。必要时，他也加入了最激烈的战斗，他的帽子被瑞典人的子弹击穿。波尔塔瓦之战对彼得来说是一个艰难的考验，战后他甚至生了重病，但一康复，他就迅速开始从波尔塔瓦战场收缴大量的战利品。

[文　献]

　　从普希金笔下我们有幸知道，胜利后彼得立即在波尔塔瓦战场上布置了一场喜庆的宴会，邀请被俘的瑞典将军参加，宴会中彼得向他的"老师"瑞典人举杯敬酒。但很少有人知道，宴会不仅限于祝酒，彼得并没有沉浸在胜利中，他认真复盘了战斗情况以及瑞典人这个强敌失败的原因。被俘的瑞典将军勒文高回忆说，沙皇和他坐在同一张桌子旁，开始向瑞典人询问战争中发生的不同片段，包括在彼得面前发生的快速包围里加防线之事。

　　然后"他没有再问关于里加的事情，而是问我们为什么在没有后方掩护的情况下率领军队走这么远？为什么我们的国王不召开战争会议？他到波尔塔瓦附近有什么目的？为什么我们要在我们处境最困难的地方攻击俄罗斯人？为什么我们不使用大炮？为什么在第一次猛攻之后，我们向左后退并停顿了这么久？为什么步兵和骑兵没有向中心会合？我们无法回答这些问题，更何况我们也不知道原因。毕竟国王什么都没有和我们商量过，那时他看着戈洛夫金伯爵和沙菲罗夫先生，后者将彼得的话翻译成德语，说他很惊讶将军们什么都不知道……"

　　只有在分析彼得对瑞典将军提出的问题时，才能明白很多。回忆起普希金的话"追随伟人的思想是最有趣的科学"，即使是非军事历史专家也清楚，彼得深入分析了局势，选择进行远征然后敢于展开大会战。但是，说这个为时尚早，人无法预知自己的命运。毕竟，还没过两年，彼得在对土耳其的战争中被包围在普鲁特河岸，重复了他前对手的许多错误……

[笔　记]

　　彼得从来都不是懦夫，但他不喜欢在一小时内展开决定军队、王位或国家命运的大会战。他明白胜利的偶然性，一场大会战就是一场游戏。正如沙皇所写的那样，"这场比赛握在上帝手中，谁知道谁会获得最终的快乐？"他知道这些"游戏"有多少是以灾难告终。以1525年的科索沃战役为例，巴尔干斯拉夫人在大会战战败后，在奥斯曼帝国的压迫下生活了将近500年。而这同样也影响了巴尔干国家的历史、斯拉夫人民的心态和生活方式。然而，这场大会战已经无法避免，1709年6

月，彼得已经准备好迎接他人生的主要战役。1708—1709年，他并没有逃避卡尔，而是谨慎地撤退。同时，在与敌人的快节奏战斗和小规模冲突中，他的军队积累了经验，士兵和军官为战斗做好了充分的准备。此外，俄罗斯人必须加快脚步，沙皇得知斯坦尼斯瓦夫一世打算与瑞典将军克拉索的军团一起前往乌克兰……

## 波罗的海东部纳入俄罗斯势力范围内

战斗一结束，彼得就开始出现神经性发热，这是由于心理受到了强烈冲击导致的。然而，他没有任何耽搁，成功地利用波尔塔瓦胜利巩固了俄罗斯的外交和军事地位。在这几个月里，彼得表现出惊人的效率，沙皇打算趁瑞典人还未从失败中恢复元气之前"趁热打铁"。此外，波尔塔瓦之战俄军的损失不大，在快速休整后，就很轻松地开始了另一场战役。

1709年波尔塔瓦之战后，俄罗斯从敌人手中夺取了主动权，现在需要不断防御的不是俄罗斯人，而是瑞典人。在波尔塔瓦之战胜利之后，彼得不仅设法将波兰王位归还给奥古斯特二世，而且还恢复了被卡尔十二世破坏的北方联盟。俄军前往波兰，斯坦尼斯瓦夫一世被驱逐出华沙，奥古斯特二世再次成为波兰国王。但在1706年背叛之后，彼得对奥古斯特不再有之前的信任和情感，奥古斯特之前对他而言是"一个真正的兄弟，而非名义上的"。1709年波尔塔瓦局势变得对俄罗斯有利：俄罗斯的声望极大提升，反复无常的胜利女神不再远离彼得的阵营。

波尔塔瓦的胜利使彼得能够制订出统治瑞典领土的计划。彼得认为，包括俄罗斯、萨克森、波兰立陶宛联邦、丹麦、普鲁士、汉诺威在内的国家联盟应该攻击被俄罗斯削弱实力的瑞典，一起瓜分其国土。汉诺威、普鲁士、波兰和萨克森占领了瑞典王国在德意志北部的省份，丹麦人占领斯科讷和挪威。而俄罗斯则为自己保留了爱沙尼亚和芬兰。虽然之前的盟国条约没有规定这些领土属于俄罗斯，但波尔塔瓦的胜利是如此亮眼，使得俄罗斯的影响力快速提升，以至于奥古斯特二世并没有反对彼得的意图。从此，奥古斯特在波兰的权力完全依赖于俄罗斯。1709年10月9日，他在托伦与彼得签署盟约，根据该条约，只有里加的利沃尼亚并入萨克森。不久丹麦恢复了与俄罗斯的和约，北方联盟重建。彼得在马林韦尔德与普鲁士国王腓特烈一世进行的私人会面，意味着普鲁士实际上也加入了北方联盟。

彼得从国外返回俄罗斯后，在莫斯科举行了盛大的胜利庆祝活动。莫斯科人可以看到无数胜利者被抬着、举着、拉着，穿过首都街道来到专门为这一天而建造的凯旋门。那里有收缴的大量战利品，包括大炮、旗帜、战鼓、武器等，还有源源不断的被俘的瑞典人，走在最前面的是以瑞典国王的第一大臣皮珀伯爵为首的将军与朝臣们。

1710年春天，军事行动重新展开。俄罗斯军队围攻波罗的海东部城市里加，这次围攻漫长而艰难。猛烈炮击加上黑死病的暴发，使这座城市的被围困者和围困者大量死亡。前者死亡60000人，后者死亡10000人。最后，由于无法承受围攻，里加为胜利者打开了大门。佩尔瑙驻军投降，俄罗斯军队占领了厄塞尔岛（萨列马岛），并于1710年9月29日进入雷维尔（塔林）。俄罗斯军队在卡累利阿取得的成功同样具有深意。在该地区力量薄弱的瑞典军队无法承受来自俄罗斯军队的猛攻：起初密集围攻之后，维堡投降；然后是克克斯霍尔姆（科雷拉）。所以，一个夏天内整个波罗的海东部都落入彼得之手。与此同时，沙皇违反了1709年与奥古斯特二世签订的协议条款——他将此前曾允诺给波兰国王的利沃尼亚并入了俄罗斯。

在占领爱沙尼亚和利沃尼亚的历史中，彼得运用了世界政治中惯用的强权政策。此时距离与瑞典签订《尼什塔特和约》（爱斯特兰和利沃尼亚正式划归俄罗斯）还有11年的时间，但彼得在众多波罗的海沿岸国家已经表现得像个统治者。因此，在里加投降后，他要求利沃尼亚的德意志贵族立即以书面形式宣誓效忠俄罗斯沙皇。这意味着1710年开始，利沃尼亚人将成为沙皇的臣民。做出相似举动的还有瑞典在波罗的海东部招募的六个军团。占领里加后，俄罗斯士兵立即开始拆除公共建筑上的瑞典国徽，悬挂上俄罗斯国徽。

## [文 献]

在1710年8月16日将爱沙尼亚纳入俄罗斯的告文中，彼得解释了爱沙尼亚被俄罗斯占领的原因：

"瑞典国王以他众所周知的执拗著称，不给我们片刻安宁，所以为了实现真正的最终正义，我们不得不派遣军队前往爱沙尼亚，在它的海港设防以保护自己免受任何入侵。"

在同一份告文中，彼得确认：

"我们相信，不仅是贵族、骑士与地主，而且雷瓦尔市的市民也会因他们从长期的瑞典枷锁中解放出来而高度评价我们。"

因此，我们看到彼得为占领瑞典各省解释的两个动机：需要从瑞典邻国保护他的领地（主要是圣彼得堡）以及希望将波罗的海国家从"瑞典枷锁"中解放出来。如果说第二种解释属于宣传的范畴，那么第一种就是当时世界范围内普遍存在的帝国侵占外国领土的典型解释。

## "邪恶的普鲁特"

爱斯特兰归入俄罗斯的国家宣言中提到了卡尔十二世"众所周知的执拗"。事实上彼得在波尔塔瓦之后速战速决的希望是错误的。1709年8月,他写信给费奥多尔·马特维耶维奇·阿普拉克辛,称瑞典人将祈求和平并"追随我们",但这并未发生。卡尔十二世的确既执拗又顽固,他从佩列沃洛奇纳逃到土耳其,很快定居在本德利。在这里,他给土耳其苏丹马哈茂德二世写了封信,信中写道:"如果你给沙皇时间从我们的失利中受益,那么他会在未宣战的情况下突然冲向你们的一个省,就像他和他背信弃义的盟友破坏和平一起扑向瑞典一样。彼得在顿河和亚速海沿岸建造的要塞以及他的舰队明显暴露了针对您帝国的企图。"卡尔十二世向苏丹提议对俄罗斯采取联合行动。而这正是彼得最忌惮的,因为俄罗斯几乎不可能在两条战线上同时作战。

在波尔塔瓦战役前夕,彼得一世前往亚速,当着土耳其外交官的面烧毁了亚速舰队的部分船只(一些被烧得相当严重),从而表明了自己爱好和平的意愿。此外,在伊斯坦布尔,俄罗斯还赠送给苏丹朝臣和官员丰富的礼品。伊斯坦布尔传来土耳其人不会参战的消息令莫斯科欢呼庆祝。在1709—1710年卡尔十二世未能将土耳其推向战争,但到1711年初,彼得一世清楚地认识到与土耳其之战是不可避免的,外交官的报告以及土耳其人积极的军事准备都表明了这一点。彼得一世对此表现得非常果断,甚至非常大胆。早春,他将一支军队直接调离波罗的海沿岸经波兰转派到奥斯曼帝国的属地瓦拉几亚和摩尔达维亚。他的想法很简单——与土耳其之战应尽可能远离位于波美拉尼亚的强大瑞典军团以及乌克兰和波兰两国。

### 圣凯瑟琳勋章

1714年，彼得一世设立了圣凯瑟琳勋章——俄罗斯最高的女性勋章，勋章座右铭是"为了爱和祖国"和"与丈夫一起工作"，这枚勋章的第一位获得者是皇后叶卡捷琳娜·阿列克谢耶芙娜。叶卡捷琳娜在1711年与普鲁特战役期间表现出英勇无畏的精神，在谈判失败后，俄罗斯军队与沙皇被包围，当时很多人认为军队将全军覆没，然而叶卡捷琳娜坚持继续谈判，据传她用沙皇在他们共同生活岁月中送给自己的所有钻石贿赂了土耳其指挥官。

此外，彼得一世还希望得到摩尔达维亚公国迪米特里·坎特米尔大公的帮助，后者秘密承诺帮助俄罗斯军队。彼得一世还希望在土耳其枷锁统治下的巴尔干斯拉夫人和希腊人进行起义。塞尔维亚人、黑山人和希腊人收到了俄罗斯沙皇号召他们起义反对伊斯坦布尔的信件。

俄罗斯人对战土耳其人没有取得成功。俄军战前准备不足，没有进行良好侦察，犯了战术错误，也未考虑到军队补给，再加上被波尔塔瓦之战的胜利冲昏了头脑，低估了敌人。1711年7月7日，普鲁特河一带的土耳其人切断了俄军骑兵与主力的通信，将彼得一世率领的军队包围在普鲁特岸边摩尔达维亚烈日炙烤的草原上。

与此同时，土耳其人巧妙地断了彼得一世军队营地的供水，此时七月酷热难耐，草——马的食物——被烧光，弹药也快用完了。而且土耳其人的数量是俄罗斯士兵的三倍多，他们用战壕密集包围了俄罗斯营地，并向他们的阵地持续开火。彼得一世和部队的处境比1700年秋天在纳尔瓦附近的处境还要危急，军队受到失败的威胁，沙皇面临死亡或被俘的威胁。摆在彼得一世面前的只有一条出路——突破土耳其棱堡进入战略空间，但他明白这条路有多危险，土耳其人的兵力优势有多大。土耳其人准备随时击退来自俄罗斯军队的可能突围。投降的想法对彼得一世来说是无法忍受的，在普鲁特受困的日子，为了不被羞辱他准备随时赴死。

到了7月11日，转机出现——俄军成功与土耳其总司令巴尔塔吉·穆罕默德展开了谈判。谈判进展缓慢，因为土耳其人对他们的胜利充满信心。但俄罗斯代表彼得·帕夫洛维奇·沙菲罗夫是一位经验丰富、懂得随机应变的外交官，他设法说服了贪婪的土耳其总理接受讲和。顺便说一句，后者很快就为此付出了生命。

根据被围困的彼得一世给沙菲罗夫的指令可以看出，很明显沙皇准备做出巨大让步。在给沙菲罗夫的一封指示信中，彼得允许将亚速战役期间征服的所有城市和堡垒都交给土耳其人。如果土耳其人为瑞典人斡旋，那么彼得允许将除英格里亚以外的所有从瑞典征服的领地都还给卡尔十二世。他不能牺牲圣彼得堡以及他的荣誉，并准备将普斯科夫交给瑞典，但"如果这还不够，那就交给其他省份"。当等待变得难以忍受时，7月11日一封信中，彼得一世做出更大让步。他命令沙菲罗夫："如果他们真的要讲和，那就给他们想要的一切，除了侮辱。"

最后，在非常苛刻的条件下，沙菲罗夫成功与土耳其总理签订和约。俄罗斯承诺将亚速交给土耳其人，摧毁塔甘罗格和其他堡垒，清除亚速舰队，不再干涉波兰事务，并允许卡尔十二世通过俄罗斯领土前往瑞典。亲手摧毁15年来在亚速海中取得的劳动成果尤其艰难，当彼得一世写信给亚速州州长阿普拉克辛下达摧毁堡垒和舰队的法令时，他哭了。但是没有其他方法可以摆脱普鲁特的围困，俄罗斯军队离开该死的普鲁特营地后，彼得一世于1711年7月15日写信给参议院："这样，死亡盛宴就结束了。"俄罗斯的南行政策不得不被遗忘多年。

## [传说和谣言]

### 彼得是否在普鲁特立过遗嘱？

俄罗斯军队在普鲁特河被包围的历史引发了关于彼得一世遗嘱的传说。在敌人优势部队的包围下，彼得一世写信给莫斯科，给参议院，信函如下：

"我通知你们，我和整个军队，没有任何过错或轻率行为，只因为收到了虚假情报后被土耳其军队包围，他们的军事力量是我们的四倍，而我们获得军粮的各种方式被阻碍。这样，如果没有来自上帝的特殊帮助，我就无法预见其他任何事情，我将与所有人一起死去，或者被俘虏。如果是后一种情况，不要把我当作你们的沙皇和君主，在我未回去之前，不要执行任何命令，即使这些命令是我发给你们的，或是我亲笔写的。如果我死了，你们得到关于我死讯的可靠消息，那就从你们中选择最匹配的人做继承人。"

一些历史学家认为这封信是伪造的（考虑到它的原件没有保存下来，我们只了解从德文翻译过来的内容），其中有很多荒谬之处。其他历史学家严谨对待该信，他们认为信将普鲁特局势准确描述了出来，彼得一世简短而富有表现力的文风，他与生俱来的勇气，可以通过任何译本彰显出来。沙皇并不打算将权力交给不受宠的阿列克谢，而是交给俄罗斯上层，这并不荒谬。几乎所有的沙皇——彼得的前辈——都是通过缙绅会议选举而被推选登上王位的。此外，我们不要忘记参议员中有前沙皇阿列克谢·米哈伊洛维奇的私生子伯爵伊万·阿列克谢耶维奇·穆辛－普希金。在给他的信中，彼得称其为"兄弟"，称他的儿子伊万·阿列克谢耶维奇·柏拉图为"侄子"。

# 甘古特战役和对芬兰的征服

1711—1713 年，俄罗斯军队在德意志北部与瑞典人作战，协助盟友丹麦人和萨克森人。结果，瑞典几乎失去了波罗的海德意志海岸的所有要塞。但彼得对征服芬兰表示担忧——芬兰是瑞典的最后一个海外省份，也是圣彼得堡的近邻。沙皇在写给阿普拉克辛的一封信中解释了芬兰在战略和资源上对俄罗斯的重要性，征服芬兰的目的不是为了领土扩张，而是为了迫使瑞典人在缔结和约时变得更加顺从：

> 不是为了破坏，而是为了掌控，尽管我们根本不需要一个（芬兰），征服此地出于两个主要原因。其一，在谈和时对瑞典有所牵制……其二，这个省是瑞典的补给站……如果上帝允许夏天离开，那么瑞典人的脖子会变得更加柔软弯曲。

在计划征服芬兰时，沙皇制定了一种特殊的沿海作战战术。彼得一世意识到，大批军队在芬兰陆路上行军很困难——因为那里道路很少，荒野、岩石和沼泽很多。用船只在海上运送部队也很困难，因为瑞典人有庞大的海军舰队优势。因此，彼得一世决定利用芬兰海岸的狭窄通道、浅海湾和岩礁，广泛使用大桨战船展开军事行动。大桨战船是浅吃水划艇，在浅水中操作起来非常方便。同时，它们可以搭载大量的士兵、马匹、给养，将其运送到相当远的距离。在战斗中，它们敏捷而快速。而建造它们并不困难。

1713 年春，载有 16000 名士兵的船队沿芬兰海岸航行。位于芬兰陆地上的力量薄弱的瑞典军队害怕俄罗斯军队，彼得一世则害怕瑞典人强大的海军舰队。彼得最终还是完美地摆脱了困境，这些大桨战船在瑞典舰队的眼皮子底下，在与海岸有不远距离的情况下行军，此时瑞典舰队无法靠近海岸并阻止彼得的军队占领赫尔辛福斯（今赫尔辛基）、阿博、博尔戈和其他重要的芬兰城市。

1714年著名的甘古特战役决定了芬兰之战的胜利，也成为俄罗斯军事史上著名的海战之一，尽管就其规模而言，它明显逊于随后发生的诸多海战。但这场战役是俄罗斯舰队的首次大捷！7月底，当俄罗斯大桡战船舰队从赫尔辛福斯沿海岸移动到阿博时，情报显示，甘古特角的航道已被瑞典的瓦特朗上将的中队封死，此时大桡战船停靠在岸边，瑞典战列舰和护卫舰的数百门火炮准备将武装薄弱的大桡战船炸个粉碎。然后彼得一世对该地区进行了研究，发现甘古特半岛有一条狭窄的地峡。于是他采用了一个计谋，通过地峡建造平台，将大桡战船拖到半岛的另一边，然后让在甘古特角等待俄罗斯人的瓦特朗计划落空。

### "英格曼兰号"

1715年，英国工匠在圣彼得堡海军部建造了一艘有两层64门火炮的炮台船送给彼得大帝。该船的草图被认为是彼得大帝的作品。这艘船成为波罗的海舰队的旗舰，在海军中将的指挥下同彼得大帝参加了北方战争的许多海战。这艘船的设计非常成功，被认为是船中的典范，因为它具有良好的适航性、强劲火力和漂亮的外观。彼得一世很喜欢它，经常用它出航，并下令将其作为珍贵纪念品来保存。然而，在1736年，这艘船在喀琅施塔得被解体。

瓦特朗是一名具有丰富经验的水兵，他看穿了彼得一世的计划，便将自己的中队分成三部分：派海军中将利利尔前往俄罗斯人将船只拖上平台的地方；派海军少将埃伦舍尔德带着一艘护卫舰、三艘稳向帆艇和六艘大桡战船驶向彼得计划要放船下水的峡湾；而瓦特朗自己带着剩余船只仍然停在甘古特角。然后一场危险的军事行动开始了，类似于国际象棋中的迫移，在这场游戏中如果其中一个玩家连续应对敌人强攻并立即采取防御措施，他就会获胜。彼得一世看到在甘古特角瓦特朗的部队力量少了一半，便决定利用这一点。7月26日清晨，在周围一片寂静的情况下，一支俄罗斯大桡战船分队绕过了停泊的瑞典船只并驶离瑞典火力射程之外，第二队战船紧随其后。利用瓦特朗让船只远离海岸这一时机，俄罗斯第三队战船直接在海岸附近经过。

彼得一世的战舰绕过甘古特角，将埃伦舍尔德的小分舰队锁定在峡湾中，然后对其发起攻击。第三次进攻后大桡战船成功地靠近了瑞典船只，俄军血腥登船后，占领了瑞典船只，埃伦舍尔德本人也被俘虏。彼得一世认为这次胜利是一次海上"波尔塔瓦战役"的胜利，这当然有些夸大其词，但人们可以理解沙皇——毕竟，在此之前的15年，俄罗斯在波罗的海没有船只、水手或造船厂，而今有了这场胜利！继甘古特之战告捷后，俄军的胜利持续到8月，占领了奥兰群岛，打通了前往斯德哥尔摩的通道。

# 欧洲城市的建设

波尔塔瓦的胜利对圣彼得堡的命运具有决定性意义。俄罗斯的城市建设速度很快，1712年圣彼得堡成为国家首府。最初，彼得有意在科特林岛上建造一座新的首都，并为未来的首都制订了一个计划，其中包括挖掘60多条运河。但随后他放弃了"科特林计划"，建筑师多梅尼科·特雷齐尼和亚历山大·勒布伦制定了以瓦西里岛为中心的新的城市发展蓝图。与此同时，城市的其他几个街区也进行了重建。彼得一世想看到他心爱的城市像欧洲城市一样，他十分喜欢阿姆斯特丹，因此力求赋予这座心爱之城对称美与舒适。建造房屋的标准有着严格的设定，官员严格监控街道上的房屋布局，注意房屋的外观和建筑细节。在新地方建立帝国首都时，彼得一世和继任者追求精致奢华的建筑，建了无数宫殿。建于1705年的彼得大帝夏宫是彼得一世最喜欢的郊区宫殿之一，沙皇自己构想了从海到山的通道蓝图。按照他的旨意，郊区建了这座有瀑布的宫殿，彼得一世时常关注郊区宫殿的建设进程，钻研所有建筑细节。在《彼得大帝日记》中有一句很有特色的话——"逛着工作"。也就是说，即使在闲暇时间，彼得也会在建筑场地休息。在斯特列利纳、杜布基和其他地方的宫殿和郊区住宅也按照同样的规模建造。

如果我们从高处俯视这座新生城市的"概况"，审视它的轮廓，那么圣彼得堡可以被称为"荷兰之城"。如果我们欣赏祖博夫1717年的圣彼得堡后视图景版画，我们就会注意到这一点。在前景远处有魅力十足的建筑，典型的荷兰式尖顶，飘扬着旗帜的尖顶楼随处可见——在现在的荷兰仍然可以看到这些。18世纪中叶的圣彼得堡至少有50座尖顶楼。在圣彼得堡后视图景版画上，人们还可以看到，大多数吊桥都是用荷兰的配重物制成的，让人想起今天的荷兰仍然在使用的那些涂成白色的大桥。这并不奇怪——几乎所有这些都是出自荷兰大师赫尔曼·范·博尔斯之手。这幅"荷兰风景画"与教堂、海军部、彼得保罗大教堂钟楼上的荷兰钟声相得益彰。让我们也回顾一下许多典型的荷兰风车，它们不仅在瓦西里岛沙嘴或奥赫塔（那里有很多）旋转，而且在首都各个地方，包括彼得保罗要塞也有风车。

当时圣彼得堡居住着许多各个专业的外国大师，不仅有荷兰人，还有来自德意志和被俄罗斯征服的波罗的海国家的法国人、意大利人，他们都对城市的建造贡献了力量。亚美尼亚工匠、瑞典战俘，当然还有俄罗斯建筑师、工匠和工人也在为圣彼得堡劳作。但与此同时，我们不要忘记，所有这些大师，从伟大的勒布伦到默默无闻的小瓦工，为了适应彼得的喜好，都在彼得不断挑剔的监督下工作。彼得的这些品位在早期圣彼得堡外观上体现得淋漓尽致，它们源于彼得对荷兰的热爱。后来被称为"彼得巴洛克"的东西实际上是荷兰巴洛克的变体，逐渐被俄罗斯适用。最能体现彼得对荷兰这种热爱的例子是著名的彼得大帝木屋，被漆成荷兰红砖的颜色，后来在荷兰工匠的帮助下俄罗斯也可以生产这种红砖。

1724年，沙皇派新手建筑师伊万·科罗博夫出国学习，命他前往荷兰，并信心十足地对他说道："为了将圣彼得堡的建筑建得与荷兰建筑相似，你需要住在荷兰，学习荷兰建筑风格，学习花园如何用小树林进行装饰，学习各种各样事物，使圣彼得堡成为世界上任何地方都比不上的城市，身处其中就像来到荷兰一样。"沙皇还说："上帝保佑我，让圣彼得堡成为第二个阿姆斯特丹！"而且必须说一下，沙皇为此做了很多努力。

后来，当首都在其他建筑风格的影响下扩建和重建时，"荷兰式彼得堡"似乎被淹没、消失在地基中，隐藏在新拉斯特雷利式彼得堡的外墙后，随后是古典主义的彼得堡时代。但是彼得保罗大教堂和海军部的金色尖顶，其样式自彼得大帝时代就一直保存下来，当时赫尔曼·范·博尔斯在上面装饰了天使和船形模型。彼得保罗大教堂的钟声被编钟大师奥尔顿赋予了荷兰风格的声调。上述可以作为对这座城市"荷兰式童年"的记忆。正如当时所记录的那样，这座教堂的美丽钟楼上面是"飞翔的天使"，该钟楼由多梅尼科·特雷齐尼于1712年开始用石头建造，取代了原来的木制钟楼。彼得一世催促建筑师先建造钟楼，希望先完成这座钟楼。沙皇写道："城内的钟楼，尽快完工，这样1716年就可以在上面放一个钟，逐步建成一座教堂。"可能是沙皇想立即给这座城市增添西欧风情（在靠近西方城市时，总是首先看到尖顶），想在平坦、单调的地面上凸显出拥有强大垂直感的新城，让这座城市从海上很远距离也能被看见。到1722年，彼得保罗大教堂的金色尖顶已经在城市上空闪耀，而大教堂本身直到1732年才完工。

　　勒布伦去世后，人们按照他的设计，仍在继续工作，整个施工过程在沙皇本人主导下由多梅尼科·特雷齐尼负责。彼得一世美化改造瓦西里岛的计划是伟大的。18世纪历史学家A. I. 波格丹诺夫写道：沙皇想要"用最华丽的木制与石头建筑物，以及运河来将瓦西里岛装饰得像阿姆斯特丹。这一切都有详细的计划和模型，这个岛上的所有建设都按照计划进行"。然而，由于勒布伦的去世，施工过程中经常出现时间、材料不足，执行质量差等问题，最后彼得一世本人想法的反复无常让他经常下令破坏已经建好的东西，然后再重新建，导致整个宏大计划实施得并不成功。沙皇于1725年去世，太可惜了！也许随着时间的流逝，瓦西里岛最终会变得像阿姆斯特丹一样。

## [人　物]

### 建筑师勒布伦

　　勒布伦于1679年出生在巴黎一个艺术家和雕塑家家庭，是法国最优秀的建筑师、凡尔赛官设计师勒诺特的学生。勒布伦撰写的如何建造公园的书使他声名鹊起，这部作品在世界上许多国家被多次印刷出版。总之，勒布伦是一位有声望的建筑师，1716年访问法国的彼得一世决定聘请他来建造圣彼得堡。在巨额财富、免费公寓、非凡"建筑师将军"头衔的吸引下，同时考虑到涅瓦河畔出现的巨大机遇，勒布伦放弃了拥有的一切前往俄罗斯。

　　一到圣彼得堡，他立即将整个建筑业务掌握在自己手中，持续、紧张而富有成效地工作：他为城市制定了总体规划，教授年轻建筑师和工匠，为公园和官殿画图设计。他果断而犀利，拒绝了其他建筑师在他之前所做的一切，换言之，他立即让自己成为众矢之的。才华横溢的勒布伦尤其被缅希科夫支持的卡洛·巴托洛梅奥·拉斯特雷利所嫌恶，然而勒布伦没有注意到这些阴谋，仍不知疲倦地工作。正如在所有勒布伦传记中所写的那样，这位正值壮年且才华横溢的杰出建筑师忽然病倒了，于1719年2月27日去世。精力充沛、身体健康的勒布伦生病的原因无从考究，只留下了被建筑历史学家规避的阴暗、模糊的谣言。其中一个谣言是：对才华横溢的勒布伦心生嫉妒的缅希科夫曾在沙皇面前诽谤他，说勒布伦似乎下令要砍掉彼得一世在彼得夏宫艰难种下的树木。暴怒而强硬的沙皇听后突然来到彼得夏宫，狠狠地侮辱了勒布伦，甚至用棍子殴打了他。而勒布伦对所发生的事情感到非常震惊，以至于发了烧。过了一段时间，彼得一世弄清事情原委后，以虚假举报为由狠狠地殴打了缅希科夫。沙皇派人向勒布伦表示了自己的歉意与对他将永远仁慈的允诺。但对于一个自由人和贵族来说，勒布伦被这些前所未有的侮辱震惊到了，他再也爬不起床——死于屈辱和羞辱。而始作俑者缅希科夫，用一条花边布鲁塞尔领带擦去血迹和鼻涕后，挠了挠后腰继续自己的工作。这没有什么稀奇的，主人只是打了奴隶并没有杀了他！

[笔　记]

　　没有人知道俄罗斯为圣彼得堡的建设付出了多大代价。长期以来，对首都建设期间发生的损耗与死于疾病、饥饿、过度劳累的人数粗略地估计，在城市的地基上埋葬了数以万计的尸骨。有关统计主要出自圣彼得堡建立很久之后来到圣彼得堡的外国旅行者和外交官之手，他们认为在城市建设期间至少有10万人死亡。当然他们写的事件有很多夸张之处，但我们不能对他们给出的许多数据视而不见。有人认为建筑工地的高死亡率是谣言，并不可信。1716年，城市里人们已经开始过上了或多或少可以将就的日子时，缅希科夫写信给彼得一世的内阁秘书马卡洛夫说，在建造彼得夏宫和斯特列利纳的工人中，"很多人都得病了并且不断有人死去，今年夏天已经死了一千多人"。同时，他还特意给马卡洛夫写了附语，说这件事不必通知沙皇，"不要让这里的瑕疵扰了陛下的心"。如果仅仅在两个郊区的建筑工地，一个夏天就死了一千多人，在缅希科夫看来这不值得引起沙皇注意，那么君主应该被多少死亡人口"困扰"呢？

　　在圣彼得堡极其不平静的第一个十年之后，还有其他关于建筑工程人员死亡的信息。1717年11月28日，当彼得一世听到关于在喀琅施塔得建设期间有许多人死亡的传言时，他写信给建筑工地负责人、参议员M.M.萨马林："我听说工作人员（也就是农民）在港口工作时无家可归，大街上躺着病人、死人，还可以看到一些残疾人沿街乞讨。"这些消息不是源于国外记录者，而是沙皇情报员看到死者躺在街边的景象报告给沙皇的，这说明即使在被认为不是该市历史上最艰难的时期，建筑工地的进展也是不顺利的。而且众所周知，当时这种情况并不仅限于圣彼得堡附近的斯特列利纳、彼得夏宫和喀琅施塔得。

实际上不可能核查并系统整理有关人员死亡原因的信息，也无法提供有关大体人员伤亡的汇总数据。工地人员流失原因的统计也不得而知，我们只有零碎、简短的数据。在1704年，海军上将阿普拉克辛在报告工人高死亡率时忧伤地写道："为什么会出现这样颓丧的场面，我们无法判断。"很明显，城市建设初期、最困难时期的伤亡肯定会高于随后几年。根据最终的总体估计，在最初的15年里，至少有50万人在圣彼得堡工作。文献中最常见的建设伤亡数字"10万"似乎并不出人意料。全国各地的大批人赶了数百甚至数千俄里的艰难道路来到圣彼得堡，这为这么多工人死亡"创造了条件"。在圣彼得堡，他们或露天而住，或住在小屋和防空洞里，食物稀缺，没有医疗服务，而劳动人民的工作是极其艰苦和消耗体力的。基本上的建设工作都是在冷水中、在沼泽湿地上的土方工程。几乎所有的工作都是手工完成的，而且工程规模宏大。负责施工的官员贪污、偷窃对任何人来说都不是秘密，对他们来说，这些工作是真正的"银矿"，是发家致富的机会，是他们在新建城市艰难而珍贵的生活证明。每个工人都应该得到钱，这对于最艰辛工作来说是微不足道的奖赏，但很可能，工头们总是找机会对工人进行克扣。导致工人死亡的原因还有流行病，未来的总理大臣加夫里尔·伊万诺维奇·戈洛夫金在1703年报告中说，士兵和工人患有"同样的疾病——腹泻和坏血病"。简言之，有可能是痢疾，在那些卫生条件恶劣无比的时代，人们像苍蝇一样死去。除了痢疾、伤寒，18世纪与现在一样，在气候恶劣的城市流感经常肆虐，夺去了许多人的生命。1719年4月，彼得一世的继承人彼得·彼得罗维奇王子很有可能死于流感。总之，这座城市让俄罗斯付出了沉重的代价。

\* \* \*

圣彼得堡何时成为首都的？沙皇在1704年9月28日的一封信中已经表达了将首都安在这里的想法，宣布自己即将"在这里（彼得堡）建首都"的意图，尽管当时这些话只反映了他这一想法，而并非现实。1709年波尔塔瓦胜利之后，圣彼得堡在欧洲和波罗的海的地位急剧上升，它确实已经具备了成为俄罗斯首都的条件。彼得随后写信给自己戏称为"君主"的凯撒·罗曼达诺夫斯基大公:"现在,毫无疑问,您希望在彼得堡拥有官邸的愿望,在敌人失败后实现了。"任何了解凯撒·罗曼达诺夫斯基大公与他王室"臣民"之间滑稽关系的人都会明白,信中提到了谁想在圣彼得堡拥有一个住所。

奇怪之处在于我们不知道圣彼得堡在何时成为首都,没有颁布专门的法令宣布其为第二首都(莫斯科一直被称为"皇家城市",从未失去首都地位),让人完全无法理解的是居然没有这样的法令。说实在的,我们应该将圣彼得堡视为首都,是因为王室和宫廷搬到了涅瓦河畔?还是因为外交使团或国家机构都搬到这里?众所周知,沙皇一家于1708年出现在圣彼得堡,但随后其成员离开那里并长久居住在莫斯科。围绕在彼得一世和叶卡捷琳娜周围的人们很难被称为宫廷人员,确切地说,他们是陪伴沙皇不断行军的仆人。1710年,在圣彼得堡隆重举行了彼得侄女安娜·伊凡诺芙娜与库尔兰公爵弗里德里希·威廉的婚礼,这似乎在强调圣彼得堡作为新官邸的重要性。但两年后,即1712年,彼得一世与叶卡捷琳娜在圣彼得堡举行的婚礼仪式,并没有将婚礼庆典办得像在新首都为俄罗斯独裁者举办的传统婚礼一样盛大,而是彼得作为海军少将彼得·米哈伊洛夫与他的女战友办的一场简朴婚礼,邀请的一小群客人主要是水兵和造船师。

圣彼得堡何时成为外国外交官代表的官邸的?1704年11月24日,在圣彼得堡岛的"大使之家",彼得为土耳其大使安排了招待会,这个日期被认为是圣彼得堡变为君主官方首都的开始。1709年第一位欧洲大使丹麦特使来到涅瓦河畔,1710年撒克逊特使也来到此处,但其他使节直到1718年才出现在圣彼得堡。然而需要说一下的是,外交使团,更确切地说,是少数派驻俄罗斯的外交官,经常跟着不安分的沙皇在俄罗斯各地漫游,过居无定所的日子,有的大使暂时居住在圣彼得堡的租用公寓里。

将国家机关转移到圣彼得堡尚不明确是在什么时候。随着圣彼得堡的建立,许多官厅在涅瓦河畔成立"行军"处,即办公厅,这些部门逐渐获得领导机关的权力。这些圣彼得堡官厅负责人是经常围绕在彼得身旁的最亲密战友,而莫斯科官厅(在1710年代更常被称为办公厅)变成了圣彼得堡的莫斯科分支机构"行军办公厅"。这种权力的"输血"并不是一下子发生的,需要各个机构的分批转移。众所周知,最高国家权力机构——执政参议院——于1712年迁至新首都。或许这一年可以称得上是圣彼得堡变为首都的日子。在此之前，彼得在涅瓦河畔的逗留在官方文件中被称为"行军"，早在彼得时代之前，任何沙皇离开克里姆林宫都被称为"行军"，这一名称延续了很多年，直到1712年官方文件才不再提及。此后，圣彼得堡成为第二个首都，或者更确切地说，是君主的宫殿。

## 战争的胜利：1721 年《尼什塔特和约》

尽管瑞典的陆军、海军几乎连续战败，而且丧失了大部分领地和财产，但国王卡尔十二世仍坚持拒绝与对手进行谈判。他在班德待了很长时间，期间与土耳其人发生了严重争吵，土耳其人已经不知道该如何摆脱这位执拗的客人。最后，在1714年12月，卡尔十二世与几个随从从摩尔达维亚骑马穿越整个欧洲来到波美拉尼亚。

1715年12月，瑞典在德国统治的最后一个要塞斯特拉尔松德要塞因无法抵御丹麦人和萨克森人的围攻而陷落，卡尔十二世从那里逃往瑞典。北方战争爆发15年后，卡尔十二世回到故乡，却无法改变现状。瑞典因长期战争而破产，它最亲爱的国人们躺在波兰、乌克兰、俄罗斯的土地上，或者在乌拉尔矿山和圣彼得堡建筑工地劳作。这个曾经强盛的国家，它的村庄和城市里空无一人，物质资源枯竭，人民厌倦了战争和贫困。

但国王仍旧固执、严厉和英勇。他继续战斗，保护瑞典免受敌人入侵成为主要任务。卡尔十二世的反对者在彼得一世强攻瑞典与瑞典衰败的鼓舞之下，行动越来越大胆。这并不是说彼得一世的盟友阵营步调一致，而是瑞典帝国即将灭亡，激起了普鲁士、丹麦、波兰和俄罗斯的胃口。德意志各公国也加入了对战瑞典人的战斗，梦想以牺牲瑞典殖民地为代价保全自身领土。同时，他们彼此极不信任地监视着对方。

彼得一世的盟友并不信任俄罗斯沙皇，这不是空穴来风，盟友们都担心他日益增长的帝国胃口。俄罗斯从"世俗领地与继承权"英格里亚回归开始，先后占领了利沃尼亚和爱沙尼亚，然后是芬兰。这是俄罗斯的盟友们担忧的根源。自1712年以来，俄罗斯的影响力扩展到库尔兰公国。1713年，北德的梅克伦堡公国也落入了俄罗斯的影响势力范围内，其统治者卡尔·利奥波德与彼得的侄女叶卡捷琳娜·伊凡诺芙娜公主结婚。专门引入梅克伦堡的军队维护了俄罗斯在这一地区的利益。自

1714年以来，另一个北德公国荷尔斯泰因在与丹麦的长期争端中寻求彼得一世的支持。彼得一世在德意志北部的特殊活动让丹麦和英国都感到不安。英国国王乔治一世同时也是邻近梅克伦堡的汉诺威公国的统治者，为他领土的完整而担忧。

尽管在1716—1717年卡尔十二世成功地阻止了盟军在斯科讷登陆，但瑞典的处境却是绝望的。1718年5月，俄罗斯和瑞典开始在奥兰群岛进行谈判，谈判过程困难重重，谈判很快就突然被中断。1718年12月中旬，在围攻挪威要塞弗里德里希萨尔期间，国王卡尔十二世被杀，死因不明——也许是被其随行人员蓄意暗杀。尽管如此，王位继承人、卡尔的妹妹乌尔莉卡·埃莉诺拉和她的丈夫腓特烈一世自1720年起决定继续战争。战争在瑞典海岸和海岸附近展开。1719—1721年间，俄罗斯军队多次登陆瑞典，摧毁其城镇和村庄，仅在默奥附近他们就烧毁了4个城镇、12个钢铁厂、79个庄园和509个村庄。类似的惩罚和恐吓行动也在斯德哥尔摩附近发生，战争首次临近瑞典首都。根据彼得一世的说法，燃烧的村庄和难民的流动会让瑞典王室相信与俄罗斯和平相处的必要性。

瑞典当局对这些远征军和他们带来的灾难性破坏感到恐惧，这一切会使瑞典永远落入欧洲小国一列，于是瑞典当局前往芬兰尼什塔特与雅各布·布留斯率领的俄罗斯代表团进行谈判。1721年8月30日，和约签署。

1721年8月，彼得一世最珍视的愿望终于实现了——以胜利结束战争，进入波罗的海，并确保了他迷人的新首都圣彼得堡与舰队多年的安全。

[文 献]

《尼什塔特和约》中最重要一项写着瑞典永远放弃东波罗的海领土，此处归俄罗斯所有。严格来说，如果没有这个条款，俄罗斯人就无法在涅瓦河畔生活：

"4. 瑞典国王陛下为自己和该国后裔与继承人承认，瑞典王室及后代向俄罗斯国家沙皇及其后裔继承人承诺，在这场战争中，俄罗斯沙皇无条件永久拥有战争中所征服的省份：利沃尼亚、埃斯特兰、英格里亚和带有维堡封地的部分卡累利阿……里加、多胺、佩纳沃伊、雷瓦尔、多帕特、纳尔瓦、维堡、克克斯霍尔姆和所有其他城市、堡垒、避风港、地区、行政区、海岸，以及以泽尔、达戈和梅诺姆岛屿……整个瑞典王国的继承人与后代永远服从俄罗斯沙皇，沙皇拥有国王陛下和瑞典所有上述省份、岛屿、土地和地区……"

后来，1740年瑞典人对俄罗斯展开复仇战争，对《尼什塔特和约》的合法性提出质疑，并要求俄罗斯归还被剥夺的省份。但1741年俄罗斯军队对战瑞典人获得的再次胜利终结了瑞典人提出的上述质疑。简而言之，得益于1721年的《尼什塔特和约》，圣彼得堡的地位得以维持。

# 彼得——"伟大的祖国之父,全俄的帝王"

在 1721 年 10 月庆祝签订《尼什塔特和约》期间,彼得被封为"伟人""祖国之父""全俄的帝王"。从那时起,人们相信俄罗斯已经成为一个帝国。俄罗斯的统治地位并没有立即被其他国家承认(土耳其直到 1772 年才承认俄罗斯的帝国身份),事实上彼得一世统治时期俄罗斯已进入欧洲主要大国圈子,并作为帝国开始参与世界的瓜分。自彼得时代以来,俄罗斯帝国的官方头衔发生了变化,但即使到了 1917 年,俄罗斯领土也是基于彼得大帝及其前任征服的领土,仅增加了类似高加索和中亚的一些"小领土":

> 靠着上帝的慈悲,我们成为全俄、莫斯科、基辅、弗拉基米尔、诺夫哥罗德、阿斯特拉罕、西伯利亚、托瑞克切尔松内斯、格鲁吉亚的沙皇、君主和独裁者;可以任命普斯科夫和斯摩棱斯克、立陶宛、沃伦、波多尔斯基和芬兰大公;爱沙尼亚、利沃尼亚、库尔兰和塞米加尔斯基、萨莫吉茨基、比亚韦斯托克、卡累利阿、特维尔、尤格拉、彼尔姆、维亚特卡、保加利亚等大公;拥有对诺沃哥罗德大公尼佐夫斯基、切尔尼戈夫、梁赞、波洛茨克、罗斯托夫、雅罗斯拉夫尔、别洛泽尔斯基、乌多尔斯基、奥布多尔斯基、孔迪亚、维捷布斯克、姆斯季斯拉夫和所有北方国家的主权;拥有对伊比利亚、卡尔塔林斯基和卡巴尔达土地以及亚美尼亚地区的主权;任命切尔卡斯基和戈尔斯基的大公以及其他世袭君主和拥有者;土耳其斯坦的君主;挪威继承人;石勒苏益格 - 荷尔斯泰因、斯托恩马恩、迪特马森和奥尔登堡公爵等人,等等。

封沙皇为帝王不仅仅反映了帝国将世界瓜分成碎片的外交政策愿望。事实是,专制意识形态在彼得时期与时俱进地更新。王权神圣起源的内容被当时流行的"社会契约""自然法"等观念所充实。当时有关意识形态的文件和新闻报道说君主在人民面前履行某种"职责"和"义务"。因此，1722 年《君主意志真理》写道：

> 国王的职责是……维护臣民生活无忧，教导他们虔诚地维护王室尊严……尽一切保卫、维护臣民无忧虑的生活，指导纠正臣民。

这个定义与当时普遍流行的君主是臣民"父亲"的概念非常吻合。

当然，关于君主职责的讨论纯属空谈，就像披着法律的模糊外衣，实质上并没有真正的义务和责任。彼得一世尽管特别热爱立法和监管，但并没有试图准确定义自己作为第一君主权力的性质，更不用说他的职责。同样，参议院在与最高权力关系方面的权限也没有具体说明，之后（在彼得一世死后）不同君主对此设置了不同权限。对于被上帝与传统圣化的君王而言，生杀予夺之权一直是他无可争辩的特权。在这点上，16—17 世纪的俄罗斯沙皇和 18 世纪的皇帝有相似之处。例如，平庸的安娜·伊凡诺芙娜女皇在她的一封信中的表达方式与杰出的伊凡雷帝完全一样："我想赏赐谁——全凭我的意志。"彼得大帝也同样如此，在彼得专制历史时期，有许多谈论无限专制权的文件。在经济、军事、日常生活、风俗、艺术方面的西方化和显著创新改变了 18 世纪的俄罗斯。俄罗斯只有在两个方面没有改变：农奴制和专制制度。此外，18 世纪俄罗斯对当时先进的西方经验、制度和思想的引进与掌握，有助于加强农奴制和专制制度。彼得高度重视有先进国家的政治体制，非常清楚它们的特殊性，根据他的观点，在俄罗斯除了专制之外不应该有其他统治形式。因此，在以创建新的国家机器为标志的彼得时代，不仅没有谈到某种阶层集团的代表，也没有涉及将独裁者权力下放给某些机构。

## 皇权的象征物

**王冠** 莫诺马赫王冠不是俄罗斯沙皇唯一的礼仪头饰。钻石馆内仍然存有沙皇伊凡五世还有彼得一世的钻石王冠。两者都是在 1682 年制造的，当时两位沙皇成为共同执政人。俄罗斯的第一个欧式皇冠于 1724 年制作，是叶卡捷琳娜·阿列克谢耶芙娜皇后加冕用的。这顶皇冠的弧线上镶嵌着一颗来自中国的红宝石，上面装饰着钻石十字架。之后叶卡捷琳娜一世将其传给彼得二世，当王冠传到安娜·伊凡诺芙娜时，王冠被重新打磨，共镶嵌有2605颗宝石，但红宝石和十字架被保留了下来。1742年伊丽莎白·彼得罗芙娜加冕时，王冠再次更换。叶卡捷琳娜二世为1762年加冕典礼订购了一顶新王冠，而旧王冠显然被拆了，之后保罗一世戴着母亲的王冠（经过部分修改）举行了加冕。保罗一世的所有后裔，包括尼古拉二世在内都是戴着这顶王冠参加加冕仪式的。这顶王冠已完整流传到现在，被保存在钻石馆中。王冠由珠宝匠波齐尔制作，镶有58颗大钻石和3878颗小钻石、75颗大珍珠和一颗大红宝石。

**权杖** 在彼得大帝时代以前的罗斯，权杖是"人类的牧师"的象征。伊凡雷帝靠着他那可怕的权杖被人们记住。有几根权杖幸存下来，其中最著名的是保罗一世拥有的镶满宝石的金色权杖。奥尔洛夫钻石固定在顶部，沙皇右手握权杖。

**金球** 一个饰有十字架的金色空心球象征着统治世界。此物从波兰来到俄罗斯，1606年伪底米特里一世左手就拿着一个金球。从保罗时代开始，俄罗斯沙皇手里都拿有一个饰有宝石和钻石的金球。

还有其他皇权和帝王的象征：**披肩**（肩带上绣着珍贵的刺绣，彼得时期被衬有貂皮的欧式斗篷取代）、**紫红袍、宝座、国家盾牌、国家宝剑、国家旗帜、大中小型国家印玺**。

剑、旗和**印玺**的首次出现是在伊丽莎白·彼得罗芙娜的加冕典礼上。权力的象征物还包括国家鹰和大、中、小国徽。

# 新帝国的活动

俄罗斯取得了对瑞典人的战争胜利，吞并了波罗的海东部的广大领土，包括那些之前从未踏足的领土，俄罗斯成为英国、荷兰、普鲁士、瑞典和丹麦之间北欧复杂外交政策博弈的参与者。彼得统治末期，俄罗斯在波罗的海占据有利地位，而且1724年与瑞典缔结的和约巩固了俄罗斯的主导地位。在北方战争的最后阶段，俄罗斯开始积极渗透德意志北部，出兵梅克伦堡，与荷尔斯泰因公爵卡尔·弗里德里希（他后来成为彼得长女安娜的丈夫）进行了一场漫长而成功的政治博弈。

俄罗斯在波罗的海的活动令英国、普鲁士和其他欧洲国家的君主感到担忧。彼得在欧洲行事谨慎、小心，不像在东方一样。他向往印度的惊人财富，并对此表现出非天生的冒险主义和对胜利的盲目乐观。1722年，他开始与波斯开战，认为征服这个国家是对战印度的前奏。由于恶劣的气候和军队训练不足，1722—1723年对波斯的战役变得十分艰难。然而凭借军事行动，俄罗斯占领了里海东部和南部海岸，并根据1723年在圣彼得堡与波斯缔结的和平条约吞并了这些领土。1724年，在俄罗斯服役的瑞典海军上将威尔斯特率领俄罗斯中队准备征服马达加斯加，以便将其作为前往印度的海上转运基地。只是彼得一世的死亡，打断了这一宏伟但几乎不真实的帝国计划。

[文　献]

《君主意志真理》应该是俄罗斯帝国最重要的国家文件。它由彼得时代的君主专制思想家费奥凡·普罗科波维奇大主教于1721年撰写，他试图用各种论据来证实专制政权，引用世界历史中的例子、圣经和自然法准则。在《君主意志真理》中将专制定义为不受任何事物和任何人限制的权力：

"……最高权力（陛下）不受任何行为约束。"继而遵循专制无限论据：如果"权力至高无上，它又怎能受制于人法？如果被约束，这就不是最高权力了。君主按照自己意志而非出于需要来创造民事法典，又或者用自己的方式鼓励臣民自愿遵守法律，要么批准看起来有益且有用的法律进行国家统治……"。正如我们看到的，即使君主履行法律，也完全不是出于义务，而是出于自己的意愿。君主的臣民必须表现出："对君主毫无敌对和抱怨，做君主命令做的事情。"

连同 1722 年的《王位继承法典》（授予君主有权任命他的任何臣民为继承人，并在必要时可以更改自己的意志），《君主意志真理》成为君主专制形式的基石。费奥凡为沙皇任命继承人的全部权力提供依据，认为沙皇作为臣民之父拥有绝对权力，这种权力高于包括亲情在内的所有关系。费奥凡写道，如果臣民中有他的生父，那么君主，"根据最高权威，他也会是自己父亲的父亲……"

## [传说和谣言]

### 彼得留给后代的外交政策遗嘱

彼得大帝和他的继任者积极且有时带有侵略性的政策引起其他帝国的不满——英国、法国、奥地利，然后是德意志，他们不断地在各大洲争夺势力范围和殖民地。从 19 世纪初到近期得到广泛宣传和流传的所谓"彼得大帝遗嘱"，成为这些国家对俄罗斯的态度的指标之一。"遗嘱"每次都被用来证明俄罗斯的特有侵略性。历史学家推测"遗嘱"出现的时间在拿破仑对俄罗斯发动战争的 1812 年。其他人认为"遗嘱"是由 18 世纪中叶法国冒险家和异装癖者德埃翁捏造的，据称他是在伊丽莎白·彼得罗芙娜时代在彼得夏宫"发现"了它。同时，无论是在彼得大帝的文件还是他继任者的文件中都没有提到这份"遗嘱"，如此一来摆在我们面前的显然是份伪造文件。该"遗嘱"作者非常有才华地将真理与谎言混淆，巧妙地扭曲事实并故意深思熟虑地"预测"未来，事实上对作者而言，他的预测是已经发生的事情。同时这位作者并不了解历史，他的设想很荒谬，"迫使"彼得撰写出显而易见的废话和谎言。然而，无论这份伪造文件多么粗劣，它的长寿都可以用一个事实来解释：俄罗斯帝国在欧洲和亚洲采取了长达 200 年的侵略性掠夺政策，无形中证实了"彼得大帝遗嘱"的作者得出的众多"结论"。

# 行政体制改革：重商主义思潮

1721年10月22日，俄罗斯臣民在圣彼得堡三一大教堂庆祝与瑞典签署和约，当天沙皇发表了演讲，他用简短但非常有力的话告诉在座的议员、将军和神职人员，只有通过战争的胜利才能实现理想的和平。得益于军事改革，胜利成为可能，既然和平已降临，必须在行政领域付出很多努力以取得更多的成功。

实际上，行政制度的改革早在北方战争最激烈的时候就开始了，当时参议院成立并进行了第一次省级改革。而在北方战争结束后，国家改革进入下一阶段。整个行政制度必须按照军队改革的规律性原则进行改变。这就是沙皇此次演讲的目的。

早在战争结束之前，彼得一世就将收集有关其他国家，尤其是瑞典国家体制信息的任务交给了外交官和情报官员。这绝非偶然，因为沙皇想知道在军事上取得显著成就的国家，它的行政体制是怎样的。瑞典的政府体系建立在当时最新的重商主义原则——科学管理——之上。重商主义要求国家管控按照一定的功能原则，即每个机构都应该负责自己的特殊管理领域。中心一环是财政机构，被明确划分为筹款机构、配给花销机构，最后是保持独立财政核算和财政监督机构。在所有机构都有统一原则：通过登记簿对各种文件进行记录，确认"文件的呈转"。此外，该机构的工作是建立在合议、明确义务规章与官员专业分工的原则之上。每个机构都必须拥有其工作所依据的文件——规章制度与有人员数量的工作人员名单，根据严格规定的金额——工资——给官员的工作支付货币工资。

根据彼得一世的说法，俄罗斯引进这些"功能性"原则可以改变其复杂、低效的行政体制。彼得一世以瑞典章程为基础，保留了重商主义精髓，对瑞典模式进行了重要改变。

国家改革始于1717年，当时彼得一世制定引入新中央机关——部——的计划，沙皇确定了中央部门的数量、职责，并任命了各部部长。起初，彼得决定创建九个部门，然后变成了十一个，最终是十个。

彼得及他之后的时代，中央部门的数量没有保持不变，但整个中央机关重商主义制度本质总体没有发生改变。部门被分为几组：第一组负责国防和外交政策，包括军事部、海军部和外交部。财政部作为特殊的部门是重商体制的核心，包括从全国各地收钱的商部、保管和发放费用的国管部、控制公款收支的监察部。改革的精髓就在于此，毕竟，早期税款是由官厅和办公厅任命专人收取的，这些人在无任何监管的情况下会花费收来的钱。现在统一的秩序被引入财政体系，让人联想到现代的财政部、国家银行和审计金融机构。

功能原则是司法系统改革的基础。之前每个官厅不仅是一个管理机构，还是一个司法机关，而且它的领导甚至会被称为法官，而现在一个专门负责所有法庭案件的司法机关——司法部——出现了。此外，贸易和工业管理功能被从各种机构中剥离出来，商业部（负责管理贸易）和工业部（负责制造）成立了。不久，后者被分成了负责采矿和冶金的矿业部与负责轻工业的制作部。1720年，设立了管理城市的总市政厅，它也被认为是一个部。

[文　献]

1717年，彼得一世收到了来自瑞典关于中央权力机关的信息。该信息是由彼得派去的德意志间谍海因里希·菲克提供的，他以想在瑞典某部门工作的名义来到斯德哥尔摩，借机了解当地体制。收集到信息后，菲克将最重要的文件藏在他妻子的裙子里，将其带回了俄罗斯。夫妻俩都冒了很大风险——有关国家体制的信息属于国家机密。如果暴露，菲克将会被视为敌方间谍，毫无疑问会面临死刑。但一切进展顺利，收到的文件被翻译后，彼得一世立即着手下一步。更准确地说，下令将瑞典章程译文分发给之前任命的部长，以便他们任命工作人员及组织工作时考虑到瑞典与俄罗斯法律及管理原则之间的差异。1718年给部门部长的法令规定："所有部门现在必须根据瑞典章程，逐项制定所有事项程序，瑞典章程中哪些条款不合适或与该地区情况不同，根据自身情况进行讨论。并且在此之前要（向我）报告确定是否应该这样做。"

## 革新的参议院

彼得一世非常重视参议院的改革，仅仅关于确定机构权力、结构和事务工作的"参议院职务"的指南，他就编写了六次！彼得一世的想法极其简单，因为他对部门管理想象得过于理想化，彼得打算创建一种超级部门——部门的部门。各部门部长是参议院的成员，而参议院是由各部门组成的。他认为参议院的这种结构能保证国家权力免受滥用，可以在他缺席时代替独裁者掌权。参议院的高地位不能免除它的职责，它完全受制于君主，对君主负责。彼得一世废除了各省从属参议院的旧惯例，部门改革后，省长们不得不服从中央各部，也就是说，战争时期的地方分权结束了。新的政府体制是这样的：参议院—部—省—县。参议院是最高政府机关，享有主权者的信任，同时保留最高审判机关的职能。

彼得一世创建由各部门部长组成最高心腹机关的计划失败了。事实很快证明，部长们无法处理各部和参议院的事务，因此沙皇在1722年被迫放弃了他的想法，尽管在参议院讨论事务时仍保留了合议原则。在参议院的成立中，彼得一世看到了他必须从地方和中央机构接收需要更高仲裁与各部门协调的有争议的事务，最重要的是那些无法用明确法律规范来处理的事务。在参议院无法决议的情况下，事务会被提交给君主、最高立法者、首席法官、最高统治者，国事应该被这样分管。

同时，彼得一世也没有天真到认为整个国家体制只有在分级结构和合议原则下才能生存，经验告诉沙皇不要相信自己的官员。因此，在部门和参议院系统中，他安排了独立的监督部门总检察院。彼得一世认为总检察院的严格监管与独立于参议院可以为该部门成功运作提供保证。总检察院是检察院金字塔的顶端，包括一名副首席检察官，以及在所有部门和司法机关从属于前者的检察官。所有关于政府官员的黑料都必须通过检察院体系上交给上层，不能在中间任何一环停留。在各级政府中任职的官方秘密线人——行政监事——归总检察院管辖，因此总检察院对官员的秘密和阴谋了如指掌。总检察院可以对包括参议院在内的任何政府机关决议提出异议或暂停决议，而且有权直接向彼得报告，这大大增加了监督机构本身的价值。

1722年，彼得创立了监督司法诉讼程序系统，他批准了负责接受呈文并转送政府首脑审批的职位，该职位不仅收集来自臣民对烦琐公事程序的投诉，还收集违反司法部法律作出"错误审判"的投诉。控告基层法院不被受理：呈诉者必须自下而上通过各级机关将控诉送达司法部。负责接受呈文的机关也有权向沙皇报告，自然，检察院和呈文机关有自己的办事处和文书处理部门。

最后，另一个保护国家机构免受渎职、同检察院和总检察院平级、由为国家服务的告密者们组成的部门是监察部，它自1711年就存在，但直到1723年彼得才重建了整个国家告密者机构，建立了监察等级制度——省监察、中央机构和法院监察、首席监察，最后是由监察办公室和总检察院组成的总监察部。

## [人　物]

### 总检察长帕维尔·亚古任斯基

帕维尔·亚古任斯基于1683年出生在波兰，后来搬到莫斯科并在德意志区的教堂任职。他是彼得的勤务兵，后来当上警卫队长，为彼得一世执行众多命令。亚古任斯基拥有众多的才能：善于分析，掌握多种语言，相貌姣好，善于交际，懂得识人和有卓越的组织能力。与此同时，亚古任斯基在沙皇家中表现为一个开朗、英俊、迷人之人，他不止一次被委托处理沙皇和叶卡捷琳娜的私人事务。1718年彼得一世任命其为舞会的主管并非巧合。作为一个英勇的绅士，一个诙谐的故事讲述者，一个不知疲倦的舞者，一个迷人的酒友，亚古任斯基一直是彼得身旁一伙人中真正的主导人物。1718年，亚古任斯基走上了严肃的国家仕途，沙皇指示他监督当时国家改革的进展情况。最后，在1722年，彼得一世任命亚古任斯基出任总检察长即国家主检员这一史无前例的职位。在他的整个职业生涯中，他从未让君主失望过，始终受皇室信任，成为彼得一世身边最有影响力的高官之一。亚古任斯基的实力不在于他能靠近沙皇（有些人也陪在君主身边），而在于他是一个诚实廉洁之人，因此，他在那些待在君王身旁企图谋权的人中显得与众不同。但亚古任斯基没能将这些优点延续下去。后来他变成了一个武断、脾气暴躁、爱争吵的人。他经常（并且在他生命的尽头也几乎总是）喝得酩酊大醉，嗓音响亮而坚决，面无表情，对任何人都不宽容。彼得一世为此感到高兴，但这却极大地激怒了那些无法炫耀诚实和廉洁的"彼得罗夫巢中的胆小鬼"。毫不奇怪，彼得大帝死后，缅希科夫和其他在叶卡捷琳娜手下掌权的政要试图派亚古任斯基出任驻柏林大使来摆脱他。

在亚古任斯基生命的最后几年，一杯杯伏特加成为前总检察长的主要慰藉和伙伴。他的性格彻底变差了，变得爱争吵且乖张，经常在法庭上寻衅闹事，介入所有纷争。当亚古任斯基在1736年春天去世时，许多人松了一口气，因为不再有人可以公开称他们为小偷和无足轻重的人了。

[笔　记]

沿着十二部门大楼走着，好奇的游客会数一数大楼里有多少个部门。在中央部门创建过程中，它们的数量不止发生了一次变化。这些部门被合并，被分离，被转移到办公厅（也就是说，它们的地位被降低了），也会由新的部门被创建。尽管圣彼得堡建筑师多梅尼科·特雷齐尼的著名建筑被称为"十二部建筑"，但从来没有同时出现过十二个部门。事实是，最初在规划这座建筑时，除了沙皇批准的九个部门外，它还容纳了执政参议院与神圣主教议会，加上一个用于招待会和庄严活动的公共谒见室。因此，这座建筑的确是由十二部分组成的，这决定了它那被大众所熟知的名字。

# 省、外省、县

彼得一世进行第二次地方改革期间创建了新的地方机构系统，这意味着整个行政司法机关改革完成。改革的基础是以瑞典地方行政机构体制为蓝本的"G.菲克草案"，彼得一世以他特有的方式借鉴瑞典制度"削弱俄罗斯特色，什么可以保留，什么可以改变"。瑞典的地方政府体制是三级制：教区（kirchspiel）—地区（herad）—邦（land）。彼得只选择了瑞典体制的最后两个环节：地区和邦（或者，正如俄罗斯所说的"外省"），省成为基本地方单位。共45个省，每个省再分为50个外省，外省的领导是军政长官。事实上，这意味着省制的瓦解：省长的权力从此延伸到了下属的各个外省。省长还负责该省境内的军事和司法上诉案件。地方进行改革的原因显而易见：随着强大中央权力部门体制的引入，沙皇对地方集权的需求消失了。地方政体依次与中央机构对接，其核心是财政机构——负责征收税款和关税以及租金的管理局，1718—1728年税收改革的实施导致这些地区成为军队部署区，指挥官在体制最底环获得了巨大的权力，负责该地区征收人头税的地方自治政府警察完全受其统治。

地方政体改革完成后，官僚化进程在全国范围内日益扩大和深入。在早期不发达的县里，出现了一系列的机构：省、外省、县、区。管理专业化方面出现了重大差异，各级官员和雇员人数相应增加。彼得在地方管理方面一贯奉行重商主义和单一化原则，这体现在统一的内部结构、明确的等级制度、国家机关职位权限的同一性、军事规范性。

# 官僚主义国家

众所周知,彼得大帝特别重视国家改革。他认为改革是唯一可以帮助他将俄罗斯从他讨厌的"旧时代"中拉出来的手段。最终,在1717—1725年间,彼得借鉴西方(主要是瑞典)的经验,进行了一次大刀阔斧的重构,实际上是创建了一种新的国家机制,该机制与旧机制的不同之处在于各个层级有显著的完整性且各级独立单元有协调性。国家机制引入重商主义原则和军队纪律,具有强烈国家结构转型的特征。然而,很快出现的缺陷大大降低了新机制的效率,这导致在彼得大帝死后新的瑞俄混合行政体中最重要的单元被立即废除了。

改革的结果是建立了一种由众多机构组成的机制,改革之前机构是由无数官员组成,而改革后的机构官员人数比之前多了两倍!办公文件数量急剧增加,现存的数据表明,在相对规模较小的商业部仅在1723年就收到了来自其他机构的2725份文件,而商业部则发出了1702份外发文件。一个仅仅有32人工作的部门,就有近4500份文件通过。如果假设人员数量和文件数量之间存在直接联系,那么整个中央机制在一年内文件传送至少有20万份。

在公务执法的基础上运作的行政官僚化是所有文明国家历史上的自然过渡。彼得进行改革时,通常走的是西方道路。在彼得改革时代的人看来,官僚制度的"永动机"开始伴随着中央部门与省、检察院和区警察的引入运作起来,这一制度的本质不是解决事务问题,而是处理不断往来的文件。而发达的官僚机制像是无情的新生怪物一样,超过以往所谓的一切"莫斯科的繁文缛节"。整个俄罗斯国家权力后续历史表明:彼得一世通过引入重商主义、中央行政院合议和军事纪律原则来消除旧机构的缺点的用意是站不住脚的。新的行政体制不仅接受了旧体制的所有弊端,而且通过官僚化将这些弊端成倍增加。

在新体制运转初始阶段,官僚主义和国家机器处理事务的低效就让彼得感到极其担忧。为了实现必要效率，沙皇采取他惯用的镇压甚至公开施暴的措施，1721年审判了因盗窃罪被揭发的西伯利亚总督马特维·加加林大公，1723年参议员沙菲罗夫和首席检察官什科尼亚科夫·皮萨列夫被指控违反参议院"职责"同样受到审判。加加林在中央院大楼前被处决，尸体在楼前挂了几个月，以对办公厅里的受贿人员予以活生生的警示；而沙菲罗夫和皮萨列夫被剥夺军职后流放。此外，彼得一世创建了义务调查政要各种渎职行为的专业高级法院，首当其冲的就是缅希科夫。

彼得统治末期，局势变得紧张，根据一些资料显示，国家机构腐败程度已经达到了可怕的程度，彼得一世正准备对其进行一次大清洗。导致新管理体制效率低下的原因异常复杂，俄罗斯显然是没有足够合格、经验丰富的人员来实施重商制度。筹资制度尚处于起步阶段，多年未领到微薄薪水的官员们只能"从政务中养活自己"，或者干脆进行偷盗。中央部门管理是一项新业务，无法立即正确地为各部门分配职权，只能在工作过程中进行整顿，这就导致混乱和烦琐的出现。体制运行相关立法存在许多空白，彼得在制定法规指令上做的巨大努力并没有从根本上使事情发生转变。中央部门和其他新机构在工作中都存在重要不足，彼得一世如此钟爱和珍视的部门合议原则在俄罗斯当时的境况下被证明是不可行的。在讨论事务时，部门成员之间不存在平等，独立民主程序甚至机构引入以非民主原则为基础的权力体制，民主就会不可避免地形同虚设。为无记名投票程序所安排的所有预防措施并不是决策过程中的主要程序，因为事情甚至在官员投票之前就已经在场外决定了。

[笔　记]

除文中所述情况外，新机制运作不协调还有更为严重的原因。沙皇研究国外资料，努力使国外的机制适应俄罗斯的实际情况，用他的术语表达为"削弱""俄罗斯特色"。这是什么意思？这种"特色"由几个部分组成：第一，专制是不受任何人控制的无限至高权力。第二，俄罗斯甚至都没有形式上的阶级代表机构。第三，地方城市与农村缺乏自治。最后，俄罗斯近一半人口是农奴，如此一来借用的瑞典统治体制在俄罗斯被"削弱"了。而当时瑞典的专制主义并没有像俄罗斯专制制度那样根深蒂固，持续时间也不久——一百多年（1611—1718）。瑞典的专制王权无法与莫斯科沙皇独裁权力相提并论。瑞典基于重商主义的中央合议政府创建可以追溯到17世纪初,当时形成了一个特殊的体系——从当地城镇居民、农民以及全瑞典社会中选出贵族家庭、神职人员的代表,定期举行会议解决共同问题。

瑞典各部是中央国家的分支,其中议会发挥了关键作用——四级议会以及国家议会,成为最高行政审判合议机构。该机构由最权威的贵族和官员组成,在国王不在该国期间代理国王处理事务。根据阶级代表原则,中央部门可以说是整个权力系统的传动带。最底层的权力掌握在城镇和教区选出的地方行政官手中,他们与推选自己的牧师与农民一起工作。王权尽管庞大,却受到1634年的特殊"政体文件"限制,任何国王都不能违反该文件。总之,瑞典中央议会制在传统和法规认可的统一、连贯平衡的权力体系中运作。然而,除了中央部门之外,彼得一世对瑞典权力运行机制的其他部分都不感兴趣。1718年11月3日,在讨论在俄罗斯复制瑞典地方政府制度问题时,参议院通过了彼得批准的决定:"由农民选举出的神职人员不会参与城市法令下达的审判事务,此外,农民所在地区是没有聪明之人的。"

因此,在"愚人国"中,上层任命的官员自然是最聪明的。在瑞典土地上被民选机构控制的官僚萌芽在俄罗斯的土地上被种下,或者更准确地说,很久以前俄罗斯就失去了自治的所有特征和阶层代表元素。因此,这棵"树"在俄罗斯得以迅速、不受控制地生长。结果,自彼得大帝时代以来,俄罗斯一直被为自身利益运作的官僚制度所统治。

## 教会等级的修正

许多同时代人普遍怀疑俄罗斯沙皇是否信仰东正教或他根本没有宗教信仰。彼得大帝虔诚信仰上帝这一点毋庸置疑，但他是从理性主义的角度看待这个世界的。有一次，彼得通过望远镜观看到了星空景象，并为之震撼，他若有所思地说："星界是无限的，这证明了上帝的无限性和不为人所知。世俗科学仍然远远落后于造物主及其创造的作品。"在人类实现太空飞行的现在，也可以这样说。

有时沙皇会对教会的所作所为表现得很冷漠，这主要源于两点：首先，彼得的政敌中有许多教会人士不希望纳雷什金家族支持的彼得登上王位，因此这些教会人士对彼得的所有改革都充满敌意。教会人士是彼得讨厌的"旧时代"的一部分。彼得对他们的态度可以从1698年的法令中看出，教堂唱诗班歌手禁止出现在彼得姐姐索菲亚公主所在的新圣女修道院中。这条法令充满愤怒："唱诗班歌手不准进教堂，那里的修女唱得好，只要有信仰，不至于在教堂里唱着《救赎》，却在教堂门廊里买凶杀人。"

在彼得统治期间，教会结构发生了前所未有的变化。他废除了宗主教制，成立了由侍卫官监督的教会部门。彼得从各个方面对教会展开攻击，制定宗教规程规范教会所有活动。臣民有义务去教堂，在那里他们会被记录在册。向神父忏悔时如果含有犯下的国家罪行，神父在刑罚的威胁下不得不告发自己的忏悔者。保持忏悔秘密的圣洁是不可能的！神父们发誓，承诺"关于对陛下利益的伤害和损害，一旦知道，我不仅会提前通告，而且会采取各种措施来防备……"。国家开始果断地把教会变成一个国家办事处。根据世俗当局要求，这个办事处被委任按照世俗权力赋予的精神喂养臣民。车工彼得·纳尔托夫记录了一件非常富有表现力的逸事："君主在与主教们会面时，注意到他们中的一些人越来越希望通过选举成为大主教，彼得便单手从口袋里掏出《教会等级的修正》递给他们，威胁道：'你们要求选举大主教——这就是给你们的教会大主教,对于不认同的人(彼得从刀鞘中拔出匕首,插在桌子上),这匕首则是给给你们的大马士革钢制大主教!就么活着吧!'"

俄罗斯沙皇政府和教会从未停止过与旧信徒的斗争,后者仍然忠于祖先遗教,并诅咒"拥护尼康的人",称其"亵渎了真正的基督教信仰"。1681年8月17日在普斯托泽尔斯克焚烧著名的大司祭阿瓦库姆并不意味着官方教会战胜了旧信徒。旧信徒看到与尼康的拥护者公开进行辩论的徒劳与危险后,开始前往偏远地方建造隐修院,使那里成为抵抗官方教会和王权的阵地。

偏远地区的隐修院作为书坊开始运作,在那里抄写员誊写古老教会书籍并复写旧信徒中长老们交流的秘密信件。这些信件被传遍全国,鼓舞了那些两指画十字的支持者。

旧信徒与彼得大帝统治当局相处得并不顺利,当局每年都发布严厉的警察法令,令旧信徒陷入更加危险和困难的境地。在彼得统治下的警察国家,旧信徒已经没有任何可待的地方了。一系列法令将他们置于社会和法律之外,他们实际上被认定为罪犯。最具表现力的应属国家反复确认异教徒(旧信徒的官方称呼)特殊穿着的法令,这些人衣服的主要特点是红黄色帽遮——异教徒衣服背面必须缝制上这样的帽遮。

从这以后,每位忠诚臣民都可以在人群中监视"贴有标签"的异教徒,向当局报告其所有违规行为,并获得奖励。异教徒的妻子被命令戴特殊头饰——"带角的头巾"。如果他们企图脱下法令规定的衣服或换上红色长袍致使旁人无法看到帽遮,他们会受到严厉的迫害。根据1720年和1724年的法令,在死亡威胁下,所有异教徒都被命令立即将改革前旧的印刷和手写书籍交给当局。

税收改革中人头税的引入促使当局与旧信徒之间的关系变得更加尖锐。他们都被登记在册,并被要求缴纳双倍人头税,但这并不是最让旧信仰的追随者害怕的。旧信徒准备缴纳双倍人头税以及胡须税——用金钱收买反基督势力是多么简单!旧信徒很清楚当局进行人头登记的用意,这是在给他们设置一个无路可走的陷阱。在他们看来,人头登记意味着世界末日即将来临,反基督者正试图获得真正基督徒的人口数量。

1722年通过了一项法律,即牧师要以告发国家敌人罪行的名义将秘密忏悔内容告知当局,旧信徒返回俄罗斯东正教怀抱的一切途径被最终堵塞了。很难想象世俗权威会对人的精神世界进行如此粗暴的干预。旧信徒无法接受新秩序,1722年2月

5日彼得颁布的王位继承法令在旧信徒中引起了很多骚动，根据该法令，皇帝有权任命任何人为他的继承人。旧信徒感到最不安的是继承人的名字没有出现在该法令中。"是谁？"旧信徒问道，"这个人会是反基督徒吗？"毕竟，只有继承人的名字没有被信徒大声念出来。因此，当局要求民众宣誓效忠无名继承人时，全国的旧信徒坚决拒绝服从。1722年5月，整个西伯利亚城市塔拉都拒绝进行宣誓，而旧信徒在其中的影响尤其大。

不应该忘记，当时的俄罗斯人民没有将旧信徒与"圣母教会忠实信徒"划清界限。勇敢、有才华的传教士是教徒和大司祭阿瓦库姆的追随者，这样的宣传强烈影响了官方教会教徒群众的意识。除了利用暴行、告密和对变幻莫测的世俗权力的屈服，官方教会无法与旧信徒长老们写的有力咨文相抗衡，并被无情地打上"亵渎神灵"的烙印。这就是为什么旧信徒会普遍获得人民的敬重与帮助，拥有成千上万的支持者。

塔拉的情况也是如此。1722年秋天，一支围剿分队从托博尔斯克出发到塔拉，并成立了一个特别调查办公室，然后逮捕了数百名塔拉居民。对旧信徒大规模的镇压开始了，数以千计的人参与了搜查和血腥拷问，整个西伯利亚开始将旧信徒当作猛兽一样抓捕。受到政权残害的人无法得到庇护，被野蛮士兵酷刑折磨的自由人也无法被拯救出来。长老们关于反基督者降临的可怕预言开始在塔拉应验，西伯利亚人听到这一可怕消息被吓坏了。可以理解人们的这种想法，毕竟进行大规模处决的消息是经过文件确认的。在塔拉侦缉旧信徒的三四年间，塔拉和周边地区的居民被实施绞刑、车裂、刀刷、刺穿的至少有一千人，而这些人都是普通的农民、哥萨克人、小镇居民。参与和未参与分裂运动的农民都抛弃了他们从荒野中开垦出来的土地，建造的村庄和城堡，逃离出人眼能看到的地方，远离即将到来的痛苦和恐怖。

在整个西伯利亚，只剩下在火中看到救赎的旧信徒，他们自焚的可怕之火熊熊燃烧。通常伴随焚烧而来的是军事支队与隐修院古老旧信徒居民之间的漫长谈判。收到对旧信徒进行人口登记、实行双倍人头税以及逮捕领导人严格指示的支队指挥官，起初试图说服异教徒和平遵守皇室法令。长老们轻声却果断地答道："所有兄弟的答案是：为了不留下我们害怕异教的历史……为此，我们不会对这个已经被你们篡改的时代让步。我们的人民——老人和小孩，盲人和跛子——是无助的。我们为上帝而活，我们不酗酒，我们不从事不正当勾当，我们……给门上锁，不敢去任何地方。然而你们仍然驱赶我们，我们不会活着落入你们手中：桦树皮和焦油、柴火、稻草、大量的火药都准备好了。你们说，是什么驱使你们这样做。"

此时支队指挥官的处境非常艰难，毕竟，没有牺牲就无法完成皇室指令：旧信徒很顽固，他们的隐修院有坚固的门，透过狭窄的窗户异教徒向士兵回射。整个房间里面都铺满了可燃材料。坐在里面的男人、女人、孩子、老人，被连续不断的法事和圣歌弄得发狂，只等"反基督军"一进攻，他们就会放火焚烧寺院，逃离迫害前往天堂。塔拉的侦查激怒了旧信徒，火一处接一处地燃烧起来。在皮日马河对岸的森林里，秋明村和伊希姆村的145名逃亡农民在一场大火中被烧死，此前还有400人自焚。但18世纪最可怕的自焚是托木斯克地区的埃伦斯卡娅之火。像大多数其他自焚火灾一样，一支捕捉"煽动者和叛乱分子"的军事小队的到来引发了这次火灾。几十年来，塔拉侦查的记忆留在人们的脑海中，席卷乌拉尔和西伯利亚的自焚浪潮是对当局暴力镇压旧信徒的回击。

# [人　物]

## 大主教狄奥多西·亚诺夫斯基

彼得战友之一狄奥多西的身份并不神秘。他是波兰人，毕业于著名的基辅莫吉拉学院，莫斯科神职圈将他称为异己分子。像许多乌克兰和波兰学者那样，如果缺少宗教知识是无法在俄罗斯生存的。但狄奥多西的成名不是由于学识，而是因为他"诡计多端"的行径被人熟知——这人卑鄙且有见风使舵的本领，时刻准备着背叛。靠着拉踩自己恩人诺夫哥罗德都主教约伯，使伊佐拉地区成为主教管辖区，狄奥多西一下子升到高位。亚历山大·涅夫斯基修道院建立时，狄奥多西实际上已经脱离了诺夫哥罗德教区，随后他就任诺夫哥罗德主教职务，将该职务从沃尔霍夫河岸转移到涅瓦河岸。他是东正教最高会议历史时期起源人之一，将教堂变成了代表专制制度意识形态的办事处。狄奥多西陪同彼得出国旅行，在叶卡捷琳娜皇后身旁讨好献媚。狄奥多西首先将大牧首代表斯特凡·亚沃斯基排挤出了教会官级体制，成为1720年彼得成立的圣务院中的第一成员。他无条件地执行彼得的意志，对东正教进行不可思议的改变，并将其引入到了俄罗斯教会仪式中。狄奥多西是一位真正的审判官，他无情而残酷地迫害官方教会的反对者，像猎杀野兽一样猎杀旧信徒。但彼得一死，狄奥多西就公开抨击自己君主曾在俄罗斯所做的一切。这并非源于狄奥多西的恍然大悟或忏悔之心，在他看来，眼前的障碍和限制消失，他可以勇敢地去踢这头死去的狮子。这一切表明此人疯狂、邪恶的本性。在主教会议同事面前，他毫不犹豫地辱骂彼得，称彼得为可怕的罪人、暴君和放荡者。此外，他对新任女皇叶卡捷琳娜一世也没有表现出应有的尊重，认为她软弱，不配成为统治者。1725年春天，狄奥多西被捕，并被流放到霍尔莫戈雷的科雷尔修道院，当他于1726年6月被带到这座修道院时，他意识到自己大势已去，便开始请求女皇的宽恕，但为时已晚：与狄奥多西违法的相关文件越积越厚——越来越多人对他提出谴责和揭露，狄奥多西贪污钱财和许多其他罪行被揭发。狄奥多西被剥夺了主教和神父的法衣，变成了一个被"封印"的普通修士费多斯长老，他被囚禁在教堂地下的一间牢房里，死前都没有进行忏悔。

[笔　记]

彼得是唯一一位对修士表现粗暴的俄罗斯沙皇："现在修士的生活，空有其表，蔑视法律，他们大多数人是寄生虫，他们的懒惰作为万恶之源致使发生邪恶之事，导致了多少分裂和叛乱，大家都知道……社会的利益是什么？诚然正如那句古老的谚语：修士既不是上帝也不是人，因为他们中的大多数是为偷懒、吃免费面包、逃离税收而进入修道院的。"这种观点背后的原因是什么？是彼得对"旧时代"的仇恨？是共同利益和全国劳作的新教思想？当然，虽然修士中有很多闲人，但也有很多正直的贤人。

问题的症结在于彼得不接受修道主义思想，他无法忍受在自己国家有人拥有与自己不同的价值观和理想，有人的思想独立于他这位世俗的统治者。他对修道主义发动了全面攻势，修士被禁止写作。这是可以理解的——因为当时所有反对彼得改革事业的宣传册都来自受过教育的修士。除了老人之外明确禁止其他任何人成为修士。修道院必须接纳退休的、残废的战士，替代新的见习修士。如果彼得多活几年，他就会彻底摧毁俄罗斯的修道制度。

# 人头税的引入

如何征税，如何履行众多赋役？很明显，到北方战争结束时，彼得从祖先那里继承的税收制度亟须作出改变。户税从1678年到1724年存在，这意味着是以"院子"为单位向农民和城镇居民征税。换言之，人口普查员走遍乡镇进行登记的不是人本身，而是他们居住的"院子"数量。因此，以每个定居点或占有土地（世袭领地或庄园）等聚集形成的所谓"院户"作为税收计算的基础。例如，需要筹集一定数量的钱A，用它除以全国的家庭数量B，结果得到了数字C，就是普查中登记每户要交的税额。

由于北方战争期间税收和关税不断增加，到彼得统治末期农民的生活变得异常艰苦，许多纳税人放弃了自己的农场和院子，逃到了顿河、国外或到其他领地。"院户"损失现象开始出现，但从技术上讲，登记空的、"破旧"庭院是非常困难的。因此，新税仍按上述C=A:B的原则计算。换言之，更大的税负落在了剩下的"院户"身上。

1710年，当局进行了"院户"普查，"院户"数量有所增加的预计结果并没有发生，事实是该结果与1678年前一次普查相比下降了20%！ 1715年，再次进行"院户"普查，结果仍不理想——"院户"数依然没有超过以前的数值。值得注意的是，彼得一世和官员们开始了解到，造成"院户"损失的原因不仅有农民的逃亡和高死亡率，而且有农民执意不想承担繁重的赋税。从户数没有增加而院子里的人口却在增加这一点看就很明显了，这意味着农民家庭不再像以前那样分开住，年轻农民不为自己建院子，而是同父母住在一个院子里，而这一切都是为了不纳税。

彼得一世决定改变征税原则，采取的根本措施是将征税单位从"户"变为"男性数量"。重要的是，彼得一世决定在进行税收改革的同时，对军队的维持进行改革。战后拥有20万人的庞大大军回国，需要将其安置在某个地方，并提供资金。

此时，彼得一世再次借助瑞典经验。长久以来，瑞典士兵居住在他们军团获得资金的地区，纳税人的钱会很方便地直接分配给军人所在军团的储蓄处。彼得一世决定效仿这个制度。

1718年11月26日，彼得一世颁布了国家进行人口普查的法令。所有的地主和村长都提交了登记册，当时称其为"人口簿"，里面标明居住在每个村庄、镇、庄园里的男性人数。1719年，当局意识到这些收集起来的登记册的内容许多与事实不符：三分之一的纳税人避开了人口普查，于是决定组建专业军事小组进行核查，"核对"男性数量。

核查人口是一项艰巨的任务，此项工作一直持续到1724年。摆在核查员面前的问题有很多，毕竟他们需要经过每个村庄，检查这个村庄的登记册，对数据进行修改、校对，还要将所有逃跑的居民送回他们以前的居住地，对之前没交过税的人口进行处理和分类，等等。

到1724年，大约有5656000名男性登记在册，此时已经进行了维持军队所需的计算，根据1720年的方案，单个骑兵费用为40卢布，单个步兵费用为28.5卢布；总的来说，全军开支达到了400万卢布。而人均税额是用400万卢布除以560万人得出的，即人头税为74戈比（1卢布=100戈比）。从此漫长（超过150年）的人头税制度开始了。只征收人头税，废除数十种税种和赋税对政府来说变得很便捷，这样一来，征税移交税款到中央的问题变少了。兵团在他们所在地区获得资金，军官与从当地贵族中挑选的地方自治长官一起，将人头税直接收进兵团储蓄处。整体而言，人头税并不比户税繁重，但对纳税人来说仍然很痛苦，他们和以前一样，必须为死者、逃亡者和病人支付税款。毕竟，1724年之后的下一次人口登记核查修订只在1742年组织过！士兵们开始在村庄定居，这给农民带来了更多的麻烦。此外，随着人头税的引入，国家对百姓的管控增强了，毕竟每个人都被登记在册，农民外出打工变得更难了。农民没有机会离开户籍地去新地方居住或务工，因为在下次户籍修订之前，他们被禁止离开登记册中记录的户籍地。彼得一世的税制改革——人头税的引入——不仅对财政产生了巨大影响，而且对人口的社会结构也产生了巨大影响。

## 全俄罗斯人民的产物

1721年，在庄严庆祝签订《尼什塔特和约》时，参议院"授予"彼得一世"伟人""祖国之父""全俄的帝王"的头衔，彼得没有推托，他感激地接受了这些头衔，他相信这是他应得的。特别有意思的是这个源于罗马的"祖国之父"的头衔，确实，彼得一世对待他时而无知时而懒惰的臣民就像对待孩子一样，为他们的教育做了很多。在改革的帮助下，他的确重建了俄罗斯社会，在未来几十年内赋予了它与以往不同的结构、生活方式和思维方式。

新贵族阶层的形成是改革最重要的结果，从19世纪俄罗斯古典文学中可以知道贵族的出现得益于彼得一世。在彼得改革之前，"贵族"概念指的是一个相当低级的服务阶层——"莫斯科贵族"或"城市贵族"，而在贵族之上的是居民、御前大臣、波雅尔（大地主）、特权阶层，这些人为自己的出身、"父称"、英勇祖先、与留里克家族的血缘关系感到自豪。彼得一世摧毁了旧的等级制度，引入了一种新的、不寻常的制度，在这个体系中，出身不再是主要的，为沙皇和国家服役将其取代。所有的服役人员无论出身如何，都变成了"俄罗斯贵族"，或者用波兰人的话说，成为"俄罗斯小贵族阶级"。

彼得赞同一个原则：只有当你服役时，你才是真正享有贵族特权的社会成员。1712年的法令确立了军职人员级别高于非军职贵族："告诉所有贵族，无论他们姓氏是什么，在任何情况下都应该将首位和荣誉给予每位军官并对其予以尊重。如果贵族不尊重军官，他三分之一的工资会用来缴纳罚款。"此法令颁布之后，任意准尉都可以站在那些高贵懒汉面前。彼得认为自己不仅是国家之父，更是一位老师，一位教授学生和学徒如何工作的大师，而且他会用棍棒"擦亮"不听话之人的背部。他在给妻子叶卡捷琳娜的一封信中写道，他的园丁们没有告诉自己夏园的进展，让妻子转告他们，自己会给他们带来一份礼物——一件"衲缝长衫"。每个人都知道，喜欢黑色幽默的彼得会给他不听话的臣民带来什么样的"绗缝长衫"！俄罗斯贵族的第一条诫命是"学习！学习！学习！"谁不想学习就得当心！1714年1月20日颁布了俄罗斯历史上独一无二的法令，法令规定，未领悟初级知识的年轻贵族禁止结婚："从数学学校派几个人到各省去教贵族孩子数学、几何学，对学不会的人处以罚款，在没学会这些之前不能自由结婚。"然而，几乎立刻出现了问题：如何处理那些无法掌握知识却想结婚的傻瓜。根据彼得的法令，禁止低能、生病、不适合服役的人娶妻，低能女孩禁止出嫁。确定了所谓的"预定年"，这是为服役的"傻瓜"提供的试用期，在此期间如果他们能经受得住考验，那么就可以结婚。

1724年的《帝国法令》禁止这些傻瓜结婚，那时俄罗斯出现了第一批"领取奖学金去国外游学的艺术家"，他们被送往国外公费留学。对于那些留在俄罗斯的贵族来说，成为军官的唯一途径就是在近卫军中服役。换句话说，他们必须走彼得曾经走过的路。

> 结果，很多人从小就在亲人的安排下当上军官，这些人对军营之事一概不知，因为他们并不是在基层服役，有的人为做样子就去服役几周或几个月……随后颁布法令规定：没有在近卫军中当过士兵的贵族不能成为军官。俄罗斯小贵族除了在近卫军中服役没有其他可以成为军官的途径。

彼得清楚自己的观点：没有从基层开始服务的人是不会知道如何服务的。一旦沙皇得知某艘船上抓到大量水手偷窃，他就会下令对船上军官的收入进行严格审查，因为他认为"水手盗窃的罪魁祸首是军官滥用职权"。

根据上述情况，将彼得时期的贵族称为统治阶级，这在某种程度上是不合适的。贵族们一生都受到限制，在惩罚的威胁下学习和服役。贵族在服役中老去，穿着木底便鞋去让医生检查他是否耳聋、眼瞎、耳朵里是否有蠕虫（这并不稀奇），无论如何，贵族需要想方设法让服役变得轻松一些，或成为部队长官，或成为卫戍司令。如果贵族不服从命令躲在庄园，邻居们会带来"秘密警察"敲门，君主会剥夺贵族的庄园，并把他送到圣彼得堡干苦力！

为君主服务很艰苦，贵族们为此饱受压迫并对此感到愤怒。彼得于1725年去世时，对一名上校展开了调查，因为他的邻居让他参加沙皇葬礼，他回答说："可是我去那干什么，我被辞退到村子里了，已经20年没出去了，我不会去的！"也有其他贵族，其中一位是受过水手训练的穷贵族伊万·涅普留耶夫，他凭借自己的才智深受沙皇喜爱，以至于彼得派他作为俄罗斯特使前往伊斯坦布尔，并在那里出色地完成了任务。他想起沙皇告诫自己的话："不要哀求，兄弟，我是上帝派来监督你们的人，我的职责是'量才施用'，让你们'论功取仕'。如果你有能力，你不需对我好，但你要对自己和祖国有用；但如果你是坏人，我会告发你，因为上帝需要我帮助你们所有人避免来自邪恶、愚蠢之人的伤害。如果你为信仰和真理服务，根据上帝旨意我不会抛弃你。"

人们理解涅普留耶夫在得知彼得的死讯后的感受，他哭了好几天，并写道："这位君主将我们祖国同其他国家比较，教会我们认识自己，总之，俄罗斯将他视为开端……尤其对我来说，其实除了上述之外，他还是一位至高无上的慈父。"

尽管如此，18世纪许多人并没有失去心爱的自由事业，仍有人试图打破专制与自由的恶性循环。彼得统治时期的"奴隶贵族"不仅要穿紧军装，被剥夺结婚权利（直到他们学业有成），不能自愿世袭遗产，而且要学习许多来自欧洲贵族的技能和行为准则。尽管总体"野蛮落后"，但贵族荣誉这一概念成为人们的精神财富，无论是高级贵族还是平庸贵族，他们都会为维护自己的名声和荣誉奋起决斗。

君主为高尚的自我意识发展提供强大的推动力（"我们是人！"），提升自尊，灌输尊严概念，灌输为俄罗斯服务的崇高思想（与真理并不总是相吻合！）。俄罗斯贵族已经成为俄罗斯富足发展的"修养之基"，没有贵族文化是无法想象的。看看那个时代的贵族名单，几乎每一个姓氏经过50—70年后，都有了不起的后裔：阿克萨科夫、阿利亚别耶夫、安嫩科夫、阿普赫金、阿尔齐巴舍夫、巴拉基列夫……几页后：穆索尔斯基、米留科夫、斯克里亚宾、索莫夫、斯托雷平、苏沃洛夫、皮谢姆斯基、波隆斯基、波将金、普希金……到最后：恰达耶夫、查普雷金、切比雪夫、雅布洛奇科夫、亚济科夫、雅库什金……所有这些人都是彼得时期不学无术的纨绔子弟的后裔。这些纨绔子弟是著名作家、作曲家、将军、改革家、政治家的祖父和曾祖父——总之，是俄罗斯最杰出的人物的祖辈。俄罗斯的自由和现在公民社会元素的产生在很大程度上归功于这些贵族和他们的后代。

[文　献]

彼得在著名的"官秩表"中总结了所有服役类型，其中军事、官廷、民事这些服役类型是贵族无法规避的，他们会从一级升到另一级。根据彼得的说法，在这里服役可以打败出身。当军部问沙皇："如何核算贵族？是从户数（一百户以上的农户）还是根据官秩表到哪个阶级？"彼得回答："高贵的贵族根据实用程度……对国家和君主进行服役之前，不允许任何人获得官级。"

彼得规定，贵族们不要寄希望于在自己的庄园里躲避服役，获得遗产。1714年，通过了《俄国一子继承法》，所有类型的地产只能长子一人继承，其余人，正如彼得在法令中写道的："不会让他们游手好闲，强制他们通过服役、教学、从商和其他事情来赚取属于他们的面包。然后他们为生计所做的一切都是为了国家利益。"

[笔　记]

彼得一世作为俄罗斯独裁者的子孙，人们不能不注意到他作为改革者有意识地摧毁了许多莫斯科罗斯"旧时代"的原则，（随着旧莫斯科秩序的自然衰败）这可能有助于俄罗斯公民社会的形成。它是关于什么的呢？首先，我们看到彼得时代是如何消除"自由人"的法律概念的。前彼得时代对"自由人"法律概念很常见，对其范畴理解为自由农奴、服役人子女和勤劳农民等。国家可以从他们中招募服役人和新农奴。这些自由人民群众是自由劳动力的主要储备——资本主义之本。成千上万的"自由人"和"流浪者"成为航海事业、私人工厂的第一批工人。

彼得时代这些"自由人"消失了，1700年颁布的法典宣称：有必要取消1649年《大教堂法典》第20条关于允许"自由人"进入地主家居住的条款。明确指出："删除这一条款……是因为……除了神职人员之外，没有自由人。"在进一步改革过程中，彼得一世还对传教士人数进行了估算。其中一些被列入教会编制，其余的则被交给当地的地主成为农奴。整体而言，彼得颁布的法律是拒绝承认"自由人"的，这些人自动等同于逃犯，即根据逃犯法律追究的罪犯。该政策的后果之一是将俄罗斯工业转变为农奴工业，工业发展所需劳动力只依靠工厂主的农奴和附属于他们的农民。

从类似的观点来看，彼得一世接近了政治自由概念，他以西欧国家（瑞典、丹麦、法国）体制为基础，将所有机构中的最高层（议会）到最底层的民选代表机构从俄罗斯体制中完全剔除，即剔除地方自治（在之前引入瑞典基希斯皮尔的决议时，彼得提到过"底层没有聪明的农民"）。

需要注意的是，彼得清楚地认识到，英国作为当时最民主的国家，它的经验对俄罗斯绝对不适合。在安德烈·纳尔托夫的著名小说中，俄罗斯独裁者所理解的政治自由概念完全是按照彼得的精神写成的："异国人说我统治奴仆就像统治囚犯一样。我统治服从我法令的臣民。这些法律对国家有益无害。英国自由在这里格格不入，起不到一点效果。俄罗斯有必要知道如何管理人民……听到臣民谈论手、脚、舌不再受约束，我感到高兴。我给他们自由，只要他们别因为偷懒而令我苦恼……那些不作恶、向善之人是拥有自由的。"

人们意识中对俄式自由的理解是根深蒂固的。在后彼得时代，这一理解在安娜·伊凡诺芙娜女皇的有趣决议中得到了体现："把他（人民）从西伯利亚解放出来，让他别离开他的村庄，在那自由生活。"文件中写着俄罗斯自由的另一种形式——"法定登记的自由人"。这就是我们生活了一个世纪的方式：无须离开即可获得自由或拥有法定登记的自由。

总的来说，彼得时代大大减少了俄罗斯进行不同发展的可能性，即发展非专制、非农奴、非警察制度。在迈向未来的众多选择中，俄罗斯只选择了彼得采用的"通过暴力取得进步"这样一条发展之路，日后俄罗斯一直在走这条路。显然，17世纪末西欧也进行了"历史之风"的改革，然而西欧国家并未通过如此残忍、仓促和不容妥协的方式实现改革。克柳切夫斯基的话众所周知，彼得"希望通过权力的威力在奴隶社会中激发主动性，并通过拥有奴隶的贵族在俄罗斯建立欧洲科学，人民教育是社会主动性的必要条件，他希望奴隶仍然是奴隶，可以进行有意识的和自由的行动。专制与自由、启蒙与奴役的共同行动是无法解决的政治难题，这是我国自彼得时代以来两个世纪的难题，至今仍未解开"。

## 俄罗斯的商业和工业

彼得对做的每一件事都全身心投入他所有的热情，在他看来，并不是一切都顺利，或者一切根本就不顺利。沙皇对西方国家的城市面貌、完善设施和高效的城市管理表示赞赏，回到俄罗斯后，他着手进行城市改革，正如他所写的那样，他决定"聚集全俄四处分散的商人群体"。在战争期间，城镇居民税收负担很重，以至于他们从城市逃到农村，许多人前往修道院避难。起初彼得禁止商人流动，"并告诫商人们不要在没有法令的情况下从一个城市搬到另一个城市，也不要离开他们的家"。商人们喃喃自语——哪也不去怎么能做生意呢？后来，彼得不得不放弃限制商户流动的这一想法。

彼得想重新组建商人群体，他决定引进西方的地方行政官、行会和作坊。1721年1月16日的早晨，醒来的人发现自己都加入了行会和作坊。在俄罗斯，彼得的城市改革行为是粗浅的：在西方，商人行会、手工艺作坊是在几个世纪发展的过程中形成的；而在俄罗斯，这些是通过法令来建立的，这导致了形式主义和舞弊现象，结果是一团糟。地方当局遵照沙皇旨意，开始对行会和作坊进行登记，不仅是商人和工匠，所有工人都要登记在册，后者被称为是手工车间里从事"粗活"的职业人，在我们看来，这些是苦工和技术工人。俄罗斯一下子就引入了地方行政官、行会和作坊。

总的来说，彼得是俄罗斯经营活动的慷慨庇护者，他不吝惜金钱、物力，为每个想创业的人提供优惠。有一次他到巴热宁兄弟那里参观，巴热宁兄弟在阿尔汉格尔斯克建立了造船厂并开始造船，彼得对造船厂的工作很满意。沙皇和兄弟俩一起爬上了钟楼，环顾北部难以想象的广袤森林，并告诉巴热宁兄弟，他将把从钟楼上目光所及的土地都赠予他们，正如之前彼得常说的那样——"你们只要用斧头和镰刀去开垦这片如海洋般广阔的土地"。

在彼得大帝的统治下，俄罗斯经济快速增长：新工厂建立，旧工厂扩建，生产出了许多主要用于军事的新产品。这一切都是通过国家资助、鼓励工业和贸易发展的努力实现的。彼得改革的最后阶段，这一政策发生了重大变化：如果说早期的贸易是由减税、垄断体系主导的，那么后期国家赋予了商人和公司在国内外进行自由贸易的权利。产业政策也是如此，1719 年的"伯格特权"让每个人都有权利找到矿产，建立工厂。与此同时，当局开始将国有企业转入私人手中，并给这些所有者提供特权：国家不向其征税，帮助其销售商品。从这个意义上说，国家在俄罗斯工业的形成和发展中起的作用是巨大的，毕竟，俄罗斯商人和企业家没有资金建立如此造价昂贵的工厂，俄罗斯商品在质量上也无法与西方商品竞争。

1724 年对从国外进口的商品征收高关税，以至于出口那些俄罗斯工厂可以生产的商品对外国人而言变得无利可图。这种关税被称为保护性关税，也就是说，它建立了自己国家对工业和商品的庇护。

国家没有完全脱离经济，相反它在工业发展中起到了巨大作用。在"伯格特权"、工厂、商部、地方行政官的帮助下，国家控制了经济。从严厉禁令、垄断、关税和税收，到国库在工业和贸易中的普遍支配地位，彼得一世对商人和工厂主活动实行了监督体系。许多法规允许官员监督私营企业的工作并规范商品生产，一旦企业家违反规定或指示，官员就可以从企业家手中夺走工厂，剥夺他的特权。一切都受到监管：当时企业 100% 订单都来自国家，它们只生产特定质量、类型和尺寸的产品。如果商品出现问题，工厂将被纳入国家并交给另一位企业家。这样，企业之间没有竞争，缺乏扩大和改进生产的动力。确实，企业家自己也在渴望得到更多的农奴，成为贵族，从而摆脱麻烦的工业企业。

国家以这种方式监管和扶持工业，同时会限制和束缚它的发展。当局只对发展那些满足国家需要的产业感兴趣，更准确地说，是对军工企业感兴趣。所有其他行业都听天由命，发展不佳。国家对"自己人"提出的垄断产品生产的请求给予积极回应，因此除了这些商人之外，没有人有权生产特定商品。如此一来，他们的竞争者就破产了。行业竞争十分重要——它可以迫使企业家考虑改进生产，提高产品本身质量，而垄断就是这么建立起来的。1720 年底，全国的制革工人获悉，某位巴甫洛夫先生创办了一家公司并获得开办制革厂的特权。从那时开始，在巨额罚款的威胁下，所有皮革销售商都只向巴甫洛夫的工厂供应皮革，而巴甫洛夫不再害怕竞争对手，自己可以任意决定成品的价格。

在彼得一世改革之前俄罗斯为数不多的企业中，工人是所谓的"自由人"，这些人里既有住在工厂附近的自由人，也有逃跑的农民。由于18世纪初工业迅速发展，工厂缺乏足够的工人，彼得一世便将带有村庄的土地给予企业家，村庄里的人口就成为工厂工人。当局对来工厂务工的大量逃犯睁一只眼闭一只眼。1721年1月18日，彼得一世签署了一项法令，允许工厂主为他们的企业购买农奴，这是将工业企业转变为世袭地主工厂，将工人转变为农奴的决定性一步。1722年3月15日颁布了另一项重要法令：允许那些从地主家逃跑的农民留在工厂工作，工厂主会成为他们的新主人。这项法令帮助地主工厂主获得自愿来工厂工作的自由人。结果，几年后，工厂里几乎没有了自由雇佣工人，这意味着俄罗斯工业开始不再沿着资本主义道路发展，而资本主义道路的主要参与者是自由工人，他们（出于经济原因）将劳动力卖给工厂主，而俄罗斯却是地主工厂主和农奴工人。因此这极大减缓了经济发展速度，对俄罗斯社会的发展产生了负面影响。

## 彼得改革旋风中的"平民"

彼得的改革巩固了俄罗斯的国家地位，但对于广大人民来说，变革和战争最终带来了他们最不想看到的一面：税收和关税增长，为建设要塞和城市而被迫流放，每年的征兵，政府的冷酷无情，官员的专横。折合成货币，彼得统治时期农民的税赋增加了三倍，有的地方甚至更多。彼得一世是一个现实主义者，他明白改革和战争对俄罗斯来说是一项艰巨的考验。在《瑞典战争史》的序言中他对读者说："那么，亲爱的读者已经很明白这场战争为什么会打响，现在任何战争都不会带来甜蜜，只会带来令人们愤怒的负担。""负担"这个词经常出现在彼得一世的法令中。1711年，他命令参议院在"没有增加人民负担的情况下"增加税款。在另一项法令中，彼得一世指示省长们在"没有增加人民负担的情况下"设法增加收入。

在1716年一次法国之行中，彼得看到了法国农民的困境，写了一封关于俄罗斯人民的信给参议院："至于收税，不应该加重人们的负担，尤其不应加入过多劳力。"从沙皇对这个问题的看法中，可以看出一位政治家的实用主义，他很清楚农民的破产会严重地影响国家福祉。但是，在意识到这一切之后，沙皇对已经开始并且对人民造成极大破坏的改革并不打算减小规模。他相信自己了解自己的人民，认为他们的耐心几乎是无限的，自己可以依靠强迫手段，继续像一位严厉的老师、父亲那样管理他们。

到了20年代中期，农民处境急剧恶化，大量的税收和义务使农村经济衰竭，大量欠缴的税款证明了这一点。据军事部估计，在每年收缴400万卢布的情况下，1720—1725年欠缴的税款总额为350万卢布。北方战争后的头几年，俄罗斯许多地区农作物歉收，农民饱受饥饿。

1723年一名派往波舍洪斯基区的军官报告说，饥饿导致农民死亡率很高，农民烤的面包："（1）由睡菜草和冷杉草制成，（2）由谷壳制成，（3）由小麦、燕麦的谷壳和稻草制成，（4）由森林苔藓制成。"不同地方递交上来同样的报告，促使沙皇采取了最后措施——没收地主的剩余粮食分发给饥饿的农民。彼得的改革损害了俄罗斯农民的利益，警察制度改革后对农民更加严格。彼得一世领导下建立的百姓监管体制极大地阻碍了全国人口的流动，限制了有进取心的农民发展的可能性。除此之外，必须补充的是，税务改革对封建制度产生了深刻影响。

彼得改革时期地主对农民的统治权力显著增强。如果说在人口普查登记之前，搜寻、抓捕和运送逃跑农奴是地主的私事，那么当所有农民在某个地方"按人头"领工资时，管理逃跑农奴这件事就变成了国家事务，而当局会发动所有的力量去帮助地主追捕逃亡的"男性人头"。

同样重要的是，广大农民与前文讨论过的获得西欧文化价值观的迅猛发展过程无关，因为沙皇没有要求农民进行识字学习或穿新时尚服装。俄罗斯村庄的生活与以前一样：传统，宁静，同自然界和谐相处。俄罗斯农民时代受制于季节的永恒循环，他们在田间和谷仓里干着世俗的农活。俄罗斯农民在很大程度上保留了传统的节日、习俗和仪式。他们身穿衬衫、男衬裤和由原色粗呢制成的长袍、靴子、麻皮鞋，天冷时，会在长袍外套一件厚呢长外衣或一件皮袄——这种俄罗斯农民传统服饰持续了几个世纪，在彼得一世时期和他去世后几乎没有改变。

彼得时代出现了重要断层和分裂，这个问题几十年来一直困扰着俄罗斯社会。早些时候，在彼得大帝之前，民间文化在俄罗斯社会广泛传播，包括上层阶级。进入贵族或普通农民、沙皇或农奴家里，可以看到共同的节日和祖先习俗在所有"阶级"家中都受到同等尊重。而随着彼得引进新服饰、新节日和新风俗，俄罗斯社会知识分子和部分有权势的人离人民越来越远，人民变得陌生，这些人会因为假发、德语或法语发音而引起难以理解的反感和嘲笑。这种文化分裂由于农奴和地主的社会阶层的严格划分、征税和免税而加剧，这影响了俄罗斯随后的历史。

# 文化领域的改革——教育

彼得时代很流行的意识形态，是一个严厉"老师"领导全国人民在学校毕业的形象。对于沙皇来说，这不仅是一个生动的形象，而且是一项现实的国家任务。彼得一世成为世俗学校教育的创始人。根据1701年1月14日的法令，苏哈列夫塔在莫斯科创办了一所数学和航海科学学校，这所学校很快就被称为航海学校，水手、炮兵、工程师在这里接受培训。1715年，航海学校的高年级迁到更靠近大海的圣彼得堡，学校成为海军学院并保留至今。大多数学生都是贵族子弟和文员家庭中未成年的孩子。

继航海学校之后，其他学校——炮兵学校、工程学校、医学学校、外科学校——开始陆续创办。这些学校主要教授军事专业，毕竟当时有战争发生。工厂里开办了专门的矿业学校来培养矿工、地质学家和冶金学家。值得一提的是，格鲁克牧师中学于1703年在莫斯科开学，那里学习的年轻人被教授外国（包括东方）语言以及世俗礼仪，这对于培养新世界大国的年轻外交官来说是非常必要的。

这些专业学校随后在19世纪变成了学院和高等技术学校。但是，大多数受教育的人还是从1714年皇家法令建立的初级学校，即所谓的"数字"学校毕业的。除了农民的孩子之外，学校接收来自"各个阶层的孩子"，学生们学习阅读、写作、语法、算术、几何和圣经。教士在数学学校担任教师，维护这些学校秩序完全是教会的责任。国家为士兵的孩子创建了类似于普通算数学校的士兵学校。

彼得大帝时代学校的教学始于字母表，为此教学中使用了费奥多尔·波利卡尔波夫于1701年出版的教科书，或类似的入门书。1720年，费奥凡·普罗科波维奇发表了《给青年上的含字母和音节的第一课》，书中表示学生通过记忆（或者，正如他们当时所说的"巩固"）分几个步骤来理解字母表。首先，他们学习了字母和它们的名称；然后学习元音和辅音、音节的组合；之后，再学习更复杂的。学到这里，学生们阅读小文本已成为可能，这些小文本主要是祈祷的道德教义："约束自己，不要堕落，不要嘲笑他人。"随后他们才开始学习古代版本的俄语语法——由梅莱蒂·斯莫特里茨基于1618年出版的教科书。

算术在所有学科中被认为处于第一位。1703年，由莱昂蒂·马格尼茨基著的《算术》在莫斯科出版。这是一本很棒的教科书——简单、清晰、周密。18世纪的几代俄罗斯人按照这本书学习算术、代数、几何和三角学。马格尼茨基在航海学校任教，他知道学生需要什么，他的《算术》提供了实用数学的知识，这些可以被立即应用到船、造船厂、商店、枪支弹药上。

彼得大帝时代和中世纪一样，学校里不同年龄和班级的学生坐在同一个房间里，大声背诵老师所教的内容。老师对他们很严厉，当时的教育理念是，缺乏强制的学习是不可能的。因此，在学生不听话、搞恶作剧、复述课文稍有犹豫时，老师会用尺子打他们，让学生在角落里跪在豆子上，或者用棍子惩罚，这导致学生很长时间无法坐着。每星期六，所有人都会被不分青红皂白地鞭打一顿。这样做是为了防患于未然，为了学生的未来。

然而，尽管创办了学校，但俄罗斯的专家却不够用。彼得随大使团出国旅行的经历，促使沙皇萌生了派遣俄罗斯青年出国留学的念头。在国外，青年们了解航海、造船、医学，学习其他科学。年轻的"从艺术院领到国外旅行费用的艺术家"被允许在国外陆军和海军服役，参加战斗。他们中大多数人都是非自愿出国，当彼得得知一位年轻人要求被派往国外学习时，感到非常喜悦，他写道："很少有按照自己意愿，去聆听大海喧嚣的年轻人。"许多"助学金领取者"并没有浪费时间，他们回国后成为各自领域的优秀专家，沙皇亲自审查他们，然后根据他们的知识和能力，授予陆军、海军军衔和职位。那些没学到国外科学的年轻人真可悲，他们在狂欢和娱乐中虚度了时光！彼得一世随即通过考试选拔这些人担任普通水手和士兵。

彼得一世希望俄罗斯拥有像西欧那样的学校、学院、大学和科学院，于是他决定成立科学院。1718年沙皇写道："建立一所科学院，现在寻找有学问并对此有兴趣的俄罗斯人。"根据彼得一世的想法，科学院不应该只是一个研究中心，一个只处理纯科学问题的科学家社区。一所拥有三个系——哲学、医学和法学——的学术大学，应该成为科学院重要的组成部分。院士和科学家在系里教授学生自己的学科，学生自己也教学院的中学生。因此，既是科学中心同时又是教育中心的科学院应运而生。

1724年1月28日，彼得一世签署了《科学院章程》，但当时由于俄罗斯没有自己的科学家，科学院的成立不得不推迟。彼得一世将邀请信发送到欧洲众多大学，邀请科学家们来俄罗斯。在俄罗斯科学家们可以获得工作、金钱、尊重和荣誉。1725年春天，那些决定去遥远国度碰碰运气的人陆续抵达圣彼得堡，那时科学院的创始人已经离世。同年夏天，科学院在叶卡捷琳娜一世统治时期开设。

# 风习改革

时而有新的陌生风气和习俗进入俄罗斯人的生活,这一切来得太匆忙,让人来不及考虑。可以用彼得一世最喜欢的一句话来形容他在所有事情上的原则态度:"万物之基,要尽快!要尽快!"但匆忙并不总能带来好的结果。服饰与日常生活的改革出其不意地发生给人们造成了相当大的混乱。此外,当局为了履行皇室的意志,行事粗鲁放肆,大量俄罗斯人因被强制遵守衣着和理发规则而受到冒犯和羞辱,还遭受了巨大的物质和精神损失。当然,这些举措不会给改革者沙皇增加声望。

长期以来,新的风气和习俗的引进只能通过恐吓和暴力来维持。1705 年在阿斯特拉罕开始的起义原因之一是"起义的市民、射击军的胡须连着肉被剃下,在集市、街道、教堂里穿俄罗斯服饰人的衣服被剪……在村庄,许多人因为暴力行为而哭泣"。彼得一世经常颁布法令,威胁要对那些忽视新服饰和习俗的人进行苦役和其他惩罚。根据古老的传统,男人应该像上帝一样拥有胡须,而剥夺胡须被认为是一种侮辱。对于旧信徒来说,剃胡子是在证明他们来到了反基督的国度。有些不幸的人把剪下来的胡须藏起来,要求死后把胡须同自己一起放在棺材里,以便以得体的模样出现在主的面前。

尤其老年人很难适应剃须、穿紧身和不舒服的衣服,有些当众愤愤不平的人会被关进监狱,送上绞刑架,而有些人则躲起来,回到家后就匆匆脱掉他们讨厌的紧身"新式"衣裳,换上旧的、自由的、令人舒适的衣服。最后,还有一些人——尤其是年轻人——很快就习惯了新服饰和新风俗。年轻人喜欢卷曲的假发、刺绣的吊带背心、珍贵的鼻烟盒、时尚的彩色领带。别在身体一侧的长剑赋予男人们阳刚之气,穿着带有金色扣环的高帮鞋走在镶木地板上是如此的奇妙!起初,女人和女孩们羞于穿着敞开的连衣裙和顶着新的精致发型出现在公众场合,但集会上有一两个人穿着新服饰后,很多人就跟着模仿他们——毕竟,时尚总是会传染的!

《世俗之境》描绘了一个勤劳、勤奋、有教养、有修养、彬彬有礼的年轻贵族形象。他会说流利的外语，舞跳得好，有一把剑和一匹马。所以你在书上看到的是一个戴着柔顺假发的乖巧年轻人，他指甲干净，手里正拿着一支鹅毛笔写信。摆在他面前的是一本名为《怎样书写赞美的话》的书。这是一本翻译手册，其中包含在各种场合给领导、父母、爱人、朋友等写信、留言的样例。俄罗斯的年轻人写信给他们的母亲祝贺新年，自1700年1月1日起他们开始按照欧洲习俗庆祝新年：

亲爱的母亲！对您的爱让我希望您一切如意，在我们因上帝的馈赠而迎来新年，作为您的孩子，我全心全意地……

## [文　献]

1717年，一本著名的书《世俗之境》（也可以称为《日常待人礼节》）出现了，这是根据年轻人行为手册汇编翻译而成的。它教导年轻人在公共场合应该如何表现。年轻人从中第一次了解到贵族生来就具备的尊严和思想。如有必要，他可以挑战别人的观点，但不应该无礼，应该是"以礼相待"。例如：

"57. 不要当着别人的面打嗝、咳嗽和做类似的粗鲁动作，如果感觉到明显要打喷嚏时，要么用手捂住，要么把头转向一边，或者用桌布、毛巾遮住，免得喷得到处都是。58. 像吹喇叭一样擤鼻涕，或大声打鼾，大喊大叫，这可不是一个小恶习，因为这会把他人或教堂里的小孩子给吓坏……61. 当你在到处是人的教堂或街上时，千万不要直视别人的眼睛，仿佛要看穿别人，不要到处瞎看，或像一头懒惰的驴子四处走动，应该体面、笔直地行走……当你和别人一起坐在餐桌旁，要保持自己良好的举止：首先，剪掉你的指甲，这样它们就不会刮到鹅绒衬里；洗手并体面笔直地坐下，不要第一个动筷，不要像猪一样吃东西，不要吹汤，以致汤四处飞溅；喝酒不啜饮，禁止醉酒，能喝多少吃多少就喝多少吃多少；在最后一道菜端给你时，只拿一部分，把剩下的留给别人，然后感谢对方；你的手不要长时间放在盘子上，不要到处晃动你的脚；喝完水时不要用手擦嘴而用毛巾擦拭，吞下食物后再喝水；不要舔手指，不要啃骨头，而是用刀切，不要用刀清洁牙齿，而是用牙签……不要像猪一样咀嚼食物，不要挠头，食物没咽下不要说话；经常打喷嚏、擤鼻涕和咳嗽是不合适的；吃鸡蛋的时候，提前把面包切好夹住吃，注意不要把鸡蛋漏出来，不能吃太快……同时，不要弄脏桌布，不要舔手指，不要在你的盘子上堆满骨头、面包皮和其他东西；当你停止进食时，祈祷感谢上帝，洗手洗脸，漱口……"

在这本书里有一整段内容是给女孩看的，内容讲的是一个正派的女孩不应该有这些表现："敞开胸怀，与年轻男人坐在一起，用手肘碰触别人，不安静地坐着，唱淫荡的歌，寻欢作乐，醉醺醺，跳上桌椅，任由人拖拽，像母狗一样，这是没有羞耻心且不安分守己的。"

上述这段话的目的在于，首先是不应夸大"囚禁"在"治家格言"牢笼中的俄罗斯妇女所遭受的特殊压迫，其次俄罗斯妇女用过于热情的方式迎接自由，这导致人们不得不立即要求她们谦逊一些。

## 娱乐活动

彼得一世积极地让他创造的世俗社会习惯新的娱乐活动。1718年11月26日，舞会出现了，针对舞会的法令首先对它进行了解释："舞会"是一个法语词，在俄语中没有找到对应的词来表达，但这个词的意思是自由不拘束。在家中举行舞会或聚会不仅是为了娱乐，还为了政务，因为参加舞会的人可以看到彼此并在有任何需要时互相交谈，还可以听到正在发生的事情和事情的发生地，这很有趣。如何组织这些舞会，让它成为人们的一种习惯，之后会有介绍。以下是一些关于舞会上举止动作的"要点"：主人不迎接，不招待，不送行，客人可以"随意坐着"，在长官甚至沙皇面前也不用起身……圣彼得堡警察总长负责组织舞会，他为这种"自由娱乐"安排时间和场所，并与他的人一起维持舞会的秩序。在政要家中举行的舞会，除非去世或重病，其他时候人们都会去参加。违反舞会规则的人面临着严峻的考验——装有两升酒的"大鹰"惩罚杯。

违反规则的客人可能再也站不起来，他可能都没有看到开场的舞蹈——这是舞会的主要活动。然而，也有自愿用高脚杯饮酒的情况，一位慷慨的主人为了好玩，将一打或更多枚金币扔到装满酒的高脚杯底部，只有喝空高脚杯里的酒的人才能拿到金币。金币开始在空高脚杯底部响起的那一刻，很少有人有足够意念来克制住贪念。

现代人如果在彼得的舞会上会感到不舒适，因为小厅里闷热难耐，到处是异常激动、醉醺醺、不是特别注重卫生的人。相邻的房间也好不到哪去，那里的桌子上放着食物和酒，男人们端着啤酒坐在纸牌和国际象棋旁。烟雾遮住了光线，尖叫声和醉酒的歌声淹没了谈话，有人已经躺在桌子底下，有人喝多了需要紧急帮助。同时，每个人都需要竖起耳朵保持警惕：宴会主管会拿着"万恶"的酒杯在参加舞会的客人中走来走去，寻找违规者。这种宴会的好处是，人们可以自然地、"无等级"

地进行交流，以前除了去教堂再没有出过家门的女性第一次被允许与男性一起跳欧洲舞蹈。

宴会受到了极大的重视，宫殿中的桌子被放置在大厅和较小的房间中。彼得一世和贵族们坐在大厅里：参议员、海军上将、将军、部长，神职人员坐在相邻房间的一张桌子旁，然后是陆军和海军军官，当时来圣彼得堡的商人、造船商和外国船长单独坐着。皇后和上流社会的女士们也被安排在一个单独的房间里。桌子上有玻璃高脚杯（或者，正如他们在18世纪所说的"大酒杯"）、马克杯、筒形杯、玻璃杯和所谓的酒樽。桌子上没有瓶装酒，客人们都是喝由仆人端上桌的各种葡萄酒和伏特加。众所周知，沙皇本人最喜欢茴香酒和托凯葡萄酒。仆人也会端上法国干红、德意志葡萄酒、各种利口酒和啤酒。桌子上摆满了银色和锡制的大盘子，里面放着许多冷开胃菜、肉和鱼。之后是皇家厨师准备的热菜，甜点通常不在皇室餐桌上供应。水果与下酒菜被一起端上桌，但客人对这些并不太感兴趣，通常这些是以蜜饯或盐渍的方式从远方运到圣彼得堡——客人们会吃到用李子、柠檬果脯和盐腌的西瓜子。而糖果（糖）只提供给女士们的餐桌。

沙皇作为主人对客人来说是可怕的，尤其是对那些还没有习惯皇家宴会的人来说。在留存下的记录中同时代人都声称彼得一世强行让客人喝酒。彼得一世不让客人从桌子旁起身离开，他们要在那里待几个小时，有时甚至好几天。这时，彼得自己会时不时离席，去自己的房间里小睡一两个小时。即使客人有急事，门口的哨兵也不会放客人出去。宴会厅的地板上都小心翼翼地铺上了席子、干草和稻草，以保护镶木地板免受长坐客人肢体活动带来的损坏。

伴着乐队音乐跳舞是宴会中不可或缺的一部分，跳舞能让数小时坐在餐桌旁的客人活动一下身体。舞会在大厅举行，所有客人都必须参加。通常彼得和叶卡捷琳娜跳开场舞。这对皇室夫妇不知疲倦地秀出复杂的舞姿，年长客人不得不跟随重复着他们的舞步，以至于这些人在舞蹈结束时几乎迈不动腿了，而年轻人却兴致盎然。针对这个场景一位外国人写道，上年纪的人很快跳完舞就去抽烟斗或去吃点东西（旁边的房间里有摆着点心的桌子），而年轻人却停不下来：

> 十或十二对用手帕绑起来的男女，每对舞者轮流跳在前面，发明新的花样。尤其是女士们跳得很开心，不仅大厅里有她们舞动的身影，而且她

们还从大厅跳到其他房间，有的把所有人领到花园，跳到房子的另一层，甚至阁楼上。

总之，舞蹈为繁文缛节开辟了无限可能。亢奋的舞者们在宫殿里热得令人窒息且小而狭窄的房间里跳舞，那里混合着浓浓的酒气、烟草味、食物气味、汗味、不干净的衣服和不洗澡的身体散发出的各种气味——所有这些都使宴会气味变得难闻，尽管大家很开心。节日里，大家都在等着天黑去参加所谓的"火焰娱乐"。该活动以点亮彩灯开始：在彼得保罗要塞和其他建筑物的墙壁上挂上数千个烧油的黏土油盏，从而在黑暗中"勾勒"出建筑物的轮廓。但每个人都会等待重头戏——烟花。

宴会的重头戏是燃放烟花。那个时代烟花很复杂，烟火师综合运用了绘画、机械、建筑、雕塑，甚至文学和雕刻技艺，为每个烟花都制作版画，上面有各种烟花外观的解释和具有诗意的铭文。这些版画扮演了现代戏剧节目单的角色，被分发（但更经常出售）给观众。观众（当时被称为"看客"）拿着这些雕刻的节目单，走到宫殿的门廊或从窗户观看"火焰娱乐"。沙皇喜欢烟花，他自己也不止一次冒着生命危险参与了烟花的制作和燃放，他认为与火有关的娱乐活动很重要，可以教人不畏惧火、安抚火灾和战斗中的"火神恶意"。起初，在沙皇本人的参与下，制订了一个详细的烟花方案，然后艺术家和烟火师开始制作"烟花架"——这是一个高达十米的巨大木架。将可燃烟火组合物浸渍的导火线在木架上拴紧，导火线交织形成一种图案，有时是由几个图形组成的复杂组合，还带有解释图像的"标语"。在白天，这一切看起来只是一团杂乱而难以理解的引线和绳索，只有当士兵们在黑暗中从架子后方沿着狭窄的梯子奔跑、点燃引线的末端时，带有"标语"的烟花画面才被在数百米之外的看客观赏到。一个烟花中可能需要有几个这样的框架结构，多亏了它们才创造出了必要的远景画面。各种由木头、石膏或纸制成的雕塑品被放置在结构之间，在黑暗中突出火焰亮度。在烟花架燃烧的同时，各种烟火设计的物品——"火山""喷泉""瀑布""火轮"——开始在各个地方喷火，勾勒出一幅"火飨宴"的神奇画卷。熟练的烟火师每次都试图给观众带来惊喜，烟花燃放开始时，黑暗中沿着看不见的引线，一只闪耀着光芒的双头鹰爪子握着一束"闪电""飞"起来点燃了这个烟花架。在1723年叶卡捷琳娜·阿列克谢耶芙娜命名日这一天，烟花"由一位带着爆竹的天使从皇宫飞来点燃"，这肯定是沙皇亲自将天使从窗前送到烟火架的——烟花燃放期间，沙皇作为大管家管理的琐事比谁都多。天使点燃了烟花架，所有的看客都看到了白色和蓝色火焰的标语，呈现出的高柱顶部有皇冠，两侧有两个用月桂树枝缠绕的锥体。烟花燃尽后，一声雷鸣般的礼炮响起，它们是从皇宫附近房屋的窗户里发射出来的。

## [文　献]

彼得本人很少会喝到麻木不仁的地步（尽管发生过这种情况），但他却喜欢看着自己的客人喝到失去理智。其中一位外国人，丹麦特使尤斯特·尤尔写道，沙皇故意这样做，是为了从臣民醉酒时的争吵中了解他们的秘密。结果，正如另一位参加这次宴会的外国人荷尔斯泰因侍从军官伯克霍尔茨所写的那样，几个小时后场面变得有趣起来：

"伟大的海军元帅（阿普拉克辛）喝醉了，哭得像个孩子，他经常出现这种情况。缅希科夫大公喝醉倒在地上不省人事……他的随从用各种酒精才让他稍微清醒了一点，并请求沙皇允许带他回家。"

值得一提的是，宾客不得在宴席期间混杂在一起，禁止从一桌移到另一桌，只有沙皇来可以这么做，正如英国人布鲁斯所写的那样，沙皇"在每一次宴会上都根据在场者的职业和工作与他们交谈"。

## [人　物]

### 海军元帅阿普拉克辛

费奥多尔·马特维耶维奇·阿普拉克辛元帅的阅兵肖像画上是一位身穿盔甲、头发灰白的严肃战士形象，胸前佩戴着一枚闪闪发光的俄罗斯最高级别的勋章圣安德烈一级勋章。对于那些知道实情的人来说，他刻意英勇的样子显示出来的是来自命运的冷笑。阿普拉克辛虽然一生都在战斗，却没有成为战士，也没有成为海军最高统帅。他本人其实一点也不好战，也不威严。他成为海军部委员会的第一任主席，指挥舰队，但他不可能一个人将一艘船带入港口。许多在海上和陆地上取得的胜利属于其他人——通常沙皇彼得本人站在他身后进行指挥，并将胜利者的荣耀留给了阿普拉克辛。1713年，阿普拉克辛被宣布是占领瑞典富裕的芬兰省的主要英雄。正如历史学家梅什拉耶夫斯基所写，在征服芬兰期间，彼得和阿普拉克辛之间最重要的不同显现出来了：沙皇是个军事天才，在任何情况下他都能果断行事，标新立异；而阿普拉克辛是个军事庸才，总是想着拖延时间。

但沙皇需要阿普拉克辛作为舰队的官方负责人，因为他善良、温柔、不求回报、顺从听话。阿普拉克辛成为俄罗斯第一海军部的负责人，该海军部完全由英国人、丹麦人、荷兰人和瑞典人组成。这就是阿普拉克辛的命运，在他年少时期，他和其他许多年轻贵族一样，成为彼得"少年游戏兵团"的一员，是彼得的战友——严厉的沙皇会不断将复杂的任务交给这个仪表堂堂、不会说谎的莫斯科人。从阿普拉克辛与他最亲密的朋友舍列梅捷夫元帅的通信中可以看出，阿普拉克辛从未像平民出身的缅希科夫那样热衷于服务，不像坎特米尔大公或布鲁斯那样渴望知识。阿普拉克辛并非自愿将改革者沙皇视为伙伴，他只是将彼得看作是上帝给予自己的考验，而且他毫无疑问地服从了更高意志。正如他在信中所说的那样，尽管彼得要求阿普拉克辛将自己视为亲密酒友，彼此平等相处，但他在莫斯科古老传统中长大，终生都会是一个尽职尽责的"最低级奴隶"。

虽然被动成为海军元帅的阿普拉克辛不像沙皇那般浪漫、热爱大海和船只，但他执行力强大且可靠。关于这位"最低级奴隶"的忠诚度，一直存疑。彼得是一个有见地的人，他曾经对阿普拉克辛说："虽然你一直很认可我的事业，尤其是在海军领域，但我读懂了你的内心，如果我死在你之前，你将是第一个谴责我所做的一切的人。"正如沙皇所预料的那样，彼得死后，阿普拉克辛成为最高参议院的成员，并与彼得的其他战友一起勇敢地批评了改革者沙皇的所作所为。当彼得大帝的孙子彼得二世于1728年将首都迁至莫斯科时，阿普拉克辛表现得十分高兴！和从前一样，阿普拉克辛在莫斯科担任最初的角色，但他被疾病所累没有参与那些政治斗争。1728年，可怕的死亡降临到不幸的海军元帅身上——阿普拉克辛死于水肿。

[ 传说和谣言 ]

### 醉酒大教堂聚会

彼得大帝时代除了舞会之外，还有另一种娱乐活动——这是为一小群精英提供的娱乐活动，称为"醉酒大教堂聚会"或"最开玩笑的大聚会"。这是彼得时代俄罗斯上层人复杂生活的写照。它起源于滑稽丑角传统文化，当时在圣诞节人们会举办哑剧、笑话、狂欢和醉酒的嘉年华表演。彼得一世将这些娱乐活动常态化，设置了明确的秩序和规则。"醉酒大教堂聚会"的欢乐酒宴按照沙皇批准的程序举行，每名参与者都有一个狂欢节名字，有自己的小丑角色。彼得本人是大教堂的"辅祭长"，曾经是彼得老师的尼基塔·佐托夫多年来一直是教堂的负责人，他被称为"大公—牧师总主教"，所有参会者都以搞笑方式对他表示崇敬。宫廷小丑、侏儒和怪胎都是宴会中不可或缺的参与者。从参与者头衔和礼节名称中可以看出，大聚会在很大程度上复制了教会的等级制度。天主教在聚会中被恶搞，东正教同样也被嬉笑戏谑。聚会仪式是运用恶作剧、肆无忌惮的醉酒来过度还原中世纪圣诞节期间"真实、严肃"的公众生活，以此来嘲讽人们。大聚会的主宰是沙皇本人，他可以放弃所有事务，为小丑的仪式制定例行的滑稽法令或规则。目前尚不清楚沙皇本人设定这个的目的是什么，他为什么不让这个在道德、信仰层面上都令很多人厌烦的不体面"活动"消失。也许大聚会对于承载了数百起责任事务的彼得来说，是无休止的国家工作中的一个特殊所在，给予了他必要的休息机会。被大聚会中喝酒的同伴包围着，他就可以放松和休息。作为一个有幻想、幽默、精力充沛但同时文化水平落后的人，他不仅在酒会上得到了消遣，更在大聚会"有组织、有节制的饮酒"中得到了消遣。聚会对他而言，是一个办公厅、一个机构，像叶卡捷琳娜二世的冬官一样，大教堂里的聚会有可能让沙皇在一个非官方的、自由的环境中更好地研究臣民，了解他们的意图和性格。随着彼得的去世，醉酒大教堂聚会不复存在，而它为伟大改革者留下了专制暴政的臭名声。

# 俄罗斯妇女社会的建立

众所周知，在彼得大帝之前的时代，俄罗斯妇女要按照一种起源于16世纪的家庭行为准则来规范生活。这些规范对女性来说是相当残酷的：男性在家庭中拥有绝对的权力，因为缺乏财产、合法权利再加上无数的限制，导致女性无法在社会中独立生活。随着彼得改革，女人们离开了阁楼与男人们一起出现在庆祝活动和宴会中。从引用的《世俗之境》中的一段话可以看出，女人们一直受到束缚——所以后来的改革使她们很快就接受了给予的自由。

妻子被允许陪伴丈夫在国外生活，西方新时尚也给女性带来了很多问题！旧的俄罗斯服饰与欧洲服饰明显不同。连衣裙"萨拉凡"、棉背心、夏季长袖裙被胸部和背部有大开口的连衣裙、紧身胸衣和箍骨裙及花哨的假发所取代。女士们的头上堆满了大号的帽子，或者顶着大炮、护卫舰、城堡、鲜花的发型。这在俄罗斯妇女生活中是一场真正的革命，美发师出现在富人家里，没有他们的技艺，在头上"建造"这样一艘"护卫舰"是不可能的。

这些新装束起初是从国外带来的而且非常昂贵，但很快俄罗斯人就学会了如何制作帽子、丝带和其他"小百货"。习惯于只缝制夏季长裙和棉背心的俄罗斯裁缝很快就掌握了西洋礼服的缝制方法。是的，他们必须这么做：没有人愿意像彼得一世的法令所说的那样，因为缝制老式衣服而受到鞭笞。彼得大帝时代的俄罗斯女人是非常时髦的，她们特别爱搽胭脂和美白粉，一个女人一生会消耗数量巨大的胭脂和美白粉。外国人对俄罗斯女士接受新时尚和礼仪的速度感到惊讶，其中一个外国人写道："俄罗斯女人，不久前还粗鲁、没教养，现在已经完全变了，她们在待人接物的文明细节上并不逊色于德意志和法国女人，有时甚至在某些方面比她们更有优势。"这些女士的丈夫看着自己妻子在宴会上取得的成就并不高兴——因为一顶时髦帽子的价格，可以为庄园买下十多个不错的农奴。此外，习俗风气比时尚潮流改变得要慢——女性的一些世俗行为在社会上不被认可。彼得一世改变了古老的婚姻习俗，在彼得一世之前，新郎与新娘第一次见面是在婚宴上——他们的命运由父母决定。而随着新时代的来临，年轻人可以在公共庆祝活动、宴会、聚会上约会。因此，年轻人在订婚交换戒指之前就见过对方。此外，不喜欢新郎的女孩可以解除婚约。

多亏了彼得，爱情和自由意志是结婚决定性因素的理念被引入俄罗斯社会。1722年4月22日，彼得一世下令禁止年轻农奴在父母和地主的胁迫下结婚，离婚也变得越来越容易。沙皇说道："上帝设立婚姻是为了减轻人今生的悲伤和沧桑，世界上没有任何结合比美好的婚姻更神圣了；至于不好的婚姻是直接违背了神的旨意，因此终止它是公正的，也是有益的，如果为了灵魂的救赎而继续不好的婚姻是极其危险的。"然而，在18世纪丈夫同妻子相比仍然拥有巨大的权力，他在离婚时会取得法官的高度信任，独占家庭共同财产。家庭中最常见的事就是殴打女人，对于谋杀妻子的丈夫，他们通常会受到鞭子的刑罚或被送到修道院忏悔几个月。也有不受宠爱的妻子，因为无法忍受丈夫的殴打和暴虐前往修道院，这样就可以让丈夫重新结婚。

新的东西越来越深入到俄罗斯的社会生活，尤其是贵族生活。在《世俗之境》这本书里有一整段是写给女孩看的，叫作"处女荣德之冠"，其中列出了有教养的女孩应该具备的20种美德，其中有对上帝虔诚和敬畏、孝敬父母、勤奋、友善、仁慈、身体纯洁、谦虚、节制、贞洁、节俭等。尤其受欢迎的女士美德是沉默和谦虚。

[文 献]

如果一个女人杀死自己的丈夫，她将面临可怕的处决——她的身体（直到她的胸部或喉咙）会被埋在地下。如果室外很暖和而且守卫能及时赶走准备将其撕碎的饿狗，那么这个不幸的女人将会承受痛苦的折磨几个星期。一份递交到布良斯克州办公厅的常见报告有着这样的记录：

"1730年8月21日，在布良斯克，一个农民的妻子因杀害丈夫而被埋到广场。到9月22日，这个女人在被埋的坑里，死了。"

这个女人在土里"住"了一个多月！

# 圣彼得堡——帝国首都

圣彼得堡始建于1703年春天，当时彼得试图在涅瓦河口建造的不仅仅是一座城市，而是一座要塞，使其成为这个区域俄罗斯的防御要塞。两座要塞——彼得保罗要塞和金钟要塞——保卫新城市的安全，新城市在要塞火炮的掩护下发展起来。1716年建筑师勒布伦制订了在涅瓦河畔建造一座强大要塞的计划——一座坚不可摧的要塞。然而，这个计划并未实施，因为在圣彼得堡和喀琅施塔得已经建立的防御系统在城市初期运作得很好，且此时来自瑞典人的威胁已经减弱。

城市本身的修建是彼得一世的第二个目标。圣彼得堡几乎同时在几个地方开始建设：圣彼得堡郊区是最古老的部分，位于圣彼得堡一侧，在涅瓦河畔，在瓦西里岛上。这座城市的第三个自然陆地中心被称为金钟岛（它周围的陆地区域，以涅瓦河、莫伊卡河和丰坦卡河为界）。彼得的冬宫和夏宫建在这里，同时第一代贵族的房屋沿着涅瓦河也耸立在此处。未来的涅瓦大街形成之初是一个"非正规的"、相当混乱的定居点，那里的海军部工匠和工人住在小房子里，商人定居在坐落有商场的莫伊卡河岸上。虽然这个地方没有进行景观美化，但第一批圣彼得堡人很喜欢它。从涅瓦大街眺望，可以看到1710年建成的亚历山大·涅夫斯基修道院。这里有通往诺夫哥罗德和莫斯科的重要道路。海军部定居点的居民在圣以撒主教座堂祈祷，该教堂是为纪念达尔马提亚的圣以撒而建的，而且彼得一世是在圣以撒生日那天出生的。

彼得一世建立这座城市的另一个目的是发展贸易，圣彼得堡作为俄罗斯的主要港口，是从西方到俄罗斯、从俄罗斯到西方的货物的主要转运点。尽管新城地理位置便利，但要完成这项任务并不容易。仅仅建立港口泊位和仓库是不够的，还必须确保圣彼得堡贸易的便利、安全和获利能力。长期以来，瑞典人称霸波罗的海，劫掠了所有前往圣彼得堡的船只。在内陆水域航行同样危险，拉多加湖以其不可预测的危险而著称，吞噬了数百艘开往圣彼得堡的船只。最后，不能忘记，几个世纪以来俄罗斯的贸易路线像河流一样在一个主要方向——白海的阿尔汉格尔斯克港——汇合，数百艘外国船只在春天才能抵达那里。

彼得一世为使圣彼得堡成为俄罗斯的主要港口做了很多努力。俄罗斯舰队变强大后，瑞典在波罗的海的私掠船被清除了，之后沿着风雨如磐的拉多加河岸，俄罗斯人开始修建运河，到1728年这条运河已经允许船只无畏地通过危险航行区域。为了给圣彼得堡的贸易创造特殊有利条件，这里的关税低于阿尔汉格尔斯克、里加、列巴尔。此外，沙皇不惜一切禁止商人在阿尔汉格尔斯克进行贸易，迫使俄罗斯内城商人带着他们的家庭和固定资产搬到圣彼得堡做生意。几十年来俄罗斯的货物主要是通过外国船只运往欧洲，但政府也会帮助商人们组织商船进行运输。

最后，彼得一世建这座城市最重要的一个目的是将其变成俄罗斯帝国的首都。沙皇似乎从一开始——从这座城市于1703年建立之日起就设定了这个目标。事实上，早在1704年秋天，彼得一世就将圣彼得堡称为首都。但这在当时只是一个梦想，因为在北方战争初期住在圣彼得堡实在太危险了。来自波兰和乌克兰的瑞典人的攻击可能会给英格里亚和圣彼得堡带来损失。沙皇在远离自己的"天堂"征战时仍在不断思考它的命运。

波尔塔瓦之战胜利后，彼得一世高兴地写信给费奥多尔·马特维耶维奇·阿普拉克辛："现在，在上帝的帮助下，我们已经完全奠定了圣彼得堡的基石。"1712年攻占维堡后，用彼得的形象说法，这使在新首都"旁边放一个舒适的枕头"成为可能。俄罗斯人占领波罗的海，特别是爱沙尼亚的行动，是因为彼得希望不惜一切代价为新首都提供安全区。

我们仍然不知道确切时间——1712年或1713年——圣彼得堡成为首都，成为沙皇的住所，没有任何留存下的法令宣布圣彼得堡为首都（或第二首都）。事实上，从那时起，外国外交官搬到了涅瓦河畔，以前作为莫斯科办公厅的临时分支机构的圣彼得堡办公厅成为主要的政府机构。彼得一世本人从城市建立之初就住在圣彼得堡，并于1708年举家迁至此。1712年，他在圣彼得堡与叶卡捷琳娜结婚，并借机宣传了新首都。

彼得一世对待自己的新城市很温柔，对他来说，圣彼得堡是一切新事物、完美和舒适的象征。在这个荒凉、树木繁茂的沼泽地面临的困难并没有让彼得感到不安，他相信自己的后代在这里会有美好的未来。沙皇远征来到他的"天堂",让自己的灵魂得到了休息。他是这座城市真正的首席建筑师和建设者,任何一个细节都没有逃离他的双眼。圣彼得堡的建设不仅(正如普希金后来所写的那样)"故意刁难了傲慢的邻居"——瑞典,而且是同彼得所憎恨的旧俄罗斯作对。在建设混乱的莫斯科,在那种不紧不慢的传统生活中,彼得时常能感受到威胁。

涅瓦河畔的一切都远离莫斯科,因此彼得决定将他的城市梦想变为现实,这座城市将类似于他心爱的阿姆斯特丹,以及拥有运河、舒适街道和高耸教堂钟楼的威尼斯。在瓦西里岛上,城市的"荷兰式"外观应该是由运河赋予的,它将整个岛屿横着切开,并沿着它们的河岸建造了一排排连续的房屋。它们是根据圣彼得堡首席建筑师、来自瑞士的多梅尼科·特雷齐尼的统一模型进行规划的。

彼得于1703年秋天在圣彼得堡开始了他的行动,当时他与一整队外国建筑师——德意志人、法国人和丹麦人——一起抵达了涅瓦河畔,圣彼得堡的所有第一批建筑都是在他的领导下建造的。为了这座城市的建设,1709年,彼得在这里成立了办公厅,这里有材料、金钱和工人可供其支配和使用。对特雷齐尼来说,最重要的建筑物是拥有巨大钟楼的石制彼得保罗大教堂,这在俄罗斯人眼中是不寻常的。在它的顶端,是一个白色的"飞翔"天使,它的翅膀似乎覆盖了新的城市。总的来说,高尖塔的外观已经成为圣彼得堡的特色,引人注目,它似乎在强调西方定位,强调城市的新奇,这与俄罗斯传统城市的外观截然不同,人们可以在上面看到俄罗斯教堂的洋葱圆顶。夏园也令俄罗斯人眼前一亮,在这个广阔的公园里,矗立着出自建筑师特雷齐尼和施吕特之手的优雅彼得夏宫。按照彼得的旨意,夏园里建造了精致的岩穴,喷泉冲天而起,大理石雕像在绿树丛中显得格外醒目。在这座城市建成几年后,这些雕像从意大利运来,由著名的意大利雕塑家根据沙皇的要求进行设计,彼得不遗余力地装饰他的"花园"。不过,夏园最引人瞩目的,还是爱情女神维纳斯的雕像。这尊雕塑历经千辛万苦从意大利运到圣彼得堡,安置在夏园。为了不让愤愤不平的保守派破坏维纳斯的白色大理石身躯,雕像附近安排了卫兵。

沙皇不仅要建造一个公园——一个休息的地方,还要建造一所露天学校。参观者不仅可以欣赏到美丽的雕像奇观,还可以充实他们对历史和神话知识的了解。观看一组雕塑《强掳萨宾妇女》,人们可以了解古罗马历史上的传奇故事,当时罗马人通过不光彩的手段掳走了邻近部落人的妻子,使其成为自己的妻子。为了增强雕塑的教益性，喷泉附近悬挂了以《伊索寓言》为主题的带有寓言文字和解释的铁板。花园附近的草地上有一座亭子里面有著名的戈托普地球仪，直径达336厘米。地球仪制作于1664年，1713年荷尔斯泰因公爵将它赠送给彼得一世。地球仪的外表面描绘了地球的球体，里面摆着一张浑天图。地球仪内部的桌子可以坐10—12人，当它旋转起来时，坐在内部的人们可以看到地球是如何在星辰大海中翱翔的。

由建筑师D. M.方丹和I. G.谢德尔在瓦西里岛上建造的属于缅希科夫大公的巨大宫殿吸引了人们的注意力。宫殿内部漂亮雅致：胡桃木橱柜、瓷砖墙壁和天花板的房间，以及为圣彼得堡贵族和客人举行庄严仪式和舞会的大厅，给人们留下了特别深刻的印象。夏天，彼得经常在城外海边的船只上度过。1710年，在海边的一座高山下，人们开始建造一座名为蒙普莱西尔（"我的快乐"）的舒适小宫殿，建筑师们创造了一个真正的建筑杰作：被阳光穿透的两个画廊通向一个高高的拱形大厅，大厅的墙壁被橡木板覆盖着，上面挂着画作。透过整个宫殿高处宽大的窗户，可以看到蔚蓝的大海和去往喀琅施塔得的船只。

下花园是沿着海岸布置的大型花园，与上花园形成鲜明对比，上层建于1714年，建在陡峭的悬崖上，环绕着整个大皇宫。从海边到悬崖脚下挖了一条运河，沙皇可以乘船直接到达通往大皇宫的楼梯。彼得夏宫最大的吸引力在于下花园的喷泉系统，这被视为一项杰出建筑工程。通向彼得夏宫的池塘系统收集水，水从15米高的小山上冲下来，然后从喷泉口猛地向上喷出。

沙皇喜欢彼得夏宫——一个僻静与安宁的地方。这里没有圣彼得堡常见的喧闹宴会和娱乐活动。客人只有在沙皇的特别邀请下才能参观他的郊区住宅，每个人都会被分配一个房间，每个人都必须表现得安静而清醒。彼得一世在自己特意写的"彼得夏宫要点"中说：没有邀请卡是禁止进入彼得夏宫的。此外，访客被规定"如果不脱鞋，穿着靴子或鞋子是不被允许躺在床上的"。尽管"要点"中没有列出对违规者的常见威吓，但客人们根据宫殿主人的要求会保持异常的安静和谦逊。

[文　献]

彼得一世明白他所做之事的意义。1714年，在"施利塞尔堡号"船下水时，他发表了富有表现力的演讲：

"二十年前，你们当中有没有人能想过将来会和我一起，在波罗的海，在我们亲手建造的船上将敌人打败，然后凭借我们的辛勤劳动和勇气搬到这个地方？你们有没有想过，将来会看到这么多所向披靡的俄罗斯士兵与水手，看到许多外国工匠、商人和科学家自愿来到这座俄罗斯城市与我们共同生活？你们有没有想过，我们会在其他国家统治者眼中看到他们对俄罗斯的敬意？

"作家们在希腊古老家园居住，随着时代的发展这些人远离希腊，隐藏在意大利，然后分散到整个欧洲直到波兰。由于我们祖先的疏忽，我们处于从前充满挑战的黑暗中，之前在那里还有德意志人民和波兰人民。但他们有经验的统治者凭借着勤奋打开了视野，德意志和波兰自己最终培养出了那些在古代只有希腊才能引以为豪的科学和艺术大师。现在只要你们无条件真诚地帮助我实现这一愿望，服从劳动且时刻记得'祈祷和工作'这句拉丁谚语，那么就到了我们国家走出黑暗的时刻了。"

# 俄罗斯艺术家

为确保俄罗斯人在工艺美术方面赶上其他民族,彼得本人做了很多工作。他不仅以水手、工程师、造船者的身份,还以建筑师、雕塑家和艺术家的身份出国学习。另一种求学方法是在那些来到俄罗斯的西方著名建筑师的指导下创建专门的建筑团队。

这些团队由俄罗斯年轻人组成,在帮助外国大师进行绘图辅助工作的同时,学习这个行业的秘诀。自1710年起,未来杰出的建筑师米哈伊尔·泽姆佐夫就是特雷齐尼的学生。然后他在意大利建筑师尼科洛·米切蒂的工作室工作,尼科洛·米切蒂是一位优秀的老师。在彼得时代的俄罗斯艺术家中,伊万·尼基京和安德烈·马特维耶夫占据了重要位置。尼基京在军械库的传统圣像绘画学校学习,在那里他学到了圣像绘画的古老秘密。然后,在沙皇的旨意下,尼基京来到圣彼得堡成了德意志艺术家I. G. 坦瑙尔的学生。1716年,尼基京在意大利威尼斯学习了四年的"摩尔主义",受到宏伟威尼斯画派的影响,最终成为一名艺术家。自1720年以来,尼基京成为沙皇的内宫大臣,为沙皇本人和他的家人画肖像画。

安德烈·马特维耶夫比尼基京年轻,出身于书吏家庭。彼得一世的妻子叶卡捷琳娜曾经注意到这个男孩,也就是自己的洗衣女工的弟弟有着惊人的艺术造诣,遂指派他去深造学习。马特维耶夫在绘画方面取得了进步,并于1716年与其他俄罗斯"助学金领取者"一起前往以绘画闻名的荷兰。马特维耶夫在荷兰学习肖像画后,继续在佛兰德斯的安特卫普艺术学院(欧洲最好的学院之一)深造,他很快就成为那里最优秀的学生。马特维耶夫于1727年回到俄罗斯,当时彼得一世已经不在世,但他始终记得:多亏了伟大的沙皇,他,一个书吏的儿子,才能成为俄罗斯杰出的画家。

阿列克谢·祖博夫出身于圣像画家家庭,曾在莫斯科军械库学习和工作。1699年,他成为荷兰雕刻师阿德里安·舍内贝克的学生。1711年,马特维耶夫回到圣彼得堡时,祖博夫已经是一位经验丰富的大师,他的第一部重要作品是雕刻"彼得一世和叶卡捷琳娜·阿列克谢耶芙娜的婚姻形象"版画。1716年，祖博夫开始他的系列"圣彼得堡景色"版画创作，该创作使他的名字在俄罗斯艺术史上永垂不朽，他创作的是新首都第一部图画《编年史》，刻在八块大板上，并附有各个部分和建筑物的简介。祖博夫的版画优雅、深邃、充满生机。在它们身上，我们看到了一座伟大城市在其历史开端的模样。

其他俄罗斯大师也与祖博夫一起工作，格雷戈里·穆斯基专门从事稀有艺术——制作珐琅微型画，这种创作错综复杂。他所制作的沙皇肖像旨在奖励那些在军事上表现突出的人。同时代人尤其欣赏一幅名为《彼得一世全家福》的微型画，在一个狭小的方形空间里，这些微型画是一幅完整的王室仪式肖像。另一位可以与穆斯基匹敌的大师是 A. 奥夫索夫，他画的彼得、叶卡捷琳娜、缅希科夫的微型肖像画完全不逊于穆斯基。艺术家费奥多尔·瓦西里耶夫的作品将我们带到年轻的圣彼得堡街头，让我们看到桥上的驳船和要塞的壁垒，他的画作《下士纠缠妻子》是最早流传下来的场景流派画作之一。

沙皇没有时间去关注那些按照他旨意出国留学的艺术家和建筑师的作品，但他知道他们的进步和勤奋。这一切都唤起了彼得对未来的向往，毕竟，俄罗斯的整体形势已经发生了变化，一个脆弱但美好的科学艺术创作环境已经出现。彼得大帝创建的学校和学院、造船厂和工厂、陆军和海军、建筑、新风俗和娱乐都需要大量各行各业的专家参与其中。军事、建筑、施工、要塞防御工事、数学、物理、历史等书籍开始被翻译出版，刚在俄罗斯出现的印刷厂开始印刷这些书。1703年1月开始，第一份俄罗斯报纸《新闻报》开始出版。1710年，为了便于阅读，彼得一世亲自更正了字体，将教会斯拉夫字母的拼写替换为简化的民用拼写。1714年，圣彼得堡建立了图书馆，该图书馆后来成为科学院图书馆，同时俄罗斯第一家博物馆建筑于1718年开始在瓦西里岛上建造。根据彼得一世的法令，全国范围内收集了古代武器、手稿和各种稀有"艺术品"。彼得时代的俄罗斯仍不能自夸有许多杰出作家，但俄罗斯民众的阅读圈子中出现了许多民间书籍。创作短剧和语体的费奥凡·普罗科波维奇成为俄罗斯古典主义的创始人之一，他是 A. 坎特米尔和 M. 罗蒙诺索夫的老师。在读者中特别受欢迎的是根据胜仗和著名事件创作的颂歌、演说、小曲。散文方面，读者喜欢读的匿名作品有《俄罗斯水手瓦西里·卡里奥茨基的历史》和《俄罗斯贵族亚历山大的故事》。

# 王子阿列克谢事件

彼得大帝管理国家不易，他的私人生活同样不易。1698 年，彼得一世将他的妻子叶夫多基娅囚禁在修道院中，并在很长一段时间内未再婚。他与安娜·蒙斯的恋情于 1702 年秋天结束，安娜被判叛国罪。彼得二婚娶了平民玛尔塔·萨穆伊洛芙娜·斯卡夫隆斯卡娅（叶卡捷琳娜皇后）。自 1703 年以来，她出现在彼得家中，并于 1712 年与沙皇在教堂完婚。彼得非常爱他的这位妻子，以及与她所生的众多孩子。彼得与长子阿列克谢的关系一般，阿列克谢 8 岁时与母亲断绝关系，不过他也没有成为父亲的亲近之人。彼得对这个男孩没有表现出任何情感关注。多年来，周围的人引导阿列克谢对自己父亲不怀善意，成为彼得政务上的敌人。这些人满怀希望地关注着王位继承人，梦想着有朝一日阿列克谢登上王位，他们能恢复往日的美好时光。

沙皇知道阿列克谢的心思，但并没有特别担心，直到 1715 年 10 月，阿列克谢的妻子夏洛特·克里斯蒂娜·索菲生下一个男孩，取名彼得。大概两周后，叶卡捷琳娜皇后也生下了一个男孩，同样叫作彼得。随着这些王子长大成人，将来国家可能会出现王朝危机。彼得一世意识到他的爱妻所生的孩子会遇到危险，而沙皇与阿列克谢之间的冲突，正是从王子们的诞生开始的。彼得一世指责阿列克谢懒惰，不愿成为优秀继承人，要求他要么改变自己的脾性，要么拒绝继承王位。王子同意了父亲的第二个提议，甚至准备住进修道院。

同时，彼得一世并不信任他的儿子，沙皇在因战争问题离开圣彼得堡前往哥本哈根后，于 1716 年 8 月致信召见阿列克谢。阿列克谢启程上路后担心父亲的暴怒，也许是害怕自己在路上会被暗杀掉。毕竟，沙皇在信中要求阿列克谢在前往哥本哈根的途中详细说明到达各个城市的路线和时间，以便掌控儿子的行踪。在去找父亲的路上，阿列克谢出人意料地在波兰改变了路线，逃到了奥地利的属地，那里是阿列克谢已故妻子的亲戚统治的地方——夏洛特的妹妹是奥地利皇后。虽然后来彼得一世和俄罗斯宣传机构极力主张这是阿列克谢的变节行为,而实际上这是阿列克谢的绝望举动,他试图逃避不可避免的死亡。但是这次逃跑对阿列克谢产生了可怕的精神折磨,他失去了平静,找不到自己的位置,在父亲和俄罗斯面前有负罪感。

P. A. 托尔斯泰巧妙地利用了王子的良心不安,遵循彼得一世最严厉的法令,不惜一切代价派人找到阿列克谢并将其带回了俄罗斯。他与 A. I. 鲁缅采夫一起,对奥地利皇帝的领地进行了很长时间的仔细搜查,最后在意大利那不勒斯附近发现了阿列克谢。托尔斯泰巧妙地激起了王子的罪恶感,代表彼得一世向他保证,一旦他认罪就会被无条件宽恕,将王子引诱回俄罗斯。王子的情妇埃弗罗辛亚成为叛徒,她是一个普通的农奴女孩,阿列克谢爱上了她并带她出国。埃弗罗辛亚帮助托尔斯泰摧毁了王子的意志,消除了他的恐惧并引诱他落入陷阱。在秘密办公厅的材料里,保存了一段简短记录,这是在王子去世几年后才编写的。埃弗罗辛亚后来和一个不知名的人结了婚,并收到已故王子案件中奖励的两千卢布。这在当时是一笔巨款,被称为"犹大之银"。

回到俄罗斯的王子,等到的不是沙皇的宽恕,而是他的愤怒和厌弃。阿列克谢遭到审讯、对质、酷刑。而他父亲则坐在刑讯室里,眼睁睁地看着自己的儿子、自己的骨肉,被吊在高高的架子上,被鞭子抽打,被拔去指甲。彼得一世并不是虐待狂,但对他来说,国家利益和俄罗斯的未来高于世界上的一切;为此,他牺牲了自己的儿子。1718年夏天进行了一次审判,此次审判并不公正,当时彼得的所有密友都在审判席,一个接一个地被裁决:"有罪,该判处死刑。"然后托尔斯泰和鲁缅采夫被再次叫来执行最终判决……

[传说和谣言]

### 王子阿列克谢之死

王子的死因将永远是个谜。彼得一世的密友 A.I. 鲁缅采夫将军写的一封信被保存了下来,信中描述了按照彼得的命令在特鲁别茨科伊将王子惩处的情形。尽管这封信的真实性受到质疑,但它包含一些非常合理的细节:

"我们尽可能悄悄地穿过黑暗的休息处,警惕地打开王子卧室的门,屋子里的灯没有亮着。我们发现王子睡着了，四处散落着他的衣服，他好像做着可怕的噩梦，甚至不时地呻吟着……我们中的任何人都不想打扰他的安宁，其中有人说道：'在梦中将他处死，从而使他免于痛苦的折磨，不是更好吗？'灵魂与肉体都在，这样他就不会在没有祈祷的情况下死去。

"思考片刻后托尔斯泰轻轻推了一下王子，说道：'王子殿下！起来！'他睁开眼睛想知道发生了什么，坐在卧室里看着我们，张皇失措但什么也没问。然后托尔斯泰走近他，说：'王子！俄罗斯境内最高级法庭因你多次背叛君主、父母和祖国而判处你死刑。现在，我们奉沙皇陛下的旨意来惩处你，请你为自己的出走做祈祷和忏悔的准备，因为你的生命已经接近尾声。'

"王子闻言，站起来大声呼救，却没成功，随后痛哭流涕地说：'可怜一下我吧，我出身皇室血统！'……当他们看到王子不想祈祷时抓住他的手臂，我们中的一人让他跪下，阿列克谢因为恐惧开始说话：'上帝！在你的手中，我出卖了我的灵魂！'之后伸直了手脚，想要挣脱逃走。我记得有人说道：'上帝！让您的奴仆阿列克谢的灵魂安息在天堂，请您如博爱者一样蔑视他的罪恶！'说罢，王子背靠在床上，领头人拿了两件绒毛大衣，盖住他的头，弯下腰，直到他手脚不再挣扎，心脏停止跳动，这一切发生得很快。他当时十分虚弱，以至于他当时说的话，没有人能听懂，因为濒临死亡的恐惧使他失去了理智。他就像睡着了一样，我们把王子的身体包裹起来，向上帝祈祷之后悄悄地离开了。"

# 政治调查：秘密办公厅

1718年，随着王子阿列克谢事件的开始，秘密办公厅作为政治调查机构出现了。此前，普列奥布拉任斯基办公厅在罗曼达诺夫斯基大公的领导下从事政治事务，他是彼得一世的密友之一，与P. A. 托尔斯泰一起负责阿列克谢案的调查，后者是一个聪明、残忍、没有原则的愤世嫉俗之人。秘密办公厅处理完王子同犯的案件后，到1726年就解散了。但在安娜·伊凡诺芙娜的领导下，秘密办公厅于1732年再次恢复运行，一直到1762年。秘密办公厅的大部分案件都与"言行一致"有关，被称为公开告密引发的案件。如果人们知道有人用言语侮辱君主，并恶意诅咒他的健康和生命，他们就会喊"言行一致"！实际上，这些言语通常是一些胡言乱语、对政府政策不严谨的评判和意见、在错误的地点和错误的时间脱口而出的脏话，然后说这些话的人被敌人算计并恶意告密。通常，最终进入秘密办公厅的人不会对当局构成任何真正的威胁。这些人一旦进入拷问室，不经历地狱般的待遇——轮番的审讯、质问、酷刑和鞭刑——他们就无法从那里离开。自然，这些让侦查机构在社会上名声扫地：当时整个社会关系体系运转变成了每个主体都有机会成为被告、证人或告密者，根据"言行一致"，知情不报被视为叛国罪之一，同样会受到国家的严厉打击。

# 彼得与叶卡捷琳娜的家庭悲剧

阿列克谢死后的第二天，彼得隆重地庆祝了波尔塔瓦胜利日。沙皇最年轻的爱子彼得·彼得罗维奇成为王位继承人，这是一个健康活泼的男孩。彼得和叶卡捷琳娜在信中称呼他们的儿子为"爱子""心肝"。正如年轻的新婚父母欣赏他们的长子一样，已经中年的彼得夫妇也热情地期待他们儿子的成长。"我的老兄，我请求你的保护，"叶卡捷琳娜在一封信中开玩笑说，"因为你，他与我发生了相当大的争吵：当我向他提起你，说爸爸离开的时候，他不喜欢这样的话就跑开了，但当和他说爸爸在这里时，他就变得欢喜和高兴。"

在信中，沙皇和皇后畅想着他们儿子的未来，当然，这是一个幸福的未来。皇室父母所有的王朝希望都与爱子有关，叶卡捷琳娜称她的儿子为"圣彼得堡的主人"。但这个4岁的男孩病倒了，于1719年4月去世。继承人的死震惊了沙皇，彼得一世在自己生命的尽头注定要经历忧愁和孤独。他把所有的希望都寄托在叶卡捷琳娜身上，1724年5月，他在克里姆林宫圣母升天大教堂隆重地将叶卡捷琳娜加冕为副王。所有人都认为这是有意将王位让给叶卡捷琳娜的举动。相应的遗嘱大概也是同时拟定的。

但就在同一年秋天，彼得一世意外发现他心爱的妻子出轨于贵族士官威廉·蒙斯。彼得一世大怒，在对犯渎职罪（逮捕皇后情人的正式原因）的蒙斯进行调查后，将其处决，那之后他们夫妻之间的关系就疏远了。在他生命的最后几年，彼得一世病得很重，他的身体被艰苦的生活、不断的远征、酗酒和无节制的娱乐所摧毁。彼得一世于1725年1月28日晚上在冬宫去世。

## [文　献]

1722年2月5日，彼得签署了自己编写的《王位继承法典》，该法典成为专制基础最重要的法律之一，其中第一部分解释了创建它的原因：

"兹鉴于我的儿子阿列克谢为人傲慢邪恶，一直不思悔改。上帝停止了对我们整个国家的宠爱……这只是因为遗产传给嫡子的老传统，当时阿列克谢是我们家族唯一的男性，他不想受到来自慈父的任何惩罚。"

彼得认为儿子悲剧的原因在于将遗产留给长子和独生子的传统习俗。同时，正如彼得所写，历史上有废除这种继承制度的例子：根据《圣经》，以撒的妻子将丈夫的继承权转给弟弟；俄罗斯历史上大公伊凡三世先将王位传给了孙子德米特里，甚至已经给他戴上了莫诺马赫皇冠，但之后伊凡三世改变主意，将继承权还给了他的长子瓦西里。

按照彼得的想法：

"应始终根据统治君主的意志执行本条令，君主自己决定想要将继承权交给谁，如果继任者行为淫秽，他仍会被取消继承权，以便子孙后代用法令约束自己，不会像上面所写的那样陷入丑恶之中。"

换言之，君主有权将王位转让给他的任何臣民，如有必要，也可以改变这一决定。这是法律认可的专制制度，允许改变之前已经通过的法律。

## [人　物]

### 叶卡捷琳娜·阿列克谢耶芙娜皇后

众所周知，玛尔塔·斯卡夫隆斯卡娅是叶卡捷琳娜出生时的名字。关于叶卡捷琳娜年轻时的历史比较模糊，一些历史学家声称叶卡捷琳娜出生于瑞典，其他人则认为她出生在拉脱维亚的一个农民家庭。可以肯定的是玛尔塔出生于1684年4月5日，出身于非贵族家庭，在马里恩堡的路德教会牧师格鲁克家中度过了她的青年时代，她没有受过任何教育，境遇很悲惨，在牧师家中她是个厨房和洗涤室的女工。众所周知，当俄罗斯军队进入瑞典之前，她已经嫁给了一名瑞典鼓手士兵，总之，她是瑞典国王的臣民。难怪多年后，在庆祝攻占诺特堡（后来成为施利塞尔堡）的节日上，彼得写信给他的妻子，说"我们的脚踏入你的祖国"已有多年了……

1702年8月的那一天，玛尔塔和镇上的其他居民一起被俘，然后被一名士兵卖给了一名军官。后者为了取悦当局，将俘虏赠了陆军元帅舍列梅捷夫，玛尔塔成为元帅的洗衣妇和情妇。然后她又到了彼得一世宠臣缅希科夫那里，最后在1703年左右，玛尔塔发现自己跻身所谓的"情妇"之列，随处都有女性被献给沙皇彼得。同时代的人认为叶卡捷琳娜给彼得下了迷魂药——她很快就从众多女人中脱颖而出，使沙皇如此强烈而痛苦地爱上了一个普通的洗衣女工，玛尔塔用她的善良、无私和某种令人感到舒适的温暖赢得了沙皇的心。玛尔塔生来是路德会教徒，后来皈依了东正教，成为叶卡捷琳娜。谁能想到，这两个人的命运竟如此紧密地联结在了一起！1712年2月，彼得·米哈伊洛夫（沙皇在海军的化名）海军上将在圣彼得堡举行了一场朴素的婚礼，这场婚礼只有最亲近的人参加。婚礼虽然简单，但大家都知道这不是儿戏，叶卡捷琳娜此刻成为真正的王后。神奇的蜕变并没有改变这位灰姑娘的性格，她仍然是沙皇甜美、谦虚、朴实的战友，在无休止的战役中陪伴他左右，甚至在行军中进行分娩，然后一两天后又匆匆去找她的"老头子"。她能够以某种方式适应沙皇沉重有时甚至令人难以忍受的性格，知道如何迎合他的喜好，温顺地忍受他的古怪和突发奇想。

在旁观者看来，叶卡捷琳娜既不优雅也不美丽，她衣着邋遢，人迷糊，是个有点粗鲁的妇人，但显然，她有家庭舒适和温暖女神赫拉般的魅力。她顺从于沙皇的不断背叛，给彼得送"情妇"——这一切都摆在她的眼前，这要比沙皇偷偷摸摸地在她背后搞鬼，或让其他女人取代她要好。彼得为他的"心灵之友"（他在信中这样称呼她）而着迷：她成为他心爱孩子的母亲，成为沙皇之前从未有过的家庭的守护者。多年来，沙皇对叶卡捷琳娜的感情如火如荼，满足她的各种小愿望。叶卡捷琳娜聪明机智，正如一位外交官所写，叶卡捷琳娜没有忘记她是谁，来自哪里。的确，在给丈夫的一封信中，她开玩笑地要求对方不要忘记她来自"洗涤间"，她也没有表现出对豪华礼品的贪欲。1717年，当彼得在佛兰德斯准备为叶卡捷琳娜订购著名的布鲁塞尔花边时，让她给工匠们寄图纸样本，她回答说不需要什么特别的东西，"只要在那些花边绣上你和我的名字，把它们连在一起就行"。

为了他最后的爱人，沙皇竭尽全力：他剥夺了长子阿列克谢的继承权，将其处决，在他心爱的4岁儿子去世次年，沙皇决定将王位传给自己妻子。1724年春，他为叶卡捷琳娜加冕。

在1724年秋天，所有这些童话般的安宁突然毁灭了，彼得意外发现妻子出轨了威廉·蒙斯。发生了什么？我们永远不会知道发生在帝王身上这场悲剧的真正原因。也许在上面描述的爱情故事中，只有他爱她，而她，就像生活中经常发生的那样，只是一个虚与委蛇的天才应付者，她热爱生命高于一切，这么做只是为了在可怕的战争时期拼命活下去罢了。也许叶卡捷琳娜只是在和蒙斯调情，无法抗拒宫廷生活的诱惑……

彼得一怒之下毁掉了签署的叶卡捷琳娜拥有继承权的遗嘱。那年秋天，沙皇特别阴沉残酷：蒙斯被处决，叶卡捷琳娜的亲信被鞭打并流放成苦役。"心灵之友"的背叛让彼得心痛，沙皇对未来不再抱任何希望：他不知道此时该将他的伟大事业交给谁，以免它成为任意一个跳上叶卡捷琳娜床的恶棍的财产。他在可怕的精神和肉体折磨中死去，而她正在等待……

[传说和谣言]

### 彼得之死有秘密吗？

关于沙皇大帝去世的谣言很多。根据一个广为流传的传说，他没有时间任命继承人，据称只在石板上写了两个词："一切，留给……"事实上，彼得直到最后都没有解决这个问题，他相信自己的病不致命，会痊愈。君主关于继承的打算如下：在得知妻子背叛的消息后，毁掉了对叶卡捷琳娜有利的遗嘱。1724年深秋，彼得同意荷尔斯泰因公爵卡尔－弗里德里希和大女儿安娜·彼得罗芙娜的婚约。婚约中包含了一个重要的条件——这对夫妇一旦有了男孩，他们需要把男孩交给他的祖父，彼得应该想让这个男孩继承王位……但这一打算破灭了——死亡赶在了沙皇前面。根据另一个传说：彼得之死是由于外国情报机构组织的下毒，或许这个传说并不可信。可以肯定的是，他死于膀胱炎症和全身中毒，这是因为淋病带来的前列腺腺瘤或尿道狭窄的发展导致排尿困难而引发的……

## 彼得大帝的性格

1707年，一位来自科泽尔斯克的神父因公前往莫斯科。他一返回家，亲戚、邻居都来了，并开始向他询问新的见闻，人们问神父是否见过沙皇。神父说他在路过亚历山大·达尼洛维奇·缅希科夫家时，刚好看到没带随从的君主从院子离开。君主没有钻进马车里，而是自己握着缰绳驾驶着两轮马车，还有一条红毛狗追着他，不停地吠叫。君主停下马车，狗跳上车后，这位俄罗斯东正教沙皇，嗯，吻它，抚摸它，而狗舔他。天啊！上帝！客人们都很惊讶：怎么会这样？俄罗斯沙皇亲吻狗？有人告发了神父，随后神父被捕了，然而调查开始后神父很快就被释放了。他没有说谎，没有捏造事实，俄罗斯独裁者确实驾驶着一辆破旧的双轮车，在城市里转悠，后面还跟着他心爱的红毛狗利塞特卡，而现在这只狗的标本仍然保存在动物博物馆里……

故事很吸引人，因为它让人联想到俄罗斯沙皇给他周围人留下的非凡印象。同时代的俄罗斯人和外国人都对彼得一世的朴素举止、简朴住所、朴实无华的饮食感到惊讶。他们惊讶地发现俄罗斯君主独自或与一个随从驾着双轮马车，看见他在建筑工地和造船厂抡起斧头工作，还看到他顺着桅索爬上船桅或站在船舵上。民间传起了关于彼得小时候的谣言，称皇后娜塔莉亚·基里洛芙娜将生下的女孩换成了一个来自德意志市郊的男孩，为此人们谣传沙皇是被偷换来的德意志人。其他人则说这是胡说八道，声称彼得在西方旅行期间被替换了，他们抓住了彼得，把他放在斯泰科恩的一座玻璃塔里，然后送来了一个和彼得长相非常相似的瑞典人来统治俄罗斯。"我们没有沙皇，但有沙皇傀儡！"

因为彼得异常的外表和行为举止才导致这些谣言的出现，关于他的一切都有些奇怪和不寻常。他高大不成比例的身材，急遽的动作，大幅度的迅步，黑眼睛透出来的锐利目光，头部的耸动，面部、手臂和腿的抽搐动作都异于常人。他总是随意穿着廉价甚至破旧的衣服，而且对来自周围人的崇敬与着重关注都感到陌生。但这就成了他显眼和吸引他人目光的原因……

在阿姆斯特丹街头遇到彼得的一位外国人写道：

> 沙皇陛下身材高挑，体格匀称，脸色有些黝黑，但五官端正，棱角分明，有一种威严开朗的气质，彰显着他的无畏精神。他留着自然卷的头发和小胡子，这造型很适合他。陛下平时衣着朴素，如果有人不认识他，他就不会被认成是君主。他无法容忍一大群仆人跟着自己，我经常看到他身边只有一两个人陪同，有时甚至没有任何仆人。

有人看到过荡秋千的沙皇，有人在普通面包师的婚礼上看到过沙皇。人们还知道，彼得会在教堂的唱诗班唱歌。但奇怪的是，古代历史对我们来说是无声的，我们不知道拿破仑、恺撒的声音如何。只在一个叫尼基塔·卡申的普通士兵的笔记中，我们才了解到彼得的嗓音："君主在弥撒中亲自朗读《使徒行传》——他的声音嘶哑，不单薄也不响亮。"沙皇似乎刻意避免他的人到处对自己表现出来的半神式崇拜。此外，古代的习俗与由来已久的礼节被彼得完全忽视了。但如果认为这是他企图破坏对至高权威的敬畏的一时兴起，那就错了，他只是对皇权、自己的身份和角色有不同的看法罢了。在一项法令中，他写道，臣民有义务对君主表示敬意，"但并不总是需要向他行礼"，视情况而定，要根据君主个人意愿，"这样他的行程就不会被大肆宣告，如果经常如此的话，有时会让他感到厌烦"。在俄罗斯历史上，很少有统治者"厌烦"人们对自己的半神式崇拜的宏伟仪式。当然，沙皇这种不同寻常的行为不得不引起后人对他个性的深切同情，之后人们经常遇到不同风格的统治者，而有时这些君主的天赋甚至不及彼得一小部分。彼得这种行为举止的本质和意义是什么？

彼得忽视传统仪式，因为这阻止了他按照自己创造的原则生活。他走在士兵的队伍里，在造船厂挥舞着斧头，参与扑灭火灾，不仅因为他喜欢具体的工作，还因为他喜看到自己工作后的具体成果。他在众人面前以身作则，认为自己是老师、大师。改革和战争在彼得看来是一种持续的学习，俄罗斯人民必须学习之后才能取得类似于西欧人民的成功。教师的以身作则是学校的主要教育方法。有一次，他喝了有益于身体健康的奥洛涅茨水后用教导的口吻说："看哪，我用水来医治我的身体，以榜样的力量来医治我的臣民。"英国特使查理·惠特沃斯写道：

> 沙皇虽然在自己的军队中，但他不是指挥官，他只是一个轰炸连的上尉，承担着这个军衔下负责的所有任务。这样做大概是为了给参议院大臣树立榜样，让他们也努力去熟悉军事，而不是让他们理所应当地认为自己生下来就可以成为指挥官，就像人天生就是贵族或大公一样。

丹麦特使尤斯特·尤尔在造船厂观察沙皇的举止时，也看到了相似的场景：

> 彼得摘下帽子，恭恭敬敬地向海军上将鞠了一躬。他对所有服役的高级人员表现得十分尊敬……也许这看起来很荒谬，但这个行动是良好的开端：沙皇想以他自己为榜样向其他俄罗斯人展示如何在公事上恭顺上级。

但是，我们不要被彼得的民主行为所迷惑。在影片《彼得大帝》中，有一段符合历史现实且十分具有表达力的情节：一位第一次来参加彼得宴会的外国外交官看到彼得坐在餐桌旁，周围都是普通的船长和商人，沙皇和他们一起喝啤酒，抽着烟。他感到很惊讶，问站在他旁边的副总理大臣沙菲罗夫："听说沙皇很朴素？"沙菲罗夫笑着回答："陛下很平易近人。"是这样！是的，他很朴素且平易近人，他经常参加宫廷的醉酒派对，但细心的观察者看到了沙皇的另一面：

> 所有宴席等到宾客一到齐，在人们喝酒之前，沙皇已经命人守住门口不放走任何人，喝吐的人也不例外。但沙皇本人喝酒很少超过一瓶，极少情况下他喝过两瓶，所以我很少看到他喝得烂醉如泥。然而他强迫其余的客人喝到什么都看不见或听不见的地步，随后沙皇开始和他们聊天，试图探出每个人的想法。酒鬼之间的争吵和指责也正中沙皇下怀，如此他们相互指责，这些人的盗窃、欺诈和狡猾勾当在彼得面前就会暴露无遗。

每个人都知道，有时天生的爆发性狂怒会困扰彼得，令他摧毁周围的一切。彼得使他同时代许多人心中感到恐惧。对某些人来说，彼得似乎是来自另一个世界的外星人，因俄罗斯的罪孽，上帝把一个反基督者派往这里。彼得背负着刽子手和酷刑喜爱者的骂名。1698年，在普列奥布拉任斯基办公厅中，审判了一桩地主和其农奴的案件，受审者说沙皇"有几天不给他喝血他就活不下去"，"他一喝血就高兴，但他却不吃面包"。似乎是为了证实这个说法，地主和农奴都因为这句话被处决了。关于吸血沙皇的观点后来流传开来。让我们这样说吧：人们的想法一如既往地带有偏见。

当然，沙皇不像伊凡雷帝那样是嗜血的刽子手和疯子，也不喝人血。就他的天性和抱负而言，沙皇是一个典型的狂热分子，他毫不犹豫地实践自己的想法，为了实践它们，他什么都不计较。人民对他来说意义不大，他和人们在一起时甚至会表现得玩世不恭、不拘礼节和自私。这方面的例子很多：1703年，面对军队中士兵的高死亡率，他从施利塞尔堡附近写信给负责招募士兵的T. 斯特列什涅夫："请你尽快派来更多的士兵，再派出三千或更多的人，由于死了很多人，到时候如果梳子齿掉光就没法梳头了。"我们看到，对彼得来说，人就像梳子里的齿，需要快速更换。他是一个理性主义者，是那个时代的天子，他承认实验和实践高于一切，蔑视所有的多愁善感，并将人视为他用来建立新俄罗斯、进行国家科学实验的一种普通材料。众所周知，在1705年，彼得在行刑场叫停了行刑，命人将罪犯直接从断头台送到比德卢博士那里进行实验。一个健康的农民，砍掉他的头对国家没有好处，但在实验室，也许他就会像科学家的兔子一样有用。档案说，那名罪犯六天后死在了比德卢那里：他的肝脏被切掉了。还有一次，站在自由城市格但斯克的大教堂里，沙皇突然伸出手，从站在自己身旁的市长的头上扯下假发戴在了自己头上。每个人都吓傻了，但彼得站在那里，好像什么都没发生过一样——究竟发生了什么？门口刮来的风，让君主一冷，他便从市长头上摘下了假发。彼得对人的态度几乎没有任何人道主义可言，他是一个愤世嫉俗的实用主义者，不重视任何人的生命。

彼得认为丰富的经验和对自然法则的信仰高于一切，因此，他更喜欢精确的应用科学。在俄罗斯随之引入的"艺术"中，他列举了数学、力学、绘画、弹道学、防御工事、植物学，却根本就没有提到真正的艺术，对他来说，这只是参考书或装饰家居的一种方式。他理性地对待书籍的翻译，在他颁布的一项法令中写道："德意志人为了让他们的书看起来很棒，习惯在书中写满毫无价值的故事，但除了事迹本身和每件事的简单概述之外，这些故事不应该被翻译。"他还喜欢医学，更准确来说是喜欢外科，彼得时刻关注着周围人的身体健康，能迅速提供医疗服务，这给周围人造成了很大恐惧。因此，荷尔斯泰因朝臣贝希霍兹在日记中写道：

> 梅克伦堡公爵夫人叶卡捷琳娜·伊凡诺芙娜非常担心沙皇会自己动手来治疗自己受伤的腿：众所周知，彼得认为自己是一位愿意为病人进行各种手术的伟大外科医生，他本人曾为一位工厂主成功地进行了腹股沟手术，而患者处于致命的恐惧之中，手术在他看来非常危险。但手术的确成功了。

彼得一世作为一个非凡的人，以他特有的方式赢得了人们的好感。曾经彼得的粗鲁举止和恶习在人们心中留下的不良印象明显减弱，他深沉的头脑、清醒和可靠的判断力、非凡的勤奋给人们带来了惊喜。这位惊人的沙皇经常让那些爱好军事、技术、自然科学专业的人们感到惊喜。他以深厚的知识和技能、无止境的好奇心以及在复杂机械制造天才面前表现出的真挚喜悦给人们留下了深刻的印象。然后，沙皇对于将钱花在一些古怪花样上没有丝毫吝惜，例如夏季花园喷泉的蒸汽机和荷兰人鲁伊施的解剖收藏品。

然而，沙皇这样一个性情狂暴的人，在涉及国家利益时完全变了个样子：在外交谈判桌上他表现出非凡的耐心和耐力，对欧洲政治的复杂和微妙局势有着非凡的了解，不亚于他研究建造和驾驶船只时的状态。一位外国人写道，彼得在与一位外国大使的礼貌交谈中，咬牙切齿地用俄语对自己的随行人员说："该死，他真讨厌极了！"但事务总归是事务，沙皇仍会耐心地进行谈判。

彼得不止一次提及，用友好的方式统治俄罗斯是不可能的。他普遍对自己的臣民持有不好的看法，认为俄罗斯人民很懒惰，他会经常抡起著名的手杖，因为他相信没有暴力俄罗斯就会变得没有任何价值。彼得无法容忍杂乱无章，对莫斯科"现状"和"未来"感到不满，甚至会因此狠狠地殴打他的贵族臣民。但有时他会感到绝望：有一次，他从参议院回来，看到自己心爱的狗利塞特卡快乐地在身旁跳来跳去，他便坐下来开始抚摸它，说："如果那些固执的人也这么善良，像利塞特卡一样对我恭顺，那我就不会用棍棒打他们了。我的狗没挨打还这么听话，只能说它更机灵（有头脑），而那些人身上只有冥顽不化。"彼得的每封信中都有理由表明他陷于绝望中，他作为改革者背负着无人理解的重任，他要求人们至少准确地履行自身职责。"不要走形式地去建设，而要用行动，"他呼吁臣民，"要建出坚固和做工精良的作品，不仅要有意愿去做，而且要逼迫自己这么做。"但他所有的呼吁都是徒劳的。1716 年，他收到了来自密友阿普拉克辛的一封信，信中说自己已经好几天没有收到沙皇的法令了，现在"真的，在所有事情上，我们都像瞎子一样徘徊，我们不知道该怎么做，一切开始变得毫无头绪……不知道从哪里弄到钱，一切都停下了"。沙皇读完这封信，一定是重重地叹了口气。毫无疑问，彼得有一种强烈的孤独感，他意识到所有人都惧怕、不喜欢、不了解自己。彼得完全有理由认为，没有他，一切都会停止，只要他一转身，人们就会立即放弃手头的工作。彼得在写给阿列克谢王子的信中充满了绝望："我是人，终有一死，在上帝的帮助下我要将把上面传播的一切留给谁，还是其中一些已经回到了原点？"

然而，在人们的记忆中，人们始终铭记沙皇非凡的个性，回忆起来的不是他的弱点、缺点、恶习和过失，而是他为俄罗斯增光，令俄罗斯开明、强大的伟大目标。历史学家 M. P. 波戈丁曾经评论过彼得：

> 我们所有线的末端都连接成一个结。无论我们看向哪里都会遇到这个巨人，从他身上投下长长的身影盖住了我们的过去甚至遮住了古老的历史。现在这个巨人似乎仍然牵着我们的手，无论我们走向的未来有多远，我们都不会在他视线中消失。

后苏联时期的民意调查显示，俄罗斯杰出人物中，彼得大帝没有对手：仅他一个人就赢得了 50% 以上公众的好感。这个数据很重要，因为这意味着人们认识到和平改革的必要性和革命的无用性。在对大帝的敬爱中，也可以看到人们对帝国的消失感到惋惜，它失去了俄罗斯人心中一直视为权力象征的广袤土地。人们由衷地钦佩这位带领人民前进的主宰者，最佩服他为了国家声誉从不在乎个人财富、奖赏、荣耀，而他只是为了俄罗斯，为了俄罗斯的未来而活。

## 第二部分

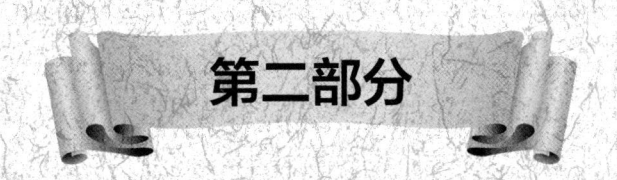

# 后彼得帝国时代及其统治者
# （1725—1762）

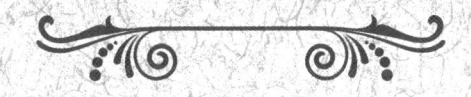

# 叶卡捷琳娜一世登基

1725年1月28日，彼得大帝去世了。这位52岁的沙皇的死是沉重而痛苦的，身体的剧烈疼痛折磨着他，让沙皇没有片刻的喘息。他的灵魂也不得安宁——因为他不知道该将王位交给谁，将他庞大而艰巨的事业托付给谁。彼得一世和叶卡捷琳娜的十一个孩子中有八个夭折，只剩下三个公主：17岁的安娜、16岁的伊丽莎白和6岁的娜塔莉亚。长子阿列克谢王子死后，只剩下他的儿子也就是彼得一世9岁的孙子彼得·阿列克谢耶维奇大公。彼得一世也没有决定立下遗嘱将王位交给他的任何一个女儿，他担心国家的命运，认为安娜或伊丽莎白无法凭借她们软弱的手为这个国家掌舵。沙皇也不想将王位传给他的孙子彼得，他知道那些反对自己改革、艰难创建新俄罗斯的人十分青睐阿列克谢王子的儿子，一旦阿列克谢王子的儿子即位，可能会带来反对势力的兴起，在改革者看来，这会使改革成果毁于一旦。

此前，沙皇似乎已经解决了权力交接的问题：根据1724年的遗嘱，彼得的妻子叶卡捷琳娜皇后将成为继承人。但是，如前文所述，她出轨蒙斯迫使彼得取消了自己的决定——他毁掉了为妻子写的遗嘱。直到去世前一刻，沙皇都希望有奇迹，相信自己能活下来，也没有决定写新的遗嘱。奄奄一息的沙皇只是虚弱地挥了挥手，对围在他床边的权贵们说道："之后，之后，我再做决定！"但那一刻未能到来，1725年1月28日凌晨5点15分，俄罗斯失去了自己的君主。

国家在这种不确定、悲惨的状态下并没有持续多久。看到彼得大帝将要去世，他最亲密的伙伴——那些不是因为贵族身份，而是因为"合格"被沙皇重用的人——缅希科夫、托尔斯泰、阿普拉克辛、普罗科波维奇等决定掌握主动权让叶卡捷琳娜登基。因为，他们想保留自己的权力，阻止彼得一世的孙子彼得·阿列克谢耶维奇大公继承王位并阻止他的拥护者多尔戈鲁基大公和戈利岑大公获得权力。这些"非名门人"的计划实现了，他们不惜用金钱、美酒和承诺，设法将普列奥布拉任斯基军团和谢苗诺夫斯基军团拉拢到他们一方。彼得死后，最高级别的政要立即聚集在冬宫大厅里，激烈争论要将王位交给谁的问题，忽然宫墙外锣鼓喧天，透过宫殿的窗户，所有人都看到了晃动的绿衣侍卫身影。宫殿被包围，满身风霜和酒气的士兵涌入大殿，彼得·阿列克谢耶维奇大公支持者的提议被淹没在近卫军向"女皇"致敬的呼喊声中，如果他们不向叶卡捷琳娜致敬，就会被安上"叛国者"的罪名。缅希科夫抓住时机，制止喧嚣，大声喊道："万岁，我们尊贵的女皇叶卡捷琳娜！"

"万岁！万岁！"荷尔斯泰因州部长巴塞维奇回忆道，"在那一刻，整个大殿都在重复这些话，没有人表露出自己是在违背自己意愿的情况下而说出这些话的，人们只是在效仿他人。"一切都在没有流血的情况下迅速结束了——叶卡捷琳娜一世登基。早上8点，叶卡捷琳娜即位的宣言发布，伏特加被分发给了卫兵……1725年1月28日上午，圣彼得堡庆祝女皇的登基。

女皇叶卡捷琳娜一世统治了俄罗斯两年多一点——从1725年1月到1727年5月。她的统治始于为彼得大帝在圣彼得堡的彼得保罗大教堂举行的盛大葬礼。整个送葬队伍庄严而悲伤，葬礼被同时代人铭记，钟声不断响起，枪声震耳欲聋，数百名歌手悲哀歌唱。圣彼得堡告别了它的创始人，彼得的死深深地震惊了俄罗斯人民。俄罗斯经常发生这种情况，不受欢迎、令人生畏的严厉统治者在去世后才令人们感到震惊。彼得大帝被认为是俄罗斯人的父亲，是孩子们的恩人，没有他，俄罗斯人觉得自己是孤儿。

[笔　记]

1725年1月28日，近卫军首次登上政治舞台。彼得大帝在1692年创建了前两个近卫军团，希望他们能与射击军抗衡——沙皇的莫斯科特权步兵团在17世纪末开始干政。射击军被比作是土耳其帝国的精兵，但彼得却轻蔑地称其为"爪牙"。彼得永远记得1682年和1698年射击军的两次叛乱，对他们恨之入骨。但这位普列奥布拉任斯基军团的创始人和第一任团长在去世前，没来得及将他宠爱的这些身穿绿色制服的人变成新的精兵。18世纪的俄罗斯近卫军是自相矛盾的。他们装备精良、训练有素，一直是俄罗斯君主的骄傲和依靠。他们作为俄罗斯强大的武装力量，英勇、坚定且无私地参与并决定了多次战斗、战役和整个战争的命运。在圣彼得堡主要广场举行军事庆典时，不止一代俄罗斯人民惊叹于近卫军的"一致之美"。

　　但在皇家近卫军的史册中还有不那么英勇的一页。近卫军——这些英俊的男人和决斗者，喜欢对女性献殷勤，被女人的关注所宠坏，他们自己所拥有的传统、习俗和精神构成了俄罗斯军队特权的一部分。近卫军的主要职责是保护官廷和皇室的安静与安全。站在皇官内外，他们能看到亿万普通臣民好奇的那些藏在官廷背后的生活，宠臣从近卫军身旁偷偷溜进皇室卧室；他们能听到无数的八卦和丑陋的争吵，没有这些，就不是官廷生活了。近卫军们并不敬畏那些拥有闪闪发光金子和钻石的朝臣，他们厌倦了盛大的仪式，通常对这些事都很抗拒，因为这一切对他们来说都太过熟悉。同样重要的是，近卫军将他们在官廷、首都和俄罗斯起的作用想象得过于夸张，然而事实证明，"凶猛的俄罗斯近卫军"可以被他人成功掌控。聪明、善于投机的朝臣利用奉承、承诺、金钱与炙手可热的近卫军们套近乎，这些大胡子帅哥甚至没有怀疑过他们自己其实在阴谋家和冒险家手中扮演着悲惨的傀儡角色。然而，近卫军就像一把双刃剑，对于使用它的人来说也是危险的，君主和最高贵族的权力经常受一群肆无忌惮、任性的武装军人的控制。圣彼得堡的法国特使让·雅克·坎普雷东明智地分析，近卫军将会在俄罗斯历史上扮演可怕的角色，在叶卡捷琳娜一世登基后，雅克立即写信给他的君主路易十五："近卫军的决定就是这里的法律。"的确如此，俄罗斯18世纪的历史堪称"官廷政变时代"，而且这些所有政变都出自近卫军之手。1725年1月深夜的阴谋就是近卫军发动的……

## 1725—1727 年：叶卡捷琳娜一世掌权

彼得去世后，俄罗斯又回到了原来的轨道。新的独裁者叶卡捷琳娜一世既没有治理国家的能力，也没有治理国家的意愿。她把所有的时间都花在了狭窄的宫廷圈子里的娱乐和宴会上。俄罗斯真正的权力集中在1726年2月新成立的最高政府机构——最高参议院。在女皇下达组建议会的法令中宣称"参议院的成立只是为了帮助我们解决困难，减轻痛苦"。女皇承认自己完全不适合做统治者，最高参议院的成员被称为参议院大臣，他们组成了政府。但其中最主要的、最有影响力的大臣是亚历山大·达尼洛维奇·缅希科夫。实际上，他作为叶卡捷琳娜的老朋友和战友，利用她的信任统治着这个国家。彼得大帝死后，治理这个国家并不容易。这位威武的君王在世时，人民惧怕他的威势，他用权势、言语、棍棒、鞭子、苦役统治人民，他能主宰人心，逼迫民众服从。而彼得的继任者再也不能像他一样大胆行事，无视摆在面前的困难。

### 圣亚历山大·涅夫斯基帝国勋章

1725年，俄罗斯的第三枚勋章圣亚历山大·涅夫斯基帝国勋章出现了。彼得大帝于1724年构思，那时恰逢圣王子的骨灰从弗拉基米尔被转移到圣彼得堡。该勋章本应该仅因军事功绩而被授予。然而，从叶卡捷琳娜一世开始，这枚勋章不仅在军队中可以被授予，平民中也可被授予。该勋章的座右铭是"为了服务和国家"，勋章的十字架是金色的，上面有红色珐琅，描绘了骑着白马的亚历山大·涅夫斯基。与此同时，获奖者的左肩上系了一条云纹缎带，还佩戴了一枚银星，系在勋章上。

各省、地区、军事指挥官传来大量关于在不断的战争中城市被毁、村庄荒废、无数农民逃亡的消息。农民逃往顿河、西伯利亚、波兰和土耳其，只是为了摆脱君主、官员和地主的沉重奴役。庞大的军队吃掉了国库85%的收入，剩下的钱花到了舰队和宫廷上，尽管如此，钱还是远远不够。全国农民无法缴纳压在他们身上的税款——他们的欠款，即税收债务，成倍增加，逐年增加。参议院大臣们明白，农民如何生活取决于国家和军队实力。1727年，亚历山大·达尼洛维奇·缅希科夫、安德烈·伊万诺维奇·奥斯特曼等人在一项政府方案中写道："军队是必要的，国家离不开军队，国家必须体恤农民，因为士兵与农民就像灵魂与身体一样彼此相连，没有农民，就不会有士兵。"

多年来的第一次饥荒开始威胁着俄罗斯，这是多年歉收的结果。这个国家厌倦了彼得的宏大改革；人民需要休息与和平，需要没有战争和异常紧张局势的平静岁月。参议院大臣意识到这一点后，就大幅放慢了彼得改革的步伐，完全放弃了其中一些改革政策，还有一些政策则受到严厉批判。他们暂时降低了人头税，减少了官员的数量和他们的开支，停止了帝国向东方、向印度的进军。

将彼得的许多改革举措描述得不成功，原则上是有利于新上台的君主的。虽然他们明白永远无法回到过去，但他们需要批评彼得大帝的改革以巩固自己的权力地位。那些对彼得大帝严酷统治不满的民众，他们普遍的情绪被这场典型的政治投机所玩弄。参议院大臣们特别关注彼得大帝的孙子彼得·阿列克谢耶维奇大公的动向，他的迅速成长引起了缅希科夫和叶卡捷琳娜在内所有潜在敌人的注意。年轻的彼得将拥有未来，缅希科夫比任何人都更了解这一点。他看到女皇过着无节制的生活——连续饮酒、庆祝和跳舞，导致她身体状况越来越糟。缅希科夫需要考虑未来，因为他知道，如果叶卡捷琳娜死了，阻止彼得二世登基会变得非常困难。毕竟，彼得大帝的孙子是王朝的直系后裔，王位理所当然属于他。1727年4月，当女皇病倒时，缅希科夫让她签署了一份遗嘱，该遗嘱以欧洲方式称为"遗言"。

根据叶卡捷琳娜的遗嘱，王位传给了彼得·阿列克谢耶维奇大公。与此同时，未来的沙皇承诺迎娶缅希科夫的女儿玛丽亚。这正是缅希科夫的狡猾之处，他无论如何都梦想着将自己的权力延期。缅希科夫与未来沙皇联姻的意图吓坏了那些在1725年帮助他把叶卡捷琳娜送上王位的人。缅希科夫曾经的同伙明白了：这个最机智的人为了自身利益将他们玩弄于股掌之中。王子阿列克谢案的首席调查员 P. A.

托尔斯泰、总警察长 A. M. 德维尔和参议院首席检察官 G. G. 什科尼亚科夫·皮萨列夫这些人变得惊恐不安。缅希科夫知道自己这些同伙的本性，提前为他们的叛乱做好了准备：托尔斯泰和他的同伙被逮捕和审讯，最终被指控犯有阴谋罪。1727 年 5 月 6 日，在叶卡捷琳娜一世去世前的几个小时，应缅希科夫的请求，她签署了流放阴谋者的法令。这个最机智的人胜利了：在他看来，他已经打败了所有的敌人。

[文　献]

　　普斯科夫大主教费奥凡·普罗科波维奇在彼得大帝的葬礼上发表了讲话。这是一段简短得只有 10 分钟但富有表现力的演讲。他呼吁在场的人回首往事，认清此刻正在发生的事情，明白这不是梦，不是妖术，而是来自上帝的严酷旨意，召唤凡人接受审判：

　　"还有什么？我们辜负了什么，哦，俄罗斯人？我们看到了什么？我们在做什么？我们在安葬彼得大帝！这不是梦吗？我们在做梦吗？啊，多么真切的痛！哦，我们的不幸众所周知！"

　　演讲者接着说，彼得对我们来说是谁，让我们评估一下，他与过去的伟人相比在我们历史和生活中所起的作用。对于俄罗斯来说，他是圣经里无敌的参孙，他撕毁了狮子的嘴（狮子是瑞典的象征）。他是一位勇敢的航海家，就像另一个圣经里的英雄雅弗一样。此外，他像犹太人制定法律的睿智先知摩西一样，为俄罗斯制定了法律。彼得就像所罗门王——一个公正的法官，他像拜占庭皇帝君士坦丁——一个大胆的教会改革者。俄罗斯人的损失是巨大的，不可替代的。但是，费奥凡呼吁他的听众："没有必要沉湎于无尽的悲伤中。环顾四周，哦，俄罗斯人！擦干你的眼泪，因为他创造的一切都留下了：一座美好的年轻城市，英勇的胜利军团，一支强大的舰队。他离开了我们，没有留下贫困和穷苦，却留下了他拥有的不可估量的权力和荣耀财富……他与我们同在。他把他的俄罗斯变得可爱迷人，而且人们会继续爱着俄罗斯，他让可怕的敌人忌惮并且一直会如此，他创造了和平——永远的荣耀。他完善了我们精神、民事和军事力量。他的肉体虽然消失了，但他把他的精神留给了我们。"

\*\*\*

叶卡捷琳娜一世的遗嘱以副本的形式传到我们这代,该副本保存在外交事务学院。原件出现过两次后就永远消失了。第一次出现在1727年5月7日,也就是叶卡捷琳娜死后的第二天。奥斯特曼在最高参议院会议上宣读了该遗嘱,彼得二世及其亲属在场。里面写道:

"1)彼得·阿列克谢耶维奇大公为继任者;2)确切地说,他将拥有所有权利和特权……8)如果大公去世没有继承人,那么继承人应为公主安娜和她的后代,但是男性继承人比女性继承人优先……"

在宣读完遗嘱后,人们亲吻十字架,做弥撒,君主和剩下的人都走向来参加此次会议的将领与高官们。遗嘱第二次被宣读时,所有在场的人都签署了相应的官方协议。5月19日,在最高参议院的一次会议上,遗嘱被做了副本,由大臣戈洛夫金管理。之后……没有其他人看过原版的遗嘱。为什么?因为彼得二世之后上台的每个统治者都不再需要这份文件,这对他们来说甚至是不利的。因为遗嘱在生活中应用的例证含有内部矛盾。遗嘱中提出任命彼得·阿列克谢耶维奇大公为继承者,独裁者拥有自行决定处置王位的神圣权力。但是在没有取消彼得大帝《王位继承法典》的情况下,该遗嘱在未来被用到的可能性为零,因为它决定了彼得二世死后在没有孩子的情况下王位继承人的继承顺序。而且彼得成年后,根据同一法典他可以按照自己的意愿决定王位的命运,而这份前任沙皇的遗嘱对他来说毫无用处。在彼得二世死后上台的安娜·伊凡诺芙娜女皇也这么认为。彼得大帝的女儿伊丽莎白·彼得罗芙娜在1741年发动政变时处于相似的局面,她可以提到这份遗嘱,因为里面提到她是彼得二世之后的可能继承人之一。但不走运的是,根据遗嘱她的姐姐安娜·彼得罗芙娜和她的继承人荷尔斯泰因的卡尔·彼得·乌尔里希公爵(安娜的儿子,后来的彼得三世)仍在世。已知在历史中,彼得三世的继承顺序排在伊丽莎白·彼得罗芙娜之前。伊丽莎白夺权后,当然不想立即将权力移交给她的外甥。因此,人们不再提及遗嘱中将荷尔斯泰因公爵传唤到俄罗斯成为王位继承人的事。

# 缅希科夫失宠被流放

对缅希科夫来说，他的"靠山"彼得二世皇帝即位，人生最幸福的时刻似乎已经到来。1727 年 5 月，他将玛丽亚许配给了皇帝，自己当上了俄罗斯军队元帅、海军上将。缅希科夫对彼得大帝的长女安娜并不拘礼，1725 年，安娜嫁给了荷尔斯泰因公爵卡尔·弗里德里希，在叶卡捷琳娜一世死后，缅希科夫将彼得大帝心爱的女儿和她的丈夫驱逐到荷尔斯泰因。为了密切关注年轻的皇帝，缅希科夫让他从冬宫搬到了自己在瓦西里岛上的宫殿，并与他一起在首都及其周边地区到处旅行。但1727 年夏天，缅希科夫突然病得很严重，当他康复后彼得二世不想再服从缅希科夫的意志了。缅希科夫的监督使他感到窘迫，而他的新娘玛丽亚也令彼得二世感到厌烦。彼得二世唆使缅希科夫的密友伊万·多尔戈鲁基大公和自己的老师、副总理大臣奥斯特曼一起对抗缅希科夫。后来事实证明，奥斯特曼并不值得信任：奥斯特曼一边向缅希科夫保证自己的忠诚，一边教唆彼得二世反对他的监护人和岳父。

1727 年 9 月不幸降临在缅希科夫身上：他被捕了，然后与家人一起被流放。同时代的人惊讶于这位宠臣从权力的顶峰摔下。在紧急关头缅希科夫没有试图反抗，几乎立即服从了沙皇的旨意，向沙皇递交了请愿书，请求"最仁慈的宽恕"，并恳求沙皇"不要含怒到日落"！

## [人 物]

### 亚历山大·达尼洛维奇·缅希科夫

亚历山大·达尼洛维奇·缅希科夫"底层出身但深受沙皇喜欢"，他的名字第一次被提及是在 1698 年。缅希科夫出身不详，但是最终受到沙皇垂青，成为"大人物"。在 17 世纪 80 年代后期，亚历山大受到年轻的彼得一世的喜爱，这决定了他的命运：他成为沙皇的勤务兵，然后是随员。彼得喜欢缅希科夫，与他共享一张桌子，一起不断踏上旅途，共同面临困难，还有许多人猜测两人共睡一张床铺。缅希科夫十分有才华，他是沙皇所期望培养出来的那种人：忠于君主，勤奋好学，勇于战斗，爱海爱船，不倦工作，能坚持不懈地狂饮。缅希科夫在与人相处时十分随和，从不冒犯他人。

1702年秋天，在俄罗斯攻占瑞典要塞诺特堡期间，缅希科夫证明了自己是一个不顾生死的勇士。沙皇眼里的他，穿着开襟白衬衫勇敢地冲进战火中。缅希科夫的第一个职位像战利品一样被他"取得"——他成为这座名为施利塞尔堡要塞的指挥官，并紧急地修复了这座要塞……总之，他在实践中证明了自己并没有白白吃皇家饭。1703年，缅希科夫被任命为圣彼得堡第一任总督，在这个位置上他表现出了聪明、高效、好记性、富有主动精神等优秀品质。这样优秀的人很少，也深得彼得欣赏，即使他犯了许多过错，也得到了彼得原谅。缅希科夫作为从底层爬上高位的人的确犯下了很多罪过，他热衷于通过财富、等级、头衔和奖赏来寻求人们的认可。傲慢不仅掌控了缅希科夫的灵魂，而且使他变得手脚不干净，积累了令人难以置信的财富，成为俄罗斯史上罕见的贪污者。他被抓住过很多次，但由于彼得的爱和他自愿将被自己偷走的一切交给国库，每次他都被从断头台和鞭子下救了出来。

而在战场上，缅希科夫不止一次脱颖而出。他拥有指挥官的天赋，是一名出色的骑兵——勇敢、热情，凭他的力量和激情直接冲向敌人，将敌人"砍碎"。在波尔塔瓦和佩列沃洛奇纳战胜瑞典人的战斗中，缅希科夫的骑兵起了很大作用。在德意志战役期间，他与丹麦人和普鲁士人结盟，将瑞典人赶出他们的波美拉尼亚堡垒后，爆出了一件巨大的丑闻。在占领瑞典的一个重要堡垒后，他没有按照事先约定将其交给丹麦人，而是以一百万塔勒的价格卖给了普鲁士国王。彼得不得已召回缅希科夫。人们猜测，彼得一定收走了缅希科夫的钱，也许这都是两人设计好的，但从那以后，缅希科夫就很少离开俄罗斯了。他定居在圣彼得堡涅瓦河畔的豪华宫殿中。每天早上，天还没亮，他就匆匆赶往建筑工地、造船厂……这里对缅希科夫来说就是"天堂"。晚上，缅希科夫回到他位于瓦西里岛的豪华宫殿，宫殿的装饰展现了他是一个聪明、有野心、富有的人，他慷慨大方，出手阔绰，并渴望用令人惊叹的方式让客人对他拥有的财富赞不绝口。缅希科夫是一个真正的新俄罗斯人！他在这里安家，为爱娶了贵妇达里亚·阿尔塞尼耶娃，和她生了三个孩子，一家人过得很幸福……在远征和游历期间，彼得甚至将自己的孩子也留在达里亚家。

但缅希科夫的生活并不总是无忧无虑的，有时沙皇对他很严厉。缅希科夫的所有投机勾当、骗局和阴谋很快就被彼得知晓。1723 年，这位最聪明的人感觉到了沙皇日益增长的愤怒。沙皇已经厌倦了不断为"拉屎的宠物擦屁股"，但这一次，彼得的妻子、缅希科夫的前情妇、皇后叶卡捷琳娜袒护了这只"宠物"。不仅仅是对过去恋情的回忆将他们联系在一起，还因为俩人都出身于底层，在贵族人群中举目无亲，在宫廷中被人憎恨，因此惧怕深渊的他们彼此相互扶持。当彼得于 1725 年去世时，正如一位丹麦外交官所写的那样，缅希科夫作为叶卡捷琳娜的"心灵老友"，拥护她成为女皇。后来女皇病得很重，以已故王子阿列克谢之子为首的名门反对派正在不耐烦地等待着时机，而缅希科夫并没有闲着，他利用遗嘱，为自己谋得新皇帝彼得二世未来岳父的位置。但缅希科夫的计划被敌人破坏，势力被推翻，他和他的家人被押送到西伯利亚。他无情践踏的人民不计其数，自己也了解统治者的癖性，所以他没有作出反抗。缅希科夫于 1728 年秋天在别列佐夫去世。

[笔　记]

是什么摧毁了缅希科夫的意志？起初年轻的沙皇彼得二世如此害怕并服从缅希科夫，是什么导致他最后取得了胜利？我们不要忘记俄罗斯前几个世纪的历史，俄罗斯社会制度的特殊性在于没有欧洲的宗主国，也不是任何国家的附庸国，俄罗斯只存在一个上帝，那就是国家君主，其余人都被认为是君主的臣民。对于臣民而言，君主可以为所欲为，彼得一世统治时期的权臣制度几乎没有改变。费奥多尔·马特维耶维奇·阿普拉克辛谦卑地在请愿书中对沙皇写道："君主的臣民，跪在地上，磕头。"其他人是另一种表述："最卑微的奴隶倒在君王脚下……"文件中的官方请愿形式至今仍然能说明人与人之间的真实关系。法国驻俄罗斯宫廷特使谢塔迪侯爵对这些达官贵人进行了恰当的描述：

"他们是名义上的贵族、实质上的奴隶，他们习惯于奴隶制，以至于他们中的大多数人都感觉不到自己的地位。"

缅希科夫就是这样。

# 宫廷迁回莫斯科

被流放到别列佐夫的缅希科夫很快就被人们遗忘了，沙皇宝座旁边已经有了其他宠臣。沙皇最亲密的朋友是英俊的年轻人伊万·多尔戈鲁基，他比彼得二世大七岁，作为一个更有"经验"、更"世故"的人，深得少年沙皇的信任。多尔戈鲁基本质上是一个轻浮、空虚的人，是所有酒会和无耻恶作剧的发起者，他还让彼得二世参与其中。同时代的人惊恐地回忆起沙皇这位"邪恶"宠臣的胡作非为之举："这个令人讨厌和可怕的客人每晚都会到老实人家里作恶。"沙皇本人也和他一样胡作非为，当时彼得二世虽还不到14岁，但他的身高、体力和难以共处的性格已经让旁观者感到震惊。他"性情凶恶"，固执——"不容忍异议，为所欲为"，"五官长得不错但眼神阴郁，虽然皇帝年轻英俊，但他一点都不讨人喜欢"。这就是外国外交官对彼得二世的评论。

沙皇从缅希科夫的权力控制中摆脱出来后，就没有人再敢与沙皇顶撞了，这个男孩放弃了学业，一头扎进了他最喜欢的狩猎和诱捕野兽的消遣方式上。在这一点上，伊万·多尔戈鲁基和宫廷中众多亲信都特别纵容他。1728年初，朝廷、国家机关、外交使团和众多贵族相继迁往莫斯科。按照祖先传统，在克里姆林宫圣母升天大教堂为国王进行加冕。但在举行了盛大的加冕典礼后，彼得二世喜欢上在莫斯科附近茂密的野生动物森林中打猎，于是他不打算返回圣彼得堡。

年轻的彼得二世因为狩猎就会在莫斯科附近的森林和田野中消失几个月，这引得外国外交官产生焦虑。许多人开始认为俄罗斯正在退回到彼得大帝之前的时代，沙皇彼得二世会很快成熟起来，变成一个强壮、狡猾的年轻人。同时代人注意到他性格阴郁，阴晴不定，对任何事情都一无所知，对任何建议都表达不满。这位年轻皇帝周围都是些目光狭隘和无聊的人，他的突发奇想和狩猎爱好得到这些人的支持与鼓励。彼得二世的姐姐娜塔莉亚·阿列克谢耶芙娜对他进行了一段时间的管束，但在1728年11月她因急性结核病去世了。历史学家S. M. 索洛维约夫准确地写道，慢慢地"皇帝变得疯狂"。

娜塔莉亚女大公被安葬在莫斯科皇陵——天使长大教堂，这件事和其他事实无情地表明，沙皇的随从——多尔戈鲁基大公和戈利岑大公，尤其德米特里·戈利岑大公——并不希望沙皇回到涅瓦河畔。官方对于俄罗斯历史上"彼得堡史诗"的终结没有宣布任何内容，在王位身边的那些人尽量不去回忆彼得大帝，不去思考国家的命运。

虽然圣彼得堡被宫廷、外交官抛弃，但它并没有消亡，这座城市过着自己的生活。在港口，泊位变得越来越拥挤——悬挂着来自世界各国旗帜的无数商船跨过平静的波罗的海来到这里。涅瓦河上游不断有数千艘载有货物的船停在岸边，上面载着几乎免费的来自俄罗斯的礼物——木材、铁、麻、面包、蜡，等等。1725年，在叶卡捷琳娜一世领导下开放的圣彼得堡科学院也迈出了第一步，开门迎接了来自欧洲著名大学的科学家。这些人中既有经验丰富的研究人员，也有初学者；有天文学家、植物学家，也有数学家、历史学家。这些人奠定了俄罗斯科学的基础，并教授出了许多才华横溢的俄罗斯学生。

较早开始的科学考察仍在继续。对政治家来说平庸的1728年，却成为俄罗斯科学史上重要的一年。这一年，科学院图书馆开放，第一批包括自然科学和数学科学以及人文科学在内的期刊在新印刷厂印刷出版。科学家可以在G. F. 米勒创办的《历史、谱系和地理月报》杂志上发表科学文章。第一份也是当时唯一一份报纸《圣彼得堡新闻报》仍在继续出版。总之，尽管宫廷搬到了莫斯科，沙皇又年轻又愚蠢，但为科学、航海、欧洲文化提供庇护的圣彼得堡仍然存在，俄罗斯想要与欧洲世界并驾齐驱，需要科学和知识。

就是那样！但我们知道，人们的意见、想法和感受在俄罗斯并不是最重要的，而权力更为重要，而此时圣彼得堡这座城市刚刚失去了这种力量。我认为，如果没有君主，圣彼得堡会在18至20世纪作为大型工业城市、港口城市来发展，但也就称得上是个省级中心。现在我们将其与18世纪俄罗斯与乌克兰建的省级城市彼得罗扎沃茨克、塔甘罗格、奥伦堡、叶卡捷琳堡、叶卡捷琳诺斯拉夫、赫尔松、鄂木斯克、彼尔姆、利佩茨克、塞瓦斯托波尔、辛菲罗波尔、敖德萨相提并论。现在我们会为拥有一个州级音乐厅、一个拥有许多景点的大型文化公园，甚至在莫斯科都享有盛誉的剧院而感到自豪，而且很快，尽管地下隧道很难建，但我们也将开通地铁。我们要写的是，在圣彼得堡建城300周年之际，祖拉布·康斯坦丁诺维奇·采列捷利将这座城市创始人彼得大帝的骑马雕像竖立在以弗拉基米尔·伊里奇·列宁命名的主广场上。最后，在荒废的彼得夏宫，修复家修好了里面的第二个喷泉。我们并不怀疑圣彼得堡辉煌的历史和其后来非凡的命运，以及在俄罗斯历史上起的突出作用……

萨克森特使勒福尔在1728年就莫斯科的情况写道：

> 到处都是一片沉寂，每个人都漫不经心地生活在这里，以至于人们的智慧无法理解如此巨大的机器如何在没有任何帮助的情况下保持运转，这里的每个人都试图摆脱烦恼，没有人愿意承担任何事情，人们都保持沉默……试图了解这个国家的状态，我们会发现它的处境一天比一天难以理解。我们可以把它比作一艘帆船：暴风雨即将爆发，但舵手和所有的水手都喝醉或睡着了……这艘巨轮，任凭命运摆布，无方向地奔驶，无人考虑它的未来。

我们在这里再次看到俄罗斯被喻为船的形象，就在不久前，彼得大帝将这艘船下水，并驾驶着它全速前进。彼得去世后，伟大的船长走了，大船已经迷失了航行的方向，风帆被风吹散……"驾驶台"上上演了接连不断的斗争，更准确地说，上演的是一场场争夺恩惠、特权、财富的宫廷斗争。

在这场争斗中，宠臣伊万·多尔戈鲁基的父亲阿列克谢·多尔戈鲁基大公获得的成就斐然。他设法"驯服"了年轻的猎人沙皇，并安排自己的女儿叶卡捷琳娜·阿列克谢耶芙娜公主在1729年底与皇帝订婚，婚礼定于1730年1月17日举行。多尔戈鲁基家族像曾经的缅希科夫一样得意扬扬，但据一位同时代的人说，他们只是开启了"缅希科夫的愚蠢的第二卷"。这一次，命运给这些一时得势的人的野心和算计来了当头一棒：1730年1月6日，彼得二世患上重感冒，又患上天花，他病得很重，没过太久沙皇就在莫斯科的莱福托沃宫去世。他的遗言是一个不祥的命令："套上雪橇，我要去找姐姐！"

[笔 记]

圣彼得堡的生活仿佛靠着惯性继续向前，它的前途一片暗淡。众所周知，彼得二世于1730年去世时年仅14岁，但他本可以像他同时代的路易十五一样生活和统治国家，后者统治了国家60年，直到1790年！彼得二世原本可以迎娶叶卡捷琳娜·多尔戈鲁基，在这个家族的拥护下，永远在莫斯科安定下来。那么那时圣彼得堡会发生什么呢？我认为圣彼得堡不会逝去，也不会像古埃及宗教改革者法老阿肯那顿的首都阿赫塔顿消失在沙漠中那样消亡。我们知道，城市的存在要归功于人们的喧嚣。大道和航线表面上是枯燥的、死气沉沉的，但实际上却充斥着人们的生活，就像生命血管里的血液一样。圣彼得堡的大道和航线是"生命的路线"，总之，圣彼得堡会继续存在，而且会存在很长时间。官廷迁往莫斯科后，曾经被彼得大帝雇用的外国专家却没有离开圣彼得堡，忠实地在这里履行他们的合同义务。他们干得不错——彼得没有雇用糟糕的专家来圣彼得堡。这些外国人了解并热爱他们的工作！新俄罗斯人住在圣彼得堡（"新俄罗斯人"这个词并不带有贬义和讽刺之意），这些人才华横溢、勤奋、诚实，忠于自己的使命。这些人是圣彼得堡空巢中的"雏鸟"，这座城市被"插上了翅膀"，如苏联时代所写的那样，城市有了"生活指南"。出生于彼得大帝改革之初的新一代的俄罗斯水手、工程师、工匠和艺术家，已经呼吸到了西方文明的气息。

他们中的许多人出国留学后回到俄罗斯，圣彼得堡成了他们的家。他们非常了解彼得和圣彼得堡在人民生活和国家生活中的意义。他们并不"假惺惺"而是真诚地哀悼彼得大帝的去世，神圣地纪念他。其中一位居住在伊斯坦布尔的俄罗斯居民伊万·涅普利耶夫找到了关于彼得的最确切的描述：

"他教会我们认识到我们也是人，总之，无论你在俄罗斯看什么，一切都有其开始，无论未来做什么，他们都会从彼得开启的源头中汲取灵感。"

对于一群这样的"雏鸟"来说，其他城市没有他们的生活，圣彼得堡是他们活着和死后的荣耀之城。

不过，在这座温暖的城市也生活着其他人，这些人一如既往地占多数。一些圣彼得堡人情不自禁地想离开这个烂地方，但他们不能离开，因为除了这座城市他们无处可去。从他们被赶出故乡搬到圣彼得堡以来，已经过了很长时间，此时他们的家乡只剩下废墟和坟墓。最后，很多人不搬家离开这座城市也许是出于他们内在的懒惰，他们担心不可避免的困难和费用。搬迁的意义是什么？好吧，没有任何意义！

# 1730 年：参议院大臣的"企图"

彼得二世去世后，最高参议院立即聚集在莱福托沃宫召开紧急会议。参议院大臣们惊慌失措——年轻国王的意外死亡可能给国家带来不幸与混乱。尚不清楚谁将坐上俄罗斯王位，因为罗曼诺夫王朝的最后一个男性直系后裔，彼得大帝的孙子，阿列克谢·米哈伊洛维奇·罗曼诺夫的曾孙，王朝创始人米哈伊尔·费奥多罗维奇·罗曼诺夫的曾曾孙，死了！

正如我们从罗曼诺夫家谱树形图中看到的那样，其他继承人都是沿着女性分支：伊丽莎白·彼得罗芙娜和她侄子卡尔·彼得·乌尔里希（安娜·彼得罗芙娜和卡尔·弗里德里希的儿子，安娜当时已经去世，卡尔·彼得·乌尔里希即后来的彼得三世）。这些彼得一世再婚后的子孙在最高参议院会议上都未曾被提及——出身是利沃尼亚洗衣女工的叶卡捷琳娜，她的孩子们在过去太"低调"了！多尔戈鲁基家族决定掌握王权，他们想要拥护彼得二世的新娘叶卡捷琳娜·多尔戈鲁基成为叶卡捷琳娜二世，从而将权力掌握在自己手中。他们甚至撰写了一份假的遗嘱，冒充是彼得二世在去世前夕签署的。但当阿列克谢·多尔戈鲁基在最高参议院委员面前的桌子上摆出这份"遗嘱"时，参议院大臣们都嘲笑他——因为这份遗嘱明显是"赝品"。

然后参议院大臣中最有经验和最资深的人——德米特里·米哈伊洛维奇·戈利岑大公——发言了，此人出身于一个古老的波雅尔家庭，担任过外交官和行政官。

彼得一世死后，在许多人眼中，戈利岑立即成为出身名门的反对派领袖，这些人对彼得一世支持的"非名门小贵族"的统治感到不满。到 1730 年，戈利岑虽已年迈，但睿智且经验丰富，他受过教育，阅读过大量书籍，掌握几门语言，还拥有一个巨大的图书馆。根据戈利岑自己的观点，他是一个开明的保守派，反对彼得一世的严厉措施。他内敛且体面的举止赢得了周围人对他的尊重，戈利岑提议选举库

**王朝分支 2**
**（罗曼诺夫家谱树形图）**

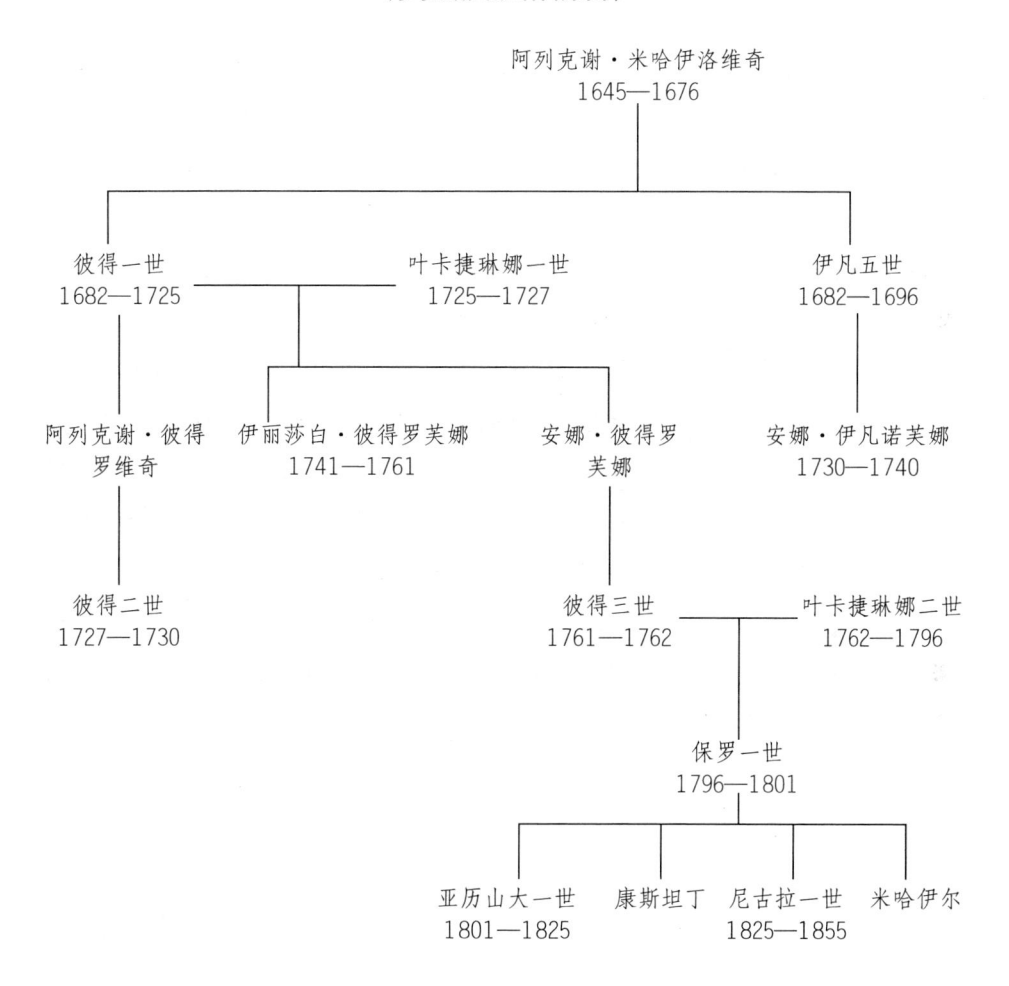

```
                          阿列克谢·米哈伊洛维奇
                               1645—1676
            ┌──────────────────────┼──────────────────────┐
       彼得一世 ══════════════ 叶卡捷琳娜一世              伊凡五世
      1682—1725                1725—1727                1682—1696
         │            ┌───────────┴──────────┐              │
   阿列克谢·彼得   伊丽莎白·彼得罗芙娜    安娜·彼得罗       安娜·伊凡诺芙娜
       罗维奇        1741—1761              芙娜            1730—1740
         │                                   │
      彼得二世                             彼得三世 ──────── 叶卡捷琳娜二世
     1727—1730                           1761—1762          1762—1796
                                                 │
                                              保罗一世
                                             1796—1801
                        ┌────────────┬──────────┼──────────┐
                   亚历山大一世   康斯坦丁   尼古拉一世    米哈伊尔
                   1801—1825                  1825—1855
```

197

尔兰公爵夫人安娜·伊凡诺芙娜登上王位，因为她的父亲是彼得大帝的哥哥沙皇伊凡五世，母亲是皇后普拉斯科维娅·费奥多罗芙娜。安娜与她的姐妹叶卡捷琳娜和普拉斯科维娅共同代表了罗曼诺夫王朝的古老分支。戈利岑的提议正合所有参议院大臣的意，他们知道这对"伊凡诺芙娜姐妹"在宫廷里没有任何权威和影响力。

安娜在远离首都的波罗的海小公国库尔兰度过了很多年，她在这个国家鲜为人知。戈利岑的新提议更激发了参议院大臣的灵感：不让安娜拥有前皇帝的所有权力，而是将她限制在"标准"之下——规定她行使权力的条件。安娜很快就同意了他们定下的标准。参议院大臣毫不掩饰他们的喜悦并在国家最高官员在场的情况下，宣读了标准和安娜的回复："在我登上俄罗斯王位之前，经合理思量，为了俄罗斯国家的利益和我们忠实臣民的幸福，行使我们所需要的权力……我们希望以什么样的方式来管理政府，决议签字后，送交最高参议院。"

一个类似的议会在过渡时期拥有立法权，确认在1730年进行参议院大臣选举。但是戈利岑和其他参议院大臣所建立的体制会带来难以立刻察觉的祸患。其中一位同时代人写道，参议院大臣只宣布了意味着他们的"团体"意志可以向安娜提出限制女皇权力且利于最高参议院的标准。这就是戈利岑设想的纯粹寡头政治的政变。

选安娜为女皇，"没有提及任何标准或协议，而是简单地要求人民对该决议表示'欣然'认同"。换句话说，参议院大臣向议会隐瞒了彼得二世死后他们制定了限制新女皇权力的标准，而该权力完全集中在他们手中。受人尊敬的参议院大臣做的欺诈性计划非常简单：收到安娜签字的同意书后才开始实施计划。

但随后发生了意想不到的事情：A. M. 切尔卡斯基大公站出来要求（如果新女皇的权力受到限制）除了国家体制标准和条件外，参议院大臣应该允许准备和讨论新的改革方案，戈利岑和他的同僚不得不同意。

在切尔卡斯基发言之后，沉默与服从的堤坝仿佛溃决了，在场的所有人都支持切尔卡斯基，几十甚至上百名贵族开始聚集在达官贵族家和宫内日夜讨论国家改革方案。在短时间里至少有12个方案被拟订，有近千人在上面签字。最深刻和理由最充足的方案之一是由历史学家 V. N. 塔季雪夫积极参与编写的。

几乎所有空谈之人都希望废除最高参议院，建立最高立法机构——该机构预计由两个（上和下）民选贵族代表议院组成，并任命所有国家行政管理人员。此外，贵族们要求保证自己人身、财产和各种特权的不受侵犯。然而，围绕这众多国家机制方案的争议逐渐激烈起来。1730年初莫斯科发生了一件非同寻常的事情,"君主的忠实奴仆"突然发声,开始畅所欲言,公开讨论他们之前畏惧的事情。发生了什么?彼得的改革给俄罗斯带来的不仅是西方的技术或艺术成就,还带来了新的习俗、观念和价值观。对于俄罗斯贵族来说,读新书、学习、出国旅行、结识外国人了解他们的生活,这一切都是有所收获的。

在这些年里形成了关于谁是贵族与小贵族的新的认识,出现了如果有必要,必须以牺牲自己生命为代价来保护贵族荣誉的概念。自彼得一世时代以来,"君主的忠实奴仆"这一观念已成为传统,不再像以前那样世袭传承,而是每个人都有义务对自己国家的命运负责。贵族代表的选举和他们参与政府管理的需求也证明了这一新观念和新思想的出现。此外,彼得之后的王朝岁月表明,王位旁聚集着像缅希科夫或多尔戈鲁基这样毫无价值的宠臣,在这种人物的管理下国家并不会变得美好,贵族们自己也因他们的任性管理而遭受痛苦。以上这些都促成了1730年贵族方案的出现。

但是在后彼得大帝时代,俄罗斯贵族作为"君主奴隶"躺在君主脚下的传统观念,以及每个人都完全依赖于独裁者意志的传统观念(回想一下缅希科夫下台的历史故事)依然深入人心。贵族们的内心充满对新事物、未知事物的恐惧,他们担心决策失算、犯错误。许多人认为:"我们将推出的新机制会让国家变得更糟糕,内讧就此开启。拥有一位主宰者,一切都会变得更好,主宰者虽然严厉,但也仁慈!"

参议院大臣看到贵族运动的兴起后,并没有对政策做出改变,这些人只想着自己,想着自己手中的权力,不想与贵族分享、合作。因此,有限君主体制支持者阵营中产生的分歧没有平息。相反,1730年2月10日,安娜一抵达莫斯科,无限君主制阵营势力就急剧增加,安娜迅速评估了局势,集结了专门为她服务的力量。2月25日,在克里姆林宫举行的贵族例行会议上,安娜依靠卫兵的支持,发动了反政变——她公开撕毁了她之前签署的标准,从而恢复了君主专制制度,该制度在俄罗斯一直持续到1917年。

## [文献]

### 标准

安娜·伊凡诺芙娜在标准中承诺"她余生不会结婚,她自己不决定继承人人选"。标准中最重要的内容是最高参议院限制女皇的权力:

"我承诺,由于任何国家的完整性和福祉都取决于良策,为此成立由八人组成的最高参议院,没有最高参议院的同意:1) 不能与任何国家发动战争。2) 不能结盟。3) 不要提出任何新的税收政策增加我们忠实臣民的负担。4) 无论是在国家,还是在军队、陆地和海上服役的贵族,上校军衔以上都不应受重用,这些职位不能由低于贵族身份的人来担任,近卫军和其他兵团由最高秘密委员会管辖。5) 不要未经审判就剥夺小贵族阶级的生命、财产和荣誉。6) 不要赏赐庄园和村庄。7) 在朝廷中,没有最高参议院的建议,无论是俄罗斯人还是外国人,都不应该被提拔。8) 不要将国家收入用于个人支出。所有忠实的臣民都会受到我的垂青。而如果我不履行这个承诺,不遵守这个标准,那么我的俄罗斯王冠将会被剥夺。"

将标准的原始版本与最新版本进行比较表明,在最终确定这些条件的同时,参议院大臣试图给女皇加入尽可能多的限制性条款。如果起初王权在涉及战争与和平、征收新税款、花费国家资金、分配庄园,以及评判贵族晋升与资格方面受到侵犯,那么在1月19日最终的版本,女皇被剥夺了指挥卫兵和军队、结婚和任命继承人的权力,以及提拔朝臣的权力。

## [人物]

### 切尔卡斯基·阿列克谢·米哈伊洛维奇

许多同时代的人在切尔卡斯基·阿列克谢·米哈伊洛维奇大公身上看到的只有懒惰和愚蠢,他的仕途得益于幸运的环境和在无数次会议上睁着眼睛灵巧打瞌睡的能力。由于过于肥胖,切尔卡斯基被称为政府的"身体",而那些更有野心、精明、诡计多端的其他人被认为是政府的"灵魂"。但这些精明人会在某个地方突然消失、倒台、爬上断头台,而"愚蠢的"切尔卡斯基则会年复一年从容不迫地主持会议,待在会议上的时间比他所有的朋友和敌人,甚至五个独裁者都要久。所有人都写过关于他惊人的财富，切尔卡斯基是俄罗斯首富，拥有宛如欧洲大国一样的庄园。同时代人和后代人对切尔卡斯基的评价很严苛，认为此人身上没有任何优点。刻薄的M.M.谢尔巴托夫大公写道："这个人思想很平庸，懒惰，不懂事务，总之办事拖拖拉拉，以他的财富为荣。"

此外，补充一点切尔卡斯基的出身。他是波雅尔（大地主）米哈伊尔·雅科夫列维奇的儿子，是大卡巴尔达可汗家族的后裔，与俄罗斯最高贵的家族有血缘关系。同时代的人甚至没有讨论过切尔卡斯基一家的智商和工作能力——每个人都知道他们非常平庸。但众所周知，无论财富、贵族身份、血缘关系，更不用说愚蠢，这些都不会免于来自独裁者的贬黜、愤怒或不满，而"永不失宠"的切尔卡斯基有其自身的奥秘。在彼得时代，他领导并负责圣彼得堡建设市政厅长达7年，管理数千人，并负责建筑材料的采购和供应。一言以蔽之，用现代术语来说，这位大型建筑团队的负责人在会上要随时保持警惕，然后切尔卡斯基当上了西伯利亚总督，在那里任职他没有丢脸。或许他没有其他人那么有进取心，但显然在其位的他懂得如何用人，也能成功处理不简单的事务。当然，彼得死后不少政要松了口气，但从文件中可以看出，切尔卡斯基保持警觉状态。这个平时沉默寡言的胖子竟能突然醒悟，说出几句显得格外有分量和威严的话语。这就是1730年初发生的事情，在彼得二世去世后，在克里姆林宫与最高参议院成员的贵族会议上，切尔卡斯基向参议院大臣提出，俄罗斯未来的体制不应该在私下被讨论而要在公开场合、在贵族之间进行商讨。他把自己豪华的房子变成了夸夸其谈的贵族们的总部，并且他成为俄罗斯新制度方案的制定者，在这个方案中，私刑处决和宠臣恶势力不再有容身之地，所有人都应该听到贵族的声音。切尔卡斯基一下子成为高贵"政党"最权威的领袖之一。多亏了他，参议院大臣们机智的"企图"落空了，而37天后专制又恢复了。

切尔卡斯基和他国家方案合著者的梦想注定不会实现。很快，一切都恢复了正常，切尔卡斯基又可以在会议上平静地打瞌睡了。安娜·伊凡诺芙娜女皇获得了专制主权后并没有将切尔卡斯基解职，因为新女皇需要像切尔卡斯基这样的人——一个出身名门、有钱有势的贵族。自1732年担任内阁部长以来，在1740年切尔卡斯基的仕途之路达到了顶峰，他成为俄罗斯总理（一等文官）。尽管如此，他依然表现得从容、谦虚、低调，就像从前一样在最强者旁随声附和。1730年公民积极参与俄罗斯社会改革的时代已经过去，在切尔卡斯基的余生中，他沉默地"拖着自己的名字"。秘密总理府的材料表明,切尔卡斯基举止端庄,没有告密毒害过任何人,没有树敌,这些对政治家来说太重要了!切尔卡斯基平和地担任总理职位直到1742年去世。

## [笔　记]

　　1730年的事件在俄罗斯史上具有重大意义。毕竟,这不是一次简单的会议,会上参议院大臣向俄罗斯的高级官员们宣读了自己的决议,而关于全俄缙绅会议,自鲍里斯·戈杜诺夫时代以来,按照"缙绅""各阶层""团体""人民"的意愿选举俄罗斯沙皇登上王位。彼得一世就是这样于1682年4月27日在全俄缙绅会议上当选的。多年来,缙绅会议的成员一直在减少,失去了17世纪上半叶全俄缙绅会议的特征,这对我们的历史来说是一个难以言明的痛苦演变,公共权力的"枯竭"给人民自由带来遗憾,人民(通过他们的代表)对最高权力的影响力下降了。这一过程可能与专制制度的加强有直接关系,刺激了等级代表君主制最后一个因素的消亡。有时,似乎只有在俄罗斯最高权力遇到严重困难时,它才需要任何有关代表、选举、等级或民主的开端,如此一来,它就会在人民背后躲避麻烦与不幸,牺牲这份权力来摆脱困境。然后这些臣民罕见地被称为"兄弟姐妹",被邀请选举代表"提出建议,考虑议会"。到了17世纪中叶,至高无上的权力越来越强大,更少需要"向民众寻求建议",随着财政状况的好转,也不再需要向人民请求钱财的帮助。因此,从那时起,能够决定王位和国家命运的人越来越少。

　　众所周知,在1682年的全俄缙绅会议上,不仅有最高级的神职人员、波雅尔,而且还有莫斯科公职人员——御前大臣、司法稽查官、莫斯科贵族、市民以及莫斯科市最高级别工商业者。但是到了18世纪20年代,一切都发生了巨大的变化,参加大会的团体、民众、各级委员会通常由参议院、主教会议、部和一些办公厅这些国家机构的领导人和高级官员组成(总共100到200人)。还出现了一个新的有影响力的政治机构、新的官衔等级——最高统帅部,其中包括元帅、将军、海军上将、近卫军长官,还包括部分陆军和海军军官。正是这样一个"团体"在1718年对王子阿列克谢进行了审判,在1725年1月参与讨论沙皇继任者,在1727年批准了叶卡捷琳娜的遗嘱。

# 1730—1740 年：安娜·伊凡诺芙娜的统治

在 1730 年，对于所有人（包括她自己）来说都出乎意料，安娜·伊凡诺芙娜成为专制君主。同时代人对她的评价大多是负面的：丑陋，过度肥胖，大嗓门，一脸阴郁，这个 37 岁的女人多疑、斤斤计较且举止粗鲁。安娜度过了一段艰苦的生活：她于 1693 年出生在皇室家庭，1696 年，她的父亲沙皇伊凡五世去世后，安娜与寡居的皇后、她的母亲普拉斯科维娅·费奥多罗芙娜，以及姐妹叶卡捷琳娜、普拉斯科维娅在莫斯科附近的伊兹梅洛沃宫定居。在那里，她度过了自己的童年。1708 年，她在那里的童年生活突然中断，根据彼得一世的法令，皇后普拉斯科维娅·费奥多罗芙娜一家搬到了圣彼得堡。很快，彼得为了加强俄罗斯在波罗的海国家的地位，与欧洲著名的公国联姻，于是在 1710 年将安娜嫁给了毗邻俄罗斯的库尔兰公国（位于现代拉脱维亚境内）公爵腓特烈·威廉。但这对新婚夫妇只在一起生活了两个月——1711 年初，在回库尔兰的路上，公爵意外去世。尽管如此，彼得一世还是命令安娜作为公爵的遗孀在米塔瓦定居。没有人询问过安娜的婚姻状况和她移居外国的经历。她的人生，就像彼得大帝所有的臣民一样，都要服从于一个目标——国家利益。曾经的莫斯科公主变为公爵夫人，她生活得并不幸福：贫穷，服从沙皇意志，被敌对的库尔兰贵族包围。安娜抵达俄罗斯后也没有寻得片刻安宁，母亲普拉斯科维娅并不爱这个二女儿，用各种方式虐待安娜，直到 1723 年去世。

安娜生活的改变可以追溯到 1727 年，当时她对她的宠臣恩斯特·约翰·比龙非常依赖，并开始将国家事务交给他打理。众所周知，安娜并不知道如何管理国家，她也没有为此做好必要的准备——之前人们对她的教导很差，她也没有这方面的天赋。安娜不想参与国家事务，她的品行、举止就像一个没受过教育的小地主，喜欢无聊地望着窗外，处理仆人间的纠纷，帮自己亲信娶亲，取笑自己的小丑的滑稽动作。这些小丑中不乏贵族，他们是安娜生活中的重要组成部分，安娜也喜欢将各种怪胎留在身边。这种消遣方式并不是特别新颖——她的母亲、祖母和其他亲戚住在克里姆林宫，晚上，他们身旁总是围绕着谄媚的食客和讲故事的人。

安娜是处于转折时期的人物，文化中的旧事物正在被新事物取代，但两者仍长期并存。因此，除了安娜宫廷的传统小丑和食客外，意大利歌剧和喜剧也在专门建的可容纳千人的剧院上演。歌剧歌手和芭蕾舞演员的表演让朝臣们的听觉、视觉在用餐与度假时得到满足。安娜时期，1737年成立的第一所芭蕾舞学校载入了俄罗斯艺术史中。意大利作曲家弗朗切斯科·阿拉亚受邀在宫廷里成立了唱诗班。安娜不像寻常的莫斯科公主一样，她喜欢打猎，或者说喜欢射击，这对女皇来说不仅仅是种爱好，而是内心深处的嗜好。安娜经常射击空中飞翔的乌鸦和野鸭，或在室内竞技场和彼得夏宫的公园里练习射击。她还参加大规模的狩猎活动，围猎者包起一大片森林，逐渐（通常持续数周）将狩猎范围缩小，把栖息动物赶到空地。空地中间停着一辆专用的轻便马车，里面载着手持武器的女皇和客人们。动物们惊恐万分，当它们跑到一块用帆布围起来的空地上时，一场令人厌恶的屠杀开始了。仅在1738年夏天，安娜就亲自射杀了1024只动物，其中有374只野兔和608只野鸭子。女皇在10年内杀死的动物，数量多得简直令人难以想象！

## 安娜·伊凡诺芙娜的宫廷小丑

人们对安娜·伊凡诺芙娜的宫廷小丑的了解比对她手下的大臣的了解都要多，其中小丑伊万·巴拉基列夫尤其出名。1735 年，女皇写信给莫斯科总督萨尔蒂科夫：

> 谢苗·安德烈耶维奇！派人到尼基塔·沃尔孔斯基居住过的村子里……问那里的人他是怎么生活的，他和谁是邻居，以及是如何接待他人的……还有人们以什么消遣，是带着狗去还是有什么其他的乐趣……在家的时候，是怎么度过的，是不是住在干净的豪宅里，是否吃菜茎……他有多少衬衫，一件他缝制了多少天。

这封信是关于新的宫廷小丑尼基塔·沃尔孔斯基大公的。在宫廷小丑里寻找最值得信赖的候选人是一件极其重要的事情。这就是为什么安娜想知道沃尔孔斯基是否适合自己的脾气，是否讲卫生，以及他在空闲时间如何消遣娱乐。

不是每个候选人都可能成为宫廷小丑和"丑角"（称之为侍从丑角）的。没过几年时间，安娜·伊凡诺芙娜宫廷的小丑就成为俄罗斯最好的"精选"丑角，有时这些人甚至成为有显贵身份的人。值得注意的是，获得大公或伯爵头衔之路并没有为小丑们打开。同时，无论是小丑们自己，还是他们周围的人，抑或是安娜·伊凡诺芙娜都认为这种任命并不是对贵族荣誉的侮辱。每个人都清楚，小丑们正在履行自己的"职责"，牢记明确的界限。这种游戏的规则包括某些义务和某些权利。小丑们确实可以说一些不偏不倚的话，但如果他们超出了统治者设定的范围，他们就可能会受苦。当然小丑们的作用很重要，人们不敢侮辱他们……

在安娜的"员工"中有六个小丑和大约十几个侏儒。最有经验的是"萨摩耶王"扬·达科斯塔，沙皇彼得一世曾赠予他芬兰湾的一座荒凉的沙岛。彼得经常与小丑谈论神学问题——毕竟，记性超强的世界主义者扬·达科斯塔在圣经知识方面的能力同整个东正教最高会议不相上下。上面提到的沃尔孔斯基是个鳏夫，他的沙龙被缅希科夫毁了之后，便在安娜的宫廷里当上了有一定地位的小丑。他肩负着重要的职责——他喂饱女皇心爱的狗齐特林卡，不停歇地进行小丑表演。他与另一个小丑、那不勒斯的彼得·米罗（或者在俄语中，更粗俗的名字是"乡巴佬"）一起，参加安娜通常玩的打"傻瓜"纸牌游戏，他在纸牌游戏中做庄家。沃尔孔斯基还为女皇执行各种特殊任务：他两次前往意大利，为女皇聘请歌手，购买面料、珠宝，自己也做天鹅绒小买卖。阿列克谢·彼得罗维奇·阿普拉克辛伯爵出身贵族家庭，是费奥多尔·马特维耶维奇·阿普拉克辛将军和玛尔法·马特维耶芙娜公主的侄子，他凭借好闹、淘气的天赋当上了丑角。尼基塔·帕宁说他"是一个令人难以忍受的小丑，他总是冒犯别人，为此他经常遭到殴打"。或许是因为阿列克谢·彼得罗维奇·阿普拉克辛热心履行职责，他得到了女皇丰厚的嘉奖。

另一位贵族丑角——米哈伊尔·戈利岑——的生活和命运非常悲惨。他是索菲亚公主的第一任高官瓦西里·瓦西里耶维奇·戈利岑大公的孙子，与流放的祖父住在一起，后来被征召入伍。1729年他出国后在意大利皈依了天主教，娶了一位意大利平民，然后带着妻子和这段婚姻中所生的孩子回到了俄罗斯。戈利岑小心翼翼地隐瞒了他与外国人通婚和改信仰的事实。但随后这一切都被揭发了，作为对他叛教的惩罚，戈利岑成为侍从丑角。其实可以换成另外一种处罚方式，对戈利岑来说当时最好的结局是待在修道院中。然而，安娜女皇收到了有关戈利岑异常愚蠢的作为的消息后，下令将他带到彼得堡宫廷中。戈利岑不幸的意大利妻子在秘密办公厅消失了，而她的丈夫却在宫廷中过上了幸福生活，还因为他奉命给女皇献格瓦斯获得了"格瓦斯罐"的绰号，安娜·伊凡诺芙娜决定在著名的冰宫给他举办婚礼，这座冰宫于1740年春天建在涅瓦河畔……

安娜时代的一个著名事件是1740年2月在涅瓦河的冰面上建造的冰宫。这是为米哈伊尔·戈利岑与卡尔梅克族侏儒女孩阿夫多蒂亚·布热尼诺娃举行的小丑婚礼而建造的。

宫殿附近，矗立着结满冰枝的冰树，树枝上有冰鸟，一头真人大小的冰象像活的大象一样发出喇叭声，晚上从它的鼻子里喷出火焰。房屋本身更令人震惊：窗户的玻璃是覆盖的最薄的冰，透过它人们可以看到家具、盘子、摆在桌子上的物品，甚至还有扑克牌。所有这一切都是由冰制成的，每件物品都涂上自然的颜色。冰卧室里有一张"舒适"的冰床。经过漫长的仪式，更像是一场戏弄，这对新婚夫妇被关在笼子里，像动物一样被带到卧室。在这里，在士兵的护卫下，他们度过了整整一夜，被冻得牙齿打战，但女皇和她的朝臣们对这场冰雪婚礼非常满意。

## [人　物]

### 伊万·埃梅利亚诺维奇·巴拉基列夫

伊万·埃梅利亚诺维奇·巴拉基列夫被一致认为是安娜女皇的首席小丑。这位世袭贵族灵巧聪慧，讨宫里人喜欢，被选为宫廷工作人员。巴拉基列夫在彼得一世统治末期遭受了巨大的挫折，被卷入叶卡捷琳娜皇后情人威廉·蒙斯的案件中。据称，他担任这对恋人的"邮递员"，为他们传递便笺，这对于一名心甘情愿的小丑来说是可以做到的。因为巴拉基列夫与蒙斯有关系，被棍棒打了60下后，他被流放做了苦役。众所周知，这样的遭遇不利于幽默的世界观的形成，但巴拉基列夫是幸运的，彼得一世很快就死了，叶卡捷琳娜一世从苦役中解救了这个忠实的仆人。安娜·伊凡诺芙娜统治时期，退休的少尉巴拉基列夫成了一名小丑。当时，他被称为爱说俏皮话的优秀演员。

所有专业小丑的工作，永远都是表演和演出。安娜和她的随从是小丑表演与小丑短剧的爱好者。当然，背后人们认为这些"表演"是愚蠢的，完全颠覆了传统生活，滑稽动作的模仿让观众笑到肚子绞痛，但有时对于一个不同文化背景的外国人来说，这些行为是无法理解的。每个小丑在"表演"中都有属于自己的角色。巴拉基列夫的幕间小喜剧笑话里夹杂着大量的下流话，人们感到特别好笑，有时能笑很久。在宫里，巴拉基列夫的纸牌"表演"上演了很久——在场上的纸牌游戏中，他输掉了马。由于巴拉基列夫已经失去了一半的跑马，安娜写信给莫斯科，要求高级官员帮助这个不幸的人赢回这匹马。不仅朝臣与更高级别的官员，甚至教会的教皇也被巴拉基列夫的滑稽"表演"吸引。巴拉基列夫开始公开抱怨妻子拒绝和自己同床，很长时间内这一"事件"成了滑稽的谈资，然后东正教最高议会在会议上判决他与自己的妻子"像以前一样进入婚姻关系"。众所周知，比龙与安娜同居的事实让情况变得更加有趣。人们像在官廷里公开讨论巴拉基列夫的烦恼一样，谈论着比龙和安娜的生活，称他们生活得非常无聊，二人"官腔式"的交流引得人们嘲笑。

由一个小丑把戏引起的笑声总是让其他人感到不安。时不时爆发出小丑之间不和的争吵，回想起这场"战争"中的"争吵"，整个宫廷都在哄笑……与此同时，小丑们的纷争也很严重，他们为得到女皇宠爱而斗争的激烈程度不亚于朝臣和官员之间的斗争：诽谤、下流勾当甚至是大打出手。这很有趣……小丑们的争吵和打架尤其取悦了女皇。但应该知道，这种逗笑是项肮脏的工作，场面也十分龌龊。如果我们碰巧看到巴拉基列夫和他同类的搞笑行为，那么我们只会对这种夹杂着关于"底层"粗俗笑话的淫秽表演感到厌恶。过去的人们对淫秽言语和小丑的粗鲁滑稽举动持有不同态度。小丑说脏话，暴露他的灵魂和身体，让观众的心理能量有宣泄口，当时人们这些心理能量被严格的道德和伪善的规范所掩盖束缚。正如历史学家伊万·扎贝林所写，"这就是为什么屋子里的小丑是愚蠢的化身，其本质上是生命的自由运动"。安娜女皇是个伪善者，是公共道德的维护者，但同时她又与已婚的比龙有着不正当的关系。女皇从秘密办公厅的报告中很清楚知道这段关系受到信仰、法律和人民的谴责。因此，有可能小丑们用他们的淫词秽语和裸露的"底部"，帮女皇缓解无意识的紧张，让其放松。只有巴拉基列夫本人觉得这表演不好笑，这是他沉重的工作，有时这项服务甚至是危险的。因此，当安娜女皇于1740年去世时，巴拉基列夫恳求政府让其前往梁赞村，他在那里平静而安宁地度过了余生。

## [传说和谣言]

### 沙皇钟

安娜统治时期的1735年，为克里姆林宫伊凡大帝的钟楼铸造了著名的沙皇钟，文献中称其为"圣母升天大钟"，这项工作被委托给铸造工人伊万·马托林。旧钟于1654年铸造，在1701年的一场火灾中坠落并破裂。其重达8000普特（沙皇时期俄罗斯的重量单位，1普特=40俄磅≈16.38千克）的碎片被安放在钟楼脚下，引得所有人关注。1731年，安娜女皇决定铸造一个新的、更大的钟，重达9000普特，以纪念她的皇室祖父。匠人绘制了图纸，钟的表面上描绘的是安娜·伊凡诺芙娜和阿列克谢·米哈伊洛维奇的"人物形象"。1734年秋天，铸造工作启动，更准确地说是将旧钟碎片放在专业的高炉中熔化。炉子连续燃烧了两天，第三天，一部分铜突然迸裂出来，掉到了炉子下面。马托林为了弥补损失，开始往熔炉里扔旧钟、锡和旧铜钱。然而，熔化的铜再次从熔炉中溢出，熔炉周围的建筑物被点着，大火好不容易才被扑灭，大钟的铸造也以失败告终。不久后，马托林忧虑而死，他的儿子米哈伊尔，曾是父亲的助手，继续父亲未完成的工作。1735年11月25日，大钟被铸造完成。我们不知道该钟何时获得了现在耳熟能详的"沙皇钟"的名字，但世界上任何地方都没有如此铜制的庞然大物，它的重量甚至超出了安娜女皇的预想，重达12327普特。铸造完成后，因为人们无法将它抬起，沙皇钟仍立在一个深坑中。100年后，也就是1836年，亚历山大之柱和圣以撒大教堂的创造者，伟大的工程师和建筑师奥古斯特·蒙费朗用时42分钟33秒成功地将这个巨物从坑中拉了出来。或许"沙皇钟"能早些挂起，但这并不是紧急的事——很久没有人需要它了。因为，"沙皇钟"铸完一年后，即1737年5月29日，克里姆林宫发生了可怕的火灾，大火弥漫在"沙皇钟"所在坑上方的木结构物。救火员用水浇灭了大火，此时钟已经被烧得通红，水一碰到它就爆裂了。所以世界上最大的钟的钟声从未响起……

# 俄罗斯与波兰和土耳其的战争

安娜·伊凡诺芙娜时代的俄罗斯对外政策实际上是由 A. I. 奥斯特曼副总理负责的。他奉行谨慎、平衡的政策，维持与盟友，主要是与奥地利的关系。在他的努力下，1726 年俄罗斯与奥地利缔结了同盟条约，这决定了俄罗斯长期以来的对欧政策。这两个帝国因共同的帝国利益而联合在一起，俄罗斯和奥地利都是波兰立陶宛联邦和正在衰弱但仍然危险的土耳其奥斯曼帝国的邻国。这些国家的领土在后来成为俄罗斯和奥地利的利益目标，这一点在安娜统治时期爆发的两次战争中得到了充分体现。第一次战争——俄罗斯与波兰——始于 1733 年，彼得一世的老盟友、波兰国王奥古斯特二世去世之后，华沙在选举新国王时，大多数波兰小贵族都将票投给了斯坦尼斯瓦夫·列辛斯基，此人在大北方战争期间已经是波兰国王，后被彼得一世废黜。俄罗斯和奥地利长期垂涎肥沃的波兰领土，坚决反对候选人斯坦尼斯瓦夫登上王位，他们支持奥古斯特二世的儿子——温顺的奥古斯特三世。

藏在两个帝国盟友虚伪背后的意图是维护波兰立陶宛联邦的政治制度——一个贵族共和国，国王仅在其中扮演装饰性角色。波兰君主最轻微的尝试限制了贵族的自由，阻碍了波兰国家地位的加强，圣彼得堡、维也纳和柏林遭到了迎头痛击：他们希望波兰永远不会变强大，希望其越来越衰弱。斯坦尼斯瓦夫一世当选的背后有强大的法国支持，这引得盟友恐惧，于是他们毫不犹豫地开始采取措施：1733 年 7 月 31 日，彼得·彼得罗维奇·拉西将军率领的俄罗斯军团入侵波兰；8 月，奥地利人前来助攻，盟军势不可挡，斯坦尼斯瓦夫逃到波罗的海沿岸——格但斯克，希望法国舰队前来帮助他。波兰成为内战、冲突、武装干涉、违法和抢劫的竞技场。1734 年初，俄军围攻格但斯克，前来接替拉西将军的 B. H. 蒙尼奇不仅成功地压制住格但斯克，而且还击退了抵达的法国中队登陆部队。6 月，这座城市无条件投降，斯坦尼斯瓦夫秘密逃往法国。国王奥古斯特三世靠着俄罗斯的力量登上波兰王位。

此后他盲目地追随俄罗斯的政策，使波兰国家走向终结。

"波兰国王继承权"的战争一结束，俄罗斯就在1735年开始了与土耳其的新战争。这是18世纪俄罗斯人和土耳其人之间的第二次冲突。几十年来，两国都在为黑海地区和巴尔干地区的主导权展开血腥斗争。土耳其人与"异教徒"作战，将伊斯兰教的领地扩大到北方。俄罗斯人试图将"伊斯兰教徒——主十字架的敌人"从东正教的圣城君士坦丁堡驱逐出去，该城近300年一直被土耳其人称为伊斯坦布尔。俄罗斯发动此次战争的目的还在于将巴尔干斯拉夫人从土耳其压迫的枷锁中解放出来，并占领黑海海峡。此外，这场战争对俄罗斯来说是一场复仇之战，1711年的普鲁特条约使彼得一世失去了亚速、塔曼，以及艰难打造的亚速舰队，当时俄罗斯遭受到了极大的损失。无论是在彼得一世还是在安娜统治时期，俄罗斯军队都没有忘记这件事。军队的指挥权委托给陆军元帅蒙尼奇。

蒙尼奇制订了一项与土耳其人开战的计划，根据该计划，军队将在开战后的四年内占领黑海北部地区、克里米亚、摩尔达维亚、瓦拉几亚等地，并于1739年进入君士坦丁堡。然而这个宏伟的计划注定不会实现，不过起初局势对俄罗斯军队来说十分有利。拉西的顿河军队轻松攻占亚速，1736年5月22日，发生了历史性事件——俄罗斯军队首次进入克里米亚。必须说一下，在1736年之前，克里米亚对俄罗斯进行了百年的侵袭，数十座俄罗斯城市遭到掠夺和焚烧，数十万俄罗斯人被鞑靼人劫走并卖为奴隶。克里米亚一直被俄罗斯视为最危险的敌人。这次轮到克里米亚了：蒙尼奇接到命令，将一片繁荣的地区夷为平地，命令中称其为"强盗巢穴"。俄罗斯军队带着火和剑席卷克里米亚，攻占该城的第二年以及1738年，俄罗斯军队用同样的残忍方式再一次摧毁了这里，他们似乎在努力不让一栋完整的房子留在克里米亚。鞑靼人无法抵抗俄罗斯正规军的袭击，纷纷逃往山区。俄军在克里米亚以西的军事行动开展顺利，1737年夏天占领了土耳其的大型堡垒奥恰科夫。但是快速进军到伊斯坦布尔这一计划并未实现，当时这个任务很难完成——土耳其人的力量并没有被完全摧毁。此外，蒙尼奇作为指挥官表现出平庸的资质，他未能适应南方战争的艰难条件。军队的战斗损失与因疾病和恶劣待遇造成的死亡相比可以忽略不计。俄罗斯被其盟友奥地利所辜负，后者投降并将贝尔格莱德拱手让给了土耳其。因此，尽管俄罗斯军队取得了在斯塔维恰尼附近战役的胜利，在1739年占领了霍廷要塞，但在法国的外交协助下结束了战争，《贝尔格莱德和约》对俄罗斯不利，根据和约，俄罗斯将所有征服的领地归还土耳其。然而，这场战争的意义是巨大的——俄罗斯军队通往黑海的道路现在已经明了。叶卡捷琳娜二世麾下的下一代俄罗斯士兵和指挥官将沿着这条道路迅速前进。

[人　物]

### 陆军元帅蒙尼奇

伯查德·克里斯托弗·蒙尼奇 1683 年出生于奥尔登堡公国。他的父亲是一名军事工程师，在儿子出生后获得了贵族身份。这件事影响了蒙尼奇的性格，他试图向所有人证明自己身份的优越性。蒙尼奇走的是与他父亲同样的道路，这需要相当多的知识和能力，在服役的 20 年里，蒙尼奇和许多其他陆战队员一样，在五支欧洲军队里待过！他的早期传记记载的都是持续的战争、不断的争吵和频繁的决斗。蒙尼奇是个大胆的人，他成为一名雇佣步兵，一个准备将自己的剑随时卖给魔鬼的雇佣兵。1710 年代后期，他在奥古斯特二世军队服役期间与上级发生了争执，转而求助于彼得一世。彼得将他收入麾下，并派他参与拉多加运河的建设，他顺利完成该任务。1728 年宫廷迁往莫斯科后，蒙尼奇成为圣彼得堡的主要负责人。

随着 1730 年安娜·伊凡诺芙娜统治的开始，蒙尼奇迎来了人生最美好的时刻，他成为女皇最信任的政要之一。1732 年，他被任命为军事部部长，获得元帅军衔。将蒙尼奇描绘为粗野大兵是一个很大的错误，在他死后留下的信件可以证明蒙尼奇是个思想成熟、善于表达的人。以下是 1735 年来自英国的朗多夫人给她的通信人写的关于蒙尼奇的文字："你说你把他想象成一个历经磨难的粗鲁老兵……其实他长着一张漂亮的脸，皮肤白皙，身材高挑纤细，而且动作轻柔优雅。他舞跳得很好，他的所有舞步都散发着青春气息，他是宫廷中对待女伴最礼貌周到的男舞伴之一，在女性中他散发出欢乐和温柔的魅力。"然而，之后的一切都变得令人不适，因为蒙尼奇缺乏分寸感，人们很明显能看出他是个好撒谎的虚伪之人。此外，在描述蒙尼奇故意懒洋洋地看着女士们以及他如何温柔地亲吻女士们的手时，朗多夫人指出："在我看来，真诚是一种品质，而他对这种品质并不熟悉。"朗多夫人所描述的蒙尼奇形象不能不被认为是准确的。此外，他身上的勇气和决心、魅力和礼貌与令人难以置信的自负、自恋、高傲、妄自尊大结合在一起，蒙尼奇似乎有一种为自己树敌的惊人方法：他先是拉近与人们的距离，试图拉拢他们，然后对其粗暴地侮辱和羞辱，这引起人们极度的怨气。但他迷恋这种力量并为此感到舒适。

蒙尼奇是位出色的工程师，但却是一个无能的指挥官。在1735年至1739年的俄土战争期间，他犯了很多严重的错误，作出了许多考虑不周的决定，造成不合理的人员损失。但是令人惊讶的是——成功和幸福从未离开过蒙尼奇！蒙尼奇与许多俄罗斯指挥官一样，他不怜惜士兵，士兵给他起了"剥皮者"的绰号。除了泄密和不成体统的钩心斗角之外，蒙尼奇还犯了许多罪，其中一件是1739年谋杀瑞典外交信使辛克莱男爵——随后此事走漏风声，酿成了一桩巨大的国际丑闻。

1740年，蒙尼奇试图领导安娜·利奥波尔多芙娜的政府，但失败了。伊丽莎白·彼得罗芙娜时期，他被流放到西伯利亚佩林，20年后他又从那里返回，于1767年去世。

# 安娜·伊凡诺芙娜时期的贵族政策

机缘巧合之下登上王位的安娜不确定自己的地位是否稳固，1730年限制王权的小贵族运动似乎很猖獗，而这让安娜这个疑心重的女人不得不感到害怕。她甚至不信任支持自己成为独裁者的近卫军。参议院档案记载1730年，女皇无意中听到了从皇宫灭火回来的卫兵之间的对话。他们说："哦，可惜我们没有得到我们需要的东西，否则我们就会让他离开（也就是说杀了他）。"这段对话谈论的是比龙，此时他已经抵达莫斯科，即将成为距离王位最近的人，这一事实立即引起许多人的羡慕。

18世纪30年代，在乌拉尔，人们发现了世界上最丰富的铁矿——一座巨大的山峰，安娜下令将其命名为"恩典山"（安娜的名字就是从希伯来语翻译过来的），此时她自己也坐在"恩典山"之巅——拥有专制权力、财富和特权，站在这座"权力之山"脚下的臣民的福祉都取决于她。朝臣和官员对女皇而言，重要的不是国籍，而是忠诚，即臣民要像奴隶一样服从女王的意志。总体而言，安娜政府建立对内政策的原则是以彼得一世的政策特征为基础。俄罗斯经济在贸易和工业领域正在积极发展，阿尔汉格尔斯克、圣彼得堡、里加和雷维尔等历来盛产的金属、木材、面包、猪油、鱼子酱等商品的出口量急剧增加。在布拉戈达特山附近以及乌拉尔和西伯利亚其他丰富的矿床中，新建了冶金厂和增添了新的炼铁炉。1740年，俄罗斯冶炼了25000吨生铁，产量超过了"世界锻造厂"英国，当时英国一年的总冶炼量达到17300吨。俄罗斯经济正在崛起。

在安娜统治时期前后，农奴制主导了国家的经济并继续被强化。1736年颁布的一项法令最终消除了工人的自由农奴类别。此后，所有那些自由工人都被认为永久地依附于工厂和工厂主。但是，在彼得一世时代，工厂所有者并不觉得自己完全是工厂的主人。国家严密监控工厂，工厂只能生产国库所需的产品，这些产品的生产需要根据一定的质量和数量要求——否则你的工厂会被国家没收！

在安娜的统治下，专制制度的贵族政策发生了明显的变化。1730年的事件迫使当局思考令包括贵族在内的所有人担忧的问题。问题主要涉及减少土地所有者的土地所有权和使用期限。1730年和1731年的两项法令取消了彼得1714年颁布的关于单一继承的法令。现在，地主获得了比以前更大的土地处置所有权。对贵族来说，同样重要的还有安娜1736年的法令，该法令涉及他们在军队和国家机关中的服役。俄罗斯第一次给贵族们设立了25年的服役期限，取代了贵族的终身服役制，25年后贵族可以返回自己的庄园。法令允许贵族将其中一个儿子留在家里以维持家庭生产。自彼得大帝时代以来，俄罗斯军官的服役薪水是外国服役军人的一半。到1732年，俄罗斯军官的薪水翻了一番。

安娜统治下的俄罗斯，贵族以及其他阶级的人是在不安中度日的。众所周知，统治者个人及其亲信总是会给国家和社会生活留下一些烙印。安娜女皇性格捉摸不定，是个心狠手辣的女人。比龙同她一样，他们随心所欲地耍性子，宫里人为此感到害怕。每个人都知道比龙有能力让女皇针对任何人，人们害怕成为检举的受害者，他们不敢对国家或政府官员提出的政策发表意见。因为这样的意见可能会让他们遭到"侮辱女王陛下荣誉"的可怕指控。城市街头时常响起"君临天下"的声音。

提到秘密办公厅及其负责人A.I.乌沙科夫，人们就会感到害怕。在这个惩罚性机构管辖的地牢里，嫌疑人会受到各种复杂的酷刑。安娜在位时期，有各种残酷的中世纪处决刑罚：穿刺、活埋、活活烧死、四分五裂、轮刑等。安娜并没有忘记1730年初发生的那件事，并试图镇压积极参与此事的人。第一棒便打在了多尔戈鲁基大公的头上，1730年春天，A.G.多尔戈鲁基大公和他的家人被流放到西伯利亚。"被毁的新娘"也被流放到了那里——新娘指的是彼得二世的新娘叶卡捷琳娜·多尔戈鲁基公主以及伊万·多尔戈鲁基大公的年轻妻子娜塔莉亚。1729年，陆军元帅B.P.舍列梅捷夫的继承人——他15岁的女儿——同意嫁给彼得二世的宠臣伊万·多尔戈鲁基大公。不久君主驾崩，伊凡大公的宠爱也结束了。当时亲戚劝告娜塔莉亚解除婚约，将婚戒还给新郎，但是这个诚实且高贵的女孩拒绝了，她嫁给了伊万，并与她丈夫在西伯利亚别列佐夫历经奴役。她留下的手写笔记中写道："如果你在每一件事上都被爱、谦逊和怜悯所引导，你就能无愧于心地走自己的人生之路。"

多尔戈鲁基在别列佐夫生活了8年——这里是缅希科夫和他的女儿玛丽亚（彼得二世的第一任新娘）生活和死亡的地方。1738年，当地一位文员谴责伊万，指责他对女皇发表了反对言论，多尔戈鲁基家族的所有人都被带到了施利塞尔堡。在那里，他们遭受审讯与折磨，1739年秋天，伊万大公这位前宠臣和同他一伙的另外三个人在诺夫哥罗德附近被处决。伊万·多尔戈鲁基被处以轮轧之刑——施刑人压碎了他的胳膊、腿和脊椎，把还活着的他推到了车轮旁。更早之前，安娜还迫害了参议院大臣首脑D. M. 戈利岑大公，年老生病的戈利岑被囚禁在施利塞尔堡要塞，并于1737年春天在那里去世。阿尔捷米·沃伦斯基事件也给社会留下了极其深刻的印象。早在1711年，这个年轻而聪明的船长受到彼得一世青睐后被任命为驻波斯大使。沃伦斯基因舞弊、急性、放荡不羁的性格而"出名"。多亏了比龙的游说，安娜给他升了职，任命其为内阁大臣。作为比龙的亲信，沃伦斯基曾经在最高权力圈子里工作，起初他是这位宠臣的忠实门徒，热情地为他服务，但沃伦斯基逐渐对他的上司变得傲慢无礼。由奥斯特曼掌管的秘密办公厅对沃伦斯基发起调查，之前这两人之间发生过冲突。在拷问折磨下，平日里怯懦且油腔滑调的沃伦斯基，证明了自己是勇敢之人，带着尊严接受了屈辱的死亡。沃伦斯基被指控试图谋反，当时这位热情好客的内阁大臣邀请好友到家中做客，好友们一起讨论了沃伦斯基的"修正国家事务总规划"，这是关于对国家经济问题和成果的观察与反思，然后他就被冠以了严重的指控。主要政要在沃伦斯基的家中会见是当局最忌讳的，而内阁大臣对安娜、比龙等人的不雅言论曝光后，引得女王震怒。

沃伦斯基案中的主要告密者是他的管家瓦西里·库巴涅茨，他听到并记下了自己主人所说的话。经过短暂而非正义的审判，沃伦斯基和他的两个朋友——建筑师彼得·埃罗普金、谋士安德烈·赫鲁晓夫——于1740年6月27日在圣彼得堡的熟食市场被处决。当时沃伦斯基——这位不久前还是女皇最好的大臣和发言人——徒劳地等待着被赦免。然而赦免并未发生，行刑之时安娜正在彼得夏宫休息和打猎……

1730年安娜登上俄罗斯王位的当天，令莫斯科人感到震撼的是城市上空午夜时出现了不祥的血红色光芒，这种奇怪的北极光被解释为血腥统治的预兆。事实上，由于多尔戈鲁基和沃伦斯基的各项操作，安娜的统治最终被染上了血红色。1740年10月5日，女皇在餐桌上病倒并开始吐血，此后安娜的健康状况迅速恶化。1740年秋天，因为她过于热爱骑马导致患上了肾结石病。安娜痛苦不堪，躺在床上，除此之外，她的癔病也发作了。女皇心中生出恐惧，这或许与她生病前不久的晚上皇宫里发生的一件怪事有关。值班的侍卫守夜时，在黑暗的王座厅里发现了一个与女皇极为相似的白衣人影，这个人影在大厅里转来转去，没有回应人们对她的呼唤。警惕的守卫感到很可疑——因为他知道那时女皇已经去休息了，被警卫唤醒的比龙也见证了这一幕。随后，人多了起来，但那个人影却没有消失。最后，人们叫醒了安娜，让她自己前去看她的替身。"这是我的死亡"，女皇说完就往自己的房间走去。直到她签署了遗嘱，比龙才离开生病的女皇，遗嘱中女皇的侄孙伊凡·安东诺维奇被任命为王位继承人，比龙摄政，直到年轻皇帝伊凡六世满17岁。1740年10月17日，安娜女皇去世。临终时，她一直看着站在她脚边哭泣的比龙，死前她说："别害怕！什么都别怕！"

## [传说和谣言]

### 安娜和比龙有孩子吗？

读《圣彼得堡新闻报》了解一些资料后，不能不注意到在国家议定书中，比龙的两个儿子被授予了特殊而非常光荣的职务，这是任何海外公爵的孩子都无法企及的。比龙的孩子们在宫廷里十分自由，喜欢恶作剧，调皮捣蛋，吓唬朝臣。1728年出生在米陶的小儿子卡尔·恩斯特受到了众多人的关注，这个男孩深得女皇的喜爱。值得注意的是，安娜轻装前往莫斯科时却带着一个一岁零三个月大的卡尔·恩斯特，安娜带着这个与自己最亲近的孩子一起去面对未知的挑战。同样值得注意的是，比龙最小的儿子，从婴儿时期到10岁一直睡在皇室卧室的婴儿床上。这个男孩很可能是比龙和安娜的儿子。谈及女皇和比龙妻子之间的关系（比龙从1727年起就娶了一位丑陋的德意志贵妇），可以肯定地说，这位宠臣、他的妻子和安娜女皇几乎成了一家人。这很奇怪，历史上守秩序的社会都会对这样的三角恋感到反感，尽管这种日常关系在很久以前就决定好的，并且参与其中的每一方都完全清楚。在1741年的审讯中，比龙说，女皇希望和他们时刻在一起，"有时他或他一家不在女皇陛下身边或暂时离开，女皇就会屈尊抱怨说，比龙和他的家人抛弃了自己，自己被他们厌倦了"。比龙所说的这些情节是可信的，毕竟，爱宠臣也没有必要忍受他老婆和别人的孩子。对于安娜来说，比龙的家人就是她的家人。卡尔·恩斯特长大后成了一个彻头彻尾的贪婪者、狂欢者和手脚不干净的人。叶卡捷琳娜二世时代他来到法国，后来因伪造钞票被关押在巴士底狱。1789年7月14日著名的"暴政据点"巴士底监狱遭遇来自革命人民的袭击，里面的囚犯被释放，而卡尔·恩斯特就在其中。

对比龙的依恋与对贵族、近卫兵的不信任，使安娜被迫在莫斯科进行了许多行动，为了保护自己，她组建了一个新的近卫兵团——伊兹梅洛夫斯基，与普列奥布拉任斯基和谢苗诺夫斯基团相对立，该团中的士兵招募的贵族，是从南方独院小地主和外国人中招募来的。1731年成立内阁（替代肆意妄为的最高参议院），以及1732年为远离"叛逆"的莫斯科而来到圣彼得堡，这都说明了她对前贵族的不信任。最后，也是最重要的一点，安娜不相信那些前朝政客，于是将由比龙领导的一些外国人提拔到了高位。安娜的统治开始以比龙的名字命名——"比龙主义"。

1730年，女皇在那些与参议院大臣和贵族意见相左的人中寻求支持她的力量。安娜信任那些早在其统治之前就在俄罗斯服役的外国人，因为这些人并没有卷入之前的种种事件，其中就有陆军元帅蒙尼奇、副总理A.I.奥斯特曼和莱文沃尔德兄弟，但比龙仍然是她最亲近的人。

## [笔　记]

几乎在所有的百科全书中，人们都可以读到"比龙主义是在安娜·伊凡诺芙娜女皇统治时期，1730年至1740年间的俄罗斯反动政权，以E.I.比龙命名"。这一时期外国人统治当道，国家财富被掠夺，一切都被怀疑，到处充满间谍、告密活动，不满者受到残酷迫害。当伊丽莎白·彼得罗芙娜凭借"将俄罗斯从可恨的外国人的压迫下解放出来"的爱国口号夺取政权之后，安娜·伊凡诺芙娜这十年统治立即在史学中被称为"比龙主义"。正如教堂讲道台上所宣称的那样，伊丽莎白决定"让住在俄罗斯鹰巢里的夜猫子和蝙蝠滚开，从邪恶阴险的破坏者手中解救自己的国家，将彼得大帝的遗产从陌生人手中夺回，将俄罗斯的子孙从奴役中解放出来，给人们带来期待中的繁荣"。这些伊丽莎白时代对安娜统治时代的宣传性评价在我们的史学和小说中都根深蒂固——每个人都记得伊·拉热奇尼科夫的小说《冰宫》和康德拉蒂·里列夫的《思想》。安娜的官廷不是由德意志人主导，而是由一伙国际朝臣主导。在女皇脚下争夺君主恩惠时，国籍和宗教都变得无关紧要。顺便补充一下，安娜的祖父萨尔蒂科夫曾经是波兰国王的臣民——总而言之，围绕在安娜王位旁边的是一伙龙蛇混杂的人——库尔兰的比龙、利沃尼亚的莱文沃尔德兄弟、奥尔登堡的蒙尼奇、威斯特伐利亚的奥斯特曼、亚古任斯基、切尔卡斯基公爵和巴尔德公爵的后裔；还有俄罗斯人戈洛夫金、乌沙科夫和沃伦斯基。而这伙人并不团结一致，这是一伙典型的宫廷奸党，宫廷在他们掀起的永无休止的权力、势力和恩惠争夺战中逐渐分崩离析。但如果我们看一下当时的内外政策，结果反而表明在安娜的统治下俄罗斯帝国在不断壮大，经济得到发展，贵族获得实质的利益，在海军中服役的外国人并不比彼得一世统治时的人多。至于欠缴的税款、残暴的秘密办公厅、对不满者的残酷迫害、掠夺国家财富和国家管理下的其他永恒恶习，这些一直都存在，无论是在比龙之前还是在他之后。在之后的俄罗斯历史时期，与天生的俄罗斯背信者相比，比龙有时显得逊色，相比之下"比龙主义"时代的邪恶作为似乎只是无恶意的戏谑。当然，不应低估比龙对女皇的压倒性影响，这不仅源于这个宠臣是一个英俊而意志坚定的男人，而且女皇将其视为自己的主人、丈夫和保护者。在位的整整十年里，安娜和她的宠臣没有分开过一天。人们不喜欢比龙，甚至害怕他，比龙没有受过教育，粗鲁无礼，有时还对女皇大喊大叫。十年来，实际上是比龙在统治这个国家，他自己很快就明白了这一点，统治期间他没有犯过严重的错误。比龙处事低调，到处都有他安插的心腹和间谍，他为人傲慢、残忍、报复心强，对敌人冷酷无情，他还以玩世不恭、贪婪、喜欢拙劣的奉承和喜欢纯血种马著称。

在王位旁与比龙等外国人一起，获得安娜·伊凡诺芙娜信任的俄罗斯人也不在少数：外戚萨尔蒂科夫、亚古任斯基、切尔卡斯基、费奥凡·普罗科波维奇和秘密办公厅的负责人乌沙科夫等。他们一起成为女皇的随从，为了更优厚的恩惠、奖励而非国家利益，这些人纷争、阴谋不断，导致国家分崩离析。

## 比龙的摄政和倒台

事实上，比龙没有什么好害怕的——安娜死前签署的遗嘱已经被放在了奥斯特曼副总理的锦匣中，根据该遗嘱，安东诺维奇继承王位。安东诺维奇出生于1740年8月，是安娜·伊凡诺芙娜的一个侄孙，他是安娜·利奥波多芙娜公主和布伦瑞克安东·乌尔里希王子之子。

1716年，彼得一世将普拉斯科维娅·费奥多罗芙娜·叶卡捷琳娜的长女叶卡捷琳娜·伊凡诺芙娜嫁给了一位外国公爵，即梅克伦堡的统治者卡尔·利奥波德公爵。叶卡捷琳娜·伊凡诺芙娜很不幸：她的丈夫是个粗鲁之人，1721年，她带着1718年出生的女儿安娜·利奥波多芙娜找借口逃离了丈夫，投奔自己的母亲普拉斯科维娅。1730年，随着她的姨母安娜·伊凡诺芙娜即位，因为女皇没有孩子，安娜·利奥波多芙娜的处境就发生了变化。女皇公开宣布，王位继承人将是自己侄女安娜·利奥波多芙娜与当时并不知名的外国王子结婚后所生的儿子。王子在布伦瑞克被发现并于1734年被带到俄罗斯。王子是个病弱而胆小的年轻人——他并不喜欢新娘和女皇。女皇决定把婚礼推迟到更好的时机，最终，在1739年，安娜·利奥波多芙娜与这位王子举行了婚礼。1740年8月，安娜·利奥波多芙娜生下了一名男孩，为了纪念他的祖父沙皇伊凡五世阿列克谢耶维奇，他被命名为伊凡。

在将王位移交给伊凡的过程中，安娜·伊凡诺芙娜严格按照彼得1722年2月5日的《王位继承法典》的字面含义行事——她将王位传给了自己想传的任何人。安娜将王位传给了一个婴儿——她侄女的儿子，因为她不想将王冠送给洗衣妇叶卡捷琳娜一世的女儿伊丽莎白·彼得罗芙娜，也不想把王冠送给彼得大帝的长女安娜·彼得罗芙娜的儿子——12岁的荷尔斯泰因公爵。根据安娜的遗嘱，比龙将成为摄政王，直到伊凡皇帝17岁生日，如果伊凡去世，比龙可以任职到安娜·利奥波多芙娜和安东·乌尔里希的另一个孩子满17岁。他在内外事务中获得无限权力，可以代表皇帝缔结国际条约，担任陆军和海军总司令，掌管财政大权。包括比龙本人，没有人能想到，他的摄政没有持续一个月。摄政伊始，比龙很明显地在竭尽所能地保住自己的权力，他立即逮捕了对他的任命不满的人，恐吓皇帝的父母，甚至软禁了伊凡的父亲安东·乌尔里希王子。但宠臣的全部力量只依仗于已故安娜女皇对他的喜爱，在女皇去世后，除了暗探和间谍，比龙在俄罗斯社会中没有了任何支持。摄政王忽略了自己背后出现的危机，比龙的权力被他的亲信蒙尼奇推翻了。这位陆军元帅对自己在安娜·伊凡诺芙娜去世时支持比龙后所获得的职位和奖赏不满意。他想要更多，他梦想着得到大元帅的权杖，拥有与比龙同等的权力。一时得势的比龙担心反对自己的阴谋，政变前夕，他问蒙尼奇晚上是否有必要提前采取一些措施来防止阴谋。蒙尼奇难以掩饰自己的激动，1740年11月9日晚上，在前一天得到安娜·利奥波多芙娜批准后，蒙尼奇带着80名卫兵来到了冬宫，堵住所有的出入口后，派自己的副官曼施泰因带着士兵去逮捕比龙。当曼施泰因冲进摄政王的卧室把他叫醒时，比龙立即爬到床底下，然后，正如曼施泰因所描述的：

……比龙终于起身，想要干掉这些人，他向左右挥舞拳头；士兵用枪托猛击他，将他再次打倒在地。他被用手帕塞住嘴，被围巾绑住了双手，随即赤身裸体的他被带到警卫室，在那里士兵用大衣盖住他，把他放到等在那里的元帅的马车上。

于是，革命结束了。

对此，蒙尼奇期待安娜·利奥波多芙娜和安东·乌尔里希对自己表达感激之情。然而，雄心勃勃、专横的陆军元帅失算了，皇帝的父母不希望他成为新的比龙。他并没有获得大元帅的军衔，这个职位被皇帝的父亲布伦瑞克安东·乌尔里希亲王接任，国家事务由奥斯特曼管辖。在伊凡六世安东诺维奇成年执政之前，安娜·利奥波多芙娜本人被宣布为俄罗斯帝国的女公爵和执政者。1741年初被冒犯的蒙尼奇递交了辞职信，他认为这些人不能没有自己，甚至会乞求自己留下。但女统治者立即将这个——正如他在回忆录中自称的——"祖国的砥柱"送去退休了。

# 从安娜·利奥波多芙娜掌权到伊丽莎白·彼得罗芙娜宫廷政变

安娜·利奥波多芙娜将国家治理得毫无生机，她本人既没有欲望也没有能力去掌管国家事务。她为国事而感到苦恼，大半时间都衣不蔽体地待在宫廷内室。正如蒙尼奇在辞职前所回忆的那样，女皇懒洋洋地翻阅着文件，希望她的儿子赶快长大，然后接管这个国家。她的丈夫安东·乌尔里希亲王与女皇一样对政事不感兴趣，他素来与国家的利益不挂钩，在军队和社会中都没有权威。国家事务均由奥斯特曼和戈洛夫金负责。

国家在安娜·利奥波多芙娜的领导下，社会中潜伏的不满情绪正在逐渐高涨，这种情绪在卫兵营房中、在普通士兵中尤其明显。他们中的许多人是自彼得大帝时代起就在近卫军服役的，这些人怀念彼得取得过的辉煌胜利，以及俄罗斯在彼得统治结束时所拥有的崇高威望。彼得残酷和严厉的统治被遗忘了，人们认为，安娜·利奥波多芙娜的人道摄政似乎是对伟大改革者"荣耀时代"的丑化。国家被布伦瑞克外姓掌权（俄罗斯称其为幼稚皇帝），被平庸的弱者统治——这一切都惹恼了卫兵。他们看到"彼得大帝的初衷"被遗忘，遂将注意力放在彼得一世的女儿伊丽莎白公主身上——她是彼得一世的直接继承人，这位俄罗斯美女对彼得曾经的指挥官与战友们很友善。1740年，公主伊丽莎白·彼得罗芙娜已经30多岁了，她过着无忧无虑的生活，时刻被宠臣和追求者环绕。当时的伊丽莎白远离政治，担心自己会被嫁到德意志的某个小公国。当比龙被推翻、蒙尼奇辞职及她的侄女安娜·利奥波多芙娜上台后，情况发生了变化。公主周围的人，尤其是她的医生莱斯托克，开始催促伊丽莎白采取更果断的行动，这也激发了她的野心和统治欲望。同时伊丽莎白得到了外国外交官——法国特使德拉·切塔尔迪侯爵和瑞典大使诺尔肯的协助。一方面，法国饶有兴致地希望改变俄罗斯的外交政策，当时俄罗斯一直与法国的竞争对手奥地利交好；另一方面，瑞典希望废除在1721年双方签订的《尼什塔特和约》，恢复东波罗的海王国。如果伊丽莎白决定发动政变，切塔尔迪和诺尔肯向其承诺提供支持和金钱。但最重要的是，彼得的女儿获得了近卫军的拥护，正如安娜·利奥波多芙娜的间谍所透露的那样，这些人对伊丽莎白表现出了特别的"热诚"。伊丽莎白效法她伟大的父亲，不拘礼节地与近卫军交朋友，同他们交谈，同意成为他们孩子的教母，她在宫殿里接待这些近卫军。蒙尼奇在1741年新年前夕拜访了公主并表示祝贺，接待室和宫殿楼梯挤满的大量近卫军使他感到震惊。他还注意到，近卫军们不拘礼节地称公主为"你"，称她为教母。根据东正教的习俗，人们可以这么称呼自己孩子的教母，字面上的血缘关系被认为不亚于真正的血缘关系。

然而很长一段时间内，伊丽莎白对发动政变都犹豫不决，因为这对于习惯了无忧无虑生活的美丽女公主而言，似乎太危险了。此外，来自国外的援助也有所耽搁。1741年夏天瑞典开始对俄罗斯发动战争，但以卡尔十二世的后裔的惨败告终。

陆军元帅彼得·拉西和其他将领在作战中没有让俄罗斯军队的荣誉受辱，1741年8月23日在芬兰的维尔曼斯特兰德堡垒下彻底击败了瑞典军队。对于伊丽莎白和她的战友来说，这场胜利并不值得高兴——此战以后，对瑞典人来说通往彼得堡的道路被封闭了。

1740年10月10日，圣彼得堡的居民看到了不同寻常的景象：骆驼和骡子驮着大量捆包在城市的街道上行走。这是波斯国王纳迪尔·阿什拉夫的大使团为俄罗斯沙皇带来的丰富礼物：珍贵的珠宝、精美的东方面料、金色的器皿、多样的马具、镶满钻石的武器。但值得一提的是，波斯大使将十四头大象作为礼物送给伊凡皇帝的景象震惊了整个彼得堡人。这些庞然大物庄严地行走在"午夜之城"的街道上，以威严的外表震撼着人群，随后它们被安置在一个特殊的庭院中，有时会被带到战神广场上散步，或被带到城市的街道上散步，奈何这些庞然大物并没有用武之地。也许，从那时起，他们开始用一个词——"闲逛"或"大象闲逛"——来称呼任何无意义的庆祝活动。纳迪尔·阿什拉夫派大使团送来丰厚的礼物是有原因的，他想向公主伊丽莎白·彼得罗芙娜求爱——关于她美丽的传言已经传到了波斯。奥斯特曼婉言拒绝，没有给纳迪尔·阿什拉夫大使面见公主的机会，这令伊丽莎白感到非常生气。

1741年秋天，阴谋者的处境变得愈加不利，关于公主要对抗布伦瑞克家族的谣言传遍了整个首都，国外的间谍向安娜·利奥波多芙娜当局也汇报了同样的信息。但无论是统治者还是她迟钝的丈夫都没有对此采取任何行动。1741年11月23日，统治者决定以家庭方式羞辱这位自以为是的伊丽莎白姑妈，在谈话中安娜居然把自己的底牌都暴露了。伊丽莎白随即意识到当局已经知道了他们的阴谋，于是决定发动政变。

1741年11月25日晚上，伊丽莎白和三个密友做完祈祷后穿上骑兵胸甲，经过熟睡的彼得堡来到普列奥布拉任斯基团的营房，人们已经在那里等着她。在三百名普列奥布拉任斯基近卫军的陪同下，她乘坐雪橇驶向宫殿广场，之后与士兵一起步行前往冬宫。然而，公主被困在雪堆中，耽误了支队的行动，随后侍卫将他们的"指挥官"抱在怀里，把她抬进了宫殿。宫廷侍卫立刻站到了叛军的一边，卫兵闯入安娜·利奥波多芙娜和安东·乌尔里希的卧室并逮捕了他们，一岁大的王子被从婴儿床里抱出带到了伊丽莎白身边。

当时这座城市里只有少数人被捕——奥斯特曼、蒙尼奇、戈洛夫金、莱文沃尔德。整个首都对彼得大帝女儿的"光荣"变革一无所知，第二天早上人们被街上传来的异常嘈杂声吵醒。值得注意的是，在将伊丽莎白推上王位的近卫军中，有不少是与蒙尼奇一起推翻比龙的人。

[文　献]

参议院总检察长J.P.沙霍夫斯科伊被参议院执行官的敲门声惊醒，执行官要求沙霍夫斯科伊立即到皇宫面见女皇：

"一开始我还以为执行官发疯了，叫醒我之后，转眼他就离开了；但很快我透过窗户看到街上有许多人排着队跑向宫殿所在的方向，我立即去了那里，来查明这样一个非同寻常的起源的准确性。我不知道去哪座宫殿，因为当时虽然夜很深，霜冻大，但街道上挤满了前往沙皇宫殿的人，附近的街道上，带着步枪的近卫兵团排成一列，人们为了缓解寒冷，在许多地方生火取暖；而其他人则互相端来酒以避寒。此外，嘈杂的喧嚣声中夹杂着'你好！我们亲爱的伊丽莎白·彼得罗芙娜女皇！'——这样的呼喊声无处不在。坐在马车上的我挤不进这座宫殿，我便下车步行，礼貌且沉默地穿过层层人群，然后听到从楼上传到门廊的粗鲁的话语，我随即跟着人群赶往厅堂……"

在这里必须进行一下评述。1991年8月，我整理的《俄国宫廷政变时代回忆录》出版了，我在前言中写道，有人曾说，在250年后的今天，我们现代人，无法体会祖先在一夜政变后第二天早上醒来的感受。然而，这本书出版后不久，我从一阵敲窗声中惊醒（我当时在乡下）。邻居气喘吁吁地告诉我，戈尔巴乔夫政权被推翻了，我们国家一夜间发生了政变……

[人　物]

### 安德烈·伊万诺维奇·奥斯特曼

奥斯特曼出生于波鸿一个教区牧师的家庭，在耶拿求学，1703年5月4日在一次醉酒的酒馆斗殴中他因杀死一位友人而逃往荷兰，之后来到俄罗斯应征入伍。在对奥斯特曼漫长而艰难的一生有所了解后，酒馆斗殴在我们看来不见得是一件不合逻辑的意外。奥斯特曼的性格是个谜，他为人谦逊沉静，但有时却突然会对周围人出其不意地发怒作恶。在他沉着、机智和理性的外表背后，隐藏着野心、骄傲、虚荣甚至冒险主义之火。有时，这位最聪明的分析师无法控制自己的激情，犯下荒谬的错误，将自己置于困境。在俄罗斯，奥斯特曼很快就走上了仕途：他成为大使馆办公厅的一名翻译，彼得注意到他后让这个年轻人参与到严肃的工作中。他灵活的头脑、勤奋、德意志式的学究和精准——一切都符合沙皇的喜好。奥斯特曼有着让每个俄罗斯人都感到惊讶的工作能力。多年来，奥斯特曼作为外交官的重要意义与日俱增，俄罗斯参与的任何一项重大外交活动都离不开他。1721年秋天缔结的《尼什塔特和约》被认为是奥斯特曼职业生涯成功的顶峰，根据该条约，俄罗斯获得了波罗的海领土。

1723年，奥斯特曼成为俄罗斯的副总理——对于所有官员来说，这是个极高的职位。作为一名有实力的外交官，他认为政策的基础在于始终如一地恪守俄罗斯的利益、清醒的推测、务实的态度以及只与那些对俄罗斯有用的大国建立同盟关系的意图和能力。

成为外交官却不是政治家这是不可能的，奥斯特曼在宫中的位置多次处于危险之中，但每次都能安然度过。在安娜·伊凡诺芙娜女皇统治期间，他最靠近权力的顶峰，他当上了内阁大臣，成为有影响力的重要人物，不再局限于外交政策，同时要主持内政。在内阁大臣的位置上，奥斯特曼展现了他与生俱来的品质——聪明、狡猾、神秘、自私，他是一个深知自身价值且无原则的政治家。在这里需要强调的是，奥斯特曼是18世纪俄罗斯少有的人物之一，他没有因贿赂和盗窃而玷污自己的名声，他的生活完全被工作和阴谋所淹没。其他的一切在他看来都是次要且不重要的。

奥斯特曼在俄罗斯生活了近半个世纪，总是一个人，没有交到任何朋友。这可以理解，人们与奥斯特曼的交流非常不愉快，他的城府和虚伪以及其巧妙伪装的逸事是人们议论纷纷的话题。他在自己政治生涯中最重要的时刻突然病倒了，然而，善于伪装的奥斯特曼懂得把握好尺度：这位朝臣灵敏的嗅觉总是偷偷地提示自己什么时候需要平躺并微微抬起眼睑，什么时候要在床上呻吟，什么时候仍要前往官中。

在历史的急转弯时刻，奥斯特曼总是知道该把谁掌控在手中，随即背叛自己的恩人。到1741年初，经过一连串的政变和辞职后，政坛上突然没有留下强势人物，软弱狭隘的统治者安娜·利奥波多芙娜掌握大权。就在那时，奥斯特曼认为自己的时刻到来了！从小被他隐藏起来的那种野心爆发了，他成为统治者的第一任大臣，真正的国家元首。但他的辉煌并没有持续多久，经历又一次政变，伊丽莎白·彼得罗芙娜上台，奥斯特曼从辉煌之中跌落，前往之前他将恩人缅希科夫流放的别列佐夫，并于1747年在那里去世，享年不到60岁。

## 伊丽莎白作为女性统治者

伊丽莎白·彼得罗芙娜女皇在位 20 年，像所有前任沙皇一样，她对掌管俄罗斯这样一个大国所要付出的辛勤劳作是毫无准备的。是的，成为女皇并不是她人生的主要目标，从孩提时代起，公主就被安排培养成日后法国或其他国家的王后。她掌握外语，学习舞蹈、穿衣、谈吐以及如何愉快打发时间的能力。伊丽莎白·彼得罗芙娜将她的整个统治都用在了消遣上，根据同时代人的说法，伊丽莎白拥有神圣的美貌。叶卡捷琳娜二世回忆起她见到 34 岁的女皇时的场景：

当时，在第一次看到她本人的美貌和威严的姿态时，我不禁为之惊叹。女皇是个身材高大的女人，她很丰满的身材并不影响她的美，她举手投足间都没有丝毫的拘束感；头发也很漂亮……舞姿婀娜多姿，无论男女装扮，她都表现得十分优雅。人们愿意目不转睛地一直盯着她，一刻都不想从她身上挪走目光，没有任何事物可以与她媲美。

凭借自己的美貌让每个人都黯然失色——这成为时尚女皇的生活目标，而她确实成功地做到了这一点。1733 年，一位中国大使应邀参加安娜·伊凡诺芙娜宫廷的舞会，闲聊中，安娜问大使哪个女人最美。他指着伊丽莎白说："在这么多美女中，我认为她是最美的，看到她的双眸后，没人能不沉溺其中。"在中国人看来，她足够耀眼夺目。在那个时代，没有一个女人拥有如此大而明亮的深蓝色眼眸，如此光滑的皮肤和灰白的卷发。同时代的人注意到伊丽莎白对服饰和消遣娱乐有着无限的热情，她成功地将这些"引入"到了首都的上流社会。每个人都注意到她非凡高雅的服装、发型和珠宝，众所周知，女皇禁止其他女士的穿着与自己雷同。来自法国的载满小百货和面料的船抵达后，女皇会亲自检查船上的货物并挑选她认为所有最好的物件，使圣彼得堡赶时髦的女人们"处于困顿状态"。

受欢迎的女士们会令伊丽莎白烦恼，她经常命令这些人换下美丽的服饰。女皇自己每天都换衣服，甚至一天换好几次。她去世时，她的衣橱里有大约一万五千条裙子、几千双鞋子、一百多块华丽的面料。舞厅之外的伊丽莎白完全变了个人，她的亲友、朝臣、仆人都因女皇的任性和乖张而深受其害，她喜怒无常，性急，经常将自己的愤怒发泄到别人身上。周围的人很难适应她不同寻常的习惯和癖性，她晚上几乎从不睡觉，没有人知道女皇到底什么时候睡觉，什么时候吃晚饭。放纵、无法自控以及对夜间政变的恐惧心理导致女皇有如此特殊的生活方式。她记得那天晚上，近卫军和她一起去逮捕安娜·利奥波多芙娜，她害怕自己也会面临这样的命运。在深夜，伊丽莎白经常突然收拾行装离开，前往大多数人都不知道的地方——去沙皇村、彼得夏宫或其他宫殿。她在宫殿里没有固定的卧室，卧室每次都安置在新的地方。女皇的搬家习惯不仅是出于恐惧，她还非常喜欢旅行，她在途中会感到舒适：在从圣彼得堡到莫斯科的路上为她建造了20多座宫殿，在路上她找到了自己所需的一切。

尽管表面待人和蔼可亲，但伊丽莎白内心多疑，有时在不认识她的人看来，赢得了这位轻浮女王的青睐后，他们就能操控她，但随后这些人会很失望。伊丽莎白并不像安娜·利奥波多芙娜那样单纯天真，她不允许自己被别人掌控。尽管她喜怒无常，但她在解决国家事务时既不手忙脚乱也不急于求成，相反，女皇在一些文件上签字的时候，会突然变得犹豫不决，过于谨慎——她知道自己签字的代价是高昂的。任何人都不会指责伊丽莎白凶残，据说，女皇登基后发誓不会签署死刑令。事实确实如此，没有一个俄罗斯统治者可以像伊丽莎白一样吹嘘在其统治期间没有处决过一个人。

# 伊丽莎白女皇的亲信

伊丽莎白上台掌权后，她身边的亲信之人也手握重权。多年来，拉祖莫夫斯基在宫廷中享有很大的影响力。1731年，拉祖莫夫斯基出现在伊丽莎白公主的身边，当时的他是一个纯朴的乌克兰小伙子，嗓音优美，被从切尔尼戈夫的切马利村带到了圣彼得堡的宫廷教堂。来自乌克兰的歌手们在圣彼得堡受到高度评价，伊丽莎白尤其喜欢拉祖莫夫斯基，让他成为自己的亲信。随着伊丽莎白即位，拉祖莫夫斯基获得了最高的职位，变得富有，但与比龙不同，他是一个完全无害的人，性格温和且带有乌克兰式的幽默。拉祖莫夫斯基对统治和压制人没有想法，以谦虚和重视家庭观念著称，他爱他众多来自切尔尼戈夫的亲戚。拉祖莫夫斯基对女皇的影响是巨大的，她一刻也没有与他分开过，历史上存下了许多女皇与拉祖莫夫斯基在一起相爱的证据。人们看到，在严寒中，女皇在离开剧院时，小心翼翼地为拉祖莫夫斯基扣好皮大衣的扣子，帮他把帽子戴在头上。另一位旁观者看到女皇进入感冒的拉祖莫夫斯基的帐篷，"好像她在帮自己的丈夫脱下衬衫，换上另一件"。第三个人偶然看到：女皇兴高采烈地坐在拉祖莫夫斯基的腿上，他们像是一对令人羡慕的幸福夫妻。之所以女皇对这位男宠持有令人羡慕且惹人嫉妒的真挚爱恋，原因不仅在于这位帅哥的肉体深深地吸引了伊丽莎白，还在于他身上有着稳健、忠诚和善良的品质。在充满阴谋诡计的宫廷世界中，虽然拉祖莫夫斯基拥有女皇无限的宠爱，但他从不以任何方式侵犯女皇的权力，甚至不让自己被任何人怀疑背着女皇搞阴谋。女皇欣赏拉祖莫夫斯基的这种无私，在她的信中称他为"不虚伪的朋友"。同时，拉祖莫夫斯基并不是过于天真或平庸，相反，他很聪明，在他过分顺遂的生活中，他记得自己来自哪里，他是谁，以及他非凡幸福的秘诀是什么。他知道自身价值，过往的辛酸历程使他没有迷失自我。拉祖莫夫斯基带着乌克兰人民与生俱来的温和幽默，不止一次开玩笑地说着发生在他这个贫农儿子身上的神奇故事。

慵懒、优雅的拉祖莫夫斯基——身着锦缎睡袍,与身着常服的伊丽莎白一起,同一群亲密的人在桌边用餐。餐桌上经常有最受欢迎的浓郁的乌克兰罗宋汤(并且煮了六个小时!),这诱人的香味,同带有大蒜的小甜圆面包的香味弥漫整个宫殿。

当然,看着这对漂亮的"夫妻",很难不去想象他们的孩子一定很漂亮!关于伊丽莎白和拉祖莫夫斯基秘密生孩子的谣言一波又一波地传遍了全国,激起了所有俄罗斯和国外爱传流言蜚语的人的好奇心。据说他们的孩子在国外接受教育,在瑞士以"塔拉卡诺夫"的姓氏求学,其中一个女儿在修道院监禁中结束了自己的生命。但是这一切都是传说,虽是空穴来风但还是有迹可循。可以肯定的是,阿列克谢·拉祖莫夫斯基姐姐的孩子在瑞士学习,她丈夫姓达拉甘,被德意志闲散的新闻记者改写成塔拉卡诺夫家族,随后会讲到,在叶卡捷琳娜二世时期,一个不知名的冒名者利用了这个传闻。他俩的婚姻是有孩子的,但在那个年代,孩子似乎不像现在那样是无价之宝。通常情况下,新生的私生子会被嫌弃,他们会被送给宫廷仆人或送到当地居民的家庭中,给这些家庭一定奖赏,而养父母并不一定知道这是谁的孩子:爬着的三四个孩子中,也许有活下来的!

阿列克谢·拉祖莫夫斯基为他的祖国乌克兰做了很多事情,在与马泽帕的历史事件之后,沙皇政府对乌克兰保持警惕。拉祖莫夫斯基设法为乌克兰司务长谋得了各种福利,1750年,女皇允许乌克兰选择一名盖特曼,阿列克谢的弟弟基里尔·拉祖莫夫斯基当上了盖特曼。基里尔的经历就像童话,有一次,从圣彼得堡来的人把这个16岁的牧羊人带到首都,给他洗漱、穿衣,送他出国留学和游历。回到俄罗斯后,22岁的他成为乌克兰的盖特曼和圣彼得堡科学院院长。基里尔和他哥哥一样——慵懒,善良,不贪权。在18世纪50年代初期,拉祖莫夫斯基家族被舒瓦洛夫家族从王位旁排挤开,因为40岁的伊丽莎白有了一个新的年轻宠臣——伊万·伊万诺维奇·舒瓦洛夫。

从伊万·伊万诺维奇·舒瓦洛夫在国家管理中受到青睐开始,他的堂兄弟亚历山大和彼得就脱颖而出,在很长一段时间内,他们都围在伊丽莎白女皇身旁。如果说亚历山大是一个相当"不出色"的人,他为人阴险——掌管着著名的秘密办公厅,那么舒瓦洛夫家族的领头人彼得的鲜明个性则让人记忆深刻。

同时代人对彼得·舒瓦洛夫的负面评价是一致的,他多年来牢牢掌握着内政,他的性格和举止中有许多令人厌恶的特征。野心勃勃、自负、傲慢和极其富有的彼得·舒瓦洛夫有很多敌人，对他不怀好意的人也有不少。正如一位当代人所回忆的那样："他的家和生活方式会引起人们对亚洲式奢华的嫉妒：他总是像莫卧儿一样被钻石围绕，周围环绕着一群随从。"彼得·舒瓦洛夫与伊丽莎白心爱的女侍从官玛夫拉·舍佩列娃的婚姻是他成功的关键，玛夫拉·舍佩列娃是一个不漂亮但很聪明的女人，正如18世纪人们所说的机灵鬼一样，她是一个"善于钻营的人"。她对女皇的举止了如指掌，从而巧妙地帮助了丈夫的事业。傲慢和浮夸并没有阻止彼得·舒瓦洛夫成为有进取心和精力充沛的人，他为此付出了很多努力；无论是针对原始的大炮设计、财政方案还是烟花计划，他都有理解和欣赏新事物的诀窍。据一位同时代的人说，彼得·舒瓦洛夫家里设有一个用于研究各种方案的委员会。从1744年到1745年直到1762年他去世，彼得·舒瓦洛夫向女皇和参议院提交了大量国家经济和军事事务部门的法律草案。在许多方案中，彼得·舒瓦洛夫扮演了典型的盈利者——为国库寻求收入的人。在彼得·舒瓦洛夫的倡议下，政府开始"毁坏"硬币。通常，8卢布的铜币是用一普特铜铸造的，彼得·舒瓦洛夫开始铸造一种较轻的硬币——开始从一普特铜中炼出16卢布，然后是32卢布的铜币。因此，国库的收入增长惊人。在彼得·舒瓦洛夫的建议下，国家实施了关于葡萄酒和盐的贸易方案，导致这些产品价格上涨。得益于彼得·舒瓦洛夫，银行业开始在俄罗斯积极发展起来。1756年，在他的领导下，钱票银行开始运作，向贵族和企业家发放贷款。彼得·舒瓦洛夫特别喜欢军事，或者更确切地说是喜欢火炮。可以毫不夸张地说，18世纪下半叶和19世纪初的俄罗斯火炮是世界上最好的火炮之一。彼得·舒瓦洛夫在火炮改造上的功劳是巨大的，他根据火炮新型号扩大了火炮厂，火炮在防御工事将军（炮兵总司令）指导下不断完善，最著名的是所谓的舒瓦洛夫榴弹炮和独角兽火炮。它们在强度、轻便性和机动性、射速等方面与以前的火炮类型有很大不同，再加上燃爆弹和霰弹的广泛使用，这大大提高了俄罗斯火炮的火力。像许多达官显贵一样，彼得·舒瓦洛夫是个盗窃国家财产的贪赃者。他寻求各种渔猎买办，即拥有在白海捕捞鳕鱼的专有权，将带来巨额收入的国有冶金厂以优惠条件转让给他自己和他的兄弟亚历山大·舒瓦洛夫。但这一切对彼得·舒瓦洛夫来说还不够：对利益的渴望将他毁灭，他不顾风险地想在国库大捞一笔。但他所有的事业都以失败告终，维持众多昂贵事业的巨额支出使这位最富有的达官显贵破产了，当他去世时，他的继承人只从他那继承了债务。彼得·舒瓦洛夫的收益状况估计为58.8万卢布——这在当时是一笔巨款，而他的债务高达 68 万卢布！

## [人　物]

### 伊万·伊万诺维奇·舒瓦洛夫

许多人认为伊万·伊万诺维奇·舒瓦洛夫的"幸运得宠"会是短暂的，就像以前那样，新的年轻人会接替他。但宫廷的贤哲们都预估错了，连着几个星期，后变成了几个月、几年，伊万·舒瓦洛夫没有对任性的美丽女皇丧失理智。仔细观察年轻时的伊万·舒瓦洛夫，可以发现他与宫廷里的其他年轻人截然不同。伊万·舒瓦洛夫出生于 1727 年，接受的是家庭教育，随后他被有影响力的彼得·舒瓦洛夫和亚历山大·舒瓦洛夫堂兄弟安排在了宫中。他们希望这个年轻人能在宫里磨炼自己，习惯宫廷环境，就像所有的舒瓦洛夫家族人一样走上仕途之路。但伊万·舒瓦洛夫超出了所有亲戚的期望——他成为伊丽莎白女皇的宠臣，直到她去世。当然，年迈有风情的伊丽莎白需要伊万·舒瓦洛夫这样一个英俊的年轻人在旁边，这样她能感到自己也很年轻。在美好的节日和欢愉的烘托下，新的爱情帮助女皇摆脱了悲伤的暮年时光，这只是她宠幸伊万·舒瓦洛夫的一个原因，同时她了解并欣赏自己这位年轻情人身上真正优质的品格。从一开始，伊万·舒瓦洛夫就与那些贪婪的表亲不同，他没有表现出同他们一样在攫取财富、土地、头衔和职位上的傲慢与贪婪。同时他有很强的能力，在女皇生命的尽头，伊万·舒瓦洛夫成为她唯一的发言人，负责起草法令文本并向政要宣布女皇的决定。在此期间，这位廉洁的宠臣没有为自己捞取任何好处。当然，作为女皇的宠臣并不会穷困潦倒，但没人会在他身后指责他是"小偷"，虽然伊万·舒瓦洛夫在权力旋涡中停留这么久，但他仍是一个诚实、无私、清白的人，这是一项罕见的壮举。据说，伊丽莎白死后，伊万·舒瓦洛夫给了她的继任者彼得三世 100 万卢布——这是女皇给伊万·舒瓦洛夫的告别礼物。伊万·舒瓦洛夫的这一举动完全符合我们对他的了解，众所周知，伊丽莎白去世后，他辞职隐退后经常向姐姐借钱度日。与女皇之前的宠臣相比，他谈不上一点富有，而这些品质正是伊万·舒瓦洛夫长期受到女皇青睐的原因之一。伊丽莎白总是怀疑自己的宠臣会利用她对他们的宠爱来损害自己的权力，但她对伊万·舒瓦洛夫的信任是无限的，并始终相信他的无私和正派。

投入与自己母亲年龄差不多的女皇情人怀中，并不会令伊万·舒瓦洛夫感到尴尬。毕竟，得宠是一种完全合乎要求且普遍被接受的宫廷制度。这位年轻、英俊、穿着时髦的年轻人的年龄当女皇的儿子都不为过，但没有人会拒绝自己的幸福，伊丽莎白也不例外。当然，伊丽莎白喜欢伊万·舒瓦洛夫，与其说喜欢他的学识，不如说喜欢他文质彬彬的举止和气派。伊万·舒瓦洛夫确实是一个不同寻常的宠臣，他有着世俗花花公子的所有外貌特征，而他实际是一个开明的艺术鉴赏家，他对文化和教育有着深厚而真诚的热忱。没有他，俄罗斯在很长时间内就不会有莫斯科大学、艺术学院、第一个公共剧院。罗蒙诺索夫以及整个俄罗斯科学和文学，在很大程度上都得到了伊万·舒瓦洛夫的资助。

凭借自己在上层的影响力，伊万·舒瓦洛夫决定与罗蒙诺索夫一起在莫斯科创建俄罗斯第一所大学，后来这所大学成功创办，而伊万·舒瓦洛夫成为这所大学的真正督学。伊万·舒瓦洛夫对于学术和文艺的资助有着清晰、准确的思想观念：发展俄罗斯的科学和艺术，向世界证明俄罗斯人民和其他民族一样，只要为他们创造条件——凡事都能取得成功！当然，他对于学术和文艺的资助可以得到好处，天才们收到来自伊万·舒瓦洛夫的精神和物质的支持后，会对其表达真挚的感激之情。来自天才的感激之情是什么，难道不是将这位学术和文艺的庇护人放到自己的文艺作品中使其流芳百世？伊万·舒瓦洛夫这样一个热爱美的人，通过帮助天才大师们使自己跨越永恒的门槛，实现不朽。第一位庇护者的角色对伊万·舒瓦洛夫来说非常成功——几代人都没有忘记他对俄罗斯文化领域做出的贡献。

但与此同时，伊万·舒瓦洛夫仍是一个世俗人，他一生都喜欢穿得体面，吃得精致，他试图用一些罕见的菜令客人感到惊叹，比如将一个古怪的烤土豆和一个同样古怪的菠萝搭配在一起。伊万·舒瓦洛夫是一位有着欧式温和想法的真正俄罗斯绅士，无论他和罗蒙诺索夫多么亲密，无论他如何钦佩这位伟大波默尔人的才能，但这位宠臣有时却会以老爷派头居高临下地对待罗蒙诺索夫。苏马罗科夫和罗蒙诺索夫这两位诗歌上的对手和生活中的死敌在他安排的一次会议上发生争吵时，他会开怀大笑。这两位诗人的争吵只不过是在漫长、丰盛而无聊的晚餐中，一种传统贵族式的温和娱乐形式。

1761年12月25日，当伊丽莎白女皇在伊万·舒瓦洛夫怀中去世时，环绕在他周围的豪华宫廷生活、权力和奴颜婢膝戛然而止。但是，在失去权力后，伊万·舒瓦洛夫得到了他一直追求的自由与平和。伊丽莎白死后，开始是彼得三世上台，然后是叶卡捷琳娜二世。叶卡捷琳娜二世根本不需要已故伊丽莎白之前的高级宫廷侍从，她也不信任舒瓦洛夫家族。伊万·舒瓦洛夫出国，在国外待了7年，他在巴黎享有开明俄罗斯贵族的美誉。他住在神圣的意大利，在家中接待并安顿俄罗斯艺术家——他所爱的艺术学院的毕业生们。他购买画作，将出自提香、伦勃朗、委罗内塞等天才之手的100幅杰作赠送给了艺术学院。后来，这些惊世的收藏品奠定了冬宫绘画收藏的基础。

伊万·舒瓦洛夫回到俄罗斯后，仍然孑然一身，他在绘画和书籍中过着平淡的生活，正如他想的那样，他于1761年离开皇宫后，他的另一个梦想成真了——他周围都是朋友。伊万·舒瓦洛夫在自己家创建了第一家文学沙龙，他的密友们经常聚集在他家的餐桌旁：诗人加夫利尔·德尔扎文、伊万·舒瓦洛夫·德米特里耶夫、奥西普·科佐达夫列夫、伊波利特·博格丹诺维奇、海军上将兼语言学家亚历山大·希什科夫、耶米尔·科斯特罗夫等人——都是杰出而有才华的人。在伊万·舒瓦洛夫的家里，每个人都感到舒适安心，伊万·舒瓦洛夫爱他的朋友们，需要他们的参与和关注。

伊丽莎白去世时，伊万·舒瓦洛夫35岁，之后他又活了35年——就如所想的那样，没有了像以前一样的忙乱和宫廷阴谋后，伊万·舒瓦洛夫快乐地生活着。人们羡慕他，他喜欢独处、艺术、诗歌，并经常旅行。伊万·伊万诺维奇·舒瓦洛夫于1797年秋天去世，这段幸福生活结束了。最善良、最诚实、最聪明的人的荣耀伴随着他的一生，即使在他死后，也没有人能从他身上夺走这份荣耀。

[传说和谣言]

### 伊丽莎白·彼得罗芙娜结婚了吗？

1742年秋天，两位上帝的奴仆——"阿列克谢"和"丽扎维特"——在莫斯科附近彼得罗沃村的一座乡村教堂里秘密举行了婚礼（只有少数人知道这件事）。届时乌克兰牧羊人成了俄罗斯女皇的丈夫。随后，伊丽莎白在这里建了一座带有宏伟公园的宫殿，将其赠送给了拉祖莫夫斯基。我们没有直接证据证明这场婚姻——在教堂里的人没有谈论起这件事。但还是有间接证据的，尤其是那份御前人员名单——帮助伊丽莎白·彼得罗芙娜登上王位、参与政变的306个人，这些人都受到了女皇的嘉奖和宠爱。名单中，详细描述了御前人员的出身、受教育水平、人均财产和婚姻状况等数据。最后一栏很清楚地标注：注明此人已婚、单身或丧偶。拉祖莫夫斯基在该名单上的婚姻状况一栏是空白：他是唯一一个婚姻状况没有标记的御前人员。这个空白似乎最有说服力地表明了他与女皇的秘密婚姻。原本那一栏是可以写"单身"或"已婚"的，如果已婚那么妻子是谁？因此上面什么也没写……

# 伊丽莎白时期的经济和内政

1744—1747 年，俄罗斯进行了第二次人口普查，反映了自 1719—1724 年彼得第一次普查以来国家人口的变化。调查结果令当局满意——俄罗斯已经熬过了北方战争和彼得大帝改革造成的严重危机。人口数量从 1724 年的 500 万增加到 1747 年的 700 万。如果我们考虑到妇女（人口的一半）、贵族和其他豁免阶级，以及那些逃避普查的人，那么在伊丽莎白女皇时代的俄罗斯帝国里生活的人不下 2000 万。当时的国土面积大约等于现在的俄罗斯联邦，对于这样巨大的领土，这样的人口数量是可以忽略不计的。像以前一样，大多数人住在农村，100 个俄罗斯人中只有 4 个人住在城市里。然而，经济在继续增长，冶炼行业发展尤其迅速，产自乌拉尔的铁和铸铁的优点很快在西欧得到了认可。1750 年西欧对俄罗斯金属的需求达到了前所未有的水平——当时 100% 的金属产品都来自俄罗斯工厂。换言之，无论俄罗斯工厂生产多少金属，都会被西欧市场所吸收。这引发了俄罗斯工业的繁荣——在这样的条件下建造冶金厂变得非常有利可图。

1752—1753 年，彼得·舒瓦洛夫提出了一项大胆的关税改革草案。当时，俄罗斯和其他国家一样，自中世纪以来，国家各地区和城市的边界上都有海关，这些海关被称为内部海关。来自内部海关的税收，虽然有利于国家财政，但它们的存在却阻碍了贸易的发展。彼得·舒瓦洛夫建议完全取消贸易的内部关税，但将外部海关的进出口关税提高 13 戈比。1753 年 12 月 13 日法令颁布，实行了关税改革。出于对彼得·舒瓦洛夫的信任，伊丽莎白女皇签署了这个非常冒险的法令，但其成功超出了所有人的预期：1753 年，外部海关上缴国库 150 万卢布，而到 1761 年已经达到 270 万卢布。而在其他国家，直到 1789 年革命期间，法国才对国内海关进行了类似的改革。海关收入的增加说明了该国贸易的增长。

# 俄罗斯的启蒙运动

伊丽莎白时期的俄罗斯恰逢欧洲启蒙运动的兴起。这是一场伟大的思想运动，始于法国并影响了所有欧洲国家。启蒙运动家捍卫了许多在现在看来很普遍的原则：平等，自由，个人独立于教会，梦想在地球通过广泛传播知识从而建立一个"理性王国"，以实现全人类的幸福。这一运动也传播到了俄罗斯。所有法国文学中的新奇事物，特别是所有读者的偶像——讽刺文学大家伏尔泰的著作一经发表，立即就成为俄罗斯知识分子之间热烈讨论的话题。

而这种讨论早在18世纪50年代就已经广泛进行了，伊万·舒瓦洛夫出版了名为《文学变色龙》的杂志，该杂志用法语发行，发行量为300份，这在当时已经是发行量非常大的外文出版物了，该杂志内容涵盖了法国的新闻和文学作品。伊万·舒瓦洛夫常年与伏尔泰、达朗贝尔、赫尔维蒂乌斯保持通信，在一些保存下来的信件中我们可以了解到在伊丽莎白时代人们对启蒙运动的看法。当然，伊万·舒瓦洛夫和他的朋友们没有接受伏尔泰的无神论以及他对宗教信仰的嘲讽。俄罗斯启蒙运动家似乎并未提及启蒙运动中关于推翻旧秩序和反对君主专制的主张。他们认为启蒙运动的主要意义在于启蒙、教育、用知识战胜愚昧。伊万·舒瓦洛夫将这场胜利视为国家福祉的保障："当迷信和无知——这些启蒙运动针对的主要对象——消失时，国家就会获得必要的成功。"如今，彼得大帝不仅被视为国家的统治者或改革家，而且被视为启蒙者、教育家和反对野蛮与无知的战士。伊万·舒瓦洛夫感叹道，这位君主的主要关注点是"能者居之"。但是死亡阻碍了彼得大帝完成他已经开始的事业，在彼得之后的统治者放弃了人民启蒙运动，这就是为什么俄罗斯的成功止于此，"对学习的渴望"在俄罗斯人身上消失了。根据伊万·舒瓦洛夫的观点，当下的主要任务是继续对俄罗斯人民进行启蒙教育。

俄罗斯人对启蒙运动的解读是什么？是国家能够而且应该通过建立"明智的机

构"来教育和培养开明、有知识、有修养的顺从臣民,用他们的知识和能力来巩固这个国家,给俄罗斯带来荣耀。换句话说,启蒙运动不应该破坏俄罗斯的"旧秩序",而恰恰相反,应通过启蒙运动来加强原有秩序,使其变得更加灵活,以适应世界的变化。重要的是,伊丽莎白统治时期的启蒙思想是与爱国主义思想相辅相成的,这一思想特别强调了对俄罗斯的热爱。在18世纪40—50年代,我们看到俄罗斯社会爱国情绪的兴起。正是这一情绪在很大程度上促成了彼得大帝的女儿登上王位,同时,伊丽莎白的加冕也助长了爱国主义浪潮。在人们的宣传中,伊丽莎白被认为是彼得大帝事业的延续者,启蒙运动本身是拥护爱国主义思想的。依据在于知识之光普照每个人身上,在俄罗斯经历了彼得大帝改革的艰难时期后,启蒙运动思想能够将国家和人民平等地统一起来;俄罗斯人民不得不在彼得的指挥下迅速吸收了欧洲文明的许多价值观,复制了很多来自欧洲的习俗和制度。后彼得时代已经过去了四分之一个世纪,这代人身上已经发生了变化,由于启蒙运动,新一代的人,包括伊万·舒瓦洛夫和米哈伊尔·罗蒙诺索夫希望看到自己的民族成为平等开明民族大家庭中的一员,至少不比其他成员差。伊万·舒瓦洛夫懊恼地写信给法国哲学家赫尔维蒂乌斯,关于后彼得时代他写道:"对我们来说,一些外国人因为一段不堪的过往而不公正地认为,我们的国家没有能力把我们培养成开明有才华的人。"说服欧洲并且证明俄罗斯有能力做其他国家所做的一切——这是伊万·舒瓦洛夫及其周围人的爱国目标。罗蒙诺索夫也简单地表达了这个想法:"俄罗斯大地上能够诞生自己的柏拉图和机智聪慧的牛顿。"

这种可能性是存在的,启蒙者在俄罗斯人民的民族特征中看到了这种可能性。伊万·舒瓦洛夫的朋友米歇尔·沃龙佐夫在1758年给驻扎在普鲁士的俄罗斯军队指挥官费尔莫将军写信说道,俄罗斯人应该从敌人那里获取一切新的和有用的东西:

> 当我们不知道敌人采取了什么有效军事制度时,这并不是什么丢脸的事情,但当我们已经了解这些后仍被我们忽视,这就不可原谅了。我们的人民完全可以凭借他们的坚定信念与对合法政府的信任,获得他们想要的任何东西。

伊万·舒瓦洛夫及其圈中人士的爱国主义承载了人民自身进步的思想。这种爱国思想并非要将与其他民族的比较建立在贬低他人和强调自己的排他性上。在教育的帮助下展示俄罗斯人民的创造能力，然后每个人都会看到俄罗斯并不比其他国家差——这就是伊万·舒瓦洛夫和他所在的圈子的目标。1755 年，罗蒙诺索夫的学生波波夫斯基在莫斯科大学体育馆的开幕式上发表了演讲，他对年轻人说："如果有意愿且努力，那么你很快就能证明自己天生具有举世闻名的智慧；要相信，俄罗斯人民之所以未能进入开明民族的行列，更多的是因为教育起步较晚，而不是因为无能。"

[人　物]

### 米哈伊尔·罗蒙诺索夫

罗蒙诺索夫 1711 年出生于阿尔汉格尔斯克省霍尔莫果尔附近的一个名为杰尼索夫卡的村子。他是波默尔人的后裔，这是一个特殊的斯拉夫族群。一些专家认为波默尔人就像哥萨克人一样是一个单独的民族，和俄罗斯其他族群有着很大区别。当时在北方没有奴隶制，这里的人很看重进取心和运气，在与狂风恶浪的搏斗中，波默尔人养成了坚忍不拔的性格。同样，作为波默尔人的后裔，罗蒙诺索夫这位伟大的科学家也拥有强大的意志力和不屈不挠的性格。命运往往存在着某种神力，推动着他走向不寻常的方向。罗蒙诺索夫的才能也可能是被异常美丽、雄伟的北方自然风光所唤醒，大海的这种美似乎总是特别强大、活泼、诱人和神秘。不同于其他人，罗蒙诺索夫总是能发现大自然不同寻常的美，感知到大自然的神奇力量，大自然也一直给罗蒙诺索夫带来内心的波动。可以肯定地说，没有彼得的改革，就没有罗蒙诺索夫。就个人性格来讲，罗蒙诺索夫同彼得大帝一样，性格是有缺陷的，他是一位叛逆者，他年轻时就试图与反对官方教会的旧信徒相处。尽管困难重重，罗蒙诺索夫还是在 1730 年 12 月徒步前往莫斯科学习，就像彼得大帝第一次前往荷兰的冒险旅行一样，这是罗蒙诺索夫开启伟大人生历程的一步。在斯拉夫－希腊－拉丁学院的学生中他看起来很另类，但他很快就沉浸于知识的海洋中。他的灵魂燃烧着无法抑制的求知欲，这便是他内心的原动力。1736 年罗蒙诺索夫来到德意志马尔堡大学深造，成为世界著名哲学家克里斯蒂安·沃尔夫的学生。

毫无疑问，同文艺复兴时期的泰坦一样，罗蒙诺索夫是一个百科全书式的天才。

他能轻松地从化学问题研究转向天文学，并对数学、物理学、矿物学、语言学和历史学都有深入的研究。当然在那个年代这些只是一般综合性的科学，还不具备现代科学的专业性。但那时科学普遍主义已经深深植根于罗蒙诺索夫的大脑中，这一思想对他在众多学科的研究上有很大的帮助。罗蒙诺索夫也是一位伟大的诗人，这从他早期创作的诗歌中就初见端倪，很显然他对母语有着一种特殊的情感。

诗歌并不是他生命的真谛，实验科学才是。他像彼得大帝一样，认为只有通过实验获得的，能为科学、民族、国家带来实际益处的经验知识才是最重要的。在很多俄罗斯人看来，罗蒙诺索夫用他一生的时间来展现如何用智慧和学习战胜无知和黑暗。教育的光辉让罗蒙诺索夫登上了荣耀之巅，毫无疑问，他是第一个以自身为榜样，把一生全部奉献给俄罗斯的人，他曾这样写道："荣誉不是盲目的幸福，这需要在求知过程中用天才的头脑、勤奋和对贫困的忍耐才能获得。"罗蒙诺索夫意识到了自己在历史中的地位并自豪地说道："十六年后，我凭借颂歌、演讲、化学、物理和历史这些研究为祖国带来荣誉。"

当然，还是有很多因素困扰着罗蒙诺索夫，他敏锐而痛苦地意识到自己社会地位的卑微，毕竟，他出生于底层，始终无法融入贵族圈子。即使作为一位著名的学者和诗人，他还是像平常人一样，渴望得到鼓励和赞扬，期望得到上流阶层的认可。他讨好奉承这些人，在他们面前贬低自己，但与此同时，他又拥有高傲的品格，随时准备反抗并捍卫自己的尊严。并不是所有人都意识到他是个天才，科学和科学院不能给罗蒙诺索夫带来完全的满足感。总的来说，科学和科学家在当时社会中并不受重视，科学院被视为一个负责制订烟火方案、进行公共实验的国有办公室，在这里工作的科学家地位很低。任何一位军政长官都可以不经仔细询问而驱赶一位远道而来进行金星观测或者带有其他科学研究目的的科学院学者。罗蒙诺索夫穷困潦倒，他觉得所有同事都比他生活得好。对于恶意和不公，他回应道："缪斯可不是那种谁都可以强迫的姑娘，她们只会眷顾自己喜欢的人。如果还有谁认为有学问的人就应该很穷，按此说法，就拿第欧根尼为例，他和狗一起住在木桶里，并留下了一些诙谐的笑话给他的同胞，以增加他们的自豪感；另外一个例子，牛顿作为富有的博伊尔勋爵，他可是靠巨额资金在科学界声名鹊起的。"

多年来理想——荣誉、财富、权力——与现实之间的差距越来越大，罗蒙诺索夫将自己宝贵的时间浪费在与学术权威、同事和他人不断的争吵和诽谤上。沉重、易怒的性格，以及他对酒精的过度热爱使他无法忍受真诚地爱他的同事、亲戚和朋友。罗蒙诺索夫经常言语失控，对人有偏见且多疑，缺乏领导才能，这样的他却贪图权力，急着当领导。罗蒙诺索夫在这件事上特别寄希望于与伊万·舒瓦洛夫的友谊，当时伊万·舒瓦洛夫是伊丽莎白身边拥有无限权力的宠臣。很难想象这两个人在出身、年龄、性情、社会地位上有多么不同，一个是年轻、聪明、温柔、随和同时又无忧无虑、娇生惯养的人，另一个是饱经世故、阴郁、落拓不羁、多疑、野心勃勃的人。在罗蒙诺索夫看来，伊万·舒瓦洛夫是一个毫无价值且平庸的人，然而俩人却很亲近。他们被所谓的开明爱国主义联系在一起：对知识、才能、科学、启蒙的信仰，以及"俄罗斯人民拥有值得向其他民族鼓吹的智慧"的信念。伊万·舒瓦洛夫钦佩罗蒙诺索夫的非凡能力，尤其在诗歌方面。伊万·舒瓦洛夫是一位真正的慈善家，一位细心且热情的倾听者。

但伊万·舒瓦洛夫的热情对罗蒙诺索夫来说还不够，他需要女皇的宠臣来帮助实施宏大的计划，该计划的核心正是他自己——无与伦比的罗蒙诺索夫。他想成为学院的副院长，坚持声称"在学院里我更需要威信，这样外国人就没有优势了"。伊万·舒瓦洛夫被这位才华横溢的朋友的专横举止吓到了，他知道罗蒙诺索夫经常突然表现得很任性、蛮不讲理，有时甚至很愚蠢。由罗蒙诺索夫领导的学院与德意志学者的争辩，往往超出了科学争议的范畴，逐渐演变成一场由罗蒙诺索夫本人发起的丑陋之争，他在争吵中沦为一个普通流氓。因此，无论伊万·舒瓦洛夫多么喜欢罗蒙诺索夫，他都没决定在女皇面前为罗蒙诺索夫的大学方案和副院长职位说上好话，而是一拖再拖。罗蒙诺索夫在经历一次又一次不成功的宫廷之旅后回到家中，开始酗酒……

1761年伊丽莎白女皇去世，新皇上台，伊万·舒瓦洛夫从宫中消失，宫廷换了时代。一天，叶卡捷琳娜二世突然前往罗蒙诺索夫的家，走进了他的办公室。这位肥胖、病重、孤独的主人孤零零地坐在扶手椅上，沉思着，没有注意到高大访客的到来。当时他还不到55岁，但给人的感觉就像一个深沉的老人，正在为死亡做准备。事情就这么发生了，伊丽莎白统治时期，罗蒙诺索夫对自己的地位和命运不满意，实际上这是他一生中最美好、最富有成果、最快乐的时光，这段时光充满工作、诗歌、友谊和温暖……而现在，这个时代结束了。罗蒙诺索夫于1765年去世，坚信"祖国的后代子孙会惋惜自己"。事情确实如此……

## 莫斯科大学和艺术学院

启蒙运动的思想在俄罗斯的土地上结出了硕果。1755 年，得益于罗蒙诺索夫的想法与伊万·舒瓦洛夫的努力，莫斯科创建了一所大学。大学的开幕式隆重而绚丽，这一流程对于每所大学的命运都极为重要，大学隆重宣布开学，该学校颁发的文凭与其他大学的文凭一样会被国际社会系统认可。大学如果没有章程，没有女皇批准的特权，就无法开放。只有在特权的帮助下，大学主义者才能保护自己和他们的科学研究免受包括宗教权威在内的各种权威的干扰。而教会非常不赞成人们在解剖室里解剖尸体，或者在天文台观察天象。伊万·舒瓦洛夫设法摆脱了各种官僚机构的阻挠，最终得到了女皇关于开设大学的专门的法令和她批准的特权。伊万·舒瓦洛夫成为莫斯科大学的第一任监督人，他自己也忙着聘请教师，专心研究图书馆书目目录，经常用自己的钱买书送给大学。

俄罗斯没有中等教育学校，所以大学里设置了一个中学，用来培养未来的大学生。19 世纪初培养大学生的另一所中学在喀山开设，加夫利尔·德尔扎文就是从那里毕业的。很快，莫斯科大学作为知识的中心开始步入正轨。学校中形成了一个开明的知识分子、作家圈子，在同一个地方，18 世纪 50 年代后期，第一个共济会分会出现了。莫斯科大学第一届毕业生中有很多人才。

伊丽莎白时代的另一项成就是 1757 年在圣彼得堡成立的艺术学院。创建这所培养艺术家、雕塑家、黑白绘画艺术家、建筑师的高等教育学校的发起人也是伊万·舒瓦洛夫。在制定学院章程时，他借鉴了西方类似学校的章程，在发达国家享有盛名的伊万·舒瓦洛夫设法邀请到了经验丰富的教师，之后他立即开始与在全国各地挑选出来的俄罗斯学生一起工作。伊万·舒瓦洛夫对才华之人有一种鉴别力，1761 年，他写信给宫廷总理府称："舒布诺伊的儿子费多特·伊万诺夫在女王陛下的宫廷里从事雕刻骨头和珍珠母的烧炉工作，这个年轻人有望在艺术领域中成为一个经验丰富的大师。"因此，舒瓦洛夫要求这位宫廷烧炉工人进入艺术学院，"在那里希望给他的时间不会被白白浪费，他可以在艺术上取得最大的成功"。伊万·舒瓦洛夫没有看错：得益于他的关照，俄罗斯迎来了一位杰出的雕塑家——费多特·舒宾，出自他之手的叶卡捷琳娜时代人物雕塑肖像装饰着博物馆的大厅。

学院的第一批毕业生中有几位才华横溢的大师：建筑师瓦西里·巴热诺夫和伊万·斯塔罗夫，版画家叶夫格拉夫·切米索夫，雕塑家费多特·舒宾和费多尔·戈尔德耶夫，艺术家安东·洛森科。没有这些人才，后世俄罗斯艺术的发展是不可想象的。出国后，伊万·舒瓦洛夫继续关心着学院，他在意大利生活了很多年，学院的毕业生会来找他实习。伊万·舒瓦洛夫将古代雕像送到圣彼得堡，以便学院的学生可以从杰出的模板中学习到知识。艺术学院还收到了来自伊万·舒瓦洛夫的礼物——著名艺术家鲁本斯、凡·艾克、丁托列托、委罗内塞、普桑、伦勃朗等人的101幅收藏画作。这些收藏奠定了世界著名博物馆埃尔米塔什博物馆绘画收藏的基础。

# 伊丽莎白时期的音乐和戏剧

"歌谣时代"——诗人加夫利尔·德尔扎文这样称呼伊丽莎白·彼得罗芙娜的统治时期。俄罗斯音乐文化的非凡崛起是伊丽莎白时期的标志,女皇本人在这方面的功劳是巨大的。正如当时人们所说的那样,伊丽莎白是一个非常喜欢音乐的人,她创作、演唱的歌曲都被保存了下来。著名的俄罗斯浪漫曲出自伊丽莎白之手,宫廷礼拜堂里有一个专门的操纵台,女皇和最有经验的唱诗班在后面唱歌。在伊丽莎白的宫廷里,俄罗斯民歌和舞蹈十分受欢迎。然而,不是俄罗斯音乐,而是意大利音乐奠定了宫廷音乐家的剧目基础。在伊丽莎白的领导下,宫廷管弦乐队由意大利著名作曲家兼指挥家弗朗切斯科·阿拉亚指挥,这个团队中有优秀的德意志、意大利、法国音乐家。他们主要表演意大利和法国作品——这在当时受所有欧洲宫廷欢迎。音乐和歌声在所有宫廷节日和晚宴上响起,能持续4—7个小时。18世纪40年代后期,圣彼得堡开始为市民举办公共音乐会,一张1748年的圣彼得堡海报被保存下来,上面写着每周三下午6点,音乐会将在大海街加加林公爵的家中举行。音乐会允许市民、商人参加,只有醉汉、仆役和妓女才被禁止入内。

伊丽莎白宫廷对音乐的热忱促成了竖琴、曼陀林琴,最重要的是吉他在俄罗斯的出现,此后,吉他成为最受欢迎的乐器。1757年,女皇第一次聆听到了一种新的、独特的"乐器"——号角——演奏的声音。号角是由捷克圆号演奏家约翰·马雷什发明的,他创建了一个由几十个号角演奏者组成的管弦乐队。号角有不同的长度——从10厘米到10米不等。每个号角只发出一种音符,要演奏它,不需要知道乐谱,只需要计算停顿时间,以免错过自己演奏的部分。经过长时间的排练,马雷什使圆号管弦乐队可以演奏出最复杂的管风琴音乐。但听这种演奏,建议在距离现场超过半俄里处听,因为这种稀奇乐器演奏起来声音过于响亮。

歌剧被认为是18世纪中叶人们最喜欢的演出之一。在伊丽莎白统治期间,上演了 30 多部歌剧。在那个时候，歌剧演出是最困难，也是最费钱的事，因此演出极少——只有在节假日人们才能欣赏到歌剧。歌剧主要以古代题材为主，充满了寓言、抽象的表演和乏味的教化，最终以善战胜恶为结局，但观众仍然成群结队地去观看歌剧表演。在可容纳 5000 个座位的剧院的包厢、摊位、巨大的走廊里挤满了人——那里不仅可以看到和听到独唱与合唱，还可以欣赏到芭蕾表演、歌剧表演中的艺术诗歌朗诵。

人们来看歌剧不仅是因为他们被色彩缤纷的节日氛围所吸引，而且他们想看看演员们闪闪发光的金色服饰。舞台上壮丽如画的景色给观众们营造出身处遥远南方大自然中的错觉，将观众带到了蔚蓝的海边，带到群山，带到了长满奇异植物的废墟旁。但最重要的是，俄罗斯观众并没有一直沉溺在舞台场面中，而是被意大利大师朱塞佩·瓦莱里亚尼的迷人艺术所吸引。他是无与伦比的戏剧机制大师，隐藏在观众面前的"庞然大物"在歌剧表演过程中发挥着作用，使观众们能欣赏到在"蓬松云朵"上"飞行"的仙女。在看到眼前的"喷火的地狱深渊"时，他们也会惊恐地打个寒战，观众们也会被"闪电"弄得目眩，被"雷"声震得耳聋，他们惊叹于主角们能"神奇"地从舞台上消失或惊讶于演员们能"升天"前往"天堂"。那个时代的人们，在昏暗而乏味的生活中，将看歌剧视为一件值得纪念的大事。

人们对意大利歌剧的热情有利于俄罗斯音乐文化的发展。参加歌剧演出的宫廷唱诗班人员，主要是乌克兰人，这些人中 M. F. 波尔托拉茨基和 M. S. 别列佐夫斯基尤为出名。1758 年，7 岁的德米特里·博尔特尼扬斯基首次出演歌剧《阿尔赛斯特》，他（与马克西姆·别列佐夫斯基一样）将成为 18 世纪下半叶杰出的俄罗斯作曲家，二者都获得了著名的欧洲音乐文化中心的认可。俄罗斯芭蕾舞演员和舞者由经验丰富的兰德和福萨利诺训练。一些歌剧剧本是诗人亚历山大·苏马罗科夫写的。从 18 世纪中叶开始，俄罗斯歌剧和芭蕾的基础逐渐奠定，传统、流派、继承性使其与欧洲艺术界的紧密联系得到加强，没有这些，民族艺术就不可能存在。

俄罗斯戏剧院的形成有两个原因：伊丽莎白对歌剧的热爱和费奥多尔·沃尔科夫这个有独创才能的人的出现。早在安娜统治时期，公主的宫廷里就有些业余歌剧上演，这些是由伊丽莎白公主的亲信马夫拉·谢佩列娃创作改编的，由宫里人演绎。公主登基后，看戏成了她最大的爱好，令周围人感到恐惧的是，她可以观看 10 到 12 个小时的表演而不会感到疲倦，并要求剧团重复上演她最喜欢的戏剧。这些演出的剧团主要来自德意志、法国和意大利。俄罗斯本土歌剧表演通常由业余爱好者演奏，通常是一些来自陆军贵族军团的学员。诗人兼剧作家亚历山大·苏马罗科夫也在军团开始了他的创作。在费奥多尔·沃尔科夫的努力下，一个真正专业的剧院出现了，V. G. 别林斯基称其为"俄罗斯戏剧之父"。

当然，对于21世纪的我们来说，18世纪的剧院可能看起来怪诞可笑。戏剧受到古典主义的约束：演出一定要有五幕，保持时间和地点的绝对统一，演员的表演更接近传统朗诵而不是在舞台上自由发挥（这是被严格禁止的），演员不能高高举起双手，不能用双手捂住脸，不能握成拳头，只有在演绎"粗鲁的平民"时才能这样做。

舞台上，演员侧着身子，用夸张的表情和鬼脸来表达自己的感受。剧院内座无虚席，数百名观众，从镀金包厢里的女皇，到展厅最后一排的传令官，紧张地看着舞台，感同身受地哭笑。哈姆雷特带着他们进入角色，向他们提出了一个无法解答的问题："生存还是毁灭？"在伊丽莎白时期，莎士比亚名剧出现在俄罗斯舞台上一次后，就再也没有离开过。苏马罗科夫改编了莎士比亚剧，根据那个时代的传统，人们不允许丹麦王子死去，不允许邪恶胜利。在苏马罗科夫改编的戏剧结局中，哈姆雷特将他的人民从克劳迪亚斯的暴政中解放出来，成为国王并娶了没有发疯的奥菲莉亚。剧中仍然保留了主要的独白，支吾的俄语仍然清楚地表达人物所有复杂的感受，勾起人们对随时出现在地球上的可怕死亡的思考：

……但如果在困境中生命是永恒的，谁不想拥有这样的安眠呢？谁又能忍受邪恶的迫害，疾病、贫穷和强烈攻击，司法不公，抢劫、怨恨、愤怒、不忠的朋友，还有阿谀奉承？

如果我们永远活着，悲伤会永远与我们同在——在这种情况下，我们需要死亡。

但是啊！在所有的麻烦中，死亡仍然很可怕。你无论多么厉害，仍要服从自然！

……死亡……进入棺材——安静是迷人的，但是紧随甜美睡眠的会是什么？——不知道。

我们知道神灵慷慨地许诺给我们希望、精神旺盛，但软弱的本性！

苏马罗科夫的创作知道如何让观众在喜剧中大笑！他的诗歌简单、和谐，对当时的观众来说是可以理解的——不像意大利歌剧咏叹调和朗诵一样浮夸。喜剧情节犀利、话题性强，舞台调度诙谐巧妙。每个人都认出了喜剧主角，观众席上响起了一阵欢笑和掌声。苏马罗科夫很好地领会到观众笑声的科学性，在他的一首诗中，他制订了他作为剧作家—喜剧演员的方案：

想象在办公厅里有一个没有灵魂的书吏，他无法理解法令中所写的内容。

想象一个讲究穿戴的人，鼻子高高抬起，为了头发的美丽思考了一个世纪，正如他想象的那样，他为爱神而生，为了在某个地方引诱这样一个傻瓜来到自己身边。

想象一个拉丁人在他的争论中，如果没有"ergo"，他就不会说假话。

想象我像青蛙一样骄傲、臃肿，准备钓上小铜币。

想象一个赌徒，他摘下十字架，夹在腋下坐着喊叫："休息！"

## [人　物]

### 费奥多尔·沃尔科夫

沃尔科夫天赋异禀，能够让观众为之着迷、为之欣喜、为之流泪。18世纪的戏剧鉴赏家雅各布·施特林写道，沃尔科夫有一种"疯狂的气质"，他在舞台上表演得很自然，在悲剧中有着鼓舞人心的威严，在喜剧中又很搞笑。在他34年的人生中，他至少扮演了60个多样化的角色，他扮演的最出色的角色是英雄和崇高人物。他是一个英俊庄重的男人，在第一次见他时，会感觉他似乎有点阴沉和刻薄。但交谈过后，人们就被他活泼的眼神所吸引，看出他是一个和蔼可亲的人。沃尔科夫以他的教养、智慧、博学著称，他鲜明的性格不只体现在舞台上。诗人丹尼斯·冯维辛写道，沃尔科夫是"一个聪明绝顶的人，他充满魅力，知识渊博，本可以成为政治家"。沃尔科夫于1729年出生在科斯特罗马，是商人的后裔，父亲早逝，母亲改嫁给了雅罗斯拉夫尔富商波卢什金。波卢什金对继子很好，让他接受了基础教育。有一个传说，沃尔科夫的老师是一位德意志牧师，曾经是比龙的神父，自1742年以来一直流亡在雅罗斯拉夫尔。后来，沃尔科夫去了莫斯科，在后救世主学院学习。沃尔科夫回到雅罗斯拉夫尔后与继父一起料理生意，并成功地成为一名企业家——工厂老板和商人。1746年的一天，沃尔科夫因经商而来到圣彼得堡，正好碰上官廷剧院演出。从此，戏剧成了他的主要爱好，成为他的一个远大梦想。

在继父去世后，沃尔科夫在雅罗斯拉夫尔创建了第一个剧团，并于1750年夏天在一个巨大的谷仓里上演了一部根据圣经故事《以斯帖记》改编的戏剧。沃尔科夫不仅是演出的主要演员，还是导演、艺术家、设计师和首席剧院技师。这位受人尊敬的发展艺术的商人，深得雅罗斯拉夫尔人民的喜爱。沃尔科夫的表演取得了巨大的成功。很快，通过自愿捐款，他建造了一座木制剧院大楼，后来著名演员雅科夫·舒姆斯基和伊万·德米特列夫斯基以及沃尔科夫的兄弟加夫里拉在沃尔科夫的剧团演出。剧团名声传到了首都，1752年，雅罗斯拉夫尔剧团受邀在伊丽莎白女皇本人面前上演悲剧《霍雷斯》。尽管沃尔科夫的剧团在官廷里的演出取得了成功，但不知何种原因，剧团被解散了；大部分演员都加入了陆军贵族军团，经常在官里表演，后来沃尔科夫也很快成了那里的主要演员。最后，在1756年8月30日，俄罗斯文化史上的一件大事发生了——根据伊丽莎白女皇的法令，"俄罗斯悲剧和喜剧表演公共剧院"成立。它位于瓦西里岛上的圣彼得堡，亚历山大·苏马罗科夫成为剧院的导演，获得"官廷演员"称号的沃尔科夫成为他的第一位悲剧演员。从创造性的意义上说，这是一个很棒的团体：苏马罗科夫才华横溢，他在沃尔科夫手下写剧本，并取得了巨大的成功。沃尔科夫不仅是演员和导演，他还具有组织才能，他不断改进表演、技巧和装饰。1759年，他被任命在莫斯科组织一个公共剧院，并胜任了这份差事。沃尔科夫在官廷里受到高度重视，深受贵族的欢迎，于1763年死于感冒。

# 伊丽莎白时期的巴洛克建筑

巴洛克是伊丽莎白时期的艺术风格特征。尽管它在17世纪末出现在俄罗斯，但在18世纪40年代到60年代初期得到了蓬勃发展。巴洛克是一种生活方式，是一种对世界的态度，代表着自身的灵活与无拘无束。18世纪中叶的欧洲人还不知道法国革命的恐怖，也没有经历过特别可怕的自然灾害。他们享受生活，周围的一切都使他们感到快乐。这种快乐体现在绘画、音乐中，但最多的是体现在建筑作品上。在俄罗斯，弗朗切斯科·巴尔托洛梅奥·拉斯特雷利（他在俄罗斯被称为巴塞洛缪·瓦尔福洛梅伊奇）被认为是最杰出的巴洛克建筑师。弗朗切斯科·巴尔托洛梅奥·拉斯特雷利是意大利人，1716年应彼得一世的邀请，他的父亲、雕塑家和建筑师卡洛·巴尔托洛梅奥·拉斯特雷利带着他一起来到俄罗斯。他从小就参与父亲的建筑工作，在意大利学习的几年中，巴洛克式的建筑传统影响了他的创作风格。拉斯特雷利天才的全盛时期是在40年代到50年代，当时他成为伊丽莎白的首席建筑师，并收到了来自女皇和其政要的无数订单。伊丽莎白的建筑抱负十分宏大，再加上当时国库财力充足，以至于拉斯特雷利成为最受宠的建筑师之一——他几乎实现了他所有的创作灵感。拉斯特雷利重新思考了巴洛克风格的概念，为这种风格的建筑赋予了在其他国家建筑上看不到的气魄。他在俄罗斯创造的不仅仅是独立的建筑物，而是整个建筑群，其外部装饰的丰富性和内部装饰的奇妙奢华令参观者惊叹不已。这种气势磅礴的风格完全符合伊丽莎白关于优雅、欢快、舒适、和谐生活方式的理念。拉斯特雷利知道如何迎合女皇的口味，将客户的要求与他们的突发奇想同建筑规则和俄罗斯民族传统巧妙地结合起来。因此，著名的斯莫尔尼修道院大教堂（1748—1764）是参考克里姆林宫圣母升天大教堂的结构而建造的，其钟楼应该是着眼于伊凡大帝的钟楼建造的。拉斯特雷利建造的建筑深受同时代人和后人的喜爱。19世纪上半叶的建筑师V. P. 斯塔索夫写了关于拉斯特雷利的文章：

> 拉斯特雷利伯爵建造的建筑物总是雄伟的,从总体到部分——手法通常大胆、讲究,总是与场所相协调并准确表达其用途,因为内部布置非常舒适……

拉斯特雷利对俄罗斯的建筑和文化产生了深远的影响。许多俄罗斯建筑师在他的领导下工作,如米丘林、布兰科、巴热诺夫、切瓦金斯基。在他的创作中,彼得夏宫(1745—1755)的大皇宫脱颖而出,拉斯特雷利在建造过程中完美地将建筑融入自然,特别是将其靠近大海,并建有著名的壮丽的喷泉瀑布。他还建造了冬宫,使宫殿在圣彼得堡宫殿广场上凸显出了华美。除了这些,位于沙皇村宏伟的叶卡捷琳娜宫(于1756年完工)成为拉斯特雷利杰作中的经典,他将宫殿打造成尘世女神——女皇——的住所。这里曾是伊丽莎白母亲叶卡捷琳娜一世的庄园(故而得名叶卡捷琳娜宫),这个宫殿建在远离首都比较荒凉、偏远的地方。当宫殿建完时,展现在每个人眼前的是一幢奇观。在通往沙皇村的入口处,呈现在客人们眼前的是童话般的景象——矗立在绿色植物或白雪之中,蓝色的宫殿在天空的映衬下闪耀着金色的光芒,金色无处不在。拉斯特雷利关于宫殿写道:

> 宫殿的整个正面都是意大利风格的现代建筑;柱顶、窗棂和楣梁,以及支撑阳台的柱子,顺着上栏杆的宫殿基座上坐落的雕像,都被镀上了金色。

当客人进入宫殿里面时,奢华的景象给人留下更加强烈的印象。从第一个大厅,他们就看到了阳光下闪耀着金色光芒的华丽房间、水晶、镜子、挂毯、五颜六色的镶木地板和镶嵌着蓝色瓷砖的炉灶。每个房间大厅都有一些东西令来访者感到惊奇。宫殿里还有藏有东方绘画、家具和稀有瓷器的中国馆,以及著名的琥珀宫。由深浅不一的琥珀构成的墙面反射出柔和的光芒,与镶木地板的色调相得益彰,让客人们永远铭记在心。

餐厅的墙壁上,从上到下都挂着最珍贵的画作,共挂有101幅画。大殿里有一个风景如画的花坛,由珍稀树木制成的镶木地板,镀金的雕刻品、装饰品和窗台上的300面巨大的镜子,熠熠生辉。

[文　献]

　　伊丽莎白时期的法国外交官德拉·梅塞利埃回忆说，在大会堂的庆祝活动进行到一半时，"所有的窗帘都被迅速拉下，日光突然被1200束光取代，这些光从无数镜子里反射出来……届时由80名音乐家组成的管弦乐队奏响雷鸣般的音乐……突然，我们听到了沉闷且有些庄严的噪声，大门蓦地被打开，映入眼帘的是富丽堂皇的宝座，女皇从宝座上下来，在朝臣的环绕下进入了大殿。一片寂静……"

　　为伊丽莎白建造的宫殿，就为了这一瞬间……

[传说和谣言]

### 琥珀宫的命运

　　琥珀宫是根据建筑师安德烈亚斯·施吕特为夏洛滕堡的第一位普鲁士国王弗里德里希·威廉一世设计的宫殿草图建造的。这是世界上真正的奇迹——在此之前琥珀从来没以这种样式出现过。琥珀通常用于装饰、镶嵌、家具设计。工匠们精心挑选加工过的琥珀，制作出精美绝伦的壁板和马赛克镶嵌画。在普鲁士，琥珀宫不是一个单独的房间，普鲁士国王弗里德里希·威廉一世以蔑视奢侈品而闻名，他将房间的琥珀壁板藏在了兵器库中。现在还不清楚壁板是在什么情况下到彼得大帝手里的。最有可能的是，威廉一世将它作为礼物送给了沙皇（彼得毫不犹豫地恳求他喜欢的杰作），或者威廉一世用琥珀以感谢彼得帮助普鲁士从瑞典手中夺回波美拉尼亚。被带到俄罗斯的珍贵壁板直到1743年才被安装上。就在那时，伊丽莎白下令将它们安置在她的冬宫，直到50年代中期。女皇下达了一项新指令：将琥珀放置在沙皇村叶卡捷琳娜宫的内阁中，为了不损坏珍贵的壁板，士兵们把它们抱到了沙皇村。这件事发生在1755年春天，建筑师拉斯特雷利和大师马泰利在宫殿里用了一个半月时间安装壁板。而为琥珀宫准备的大厅有点太大了，因此，部分壁板被重新制作，用琥珀色油漆制成的新面板附着在原始壁板上，镜面壁柱、镀金楣板和其他巴洛克风格的内部装饰也被用上，靠着墙壁的是摆着琥珀雕像和其他琥珀工艺品的桌子。尽管后来房间被多次改造，但它既保留了拉斯特雷利的主要构思，也将德国大师恩斯特·沙赫特和戈特弗里德·塔劳的绝艺保存了下来。1941年，德国人占领沙皇村后将这个杰作拆掉带走了。从那以后，琥珀壁板就不翼而飞。人们在湖底、矿井、洞穴、防御工事中进行了多次搜索，都没有寻到任何痕迹——琥珀宫永远消失了。也许它在盟军对德国的空袭中被摧毁了，也许破损后，它的一部分有时会出现在古董市场上。未能等到琥珀宫的回归，苏联修复家便开始根据幸存的图纸和黑白照片对其进行复原，这项工作于21世纪初完成。尽管这个作品值得关注，但鉴于琥珀的独特性和唯一性，可以说修复家们创建的是一个新的琥珀宫，而由沙赫特和塔劳所创造的杰作命运仍然未知。

## 18 世纪中叶的盛宴

随着彼得的改革，俄罗斯人民不仅衣着服饰发生了变化，饮食也发生了变化。众所周知，彼得大帝偏爱欧洲美食、柠檬、法国和匈牙利的葡萄酒。新首都的第一批建筑就包括咖啡馆，仿照荷兰的模式，人们可以在那里喝一杯咖啡或茶。在18至19世纪，最重要的食物是面包。在面包店，除了传统面包外，厨师还会烤制精粉小白面包（法式）、各种面包卷和椒盐脆饼。但出于习惯，许多俄罗斯人（尤其是普通百姓）更喜欢黑（黑麦）面包，而贵族们在欧洲长期游历回到家乡后，已经无法享用这种地道的俄罗斯面包了。

肉货摊、屠宰场散发出的浓浓气味，是俄罗斯所有城市不可缺少的一部分。夏季，大量畜群（牛、羊、猪）从附近甚至更远的地方被赶到大城市进行屠宰。冬天，成百上千辆装有碎冻肉的货车穿过城市关卡。似乎野味才是社会各阶层肉类饮食的重要组成部分。鸭子、松鸡、榛鸡、野兔到处都卖得很便宜——周围的森林里到处都是它们的身影，通常这些肉里还有麋鹿肉和熊肉。肉最常见的烹饪方式是煮、炸、熏。在安娜·伊凡诺芙娜女皇时期，参议员们被指责在会议期间不听公事，只顾着吃脆饼卷干榛鸡。显然，这是一道用来"点补"的常见菜，人们会期待一顿有三明治的丰盛晚餐。美食行家对厨师精心准备的内脏表示赞赏，而内脏是最不值钱的肉制品，所有百姓几乎不花钱就能买到。

在蔬菜中，萝卜、豌豆、卷心菜和黄瓜特别受重视。马铃薯（当时称为"tartufel"）在18世纪下半叶才开始端上餐桌，并在20世纪中叶长期被视为异国的食品。曾经，伊万·伊万诺维奇·舒瓦洛夫的餐桌上将土豆与菠萝搭配着吃。土豆——在农田里常见的食物——之前只种植在宫殿花园和菜园中，以及富有的地主庄园里。在社会各阶层中，萝卜、大蒜和洋葱都被视为健康和药用食物，它们可以与各种菜肴一起食用，也可以作为小吃分开食用。像这种饮食喜好有时会给18

世纪的人们带来一种特殊的"俄罗斯情怀",引来外国人的关注。从伊丽莎白·彼得罗芙娜时期一个不知名的波兰人的回忆录中,我们了解到:

> 我听到女皇在去房间的路上告诉她的宫内大臣谢佩列夫,说现在不是搭配萝卜喝伏特加的时候了。我注意到,宫内大臣不知道从哪里能挖到萝卜,我把我自己的不寻常尺寸的萝卜给了他。谢佩列夫先生和我很熟,同意收下我的礼品,建议我亲自向女王陛下献上萝卜。伊丽莎白·彼得罗芙娜一看到萝卜就脸红了,但她让我亲吻她的手,问我的名字、父称和官级。回答完问题后,我以为自己至少能被升为一名指挥官,而女王陛下只命令她的宫内大臣赐给了我一杯伏特加和一百卢布。

越橘、云莓和蔓越莓在俄罗斯各地都有需求。它们在浸泡后作为各种菜肴的调味料,也可以把它们制成饮料。在圣彼得堡,蔓越莓在诺夫哥罗德省最受欢迎,市民每年人均消费20多普特蔓越莓!新鲜的盐渍水果和果脯,有时是异国水果,从国外被船带到圣彼得堡和阿尔汉格尔斯克。俄罗斯人自己的果园很富饶,里面有成熟的苹果、梨和李子。然而,在农民的饮食中,这种培育种植的水果却很少见。平民更多地依赖于"森林的礼物"——浆果,在夏天,乡村妇女和儿童担起了采摘浆果的任务,他们还采集蘑菇和坚果。是的,地主从农民那里以收租的形式拿走浆果和蘑菇,还经常把家仆赶进森林里采摘浆果。毕竟,没有什么水果比野草莓和覆盆子更甜更香了。为了不让农奴姑娘偷吃浆果,她们被迫在采摘时不停地唱歌。

伏特加、啤酒和蜂蜜是俄罗斯的传统饮品,此外俄罗斯还有大量来自欧洲其他国家的饮品。伏特加,当时被称为葡萄酒,有两种类型——"普通"的(一次蒸馏的)和"双重"的(两次蒸馏的)。人们还用伏特加做各种浸酒(所谓的"果浸酒""草浸酒"),将浆果和香草泡在里面。流行的伏特加有很多不同的品种,众所周知,彼得大帝每天都喝一杯他最喜欢的"茴香"伏特加。埃罗菲奇于1726年发明了"一种用于治疗各种疾病的秘方,其成分……是浸着杜松的伏特加"。这种医用药最终以发明者埃罗菲奇的名字命名。

俄罗斯的伏特加酒价格低得离谱。在18世纪初,你可以花半戈比买近一升伏特加。在20世纪中叶,一桶啤酒需要33戈比。俄罗斯人还喜欢喝英国啤酒、半啤

（淡啤酒）以及18世纪末出现在俄罗斯的黑啤酒。啤酒不被认为是贵族的饮品。难怪伊丽莎白女皇会因为在圣彼得堡沙龙里嗜好英国啤酒而受到指责，据称这说明了女皇的低俗——毕竟，她是洗衣工叶卡捷琳娜一世的女儿！出身名门的贵族早已忘记了彼得大帝时代之前他们父辈所喝的酒，这些人追随彼得大帝的口味，迷恋来自法国、意大利、西班牙、匈牙利、德意志等国的干红、干白烈酒。1739年抵达圣彼得堡的法国特使德拉·切塔迪侯爵带来了数千瓶香槟，俄罗斯上流社会对它十分迷恋，他们无法想象没有这种气泡饮品的日子。香槟是隆重场合的标志，可以与任何菜肴一起食用，与汤一起呈上餐桌。

伊丽莎白统治时期成为一个真正的"甜点时代"。祖传的渍苹果、蜜饯甜瓜、咸西瓜和柠檬，被意大利和法国糖果商推出的雅致产品果酱和糖果所取代。一种稀有的产品——糖——开始流行，蜂蜜被取代了。俄罗斯出现了第一家糖厂。伊丽莎白·彼得罗芙娜喜欢甜食，仆人甚至将她的药丸放到果酱和甜食里。冰淇淋也出现在俄罗斯餐桌上，冰淇淋有蛋白、栗子、橙子、紫罗兰和杜松子口味，但女士们最喜欢茉莉花味冰淇淋。

在18世纪，长达数小时的节日盛宴是典礼和消遣中最重要的部分。盛宴通常安排在宽敞、装饰华丽的大厅——礼仪餐厅——里，这里是皇家宫殿和富豪宅邸不可或缺的地方。彼得一世以强行将客人留在餐桌上而闻名，通常是让客人们在餐桌上待一整天，让他们喝醉，并且不让其从餐桌上起身。后来，在彼得继任者统治时期，尽管宴会持续好几个小时，但道德风气大为改善。伊丽莎白·彼得罗芙娜的统治时期似乎是在盛大宴会的不断喧嚣中过去。在宫殿的大厅里，摆放着形状奇特的桌子，桌子上画着扭动的蛇形图案或字母，更准确地说，这些字母是女皇的花字。带有花哨褶边的桌布上装饰着五颜六色的丝带，上面别着美丽的大花结。在骑士晚宴期间，勋章（即奖赏任何等级骑士勋章）颜色与餐桌装饰、参与者的衣服以及餐具保持一致。

在伊丽莎白时代，餐桌上不仅出现了金银器皿，还有瓷器——首先是法国的瓷器，然后是德国的瓷器。随后在18世纪中叶，圣彼得堡出现了瓷器厂。这个瓷器厂因制作声势浩大的"骑士"餐具而驰名。罕见的餐具出现在桌子上，实物有时像火腿，有时像卷心菜头。大师们将餐具做得与实物非常相似，以至于一个醉酒的客人毫不留神地用叉子去戳瓷的"乳猪"或"馅饼"。桌子本身就像一个带有阶梯和金字塔的复杂建筑结构。桌子上方摆着各种象征性的摆饰，还布置了带有小喷泉、花束、鲜花和人造花（由来自中国的纸和来自意大利的热带鸟类羽毛做成的）的整个花坛，以及非常小的真树，一大堆美丽的糖果堆在那里就是一幅可口的巨型"画作"。上百道凉菜和点心一齐上桌，桌子被枝形吊灯和烛台照亮，烛台上有数百支饰有金色图案的白色蜡烛。在这种情况下，人们要严格遵守餐桌礼仪——每个人都被指定了位置，人们不能换位或沿着桌子踱来踱去。每位客人面前都有一个匣子，里面有刀、叉子、勺子、盘子、玻璃杯和餐巾纸。女皇和她选定的客人坐在高处华盖下一张特殊的桌子旁，其他客人坐在离这位丰满独裁者很远的地方，以至于人们远远看到的她，像是一个戴着钻石王冠的小洋娃娃。

数百名服务员穿着优雅的制服为餐桌服务。正如法国人梅塞利尔所写，"可能有来自欧洲所有国家的菜肴，还有俄罗斯、德国和意大利的服务员，他们竭尽所能服务好自己的客人"。身着居家服的女皇喜欢在升降台上与亲信围成一圈进餐。这张机械桌子放在较低的楼层，然后（全部或部分）升到楼上，坐在它周围的客人，可以在他们面前的石板上写下他们想点的菜的名字。到 20 世纪末，这种桌子出现在富裕人的家里。

现代读者可能会对 18 世纪的菜肴感到失望。桌子上摆着的是如画般的骄傲天鹅、嘴里叼着一串青菜的乳猪、野味、切成厚块的牛肉，这一切在盛宴前很久就已经烹饪好了，开饭时早就放凉了。用餐时服务员用金盘和银盘端来的菜也不热，虽然当时他们已经用了保温的餐具。可是，冷盘的菜却被各种酱汁变温了。18 世纪是调味汁的真正时代。此外，祝酒往往一个接一个，每个客人都必须一饮到底，然后把他的杯子倒着放一下，否则会被他人认为不希望女皇健康和反对俄罗斯军队胜利。过了一会儿，客人们喝醉了，所有放在桌上的东西都被一扫而空——人们是如此的饥饿！

鉴赏家和酒类爱好者阿列克谢·彼得罗维奇·别斯图热夫·留明，在 1749 年的秘密报告中写了这样一种"恶劣行为"。正如别斯图热夫告诉女皇的那样，朝臣在为女皇的宠臣拉祖莫夫斯基的健康祝酒时，"只喝了一个半杯"，而总理"强迫朝臣把它喝光，说他应该为了忠于女皇陛下和她最宠爱的人将酒喝光"。在他的秘密报告中，他还回顾了最近首席司仪费奥多尔·维谢洛夫斯基"在大使金福尔勋爵的告别晚宴上不道德的行为，大使倒满了一杯，祝女皇长久健康、幸福安康，然后喝得一滴酒都没剩。随后所有人都开始喝，然而维谢洛夫斯基并不想喝完，他倒了一半，然后开始喝水，总理不仅出于对女皇陛下的忠心，也为了在大使面前羞辱他，用俄语说道，他应该像一个忠实的奴隶一样为了女皇的健康喝完这杯，因为他从小官升为贵族受到了来自女皇的很多仁慈"。

刚祝完酒，一名专业侍者手帕一挥，在这个信号下，远处立着的一排排鞭炮如雷鸣般响起，到节日尾声时，鞭炮响得更加频繁。鞭炮齐响淹没了进餐期间一直在耳边萦绕的管弦乐队的歌声和演奏声。

## [文 献]

传统上鱼的菜肴是多种多样的，可以在斋戒期间用来缓解饥饿感。在尚未被工业污染的水域中，人们可以轻松捕捉到梭子鱼、梭子鲈、鲷鱼、白鲑（它们通常被腌制）。在圣彼得堡，人们喜欢吃熏鲱鱼，拉多加鲱鱼也非常流行，据外国人说，鲱鱼闻起来很恶心，然而它却是老百姓最喜欢的美食。一位在彼得大帝时期访问过圣彼得堡的外国人说："所有的水域都有鱼。鱼有不同的品种和各种美妙的味道，特别是有一种河鱼味道十分鲜美，他们（俄罗斯人）称之为茴鱼。"在18至19世纪，位于河流上的俄罗斯城市景观中不可或缺的一部分是所谓的"鱼笼"——水中的围栏，卖家可以从中捞到顾客喜欢的任何活鱼。这些鱼是通过带有流通货舱的专业驳船从伏尔加河和其他河流运往圣彼得堡的。冬天，装有冷冻鱼（尤其是鳕鱼）的鱼车，从白海沿岸开往国家的中心。众所周知，米哈伊尔·罗蒙诺索夫于1731年与其中一支车队一起抵达莫斯科。俄罗斯鱼子酱（红色和黑色）也很有名，鱼子在伏尔加河和雅克河上能获得，可以加醋、柠檬，再略加盐后品尝。后来鱼子酱不再是美味佳肴，无论富人还是普通人，每个人都能吃到，伏尔加拟鲤被认为是能产大量鱼子的鱼。各种干鱼也很受欢迎，还有冷热熏鱼（鳕鱼、鲷鱼）。18世纪30年代中期住在圣彼得堡的英国家庭教师伊丽莎白·贾斯蒂斯在描述圣彼得堡人吃的鱼的菜肴时无法掩饰自己的喜悦：

"俄罗斯有很多鱼……在我看来，最有价值的鱼是小体鲟……这种鱼多汁，煮它时水会变成金黄色。小体鲟要配着醋、胡椒和盐一起食用。俄罗斯有非常优质的梭鲈和鲟鱼鱼子酱，俄罗斯人将大部分鱼子酱装货运往英国。但英国人尝到的鱼子酱并不能与俄罗斯的鱼子酱相媲美。鱼子酱是抹在面包上加胡椒和盐吃的，它尝起来像极美味的牡蛎……我在四旬期和俄罗斯人一起进餐，看到他们如何胃口大开地吃生鲑鱼。去除鱼皮后，他们将鱼切成大块，在碗中混合油、醋、盐、胡椒粉，然后倒在鲑鱼肉上。菜肴里还有一条油炸的又热又脆的小鱼，人们喜欢吃。"

很明显，刚才我们谈论的是著名的圣彼得堡胡瓜鱼。

# 伊丽莎白时期的俄罗斯地主家庭

　　普通贵族地主过着平静、悠闲的生活。黎明时分，贵族地主在广阔的乡间别墅的卧室中醒来。那个时代的乡间别墅与农民小屋只有大小的区别，而居住条件几乎一样，这些房子都是用相同的材料——木头——建成的。里面的房间（正如他们当时所说的那样——"豪宅"）既狭窄又不舒服，木墙光秃秃的，因为年代久远和烟灰的熏染而变得灰暗。光线很难从云母或玻璃装饰的小窗户中照进屋来。彼得时期甚至为最偏远的村落带来了一些新奇的东西。结束服役回到村里的贵族带回了一些新奇的装饰品，使得原有的一些老式家具与一些新时尚的桌子或高背雕花的德国椅子并排放着。

　　地主们在看到圣彼得堡或国外的庭院样式后，不再喜欢有巨大缝隙的木制墙壁和木质天花板了。因此，他们下令用帆布装饰天花板或涂上白垩，而墙壁则钉上绘有彩画织物制成的墙纸。在农村，他们没有购买昂贵的壁纸，而是使用由农奴艺术家绘制的自制花卉壁纸来装饰墙壁。只有非常富有的人家才买得起织花壁毯和地毯。

　　主人从绒毛褥子里爬了出来（他们睡在绒毛床上，身上也盖着绒毛被），亲近的仆人在听到主人醒来后，打开卧室的门，端着托盘走进了主人的卧室。托盘上放有一只盛着茶的茶壶或盛有咖啡的咖啡壶、果酱、热奶油或一杯伏特加——这取决于主人的口味和习惯。旁边的另一个仆人拿着已经点燃的烟斗——当时抽烟已经变得流行。抽烟在当时被认为是有益的，尤其是在潮湿、寒冷的天气里——据说烟雾会使喉咙变暖。主人穿上宽大的袍子，戴着柔软的睡帽，走到另一个房间。许多地主用祷告开始新的一天——在卧室或专门的房间里的圣像角，挂着豪华的古代圣像。圣像前燃烧着一盏不灭的灯，里面装满了大麻油或亚麻油。地主祈祷，感谢上帝又赐给了他新的一天。

　　地主醒来后的一段时间里，会听取领班报告庄园昨夜的情况，然后交代领班在田地和房子周围要做的工作。领班的工作很复杂：一方面，地主的所有刁钻古怪的要求对他来说都是不可违背的法律；另一方面，考虑到实际情况，他又要与农民打交道。有不少领班，利用主人对农业的完全无知，滥用主人的信任进行欺骗、偷盗，利用自己的职权成为庄园里的小独裁者。但是有些地主深入研究农业中的所有细节，从清晨开始骑马绕着他们的庄园，警惕地观看他们的森林里的树有没有被砍伐，田里有没有野草。众所周知，大庄园的农民比小庄园的农民生活得更轻松。在大庄园中，管理水平较弱，一般在那里劳役会更轻松。

地主通常与他的家人和客人们一起吃早餐，这些人长期住在地主家专门的房间或单独的附属建筑中。长期以来，贫困的亲戚与富有的地主住在一起——这个邻居经常扮演小丑角色，成为相当粗鲁的笑话的主题。当地的神甫和教区教堂的神父也是地主家的常客。虽然神父是一个自由人，但他在很大程度上依赖于教堂土地的所有者，教堂需要不断地进行维修，希望获得更多的器皿和圣像。午饭能吃很长时间，正如普希金所写的那样，"我们的祖先吃饭不快"。菜肴的更换是连续不断的，饭菜简单、量大、油腻。农奴厨师做饭并不在行，而像师从首都某位法国厨师的学徒在这里是很少见的，而且这样的厨师的花费不亚于会卷发的理发师。

在村子里，人们的穿衣及发式比较简单。在这里，远离严格的权威，每天都可以不戴假发，也很少穿丝绸或天鹅绒制成的优雅长袍。衣服里面可以看到一件无袖吊带背心和一件没有领子的、胸前有褶皱花边的白色亚麻衬衫。电影中手里拿着剑的贵族决斗者，穿的就是这样的白衬衫。

根据俄罗斯的传统，午餐后是休息时间。每个人都睡着了：主人在卧室里，院子里的仆人在地上或屋门口的阴凉处。晚上时间过得很无聊，光线暗淡的客厅里，点着昂贵的蜡烛。主人和客人坐在一起，打牌，喝茶，听故事，聊邻居的八卦。来自首都的消息是通过亲戚、朋友、办事员的来信以及《圣彼得堡新闻报》的旧刊（偶尔送到贵族偏僻的家里）了解到的。其中最有趣的文章会被相互传阅。19 世纪的音乐晚会还没有流行起来，许多人无法接触到外国乐器。

天一黑，主人就打着哈欠钻到他的毛绒被里。仆人们在宅邸里走来走去，检查门锁，他们在主人卧室门口或房间的地板上、长凳上，铺上毛毡躺下睡觉。街上只能听到狗的吠叫声，还有守夜人敲木板的声音或拨浪鼓的咚咚声——显示有人巡视庄园，吓跑恶人。屋子里只有一盏昏暗的灯，老鼠开始弄出沙沙的声音，蟑螂和臭虫从缝隙里爬出来——它们是18世纪人的忠实伙伴，有时会吵得人久久不能入睡。

远远看去，地主的庄园是被又大又脏的院子围着的一幢幢建筑物。院子里的仆人住在狭窄肮脏的搭接小屋里。院子周围堆满了各种搭接建筑：棚子、地窖、马厩、狗窝，等等。通常，女地主自己管理家庭事务，给女管家安排工作，女管家是地主值得信赖的仆人，因此会让她负责管理食材。仆人们时刻有很多活要干，不仅要准备当天的食物，还要管理农妇从森林采摘的浆果和蘑菇、果园里成熟的苹果和梨、菜园里成熟的蔬菜。女仆在房间里整天忙着织线和缝纫。到了秋天农收时，带犬狩猎成了地主最喜欢的消遣。

农奴的生活是另外一个样子。木屋的小窗户上捆着牛泡，看起来就像一个黑暗的洞穴，进出口是一扇钉着席子的矮门。唯一没有隔断的正房里有地板、圣像角和家具——一张桌子和靠墙的长凳。他们用黑炉子取暖，这是一种没有烟囱的炉子，浓烟上升成黑雾。屋内没有吊顶，房顶里面就充当了天花板。黑炉子是带烟囱火炉大小的一半，用它供暖可以更好地温暖整个屋子。在当时没有锯子的情况下，人们只能用一把斧头砍柴，这是一项麻烦而漫长的工作。

炉子附近搭建的平台是女主人从清晨到晚上的工作场所，平台木板的一侧放在炉子上，另一侧搭在房子的墙上。孩子们睡在地板上，老人们则躺在火炕上——这是最温暖的地方。小牛和绵羊被安置在高板床下过冬。晚上这个狭窄的空间被松明照亮，这就是18世纪上半叶俄罗斯农民的生活。住在宫廷、地主家的农民也是如此生活。他们都在田野上辛勤工作，在与自然的持续斗争中获得粮食。他们都害怕歉收、早霜、长雨。如果很长时间没有下雨，他们常常焦急地凝视着天空。18世纪的人们，尤其是农民的生命是短暂的：营养不良、疾病、事故使他们在35—40岁之前就去世了。但农奴比所有农民生活得还要糟糕，他们的生命往往不仅取决于自然，而且还取决于地主。

[传说和谣言]

### 万卡·凯恩——莫斯科狼人

小偷和强盗万卡·凯恩的名字在18世纪家喻户晓。令人感到惊奇的是，凯恩不仅以其史无前例的暴行、谋杀、欺骗而闻名，而且他在写作、文学领域也很出名。他在罗格维克（现在的爱沙尼亚帕尔蒂斯基港）从事艰苦的工作时，向一位识字的同行口述了有关自己冒险经历的押韵札记。这些回忆录的内容犹如万卡本人一样才华横溢和流里流气。这个故事的开端很简单——从告密开始。1741年12月，万卡·凯恩在莫斯科警察局（即所谓的侦探厅）自首并提交呈文，承认自己是小偷和强盗，并痛悔自己的罪行，他要求当局给他一个"改正"和"赎罪"的机会，他准备将他所有的同伙交给警方。然后，他在一支军队的陪同下，开始在他熟悉的窝点里四处走动，帮助警察抓捕之前在全国各地搜查未果的罪犯。此前，万卡·凯恩在全国各地被追捕，严峻的形势迫使这位臭名昭著的罪犯走上了自首之路……

万卡·凯恩的传记（《在人间——伊万·奥西波夫》）写得相当平庸。他被一个来自罗斯托夫地区的农奴商人贩卖到莫斯科地主菲拉季耶夫的庄园里，在那里住了几年后决定逃跑，他与一个名叫堪察加的同伙洗劫了地主家。之后他们藏匿在一个窝点，但凯恩并不走运，他离开该窝点后，立刻被菲拉季耶夫的家仆抓住。家仆抓着这个年轻人，把他拖回了家，交给怒不可遏的主人，主人将这个小偷关在了冰冷的地下室。然而，凯恩冲着院里的熟人喊道"言行一致！"这是告密者的呐喊。在警察局，他向警察告密说，抓他的那个仆人杀死了一名士兵并把他的尸体藏了起来，他们的主人甚至都不知道这件事。凯恩的告密得到了证实，作为奖励他得到了自由。此后，凯恩的犯罪生涯开始了，凭借罕见的聪明才智、对人类心理的微妙了解以及即兴发挥的能力，凯恩在莫斯科盗贼中脱颖而出。凯恩通过精准、苛刻的训练，在"扒手技巧"方面很在行，他能在不引人注目的情况下，根据周围的环境，将钱、手帕、烟草、手表从人们的口袋里掏出来。盗贼的团结协作在凯恩及其同伙的犯罪生活中发挥了重要作用。夏天，凯恩和许多像他一样的人围在城市和集市周围作案，他们偷窃、抢劫和谋杀。不知何故，在1741年秋天，凯恩厌倦了小偷和强盗的危险生活，并决定"负有责任"地去找警察并与当局合作。记录员的第一份报告（1741年12月28日）是关于万卡·凯恩和警察一同搜查盗贼窝点并抓住了他的"前战友"，该报告写道："他，凯恩，在莫斯科沃列茨基大门附近，指着山洞说，在那个洞口里，有正在逃亡的骗子马夫阿列克谢·索洛维耶夫，警察们在那个洞口里把索洛维耶夫抓住并带走，从他的口袋里搜出了一份密信，写着自己认识的众多骗子，而且还为这些骗子做了人名清单。"换言之，就在索洛维耶夫完成"同志"名单准备向警察投降的前一刻,凯恩和警察们爬进了山洞。凯恩一开始就带着警察围捕索洛维耶夫也许并不是偶然。他知道索洛维耶夫的逃跑意图,并决定堵截他——在凯恩自己的名单里,索洛维耶夫排在第一批……

根据凯恩的引导,警察们一个接一个地占领了盗贼们的巢穴。从1742年2月起,凯恩本人获得了在没有上级的情况下可以进行围剿的权力。然后他在扎里亚季租了一栋房子。凯恩自己将抓获的小偷带到那里,决定他们的命运——要么放他们走,要么把他们交给警察。侦探厅的官员、告密者、上访者,一般都是有需要的人来找凯恩。总之,凯恩后来在离克里姆林宫不远的地方开设了一个独特的私家侦探局,或者说是一个真正的合法"贼窝",招募的人是一帮强盗和杀人犯,而此时万卡·凯恩就变成了真正的"狼人"。正如后来在他的档案中记载的那样:"告密者万卡·凯恩,以铲除此类恶棍为幌子,在莫斯科进行了许多盗窃和抢劫。"从这个案件材料中可以看出,凯恩不仅被犯罪分子拥护,而且还受到富有的客户追捧。他心甘情愿地为社会地位高的人服务,这些人发生不幸——如房子被抢、亲戚被勒索、仆人逃跑等令警察束手无策的事,凯恩会着手解决。通过他在盗贼圈子里的人,他能很快找到赃物,然后无私地将东西和贵重物品归还给主人。他深得莫斯科人的喜欢,于是凯恩在1744年收到了参议院的安全通行证,该通行证告诫"在凯恩抓捕恶棍时,人们不应该平白无故地侮辱、诽谤他"。后来,凯恩变得无懈可击,并在5年内变成了真正的莫斯科犯罪之王!

复述凯恩的"功绩"就像引用现代犯罪编年史一样,里面最主要的内容与凯恩和罪行做斗争的事迹密切相关。为了"向上级汇报",他将小偷与大盗进贡给当局,给予商人和手工业者们"防诈骗保护",但有时凯恩会惩罚他们的执拗,在得知他们致富的可耻秘密后勒索他们。地下手工业者和走私者都宠爱他——他是他们的守护神和牧羊人。他无情地将这些"企业家"的竞争对手交给警方或自己直接杀死他们。渐渐地,在他周围形成了一个"老近卫军"匪徒帮派——大约有40名经过考验的忠诚之人。凯恩带着他们和一队士兵在莫斯科周围进行"贸易检查":他检查盐商是否给穷人少称分量(发现他们确实缺斤少两),他收走商人贩卖的违禁品和抓走成帮结队的小偷。当他厌倦了白天的"合法活动"时,会在晚上出门拦路袭击、抢劫、杀人、劫持人质并将人质拖到扎里亚季的房子里,一清早他在那里等待人质亲人送来的赎金。然而,凯恩并不是特别贪财——他已经有足够的钱了。在冒险热情的驱使下，他经常去"做生意"，这个冒险家喜欢冒险，不冒险就感觉很无聊。

很明显，生活在这样严重的罪恶之中，凯恩明白自己有被揭发的危险，并尽一切努力避开被送上断头台的命运。从凯恩的案子中可以清楚地看出，他是侦探厅官员、警察、参议院当权者的朋友。友谊是相互的——他给他们钱和服务，他们以各种可能的方式保护他，权力和犯罪完美地结合在一起。后来，凯恩做证说，官员们"为了提前警示他，多次邀请他来家做客，并像朋友一样喝茶聊天，打牌"。他还把从小偷那里没收的物品送给官员，他将这些物品放在法官房间的桌子上——通俗来讲，就放在放有彼得大帝帝国法律"通鉴"的司法圣坛上！

有一次，凯恩"做了放荡勾引之事"，然后，他像扔一块不用的抹布一样，抛弃了一名士兵15岁的女儿。女孩的父亲设法向凯恩和保护他的官员提出申诉，秘密警察展开了调查。凯恩不习惯被"严厉"调查，他吓坏了，然后开始招供。凯恩被逮捕、审讯的同时，他"服务"的侦探厅领导想尽办法把凯恩带到自己身旁。这样一来，对于凯恩来说，这次调查可能就已经结束了，没有必要再进行解释。但莫斯科警察总长塔季雪夫是一个正派而聪明的人——他并没有将凯恩交给侦探厅，而是下令增加警卫……这个案子拖了很长时间。在1755年，凯恩才被判处死刑。然而，由于伊丽莎白统治时期没有人被处死过，凯恩被毁了容：他的鼻孔被撕开，"B"烙在了他的额头上，"O"烙在他的左脸颊上，"P"烙在他的右脸颊上。而且，在被钉上镣铐后，他被流放到罗格维克"从事一项艰苦的工作"。在那里他口述了他的传记——这是人们喜爱的书籍之一。虽然苦役的生活并不是很轻松，但凯恩就在那里安顿了下来。正如在罗格维克担任护卫官的A.T.博洛托夫所写，那些有钱的罪犯并没有去野外采石，也没有在港口扛重物，而是在封闭军营的庇护下生活得很快乐。

凯恩曾经的上层同伙中，没有一个人被惩罚去做苦役，只是有的人被解雇，有的人被调到另一个办公厅，有的人只受到了惊吓……

# 萨尔蒂奇哈案

在农奴制时代,一个人如果对其他人拥有不受监督的权力必然会产生可怕的暴行,尤其是当这种权力掌握在精神不稳定或失常的人手中时。伊丽莎白时期给后人留下了一件关于野蛮残暴地主的历史事件。我们说的是"萨尔蒂奇哈案","萨尔蒂奇哈"即25岁的达里亚·尼古拉耶芙娜·萨尔蒂科娃。1756年,她的丈夫格列布·萨尔蒂科夫去世后,她继承了一笔丰厚的遗产。在18世纪50年代末到60年代初,有关在库兹涅茨卡亚街上"萨尔蒂奇哈"家中发生的可怕事情的传言在莫斯科蔓延开来。

在当局开始调查萨尔蒂科娃时,调查人员对其所犯的罪行感到震惊。许多目击者做证说,在几年内,萨尔蒂科娃亲自或命令她手下的人折磨杀死了至少100个农奴!司法部在仔细调查了所有的证据后,得出了结论:

> 萨尔蒂科娃被认定是凶手,如果不是告密者所说的100人,那么杀害50人的事实也是毋庸置疑的,这些收集到的信息可以完全指控她的罪行……在被杀的人中,有三个是男人,其余的都是女人……其中一些女人被萨尔蒂科娃的马夫或仆人殴打致死,萨尔蒂科娃命令他们对这些女人进行了残酷的惩罚。其中一件犯罪事实清晰的案件中,一个男人竟然接到萨尔蒂科娃下达的刺死自己妻子的命令。但在大多数情况下,萨尔蒂科娃亲自动手,用木头、鞭子、擀面杖等来惩罚这些女人,而这些女人受到惩罚的主要原因是地板和床单洗涤不当。

萨尔蒂科娃不清楚自己的残忍程度,在莫斯科市中心的警察眼皮下施暴。萨尔蒂科娃的农奴们一再向当局控告自己遭受到女主人的虐待,但萨尔蒂科娃知道如何贿赂和安抚当局，之后便更加残忍地杀人。多年来，对萨尔蒂科娃案的调查一拖再拖。案件最终于1768年结束。萨尔蒂科娃从未对自己犯下的任何谋杀表示悔改，她被剥夺了贵族身份后关押在莫斯科伊万诺夫斯基修道院的地下监狱中，在那里度过了11年。之后，这个"人类怪物"被转移到同一座修道院的大教堂外接墙壁的一座石头楼里。在那里，她又待了22年，像野兽一样，一有访客出现，她就扑到栅栏上。

除非地主同意，否则一个农奴是不可能摆脱农奴身份的。对于农奴来说，所有实现自由的方式要么是不道德的，要么是犯法的，都会受到刑事处罚。在安娜和伊丽莎白时期秘密办公厅收集的资料中，就有这样摆脱农奴身份的案例。农奴无意中听到了卧室里主人们的谈话后，大喊"言行一致"——告密者对当局的呼吁。农奴希望根据法律获得告密的奖励来获得自由。但并不是每个人都能走上这种不光彩的道路。农奴们几乎很少在没有地主或管家允许的情况下离开院子或村庄。如果擅自离开，这些人就会成为罪犯，成为逃犯。但农奴们该怎么办呢？逃亡是逃离农奴制唯一也是最常见的方式。农奴们通常逃到波兰、南方（顿河及其支流）、西伯利亚。当局对此还采取了措施，设置关卡、组成军事小组进行搜捕、给逃跑被抓住的农奴佩戴镣铐实施惩罚……然后将其遣返给地主。不少农奴绝望地拿起武器，加入抢劫地主庄园的强盗团伙中。这些劫匪中并非所有人都是反抗农奴制的农奴，其中还躲藏着许多逃犯、享受虐待地主妻儿的堕落之人。但是，很多情况下，有些团伙是由贵族地主领导的，他们将自己的庄园变成了强盗和小偷的窝点。然而，我们不得不承认，残酷的农奴制与抢劫有着直接的联系：农奴制不可避免地引发了报复性暴力。

伊丽莎白统治时期，罗戈夫兄弟是奔萨区检察官杜宾斯基的农奴。兄弟中的两人尼科普鲁斯和谢苗从地主手里逃出后又被抓获并流放。流放途中，兄弟俩再次逃亡，回到奔萨后以暴力威胁地主。然而他们再次被抓，又再次被流放：尼科普鲁斯被流放到西伯利亚，再到尼布楚斯克；谢苗被流放到奥伦堡，从那里他多次试图逃跑。尽管逃避苦役会受到残酷的惩罚，但谢苗并没有放弃。在给地主的一封信中，他写道："虽然他们抓到我10次，把我押到奥伦堡，但我会回来，把（你）切成碎片。"1754年至1755年，杜宾斯基的庄园三度着火。1756年，谢苗逃了出来，来到奔萨区，与兄弟中的老三斯捷潘一起藏了起来。地主得知此事后，写信给当局说，谢苗已经召集了"多达 40 人的团伙，我一旦到庄园，他们就会把我摧毁，把我砍成碎片"。斯捷潘因窝藏逃亡的兄弟而受到追捕，但他带着儿子离开了庄园从而躲开了拘捕，并扬言威胁要报复地主。杜宾斯基吓得不敢在罗戈夫一家逍遥法外的时候回到自己的庄园。想必，罗戈夫兄弟对他们的地主有如此强烈的恨意是有充分的理由的。因为，罗戈夫兄弟们并不像那些随意抢劫和杀人的拦路强盗一样。

像罗戈夫兄弟一样，无所畏惧的冒险者很少见。在数以百万计受苦难的农奴中，他们只是微不足道的一部分人。农奴妇女和女孩的处境尤其引人注目。萨尔蒂科娃折磨的大多数人都是干家务的女仆，这绝非巧合。面对欺凌、暴力和嘲弄，她们完全无助，没有防御能力。对男性农奴采取残酷行为被认为是不合理和危险的——因为他们是劳动力，可以为主人带来收入，主人也要为其缴纳税款，同时男农奴是可以被应征入伍的。在纳税人口花名册中，他们被写成"丁"，而人口普查中根本没有考虑到女性。男人终于有机会反抗了。在绝望的驱使下，他们——通常以生命为代价———雪前耻。柔弱的女人就不一样了，没有人来帮助她们，拯救她们。女奴被严格控制，她们不能逃跑，不能反抗，她们的意识被恐惧所压制。因此，她们顺从地死于劳累、殴打，在主人的鞭子下，赤身裸体地冻死在寒冷中。年轻女孩们通过上吊或跳进水池自尽来摆脱不断的折磨，不知为什么这些生命竟比草芥还轻。

## [文 献]

萨尔蒂奇哈案很罕见，但也很典型。这样一个地主折磨死如此多农奴的案件在俄罗斯社会是骇人听闻的，但嘲弄农奴、侮辱他们的人格尊严在社会中是普遍现象。马厩里的欺凌、可怕的鞭打，有时甚至是不小心的谋杀，一直在地主的家里发生。回忆起 1750 年的莫斯科，这座真正的俄罗斯贵族之都，叶卡捷琳娜二世在她的回忆录中写道：

"那里比地球上任何其他有人居住的地方都更容易培养专制主义；从很小的时候，孩子就会看到父母如何残忍地对待仆人；因为所有贵族家里都有铁项圈、铁链和其他各种酷刑工具，只要农奴有一点点的冒犯就会受到惩罚，这些人被大自然置于这个不幸的阶级中，只有犯罪才能打破这个枷锁。"

\* \* \*

没有人怜惜女农奴——"下流人"是地主给女农奴起的蔑称——这些人的价格是奴隶市场上最低的。下面是一个常见的买卖契约：

"1760年12月19日，退役的尼科普鲁斯·加夫里洛夫·西皮亚金下士，将来自格洛贝诺夫村的女农奴卖给了在科列茨基旧加利茨基区的雅科夫·米赫耶夫少校……雅科夫和他的妻子、孩子以及他的继承人可以通过这张出售票据永久拥有这些女孩，可以将她们用于出售和抵押，并给她们建立各种制度。"

当然，没有人关心这些小女孩的感受，她们将永远远离母亲，远离家乡。有成千上万个这样的商人将庄园和庭院里的男人、女人、孩子当作牛、家具或书籍来出售。

不应该认为所有的地主都像萨尔蒂科娃一样是残忍的虐待狂。尼科普鲁斯·西皮亚金未必想以一个卢布一个人头的价格将女孩们出口售卖，给她们带来不幸。地主是不一样的，他们中的许多人对待农奴相当人道。甚至对农奴实行的鞭笞是有规定的。在杰出指挥官彼得·亚历山德罗维奇·鲁缅采夫1751年的指示中写道，如果奴隶们被打100鞭子或被树条抽打17000下，那么"他们躺下的时间不会超过一周，而被打50鞭子或被用树条抽打17000下，他们躺下的时间不会过半周；如果有奴隶超出日子，那些日子就完全不给他们提供饮食……"

M.M.谢尔巴托夫大公在1758年给他的职员的指示中写道：

"农民、仆人和其他人在他们犯错时，应该进行惩罚……但是，必须小心行事，以免造成致命的谋杀或残害。为此，不要用粗棍子敲打头部、手臂和腿部。采取惩罚行为时，应该命令他们身体前倾，用棍子打他们的背，但击打位置最好在他的背部以下，因为这么惩罚会让他们有痛感，但不会让他们成为残废。"

这条指令中有如此尽心的远见……谢尔巴托夫大公将这些人视为不能损坏的"活财物"。他在饲养牲畜、作物轮作和征税方面也同样谨慎。正是因为农奴制如此常见与普及，才构成了它最可怕的一面。惩罚农奴似乎成为社会的自然状态，是俄罗斯土地上维持秩序的基础之一。

在俄罗斯，女地主因为某些原因被冒犯，在冬天就把两个女仆锁在寒冷的阁楼里，然后女地主忘了她们。第二天想起她们时，女孩们已经冻僵了。她们被发现蜷缩拥抱着死在了地板上。不要就此而批判这位世袭女贵族！她并未虐待她们，只不过是把这两个女孩忘了！当时没有一个仆人敢提醒女主人阁楼里的姑娘都冻僵了。

叶卡捷琳娜二世写道："你敢说他们（即农奴）是像我们一样的人吗？就算我自己说出来，我也会冒着被他们扔石头的危险。"回顾18世纪60年代后期，她继续写道："我认为，在农奴问题上，不会有超过20个人会以人道的方式进行思考。到1750年，这种人变得更少。在俄罗斯，很少有人会想到，对农奴来说，除了农奴身份之外他们还有别的身份。"

# 伊丽莎白时期的法典草案——"伊万·舒瓦洛夫基本法则"

18世纪中叶,农奴制在现实生活中已经广泛普及和强大,尽管在1649年的议会法典中农奴制的法律基础已经形成,但仍需要对其进行合法修订。1754年,在彼得·舒瓦洛夫的倡议下,成立一个委员会来制定新的法典——帝国法典。该委员会集合贵族的意愿,来对旧法律进行研究与修订。到1761年,作为未来法典的一个重要部分,《论臣民的一般地位》编制完成。这一部分从未出版过,但其中蕴含的思想在很大程度上反映了贵族的需求和他们的社会梦想。在18世纪中叶,贵族们对自己在俄罗斯社会中的特权有了法律概念。法典其中一章被称为"论贵族及其特权",该章描述贵族们"有别于其他同胞的审慎和勇气",表现出"处理国家事务的非凡本领与勤勉努力,为祖国和我们提供崇高的服务",即为女皇服务。

贵族相对于其他社会群体具有一定特殊性,他们应该拥有与该特殊性相符的特权地位。根据法典草案,贵族享有三种主要的基本特权。首先,彼得大帝在1722年制定的品级表原则被废除,该品级表原则允许非贵族被提拔到贵族等级。法典草案阐明,彼得大帝实行这一原则是为了鼓励平民知识分子在科学、航海和军事事务中取得成就,而这一切都是为了让贵族们审视自己,使他们对有益的工作"产生嫉妒和强烈的渴望"。现在,法典草案中写道,贵族们已经完全能胜任这些工作事务,没有必要再将贵族身份给予那些有能力的平民知识分子了。

该法典草案不再强制贵族对国家履行公务员制度,他们获得了参与当地"地方自治"事务以及出国旅行的自由。如果自身需要,贵族们可以被恢复职务。贵族不能被逮捕(不会在犯罪现场被当场抓获),不会受酷刑、体罚、被流放做苦役。贵族犯罪会在专门的法庭进行审判。最后,贵族获得了拥有葡萄酒、玻璃、冶金、采矿的专有权。商人和企业家被禁止拥有这些最赚钱的企业。

[文　献]

在阅读了法典草案"论贵族及其特权"的摘录之后，无法说出留给农奴的有哪些权利：

"贵族无一例外地对自己庄园的人民和农奴，无论男女，都拥有绝对的权力，除了不能夺走他们的生命，贵族可以用鞭子惩罚他们，对他们实施酷刑。为此，每一个贵族都可以自由地出卖、抵押、馈赠自己的农奴，也可以让他们应征成为新兵，这些新兵在加固堡垒时，才能拥有短暂的自由和食物。贵族们可以让寡妇和女孩嫁给陌生人，要求农奴们从一个村庄转到其他村庄，去学习各种艺术和手工艺。男性娶妻和女性出嫁都要按照贵族的要求来。同时农奴们除了要从事劳作、差遣之外，他们还会被施以各种刑罚，贵族可以提请司法政府作出刑罚，并根据意愿，对农奴们进行宽恕、解除刑罚和处罚。"

这是农奴制，非常类似于奴隶制。

当局授予的特权将把贵族变成一个狭隘的、封闭的群体，这些人拥有特殊的、专有的权力并且在自己的领地占据着至高无上的地位。但贵族们仍然梦想着自己能拥有更多的权力。这一点反映由伊万·伊万诺维奇·舒瓦洛夫编写并提交给女皇的"基本和不可或缺的法律"中。在撰写这个立法草案时，伊万·舒瓦洛夫借鉴了孟德斯鸠的名著《论法的精神》。这个草案的本质是女皇和她的臣民宣誓严格遵守"基本和不可或缺的法律"，之前在法典草案中谈及的贵族特殊权力在这些法律中被确定下来。此外，从此时开始，俄罗斯的王位永远只能传给正统的君主，所有的参议员、议长和州长都必须是俄罗斯人，包括三分之二的将军也必须招募的是俄罗斯人。如果我们从孟德斯鸠的提纲出发，批准"基本和不可或缺的法律"将导致俄罗斯从专制政体过渡到君主专制。无论是在法典草案，还是在伊万·舒瓦洛夫的草案中，尽管其中一些重要法规在随后的统治中得到了实施，但其中所反映出来的俄罗斯贵族的社会梦想都没有实现。

# 伊丽莎白时期的外交政策

在伊丽莎白统治时期，俄罗斯帝国确立了其在国际上的权威及在欧洲的势力范围。俄罗斯通过其武装力量和经济实力，使自己成为一个大国而受到尊重。从这个意义上说，彼得大帝的女儿伊丽莎白延续了安娜·伊凡诺芙娜统治时期的政策，尽管有细微差别。在伊丽莎白统治的大部分时间里，俄罗斯都处于和平状态。1743年，俄瑞战争结束。对瑞典人来说，这场战争瑞典大败是难以接受的，而《奥布和约》的签订证实了彼得大帝时代征服的力量，1721年《尼什塔特和约》缔结的和约条款得到重申。俄罗斯外交的主要注意力集中在西欧的国际局势上。

在18世纪40年代初期，欧洲政治舞台上的主要人物发生了变化。1740年，三位君主去世：俄罗斯女皇安娜·伊凡诺芙娜、奥地利皇帝查理六世和普鲁士国王腓特烈·威廉一世。在俄罗斯，安娜·利奥波多芙娜上台，一年后——1741年——执政者变成了伊丽莎白·彼得罗芙娜，在奥地利玛丽亚·特蕾莎上台，在普鲁士腓特烈二世上台。奥普两国之间爆发了冲突。原因是，奥地利已故皇帝查理六世没有儿子，此前该国并没有将皇位传给女人的先例。但查理六世在世时极力劝说大多数国家签署所谓的"合法协议"，保证他可以将自己的皇位传给自己的女儿玛丽亚·特蕾莎。然而，就在查理六世永远闭上眼睛的那一刻，所有的协议都失效了。腓特烈二世成为欧洲和平的扰乱者。

腓特烈二世是一个非常聪明的人。他受过良好的教育，机智、毒舌、言辞犀利，被认为是文学和哲学界的优秀鉴赏家。腓特烈二世是伏尔泰的朋友，他以"无神论者""来自无忧宫的哲学家"（这些是他在柏林附近波茨坦乡村宫殿里所用的匿名）的名声闻名于欧洲。腓特烈二世将对哲学和信教自由的热爱与真正的普鲁士马丁主义、对演习和军事冒险的热爱结合在一起。腓特烈二世是一位出色的指挥官和战略战术家，凭借其非传统思维、管理军队的能力以及对复杂军事事务的了解，在战场上取得了许多惊人的胜利。同时，腓特烈二世作为一个丝毫没有原则的政治家而闻名，他可以随时准备为自身的利益违背曾经的诺言或签署的协议。他的虚伪、欺骗、傲慢和厚颜无耻是众所周知的。他认为真正的主权者自己决定何时开始发动战争，而勤奋的法官则为侵略寻找正当理由。1740年12月，腓特烈二世入侵并占领了奥地利的西里西亚省。西里西亚战争后，双方缔结了和约，随即腓特烈二世立即违反和约并再次袭击了奥地利。

伊丽莎白密切关注着德意志事态的发展。普鲁士的强大让圣彼得堡一点也不高兴——俄罗斯不希望在德意志有一个强大的对手，在德意志各邦中宣称自己是至尊。此外，伊丽莎白也不喜欢腓特烈二世。她甚至禁止他人在她面前提及这个"无耻的无神论者"的名字。因此，普鲁士国王的所有行动都毫无疑问地被认为是敌对行动。女皇反普鲁士的情绪得到了外交部长、总理大臣阿列克谢·彼得罗维奇·别斯图热夫·留明的支持。

腓特烈二世在对俄罗斯的关系上表现得非常谨慎。他害怕俄罗斯军队的力量，并试图增加他在俄罗斯宫廷的影响力。但是，普鲁士国王并没有阻止1746年俄奥两国缔结针对普鲁士的联盟。俄罗斯与英国之间的和解谈判也在继续，英国是普鲁士和法国的另一个敌人。为了保护英国在德意志的利益免受法国人的侵害，1748年V. A.雷普宁大公率领的俄罗斯军团甚至穿越德意志前往莱茵河。这样的国际格局一直持续到1756年，那年，在美洲和法国交战的英国与普鲁士缔结了一项协议，国际局势出人意料地发生了变化。伊丽莎白不想和腓特烈二世在同一个阵营，于是，俄英友好关系就走到了尽头。此时，奥地利害怕普鲁士的强大，与普鲁士的宿敌法国和解。双方签署了《凡尔赛条约》。玛丽亚·特蕾莎邀请伊丽莎白加入她的阵营，俄罗斯接受了邀请，两国缔结了进攻性联盟。结盟的实质在于，俄罗斯和奥地利在波兰和南部的重要利益上需要共同对抗土耳其。伊丽莎白因为上述利益而加入该同盟，俄罗斯方面承诺在与敌人的战争中尽一切可能帮助奥地利人，敌人指的是谁并不难猜。腓特烈二世密切关注俄罗斯和奥地利之间的外交谈判，并很快决定冒险——趁俄罗斯来不及帮助奥地利这一盟友时击败奥地利。1756年8月，腓特烈二世袭击了奥地利的萨克森。奥地利和俄罗斯于1756年9月1日向普鲁士宣战。俄罗斯历史上长达十三年的和平时期结束了，再次投入另一场战争中。

[人 物]

## 阿列克谢·彼得罗维奇·别斯图热夫·留明

1693年出生的阿列克谢·彼得罗维奇·别斯图热夫·留明属于年轻的"彼得巢中的雏鸟",也就是君主资助出国留学的年轻人。别斯图热夫是一名优秀的学生,尤其精通语言和欧洲礼仪。担任丹麦的特使后,他的仕途晋升被这一职位耽搁了。直到18世纪30年代中期,别斯图热夫才设法接近比龙并取悦对方。到1740年夏天,按照有无限权力的比龙的意愿,别斯图热夫代替了被处决的沃伦斯基的职位,成为内阁部长。但他在这个职位上待的时间并不久,1740年秋天安娜去世后,比龙被废黜,别斯图热夫和比龙一起从拥有至高无上权力的神坛跌落。在审讯期间,别斯图热夫说了一些不利于自己主人的证词,并拒绝与比龙对质做证。1741年10月,伊丽莎白·彼得罗芙娜上台,别斯图热夫获释。随即,他灵巧地"抱"住了新女皇的"大腿",就像一条鱼粘在鲨鱼身上一样。他代替流亡的奥斯特曼成为副总理,并于1744年成为俄罗斯伯爵和总理。别斯图热夫在这个最高国家职位上度过了14年,在此期间他独立决定了俄罗斯的一系列外交政策。然而,这些年来,尽管他尽最大努力来取悦女皇的宠臣,但他从未融入伊丽莎白的圈子。别斯图热夫给人们留下了一种奇怪的、不友好的印象。伊丽莎白并不喜欢自己的这位总理大臣。她时常忙于舞会和表演,厌倦了别斯图热夫的纠缠和他无聊的演讲。女皇一看到这个戴着肮脏假发、邋遢、时常喃喃自语的老头子就恼火。女皇嫌弃地闻了闻他——总理又喝醉了?听着别斯图热夫的话,她就会联想起所有关于他的丑闻家事、专横和荒谬的举动。但她并没有将别斯图热夫从自己身边除掉,因为他总是事先知道一切,把事情说明,他仍然是俄罗斯外交方面的真正王者。别斯图热夫是一名爱国者,他受过教育,外交经验丰富且了解欧洲政治。或许,正如当时人们所说的,别斯图热夫是"祖国忠实的儿子"。

是的,作为朝臣,别斯图热夫不犯错误,始终忠于女皇,不信任任何人,不爱任何人,他完美地掌握了阴谋技能。针对许多政要和外交官,别斯图热夫耐心地收集资料,截获他们的信件,用来记录他们的罪行。此前,在宫廷的政治博弈中,从未有过如此广泛地实行诸如对外交文书进行暗中检查的间谍手段。别斯图热夫称得上是擅长肮脏勾当的真正大师,他甚至令科学院破译外交官的信件,并向女皇提交这些信息来激起她的愤怒,别斯图热夫用这一手段击倒了许多自己最危险的敌人。别斯图热夫掌权如此之久,不仅是因为他拥有非凡的阴谋诡计能力,还因为他对女皇的了解,他摸透了伊丽莎白的脾气、品位、嗜好和恶习。一位同时代人写道,别斯图热夫多年来一直将女皇作为一门学科来研究,久而久之,他成为杰出的"伊丽莎白学者"。别斯图热夫清楚地知道,女皇何时听他的汇报、何时离开会更好;知道如何吸引轻率的伊丽莎白的注意力,知道她对哪些细节感兴趣;知道如何令必要的想法在伊丽莎白的脑海中潜移默化地留下痕迹,然后加以催化,让女皇认为这个想法是她自己的。别斯图热夫很快意识到,伊丽莎白表面上的轻率欺骗了许多人,她背后隐藏着一种多疑、虚荣的个性,但她为是彼得大帝的女儿而感到自豪,她认为自己是上帝派来继续她父亲的光荣事业的。只有了解到这些,别斯图热夫才找到了通往她内心的道路,借此来达到自己的目的。

所有同时代的人都说别斯图热夫从外国外交官那里收受贿赂——这在当时是很常见的事。但是别斯图热夫在这件事上有自己一个简单的原则——他不会从敌人(法国人和普鲁士人)那里收受贿赂,而只是从俄罗斯的盟友(奥地利人和英国人)那里收受贿赂,因为伊丽莎白依靠与英国和奥地利的联盟来对抗普鲁士和法国。但是为什么在这些条件下要占盟友便宜?因为,奥地利和英国认为同俄罗斯的亲密关系不取决于别斯图热夫的爱国主义,也不取决于帮助彼得大帝之女实现俄罗斯帝国荣耀的愿望,而是取决于经常赠送给别斯图热夫的"礼物"。

然而,正如常言所说的那样,滑头迟早会栽到自己设计的诡计中。别斯图热夫被抓了——不是因为贿赂,而是因为他对未来的担忧!到18世纪50年代末,伊丽莎白女皇越来越频繁地生病。后来她的继承人彼得·费奥多罗维奇大公——腓特烈二世的崇拜者——继承了王位。由于别斯图热夫多年来一直奉行明显的反普鲁士政策,他也就成了新皇的死敌。在此之前,总理大臣考虑如何扩大自己的权力,阻止彼得三世登上王位。他开始通过利用彼得的妻子叶卡捷琳娜·阿列克谢耶芙娜来实施自己的阴谋,计划在伊丽莎白死后让叶卡捷琳娜掌权,并让自己成为她的第一大臣。但老阴谋家失算了!他的阴谋被揭穿,别斯图热夫被捕……

即使别斯图热夫已经老了,但他仍然狡猾如狐狸。他提前察觉到了危险,小心翼翼地销毁了所有对自己不利的信件和文件。可想而知,没有了这些文件,案件调查变得非常困难。"总理大臣案"的一名调查员写信给自己的一位朋友:"别斯图热夫已被捕，我们现在正在寻找他犯罪的证据。"结果，留给调查人员的只剩下未经证实的怀疑。别斯图热夫没有被判处死刑，而是被流放到一个遥远的村庄。1762年，随着叶卡捷琳娜二世上台，归还了别斯图热夫所有军衔和勋章，他获得了抚恤金，并被任命为"第一帝国谋士"，除此之外，女皇还授予了他元帅军衔。一位外国外交官写道，在一次宫廷招待会上，他看到"老"别斯图热夫在"醉酒"后不让女皇走，并坚持和她说些什么，说着说着……别斯图热夫突然意识到自己在宫廷中的职位是微不足道的。他此时虽然享有很大荣誉，但现在宫廷政务均由新一代官员掌管，叶卡捷琳娜听他们的，而不是听他这只老狐狸的……别斯图热夫退休后很快就去世了。

## 俄罗斯加入七年战争

战争爆发，但俄罗斯军队对此准备不足（他们几乎总是毫无准备的），没有足够的士兵和马匹作为战争装备，缺乏能干的将领。陆军元帅斯捷潘·费奥多罗维奇·阿普拉克辛被任命为军队指挥官，但他是一个优柔寡断、碌碌无为且缺乏作战经验的人，他率领的军队在1757年春天才行军到达普鲁士边境。而且，在没有得到圣彼得堡的特别指示之前，他无法作出下一步战略部署。7月中旬，俄罗斯军团进入东普鲁士领土，沿着通往阿伦堡的道路缓慢移动，随后到达该国首都柯尼斯堡。军队的侦察工作开展得不顺利，1757年8月19日，当俄罗斯军团先锋队沿着林道前行时，他们发现前方普鲁士陆军元帅列瓦尔德的军队已经形成战斗序列，并对俄罗斯军团展开进攻。莫斯科第二军团发现自己处于战火最激烈局势时，设法改变队形并阻止了普鲁士人的第一轮进攻。很快，总队指挥官V. A. 洛普欣又派了四个团来支援该军团。这五个军团与列瓦尔德的主力展开了战斗。战斗结果是血腥的。洛普欣将军身负重伤被俘，军团再次被击退。失去了一半的士兵后，洛普欣的军团开始随机回撤到森林中。未来的元帅、年轻的将军彼得·亚历山德罗维奇·鲁缅采夫挽救了局势。靠着储备军团，他设法穿过森林，与追击洛普欣总队残余兵力的普鲁士侧翼军团展开搏斗，这一举动成为俄罗斯获胜的关键。

尽管俄军的损失是普鲁士人的两倍，但列瓦尔德的失败却是惨痛的。在通向柯尼斯堡的道路变得畅通无阻后，阿普拉克辛却并没有沿着此道路继续行军。反之，出乎所有人的意料，他下达了从蒂尔西特撤退的命令，这次撤退宛如一次溃逃……据传，指挥官作出这样的举措是因为一封来自圣彼得堡的信，信中谈到伊丽莎白女皇得了致命的疾病。她的继承人彼得三世登上王位后可能会因为阿普拉克辛战胜普鲁士而摧毁他的仕途，于是他开始撤退。伊丽莎白病得很重，但并不致命，她康复后，阿普拉克辛就被免去了指挥权，接受审查，很快这位被免职的陆军元帅就死在了监狱里。俄罗斯军队在东普鲁士的作战结果令人遗憾：军队损失惨重，4500人死于战场，9500人死于疾病！

被任命为新指挥官的V. V.弗莫尔将军于1758年1月毫不费力地占领了柯尼斯堡，并在夏天行军至普鲁士王国的主要领土勃兰登堡，以便与奥地利人联合起来对抗位于西里西亚的腓特烈二世。腓特烈二世为了不让这种情况发生，果断地从西里西亚越过奥得河，来到勃兰登堡，从后方绕过俄军。如此，腓特烈二世切断了弗莫尔军队的退路，不允许它与鲁缅采夫的军团联手。因此，鲁缅采夫在奥得河的另一个渡口并没有等到普鲁士人。腓特烈的迂回动作被弗莫尔发现，随即双方展开了战斗。

战斗开始时，普鲁士步兵按照腓特烈二世最喜欢的"斜线战斗阵形"，用优势兵力攻击弗莫尔军队阵地的右翼。步兵营并没有全部发起进攻，而是采用阶梯战术，一次一个分营地加入战斗，在狭窄的空间内给敌人施加压力。但这一次，因为沿途要绕过燃烧着的佐恩多夫村，主力部队的部分营没能跟上先头部队的斜向指挥路线。弗莫尔在注意到普鲁士人的阵形存在缺口后，命令他的步兵进攻，但受到了临近的普鲁士先锋队和主力的反击，俄罗斯步兵被击退了。

弗莫尔失算了。他没有注意到塞德利茨将军率领的整个普鲁士骑兵在等待进攻的时机，并没有加入战斗。当追击普鲁士军队的俄罗斯步兵军团暴露出自身的侧翼和后方力量时，塞德利茨率领的骑兵就来了。凭借46支精选的黑色骠骑兵中队，塞德利茨对俄罗斯步兵团进行了攻击。这是一次可怕的攻击：训练有素的骑兵加速前进，排成马镫对马镫、膝盖对膝盖的紧密队形，只有精神力强大的人才能承受这种攻击。在万千马蹄疯狂的铿锵声中，大地震颤，一股黑色的高浪无情而迅捷地冲来，不断加速，随时准备碾碎和践踏沿途的一切生灵。面对如此可怕的攻击，俄罗斯掷弹兵们的勇气必须值得赞赏，他们没来得及排成防御战方阵，只好背靠背成群结队地承受着塞德利茨骑兵的攻击。俄罗斯兵团的坚固防线分崩离析，攻击力减弱，塞德利茨趁机将溃乱的骑兵调到后方。从那一刻起，弗莫尔就放弃了部队，离开了指挥据点。他大概已经认为这场战斗失败了。然而，俄罗斯军团在损失惨重的情况下仍然坚守阵地，尽管有一些士兵被吓得不轻，他们摔碎酒桶，抢劫了军团的储蓄库。到了傍晚，战斗开始平息。

18世纪以来，俄罗斯军队第一次遭受如此大的损失：一半人员伤亡，死亡人数超过受伤人数——22600人中有13000人牺牲。这说明了战斗的血腥和激烈，而常见的死伤比例是1∶3。21名俄罗斯将军中，有5人被俘，10人阵亡，仅剩6人在战斗。俄罗斯军队被缴获了85门火炮、11面战旗和军火库。普鲁士人的损失也很大：他们伤亡超过了11000人。这么大的损失下，普鲁士军队在激战一天后，放弃了阻止俄罗斯人从战场撤退的计划。此时，士兵们早已满身鲜血，战场上散落着成千上万的人和马的尸体。两列俄罗斯行军纵队中间安置了伤员、26门缴获的大炮和10面战旗，军队走了几个小时，离普鲁士阵地约7俄里，但普鲁士指挥官并没有决定进行攻击。佐恩多夫之战对俄罗斯人来说并不是一场胜战——战场留给了腓特烈二世（在过去，这是战场上胜利的主要标准），但佐恩多夫之战也不能被视为俄罗斯的失败。伊丽莎白女皇对发生的一切表示赞赏：俄罗斯军队在远离祖国的敌国与当时最伟大的指挥官腓特烈二世进行了一场血腥的战斗，并努力保存了实力。如女皇的诏书所言："整个世界都因这件伟大的事迹，铭记我军永恒的荣耀。"

1759年，60岁的P. S. 萨尔蒂科夫公爵率领俄罗斯军队进行了两次战役。7月10日，普鲁士军队在奥得河右岸的帕尔齐格村附近切断了俄罗斯军队的道路。俄罗斯重甲骑兵完成了反击任务：普鲁士人的快攻被击退，他们随即逃离。此战，俄罗斯军队的损失低于敌人——5000人对7000人。

8月1日，在奥得河畔法兰克福附近的库纳斯多夫村附近，俄罗斯军队与腓特烈二世交战。佐恩多夫之战的情景再次重现：腓特烈二世再次来到俄罗斯军队后方，切断了所有退路。普鲁士人迅速从侧翼攻击俄罗斯人。但这一次，作战双方的位置有些不同。俄罗斯军队占据三处高地为据点——穆尔伯格（左翼）、大斯皮茨（中）和尤登伯格（右翼）。在右翼，奥地利联军处于预备状态。腓特烈顺利攻下了俄罗斯军队的左翼：A. M. 戈利岑大公率领的军团在穆尔伯格高地被击败。此时，俄罗斯军队遭受到了巨大威胁，普鲁士步兵穿过格鲁德峡谷冲向大斯皮茨高地。中央据点的丧失将导致该战役的失败。到那时，在奥得河岸边的俄罗斯军队就注定要投降或被歼灭。

指挥官萨尔蒂科夫及时下令驻扎在大斯皮茨的各兵团穿过前线，迎击离开峡谷的普鲁士步兵。随着前线据点的溃败，俄罗斯军队开始行动。由于大斯皮茨的山脊狭窄，无法列队，因此军队布了几道防线。此时达到了战斗的高潮：如果普鲁士人突破了防线，大斯皮茨高地就会被攻下。但是，正如一位同时代人所写的那样，虽然敌人"英勇无畏地来攻击我们的防线,但他们的进攻都逐一被击退,因为普鲁士军队每到一条防线都没法直接站着进行射击,而是要匍匐前进,这一切都多多少少阻止了他们的进攻"。塞德利茨骑兵试图摧毁俄罗斯中央阵地的尝试也失败了——他们被俄奥骑兵和大炮击退。普鲁士人开始撤退。腓特烈二世48000人的军队损失达到17000人,5000名普鲁士人被俘虏。俄奥两军缴获的战利品有172门火炮、26面战旗。俄军损失13000人,萨尔蒂科夫并没决定去追击陷入恐慌的腓特烈二世,他开玩笑道,如果再赢得这样一场战役,恐怕就只有他自己拿着指挥棒去圣彼得堡报捷了。

俄罗斯军队在库纳斯多夫村附近战场上没取得胜利果实,士兵们的鲜血白流了。此时,萨尔蒂科夫表现出与其前任指挥官同样的弱点——优柔寡断和行军迟缓。挑起保护全军的重担压力,加上与奥地利盟军的分歧和争执使指挥官灰心丧气。萨尔蒂科夫关于保存军队实力的报告得到了女皇恼怒的回复:"虽然我们应该保存军队实力,但当你面临这场延续多年而不是速战速决的战役时,这种节俭是微不足道的。"后来的事实显示,在1759年的战役中,有18000多名俄罗斯士兵的生命被白白牺牲掉了——敌军并没有战败。到1760年战役中期,萨尔蒂科夫陆军元帅指挥官的职位不得不由A. B. 布图林接替。此时,伊丽莎白派来的随军人员对军队的行动和所处的总体局势越来越不满。在此之前,俄罗斯军队在库纳斯多夫战役的胜利并非偶然,它反映了俄罗斯军队力量的增强。但指挥官们在连续的战役和战斗中并没有采取应有的果断行动。随着战争的持续,在1759年10月13日对萨尔蒂科夫的敕令中,宫廷会议传达道:"既然普鲁士国王已经四次进攻俄罗斯军队,为了我们军队的荣誉,我们至少要进行一次反击。目前我们军队在数量和力量上都超过了普鲁士,总而言之,攻击总是比被攻击更有利,我们需要如此。"盟军将军和元帅(与普鲁士作战的有奥地利、法国、俄罗斯、瑞典,以及诸多德意志公国)的犹豫不决造成了腓特烈二世在第四次战役中侥幸逃脱。尽管盟军人数已经超过普鲁士军队的两倍,但此时盟军并没有品尝到胜利的味道。腓特烈二世随机应变,依次对盟军单独出击,用灵活巧妙的策略避免了战败。从1760年起,腓特烈二世率领的军队变得无懈可击。在库纳斯多夫战败后,他尽可能避免直接作战,连续行军的佯攻战术令奥地利和俄罗斯指挥官们发狂。

此时,占领柏林的时机已经成熟,这将在供给和士气方面给腓特烈二世造成重创。9月底，俄奥两军接近并包围了普鲁士王国的首都。9月28日夜，首都里的人突然投降并撤离，并将城门的钥匙交给了俄奥两军。盟军在城里逗留了两天，他们在这两天时间内对柏林人进行了残酷剥削，彻底摧毁了普鲁士军队的巨大仓库和军火库，并烧毁了柏林和波茨坦的军工厂。在得知腓特烈二世急于行军来援助首都的消息后，盟军迅速离开了柏林。但盟军在柏林的军事行动无法弥补在其他战区的失败。腓特烈二世大败奥地利军队，与此同时奥地利军队指挥官无法与俄罗斯将领们找到共同语言。令圣彼得堡方面不满的是，在这场战争一开始，俄罗斯就被赋予了从属角色，俄罗斯军队不得不一直与为西里西亚而战的奥地利并肩作战。俄罗斯的战略和其帝国利益被奥地利利用。自1760年以来，俄罗斯外交官越来越坚决地要求奥地利为共同利益的流血事件提供实实在在的补偿。从1758年初开始，俄罗斯占领了包括柯尼斯堡在内的东普鲁士，那里的居民宣誓效忠于伊丽莎白女皇，也就是说，这里的居民承认自己是俄罗斯的臣民。

这让人想起1710年利沃尼亚和爱沙尼亚事件，当时，早在和约缔结之前，彼得大帝就将这两个省都纳入了俄罗斯。而此时的俄罗斯打算将东普鲁士纳入俄罗斯帝国的管辖内。同时，俄罗斯军队包围了普鲁士海岸的科尔贝格要塞，控制该要塞对腓特烈二世及其首都柏林进行援助。要塞于1761年12月5日被攻下，在此20天后，伊丽莎白女皇去世。

从那天起，国际形势开始迅速变化。继承俄罗斯王位的彼得三世立即与奥地利断绝同盟关系，无条件地向腓特烈二世提出求和。即将被战争毁灭的普鲁士得到拯救，使其能够继续战斗到1763年。较早退出该战争的俄罗斯一方没有获得任何领土或其他赔偿。

[文　献]

对于参与战争或旁观者来说，这次会战是令人难忘的。参加到这场战争中的军人是抱着必死之心的，他们并不幻想自己能够活下来。这种正面对战所造成的损失通常是可怕的，投射过来的炮弹和铅弹撕碎了站立或移动的兵团。

在战斗开始之前，神官们举行了一场仪式，实质上，他们是预先给未来的战死者举行宗教葬仪。战斗的场面是悲壮且令人难忘的。以下是这场战斗的目击者泰格牧师对1758年8月14日那个令人难忘的早晨的描述：

"从山顶上，我看到普鲁士军队正向我们逼近；他们的武器在阳光下闪闪发光，场面可怕……普鲁士队列突然变换成一条长长的弯曲战线。可怕的普鲁士战鼓声传来，但我们无法听清内容。普军越来越近时，我们听到了双簧管演奏他们国歌的声音……就在敌人喧闹而庄严地逼近时，俄罗斯军队仿佛失去活着的灵魂，镇静地观察局势。随后普鲁士的枪声响起……"

# 伊丽莎白女皇逝世，彼得三世登上皇位

在伊丽莎白生命的尽头，她被疾病缠身。伊丽莎白有着不节制的生活方式，喜欢油腻的食物，对自己的疾病也不愿接受任何治疗——这一切都加速了这位开朗女皇生命的终结。她不停地参加化装舞会、观看各种表演，最终却只能一人频繁地前往沙皇村独处。昨日的神仙美人看着镜中的自己，惊恐地发现自己容颜不再——毕竟，她以为自己美貌永驻！就在1761年12月25日圣诞节这天，死亡降临在她的身上。以舒瓦洛夫家族为首的宫廷朋党都清楚，一旦让伊丽莎白的侄子彼得·费奥多罗维奇登上王位，他们中的许多人都会立刻失去权势与金钱。因此，这些人计划拥护大公的妻子叶卡捷琳娜·阿列克谢耶芙娜为摄政王，推举她的儿子、七岁的保罗·彼得罗维奇登上王位（他深得已故女皇伊丽莎白的喜爱），以此来罢免彼得·费奥多罗维奇的权力。此前舒瓦洛夫家族的拥护者只是将彼得·费奥多罗维奇一家驱逐到了荷尔斯泰因公国，彼得·费奥多罗维奇从那里于1742年被带到俄罗斯。但伊丽莎白·彼得罗芙娜在1761年圣诞节的突然离世令阴谋者始料未及，彼得·费奥多罗维奇此后便顺理成章地成为全俄罗斯的沙皇。

在俄罗斯生活的漫长岁月中，王位继任者彼得·费奥多罗维奇从未真正变成俄罗斯人，更谈不上成为俄罗斯的爱国者。俄罗斯的一切对他来说都是陌生的，而德意志的一切，尤其是普鲁士，对他来说反而更加亲切。同时，他也毫不掩饰地对当时与俄罗斯交战的普鲁士国王腓特烈二世表示崇拜。彼得·费奥多罗维奇一登上王位，成为彼得三世后，就突然改变了俄罗斯的对外政策，与腓特烈二世缔结了对俄罗斯不利的和约。由于丹麦长期压制他的家乡荷尔斯泰因公国，彼得三世计划出兵丹麦。令人感到震惊的是，在出兵前他给俄罗斯军队的士兵配备了普鲁士军装，并开始在军队中普及普鲁士纪律。

新沙皇对外交政策的改变，对俄罗斯风俗、东正教信仰的蔑视，再加上性格的莽撞与冲动，都极大地损害了他在俄罗斯社会和公众中的声誉。其实，如果彼得三世不作出这样挑衅公众的行为，他是可以巩固他的王位，使自己受到公众拥护的。继位初期，他就在颁布的第一条法令中谈及了他对国家所面临的紧迫问题的理解。

1762年2月19日，彼得三世发布了一份公告，该公告宣布将教会土地世俗化，并将这些土地以及从这些土地上获得的收入转交给国家。为了管理这些土地，俄罗斯成立了经济部。与此同时，教会中很大一部分农奴摆脱了依从地位。最后，彼得三世第三号法令消除了人们随时被告密揭发定罪的恐惧。此法令颁布后，禁止高喊告密的惯用语"言行一致"，警察有义务逮捕那些喊出"言行一致"的告密者。曾引起几代俄罗斯人恐惧的政治调查机关——秘密办公厅——被取缔，这个机构的侦查职能转移到参议院。然而，这些出色的法令并没有帮助彼得三世本人巩固其王位。人们更多的是出于情感而非务实地接受他，虽然他这个人既不残忍也不邪恶，也没有发动任何流血事件，可人们仍将其视为"暴君"，认为彼得三世是"教母伊丽莎白和善制度"的颠覆者。彼得三世最终成为自己傲慢和莽撞行为的受害者。

直到统治结束时，彼得三世仍确信自己得到了广大群众的拥护。他看上去就是一个荒谬、奇怪、随意的王位继承人，虽然完全接手了他姑姑在位时所拥有的无限权力，但放荡不羁且性情乖张的他无法成为一名政治家来控制事态的发展，也无法认清自己俄罗斯独裁者的身份。彼得三世的形象极具戏剧性。国家和他的命运都是不幸的，如果当时他留在荷尔斯泰因公国，或许他会活得久些，在其死后，他的臣民也会以他的模范公爵的形象来纪念他。但他却来到了俄罗斯，背上了仇视俄罗斯、练兵严苛、暴君和傻瓜的骂名。但是，如果每个人都是自己命运的主宰，那么彼得三世也就可以左右自己的命运了。不得不认同他的妻子叶卡捷琳娜的观点，叶卡捷琳娜曾写道"彼得三世的第一个敌人就是他自己"。

彼得三世与妻子彻底疏远，明目张胆地同他的情妇伊丽莎维塔·沃龙佐娃同居，计划同叶卡捷琳娜离婚并迎娶自己的情妇。但心高气傲的叶卡捷琳娜并不会将自己的命运放到彼得的手里，她同意了近卫军推翻彼得三世的提议。近卫军在军队中积极鼓动士兵们支持叶卡捷琳娜的意图与一部分贵族的意愿不谋而合，他们对彼得三世及其政策非常不满，在喜怒无常和不按常理出牌的皇帝的统治下，这些人愈发担心自己的仕途。与此同时，彼得三世对叛变的警告并不放在心上，这也加快了政变的到来。

[文 献]

彼得三世以君主的身份载入史册，他于 1762 年 2 月 18 日签署了著名的"给予整个俄罗斯贵族自主和自由的宣言"。在此之前，在俄罗斯的众多宣言中关于贵族的系列权利从未被提及过：

"1) 根据贵族意愿且他们提出正当理由的情况下，所有在各种岗位上服役的贵族都可以选择继续工作，但服兵役的军人在战役开始前三个月或更短时间内不能提出解除服役或辞职的要求……

2) 所有为我们提供完美服务的在职贵族，在他们退役时应被提升一个品级……

3) 退役一段时间或从事文职和其他服务的贵族，如果希望再次服兵役，在他们的功绩证明与品级相符的情况下，可以再次让他们加入军队。

4) 在我们军队服役期间被解雇的贵族中，那些想离开俄罗斯前往其他欧洲国家的人，外事部在发放护照时，不应对他们有所阻挠。

5) 除了我们本国内的贵族之外，那些曾为其他欧洲君主服务的俄罗斯贵族在返回祖国时，国家可以根据其意愿和能力填补岗位服役空缺……

需要通过制定一项不可或缺的规则制度，让我们的贵族权力受到法律保护，最后，我以君主身份庄严地宣布，我们的合法继承人可以撤销其中的任何权利，贵族们拥护不可动摇的全俄罗斯专制王位的合法性，同时，我们希望所有高贵的俄罗斯贵族，在感受到我们对他们及其后代的优待时，能够受到鼓舞，不逃避服役，而是要满怀热情且忠贞地去为皇位服务……"

宣言中提到了贵族除了在作战时期，他们有权在任何时候退役和重新服役。根据宣言，贵族也可以不用服役，他们可以回到自己的庄园、出国、去外国服役、在家教育孩子，等等。这份宣言对于贵族来说至关重要。这在公民社会中是一个真正的突破。许多人虽然欣然接受了这份宣言，但他们普遍没有逃避服役，因为大多数贵族没有国家薪水就无法存活。然而，选择服役或不服役对他们来说非常重要。历史学家将 1762 年的宣言与贵族庄园的繁荣联系起来，这些庄园成为欧洲生活和文化传播的中心，但有时也成为实施严酷农奴制的中心。重要的是，这份宣言开启了俄罗斯社会解放的漫长过程——让国家从沉重的压力中解放出来。

## 第三部分

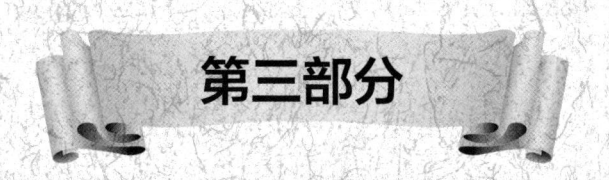

## 叶卡捷琳娜二世和保罗一世的帝国时代(1762—1801)

# 年轻时的叶卡捷琳娜

叶卡捷琳娜二世原名索菲娅·弗雷德里卡·奥古斯塔，来自德意志一个古老但已经败落的安哈尔特－采尔勃斯特公爵家庭，父亲是克里斯蒂安·奥古斯特大公。母亲乔安娜·伊丽莎白公主出身更加高贵，来自荷尔斯泰因－戈托普公爵家族，是德意志最高贵的家族，她的兄长阿道夫·弗里德里克甚至曾在1751—1771年间成为瑞典国王。索菲娅出生时，她的父亲是一名将军，指挥着一个驻扎在斯德丁（现波兰什切青）的普鲁士兵团。在18世纪，法语是知识进步的强大引擎，在母亲的培养下，索菲娅学会了法语。尤其是她经常想起的伊丽莎白·卡德尔女士，曾担任索菲娅的老师，为索菲娅的成长付出了很多心血。

到1743年底，索菲娅的命运已经被决定。此时，伊丽莎白·彼得罗芙娜女皇正在为她的侄子、王位继承人彼得·费奥多罗维奇大公寻找新娘。在众多来自欧洲皇室和王侯家族的公主中，挑剔的女皇最终选择了索菲娅。女皇认为这位来自安哈尔特－采尔勃斯特的公主是最合适的人选，她认为这样一个出身贵族但贫穷的姑娘不会被大众的关注度和财富宠坏，因此不会在宫廷里有"她自己的党派"，不会对俄罗斯的政治产生影响。1744年初，索菲娅随母亲乔安娜·伊丽莎白来到俄罗斯。她们受到了最热烈的欢迎，新娘和她的母亲发现自己置身伊丽莎白女皇宫廷的奢华之中，成为所有人关注的焦点。索菲娅很快适应了新环境。1744年6月28日，她皈依东正教，并永远成为叶卡捷琳娜·阿列克谢耶芙娜。

不久，彼得·费奥多罗维奇大公和叶卡捷琳娜在莫斯科克里姆林宫的圣母升天大教堂举行了婚礼。年轻夫妇的生活并不顺利，夫妻之间没有亲密无间的亲情，并且多年来没有亲密的关系。婚礼时年仅16岁的彼得·费奥多罗维奇非常幼稚，根本不理会他年轻的妻子，经常让她独自一人或是让她身处无知和不友好的朝臣之中。渐渐地，叶卡捷琳娜习惯了自己的处境，然后对阅读产生了兴趣。正是阅读成为这位未来女皇的真正大学，起初她读小说，然后转向了更严肃的阅读——杂志和百科全书，这些书中蕴含了那个时代的所有智慧。叶卡捷琳娜一生都对法国启蒙者的作品充满热情，她认为正是这些启蒙作品给了她真正的教育。渐渐地，善于社交而又聪明的未来皇后赢得了一些睿智又富远见人士的尊重。1754年，她的儿子保罗出生后，叶卡捷琳娜获得了比以前更多的自由，在她周围形成了一个宫廷青年圈子，近卫军中也有她的朋友。在一些朝臣，尤其是在谢尔盖·萨尔蒂科夫——"他在阴谋方面是一个真正的恶魔"（叶卡捷琳娜的话）和列夫·纳雷什金的帮助下，她经常偷偷地离开宫殿去拜访她的朋友们，他们越聚越多，一起欢声笑语，谈论政事。她毫无隐瞒的政见也得到了伊丽莎白时期宫廷的重臣——例如舒瓦洛夫家族、元帅阿普拉克辛、副总理米歇尔·沃龙佐夫、拉祖莫夫斯基兄弟以及总理大臣阿列克谢·彼得罗维奇·别斯图热夫·留明等人——的重视。

别斯图热夫是一个老谋深算的人，看到叶卡捷琳娜很聪明，并且据他说她"性格极其坚定和果断"，第一个决定将叶卡捷琳娜拉入他的政治阴谋中。在18世纪50年代中期，伊丽莎白·彼得罗芙娜的健康状况恶化，别斯图热夫明白彼得三世上台后，作为普鲁士一贯的敌人，自己的仕途将走到尽头。因此，他押注在叶卡捷琳娜身上，看中她是一个能够掌权的人。别斯图热夫扮演了叶卡捷琳娜导师和引领者的角色。他试图取悦叶卡捷琳娜，尤其是帮助她与她的母亲建立了秘密通信（伊丽莎白女皇禁止叶卡捷琳娜与父母通信），千方百计地包庇叶卡捷琳娜与英俊的波尼亚托夫斯基之间的私情，后者于1755年与英国特使一起来到圣彼得堡，然后以波兰立陶宛联邦大使的身份返回俄罗斯。

密谋者担心伊丽莎白女皇临终时会签署一份有利于叶卡捷琳娜的儿子保罗·彼得罗维奇的遗嘱（保罗·彼得罗维奇深得伊丽莎白女皇的喜爱，后来成为沙皇保罗一世），并让舒瓦洛夫家族的一人成为年轻皇帝的摄政王，从而将彼得·费奥多罗维奇和叶卡捷琳娜都排除在王位之外。别斯图热夫起草了一份宣言，根据该宣言，叶卡捷琳娜担任保罗的摄政王，而他则获得了政府所有主要部门和所有近卫团指挥官的职位。野心勃勃的总理大臣向叶卡捷琳娜展示了他的计划，但他不清楚的是，他正在与一个不再需要培训和赞助的成熟政治家打交道。

## 针对彼得三世的阴谋

伊丽莎白女皇于 1761 年 12 月 25 日去世，平静地与叶卡捷琳娜和彼得·费奥多罗维奇告别，请求继承人爱护他们的儿子保罗·彼得罗维奇。一切顺利，彼得·费奥多罗维奇大公成为沙皇彼得三世，大公夫人成为皇后。但对叶卡捷琳娜来说未来的焦虑只会加剧，尤其是在彼得三世对伊丽莎维塔·沃龙佐娃的感情变得强烈而深刻之后。这正是叶卡捷琳娜面临的危险。伊丽莎维塔·沃龙佐娃得到了整个沃龙佐夫家族的支持，这个家族在俄罗斯宫廷很有影响力，由伊丽莎维塔·沃龙佐娃的叔叔米哈伊尔·伊拉里奥诺维奇领导，而后者渴望得到权力。

当时是 6 月，宫廷搬到城外，叶卡捷琳娜住在彼得霍夫宫，而彼得三世则住在他心爱的奥拉宁鲍姆。6 月 28 日，彼得三世与新上任的总理大臣沃龙佐夫、普鲁士特使、流放归来的陆军元帅布尔哈尔德·克里斯托夫·米尼赫、少女沃龙佐娃和其他身边的女士先生们，来到彼得霍夫宫（在蒙普莱西尔本应该有一个盛大的招待会）。"抵达彼得霍夫宫后，"目击者雅各布·施特林写道，"人们发现皇后居住的宫殿空无一人，听到皇后在凌晨五点秘密前往圣彼得堡后，他们感到非常惊讶。"

[传说与谣言]

### 关于叶卡捷琳娜的"不体面"歌曲

彼得三世不仅没有隐瞒自己与沃龙佐娃的关系，还不止一次表达了要离开妻子的打算，他已经对妻子感到厌恶。首都盛传，离伊万·安东诺维奇监狱不远的施利塞尔堡要塞里，彼得三世为离婚后的妻子秘密准备了一间舒适的修道室。在 1761 年 6 月给奥斯顿男爵的一封信中，叶卡捷琳娜写道："他们正在策划针对我的可怕事情。沃龙佐娃女士的父亲和叔叔密谋监禁我，让她代替我。"如上所述，这些担忧并非没有根据。这看似微不足道的宫廷生活，却反映在了大众的头脑之中。1766

年，在莫斯科有人编写了一首歌曲，正如间谍所写的那样，"在普通民众中传唱"。这首歌揭露了皇后的悲惨命运，并以悲伤的风格创作：

> 一个孤独的女人，一个孤独的女人，一个年轻的女人走过小树林。
> 不怕树林里的任何人，不怕小偷，不怕强盗，也不怕大灰狼……
> 我害怕我亲爱的朋友，害怕我自己的合法丈夫，
> 我那亲爱的朋友正在一个绿色的花园里散步，
> 我的朋友，不和王子们在一起，不和男孩们在一起，不和宫廷将军们在一起。
> 我亲爱的朋友和他心爱的伊丽莎维塔·沃龙佐娃女士一起散步，
> 他牵着她的右手，他们想到了一个强烈的小念头，一个强烈的小念头，
> 为了在一起，他们想要砍倒我，摧毁我……

除了所有其他问题外，叶卡捷琳娜还怀有奥尔洛夫的孩子，并对彼得三世保密。1762年4月，叶卡捷琳娜生下了一个男孩——奥尔洛夫的儿子（未来的阿列克谢·格里戈里耶维奇·博布林斯基）。新生儿立即被从皇官偷偷带到了皇后的贴身男仆施库林家里。叶卡捷琳娜的朋友们提出不要坐以待毙，可以利用人们对彼得三世的普遍仇恨，推翻他，将他囚禁起来，这样她就可以成为国家元首或是以年轻皇帝保罗一世的摄政王的身份统治国家。1762年夏初的形势有利于这一点：彼得三世想报复丹麦，因丹麦在1702年吞并了荷尔斯泰因公国的部分领土。这场战争不受欢迎的事实不用多说，再加上彼得三世让军队改穿普鲁士式制服，这让即将登船出发与丹麦作战的军队和近卫军愤慨不已。叶卡捷琳娜知道自己并不孤单，她这些真正的朋友会毫不犹豫地追随她——看看奥尔洛夫和他的兄弟们就知道。此外，除了奥尔洛夫兄弟，叶卡捷琳娜还与伊兹麦洛夫斯基近卫团最有影响力的政要和指挥官基里尔·拉祖莫夫斯基伯爵以及皇位继承人保罗的导师尼基塔·帕宁讨论了政变的方案。这些人也准备支持叶卡捷琳娜。但是，决定进行政变是一件很冒险的事情，而且很艰难。为此，需要一个理由，一个助力，政变之后就没有回头路了。这就是1762年6月9日晚宴上发生的事件，当时彼得三世对他的妻子发火，在贵族、将军和外交使团在场的情况下，隔着桌子对她大喊"傻子"！"从那天起，"叶卡捷琳娜后来写道，"我开始倾向于自伊丽莎白女皇去世时人们向我提出的建议。"

## 1762年：宫廷政变

"该起床了，宣布你继位的一些准备都已做好！"——这是阿列克谢·奥尔洛夫 6 月 28 日清晨在蒙普莱西尔，向被他突然叫醒的叶卡捷琳娜打招呼时说的历史话语。叶卡捷琳娜立即起身，迅速穿好衣服，和她的女侍从一起坐上奥尔洛夫驾驶的马车前往圣彼得堡。阿列克谢·奥尔洛夫是一位出色的马车夫：他在一个半小时内就将皇后从彼得霍夫送到阿夫托沃。奥尔洛夫小心翼翼地把她交给了他的兄弟格里戈里，格里戈里已经在那里等待皇后的马车了。他们上了一辆马车，驱车前往伊兹麦洛夫斯基近卫团的营地。在这里，马车被伊兹麦洛夫斯基近卫团的士兵簇拥着，他们震耳欲聋喊道"国母"。近卫团中的神父立即带着士兵和军官宣誓，在他们的指挥官基里尔·拉祖莫夫斯基伯爵的带领下，伊兹麦洛夫斯基近卫团的士兵们跟在马车后面移动，来到其他团队的营房，所有人都跟在皇后的马车后面。人群从各地跑来——这似乎不是政变，而是凯旋仪式，在涅瓦大街上胜利游行。过了一会儿，游行队伍在喀山大教堂停下来做礼拜，然后继续前行。在冬宫，整个"国家"都在等待叶卡捷琳娜——参议院、东正教最高会议、官员、朝臣宣誓效忠他们的新女皇。士兵们的热情如此高涨，如果只是阴谋的话，是不能够如此迅速地准备和运送装有伊丽莎白时期军队制服（该军队制服被彼得三世取消）的大车，并将它们运送到宫殿广场的。士兵们毫不避讳女士们，立即开始换衣服，将讨厌的普鲁士式制服扔在地上。经过休息并与信赖之人商议后，叶卡捷琳娜作出最终决定，发布了一项给参议院的法令。法令中写道，她与军队进行了一场战役，"让人们确定和信任王位上的人，让你们，作为我的最高政府，拥有完全的授权：祖国、人民和我的儿子都在你们的监管下"。战役的终点是奥拉宁鲍姆，敌人是已经成为前皇帝的彼得三世。很难回忆起历史上还有类似的事情——妻子与丈夫之间的战争。

彼得三世未能在这种危急情况下表现出必要的品质。发现妻子逃跑，并意识到这起夜间突发事件意味着什么后，他感到困惑，陷入恐慌，最重要的是，他未能从敌人手中夺取主动权。他派他的随从到城里，徒劳地等待他们——然而这些人都立即加入了女皇一方。彼得三世拉拢他不待见的近卫军的意图没有成功，也没有设法逃到有忠于他的部队的波罗的海。当他与亲近的人一起乘船来到喀琅施塔得时，那里已经被叶卡捷琳娜派来的使者掌控。这个消息使彼得三世陷入了沮丧，他收到了叶卡捷琳娜要求其退位的信，他同意了。从他给妻子的信中可以看出，他完全没有搞清楚状况，对自己的命运依然抱有幻想，希望还有转机。

阿列克谢·奥尔洛夫率领的一队近卫军用封闭的马车将被废黜的沙皇送到罗普夏狩猎宫。几天后，人们得知这位前沙皇已经过世。他的死因成为一个谜。

## [传说与谣言]

### 彼得三世死亡之谜

毫无疑问，叶卡捷琳娜并没有下令杀死彼得。但完全有理由相信，她并没有阻止这场悲剧的发生，尽管她本可以做到。奥尔洛夫在1762年7月2日和7月6日从罗普夏的来信证明了这一点。7月2日，奥尔洛夫写道：

"国母，仁慈的女皇陛下！我们都祝您身体健康，万寿无疆。我们发出这封信时，整个团队都平安顺利。只有我们的囚犯（彼得三世）病得很重，他得了急性腹绞痛，我担心他今晚不行了，但我更怕他活过来。"

然后奥尔洛夫解释了这位前沙皇如果恢复健康会带来的危险：

"第一个危险是他胡说八道，这对我们来说一点都不好玩。另一个威胁，是他对我们所有人都非常危险，他有时会做出那样的反应，自己还希望处于以前的状态。"

未来悲剧的起源在于，彼得三世是被那些直接参与阴谋和推翻皇帝的人守卫着——这是最严重的国家罪行。这些人当然会希望彼得三世永远消失，而不是在他重返皇位后报复和威胁他们，这会让他们"不高兴"。叶卡捷琳娜肯定明白这一点。奥尔洛夫于7月2日写的信非常坦率，尽管如此，女皇还是保持沉默，没有更换罗普夏的狱卒，一切都保持原样。

彼得三世的健康状况非常不好，他在6月30日就病倒了——因为几天前的紧张和冲击对其产生了影响。但在7月3日和4日抵达的医生表示患者的病情有所改善。7月6日，奥尔洛夫给女皇写了最后两封信。第一封信写道：

"国母，仁慈的女皇陛下！我不知道现在该从什么开始。我怕陛下发怒，免得您认为我们很暴虐，免得我们成为造成这个恶人死亡的原因。现在，跟随他的仆人马斯洛夫生病了。而他自己现在病得很重，我不认为他能活到晚上，他几乎完全失去意识，这里的所有人都已经知道了，并祈祷上帝尽快让他脱离我们的掌控。如果您怀疑我，这个马斯洛夫和派来的军官可以向陛下传达他现在的状态。"

从这封信中可以看出，这件事显然已无情地接近尾声：早晨，前沙皇的仆人马斯洛夫突然病倒，被从他的主人身边带走并被带到了圣彼得堡。值得怀疑的是，奥尔洛夫本人根本不是医生，他做出的"诊断"——病人活不到晚上——更像是判决。事情就这样发生了——大约下午6点，奥尔洛夫的最后一封信到了：

"国母，仁慈的女皇陛下！我该如何解释，描述发生了什么：您不会相信您忠实的仆人，但我会在上帝面前说实话。国母！我准备好去死，但我自己不知道这个不幸是怎么发生的。您如果不宽恕我们，我就去死。国母，他不在这个世界上了。可谁也没有想到这一点，谁会想着对沙皇下毒手！但是，女皇，不幸确实发生了。我们喝醉了，他也是。他和费多尔大公（巴里亚京斯基）在餐桌上动手，我们来不及分开他们，他就去世了。我们不记得我们做了什么，但每一个人都是有罪的，应该被处决。请宽恕我的兄弟，我自己来自首，这没有什么可追查清楚的。原谅我或告诉我让我尽快赎罪。让您失望了，他们激怒了您，永远毁了您的灵魂。"

谋杀已经发生，在什么情况下发生的没人知道。奥尔洛夫要求不进行调查并非巧合，因为他"已经认罪"。调查没有进行。否则，如何解释奥尔洛夫7月6日最后两封信之间的矛盾说辞：第一封信说彼得三世得了致命疾病，他"几乎完全失去知觉"；第二封信说这个看似绝望的病人，好像什么都没发生一样，和狱卒一起喝酒，在餐桌上发生争执，然后与巴里亚京斯基动手……叶卡捷琳娜清楚地看到了这些"无法掩饰的真相"，但她已经有着完全不同的考虑。我们确信最后的结果对她来说更重要，她得到了这个结果——彼得三世死了，被废黜的皇帝和被憎恨的丈夫的问题不再存在了……于是，前沙皇被公开宣布"死于突发的腹绞痛"。

# 叶卡捷琳娜二世的第一次改革

叶卡捷琳娜二世在位期间（1762—1796）是一个不断变革的时期，这一时期的"权力"和"改革"的概念几乎是密不可分的。改革不仅是由客观原因（国家在社会生活中重要性的增长、不完善的国家和公共结构的改革）引起的，而且也出于主观原因，不仅是新女皇为了加强个人权力，也是新女皇的内在需要。叶卡捷琳娜二世渴望实行流行于欧洲大国的先进的权利与社会关系的全新理论，在这些理论中智慧型国家是学者、作家和政治家组成的共同体。这些理论基于启蒙运动的意识形态。叶卡捷琳娜广泛使用了启蒙运动的概念和原则，而这不仅仅是"穿裙子的伪君子"巧言惑众的诡计（也不能完全否认），也是叶卡捷琳娜二世意识形态世界观和思维方式的重要组成部分。

叶卡捷琳娜二世无疑是值得敬佩的——她的学识渊博，她的改革计划大胆且执行彻底。这位只接受过家庭教育的德意志小公国公主，在14岁时屈从于命运，被伊丽莎白女皇选中成为王位继承人的妻子，未来的王位继承人的母亲，最终能成长为与彼得大帝和亚历山大二世并驾齐驱的改革者，这在世人心中永远留下疑问。自然，叶卡捷琳娜二世充分考虑了彼得三世统治时期的教训。作为一个聪明、心思细腻的女人，她不仅考虑到了舆论，还巧妙地制造了舆论，为自己指明了正确的方向。与此同时，由于政变而登上王位，推翻并杀死了自己的丈夫——俄罗斯的合法皇帝，叶卡捷琳娜二世发现自己身处困境。加强权力、早日获得统治者的权威是她的头等大事。上台后不久，叶卡捷琳娜二世就发现统治高层亟须进行转变。

起初，女皇不太精通国家政务，需要有经验的顾问的帮助。同时，她对最高政府机构——参议院——在伊丽莎白和彼得三世时期的政府体系中所占据的位置并不满意。叶卡捷琳娜二世显然不满意这个机构的权力性质。在给参议院新任总检察长维亚泽姆斯基的一封信中，女皇嫉妒地写道，参议院"越界"了，它僭越了本不属于它的权力来发布法令、分配军衔，总之，是做了"几乎所有事情"。这是女皇有意识地夸大了参议院的立法能力，而对其数十年之间所做的裁定分析就可以证明这一点。参议院一直是专制下的一个听话的机构，但女皇更关心参议院作为立法中心的潜在能力，这是一个"获得"立法传统并有机会反对专制的强大集团。根据叶卡捷琳娜二世的说法，女皇所需要的结果——在削弱参议院的同时加强皇权——首先是通过建立一个由值得她信赖的政要组成的特别委员会，其次改革参议院本身。叶卡捷琳娜指示尼基塔·伊万诺维奇·帕宁伯爵起草委员会草案，该委员会在她统治初期占据了宫廷的显要位置。

事实证明，帕宁伯爵起草的草案完全不符合叶卡捷琳娜二世的心意，它反映了俄罗斯保守派对启蒙运动国家思想的"贵族解读"。帕宁伯爵分享了伊万·伊万诺维奇·舒瓦洛夫关于需要在俄罗斯引入某些"基本"、不可或缺的法律的想法，但他并没有公开反对专制。他只是在寻找法律保障，以防止专制体系中无可避免地存在的独断专行、损害国家和臣民的利益的权臣，避免"个人的权力而不是国家和地方的权力在案件的审理过程中起作用"。这确实是一个严重的政治问题。一连串无所不能的宠臣在同时代人的眼前掠过，新女皇立刻有了她最喜欢的宠臣格里戈里·奥尔洛夫和他的兄弟们。但女皇并不喜欢帕宁提出的建立帝国议会的提议，这不仅是因为帕宁伯爵的打击瞄准了她的宠臣。

帕宁伯爵提议，为了改进管理制度，将女皇的权力分配给"选择出来的少数人"是"合理的"，这将允许保护专制权力免受隐藏的个别"绑架者"的伤害。显然，正是在这里，叶卡捷琳娜二世看到了对专制权力的威胁。看来这种担心是有道理的——由帕宁伯爵提议的帝国议会在立法中获得了极大的重视。委员会所制定的草案中有一项条款解释为，女皇只有在议会批准后才有权签署法令。草案中还有其他几项条款，可以用两种方式进行解读。

在了解了帕宁伯爵的方案后，女皇起初签署了关于创建帝国议会的宣告，但很快她改变了主意，就像1730年的安娜·伊凡诺芙娜一样，撕掉了它，更准确地说，撕掉了文件上有她签名的那一部分。1763年12月15日，叶卡捷琳娜二世颁布了一份宣言，其中对帝国议会只字未提，但参议院被分为六个部门。在管理体制中，女皇的心腹、参议院总检察长角色的权力得到了大幅加强，他以叶卡捷琳娜希望看到的方式使用参议院的权力——参议院的成立是为了执行为其制定的法律。

[人 物]

### 尼基塔·帕宁和彼得·帕宁兄弟

帕宁兄弟（尼基塔生于1718年，彼得生于1721年）来自一个美满但不是非常富裕的贵族家庭，他们接受了良好的家庭教育。起初，两人都走上了军事道路。因为一个微不足道的错误，担任卫兵的彼得·帕宁被调往陆军团，参加了奥恰科夫附近俄罗斯与土耳其的战争，通过战争的历练，变成一名职业军人。尼基塔·帕宁一开始在宫廷服务，成为宫廷阴谋的受害者，随后他被派往斯德哥尔摩执行外交任务，在那里他度过了很多年，并因此很好地学习了外交技巧。尼基塔·帕宁在斯德哥尔摩担任特使并研究瑞典的政治制度时，彼得·帕宁与自己的军队一起行军，指挥了一个军团多年，并在1756年"七年战争"开始时晋升为将军。他在大耶格尔斯多夫战役中绽放光彩，在佐恩多夫战役中表现尤为出色……1762年，他被任命为东普鲁士总督。叶卡捷琳娜二世上台后，彼得·帕宁立即率所辖部队宣誓效忠。对此女皇颇为满意，彼得·帕宁因其忠诚而获得上将的军衔。

从外表和习惯上看，彼得·帕宁是个军人。他结过两次婚，第一任妻子为他生了17个孩子，第二任妻子又为他生了5个孩子。然而，与战争相比，家庭对于他来说一直都处于次要位置。因为他天性直率，不灵活，他在任何事情上都服从他的哥哥尼基塔·帕宁。

1760年，尼基塔·帕宁的命运发生了翻天覆地的变化。他被召回圣彼得堡，并被任命为保罗·彼得罗维奇的导师。继承人导师的位置总是无上光荣的——毕竟，俄罗斯的未来掌握在他手中。此外，这个位置在政治上也很重要。在伊丽莎白女皇去世之前，尚不清楚她会将王位传给谁——女皇的侄子彼得·费奥多罗维奇或女皇特别喜爱的孙子保罗·彼得罗维奇都有可能。尼基塔·帕宁不想拿家庭和自己的仕途冒险，他与叶卡捷琳娜达成一致，同意在必要的情况下支持她获得权力。因此，在叶卡捷琳娜上台后，他为自己争取到了未来的舒适生活。

从本质上讲，尼基塔·帕宁与他直率的就像罗马百夫长的兄弟彼得·帕宁的性格完全相反。英国特使哈里斯这样评价尼基塔·帕宁："善良的天性、十分高傲和非常的不好动，这是尼基塔·帕宁性格的三个显著特征。"几乎所有同时代人都注意到了尼基塔·帕宁的这些特征。善良、不贪婪的帕宁舍得花钱，他热爱生活，热爱享乐，喜欢搭讪美女，尤其喜欢吃甜食。尼基塔·帕宁的同时代人都异口同声地告诉我们他的"不好动"和懒惰性格。叶卡捷琳娜二世开玩笑地写道，如果尼基塔·帕宁匆忙去某个地方，他肯定会死。但我们不要被误导，鳄鱼有时也显得很懒惰……这是尼基塔·帕宁的外在生活形式和他的伪装。看起来懒散的尼基塔·帕宁是一位了不起的外交官。起初经验不足的叶卡捷琳娜二世立即抓住了尼基塔·帕宁这根救命稻草，并任命他为对外政策负责人。尼基塔·帕宁没有辜负叶卡捷琳娜二世的期望：他知道如何系统地、全球化地思考，叶卡捷琳娜从尼基塔·帕宁身上学到了很多东西。至少有十多年时间，尼基塔·帕宁与叶卡捷琳娜二世并肩确定了俄罗斯的外交政策，成为所谓的北方体系——由普鲁士和俄罗斯领导的北方国家联盟——的创造者。

鉴于局势，叶卡捷琳娜二世和帕宁兄弟暂时"同舟共济"。弟弟是将军，是军队里的自己人；哥哥掌握对外事务，对内政也很熟悉。

一直以来，尼基塔·帕宁都是王位继承人的导师。有些人认为尼基塔·帕宁是个坏老师。他没有对保罗·彼得罗维奇严加管束，而是激起这个男孩的情欲，当着他的面谈论自己的罗曼史，告诉他卡萨诺瓦的冒险经历。但那是启蒙运动的时代，卢梭的时代，人们相信孩子应该自由发展，让世界和自己和谐相处。而从这个意义上说，尼基塔·帕宁是一个很好的教育者，他没有用烦人的监督来折磨保罗·彼得罗维奇。但尼基塔·帕宁有一个最初但很少有人知道的梦想，他想向保罗·彼得罗维奇的灵魂灌输他所珍视的政治原则和理想——简单、友善、有点幽默，但极其聪慧和敏锐。尼基塔·帕宁成为保罗·彼得罗维奇双亲的替代者……

根据尼基塔·帕宁的说法，保罗·彼得罗维奇将成为一位非凡的皇帝，他将限制自己的权力，从根本上改变俄罗斯的政治制度，并能够一劳永逸地摆脱这个国家的专制制度，或者更确切地说，摆脱独裁。1763年参议院改革计划的失败让尼基塔·帕宁感到不安，但他并没有过多担忧。他有一张王牌——俄罗斯王位的继承人……

尼基塔·帕宁灌输给保罗·彼得罗维奇的思想反映在1783年临终时他留下的遗嘱中，这份遗嘱被称为"论不可或缺的律法"。里面这样写道："至高无上的权力"是"为了臣民的共同利益而授予君主的。君主——上帝的形象，作为最高权力在地球上的继承者，如果不能以平等的方式展示他的权力或他的尊严（例如在他的国家建立了基于共同利益的不可改变的规则并且自身不会违反）就不能成为一个合格的君主。没有这些规则，没有不可或缺的国家法律，国家的状态和君主的地位都是不稳定的"。

保罗·彼得罗维奇长大了，像海绵一样吸收了帕宁的想法。这些想法的倾向，以及帕宁家族对年轻人的影响，都让叶卡捷琳娜、她的宠臣奥尔洛夫和他的兄弟们感到不满，他们对此搞起了阴谋。由于尼基塔·帕宁本人是阴谋大师，因此双方进行了一场长期的暗中较量……最终的结果是，在1771年，在保罗·彼得罗维奇刚满17岁时，尼基塔·帕宁就被撤职，从保罗·彼得罗维奇身边离开，实际上他被逐出了宫廷。他的兄弟彼得·帕宁在70年代初遇到了严重的问题。他申请退伍住在了莫斯科，在俄土战争期间没有被奖励。桀骜不驯的彼得·帕宁前往莫斯科，他的行为相当突兀，成为莫斯科反对派的中心人物，公开批评叶卡捷琳娜二世的政策；更严重的是，他还谴责宫廷的道德败坏和叶卡捷琳娜与同伙的行为。在收到告密者关于彼得·帕宁的报告时，女皇大发雷霆。为了维护兄弟的名誉，尼基塔·帕宁设法让女皇委派彼得·帕宁镇压当时爆发的普加乔夫起义。起义被镇压，彼得·帕宁表现突出，但他立即被免职——这是女皇在报复……

尼基塔·帕宁无论如何也帮不了他的兄弟。离开保罗·彼得罗维奇，失去了女皇的信任，他情绪低落，并被剥夺了所有权力和影响力，于1783年郁郁而终。彼得·帕宁住在莫斯科，远离事务纷扰，思念着他的兄弟。直到1789年去世，彼得·帕宁一直保持与保罗通信。众所周知，彼得·帕宁从未将他兄弟的政治遗嘱——宪法改革草案——交给后来的继承人，无论尼基塔·帕宁多么神圣地重视它，彼得·帕宁都没有实现他兄弟的愿望。为什么？从保罗·彼得罗维奇的书信中，他意识到保罗·彼得罗维奇不再有"对真正的福祉的诚挚追求"。彼得·帕宁是个聪明人，他看着保罗·彼得罗维奇如何改变，生活轨迹如何将尼基塔曾经播下的种子从一个以前热情的自由主义支持者的灵魂中冲刷出去。这些想法注定不会实现……

# 米罗维奇的叛乱和伊凡六世被谋杀

1764年7月5日至6日晚上，在施利塞尔堡要塞突然发生了一场战斗。这场战斗的发起者是守卫要塞的一名军官、斯摩棱斯克步兵团的中尉瓦西里·米罗维奇，带着一队士兵开始造反的米罗维奇试图占领一个特殊的监狱，那里关押着俄罗斯最秘密的囚犯。在叛军和监狱守卫之间展开的战斗中，几名士兵被杀，这位俄罗斯历史上最秘密的囚犯也被杀。米罗维奇得知囚犯的死讯后向当局投降，然后立即被捕，被他煽动叛乱的士兵也都被捕。俄罗斯当局迅速对这可怕的罪行展开调查……

这个囚犯是谁？这是一个可怕的国家机密，但俄罗斯的每个人都知道囚犯是俄罗斯前沙皇伊凡·安东诺维奇（伊凡六世），他在监狱里度过了将近四分之一个世纪。1741年11月25日，伊丽莎白·彼得罗芙娜发动政变，推翻了伊凡·安东诺维奇。此后，伊凡·安东诺维奇家族在监狱里开始了救赎之路。起初，他们被关押在里加附近，然后被关在沃罗涅日省的拉嫩堡。在这里，伊凡·安东诺维奇与父母被分开了，化名格雷戈里被米勒上尉带去索洛夫基，但由于秋季的恶劣天气，米勒上尉只把伊凡·安东诺维奇带到了霍尔莫戈里，伊凡·安东诺维奇被安置在当地主教的故居单独监禁，从那时起他见到的只有仆人和守卫。

前沙皇伊凡·安东诺维奇的名字是严禁被提及的。人们只是因为念出"伊万努什卡"（民间这么称呼他）这个名字就会被秘密办公厅施与酷刑并被流放到西伯利亚。伊凡·安东诺维奇的名字被禁止在国家文件和私人谈话中提及。在与她的前任沙皇的记忆斗争中，伊丽莎白·彼得罗芙娜女皇采用了一种令人惊讶的但又被我们所熟悉的处理历史记忆的方法。她下令停止流通所有印有伊凡六世肖像的硬币，销毁伊凡六世的所有肖像。如果在送到国库成千上万装在桶里的硬币中，发现了其中有一枚带有伊凡六世形象，那么就要对此展开调查。每个人都被命令撕下献给伊凡六世的书籍扉页，下令收集所有以伊凡六世发布的法令，从国家丛书和机构期刊中撕下所有提到伊凡六世名字的编目和备忘录。这些文件被仔细密封并隐藏在秘密办公厅中。于是，从伊凡六世登基的1740年10月19日到1741年11月25日，俄罗斯历史上就形成了一个巨大的历史"空白"。根据所有的文件，在安娜·伊凡诺芙娜女皇统治结束后，伊丽莎白·彼得罗芙娜的光荣统治就立即开始了。好吧，如果没有办法不得不提伊凡六世的统治时期，那他们就会使用委婉的说法——"在某个名人的统治下"。

然而，像往常一样，在俄罗斯最大的秘密总是为每个人所知，只需要参观霍尔莫戈里或者施利塞尔堡。在那里，或者在最近的小酒馆里，喝着一瓶伏特加，好奇的人会被立即告知是谁在监狱里被如此谨慎地看守着，以及为什么会被看守。毕竟，很长一段时间以来，每个人都知道他们关押伊凡六世是因为忠于"旧信仰"，他自然也在为人民受苦。所有人都想知道，为什么要这样折磨一个人？

这个"王朝的罪孽"既困扰着伊丽莎白·彼得罗芙娜，又困扰着接替她的彼得三世，也困扰着叶卡捷琳娜二世。所有独裁者都想见见这个神秘的囚犯。碰巧的是，伊凡·安东诺维奇一生只见过三个女人——他的母亲安娜·利奥波尔多芙娜和两位皇后！即便如此，伊丽莎白在1757年与他会面时（伊凡被一辆封闭的马车带到圣彼得堡）身着男装。1762年3月，彼得三世亲自前往施利塞尔堡，以检查员的名义进入囚犯牢房，甚至与他进行了交谈。从这次谈话中彼得三世可以清楚地看出，囚犯知道自己根本不是格雷戈里，而是王子或皇帝。这让彼得三世感到不快，他以为囚犯是一个疯狂的、失去记忆的、病态的人。叶卡捷琳娜二世上台后，在好奇心的驱使下，于1762年8月前往施利塞尔堡，秘密地去见了这个囚犯，并可能与他有过交谈。毫无疑问，伊凡·安东诺维奇以他狂野的外表给参观者留下了深刻印象，他的人生经历是畸形和有缺陷的——二十年的单独监禁摧毁了他。孩子不像小猫，即使在空荡荡的房间里也能长成猫。四岁的孩子被人遗弃，没有人教育，他不懂亲情，不懂善意，总的来说，他住在笼子里。众所周知，守卫人员都是无知和粗鲁的人，出于邪恶和无聊，他们像戏弄狗一样戏弄伊凡·安东诺维奇，殴打他并因为他的"不服从"给他戴上链子。M. A. 科尔夫写了一本关于伊凡·安东诺维奇的书，他公正地写道："直到最后，他的生命都被代表着无尽折磨和各种痛苦的链条所束缚。"在伊凡·安东诺维奇的脑海深处，童年的记忆和他被挟持和改名的可怕噩梦却永远保留着。1759年，一名守卫在他的报告中说："我问犯人（伊凡·安东诺维奇）他是谁，他首先说自己是一个伟大的人，然后一名卑鄙的军官将他带走并给他改了名字。"后来，叶卡捷琳娜写道，她来到施利塞尔堡看望伊凡·安东诺维奇，"了解了他的精神品质，根据他的天性和教养来确定平静的生活"。但她完全失败了，因为"我们敏锐地看到他身上除了痛苦的无法理解的语言（伊万有严重的口吃，为了说清楚，用手托着下巴）之外，同时也被剥夺了人的理性和思想"。

因此，女皇认为，对不幸的人来说，帮助是不可能的，对伊凡·安东诺维奇来说，没有什么比留在监狱里更好的了。关于伊凡·安东诺维奇精神错乱的结论不是基于医生的诊断，而是基于警卫的报告。他们能算是心理医生吗？专业医生从未被允许对伊凡·安东诺维奇进行诊断。总而言之，人性的女皇将囚犯留在了阴暗潮湿的监牢中腐烂。1762年8月3日，女皇离开施利塞尔堡后，秘密囚犯的警卫弗拉谢夫和切金接受了新的指示。

施利塞尔堡的结局无疑让叶卡捷琳娜二世和她的随从感到高兴。尼基塔·帕宁写信给当时在利沃尼亚的女皇："案件发生到绝望时刻被弗拉谢夫上尉和切金中尉难能可贵的英勇阻止。"叶卡捷琳娜二世高兴地回答："我非常惊喜地阅读了您的报告，以及在施利塞尔堡发生的所有奇迹：上帝的考验总有安排！"事实证明，女皇很高兴……人们知道叶卡捷琳娜二世是一个人道和自由的人，也认可她没有被卷入岛上的戏剧性事件，但我们仍然在客观上认为伊凡·安东诺维奇的死对她有利——人不在，问题就不在！毕竟，就在1762年夏天前不久，在圣彼得堡，蒙尼奇元帅的笑话口口相传，他说他从来没有同时生活在三个皇帝的统治下：第一个在施利塞尔堡，第二个在罗普夏，第三个在冬宫。而在彼得三世"死于腹绞痛"和伊凡·安东诺维奇死了之后，没有人会再拿这件事开玩笑。

对"米罗维奇案"的调查是短暂的，最重要的是，非常人道，这在当时的此类案件中似乎很奇怪。叶卡捷琳娜二世禁止折磨米罗维奇，不允许审问他的许多熟人，甚至是囚犯的兄弟。通常，在政治警察的调查中，亲属是协助罪犯的第一嫌疑人。米罗维奇表现得异常平静，甚至还很愉快，他似乎得到了某种安全保证。他被带到了肮脏的格鲁诺什广场设置的断头台上，他很平静。无数群众聚集在一起观看死刑执行，他们坚信罪犯会被赦免。毕竟，在俄罗斯已经有二十多年没有人被处决了。刽子手举起斧头，人群僵住了……

人们普遍认为，这个时候行刑台上的官员会停止行刑，并宣布赦免令，正如他们当时所说，赞成"用动物来替死"。但这并没有发生，执行官默不作声，斧头落在了米罗维奇的脖子上，刽子手抓着米罗维奇头发，举起了他的头颅。行刑前夕，刽子手在屠宰场用绵羊和小牛进行了长时间的训练以熟悉技能。人们呢，就像曾经行刑的目击者德尔扎文所写的那样，"出于某种原因等待着女皇的仁慈，当人们看到刽子手手中的头颅时，不约而同地倒吸一口凉气，浑身颤抖，以致剧烈的震动使桥摇晃，栏杆倒塌"。人们掉进了克朗弗要塞的护城河。确实，结局即埋葬在水里……也被埋在了土里。毕竟就在米罗维奇被处决之前，叶卡捷琳娜就下令将伊凡·安东诺维奇的尸体秘密埋葬在要塞的某个地方。

后来，尼基塔·帕宁还写了一篇关于某个囚犯的文章：

在那座要塞的某个时间里，关押着一个无名的囚犯，由于囚犯将自己的"关押"与平民的原因（他的头脑里是纯粹的愚蠢）结合在一起，因此，特别委托两名年长的高级军官带领一支守备小队进行严格看管。

可以想象，俄罗斯大使们从未听说过有什么特别看守的"无名"囚犯，看到这个通告时无疑会陷入深思，要如何理解"平民的原因"与"纯粹的愚蠢"的结合呢？

下面是所发生事情的本质：

要塞守卫队的中尉得知囚犯的关押地点后，不顾一切地想释放囚犯，并为此在夜间惊扰了他的整个卫队，并亲自向士兵们宣布了这项由他自己编造的沙皇的命令，似乎要求士兵立即前往指挥官的住所逮捕监狱指挥官，再带着武器到关押囚犯的地方进行偷袭。但是，中尉的叛国行为遭到了忠诚和正义的军官们的抵抗，中尉最终被自己的卫队逮捕并被带走，士兵们从抵抗中清楚地看到他们的指挥官故意不负责任，违背他的立场和誓言。

正如读者所见，通告中没有提到"无名"囚犯被谋杀的消息。
之后是关于真正的动机：

根据所有情况来看，很明显，中尉的任务并不是出于什么高尚的阴谋，而只是出于他自己的冲动，或者更确切地说，是出于绝望——一个因其他私人事务陷入绝望和狂热的年轻人。

如何理解"是出于绝望——一个因其他私人事务陷入绝望和狂热的年轻人"？俄罗斯大使们在读完通告后完全陷入迷茫，这时他们可能拿起桌上的一份汉堡包或伦敦的报纸，读到了如下内容：

1764年8月14日至15日晚上（俄历8月4日至5日），斯摩棱斯克步兵团中尉瓦西里·米罗维奇煽动他的下属士兵进行叛乱。在他的带领下试图释放前俄罗斯沙皇伊凡六世，伊凡六世被关押在施利塞尔堡要塞（位于涅瓦河河口拉多加湖出口处的一个小岛上）的一个特别监狱中。然而，监狱里的守卫在抵抗叛军时，看到叛军的优势力量后，立即杀死了这位高贵的囚犯。有人说，叛乱未遂和尊贵囚犯的被杀都是当局精心策划的，而且在事件发生时，女皇故意前往了利沃尼亚。

读完这样的文字，他们现在可以冷静地反驳俄罗斯敌人捏造的各种丑恶谣言，认为这是对"俄罗斯的幸福的嫉妒"。

［文　献］

在叶卡捷琳娜的指示中（显然与女皇关于囚犯精神错乱的陈述相矛盾），说到要与格雷戈里进行以下谈话：

"为了在他身上唤起一种精神等级的倾向，即修道主义……向他解释他的生活已经被上帝决定为修道主义，并且他的整个生命就是以这样一种方式存在，他需要赶紧发出修道的誓言。"

与"没有人类的理性和理智"的疯子之间几乎不可能有这样崇高的谈话来谈论修道的誓言。与以前的类似文件不同，该指示中还包括以下段落，这一点非常重要：

"4）如果万一有人带着一个团队或独自前来，即使是军官，想要从你那里抢走囚犯，不能把他交给任何人……但是如果'那只手很强壮'，局面无法控制，那就杀了囚犯，不要把他活着交给任何人……"

也就是说，以防万一！

在给出这个指令整整两年后，有人试图解救伊凡·安东诺维奇，这似乎被1762年该指令的发布者猜到了。根据书面的剧本，一名不知名的军官带着一个小队出现，没有向警卫出示必要的文件，随后发生了一场战斗，攻击者加强了进攻，看到"那只手很强壮"，弗拉谢夫和切金冲进了牢房。按照同时代人的说法：

"他们拔剑攻击不幸的王子，王子已经被吵醒并从床上跳下来。他保护自己免受他们的攻击，虽然他的手臂受了伤，但他折断了其中一人的剑。但是，他没有武器，几乎赤身裸体，继续强烈抵抗，直到最后被他们制服，遍体鳞伤。他最终被一名军官杀死，该军官从背后刺穿了他。"

尽管如此，一件黑暗和不洁的事情已经发生了。有理由怀疑叶卡捷琳娜二世和她的随从试图摧毁伊凡·安东诺维奇，尽管他毫无威胁，仍然是在位女皇的危险对手，因为他是合法的君主，只是在1741年被伊丽莎白非法推翻。社会上有关于伊凡·安东诺维奇的善意传言。1763年，一场阴谋被揭发，阴谋的参与者打算杀死女皇的宠臣格里戈里·奥尔洛夫，并让伊凡·安东诺维奇迎娶叶卡捷琳娜为妻，以结束长期的王朝争端。奥尔洛夫和叶卡捷琳娜本人显然都不喜欢阴谋者的这种计划。总的来说，伊凡·安东诺维奇这个人在，就会一直有问题……

\* \* \*

1764年秋天尼基塔·帕宁向俄罗斯大使发出了一份特别通告，其中包含有关施利塞尔堡发生事件的信息。如果读者不了解前述内容的话，那么通告的内容只会让他感到困惑。

在该通告的序言中，表明了其目的——驳斥那些向俄罗斯泼脏水的人：

"4日至5日晚上发生在施利塞尔堡的事件，虽然本身并没有造成任何后果，但其实质却是如此奇怪，由于公众不确定案件的直接情况，毫无疑问，就会有很多空虚无聊的、令人厌烦的、甚至可能是嫉妒俄罗斯的人出现。为了避免这种不便和所带来的邪恶行为，甚至是诽谤，在这里特意事先通知你们事情的真相和原因，可以当作驳斥所有谎言的基础和指导方法。"

## [传说与谣言]

### 瓦西里·米罗维奇的使命

瓦西里·米罗维奇是一个贫穷、易怒、饱受屈辱、雄心勃勃的年轻人。他的祖上因支持马泽帕而被流放到西伯利亚,他想恢复正义,讨回家族以前的财富和地位。当米罗维奇向身处高位的基里尔·拉祖莫夫斯基求助时,从他那里得到的不是金钱,而是建议——为自己铺路,模仿别人,抓住机会,把自己这个小人物变成同别人一样的大人物!之后,米罗维奇决定营救伊凡·安东诺维奇,将他带到圣彼得堡并发动叛乱。然而,这个行动失败了,这对一些历史学家来说似乎很自然,因为他们认为米罗维奇成为挑衅行为的受害者,结果造成了叶卡捷琳娜危险对手的死亡。米罗维奇意识到计划已经落空,便向要塞指挥官投降。

在审判米罗维奇的时候,法官之间突然爆发了一场争吵:保卫人员怎么可能对王室犯人动手,杀害王室血脉?但后来事实证明,在1762年8月3日向弗拉谢夫和切金下达的指令中,命令如果有人试图营救伊凡·安东诺维奇的话,就将伊凡·安东诺维奇杀死。这些都对法官进行了隐瞒。然而,法官们在不知道指令的情况下,确信弗拉谢夫和切金没有遵守指令便残忍地采取了自己的自主行动。问题是,为什么当局需要向法院隐瞒这一指令?

## [笔 记]

事实上,这是一段可怕的历史。一个活泼开朗的男孩,他所有的童年,所有的青春,一直被关在一个紧闭的房间里。他没有玩具,没有游戏,从没见过花、鸟、动物、树。他不知道什么是一天——牢房的窗户上涂满了厚厚的油漆,蜡烛夜以继日地燃烧。每周一次,在夜色的掩护下,他被带到主教院子里的澡堂,他大概以为外面永远是夜晚。在伊凡牢房的墙后,房子的另一部分,安置了他的父母和在他之后出生的兄弟姐妹,但他从未见过他们。

伊丽莎白女皇从来没有下令杀死伊凡·安东诺维奇,而是让他自生自灭。女皇禁止教他读书写字，他8岁时患上天花麻疹病，那时卫兵向圣彼得堡询问是否可以请医生给重病者诊治，随后接到了命令：不允许医生给囚犯治病！1756年，伊凡·安东诺维奇被转送到施利塞尔堡，并被关押在一个单独的、戒备森严的军营中。守卫得到最严格的指示，不允许外界接近囚犯"格雷戈里"。值班的军官一直在监视着犯人。当仆人来打扫房间时，格雷戈里被带到一个屏风后面。这里与世界完全隔离……

* * *

施利塞尔堡发生的事情再次引发了道德与政治之间的永恒问题。两个真理——上帝与国家——在这个无法解决的、可怕的冲突中发生碰撞。也就是，如果按照指令行事，以维护国家安全的名义杀死了无辜者，罪行是可以得到赦免的。而这样，就相当人性和体面，人们会很高兴，更不用说秘密谋杀罪犯的喜悦和祝贺了。但是，公平地讲，我们不能忽视叶卡捷琳娜的话，她写道，弗拉谢夫和切金成功地"用一个人的生命阻止了其他人的不幸"，如果米罗维奇的叛乱成功，不可避免会有更多的受害者。确实，如果米罗维奇将伊凡·安东诺维奇救出带到铸造厂并在那里缴获大炮（如他所想的那样），带领士兵和工匠叛乱，那么圣彼得堡的街道将会血流成河……

# 法典委员会和叶卡捷琳娜二世的立法指令

对叶卡捷琳娜二世来说，1763年进行的改革似乎并不成功。她决定效仿她的前任，呼吁社会，召集一个由各省人民选举产生的代表委员会，并委托这个委员会制定国家所需的法律。同时，叶卡捷琳娜二世认为需要为委员会的工作提供某种概括性的理论文件，来领会和理解所有必要的转变。她开始着手工作。1764年至1766年由女皇本人亲自为新法典委员会编写的《法典起草指导书》是对法国和英国法学家和哲学家作品的完美汇编。文件的基本思想源自孟德斯鸠、贝卡利亚、扎克·卢和其他法国启蒙者。《法典起草指导书》几乎立即明确，对于俄罗斯来说，适合其空间和人民特点的只有专制制度。同时，《法典起草指导书》宣称君主应依法执政，法律以理性、常理为基础，以善为公，法律面前公民一律平等。在俄罗斯首次对自由进行了定义："在法律允许的范围内做任何事情的权利。"俄罗斯第一次宣布了罪犯受保护的权利，提到了无罪推定、禁止酷刑以及仅在特殊情况下允许死刑。该指导书说，私人财产的权利必须受法律保护，臣民必须由法律精神和基督教的博爱进行教育。《法典起草指导书》中的这种思想在当时的俄罗斯是全新的，虽然现在看起来很简单，但是里面的规定，有时并没有得到执行，如"法律面前人人平等"；"自由是做法律允许的一切事情的权利"；"法官的判决必须公开，犯罪的证据也必须为人所知，让每个公民都可以说自己生活在法律的保护之下"；"一个人在法官的判决之前不能被认定是有罪的，在没有证明他违反了法律之前，法律也不能剥夺他的受保护的权利"；"让人们害怕法律，而不是害怕除法律之外的任何人"。尽管《法典起草指导书》没有提到废除农奴制的必要性，但人们出生就拥有自然权利的思想在《法典起草指导书》中得到了相当明确的体现。总的来说，由独裁者编写的《法典起草指导书》中的一些想法异常大胆，得到了许多进步人士的赞赏。

按照叶卡捷琳娜二世的思想改革的国家机构制度，实质是实现开明独裁者最高意志的机制。任何机构都无法以任何方式反对至高无上的权力。君主本人在"维护"法律的同时遵守法律。因此，专制原则，即权力无限，是叶卡捷琳娜二世国家建设的基本原则和主要原则，奠定了她正在改革的不可动摇的政治基础。

该立法指令没有成为正式的文件和法律，但它对立法的影响是重大的，因为这是叶卡捷琳娜二世想要实施的一项计划。

在欧洲，立法指令为叶卡捷琳娜二世带来了自由主义统治者的声誉，而在法国，立法指令甚至被禁止。如前所述，该立法指令旨在由全国各地召集的委员会起草法典。在她的活动中，授权的想法应该首先得到落实。不能说关于委员会的想法很新颖，这样的委员会在18世纪几乎一直存在。他们审议立法议题，聚集地方代表，讨论他们的意见。但各种原因阻碍这些委员会重新制定一部新律法以取代1649年的《会议法典》，而该法典甚至曾在叶卡捷琳娜二世时期也被用于司法实践。

法典委员会会议于1767年在莫斯科举行。参加会议的代表有564人，其中贵族占三分之一以上。委员会中没有农奴代表，但是发表了反对地主无限权力和农奴负担过重的言论。这些发言来自G.科罗比耶夫、J.科泽尔斯基、L.马斯洛夫。最后一位发言者甚至建议将农奴的管理权移交给一个特殊的国家机构，地主将从那里获得收入。然而，大多数代表赞成维持农奴制。叶卡捷琳娜二世虽然深知农奴制的落后性，但并不反对现有的社会秩序。她明白，对于专制政权来说，消除甚至弱化农奴制的企图将是致命的。委员会及其小组委员会的会议迅速揭示了各阶层之间的巨大矛盾。非贵族坚持维护他们购买农奴的权利，而贵族则认为这项权利应该由他们垄断。商人和企业家则强烈反对那些开办工厂、进行贸易，从而"侵入"商人阶级事业的贵族。贵族之间也没有团结。大贵族和世袭名门的贵族反对"暴发户"——那些根据品级表位于底层而受到赏识的人，世袭贵族要求废除这项法案。俄罗斯大省的贵族们与波罗的海的德国人争论脾气秉性问题，在他们看来，波罗的海德国人脾气太大。同样地，西伯利亚贵族想要与俄罗斯大贵族相同的权利。讨论经常变成争吵。演讲者只关心他们的阶级，往往不考虑共同的事业。总之，代表们无法消除分歧并达成一致，以便组织制定出共同的工作原则。

在工作了一年半之后，委员会还没有批准任何一项法律。1768年底，叶卡捷琳娜二世利用与土耳其爆发战争的时机，解散了委员会。然而委员会的资料被叶卡捷琳娜二世广泛地使用在她的立法工作中。委员会从未通过新的法典。或许失败的原因在于委员会的工作安排，更准确地说，是缺乏工作氛围，这种氛围很难在由各个社会、区域和国家团体代表组成的，因分歧四分五裂的庞大而杂乱无章的会议上创造出来。而聚集在克里姆林宫的立法者们也没有准备好迎接艰巨的工作。或许，这种综合性的法典已经过时了。所需要的是一种不同的、全面的法典体系，它将由一个总的思想统一起来。叶卡捷琳娜二世走上了这条路。法典委员会的准备工作及其法典本身的工作不仅没有结束，反而为叶卡捷琳娜二世提供了很大的帮助：他们为女皇本人的立法工作提供了源泉，而从那时起，她就开始专业地从事立法工作。数十年致力于立法工作的叶卡捷琳娜二世在某种意义上取代了整个法典委员会。

# [文　献]

女皇在撰写立法指令时，用新的意识形态和法律论据来论证不可动摇的专制制度的概念是她改革思想的主要方向，除此之外还包括那些18世纪长期被俄罗斯法律和宣传领域所使用的"神学论据"（沙皇权力来自上帝）和"魅力领袖"（沙皇是祖国的父亲或母亲）的概念。在叶卡捷琳娜二世的统治下，出现了一种在西方流行的"地理论据"，证明专制是俄罗斯这样一个大国唯一可以接受的政府形式。在立法指令中说道：

"君主即专制，只有集中在一个人身上的特殊权利才能在这个拥有广阔空间的国家像一个伟大国家一样行动。拥有广阔国土的国家就要求专制来统治这个国家，需要用解决问题的速度来弥补偏远地区所引起的缓慢……任何其他统治方式不仅会对俄罗斯有害，而且最终会毁灭俄罗斯……另一个原因是服从一位主人的法律比取悦许多人要好……专制统治的借口是什么？不是剥夺人们的天生的自由，而是引导他们的行动从而获得最大的利益。"

归功于叶卡捷琳娜的立法指令，俄罗斯法律史翻开了新的一页，之后的众多法律法规遵从了这个原则，并在俄罗斯实行了专制法律章程。在接下来的19世纪，这个原则被塑造成《俄罗斯帝国基本法》第47条的公式，根据该公式，俄罗斯在产生于专制权力下的积极法律、制度和章程的坚实基础上"进行治理"。

只是制定一套法律规范，来证明和发展第一个"基本"法律——君主是"所有国家权力的源泉"（立法指令第19条），成为叶卡捷琳娜的主要任务。专制的启蒙概念包括承认由开明的君主制定的法律的合法性，并将其作为社会生活的基础，孟德斯鸠的"启蒙圣经"——《论法的精神》——指出，如果君主打算教育他的臣民，那么没有"坚实的、既定的法律"就无法做到这一点。叶卡捷琳娜就是这么做的。根据她的想法，法律不是为君主而写的。君主权力的唯一限制是其崇高道德品质和受教育水平。一个开明的君主，拥有崇高的文化，思考他的臣民，不能表现得像一个粗野的独裁者或反复无常的暴君。根据该立法指令第512条，一个开明的君主的权力仅限于"其自己所规定的限制"。

# 1771 年：瘟疫暴动

18 世纪 60 年代后期，俄罗斯的社会局势非常紧张。各省农民起义此起彼伏，杀害地主的事件更加频繁地发生。道路上强盗团伙横行，不仅有罪犯，还有逃跑的农民。分配到国有冶金厂的卡累利阿农民为了摆脱工厂繁重的劳动负担而发起了漫长而激烈的基兹起义（1769—1771）。如果说基兹起义以及在偏远省份发生的其他叛乱传到首都只剩下了传言，那么 1771 年在莫斯科爆发的瘟疫暴动却在当局眼前真切地发生了。席卷旧首都的叛乱的原因是当局为应对瘟疫抵达莫斯科而采取的卫生举措。瘟疫从南方蔓延而来，来自俄土战争的战场，并于 1771 年 9 月到达这座城市，事实证明瘟疫是非常致命的——每天有成百上千的人死亡。莫斯科的生活陷入了瘫痪。城门、商店、市场关闭，许多富有的居民逃出城市，逃到外省，逃到遥远的庄园或亲戚那里，等待疫情结束。

以莫斯科总司令彼得·萨尔蒂科夫元帅为首的莫斯科当局在危险面前束手无策。他们没有采取任何可以阻止暴动的行动。萨尔蒂科夫本人离开莫斯科，在莫斯科附近的一处庄园避难。被当局抛弃任凭命运摆布的莫斯科人群涌向瓦尔瓦拉门，那里坐落着圣母圣像。谣言在人群中迅速传播开来，说触摸圣像可以使人免于患上可怕的疾病。人群的聚集和对圣像的迷信助长了瘟疫的传播。之后，莫斯科大主教阿姆夫罗西下令将圣像带走，并将圣像附近的捐献箱密封，这引起了人们的愤怒。1771 年 9 月 16 日，人群手持各种能充当武器的东西，冲向阿姆夫罗西避难的顿斯科伊修道院。人群四处寻找大主教，如果不是和人群一起跑进教堂的男孩发现了他躲在圣像屏风后，他本可以逃过一劫。阿姆夫罗西被拖了出来，开始被公开审讯。

大主教平静而庄重的回答稍微安抚了这些人。但随后，从小酒馆跑出来的仆人瓦西里·安德烈耶夫用一根木棍击中了阿姆夫罗西，野蛮的人群立即对他展开攻击并将这位圣者撕成了碎片。暴动者与政府军之间的战斗在莫斯科街头持续了 3 天。

叶罗普金将军将所有分散的军队集中起来，在克里姆林宫的城墙边击败了暴动者，控制了局势。最终，奥尔洛夫伯爵率领圣彼得堡警卫部队到达，彻底平息了此次暴动。此外，他采取果断的卫生措施来抑制瘟疫，严寒的到来将旧首都从瘟疫和暴乱中拯救出来。

## 普加乔夫起义

1773 年，由顿河哥萨克人叶梅利扬·伊万诺维奇·普加乔夫领导的起义，在雅伊克（乌拉尔）河上的哥萨克定居点爆发。在普加乔夫之前，"彼得三世"的冒名顶替者在不同地方已经出现过很多次。1762 年，在罗普夏沙皇被杀的可怕事件引起了民众的共鸣，并引发了冒充彼得三世的现象，这是基于普通民众对皇帝神奇"救赎"的天真信仰，据称彼得三世"去了人群中间"。毫无疑问，从中可以看到普通人对正义的希望，他们生命的救赎将由善良、奇迹般逃脱凶杀的彼得三世来完成。与此同时，支持冒名顶替者和冒险家普加乔夫的哥萨克精英们并不相信他身上的"神奇沙皇印记"，不相信他从圣彼得堡逃亡的故事。但哥萨克上层不满当局在雅伊克的政策，认为普加乔夫是一个能够领导人民的人，如果起义失败，他将承担全部责任。起义开始于 1773 年 9 月，当时普加乔夫的军队行进到雅茨基哥萨克军队的首府雅茨基镇。他没有立即决定攻打要塞，而是溯雅伊克河而上，攻占了防御薄弱的小要塞，处决了落入起义军手中的军官和贵族。普加乔夫的军队迅速壮大。士兵和哥萨克人投奔他来，逃亡者也从四面八方赶来。他带着 3000 人的军队靠近奥伦堡，在一次未成功的突击后开始围攻奥伦堡。奥伦堡要塞的驻军无法应付普加乔夫，后者在奥伦堡及其周边地区都非常受欢迎。在成功击败了来支援奥伦堡驻军的 V. A. 卡尔将军之后，普加乔夫的威信得到了提高。在那一刻，萨拉瓦特·尤拉耶夫指挥下的巴什基尔部队背叛了当局，投奔了普加乔夫，这大大加强了他的军事力量。驻扎在贝尔德的普加乔夫得到了来自卡尔梅克的巴什基尔人和分配到国有工厂的乌拉尔农民的增援，他们都随身携带武器赶来。

彼得三世的冒充者尽力扮演独裁者的角色。他组建了一个由"伯爵"组成的"军事委员会"，还创建了自己的"近卫军"。很明显，当局所对付的是一个大胆的冒险家，他拥有组织能力、军事领导才能、个人勇气和无畏精神。这个在全国人民中享有盛誉的冒名顶替者，对国家政权构成了极大的威胁，地方的孱弱兵力无法与其对抗。

叶卡捷琳娜的心腹亚历山大·伊里奇·比比科夫将军被派往起义地区，来代替从奥伦堡逃亡的卡尔。比比科夫将军死后陆续派出了其他经验丰富的将军。1774年初，政府军成功击溃了叛军，但距离胜利还很遥远。逃往巴什基尔的普加乔夫设法重组了军队，这支军队在与政府军队作战时取得了不同程度的成功。出乎当局意料的是普加乔夫的战术动作，他向西转移到伏尔加河地区，并在那里立即得到马里、乌德穆尔特和楚瓦什等地人民的支持。1774年7月12日，发生了一件让当局陷入恐慌的事情——喀山陷落，叛军在城内进行了一场可怕的屠杀和抢劫。尽管随后赶来的米哈尔森率部击败了叛军，但人们非常担心已经越过伏尔加河右岸的普加乔夫会直接进军莫斯科，正如叶卡捷琳娜二世所写的那样，"叛军会像魔鬼一样从鼻烟壶里跳出来，这对国家来说是灾难性的"。叶卡捷琳娜二世采取了紧急措施。经验丰富的将军彼得·伊万诺维奇·帕宁被任命为平乱部队的指挥官，然后是杰出的指挥官亚历山大·瓦西里耶维奇·苏沃洛夫从俄土战争的战区被召回。但是苏沃洛夫的才能没用到。普加乔夫接连被米哈尔森所部击败，后者紧紧追击普加乔夫。1774年8月，米哈尔森最后一次击败了普加乔夫，随后普加乔夫越过伏尔加河，来到了雅伊克。普加乔夫的失败促使他的支持者采取果断行动——在哥萨克内部中，很大一部分人表示赞成将冒名顶替者逮捕并移交给当局，然后他们就这么做了。

冒名顶替者被带到莫斯科，调查开始。叶卡捷琳娜二世怀疑有对她不满的贵族高级官员站在普加乔夫身后支持他。然而，秘密办公厅的负责人、当时的政治侦查员S.I.舍什科夫斯基对此事进行了彻底调查，并没有给女皇带来预期的结果。很明显，激励普加乔夫的不是上层贵族，而是那些追随他以希望获得更好命运的人。叶卡捷琳娜并不残忍，也不想以血腥刽子手的身份在欧洲出名。她坚持对煽动暴乱的人从轻处罚，对于普通参与者，她认为应该只限于体罚和遣返回原居住地。对普加乔夫及其同伙的审判会议被称为"全体大会"，该会议持续了两天（1774年12月30日至31日）。参与大会的有枢密官、主教会议成员、"在莫斯科排名前三的人物"、各部负责人……这次大会将首先听取调查员沃尔孔斯基将军和帕维尔·波将金将军的报告，然后"根据国家现行法律定罪并作出决定性的判决"。

在法庭上对普加乔夫的审讯仅限于事先拟定的六个问题。在将罪犯带到大厅之前，总检察长 A. A. 维亚泽姆斯基亲自向法官们宣读了这些问题，并说明本次审讯的目的不是为了组织司法调查，也不是为了澄清案件中的一些模糊之处，而只是希望当局能够说服所有人，他们面对的是普加乔夫本人，一个普通的哥萨克人、一个逃亡的罪犯和一个冒名顶替者，并且在调查期间他已经供述了全部真相，他为自己的罪行忏悔。

  1. 你是来自齐莫维斯克镇的逃亡者哥萨克人叶梅利扬·伊万诺维奇·普加乔夫吗？
  2. 你是不是在逃离顿河途中，游荡到不同的地方，在雅伊克逗留时，煽动雅伊克哥萨克逃到库班，然后称自己为已故的君主彼得·费奥多罗维奇？
  ……
  法庭确认这些问题后，普加乔夫被带了进来，正如"法庭会议日记"所记录的那样，他跪倒在地，在回答检察长向他宣读的上述问题时他承认了一切，同时解释到除了审讯中显示的内容外，没有什么可声明的，最后说："我向上帝、向最仁慈的女皇和整个东正教忏悔。"

  至此，对造成数万人死亡的俄罗斯18世纪最大规模的叛乱的司法调查宣告结束，法官们坐下来写下判决书。
  女皇叶卡捷琳娜二世精心掌控着审判的准备过程，为法官们分配信息的同时，也给了他们一定的行动自由，这引发了法官之间的争论。她谈到了对罪犯的惩罚，使维亚泽姆斯基处于相当困难的境地。众所周知，俄罗斯贵族对普加乔夫起义感到震惊，担心起义的后果，为维持农奴制而担忧，因此要求对起义者进行残酷的处决。1774年底，叶卡捷琳娜二世已经拥有一切合法依据和力量来处决这数千名叛乱分子，就像彼得一世在他那个时代所做的，几乎消灭了1698年射击军叛乱的所有参与者，并将他们的数千名亲属驱逐出莫斯科。尽管如此，叶卡捷琳娜二世并没有做出如此残忍的行为。她重视欧洲的舆论。1773年12月，她在给雅各布·塞弗斯的信中提到残酷的处决："欧洲会认为，我们仍然生活在伊万·瓦西里耶维奇（伊凡四世，俄罗斯历史上的第一位沙皇，又被称为伊凡雷帝或恐怖的伊凡）的时代。"在叛乱的省份没有太多宣扬普加乔夫等人受到了非常严肃的处理，但女皇不想在首都安排一场中世纪式的处决。叶卡捷琳娜二世不仅不愿意用处决来扰乱欧洲，而且她认为，残忍不会给社会带来任何好处和和平，应该将暴力限制在最低限度。在与维亚泽姆斯基的通信中，叶卡捷琳娜二世概述了未来判决的"大纲"："行刑时，不应该有任何折磨，被处决的不超过3或4个人。"也就是用更人道的处决方式，而且是针对少数人。1775年1月1日，在仍然不知道克里姆林宫做出的决定的情况下，叶卡捷琳娜二世写信给莫斯科总督沃尔孔斯基，暗示"在罪犯的数量和处决方面要适度。我们不应该因为与野蛮人打交道就变得凶恶"。与此同时，法官、政要和所有贵族都从不同的原则出发，"做到以儆效尤"。如果法院决定加重处罚，维亚泽姆斯基应采取"适度"的措施，即推迟审判。然而，法官们却以自己的方式行事：法院没有按照叶卡捷琳娜二世的建议判处3或4个人，而是判处了6人，其中普加乔夫和佩尔菲耶夫被判处分尸。叶卡捷琳娜二世没有办法，只得批准"最终判决"。然而，维亚泽姆斯基成功地履行了女皇关于减轻惩罚的秘密法令。在执行死刑的过程中，他欺骗了聚集在沼泽执行地点的法庭和公众。根据他的秘密命令，刽子手"没有正确地"进行处决。通常为了延长折磨，必须按顺序依次砍断罪犯的胳膊和腿，然后是头部。据称他"弄错了"——他首先砍掉了普加乔夫的头，然后砍掉了他的胳膊和腿。而女皇正是这个"人道"错误的策划者。

普加乔夫和他最亲密的助手于1775年1月10日在莫斯科被处决，其余人被流放。普加乔夫起义给俄罗斯社会留下了深刻的影响。人民暴动的残酷无情，充斥着处决、抢劫和谋杀，留下的只是破败的教堂和毁掉的庄园，以上种种都长期刻印在这个国家民众的记忆之中。

[文　献]

普加乔夫巧妙地扮演了独裁者的角色，赦免和惩罚他的臣民。在1773年9月17日，"彼得·费奥多罗维奇"向雅伊克哥萨克人发布的"上谕"中，这些保持着原有形式的沙皇法令带有民族意识的特征：

"我向雅伊克军队发布的上谕：你们是我的朋友，你们的叔叔和父亲曾效劳前任沙皇，因此你们要效忠国家，效忠伟大的君主彼得·费奥多罗维奇。当你们为祖国挺身而出时，你们的哥萨克荣耀将世代不会从你们身上消失。和我一起觉醒吧，伟大的君主的恩赐之人——哥萨克人、卡尔梅克人和鞑靼人。而我，至高无上的彼得·费奥多罗维奇，宽恕你，有罪之人；我，至高无上的彼得·费奥多罗维奇，奖励你，土地、草地、金钱、子弹、火药和面包。

我，伟大的君主彼得·费奥多罗维奇，赏识你们。

1773年，9月17日。"

[笔 记]

值得注意的是，最高法院在选择惩罚手段方面获得了一定的自由，但只是用它来加重刑罚。法官们对国家安全的理解不是从高于财产、阶级和"国家"的政治家的角度来理解的，而只是从贵族的狭隘团体立场上理解，充满了报复性，希望粗暴地惩罚叛逆的"囚犯"。叶卡捷琳娜二世恰巧是一位有远见的政治家，她支持在处决叛乱头目时尽量减少折磨。对她来说，曾经的反叛者——农奴、劳动人民、哥萨克人、异族人——仍然是臣民。而她，作为一个君主，代表和捍卫国家、社会利益，其中除了贵族之外，还有其他阶级的利益。此外，女皇从普加乔夫事件中得出适当的结论，继续她的改革并设法缓解社会紧张局势。这带来了经济的稳定和复苏，建立了足够强大的内部秩序。

# 1768—1772年：俄土战争

一位法国外交官回忆说，他与叶卡捷琳娜二世及其宫廷人员一起出现在著名的波尔塔瓦战役的发生地。在 G. A. 波将金的指挥下，俄军再现了 1709 年彼得一世和瑞典国王卡尔十二世军队作战的场景。这位外交官写道，他被叶卡捷琳娜二世的非凡热情所震撼："她的眼睛在燃烧，似乎是彼得大帝的血液在她的血管中流动。"虽然叶卡捷琳娜二世是一个纯正的德意志人，但她是一位真正的俄罗斯爱国者，甚至是第一位俄罗斯民族主义者。延续彼得大帝的帝国政策，巩固和扩张彼得大帝所创建的帝国成为她一生的使命。俄罗斯的扩张遭到了其他强大帝国的强烈抵制，这些帝国此时已经基本上瓜分了世界，贪婪的他们并不想分俄罗斯一杯羹。因此，俄罗斯在进入世界帝国精英行列的过程中伴随着激烈的战争，首先是与瑞典人，然后是与土耳其人。与奥斯曼帝国的冲突由来已久，自彼得大帝时代以来，军事实力不断增强的俄罗斯与不断衰落的奥斯曼帝国在黑海沿岸地区的争夺愈演愈烈。

与奥斯曼帝国之间的战争，对俄罗斯而言，就像在南方发动的所有战争一样步履维艰。在这里需要注意的是，一百年来，在与土耳其人的战争中不断受挫，俄罗斯军队已经形成了一种"自卑情结"。让我们回顾一下奇吉林远征、克里米亚战役、普鲁特战役，以及就结果而言并不完全成功的 18 世纪 30 年代的战争。土耳其人习惯于认为他们总是会击败俄罗斯人。在蒙尼奇进军克里米亚的战役中，许多俄罗斯士兵死于痢疾和饥饿。草原道路上数以万计的战马的尸体、废弃的枪支弹药清楚地表明，即使是携带弓箭和军刀的鞑靼人也可以独自应对俄罗斯人。因此，当这场俄土战争开始时，俄罗斯获胜的可能性微乎其微。

然而，在 1770 年战争出现了转折点，在普鲁特支流拉尔加河上，第 1 军团元帅彼得·亚历山德罗维奇·鲁缅采夫击败了土耳其人和鞑靼人。很快，卡古尔河上发生了新的战斗，鲁缅采夫率领 27000 人的军队彻底击败了土耳其 150000 人的军队。土耳其损失惨重，俄军取得压倒性的优势。这是两次鼓舞人心的胜利。得益于鲁缅采夫天才的军事指挥能力和新战术，俄罗斯在与土耳其人的战争中连续百年的军事失败就此结束。

# [人　物]

### 陆军元帅彼得·亚历山德罗维奇·鲁缅采夫

彼得·亚历山德罗维奇·鲁缅采夫的名字在"七年战争"中就广为人知。1757年8月，在与普鲁士军队在东普鲁士大耶格尔斯多夫村附近的一场战斗中，鲁缅采夫开始崭露头角。他带领他的军团穿过森林，给普鲁士人以致命一击，最终决定了战斗的胜利，鲁缅采夫一战成名。但在这之前，他以完全相反的方式闻名于世，事实上，一直有传言称鲁缅采夫曾是一个懒鬼和流氓，以"挥霍、懒惰和欺凌"著称，为此被派送到柏林学习的他被召回，然后在学习了几个月后又因为游手好闲被军校学生团开除。尽管如此，鲁缅采夫的仕途发展很快。伊丽莎白女皇任命这位19岁的青年为团长，让其直接从少尉升任上校。但即便如此，鲁缅采夫也没有就此成熟下来，继续以顽劣行径吸引大众的眼球。鲁缅采夫曾侥幸逃过一劫，有罪而不受罚以及仕途顺利的原因，是因为他被认为是女皇的兄弟！同时代的人相信他的父亲是彼得大帝，而他的母亲是彼得大帝的情妇。

在大耶格尔斯多夫的战场上，这位32岁的将军展现了自己的英雄形象。可以这么说，他幡然醒悟。1759年，他在库纳斯多夫战役中脱颖而出，指挥俄罗斯骑兵，表现得像个英雄。两年后，率军经过长时间的围攻，最终攻下了强大的科尔堡要塞。叶卡捷琳娜二世即位后，任命鲁缅采夫为"小俄罗斯"总督，实质上就是乌克兰的总督。他定居在离基辅不远的一处豪华庄园，其浮夸的举止和习惯与他的邻居克里米亚大汗几乎没有什么区别。任何控诉对他来说都没有用。鲁缅采夫拥有罕见的文学和政治才能，可以很容易地摆脱任何诽谤。然而，如果不是1770年这个非凡的年份，我们几乎不会记得这位乌克兰的总督，这一年让鲁缅采夫几个世纪以来闻名于世。

在与土耳其作战的行军途中，鲁缅采夫在军令中这样写道："……不是拒马，火和剑才是你们唯一的防御。"鲁缅采夫与他的前辈们不同，他成功地扭转了战局——在7月的酷热中，在草原上，在土耳其人的家乡，将土耳其人击败。鲁缅采夫对战争艺术有什么贡献？第一，他拒绝采用坚实、巨大的方阵作战。他将部队分成几个流动的小方阵，指挥员在知道战斗总体计划的情况下，独立行动。第二，他对军队进行了选拔：从每个团中选出最强壮、最聪明、最精明能干的士兵，让他们成为掷弹兵。最优秀的士兵组成猎兵大队，他们通常根据情况独立行动，训练爬行、伪装甚至假死等技术。第三，鲁缅采夫不惧怕强大的鞑靼和土耳其骑兵，没有藏在拒马后面躲避他们。"七年战争"的经历对他在南方作战很有帮助。他改革了俄罗斯骑兵，让他们移除了沉重的胸甲——这种胸甲不仅没有拯救他们，反而阻碍了战斗。俄罗斯骑兵的集中冲锋完全撕裂了鞑靼人的骑兵散兵线。第四，鲁缅采夫教会炮兵部队在战场上快速移动，集中火力攻击敌方的火炮和兵力密集区域。第五，鲁缅采夫教会了士兵勇敢、自由、从容地展开行动。他重视多兵种的协同配合。这就是全部的秘诀！有节奏地进攻成为鲁缅采夫的主要作战手段，并且取得了一场又一场的胜利。在拉尔加获胜后，一向热爱奢华的鲁缅采夫在刚刚逃亡的克里米亚大汗的豪华帐篷里安排了一场祈祷仪式。在血腥的卡古尔河战役中，在狂热勇敢的敌人面前，在与敌人优势兵力的较量中，鲁缅采夫没有犹豫，没有等待，而是大胆地主动出击。获胜者得到了女皇的慷慨奖励。

1773年初，叶卡捷琳娜二世要求鲁缅采夫对土耳其人采取果断行动，或者更确切地说，越过多瑙河，攻击巴尔干山脚下的舒姆拉要塞。鲁缅采夫善于在运动中打败敌人，但这一次他迟疑不决，不确定此次进攻是否会取得成功。但是在克服了一些障碍之后，1773年6月11日，鲁缅采夫指挥军队渡过了多瑙河。这是一个历史性的时刻，俄罗斯人穿越多瑙河开辟了通往巴尔干半岛的道路。因为这次跨越多瑙河的胜利，鲁缅采夫获得了"外多瑙河胜利者"的称号。然而，三天后，他突然折返。原来，鲁缅采夫似乎是专门为了"外多瑙河胜利者"的荣誉称号去了对岸。叶卡捷琳娜二世对此感到非常沮丧，甚至没有回复鲁缅采夫的解释信件。而我们的英雄在另一岸获得了称号，但同时似乎也失去了勇气。他萎靡不振，垂头丧气，他解释说敌人很强大，他的军队很弱小，他被迫过河，因为宫廷里他的敌人渴望他的鲜血，所以诽谤他。叶卡捷琳娜二世对鲁缅采夫的消极被动极为不满。

尽管如此，战争仍以1774年《库楚克-开纳吉停战条约》的签订而胜利结束。鲁缅采夫得到了丰厚的奖励，但他仍然对自己名气不大这一事实感到不满。更让他不满的是，有人想要夺取他在南方所有的权力。这里所说的"有人"是叶卡捷琳娜二世统治时期的后起之秀波将金，他刚刚在南方开展了一场大规模的行动，开拓了新俄罗斯。鲁缅采夫仍在乌克兰，他像蜘蛛一样，在他富庶的庄园中编织蜘蛛网，用它辐射整个圣彼得堡和宫廷。到处都有他的支持者和朋友，以及因他举荐高升而欠他人情的人，比如女皇的宠臣彼得·扎瓦多夫斯基和阿列克谢·别兹博罗德科。鲁缅采夫的妻子、成年子女以及母亲很长一段时间都待在首都，将所有的宫廷内幕和阴谋诡计都报告给了鲁缅采夫，而鲁缅采夫作为这个强大家族的首领，积累了巨大的"宫廷资本"并巧妙地支配着它。

当1787年新的俄土战争开始时，鲁缅采夫没有获得新的荣誉。胜利女神已经为自己觅得新宠——迅速、勇猛的苏沃洛夫。鲁缅采夫再次蜷缩在他的乌克兰角落里，他一直住在那里直到1797年去世。但俄罗斯并没有忘记这位勇敢的英雄，他教会了俄罗斯如何在南方取胜。

# 1770年：切什梅海战

在鲁缅采夫取得拉尔加河战役和卡古尔河战役胜利的同时，远离海岸的俄罗斯海军也取得了胜利。在阿列克谢·格里戈里耶维奇·奥尔洛夫的提议下，组织了"海上远征队"，目的是打击奥斯曼帝国的后方。来自波罗的海舰队与来自阿尔汉格尔斯克的船只一起，环绕欧洲进行了艰难的航行，并于1770年4月进入地中海。这次远航本身就是一项壮举，远征军在希腊海岸的纳瓦林港停留。6月24日从这里出发，由奥尔洛夫指挥的俄罗斯舰队（9艘战列舰和3艘护卫舰）开始对土耳其人展开行动。阿尔及利亚人哈桑贝伊指挥的土耳其舰队（16艘战列舰和6艘护卫舰）无法承受爱琴海希俄斯岛附近的遭遇战。在失去旗舰"皇家穆斯塔法号"后，土耳其人撤退到切什梅湾。在完全无风的情况下，土耳其人在大桡战船的帮助下拖着他们的战舰撤退，俄罗斯舰队再也无法追击敌人。此外，俄罗斯战舰"叶夫斯塔菲号"也在战斗中沉没。6月26日晚，俄罗斯舰队进入切什梅湾，开始炮击敌人。与此同时，在德米特里·伊林中尉的指挥下，一艘装满可燃物的纵火船悄悄地靠近土耳其旗舰"伊斯坦布尔号"，并与之挂靠起来。伊林下令放火烧了纵火船，带领己方士兵乘船离开。

土耳其水手未能扑灭"伊斯坦布尔号"上的大火，大火吞没了这艘船，并蔓延到其他挤在附近的土耳其船只。到第二天早上，土耳其15艘战列舰和6艘护卫舰被烧毁和炸毁，1万多人死亡。在一场类似火山爆发引发的大火中，整个土耳其舰队全军覆没。获得胜利很轻松，但战果惊人。俄罗斯随后在黑海地区的陆上军事行动也取得了成功。俄罗斯军队于1771年夺取了多瑙河下游并占领了克里米亚，而苏沃洛夫的军队分别在图尔图凯（1773年）和科兹卢贾（1774年）击败了土耳其人。战争以土耳其人请求缔结和约而结束。

## 圣乔治勋章

伟大殉教者和所向无敌者圣乔治勋章于1769年由叶卡捷琳娜二世设立。根据法令，该勋章是为战时的杰出功勋而授予的，勋章有四级。该勋章的象征复制了俄罗斯徽章的一部分——一个骑兵用长矛杀死了一条龙，标有"服役与勇敢"字样。勋章为金质的、表面覆盖白珐琅的十字章，佩戴于左胸。勋章的绶带特别富有表现力，绶带上织有三黑两橘黄纵向相间色带，戴在右肩上。圣乔治勋章享有非凡的声望。除了勋章的创始人叶卡捷琳娜二世之外，只有亚历山大二世是一级勋章获得者，所有其他沙皇都没有升到四级以上。在该勋章的整个历史中，只有四名指挥官获得了全部四级。他们中的第一个是米哈伊尔·伊拉里奥诺维奇·库图佐夫。

## 圣弗拉基米尔大公勋章

1782年，圣弗拉基米尔大公勋章设立，勋章上有"利益、荣誉和光荣"字样。圣弗拉基米尔勋章有四级，绶带为红色，带黑色宽边。授予军官的最光荣的勋章之一是四级弗拉基米尔勋章。

## "叶夫斯塔菲号"战舰

"叶夫斯塔菲号"战舰是一艘拥有66门炮的战列舰，于1763年在圣彼得堡建造。在波罗的海舰队进行的地中海远征中，它由A. I. 克鲁兹船长指挥。海军上将G. A. 斯皮里多夫在切什梅海战中曾驻舰指挥。1770年6月26日晚上，"叶夫斯塔菲号"战舰率领一个中队的海军前锋在切什梅湾袭击了土耳其舰队。"叶夫斯塔菲号"战舰上的水兵登上了土耳其舰队的旗舰——拥有80门大炮的"皇家穆斯塔法号"。

不幸的是，土耳其战舰燃起大火，其桅杆倒在了"叶夫斯塔菲号"战舰上。因此，俄罗斯旗舰也着起了大火，进而导致了火药库爆炸；舰上几乎所有船员都因爆炸而死——818人中有755人死亡。随后"皇家穆斯塔法号"也发生了爆炸。从那时起依据传统，俄罗斯黑海舰队中的一艘战舰被命名为"纪念叶夫斯塔菲号"。

1774年7月10日，在保加利亚的库楚克-开纳吉村，俄罗斯人与土耳其人签署了一项和平条约，条约的条款对俄罗斯来说非常有利。根据此条约，俄罗斯船只不仅可以在黑海航行，还可以通过海峡进入地中海。此外，俄罗斯占领了多灾多难的亚速地区，在刻赤海峡设防固守，摩尔达维亚和瓦拉几亚也变成了自己的保护国。克里米亚汗国宣布从奥斯曼帝国独立出来，依附于俄罗斯。彼得大帝的梦想成真了——俄罗斯的边界触及黑海水域，在《库楚克-开纳吉停战条约》之后，叶卡捷琳娜于1769年宣称的"将旗帜竖立在黑海之上"的愿望实现了。在俄土战争的历史上，俄罗斯从未获得过如此辉煌的胜利。

## [传说和谣言]

### 塔拉卡诺娃公主——她是谁？

18世纪70年代初的几年里，俄罗斯政府开始陆续收到驻欧洲大使们的报告，称出现了某个自称"弗拉基米尔·伊丽莎白公主"的人，她自称是已故伊丽莎白·彼得罗芙娜女皇和她的秘密丈夫拉祖莫夫斯基的女儿。这一传闻令叶卡捷琳娜二世大为震惊。这位"流浪者"（叶卡捷琳娜二世如此称呼冒牌货）在欧洲过着自由而奢侈的生活，这意味着她很有钱，这让女皇特别震惊。此外，冒牌货的周围都是波兰移民，他们对俄罗斯怀有敌意并敢于反对俄罗斯对波兰的瓜分。不仅如此，冒牌货搬到了意大利，到了里窝那，那里有一支由奥尔洛夫伯爵指挥的俄罗斯中队。冒牌货向奥尔洛夫伯爵发出了一封官方信函。在官方信函中，冒牌货宣称自己是伊丽莎白女皇的女儿，在信函的附件中她提议对方站队到她这边，并希望在舰队上向俄罗斯人民发表她的宣言。冒牌货写道，她的"兄弟"普加乔夫的成功鼓励了她，自己作为俄罗斯皇位的继承人，她应该迈出这一步。与此同时，冒牌货给尼基塔·帕宁写了一封信，信中宣称她将坚持到最后一刻，捍卫自己的继位权利，并表示如果尼基塔·帕宁保证她的安全，她愿意秘密来到圣彼得堡。

事态已经非常严重。冒牌货与土耳其人、英国驻那不勒斯大使举行了谈判，还在罗马停留了一段时间，在那里她接受了天主教洗礼，并公开宣布她对俄罗斯皇位的诉求。从1775年初的"普加乔夫案"可以清楚地表明，叶卡捷琳娜二世怀疑冒充"沙皇彼得三世"的背后黑手是首都的贵族。对冒牌货，女皇也有同样的想法。

从一开始就很明显，冒牌货是一个明显的冒险家，她巧妙地利用了欧洲流传的一些谣言——伊丽莎白·彼得罗芙娜的一些秘密孩子好像隐藏在瑞士。

众所周知，伊丽莎白女皇没有孩子，她的宠臣阿列克谢·拉祖莫夫斯基的侄子，即他姐姐普拉斯科维娅·达拉甘的孩子们住在伊丽莎白的官廷里。孩子们长大后，伊丽莎白将孩子们送到瑞士的寄宿学校学习，并以达拉加诺夫家族的名义记录在册。俄罗斯秘密孩子的谣言最初出现在德国报纸上，很快谣言中伊丽莎白和拉祖莫夫斯基的秘密孩子的姓氏从"达拉加诺夫"变成了"塔拉卡诺夫"（在俄语中有"蟑螂"的意思，后人称冒牌货为"塔拉卡诺娃公主"可能就来源于这个姓氏，有嘲笑讥讽的意味）……

总之，无论如何，冒牌货的问题必须赶紧解决。在圣彼得堡，他们决定从意大利偷走冒牌货。对于俄罗斯情报机关来说，执行这样的任务并不是第一次。用重物砸头，拖进马车，然后将人装进俄罗斯商船，可以轻松搞定。不过，牵扯到"公主"的案子难度相对来说就更大——她的身边时时刻刻都有人保护，抓捕她可能还会引起全世界的非议。所以，他们就设计了一个真正邪恶的计划。

阿列克谢·奥尔洛夫伯爵，化名"阿列克汗"，奉女皇指示去引诱冒牌货，将她骗上俄罗斯船只，带她前往俄罗斯。阿列克谢·奥尔洛夫是叶卡捷琳娜二世的宠臣格里戈里·奥尔洛夫的兄弟，是谋杀皇帝彼得三世的凶手之一，是一个厚颜无耻、没有原则却才华横溢的人。他完美地扮演了自己的角色：他遇到了她，用承诺和礼物吸引她，设法取悦她，甚至让她爱上了他。他对自己杰出的男子气概感到骄傲。在给女皇的信中他写道："她似乎对我很有好感，这就是为什么我尽量在她面前表现得十分热情。最后，我向她保证，我很乐意娶她，即使到现在，她不只是相信，甚至迷恋于此。"

1776年2月22日，冒牌货与"阿列克汗"一起前往里窝那，在岸边用餐。然后他们登上停在泊地的俄罗斯旗舰"三主教号"并举行了婚礼。因此，冒牌货最终进入了俄罗斯帝国的领土，并被拘留在那里。阴谋诡计都是伪善的。起初，身着修士袍的水手们上演了"婚礼"的一出喜剧，随后船长逮捕了"新婚夫妇"。与此同时，这艘船起锚驶入公海。之后，据称被捕的"阿列克汗"秘密给他的"妻子"转交了一张便条，"绝望地"称他被逮捕了，要求他的爱人耐心等待，并承诺将她从监禁中解救出来。所有这些谎言只是为了让冒牌货保持有希望的幻想，在前往俄罗斯海岸的长途航行中不会感到无聊并且不会因悲伤而死去。阿列克谢·奥尔洛夫自己上了船，回到意大利海岸，向叶卡捷琳娜二世书面报告：诱骗已经成功完成，冒牌货"直到今天仍然认为不是我逮捕了她"……

一直到英格兰海岸，冒牌货都表现得很平静，依然坚信"阿列克汗"的承诺，相信对方会进行一次潇洒的空中突袭来营救她。但后来她意识到自己被骗了，她试图从俄罗斯船上跳到英国船上，寻求帮助，但她被制伏了……在圣彼得堡，案件委托给亚历山大·米哈伊洛维奇·戈利岑大公审理，有必要查明冒牌货的真实身份，弄清楚她受谁庇护，以及她的计划是什么。但是，尽管戈利岑富有才智和经验，但他并没有实现这些目标。他和其他人一样，未发现这个女人的真实身份，她如此自信而滔滔不绝地讲述她是伊丽莎白女皇和拉祖莫夫斯基的女儿，以及她在欧洲和亚洲的半奇幻冒险。在一次审讯中，她供述称：她叫伊丽莎白，今年23岁，不知道出生地，也不知道父母是谁。在基尔，她在佩雷夫人家里度过了她的童年，她按照希腊东正教仪式接受了洗礼，她不知道在什么情况下，也不知道是谁给她办的受洗仪式。9岁时，三个陌生人把她带到了圣彼得堡。在那里，她被告知他们会带她去莫斯科的父母那里，但他们却把她带到了波斯边境，将她安置在一位受过教育的老妇人那里，老妇人说她是依彼得三世的法令被流放此地的。她学会了一些类似于俄语的当地语言词汇，并开始学习俄语。在鞑靼人的帮助下，她和她的保姆设法逃到了巴格达。在那里，一个富有的波斯人接待了她们，一年后，他的朋友加利大公将她带到了伊斯帕罕，在那里她接受了良好的教育。加利大公经常告诉她，她是已故俄罗斯女皇的女儿，其他人也向她重复了这一点。

这些信息无法核实，简直就像是"天方夜谭"！戈利岑写信给叶卡捷琳娜二世："她的人生经历充满了不现实的事迹，看起来更像是寓言，然而，经过反复劝告，她没有从她所说的一切中否认任何说法，她也不承认她用假名所做的一切……"

戈利岑起初并没有用残忍手段，更多的只是通过威胁、奉承和各种花招来达到目的。为了给这位冒牌货定罪，核实她自己所说的自己是通过波斯从俄罗斯逃走的，而且她很了解波斯语和阿拉伯语，戈利岑逼她用这些语言写一些单词。科学院的专家在看过冒牌货写下的纸条后，认为那只是涂鸦而已。然而冒牌货无休止地"重复她虚构的或熟记于心的寓言，甚至有时彼此说法都不一致"。即使在监狱中，她也很有魅力。在她身上可以看到世俗女士的优雅和美丽。戈利岑写道："她的思维速度和表达的轻松程度，足以轻易让一个粗心的人冲昏头脑。"

就这样几个月过去了，案件审理没有任何结果！女皇很生气，看到冒牌货声称普加乔夫是她的"堂兄"，她非常气愤：这个卑鄙的女人怎么敢在协议下署名"伊丽莎白"！女皇要求加快调查速度，尤其是冒牌货的怀孕迹象已经很明显，此外，她还出现了急性肺痨的症状——这在潮湿的监狱中并不罕见。戈利岑改用威胁的方法，威胁囚犯他将使用"极端手段"来找出她内心真实的想法。在俄罗斯每个人都非常了解"极端手段"是什么，只有这个女人不明所以，甚至迫使戈利岑解释"口头威胁与执行的区别"。但一切最终都是徒劳的。之后叶卡捷琳娜二世命令戈利岑"对她采取适当的严厉措施，以便最终让她醒悟"：毯子和保暖的衣服被撤走，不再有侍女服侍，只给粗劣的食物。"严格的守卫"对冒牌货来说尤其痛苦——一名军官和几个士兵整天待在牢房里的烛光下，他们互相替换，视线从未从她身上移开过。

这个女人不得不在他们眼皮子底下大小便。"我无法向他们解释清楚。"冒牌货写道。最后，叶卡捷琳娜二世意识到，"严厉措施"带来的不是真相，而是囚犯的死亡。或许那时，为了摧毁囚犯的意志，"阿列克汗"来到她身边，将自己与她"恋情"和"婚礼"的真实动机告诉了她，但也无济于事。最后决定在她死之前再尝试一次，一项新法令随之而来——神父前来听取她的忏悔！众所周知，在俄罗斯忏悔的秘密并不存在——神父有义务将他在忏悔中听到的所有内容告知"需要知道的人"。神父进行了两天的"认罪审讯"，但冒牌货并没有坦白，也没有认罪。作为报复，神父没有原谅她的罪孽，而是直接离开了牢房……1775年12月4日，下午7点，冒牌货死了。没有淹没牢房的水，也没有爬到床上的恶心老鼠（就像我们在康斯坦丁·德米特里耶维奇·弗拉维茨基的名画《塔拉卡诺娃公主》中看到的那样）。在士兵的注视下，她死了，将未出生的孩子（可能是阿列克谢·奥尔洛夫的孩子）和她的秘密都带入了坟墓。

有什么秘密吗？那个年代，很多冒险家和骗子在欧洲游荡，比如卡格里奥斯特罗或卡萨诺瓦。他们没有祖国，没有住所，没有家人。这些"无根的世界主义者"才华横溢，很容易获得人们的信任。在重复无休止的谎言中，他们自己都相信了自己编造给他人的东西。戈利岑写道："冒牌货的狡猾灵魂，能够使其长期进行撒谎和欺骗，一刻也听不到良心的声音。无论是惩罚、荣誉还是羞耻，都不会阻止她做与她个人利益相关的事情。天生的思维敏捷，在某些事情上的实际行动，使她与众不同，归结为这样一个事实，即她可以很容易地激发对自己的信心，并从熟人的善良中受益……"

要知道拥有这一特点的人可以说有很多，这其中就包括叶卡捷琳娜二世本人……

## 1772年：第一次瓜分波兰

波兰问题对俄罗斯宫廷来说最为棘手，波兰移民一直寻找各种方式和手段来对抗俄罗斯，他们在背后支持"塔拉卡诺娃公主"并非巧合。即位后，叶卡捷琳娜二世就立即开始处理波兰事务。1763年，多年来一直追随俄罗斯政策的波兰国王奥古斯特三世去世。俄罗斯不想放弃主动权，认为波兰是属于"自己的"，并且因叶卡捷琳娜二世的施压，波兰立陶宛联邦前大使，即叶卡捷琳娜的前情人斯坦尼斯瓦夫·奥古斯特·波尼亚托夫斯基成为波兰国王。这使俄罗斯得以在波兰维持一个陈旧且无政府状态的政治体制，这种体制却让波兰人无法加强其国家地位。在波兰士绅看来，"黑鹰"们——奥地利、普鲁士和俄罗斯的象征——总是会为利益而争吵，会留给"白鹰"波兰一些安宁。然而，相反的事情发生了，"黑鹰"们设法找到了共同语言，他们从根本上肢解了波兰立陶宛联邦。普鲁士人早在18世纪60年代就提出了瓜分波兰的计划，但俄罗斯担忧这会加强普鲁士和奥地利的实力，因此在很长一段时间内没有参与。1772年，瓜分波兰成为可能：7月25日，俄罗斯获得了波兰立陶宛联邦人口超过130万的一部分领土，波兰的利沃尼亚，白俄罗斯的波洛茨克、维捷布斯克和明斯克省的一部分地区归属俄罗斯；小波兰划给奥地利，普鲁士占领了大波兰和格但斯克地区。事实上，波兰立陶宛联邦已不复存在。俄罗斯驻华沙大使已向波兰国王斯坦尼斯瓦夫·奥古斯特下达了指示。这是第一次瓜分波兰。1780年，经过多年与波兰爱国者的武装斗争，俄罗斯军队最终在波兰驻扎。在与游击队的战斗中，亚历山大·瓦西里耶维奇·苏沃洛夫脱颖而出，他多次击败了反叛的波兰军队，并因功升为将军。

# 作为俄罗斯一部分的克里米亚

从叶卡捷琳娜二世统治伊始，俄罗斯的黑海政策就以压制和侵略性著称。早在1764年，俄罗斯设立了新罗西斯克省，从欧洲各地邀请定居者前来开发这片处女地。所有人都知道，如果没有克里米亚，这些领土就没有方便的入海口，俄罗斯也不会容忍克里米亚鞑靼人对新成立的边疆省份进行频繁的袭击。俄罗斯在1768—1774年与土耳其的战争中取得胜利，极大地改变了局势。克里米亚已经处于俄罗斯的影响范围。在克里米亚半岛上，鞑靼贵族中俄罗斯的支持者和反对者之间展开了激烈的斗争。

1776年，俄罗斯军队入侵克里米亚，将俄罗斯的心腹沙希因·格莱推上了可汗宝座。沙希因·格莱是一个聪明、受过教育的人，他试图在克里米亚进行欧式改革，但遭到神职人员和民众的抵制。一场反对沙希因·格莱的起义开始了。俄罗斯军队重新进入克里米亚，镇压叛乱。经过一番犹豫之后，1779年土耳其人最终承认沙希因·格莱为克里米亚可汗，但他最终未能保住王位。1781年又一次叛乱发生后，沙希因·格莱前往俄罗斯。1783年，得益于波将金的外交才能和俄罗斯军队的优势力量，未费一枪一弹克里米亚和库班便成为俄罗斯帝国的一部分，成为俄罗斯南部新的巨大边疆省份。随之而来的是人口的大规模流动，受当局保护的基督教徒，不管是来自西欧、俄罗斯中部还是来自其南部地区，都迁往黑海地区和克里米亚。在当局的压力下，伊斯兰教徒从这里逃到了土耳其的领地。克里米亚与整个新罗西斯克的军事和经济发展都与格里戈里·亚历山德罗维奇·波将金紧密相关。

[人 物]

## 格里戈里·亚历山德罗维奇·波将金

格里戈里·亚历山德罗维奇·波将金拥有非同寻常的个性，甚至令人感到不可思议。法国外交官塞古尔伯爵这样评价他："无论是在官廷，还是担任文职或者在军中，都没有比他更出色更狂野的朝臣，他是一个有进取心但不那么勤奋的臣子，一个勇敢但同时优柔寡断的统帅。……在他身上，伟大与小气、懒惰和事业心、勇气和胆怯、野心和粗心大意掺杂在一起……这个人可以变得富有和强大，但不可能变得幸福；他拥有的东西让他厌烦，他无法得到的东西激起了他的欲望。"

18世纪的享乐主义传统、以往的生活史、奇特的心理人格类型和长期无限的权力，即使是最严格的禁欲者也会被腐化，可能还有许多其他因素造成了波将金的奢侈行为和令人震惊的习惯。但平心而论，波将金不是作为一个怪人，而是作为一个不亚于彼得大帝的伟大帝国人物而载入俄罗斯历史。

据说波将金吸引了叶卡捷琳娜二世的特别注意，因为他能够非常有趣地移动他的耳朵并模仿女皇最亲密亲信的声音。不过与此同时，波将金不仅是动了动耳朵，还执行了女皇的各种任务。然而，野心勃勃的波将金不喜欢在官廷里当小丑，他的命运也突然发生了翻天覆地的变化……这种转折在他的一生中发生过不止一次。

1739年，波将金出生在斯摩棱斯克附近一个破落的贵族家庭。在他父亲去世后，全家搬到了莫斯科，这个年轻人开始对科学表现出非凡的兴趣，整晚整晚地沉浸在书海里。结果，他成功地进入了新开办的莫斯科大学，并在1757年获得了象征学术卓越的金质奖章。作为莫斯科大学最优秀的学生，他被带到圣彼得堡，并获得伊丽莎白女皇的召见。但很快这位年轻的天才因旷课而被大学开除——科学突然让他感到极度厌烦。他决定弃文从军，加入了兵团并迅速在军事上取得了成功。这位17岁的中士在1762年6月28日的政变中表现出色，甚至叶卡捷琳娜二世也将他描述为一名勇敢而积极的士官。波将金也是杀害彼得三世的凶手之一。尽管如此，他还是得到了女皇的丰厚奖励。突然间，出乎许多人的意料，他成为东正教最高会议首席检察官的助手。这又是一次命运的转折，波将金决定亲自尝试这个新领域，因为他对神学产生了兴趣，并且在这些问题上表现得像一个受过良好教育的人。

不知道波将金如果继续在东正教最高会议中任职将会如何进一步发展，但神学很快让他感到厌烦，波将金再次通过女皇而改变了命运。出乎意料的是，他向女皇请缨，参加了始于1768年的与土耳其人的战争，加入骑兵队，在最前线迎着土耳其人的子弹冲锋陷阵。他是有意识地这样做的，为了仕途，为了吸引女皇的注意。波将金想改变自己在女皇眼中惯常的小丑和自学成才的神学家角色，从事更配得上自己才华的职业，从而赢得叶卡捷琳娜二世的青睐。波将金在这方面取得了完全的成功：他很快在战争中取得了成就，以勇敢的骑兵将军身份脱颖而出。1774年春天，秘密与他保持通信的女皇将他召回首都，擢升他为上将，委任他为陆军院副院长。

叶卡捷琳娜二世和波将金的恋情轰轰烈烈，但如昙花一现般短暂。总的来说，叶卡捷琳娜二世和波将金之间的关系有自己的秘密。或许是在1775年他们秘密结婚，但经过几年极美好的热恋之后，夫妻之间发生了不和，从而缔结了一种"合作契约"，双方都为对方提供了完全的自由。波将金本人在情色上也不逊色于叶卡捷琳娜二世，他还公开组建了自己的小"后宫"，身边总是有一群漂亮的小姑娘或者别人的妻子。波将金和叶卡捷琳娜二世被"比丘比特更重要"的东西联系在一起，他们组成了"帝国劳动者"家庭。两人都承担着沉重的帝国事务职责，从事着不稳定的俄罗斯经济事务。这一点是他们关系的本质，这反映在叶卡捷琳娜二世信件的风格和内容上——一位热心的家庭主妇，对波将金来说是"母亲"，而波将金对叶卡捷琳娜二世来说是善良的男主人、"父亲"："在你我之间，我的朋友，事情很简单：你为我服务，我很感激，就在这里……命令，主人，当你方便的时候，每二十俄里在草原上建造谷仓或者小酒馆。"

波将金是这个组合的根基，没有他，这辆帝国战车就无法前行。波将金和叶卡捷琳娜二世关系中的其他一切对他们来说似乎都不那么重要。"母亲""女主人"（他在信中这样称呼她）对"男主人"在事务上的成就和勤奋表示无限感激："没有什么是我不想告诉你的，我的朋友，你很迷人，因为你在没有损失一个人的情况下拿下了佐萨。"

此时，波将金涉足了自彼得大帝时代以来前所未有的宏大事业。在南方，他开发了新罗西斯克——这是从土耳其人手中夺回的黑海北部沿岸地区——并将他的心献给了这片土地。多年来，他领导了针对土耳其人的军事行动和黑海沿岸的宏伟建设项目。在新罗西斯克和克里米亚，波将金找到了他的新家园，找到了更加自由的空间，在这里可以建造，可以创造新的、不寻常的东西——这一直是他不安分的灵魂所渴望的。在这里，在新俄罗斯的土地上，他找到了渴望已久的新鲜事物——从困扰他一生的烦闷和忧愁中解脱出来。波将金的事业，就像他那个时代的彼得一样，有很多仓促、僵化、突发奇想和专横的东西，但也充满了俄罗斯人的气魄：如果要在叶卡捷琳诺斯拉夫建造一座大教堂，那么它就会不亚于罗马的圣彼得大教堂；如果要创建一个管弦乐队，那么就让莫扎特离开维也纳来担任乐队指挥！

1787年，叶卡捷琳娜二世前往克里米亚。这次出行以参观"波将金村"而闻名。的确，车队行进的沿途村庄都依照波将金大公的命令进行了巧夺天工的装饰。但与此同时，他们不知何故忘记了对波将金建造的美丽的白色城市塞瓦斯托波尔和新罗西斯克其他城市进行装饰！波将金的手下和军队也没有盛装出现。以下是波将金对军队旧式着装的批评："卷发、抹粉、编辫子——这是军人该干的事吗？……手册是干什么用的？所有人都必须同意，洗头和挠头比扑粉、抹油、涂粉、戴发夹、编辫子更有用。盥洗应该是士兵起床后就已经做好的。"

驻扎在塞瓦斯托波尔的黑海舰队刚组建不久，但初生牛犊不怕虎，在勇敢的海军上将费奥多尔·乌沙科夫——"俄罗斯纳尔逊"——的指挥下，这支舰队很快就赢得了辉煌的胜利。而这一切都归功于波将金的组织才能，他知道如何领导数十万人，知道如何激励或强迫他们……直到他自己陷入忧郁，在他最喜欢的沙发上穿着睡袍躺了几个月。叶卡捷琳娜二世对波将金在南方的成功非常满意。

1791年，波将金抵达首都，在塔里德宫中为女皇举办了盛大的庆祝活动。这是波将金最后一次访问圣彼得堡。然后他回到了他心爱的新罗西斯克。在路上，他倍感不适。不久，他病倒了，并于1791年10月去世。他一生中看到的最后的东西是南方明亮的星星，这片南方土地成为俄罗斯领土的功劳应该归功于他。叶卡捷琳娜二世绝望了，她统治的主要支柱垮了。但随后痛苦过去了——已经变老的女皇已经对死亡漠不关心，新宠普拉顿·祖博夫很有趣。波将金的遗体甚至没有被带到圣彼得堡，而是被安葬在赫尔松。他的坟墓早已不复存在……但我们可以肯定的是，他的骨灰永远与他深爱的新罗西斯克和克里米亚的大地、水和天空融为一体……

# 希腊计划

克里米亚和新罗西斯克之行启发了叶卡捷琳娜二世，多年后，原本的荒漠草原和荒凉海岸变成了一片繁荣的土地。这似乎更接近实现叶卡捷琳娜二世和波将金的帝国梦想，即所谓的"希腊计划"。计划的实质是把土耳其人从伊斯坦布尔（君士坦丁堡）、巴尔干半岛和小亚细亚驱逐出去，并在奥斯曼帝国的废墟上建立一个新的国家——拜占庭希腊帝国。这个帝国将由王位继承人保罗·彼得罗维奇的儿子康斯坦丁统治，康斯坦丁于1778年出生，他的名字与拜占庭帝国最后一位皇帝帕里奥洛戈斯相同，后者在君士坦丁堡城墙上与土耳其人的战斗中战死。

在与土耳其人的战争中取得胜利，似乎比以往任何时候都更接近于实施将东正教人民从土耳其的枷锁中解放出来的计划。但出自叶卡捷琳娜二世和波将金手笔的这个"希腊计划"，与道德甚至宗教意图相去甚远。它具有鲜明的帝国特征：掌握"东方之匙"黑海海峡，夺取巴尔干、高加索和外高加索，将帝国向南方和东方扩张，最终统治世界，就像曾经的罗马或拜占庭帝国一样。并非巧合的是，同打算建立拜占庭帝国一样再建立另外两个帝国——一个在高加索，另一个在巴尔干，而波将金将成为巴尔干的君主。1783年，俄罗斯与格鲁吉亚签订了《格奥尔基耶夫斯克条约》，根据该条约，埃雷克勒二世的卡特利－卡赫季王国被列入俄罗斯的保护国，俄罗斯军队驻扎在第比利斯。

从那一刻起，悲伤的"高加索历史"就拉开了序幕。然而，梦想，哪怕是强大的君主的梦想，实现起来也有很大的难度。要占领伊斯坦布尔，就必须打败奥斯曼帝国，尽管奥斯曼帝国已被削弱，但其仍拥有大量人力和物力，实力仍然强大。此外，俄罗斯在海上的实力增强对欧洲列强来说是极其不利的。

叶卡捷琳娜二世最亲密的盟友奥地利皇帝约瑟夫二世对她的计划并不满意。他明确表示，他更喜欢与软弱的"戴着头巾的邻居"打交道，而不是与强壮而咄咄逼人的"戴着三角制帽的邻居"打交道。因此，在重新征服君士坦丁堡和建立帝国的所有宏伟计划中，能够做到的只是向君士坦丁大公教授希腊语。

## 与土耳其和瑞典的战争

叶卡捷琳娜二世克里米亚之行毫无掩饰地表达了其宏伟的征服计划,这极大地刺激了土耳其敏感的神经,土耳其并不认为自己被打败了。1787年7月,土耳其人要求俄罗斯军队从外高加索撤出,归还克里米亚并不再庇护摩尔达维亚。这是一个很难执行的最后通牒。俄罗斯人拒绝了,土耳其人发动了战争。俄罗斯再次陷入困境——它必须在两条战线上作战。1788年,根据与奥斯曼人此前达成的协议,瑞典开始与俄罗斯作战。在巩固了自己在国内的权力之后,古斯塔夫三世国王认为修改1721年《尼什塔特和约》的有利时机已经到来,根据该条约,瑞典失去了东波罗的海。俄罗斯的主力部队在南方,最有才华的将军和海军上将们在那里领导作战。瑞典人计划摧毁俄罗斯波罗的海舰队,并在圣彼得堡的宫廷滨河路进行登陆。当时的处境十分危险,叶卡捷琳娜二世非常担心,甚至准备武装平民以击退瑞典人的登陆,并在圣彼得堡组建民兵。俄罗斯和瑞典舰队在戈格兰岛附近(即圣彼得堡附近)开火,冬宫的窗户都在颤抖,街道上都能闻到火药味。然而,海军上将瓦西里·雅科夫列维奇·奇恰戈夫率领的海军以及陆军在芬兰的胜利成功解除了首都的威胁。1790年,瑞典人求和,并在维雷拉签署和约。两国以前的边界得到了再次确认。

另一方面,俄土战争是女皇的主要关注点,两支军队在南方作战。一支由 P. A. 鲁缅采夫指挥,另一支是 G. A. 波将金行使主要指挥权。波将金本应占领黑海北部地区土耳其人的重要要塞奥恰科夫,这项极其重要的行动因他的过错而拖延了很长时间,部队损失惨重,直到1788年12月,要塞在一场血腥袭击中被攻占。

可以说,这场战争已经变成了苏沃洛夫和乌沙科夫的战争。他们似乎展开了胜利竞争赛——一场在陆地上,另一场在海上。1787年,苏沃洛夫在奥恰科夫附近出色地击退了土耳其人,在金伯恩角登陆后,他又多次击败土耳其人——1789年与奥地利盟友一起分别在福克萨尼和雷姆尼克两次击败土耳其人。在这些战斗中，苏沃洛夫的军队表现出了非凡的机动性，远距离行军并在行进中投入战斗。盟友称苏沃洛夫为"将军前锋"，连对手也不得不承认俄罗斯指挥官的杰出才能，他击败了拥有优势兵力的敌人。一名参加战斗的奥地利人回忆说，在帕纳戈里亚兵团向土耳其人阵地发起进攻的过程中，他突然听到了俄罗斯士兵的哄堂大笑。在进攻的决定性时刻，即使是最勇敢的人类的灵魂都被死亡的恐惧所笼罩，这种笑声在旁观者看来就像来自冥界的笑声。然而，他很快就意识到，俄罗斯士兵的笑声只是因为一些有趣的情况而引起的，只是展示了苏沃洛夫的军队坚不可摧的精神，他们对胜利的信心和对他们所崇拜的指挥官的信心。

在福克萨尼取得胜利后，俄罗斯迅速征服了直到多瑙河的所有地区，占领了基希讷乌、别尔哥罗德、哈德吉贝（敖德萨在此建立）以及本德利。第二年，即1790年，苏沃洛夫攻占了多瑙河上土耳其最坚固的要塞伊兹梅尔。伊兹梅尔要塞根据当时的最新技术进行了加固，驻军人数比攻击人数要多出5000人，由一位勇敢的指挥官负责指挥，他拒绝了来自苏沃洛夫所有关于光荣投降的建议。攻下伊兹梅尔要塞异常的艰难和危险，以至于后来苏沃洛夫说这样的要塞一生只能攻破一次。在伊兹梅尔防御工事和街道上的战斗异常残酷，在35000人的驻军中，有26000人在战斗中阵亡；伊兹梅尔死亡的居民人数不详。俄罗斯损失约10000人。

[传说和谣言]

### 苏沃洛夫人格的秘密

有传言声称苏沃洛夫是彼得大帝的儿子。这是不可能的——彼得死于1725年，而苏沃洛夫出生于1729年。然而，和罗蒙诺索夫一样，苏沃洛夫是帝国创始人的精神之子，他的灵魂中蕴含着巨大的创造力和激情。没有必要把苏沃洛夫想象成一个受民众和士兵欢迎的人民指挥官，他对待士兵的方式和彼得，也和每一个指挥官一样，毫不犹豫地把他们送上死亡战场，让他们成千上万地淹没到炮火之中，然后他自己平静地穿过血流成河的胜利战场。对他来说，士兵是他工作的消耗品。在战争之中还能有什么呢！但是，他爱护、了解和理解俄罗斯士兵，知道如何与他们共事。众所周知，在滑铁卢战场上击败拿破仑的威灵顿公爵曾用一句话激励了战场上的士兵："前进，你们这些浑蛋；前进，你们这些杂种，你们这些恶棍，你们这些刽子手！"他们都是从小酒馆和罪犯窝点的乌合之众中招募的，听不懂别的话。在俄罗斯，情况就不同了。对于俄罗斯士兵——昨天的新兵、地主的农民，应该受到不同的对待。农民把父权制、集体和村社精神从村子里带到了军队。对他们来说，统帅是贵族，是地主，严厉而公正，可以开玩笑，也可以打自己。苏沃洛夫设法找到了与士兵建立正确和舒适关系的自由基调，因此士兵像自己人一样爱戴他。

苏沃洛夫军事天才的秘诀是什么？为什么直到现在俄罗斯还没有人能在军事才能上与他相提并论，还为此引发了他是彼得大帝之子的传言？苏沃洛夫认为，军事成功的基础是勇气和果断。

苏沃洛夫的到来对军队有着重大意义：士兵们的力量似乎增加了一倍，相反敌人开始紧张起来。苏沃洛夫认为，要让士兵们勇敢地直视危险，最可靠的方法不是等待，而是直面危险。因此，他非常重视进攻，经常连续行军，尤其是在夜间。现在甚至很难想象他的士兵全负荷背着几乎一普特重的装备，一天能走80俄里！"这没什么，"苏沃洛夫开玩笑说，"罗马人的行动更快，读读恺撒吧。"苏沃洛夫是刺刀冲锋的拥护者，这并不是因为当时枪械武器不完善，而只是因为他好好地研究了自己的士兵而已。俄罗斯士兵倾向于白刃战是出自他们一直以来的本能，这种本能植根于民族性格中：把帽子放在地上，甩开双手，去死吧——前进，万岁！苏沃洛夫使这种大胆的冲动（通常没有理智）具备了军事技能，将其变成了胜利的武器。简单性是苏沃洛夫在军队中规定的原则。他认为，在战斗中，行动的复杂性经常被遗忘，进而导致人们优柔寡断、胆怯。一个士兵知道了除自己主要行动之外的其他内容甚至是有害的。一定要努力让士兵对自己有信心，他才会勇敢！

渐渐地，他成为军队中真正的宠儿——勇敢、大胆、善良而单纯，并且对懦夫和游手好闲之人极为苛刻。他的朴实无华是传奇。他从小就习惯于苦行，在行军期间睡在稻草上，吃得很少。必须说，关于苏沃洛夫朴实无华的传说——一个富有但小气的人——与真实的事实如此混杂在一起，以至于很难将它们分开，尤其是因为苏沃洛夫也编造了关于他自己的传说。正如法国大使所写的那样：苏沃洛夫在稻草上睡觉，甚至穿着带马刺的长靴睡觉，从不放松。苏沃洛夫回答说这不是真的：有时他会放松——他会卸下一个马刺！

可以说，苏沃洛夫复杂的性格中有几个"层次"。当你阅读他的信时，似乎它们是由几个不同的人写的——它们的风格变化如此惊人：有时像是来自一个朴实无华的士兵，不习惯握笔的他仿佛无意间发现了眼中的真相；有时像是一个精明的知识分子或文学鉴赏家，引经据典，下笔生花；有时像是一个吝啬的地主，用节省纸张的小字迹在纸张的两面写信，并亲自将信带到邮局；有时像是一个谄媚的朝臣，卑躬屈节，满是奉承话……而这一切都是一个人。多年来，他一直是波将金忠实的追随者，信誓旦旦地向叶卡捷琳娜二世的宠臣保证："您的恩惠胜过我的力量，让我将余生奉献给颂扬这无边无际的善行。"然而，在伊兹梅尔要塞被攻克后，苏沃洛夫看到伟大的波将金实力开始衰弱，便开始对波将金无礼。对于问他攻下土耳其要塞想要什么奖励时，苏沃洛夫回答说，他不是商人，不打算讨价还价，只有女皇和上帝才能奖励他。这是不公平的，毕竟波将金一直对苏沃洛夫非常赞赏，而苏沃洛夫从叶卡捷琳娜二世那里获得的所有奖项都是波将金建议给他的。苏沃洛夫已经开始另寻靠山，他想取悦叶卡捷琳娜二世的新宠普拉顿·祖博夫。苏沃洛夫与许多人相处得很艰难，尤其是与他的将军战友们，他经常向他们展示他的暴躁脾气、肆无忌惮和好争吵的性格。他无一例外地认为所有人都是平庸和微不足道的，并毫不掩饰对他们的轻蔑。同时，他为自己要求奖励，总是认为自己的奖励被剥夺了："我将继续为阁下服务，我是一个天真的人……只是，老兄，请尽快把勋章升到二等。"（来自一封苏沃洛夫给萨尔蒂科夫公爵的信，要求授予他二等圣乔治勋章）

关于苏沃洛夫在皇室面前的怪癖已经写了很多。他自己说，他像巴拉基列夫一样开玩笑，是为了告诉沙皇真相。这远非事实。在苏沃洛夫的装腔作势中，在他的挑衅、滑稽行为中，有着许多情结的结合：自卑，同时又有优越感、胜利者的信心以及对高处不胜寒的恐惧。苏沃洛夫的小丑行为是一种自我防御系统，试图隐藏自己的羞涩、尴尬、在陌生环境中的不知所措，害怕出现可笑的情况……

# 乌沙科夫的海上胜利

在赫尔松和尼古拉耶夫仓促组建的黑海舰队开始与土耳其人进行海战，但战局不利。1787年10月，舰队在公海因一场风暴而遭受重创，但后来在费奥多尔·费奥多罗维奇·乌沙科夫的指挥下，舰队赢得了数次辉煌的胜利。

乌沙科夫在1788年指挥俄罗斯舰队在同名海角（现蛇角）附近的菲多尼西亚海战中击败了土耳其人。与此同时，他使用了一种罕见的战术——亲率"圣保罗号"战列舰脱离舰队编队，袭击了土耳其海军上将哈桑·帕夏的旗舰。土耳其旗舰未能经受住乌沙科夫的攻击而撤出了战斗，哈桑·帕夏的整个中队也随之败逃。

1790年，已经负责整个舰队指挥的乌沙科夫，在坦德拉海战中击败了土耳其舰队。乌沙科夫利用他在移动方面的优势，多次使用预备队，集中力量攻击敌人的旗舰。

更令人印象深刻的是1791年7月乌沙科夫在卡利亚克里亚角的胜利。他发现土耳其舰队（18艘战列舰和17艘护卫舰）驻扎在海岸附近，受到海岸炮台的保护。利用部分穆斯林船员在穆斯林节日期间停留在岸上的时机，乌沙科夫带领船只从岸边和停留在岸边的敌舰之间通过，将敌军的船员与他们的船只隔离开来。

和在卡利亚克里亚一样，乌沙科夫袭击了敌军旗舰并让土耳其人再次败逃。"舰队的所有成员，"乌沙科夫在给女皇的信中写道，"以极大的热情和无与伦比的勇气，履行了他们的职责。"

黑海完全处于俄罗斯的控制之下，这促使土耳其寻求和谈。1791年在雅西签订的和平协议对俄罗斯极为有利，它巩固了俄罗斯在黑海地区和高加索地区的所有战果，德涅斯特河成为两个帝国的新边界。诚然，必须忘记"希腊计划"，因为战争很艰难，而且离彻底击溃土耳其还很遥远。而此时，博斯普鲁斯海峡探险最积极的支持者格里戈里·亚历山德罗维奇·波将金去世了。

为了不干涉波兰的分裂，在俄罗斯的支持下，波尼亚托夫斯基成为波兰国王。波尼亚托夫斯基炽热的话语对叶卡捷琳娜二世来说已经没有任何意义了。此外，叶卡捷琳娜二世知道波尼亚托夫斯基因为自己的无能为力和屈辱而遭受痛苦，但他绝不是过着受难者的日子，而是生活奢靡，欠下数以百万计的债务，女皇不得不替他偿还。波尼亚托夫斯基为波兰的命运而悲痛，他不拒绝近乎疯狂的奢侈或精致的享受，也不拒绝享受情妇和昂贵的娱乐活动。他的宫廷里聚集了众多优秀的知识分子，拜访波尼亚托夫斯基宫廷的著名浪子卡萨诺瓦写道：

> 国王一如既往地在客人面前心情愉快，比任何其他国王都更了解意大利经典，高谈阔论罗马的诗人和散文作家。当我听到陛下引用他们的话时，我钦佩地瞪大了眼睛……我们和他聊了很多，每次我想起这位伟大的君主所拥有的真正可敬的品质时，我都无法理解他怎么会犯如此大的过失——他比他的祖国活得更久。

## [人　物]

### 斯坦尼斯瓦夫·奥古斯特·波尼亚托夫斯基

波兰国王斯坦尼斯瓦夫·奥古斯特·波尼亚托夫斯基在看到国家即将灭亡时，试图让叶卡捷琳娜二世批准进行波兰立陶宛联邦政治制度改革。众所周知，波尼亚托夫斯基完全是因为叶卡捷琳娜二世的个人意愿而成为国王的。在18世纪50年代后期，她与这位英俊的波兰人有过一段火热的恋情，但作为一名波兰外交官被人揭发与王位继承人的妻子有染后，他被永远驱逐出俄罗斯，这让叶卡捷琳娜悲痛万分。异地分离的日子里，波尼亚托夫斯基一直期望回到俄罗斯，但情况发生了变化。叶卡捷琳娜二世有了新宠格里戈里·奥尔洛夫，她不再希望波尼亚托夫斯基回到自己身边，尤其是在1762年政变之后，她成为君主，担心她的臣民会指责她与外国人关系密切。但她仍然对自己迫不得已的背叛而对波尼亚托夫斯基心生愧意，叶卡捷琳娜似乎在等待感谢波尼亚托夫斯基的时刻，以弥补自己的过错。而这份她送给波尼亚托夫斯基的补偿礼物，不仅令人眼花缭乱，而且对双方都极为危险：1763年10月波兰国王奥古斯特三世去世，一年后，波兰王位成为波尼亚托夫斯基的补偿。在威胁、暴力和流血的帮助下，斯坦尼斯瓦夫·奥古斯特·波尼亚托夫斯基被俄罗斯外交官和将军扶上了波兰的王位。

叶卡捷琳娜二世的所有权贵都反对这一举措，所有人都认为女皇发疯了，沉迷于对旧爱的回忆中。但没有人知道，除了对恋情的记忆外，叶卡捷琳娜二世在最初的"波兰党"中还有政治目标。波尼亚托夫斯基立即明白了这一点，得知自己的命运后，他陷入了绝望。"不要让我成为国王，让我来到你身边。"他写信给叶卡捷琳娜二世。一切都徒劳无功——多亏了波尼亚托夫斯基，波兰完全臣服于俄罗斯……叶卡捷琳娜二世非常了解她的前情人，并故意让他成为傀儡。英俊健壮的情人波尼亚托夫斯基生性软弱，意志薄弱，容易被控制。1763年11月2日，他写信给叶卡捷琳娜："你经常对我说，一个没有野心的人是无法取悦你的。你在我身上培养了它……然而，我的愿望一直仅限于臣民的职责……我不知道在目前的情况下你想对我做什么，但你足够了解我——这样一个权力有限的宝座，你想要限制它，以我的平庸（如果不是更糟的话），我没有任何可以获得名声的权力。"

叶卡捷琳娜知道波尼亚托夫斯基总是害怕迈出决定性的一步，他绝不会冒险去做。同时，她也明白，作为一个骄傲、野心勃勃、自负的人，波尼亚托夫斯基永远不会放弃王位。这是叶卡捷琳娜二世设下的黄金陷阱。女皇卑劣而慎重地思考并写道："在所有王位追求者中，他拥有最少的权力，因此，他应该比其他人更感激俄罗斯。"所以对于俄罗斯来说，波兰国王是"自己人"。

从那之后，保护波兰国王免受内外敌人的伤害就成为俄罗斯的职责。这掀开了波兰历史上悲伤的一页。波尼亚托夫斯基被称为"稻草王"，该国的一切大小事务均由俄罗斯大使列普宁负责。1771年起义开始，士绅团结起来组成了巴尔联盟，推翻了国王。接下来是熟悉的18世纪俄波关系情节：来自圣彼得堡的最后通牒，贿赂议会议员，俄罗斯军队镇压，流血，贵族临时联盟成员被杀死或流放西伯利亚。在波兰所发生的这一切中，波尼亚托夫斯基扮演了最可悲的角色。于是，1771年11月，一件最可耻的事情发生在他身上。在华沙的一条街道上，巴尔联盟成员袭击了他的马车并绑架了国王，但随后他们一个接一个地因自己的紧急事务而分散而去。最后的绑匪让国王听天由命，就像遗弃一根不必要的手杖……

多年过去了，国王在位，但没有统治实权，瓜分波兰的时代即将来临。尽管所有的一切就发生在眼前，国王对波兰和他自己都无能为力——总之，他是一个软弱、意志薄弱的人。

"女皇,我的姐姐!"然后他写信给叶卡捷琳娜二世,"我对陛下对我最近的信件保持沉默感到难过,我也感到震惊,因为贵国大使在我们与他的最后一次谈话中,严厉地告诉我,我的四位大臣,其中两位是我的亲属,可能会落得罪犯的下场……您肯定不是为了让他们恨我才将我扶上王位的吧?不是为了让波兰在我的统治下被肢解,您才想让我戴上王冠的,对吗?"

# 第二次和第三次瓜分波兰

1786年，情况突然发生了巨大变化，普鲁士国王弗里德里希·威廉二世支持斯坦尼斯瓦夫·奥古斯特·波尼亚托夫斯基站在了俄罗斯的对立面，而此时的波兰与俄罗斯的关系正处于不友好的状态。这个被他家乡许多人憎恨的软弱无能、养尊处优、爱抹眼泪的国王，表明了他也是一个波兰人，他爱他的祖国胜过奢侈和享乐。局势的变化使得波兰国王有机会在1791年进行一项改革——制定一部新宪法，限制了以前无所不能的权贵的权利，建立了世袭君主制，废除了议员一票否决权，之前的一票否决权破坏了议会的每一项决定，有时甚至是对国家来说很必要的决定。这部宪法从根本上改变了波兰的命运。波兰成为君主立宪制国家，第一次拥有正规军队，建立了新的军事秩序，总之，波兰作为一个国家获得了重生的机会。但是，这位国王的勇气并没有持续多久。来自圣彼得堡的"姐姐"对他大喊大叫，命令他取消宪法，加入反对宪法的行列，破坏既定秩序，让他前往格罗德诺，而他又乖乖地习惯性地执行了这一切。波兰国王在格罗德诺被捕，并签署了波兰的第二次瓜分协议。1795年11月15日，波兰的最后一位国王退位，他被命令住在格罗德诺，俄罗斯政府还清了他所有的债务，而他被正式拘押在被俄罗斯、普鲁士和奥地利瓜分的波兰土地上。

顺便说一句，新的波兰宪法是基于启蒙运动思想，基于叶卡捷琳娜二世所熟悉的天赋人权的思想。然而，俄罗斯女皇不再像写《立法指令》时那样思考。她在波兰宪法中看到了对俄罗斯权力的威胁，而俄罗斯已经习惯于支配波兰的事务。普鲁士也不支持波兰人，让波兰单独面对俄罗斯。然而，对波兰新政府造成的主要打击来自于专横而自私的波兰大地主。他们在俄罗斯资金的帮助下，召集了反对国王的塔戈维查联盟，联盟向叶卡捷琳娜二世寻求帮助。女皇立即向他们提供了援助，10万俄军进入波兰，并于1792年占领华沙。普鲁士也在背后给了波兰人一击，其部队进入波兰并占领了格但斯克、托伦、波兹南。后来，这些占领的领地以俄罗斯-普鲁士公约的形式正式确定。俄罗斯获得了白俄罗斯的一部分和右岸乌克兰。瓜分同盟在波兰异常放肆的政策在波兰人中引起了一场抗议风暴。1794年春天，克拉科夫爆发了起义，由塔德乌什·科希丘什科领导，他是一位勇敢的战士，曾在北美支持殖民地一方对抗英国。他设法组织了军队，他们受到祖国自由和独立思想的启发，开始赢得对瓜分同盟的胜利。科希丘什科解放了华沙，并发出了将农民从农奴制中解放出来的"波瓦涅茨宣言"。但是力量的悬殊很快就显现出来，波兰人无法抵抗由不可战胜的苏沃洛夫率领的优势俄军。

苏沃洛夫大败科希丘什科，经过一场血腥的战斗，占领了华沙郊区布拉格，他的士兵在那里进行了残酷的屠杀，然后进入了波兰首都。为此，苏沃洛夫被叶卡捷琳娜提升为陆军元帅。受伤的科希丘什科被俘并被押往圣彼得堡，波兰人民的起义被鲜血淹没。正是在这场军事灾难之后，这个战败国从世界政治版图上消失了。事情就这样发生了，1795年秋天，普鲁士、奥地利和俄罗斯坐在谈判桌前，从地图上抹去了波兰的名字，划分了这个国家的领土。这是第三次瓜分波兰：库尔兰、立陶宛、白俄罗斯西部、沃尔希尼亚西部归于俄罗斯，普鲁士占领华沙，奥地利占领卢布林，"波兰问题"得到了解决。斯坦尼斯瓦夫·奥古斯特·波尼亚托夫斯基被带到俄罗斯，最后一位波兰国王在彼得堡去世。

[ 传说和谣言 ]

### 波尼亚托夫斯基死后的故事

波尼亚托夫斯基于1798年2月在涅瓦河畔的大理石宫去世，他最后看到的是涅瓦河里的白色冰原，周围围绕着阴森的彼得保罗要塞的石墙。人们为斯坦尼斯瓦夫·奥古斯特·波尼亚托夫斯基举行了盛大的皇家葬礼。相传，保罗一世在死者的头上放置了一顶镀金的银冠。波尼亚托夫斯基被安葬在帝国首都正中心涅瓦大街上的圣凯瑟琳教堂。但"流亡国王"的遗体没有得到安息，他的坟墓被打开了好几次。1858年的一天，发生了一件可怕的事。

事实是，人们决定将波兰另一位流亡国王斯坦尼斯瓦夫·列辛斯基装有遗骨的小棺材与波尼亚托夫斯基的遗体埋葬在一起。列辛斯基的命运与波尼亚托夫斯基一样悲惨。他曾两次成为国王（1704年和1733年），两次被俄罗斯人从王位上废黜——首先是彼得一世，然后是安娜·伊凡诺芙娜。在法国避难后，他将女儿玛丽嫁给了路易十五，成为路易十五的岳父。列辛斯基于1766年在可怕的情形下去世。他在壁炉旁的扶手椅上打瞌睡，从壁炉里掉下来的一块炭火点燃了前国王的衣服，他被活活烧死了。他被安葬在南希，1793年，革命者洗劫了他的坟墓，将波兰前国王的遗骨扔得到处都是。其中一些遗骨被收集在一个小棺材中并被带到了波兰。但在1830年，小棺材成为镇压波兰起义的俄罗斯军队的战利品，被带到了圣彼得堡。直到1858年，沙皇亚历山大二世的兄弟康斯坦丁·尼古拉耶维奇大公才决定将其入土埋葬，安放于波尼亚托夫斯基的地下墓室。

当地下墓室被打开时，"为了满足在场的人的好奇心"，他们抬起了波尼亚托夫斯基的棺材并打开了它。就在那一刻，正如目击者所描述的那样，突然之间，戴着镀金王冠的国王头颅从腐朽的棺材中掉了下来，"在石地板上发出一声巨响，无声无息地滚动着。这件可怕的事情令在场所有人目瞪口呆。然后康斯坦丁大公跪下并开始用拉丁语祷告，大家纷纷效仿。盖好棺木的盖子，两具棺材都放了下去"。

二战前夕，在1938年，当圣凯瑟琳教堂被布尔什维克关闭时，波兰国王的遗骨被交给了波兰人。但波兰在克拉科夫埋葬了爱国者列辛斯基，不想安葬叛徒波尼亚托夫斯基，他的遗骨被安葬在他出生的沃尔钦镇的一座简陋的教堂里。但可怜的波尼亚托夫斯基的不幸并没有就此结束。1939年，根据《莫洛托夫－里宾特洛甫条约》，沃尔钦被割让给苏联，波尼亚托夫斯基的坟墓被人重新打开并遭洗劫。镀金的王冠、勋章和大部分尸骨都不见了。直到1995年，也就是将近200年后，波兰最后一位国王的遗体在华沙被重新安葬。终于，他得到了安息——祖国接纳并原谅了他……

## 叶卡捷琳娜二世与法国大革命

波兰的戏剧性事件是在法国发生巨大变革的背景下发生的，法国这个伟大的欧洲君主制国家垮台，血腥的革命也已经持续了相当长一段时间。法国革命始于1789年，起初在圣彼得堡并没有引起太多关注。叶卡捷琳娜二世与路易十六及整个法国的关系都不是很友好，她看到波旁家族面临的困难，竟然感到有些幸灾乐祸。在俄罗斯，甚至出现了《人权和公民权利宣言》，其内容与叶卡捷琳娜二世的《立法指令》有许多相似之处。但渐渐地，随着革命之火越燃越旺，叶卡捷琳娜二世变得越来越担心。当她得知路易十六国王被处决的消息时，甚至懊恼地躺到了床上。她不害怕法国的干预——法国离得太远了，她担心的是构成革命的基础思想的命运。但事实是，尽管听起来自相矛盾，但这些都是她的想法。平等、人的尊严和自由的思想催生了法国大革命和叶卡捷琳娜二世开明的专制主义。启蒙运动的思想，孟德斯鸠、伏尔泰、达朗贝尔的思想渗透到叶卡捷琳娜二世的许多改革中，但就是这些思想和想法引发了血腥革命的无穷祸患。叶卡捷琳娜二世激烈地为她的偶像辩护，她写道，应该为革命的暴行负责的不是哲学家，而是利用这些思想进行投机的狡猾政治家。因此，女皇害怕俄罗斯和法国一样，会出现罗伯斯庇尔、马拉之类的人物。这些人都是从在报纸、传单上刊登文章，创作关于共和国、自由、暴政的短剧发迹的。女皇特别不喜欢共济会，在过去的几年里，她发自内心地嘲笑着他们愚蠢的仪式和秘密，并认为他们是江湖骗子。但是当革命在法国开始时，她得知革命中的许多领导人都是共济会的成员。这让人想起美国独立战争，反抗分子的所有领导人都是共济会成员。

总之，对共济会的迫害开始了，他们被怀疑通过自己的渠道向俄罗斯输送文学作品并建立联系。两名从欧洲回国的学生突然在里加被捕，他们的文件都被搜查一番，秘密搜查队的负责人斯捷潘·舍什科夫斯基在审讯中问他们"是什么引发了法国大革命这场血腥、骇人听闻的哲学启蒙政治运动"，以及共济会在其中扮演了什么角色。舍什科夫斯基本人不知道这样的话，显然是女皇让他这样问的，女皇非常不喜欢共济会。叶卡捷琳娜二世开始越来越重视法国的事态变化。"法国国王的事业，"女皇写道，"是所有君主的事业。"她将法国的革命理解为对整个欧洲秩序的威胁，最重要的是担心猖獗的乌合之众们，比如普加乔夫。她开始帮助逃离法国的移民，认为革命之火会被保皇党运动扑灭。

　　法国国王与王后的被捕和处决使叶卡捷琳娜二世陷入痛苦的境地。得知法兰西第一共和国建立后，她断定这不会持续太久，并且会出现一个强人来恢复秩序。支持移民的女皇对他们的领导人的评价很低，认为他们没有能力组织起来抵抗革命者。她对考虑自身利益的欧洲大国行动也不抱希望。然而，作为其中的一个大国首脑，她没有感情用事。总的来说，法国的垮台对俄罗斯有利，因为几乎在整个18世纪，法国的政策对俄罗斯都不友好，法国庇护了波兰、瑞典、奥斯曼帝国的反俄势力。与此同时，像其他君主一样，女皇紧盯法国的局势，希望在革命被镇压之后，没有一个欧洲列强能获得特别的优势。

## 拉季舍夫和其他启蒙家的案例

法国距离俄罗斯很遥远,但叶卡捷琳娜二世仍然为那个国家的事件感到担忧。"雅各宾"这个绰号成了她口中的诅咒,她害怕雅各宾派在俄罗斯和其他国家的阴谋,因而采取了一些严厉的预防性措施,对法国移民建立了严格的(包括秘密的)监控。叶卡捷琳娜二世坚信思想不能用武力来对抗,而且,与她过去的信念相反,她开始针对在她看来有些危险的革命思想或观点竖立"精神大坝"。

最轰动的案例发生在亚历山大·尼古拉耶维奇·拉季舍夫身上,他在1790年撰写了《从圣彼得堡到莫斯科旅行记》。叶卡捷琳娜二世还没看完这本书,就说道:"这是法国病毒的扩散,这令当局极其厌恶。"于是下令找到并逮捕作者,这件事很快就被执行完成。因此,在1790年夏天,一场可怕的风暴在事事顺遂的拉季舍夫身上爆发。他突然被捕并被送往彼得保罗要塞。当抓捕他的人员到他家时,他问他们是谁派来的,他们回答"来自舍什科夫斯基"。拉季舍夫昏死过去,秘密搜查队负责人的名字让所有人都会颤抖……拉季舍夫被捕,戴上了镣铐,被关进地牢。可怕的是,这案子是由叶卡捷琳娜女皇亲自过问的。

当拉季舍夫留着长达一周的胡须,穿着剪掉纽扣的衣服,思想混乱,出现在秘密办公厅斯捷潘·伊万诺维奇·舍什科夫斯基的桌子前,命运完全掌握在别人手里。在拉季舍夫拒不认罪时,舍什科夫斯基对这个贵族施加了轻微的胁迫。正如拉季舍夫的儿子所写:

> 舍什科夫斯基吹嘘自己知道逼供的手段,即先用一根棍子打被审讯者的下巴,让他的牙齿噼啪作响,有时牙齿甚至会崩出来。在这样的审讯下,没有一个被告人在死亡威胁的情况下敢为自己辩护。

拉季舍夫在被捕的最初几天所写的信件和遗嘱被保存了下来。从里面的内容中可以清楚地看出，在彼得保罗要塞的拉季舍夫被恐惧笼罩，有时是歇斯底里的恐慌。很明显，这个人正在为最坏的情况做准备。拉季舍夫不是懦夫，但显然，舍什科夫斯基摧毁了他。舍什科夫斯基不止一次这样做了，同样在1790年底，他审问了《诺夫哥罗德斯基的瓦季姆》的作者雅科夫·克尼亚日宁。1791年1月14日，克尼亚日宁因严重发烧而去世。

对于拉季舍夫来说，舍什科夫斯基很可怕，他是"国家恐惧"的化身，一个巨大的无情的暴力机器，这个机器可以把一个人变成灰烬。在一个狭窄而黑暗的监狱中，墙壁上渗着水，人们可以完全理解拉季舍夫的无助。崇高的贵族特权和法律都无法拯救他，等待外面的帮助也是没有意义的，地牢的主人可以对你做任何事。在牢中能做的只有鼓足余下的勇气，不让他们罗织成团体案件和阴谋。拉季舍夫勇敢地在这场不平等的状况中为自己辩护。以下对话发生在法庭上：

*法官：你写这本书的目的是什么？*

*拉季舍夫：在写作方面，我无非是想成为世界知名的作家，成为一名机智的作家而获得声誉。*

*法官：你的同伙到底是谁？*

*拉季舍夫：没有任何同伙。*

*法官：你认识到你罪行的严重性了吗？*

*拉季舍夫：我内心深处觉得我的书是大胆的，我为此承担了我的责任……*

拉季舍夫的命运在他的案子一开始就已经注定了。事实上，拉季舍夫非常不幸，他在错误的时间创作了他的作品，并陷入了俄罗斯寻常的社会性运动中。拉季舍夫的书的内容写得相当尖刻，触及了俄罗斯的现代问题，其他作家也经常在俄罗斯刊物中提到这些问题，包括叶卡捷琳娜二世本人。然而，对于拉季舍夫来说，不幸的是，这本书出版的时候正值女皇决定结束"法国传染病"蔓延的时刻。已经在西伯利亚的拉季舍夫意识到，如果他在法国大革命前十年出版了这本书，他就会因指出许多制度缺陷而获得奖赏。但在这时，枷锁和彼得保罗要塞监狱成了"奖赏"。他的书被烧毁,灰烬四散,自己也因"破坏稳定的思想"而被认定为国家罪犯,被判处死刑,后又改为流放西伯利亚。在俄罗斯现代史上,普通民事法庭第一次对文艺作品的作者做出了如此严厉的判决,该作品被认为是在引导暴乱。作为主要证据,法官们朗读了《从圣彼得堡到莫斯科旅行记》。审判是一种形式——一切都是由女皇在书页边上的注解所决定。

拉季舍夫的命运是悲惨的,虽然由死刑改判为流放,但西伯利亚是一个很可怕的地方,正如人们过去所说,"西伯利亚是同一个俄罗斯,但更可怕"。拉季舍夫在伊利姆斯克度过了五年,他在那里的生活比其他囚犯好得多:居住在独立的房子,可以随意在周围散步,还可以收集植物标本和狩猎。保罗一世在执政的第二天就下令释放拉季舍夫;亚历山大一世将他送回圣彼得堡,归还勋章、官阶,并给了他一份工作。但是拉季舍夫的生活和命运都被国家的强大力量给彻底地摧毁了。他坚信,如果生活的折磨超过了界限,那么生命就应该终止。1802年9月11日早上,拉季舍夫服毒自杀。宫廷医生尝试救他,但无济于事。

莫斯科著名启蒙运动家、共济会成员尼古拉·诺维科夫也面临严酷的命运。就如上面所提到的,在18世纪90年代,叶卡捷琳娜二世改变了对共济会的看法。在她看来,他们开始成为革命思想的指挥者。此外,叶卡捷琳娜二世怀疑(并非没有根据)她自己的儿子保罗与共济会有联系,她并不爱他,也不想看到他继位。因此,诺维科夫被捕,他的出版社被关闭,未经审判的他被关押在施利塞尔堡要塞长达15年。根据叶卡捷琳娜二世的说法,这应该是对参与共济会的每个人的警告。对拉季舍夫、诺维科夫和克尼亚日宁的严厉惩罚,给那些曾经认识叶卡捷琳娜二世的人留下了沮丧的印象,而她曾经是言论自由的支持者。

[文 献]

根据女皇的指示,拉季舍夫最终被关押到彼得保罗要塞。这是对人类心灵的一次严峻考验,尤其是在他不是普通人的情况下。与拉季舍夫同时代的格里戈里·文斯基在他的回忆录中描述了他是如何在被捕后立即被押解到彼得保罗要塞的:

"我来不及,可以这样说,环顾四周,就听到:'喂,脱衣服!'说话之间,我感觉他们冲过来解开我的衣服扣子,把我的长礼服和无袖短上衣从我身上扯下来。

我的第一个想法是'不好了，他们想用鞭子抽我！'（根据特权，贵族不受体罚）我的心凉了半截，其他人把我摁在长凳上，脱掉了我的鞋子；另一些人抓住我的头发，开始解开我辫子上的绦带和丝带，从头上拔出发夹，让我不由得沮丧地认为，他们想剪掉我美丽的头发。但是，感谢上帝，这一切在恐惧中结束了。……他们拿走了我的所有东西，只给我穿上了长礼服、无袖短上衣。于是，在没有穿鞋和裤子的情况下，我被他们带到监狱的最深处，打开了一扇小门，把我推了进去，把我的大衣和鞋子扔给我，重重地关上门，然后把门用锁链锁好……我自己完全陷入了一片黑暗之中，我往前走了两步，额头就碰到了拱顶。出于谨慎，我把手伸向右边，摸索到了笔直的湿墙；转向左边，碰到一张湿漉漉的长凳，坐到上面之后，试图整理我支离破碎的理智，以便发现我做了什么，才会受到如此前所未闻的残酷监禁。我已经糊涂了，除了将我活生生吞没的可怕的邪恶深渊之外，我什么也没想到。"

像这样在黑暗中坐几天是特意设计好的步骤，是对一个曾经养尊处优的囚犯所进行的心理折磨过程。

# 最高法院委员会——帝国理念

1763年尼基塔·帕宁起草草案的失败并没有阻止叶卡捷琳娜二世建立一个委员会，而只是调整了建立未来咨询机构的计划。整个专制历史时期都谈到了建立这样一个机构的必要性。结果，叶卡捷琳娜二世却走上了传统的道路，并在1768年底创建了"最高法院委员会"，其权限没有明确界定，其活动的总任务以旧的模糊方式制定：

> 理性与警觉并重，不遗漏任何对国家防卫安全和军事行动有用的事，委员会必须直接向我们汇报。

简而言之，建议，我们会看到！自然，只有与叶卡捷琳娜二世关系密切、值得信赖的政要才会加入委员会。委员会处理了很多事情，但女皇在最后的决定中，并不会考虑到委员们的建议。

不能将所创建的委员会与叶卡捷琳娜领导下的整个权力体系孤立开来。委员会是权力系统的重要组成部分之一，所建立的制度及其运作建立在与帕宁之前草案中所倡导的相反原则之上。根据19世纪俄罗斯法律历史学家的术语，这是"个人的开端"。它体现在参议院的改革中，当时总检察长A. A. 维亚泽姆斯基获得了巨大的权力，超过了他的前任、第一任总检察长P. I. 亚古任斯基。众所周知，叶卡捷琳娜在给维亚泽姆斯基的秘密指示中写道："绝对相信上帝和我，看到你的行为令我高兴，不会出卖你。"因此，女皇的意志凌驾于法律之上。个人原则还体现在叶卡捷琳娜二世对三个最重要部门——军事部、海军部和外交事务部——主席的重视上。这些主席，是值得信赖的人，实际上是部长，他们管理各自部门时很少或根本没有合作。这种现象可追溯到彼得大帝时代，将三个最重要部门与参议院部门分离，并且它们之间缺乏协作。

到叶卡捷琳娜二世时期，彼得大帝引入的管理协作性无论是在参议院还是在中央机构都经不起时间的考验。专制制度，宠臣、"谄媚之人"和"强人"的霸权，官员的低执行力——所有这些都使协作变得形式主义且低效。

上层集权统治的变化不仅与部门协作效率低下有关，而且与叶卡捷琳娜二世比她的前任更深入钻研事务并真正治理国家的愿望有关。众所周知，叶卡捷琳娜二世曾说过，她经常看到自己的所有努力都是徒劳的。无论她做什么，对俄罗斯来说都是沧海一粟。如果抛开这句话的规范性，就可以理解女皇——一个规模不断扩大的大国统治者——的问题。在叶卡捷琳娜二世统治时期，与帝国扩张相关的各种地缘政治因素开始对国内政治和国家结构产生越来越严重的影响。在彼得一世统治时，当俄罗斯获得帝国的称号时，政治特征仍然是典型的中世纪思想，即许多非俄罗斯征服和自愿并入俄罗斯的领土，成为俄罗斯沙皇的"世袭领地"或"王国"；然后在叶卡捷琳娜的时期，一切都发生了变化。随着扩张向西方（瓜分波兰）和南方（征服黑海和克里米亚）扩展，这一政策变成了帝国主义，也就是说，它反映了在一个多民族国家中统治其他民族的帝国主义思想情结。在大俄罗斯人民最初的定居点之外被吞并的土地上，彰显的本质是俄罗斯化、中央集权和统一。

还必须考虑叶卡捷琳娜二世的心理——她曾经是外国人，因此热切地希望俄罗斯人承认她是他们的自己人。叶卡捷琳娜二世和俄罗斯之间的主要血统关系是通过帝国、王朝来维系的。她认为自己不是彼得三世的遗孀，而是罗曼诺夫王朝的一员。叶卡捷琳娜二世认为"我已故的祖母"不是指巴登-杜拉赫的阿尔贝蒂娜·弗雷德里克，而是指女皇叶卡捷琳娜一世。在同样的语境中，她在谈到罗曼诺夫王朝时使用了"我的祖先"这个词。塞古尔伯爵在著名的波尔塔瓦田野上看到女皇的示范演习并非巧合，他写道："叶卡捷琳娜二世的眼中闪烁着喜悦和自豪，似乎是彼得大帝的血在她的血管里流淌。"

叶卡捷琳娜二世毫不动摇地坚信俄罗斯人本来就优于其他民族。如果说她的语言学研究导致她确信所有语言都来自俄语，而且认为英国的议会机构也来自大诺夫哥罗德，这些能博人一笑；那么当女皇参政的时候，一切就变得不一样了。对于帝国的非俄罗斯部分，在历史上与俄罗斯有所差异，叶卡捷琳娜二世谨慎而一贯地奉行加强俄罗斯元素的政策；在此之下，实施了深思熟虑的战略，以逐步平衡这些领土的地位，主要是通过在统一和集中的基础上进行行政改革来实现的。

叶卡捷琳娜二世了解自己的官员在乌克兰工作的复杂性，并敦促鲁缅采夫谨慎地执行一项政策，"要有狼的牙齿和狐狸的尾巴"。叶卡捷琳娜二世完全不能容忍波兰人，可以推测，对人道的叶卡捷琳娜二世来说，对波兰人如此强烈的仇恨是出于政治原因——波兰立陶宛联邦爱好自由的小贵族和他们崇尚民主的传统。这一切在柏林、维也纳和圣彼得堡都引起了"牙痛"。此外，18世纪波兰经历的建国悲剧，被叶卡捷琳娜二世解释为波兰人民无法独立生存，是波兰人天生堕落的表现。在叶卡捷琳娜二世的帝国政策中，使用了普遍的帝国原则——"分而治之"。在1794年波兰起义期间，她建议 T. I. 图托尔明利用白俄罗斯农民和波兰地主的长期对抗，"鼓励"俄罗斯当局支持前者反对后者。

女皇叶卡捷琳娜二世确信，将波兰领土纳入俄罗斯会给波兰人带来好处。1772年5月，她写信给 V. V. 卡霍夫斯基将军，打算任命他为未来的莫吉廖夫省总督，并派他到波兰，在他将成为总督的领土上进行全面侦察：

> 我们现在决定将一些波兰土地加入我们的帝国……你们将千方百计地尝试，以便随着我们帝王权势下新省份的并入，让所有的压迫、迫害、不公正、抢劫和谋杀都停止。总而言之，我们希望这些省份不仅被我们用武力征服，而且那些生活在俄罗斯帝国的所有人民的心都被善良、正派、公正、宽容、温顺和慈善的政府所感召，这样他们就有理由尊重他们对波兰共和国无政府状态的排斥，这是迈向幸福的第一步。

[文 献]

在1764年给 A. A. 维亚泽姆斯基的指示中，叶卡捷琳娜二世制定了她如下的帝国战略：

"小俄罗斯、利沃尼亚和芬兰是受其特权管辖的省份，突然来侵犯这一切，是非常可耻的。然而，称它们为外来者，并以同样方式对待它们，不仅仅是一个错误，确切地说，更是一种愚蠢的行为。这些省份，以及斯摩棱斯克（省），应该以最简单的方式进行俄罗斯化，不要放虎归山放任不管。如果有理智的人会被选为那些省份的长官，到那时，那些地方会被轻而易举拿下。"

在1764年对被任命为乌克兰总司令的P.A.鲁缅采夫的指示中，明确了许多实现帝国目标的方法。其中限制乌克兰农民的行动自由，将农奴制传播到他们身上，在叶卡捷琳娜二世的统治下取得了成功。此外，1764年，乌克兰废除了盖特曼政权；1791年，女皇签署了一项宣言，为犹太人建立了居住区。波将金的亲俄政策在黑海地区得到了积极推行，新的总省被称为新俄罗斯不无理由，而克里米亚鞑靼人的权利受到严重侵犯。

[笔 记]

俄罗斯化不仅表现在许多文明的价值观通过俄罗斯文化和俄语传到"外国人"身上，也表现在俄罗斯人开始向边疆迁移，更表现在当局有意识地强调俄罗斯人及其文化的优越性。这很大程度上是基于女皇本人特别的爱国主义，不难理解它来自哪里。这是一个清醒的政治用意——叶卡捷琳娜二世没有忘记彼得三世对俄罗斯一切的忽视是他下台的原因之一。在这里，叶卡捷琳娜对国家的真挚热爱，使她成为一位伟大的女皇，为她带来了不朽的荣耀。这是对俄罗斯人民的钦佩，在他们的背后，在所有的烦恼中，都让人感觉像是有所依靠（"俄罗斯人民是全世界特别的民族，上帝赋予了他们与众不同的属性"）。

# 1775 年：省级改革

女皇坚信被征服的土地在她的权杖下会变得更好，这是基于对国内政权的巨大潜力的巨大信心。彼得大帝的第一次和第二次地区改革确立了一项普遍原则，即俄罗斯所有地区，无论其民族、社会、历史、地缘政治特征如何，在严格的集中和官僚化的基础上，都建立了单一的地方行政制度。在后彼得时代，借鉴瑞典的地方行政制度失去了原有的许多特征。重商主义的开端，各种权力部门职能的分离——这些以及更多的内容都被遗忘了。彼得大帝创建的整个机构似乎过于烦琐、开销大且不方便。总的来说，彼得大帝的继承人们领导下的地方政府体制中，彼得大帝的常规国家体制原则严重倒退，几乎完全恢复到彼得大帝之前的原始省政府体制。

从前任那里继承的事物并不适合叶卡捷琳娜二世，从根本上不符合叶卡捷琳娜二世在权力领域的启蒙理念。地方行政对女皇来说似乎是过时的，这导致了俄罗斯官僚机构的常年恶习——繁文缛节、行贿受贿、滥用职权。中央对地方行政管理不善，反映了行政管理的荒谬。此外，启蒙理念要求地方行政参与社会政策，参与各省的管理。

改革的主要文件《行省行政法令》于 1775 年诞生——主要由女皇本人撰写，她在撰写文本时求助于西欧和波罗的海的政要和地方行政专家。就其意义而言，《行省行政法令》成为叶卡捷琳娜二世作为政治家继《立法指令》之后最大的作品。如果说《立法指令》主要是一篇政论文章，那么《行省行政法令》就是基于立法指令思想的成熟立法行为，叶卡捷琳娜二世想重建俄罗斯的整个国家权力体系。在这份文件中，叶卡捷琳娜二世展示了她将专制政府形式与法治相结合的所有艺术。

地方行政改革是地方改革的基础，加强了中央和独裁者本身在国家生活中的重要性。将叶卡捷琳娜二世在 1775 年的改革与彼得一世在 1708—1711 年的改革进行类比似乎很合理。众所周知，当时彼得取消了大部分命令，创建了省份，他将拥有巨大权力并让与沙皇有密切关系的人领导各省。叶卡捷琳娜二世走的是同样的道路：大多数中央部门的停办导致这些机构的许多职能转移到地方行政当局。地方行政当局的主要人物是总督或驻军司令，他们在该国最重要的地区获得总督头衔和与此相关的巨大权力，并直接隶属于女皇本人。从一开始，他们就被视为各省的君主的心腹。就像彼得大帝（他曾经将他最亲密的伙伴放在总督的位置上）一样，叶卡捷琳娜二世任命值得信赖的人担任这些职位，如 G. A. 波将金、P. A. 鲁缅采夫、西弗斯等人。因此，总督们享有女皇的私人友谊和充分信任。他们将巨大的权力集中在手中，完全独立行事，但凡事都只向女皇汇报。

新的省级改革意味着官僚化进程的继续，并导致官员人数增加。省份数量从 25 个增加到 41 个，然后增加到 50 个。它们是在每省 30 万—40 万居民的基础上组成的，就俄罗斯而言，它们的规模使当局能够相当成功地控制当地局势。其结构的统一和规范程度如此之高，以至于各省无法反映每个领土的民族和历史特殊性，尤其是那些被俄罗斯吞并的领土。省内执行性质的日常事务，由总督下属的省级委员会处理。中央机关的财政全部转入省财政库。此外，还创建了负责教育、医疗和社会保障的公共慈善办公室。在县里，事务由市长和警察局长负责。

法庭也发生了变化。司法独立、刑事和民事诉讼分开的原则是改革的精髓。所谓的"公平法院"的创建标志着俄罗斯出现了第一个代表一切阶层的司法机构，该机构发挥法院仲裁并处理民事诉讼的作用。此外，它还处理被捕者和囚犯的申诉。当然，人们可以强烈怀疑该法院的工作效率。然而，它的意义在于其他内容：在它的理念中，公平法院将公民社会的雏形、无罪推定、人性理念、博爱这些由最高权力依法保证的理念带到了俄罗斯土地上。在 1775 年的宣言中，公平法院的创建被解释为需要在法律面前为任何臣民提供平等的权利，并认为每个臣民的人身安全"对于博爱的君主来说是非常宝贵的"。在关于"制度"的这些话中，可以看到叶卡捷琳娜二世开明君主制思想的真实体现。

结果证明，省级改革在社会，更准确地说是在叶卡捷琳娜的贵族政策中很重要。根据 1775 年的《行省行政法令》，贵族阶层获得了通过其选出的代表——首席贵族和警察队长——来影响地方行政部门的机会。这是由俄罗斯贵族在后彼得时代的整个历史过程中准备的一个期待已久的政治决定巧妙地来进行，不是作为一种可能引起共鸣的政治行为，而是作为创建新的地方政府制度的自然阶段。

[文 献]

1782年通过的《警察章程》成为地方政府的一项重要法令。以城市警察局为首的市参议会,不仅从事园林绿化和卫生工作,而且严守道德,观察人们的行为,驱散各种"集会"和"聚会"。与此同时,官员们有义务"从一开始就压制任何与合法化相悖的新奇事物"。《警察章程》辅以《城市警察鉴》,是一个人品德高尚的行为规范,以1722年德拉米尔的法国警察法专著为基础,并辅以纯粹的本土禁令,例如在俄罗斯有名且无法执行的规定"任何人都禁止酗酒"。这份文件在俄罗斯的历史上仍然很重要。第一次,国家不是用威胁和警告的言语,而是用善良的诫命似的言语向它的人民说话,这些诫命旨在像法律一样被履行:"互相帮助,引导盲人,庇护穷人,让口渴的人喝水……怜悯溺水者并伸出援助之手……怜悯牲畜的人是有福气的;如果有人绊倒了,把他扶起来……给走在路上的人指路。"

我们不要忘记,这是在18世纪——人命一文不值的时代。

[笔 记]

胜利是由人赢得的,不得不承认,叶卡捷琳娜二世在位期间出现了许多卓越的、杰出的、有才能的政治军事人物、艺术家和作家。在圣彼得堡叶卡捷琳娜二世雕像周围著名的"长椅"上,她的9名战友紧紧地坐着:亚历山大·苏沃洛夫、彼得·鲁缅采夫、格里戈里·波将金、阿列克谢·奥尔洛夫、叶卡捷琳娜·达什科娃、伊万·贝茨科伊、瓦西里·奇恰戈夫、亚历山大·别兹博罗德科、加夫利尔·德尔扎文。但他们可以腾出一点儿空间,给另外第10个有声望的人,或者腾出更多的位置:历史学家米哈伊尔·谢尔巴托夫大公,海军上将费奥多尔·乌沙科夫,尼基塔·帕宁伯爵,建筑师瓦西里·巴热诺夫、尼古拉·利沃夫,以及诗人米哈伊尔·赫拉斯科夫和许多其他值得尊敬的人。

毫无疑问,这些众多的天才都是在叶卡捷琳娜二世的"庇护"下成熟的。她有一种难得的挑选人的能力,给予他们高度的信任,让他们对她产生无限感激之情。叶卡捷琳娜二世多次试图解释她是如何做到的。她在这个话题上所说和所写的一切并非都是纯粹的事实,但事实就是事实——女皇经历了历史,被一群才华横溢的人才包围着。

叶卡捷琳娜二世从不抱怨缺少明白道理的人："在我看来，每个州都有人，没有什么可找的；你只需要使用手边的人。他们经常说我们缺少人才，尽管如此，工作仍在进行中。彼得一世的人甚至不知道如何阅读和写作，但一切都在向前发展。因此，人才并不缺少，人才总是有很多。"最好不要相信这些话。女皇选对人的轻松是显而易见的。1769年，一位英国外交官写道，她"根据个人能力和她需要他们的目的"选择人。

"研究人，"她警告她的后代，"努力利用他们，而不是没有选择地信任他们；寻找他们真正的价值，即使他们在世界的尽头，在大多数情况下，他们隐藏在远处的某个地方。英勇之人不从人群中脱颖而出，不冒进，不贪婪，不自说自话。"

叶卡捷琳娜二世有能力取悦人们，吸引他们，将他们引诱到她身边，将之前充满敌意、冷漠或中立的人变成她忠实的仆人、可靠的支持者、好朋友。历史文献在我们面前展现了这种稀有人才的许多表现。一位海军上将说，叶卡捷琳娜二世在他出海征战之前，信心十足地下令他击败敌人，以至于他别无选择。1771年，叶卡捷琳娜二世写信给占领刻赤的陆军元帅V.M.多尔戈鲁科夫大公："从您的来信中，我感受到了您个人对我的爱和感情，为此我开始思考，在目前的情况下，我能为您做些什么。"除了这封甜蜜的回信，叶卡捷琳娜二世还送给陆军元帅一个优雅的鼻烟盒，上面有她的肖像和"请佩戴它，因为我把它作为一个好心的纪念品送给你"的字样。陆军元帅的心不由得被女皇这种爱融化了。法国外交官塞古尔伯爵的内心也是如此，尽管他对叶卡捷琳娜二世充满好感，但他无法反抗凡尔赛官在18世纪80年代愈演愈烈的反俄政策。塞古尔回忆说，有一次，在法国传来不愉快的消息后，他坐在离女皇不远的地方，在半黑暗中沉迷于自己阴郁的思绪中："我正全神贯注地思考，突然听到耳边传来一个声音。是女皇的声音，她靠在我身边，轻声说道：'为什么难过？为什么会有这些阴郁思绪？你在干吗？想想看，你没有什么可责备自己的。'"

礼貌和对人关注是一个善良人最重要的品质，叶卡捷琳娜二世很好地具备了这些品质。她拒绝对仆人使用任何暴力行为；她用左手从烟盒中取烟，以便客人亲吻她手时（根据习惯亲吻右手）不会有难闻的尼古丁气味。叶卡捷琳娜二世与战胜瑞典的奇查戈夫海军上将之间发生了一件难忘而有趣的事。叶卡捷琳娜二世想见奇查戈夫，周围的人都劝她：上将不是上流社会的人，还是个相当粗俗的人！尽管如此，女皇还是坚持己见。会面开始了，海军上将开始告诉女皇他战胜瑞典中队的事情。一开始他很难为情，结结巴巴，但逐渐放松，忘我讲述，最后针对他的敌人说了一些粗野难听的话。回过神来，他伏在叶卡捷琳娜二世脚下求饶，而她则若无其事，温柔地说道："没什么，将军！继续讲，我不明白你的'海洋术语'。"

叶卡捷琳娜二世正是在私人会面和秘密谈话中认识并征服了很多人。她有能力倾听对话者的讲述，而不是等待他的停顿，因此——就像许多人一样——开始谈论自己。正如我们已经写过的，与女王交谈既轻松又愉快。格林男爵回忆说："女皇有一种罕见的天赋，我在任何人身上都找不到这样的天赋：她总能正确地把握对话者的想法，因此，她从不因对方表达不准确或大胆而责难，当然，她也从不冒犯对方。在这样的时刻能感受到女皇天才与优雅的结合，在其头脑里，卓越的思想相互碰撞，可以说这些思想一个接一个地涌来，就像一股纯净的溪流瀑布。"

从女皇给莫斯科总督的一封长信中，我们可以理解她与人相处的一些原则，她下令陆军元帅 P.S. 萨尔蒂科夫于 1770 年 11 月在旧首都接待一位重要的外国客人——腓特烈二世的兄弟亨利王子。在这封信中，叶卡捷琳娜二世不仅展示了她对人的深刻了解，而且还就如何与客人相处、如何取悦客人给出了高贵而不显眼的建议："我需要告诉你，亨利王子乍看之下以极度高冷的性格著称，但不要计较这种高冷，因为它会被融化。他很聪明，很开朗，他知道您也很开朗，和蔼可亲……尽量不要让王子感到无聊。他谦恭，喜欢用知识充实自己。安排好他，让他能看到所有感兴趣的东西。最后，陆军元帅先生，我希望您能告诉大家，礼貌和细心从不会伤害任何人，与其说是您对他人的尊重，不如说是您激发了他人对自己的良好评价。我希望这位王子回家后说'俄罗斯人既所向无敌又讲礼貌'（萨尔蒂科夫在 1759 年著名的库纳斯多夫战役中战胜了腓特烈二世）。你知道我对祖国的热爱，我希望我们的人民以所有军事和民事美德而闻名，并且我们在各个方面都优于其他人。"

粗鲁的萨尔蒂科夫如何采纳叶卡捷琳娜二世的建议我们不知道，但在阅读了这封信之后，我们可以肯定地说，女皇很聪明，很敏感，知道如何与各种各样的人打交道，而且时刻为了自己和俄罗斯的利益。她不要求人们做不可能的事，她反复重复她最喜欢的谚语："自己活，也让别人活。"叶卡捷琳娜二世知道如何从人们那里获取他们可以给予的东西。有一次，她被告知参议院收到了某个省长的报告，在这个保守的官员看来，这是一个令人难以置信的事件报告——日食。参议院提出要罢免无知者。女皇拒绝这样做："如果他是一个善良的人和一个好的官员呢？给他一份（更好的）日历。"一位得到女皇信任的官员就可以得到她的全力支持。同时，在与他人的关系中，叶卡捷琳娜二世不是过于温情的，对损害她自己和她事业的人并不过于善良或宽容。她被理性主义的精神所附体，如果她看到在她的权贵行为中存在懒惰、不诚实、欺骗等一些不值得的东西，以前的记忆和友好关系都无法阻止女皇的愤怒。在上面引用的关于俄罗斯所谓的缺少人才的信中，她揭示了她认为在"人才"工作中最重要的事情的本质："你只需要让他们做你需要的事情，一切就会进展得不错。当您坐在封闭的马车上时，您的车夫会做什么？如果有善意，那么所有道路都畅通无阻！"总而言之，你需要让人们去做他们知道并且能够成功的工作，一切都会有条不紊——这就是女皇在这里要说的。

在给格林的另一封信中，她直言不讳地说："我总是很愿意被比我更了解业务的人领导，只要他们不让我怀疑他们的野心和占有我的欲望。"

还有另一段话：

"此外，有时，我喜欢清醒的头脑，清醒的人在更复杂的人旁边很有用——就像剧中插入的面孔：及时出现在舞台上，让舞台活跃了起来。"

叶卡捷琳娜二世作为领导者的主要优势可能在于这种识人用人、成为引擎的能力。

但不仅如此！叶卡捷琳娜二世本人才华横溢，勤奋工作，深知自己的优点。她不怕竞争，明白别人天赋的光芒不会遮蔽自己，只会为自己的天赋增加光彩。在她的一封信中，她告诉格林：

"哦，想象一个人的尊严会让人害怕，那是多么残酷的错误啊！相反，我希望只要英雄在我身边，我可以尽我所能地激发每个我注意到有这方面能力的人的英雄主义……上帝为我见证，我不喜欢傻瓜，虽然世界上有很多这种人。"

这就是为什么在历史上叶卡捷琳娜二世被英雄和人才所簇拥。

# 1785年：《贵族宪章》

没有一个俄罗斯统治者会忘记贵族，贵族作为政权支柱的问题始终是实际存在的。在后彼得时代，贵族阶级的自我意识和团体意识稳步提高。伊丽莎白时代有将贵族阶级权利和特权正规化的意图：贵族向当局提出的要求包括免除义务服役和加强贵族在政府和立法审议中的作用。1762年通过的著名的关于贵族自由的法令验证了高尚的自我意识觉醒。叶卡捷琳娜二世一掌权就走上了一条规划好的道路，但在她的领导下，国家与贵族之间的关系概念因启蒙运动而变得更加复杂。转变的意义在于，俄罗斯社会，就像在西欧一样，应该以阶级为基础进行组织，以便有几个主要阶级获得不可剥夺的合法特权。这将调节不同人口群体之间的关系，为每个臣民提供防止各种独断专行的保证。

所有这些情况叶卡捷琳娜二世都不能忽视，她登基后，贵族获得了许多特权（《关于给予自由的宣言》，1762年）。女皇作为清醒的政治家，尽管资料显示她对自己前夫的立法遗产并不感兴趣，但她并没有取消该"宣言"。法典委员会开始对这一崇高问题进行新一轮讨论。叶卡捷琳娜二世的《立法指令》无疑承认贵族为最高阶层，但把贵族尊严和荣誉与他们的德行、勤勉服役和君主嘉奖直接联系在了一起——这是他们幸福的唯一来源。但在委员会会议上，贵族代表（主要是M. M.谢尔巴托夫大公）和文武官员等级表原则的捍卫者（Y. P.科泽尔斯基等）发生了冲突。如果说前者坚持从"侮辱"贵族头衔的"非血统"的人身上"净化"贵族，那么后者则认为"从非贵族环境中剥夺人们通过勤勉服役获得贵族的权利将消除激励因素，进而损害国家利益"。

女皇显然是站在后者一边，不过她也不能忽视血统出身的意见，相关内容在后来的贵族立法中有所体现。关于贵族工商业垄断的争议同样严重。为了不破坏工商业阶级，叶卡捷琳娜二世从来没有打算只给贵族特权。

在1762年"宣言"、法典委员会的工作、专制制度的多项立法倡议之后，贵族集团的轮廓变得更加清晰。许多因素促成了这一点。在1765年开始的土地总测量过程中，贵族的土地所有权得到了明显加强，许多贵族的领地都是以牺牲国有土地为代价得到的。贵族土地从国家控制中摆脱出来，这必然有助于贵族阶级自我意识的增长。选举出来的省级贵族代表的日常生活也促进了这一点，他们积极参与社会活动，以前坐在角落里的贵族也都投入其中。1785年4月21日颁布的《贵族宪章》符合贵族阶层的发展趋势。

## [文　献]

《贵族宪章》巩固了贵族阶级作为土地占用者"主要成员"的事实地位，批准了其在服务、土地所有权、法庭等事务上的特权和权利，保障了贵族的地位、税收和体罚的自由。

《贵族宪章》谈到了贵族的个人优先权：

"贵族的头衔是源于古代统治者的品质和美德，他们以功绩突出自己，用服务赢得尊严，他们为后代获得了一个崇高的名字……

3. 一个贵族告诉他妻子自己的贵族尊严。

4. 贵族将贵族的高贵尊严世袭地传给他的孩子。

5. 贵族或贵妇不会被剥夺高贵的尊严，如果他们自己没有凭借高贵尊严而犯下恶劣罪行……

8. 不经审判，不能剥夺贵族高贵的尊严。

9. 不经审判，不能剥夺贵族的崇高荣誉。

10. 不经审判，不能剥夺贵族优雅的生活。

11. 不经审判，不能剥夺贵族的庄园。

12. 不能随意审判贵族，除非与他等级平等……

15. 不能体罚贵族……

17. 永远确保俄罗斯贵族世袭的自由。

18. 我们向正在服役的贵族确认，允许其继续服役，并根据为服役制定的规则要求解除其义务……"

对贵族的衡量标准是有严格规定的，族谱的编纂将所有的贵族都编入其中。贵族分为六部分：第六部分是最尊贵的名单，包括"古代贵族氏族"，第五部分是封号贵族，然后是"外国氏族"，之后是那些根据服务等级表获得贵族身份的人。在第二部分中，算上了那些在兵役中为贵族服务的人。

最后，社会中最不显赫的成员是"真正的贵族"，他们因特殊的功劳而获得贵族身份。各省的贵族议会合法化了：从现在开始，拥有选任的职位、预算、房舍、档案和印章，议会成为一个合法的等级机构。

叶卡捷琳娜二世阶级改革的意义不容小觑。女皇发现了那些能够满足不同贵族阶层阶级愿望的社会政策原则、形式和方法，而不会使他们彼此以及与最高权力之间的关系陷入对抗状态。与此同时，当局本身并没有失去对它所创造阶级的控制，它所采用的法律被认为是永恒的、根本的。同时，重要的是，这个概念的内容与伊万·伊万诺维奇·舒瓦洛夫，以及尼基塔·伊万诺维奇·帕宁和他的同志们的梦想有很大不同。在独裁者手中，保留了对贵族强大的控制和影响力，从等级表开始，通过个人奖励制度，以被罢黜结束。当然，以比以前更文明的形式表达了从官廷辞职或被驱逐。

但是，最主要的是，贵族的权利要求被削弱了，因为从现在开始必须在批准的规则框架内行事。因此，叶卡捷琳娜二世成功地应对了贵族的野心和对权利的要求。从今以后，获得无数权利的贵族们再也不能反对专制了。

[笔 记]

经过长时间暂停，我们的历史学家追溯到了革命前的俄罗斯传统科学，放弃了对18世纪国家与贵族之间关系的简单认知，用苏联时代的短语表述为"沙皇是第一个封建地主"或"沙皇实行封建地主阶级专政"，一切都变得更加复杂。当然，每一阶级都有自身的利益。我们可以谈论这些利益的矛盾，谈论最高权力和社会群体的利益差异。无论是在17世纪服务人员和工商业者的集体请愿中，还是在18世纪上半叶贵族和商人对社会利益和阶级特权的草案申请中，都清晰可见。总的来说，贵族一直在向专制政府寻求各种特权：对人丁的所有权和居住土地的占有权，对土地所有权的自由处置，对从事商业和贸易的优先权。他们还寻求更宽松的服役条件，对其逃亡农民和农奴的所有权保障，要求国家援助遣返逃跑人员，司法公正和与"强者"诉讼的平等权利，减少国家对农奴的税收，等等。专制制度逐渐满足了其中的许多要求，至高无上的权力不得不考虑社会"第一成员"。但在服役、维持一定社会平衡、政治权力的专制垄断等方面，国家对贵族也很难施以援手。同时，国家从来没有只考虑贵族群体，也会考虑到其他人口群体的利益。一定的社会等级划分，保护了最高权力的独立性，也保护所有臣民的共同利益，皇帝们对此十分清楚。

# 叶卡捷琳娜二世时代的经济

农业商品生产增长、货币在国民经济中重要性的提高对叶卡捷琳娜二世的经济政策产生了强烈影响，还有一个密集的过程是全俄罗斯市场的发展和俄罗斯各地区市场的专业化。而帝国外交政策也影响了经济发展。与往常一样，战争（其中有很多发生在叶卡捷琳娜二世统治时期）使国库和国民经济付出了沉重代价，但它们也给帝国带来了收获——征服新领土对经济发展产生了有益的影响。对波兰的瓜分意味着这一经济强大的地区被纳入帝国，为帝国的经济发展贡献力量。征服黑海地区带来的影响远远超出了帝国的预期利益。新罗西斯克、克里米亚和乌克兰南部广阔的未开发的黑土地被纳入经济发展中。所有这些都带来农业生产的快速发展，积极的移民通行政策加速了基础设施建设和城市（包括港口）建设，适销对路的粮食生产及其出口急剧增加。

工业生产量也不断增加。1740年，俄罗斯在炼铁方面超过了英国，直到1780年将这一优势差距扩大到7万吨（俄罗斯11万吨，英国4万吨）。但由于英国工业革命的开始，这一差距开始缩小：1790年俄罗斯13.05万吨，英国8万吨；1800年两国分别为16.25万吨和15.6万吨。总的来说，在其他工业部门中，叶卡捷琳娜二世时期的农业生产还没有耗尽它的能力。

这自然影响了俄罗斯稳定的正向外贸平衡。叶卡捷琳娜二世统治下的俄罗斯在原材料和制成品方面是庞大的出口国。如果说在18世纪60年代前半期，俄罗斯平均每年出口价值1170万卢布的商品，进口商品价值870万卢布，那么在90年代前五年，外贸收支顺差更大：进口额3400万卢布，出口额达4350万卢布。

18世纪中叶，银行体系形成。1754年，国家贷款银行成立，由法定资本70万卢布的贵族贷款银行和商业银行组成。两者都以较低的年利率提供数年的分期付款贷款。贵族贷款银行只为贵族在以贵重物件和庄园等做担保的情况下提供贷款。

1786年，为了支持破产的贵族，又创建了一家银行——借款银行，利率提高到8%，还贷期限提高到20年。贵族监护机构监督破产债务人还债。商业银行与1764年在阿斯特拉罕成立的东方贸易银行以及亚美尼亚贷款银行（1779年）一起，很快成为俄罗斯经济生活中的一个重要因素。

票据法发展迅速，梅德内银行出现了票据办事处，为远距离贸易提供了便利。随着莫斯科和圣彼得堡的两家纸币银行设立以及纸币的流通，银行系统明显成为经济发展中不可或缺的一部分。第一张纸币出现在1769年，它的推出一方面是为了取代流通中的铜币，另一方面是为了确保在俄土战争爆发时补充财政准备金。早期的票据只是在一定程度上挽救了局面，纸币的出现才成为一种激进的出路。

这项重要改革的发起者是雅各布·西弗斯伯爵，他于1768年向女皇提交了一份关于引入纸币的特别说明。引入纸币的尝试证明是非常成功的，社会完全信任国库，在纸币流通的前17年，出现了纸币价值甚至超过银币价值的罕有情况！直到1782年当局为弥补财政赤字，大幅增发纸币后，其公信力才开始下降。叶卡捷琳娜二世统治时期的国家财政状况有些不稳定。80年代中期，预算赤字——不可避免的巨额军费开支和新俄罗斯发展支出——是巨大的，达到1200万卢布；收入为5000万卢布，支出为6200万卢布。然而，总的来说，赤字通过巧妙的金融政策成功清偿。为此，既使用了传统手段（损坏硬币、增加税收和关税），也使用了新手段（发行纸币），并结合了向国外贷款的方式。如果没有国外贷款，很难想象俄罗斯的经济状况会是什么样的，因为俄罗斯在80年代末和90年代初几乎一直在作战。

尽管如此，从叶卡捷琳娜统治时期的经济形势来看，我们可以说叶卡捷琳娜二世当局在相当有利的经济条件下实施其政策，并且在国内政治活动中拥有相当大的自由度，女皇甚至设法扩大了她在商业、工业和金融政策领域的行动。这一切都让奥地利皇帝约瑟夫二世开玩笑地评价叶卡捷琳娜二世：

> 在欧洲所有的君主中，只有她是真正富有的。她到处花大钱，但没有债务，她根据自己的需要估算她的纸币，如果她愿意，她可以引入皮钱。

# 第三等级

商业和企业家精神的发展可以追溯到1763年,当时除其他委员会外,还成立了一个商业委员会,由G. N. 特普洛夫领导。委员会的工作并非从零开始,它具有来自P. I. 舒瓦洛夫政府的政治遗产:舒瓦洛夫为经济发展做了很多工作,并为与企业家有关的社会政策准备了立法先决条件。18世纪上半叶,专制政府对贸易和工业的政策具有自相矛盾的特点。当局腹背受敌,一方面要顾及商人与贵族的利益冲突,另一方面又要遵守一切等级的"国家利益"。众所周知,工商业者和商人捍卫他们从事商业和工业活动的垄断权,认为这些活动是该"等级"固有的专有职业。他们提交的无数请愿书中贯穿的根本思想是——每个"等级"都应该做最初分配给它的事情:商人应该做交易,贵族应该服兵役和"持家",农民应该耕种,牧师应该为所有人祈祷,否则国家批准的某些秩序将被破坏。

18世纪的真实生活打破了先辈们的既定陈规和戒律。保护贸易主义的政策鼓励各种形式的经营活动,这使得贵族积极参与商业和工业活动。在商品经济和货币功能增长的情况下,经商变得太有利可图了。拥有土地、农奴,还能获得国家的慷慨支持,这些政策促使许多地主发展这一领域的经营活动。不得不说,地主鼓励自己的农奴从事工商业,给农奴带来了比以前多得多的收入。地主经营活动的主要特点是,开始的参与者主要是统治上层——那些站在王位附近,可以依靠至高无上权力获得特殊庇护的人。继彼得时期的A. D. 缅希科夫、P. P. 沙菲罗夫及其他工厂主之后,安娜·伊凡诺芙娜时期的达官贵族也开始从事经营活动,然后在伊丽莎白·彼得罗芙娜统治时期,舒瓦洛夫兄弟、沃龙佐夫和许多其他人也开始加入这一行业。这一现象不能不反映在国内政策和立法中:整个世纪上半叶的政策和立法无论是关于地主在庄园上建立工厂和制造厂(或企业家在贸易中的利益),还是在争取对土地和人丁所有权上都受到普遍庇护,农奴劳动经济占主导地位,农奴和庄园问题具有根本性的重要意义。

同时，国家从未走上打压商人经营活动的道路，甚至没有对工商业者的"原始"职业进行重大限制。当然，彼得大帝对商人经营活动的关心并不亚于贵族，专制的政策逐渐变得不那么慷慨了，但法律一视同仁地保护了所有臣民的经营活动权利——包括非贵族。这就是"直接的国家利益"。

商务委员会在1763年制定政府例行政策时开始考虑所有这些问题。在特普洛夫写下的札记中，他表示彼得针对工商业人口的社会政策实际上并没有改善自己的处境。他写道"第三等级"并不享有充分权利：

> 在这里，他们与农民的待遇是一样的，他们常常受到城市管理人员、军政长官或军官的征税。

特普洛夫认为，商人相应地要求"比我们更多的自由和尊重"，免征人头税，并从资产和贸易营业额中向他们收取税款。特普洛夫最重要的思想是承认在俄罗斯没有出现"第三等级"人民的条件，因为这一等级只有在自由的情况下才会出现。谈到俄罗斯"手工""业务不熟练"的原因，他指出手工业生产中长期短缺"自由工人"：人们要么在服役，要么是农奴工作质量很差。

特普洛夫认为摆脱不自由，需要让农奴有权"从地主那里赎回自己"成为自由工匠的一员。这一措施"会提升国家所有的手工业技艺，最终会产生介于贵族和农民之间的第三种阵营，即小资产阶级"。

只有出现与"第三等级"相关的"基本"法律才能创造新的等级。贵族和"中产阶级"的社会构成、立法教育思想合乎叶卡捷琳娜二世的兴趣。在她的"合法君主制"的建设中，"中产阶级"是"第二等级"，介于贵族和农民之间。预想计划的严谨性同商人手工业者的新地位对国库有益的实际预期相符合。

这些思想与同时开展的学校改革相呼应。1764年春，女皇批准了I. I. 贝茨科伊提出的创建专有学校的想法，此类学校将通过全新的培养教育方式，从弃儿和私生子中形成社会的"第三等级"。

创造新中产阶级的想法体现在调整市民、商人身份，确定他们地位和税收的法律条款中，该想法以《城镇法令》的出现结束。

[文 献]

　　《城镇法令》的创建有着相当复杂的历史背景，叶卡捷琳娜二世在编写这份重要文件时做得非常出色。商务委员会关于商业的资料，波罗的海、乌克兰城市管理结构报告，《马格德堡法》的规范等，都成为叶卡捷琳娜二世立法工作的基础。《城镇法令》将城镇居民分为六类，并按类别记入一本专门的城镇书籍中。城市新社会结构的基础是第二类——三个行会的商人，以及第五类——"杰出公民"（资本家、银行家、批发商）。第三类和第六类是大多数市民——小资产阶级。"手工业状态"确定了工作间的设置。《城镇法令》保障了城市阶层的一些最重要特权。财产所有权受法律保护，继承权和处置权也受法律保护。根据《城镇法令》，访问该市的官员不再有权揪犯过错的商人的胡须。市民阶层被认为是一种"对整个社会有用"的阶级，一种因特别勤奋和良好举止而获得的"等级"。据此，法律保障商人的个人荣誉和人格尊严，禁止对第一、第二行会的商人和杰出公民进行体罚。只有法院才能剥夺商人的"名誉"以及等级特权。城镇居民被赋予了无条件的工业和贸易活动权利，他们拥有了完全的自由来创建公司和建立企业。所有这些规定，以及相当复杂的城市自治规范，相对于俄罗斯形形色色的居民而言，"等级"的概念成为现实。

# 叶卡捷琳娜二世和教会

叶卡捷琳娜二世受伏尔泰的思想熏陶，离真正的上帝信仰还很远。理性主义、实证知识的价值、对任何蒙昧主义的蔑视是她世界观的典型特点。但在公共场合，在教堂里，她从未表现出这一点，她仍然是宫廷教堂的模范教区居民。尽管东正教仪式非常漫长，但她可以在一个僻静露台展示她长时间的耐心。俄罗斯东正教的命运早在叶卡捷琳娜二世出生之前就已经决定了，甚至在彼得一世之前，它就已经完全屈从于世俗权力，而在彼得一世时期的教会改革过程中，世俗化愈演愈烈。这不仅说明18世纪俄罗斯社会中世俗原则对教会有明显优势和无宗教信仰启蒙的理性主义胜利，还可以解释为世俗当局攫取教会巨额财富的世俗愿望。

思维世俗化是17世纪下半叶的典型过程，在18世纪这被另一个过程——教会财产世俗化——所取代。叶卡捷琳娜二世完成了这个过程。虽然她认为遵守东正教仪式是自己的义务，从未忘记自己是俄罗斯东正教教会负责人，但她本人通常远离上帝信仰。在她于1762年登基前不久，彼得三世就已将土地从教会手中夺走，归入专门为此设立的经济部门，这一行为合乎叶卡捷琳娜二世的心意。但彼得三世被推翻后，她的思辨观点及巩固自身声望的意愿占了上风。彼得三世因为亵渎神明而声名狼藉，为此1762年8月，叶卡捷琳娜二世将土地归还给教堂，撤掉了经济部门。但事实证明，这只是她的策略手腕，同年秋天成立的由特普洛夫领导的宗教财产委员会走上了"规范"宗教财产的道路——当然，这只是世俗化的委婉说法。

在镇压了教会管理中的反对派之后（阿塞尼·马塞维奇案），叶卡捷琳娜二世发动了决定性攻势：她在神圣东正教最高会议前发表了具有决定性和煽动性的讲话。她崇拜教皇们的博学和崇高道德，认为他们为教徒们展示了真理之路，她宣称：

> 你们作为知识渊博的人，为什么对自己拥有的无数财富漠不关心，这

些财富使你们有能力在精彩的世俗世界中生活,这与你们的身份完全相反!上帝引导圣徒继承者去教诲贫穷人蔑视财富,圣徒所在的王国是非现世的——明白我的意思吗?……你们有很多被统治者。你们知识渊博,不能不看到所有这些庄园都是从国家偷走的,你们不能拥有它们,否则就是不义之举。

这是巧言惑众式的启蒙运动风格的言论。

教会改革似乎随着叶卡捷琳娜二世的登基而暂停,但她在1764年2月26日又下令恢复。改革实质是从拥有约占俄罗斯人口15%、近200万人口的教会中掠夺土地。正如彼得一世时期一样,再次制定了神职人员定额,大量的神父、神职人员和教士无处可去(三分之二的修道院被拆除)。但事实证明,对神职人员具有决定性意义的,甚至不是叶卡捷琳娜二世的教会改革的成效,因为在俄罗斯等级制度的普遍概念中,神职人员作为特殊等级无法找到自己的一席之地。这从1767年法典委员会的组成中就已经很明显了,神职人员实际上没有代表,神职人员的问题仅限于抱怨教会在教育臣民方面作用的不足。在神职人员社会意义下降的同时,他们以及整个东正教的道德影响力也下降了。叶卡捷琳娜二世时期,第一次对旧信徒做出了前所未有的让步,其他基督宗教信仰的代表——这些俄罗斯社会"不许提及"的真正弃儿——被宣布获得了宗教自由。专制统治下,所有臣民信仰和谐的原则被认为比争论信仰纯洁更重要。

[人 物]

### 都主教阿塞尼·马塞维奇

阿塞尼(原名亚历山大·马塞维奇)是来自波兰的移民,是俄罗斯东正教的重要人物。他1697年出生于牧师家庭,曾出国在基辅神学院学习,在学习期间洗礼,曾经在基辅的佩乔尔斯克修道院和其他修道院待过。毫无疑问,他是一个极其有信仰的苦修者,内心充满了传教的使命。1730年他在西伯利亚传教,然后来到索洛夫基。1734—1736年,他作为海军舰队的神父参加了第二次堪察加勘测。

从早年起,阿塞尼就表现出是一位才华横溢、受过良好教育、充满热情的传教士，他生来就是位善辩者。他多次试图让西伯利亚和北方的旧信徒归入官方教会，教导神父与他们辩论，针对旧信徒和路德教会写了几篇书面"检举"。从1737年起，他开始在圣彼得堡科学院的中学里教授圣经，其教会等级地位也在上升。1741年他成为西伯利亚都主教，1742年他在当时的教会等级制度中担任非常重要的罗斯托夫主教职务，并成为神圣东正教最高会议成员。阿塞尼是神职人员教育的支持者，这在当时非常重要——无知是俄罗斯神职人员的代名词。1747年，阿塞尼在雅罗斯拉夫尔开办了一所宗教学校，他令人信服的布道在人民中很受欢迎。从这个意义上说，他当之无愧是费凡·普罗科波维奇的真正接班人。总的来说，在18世纪中叶，他是教会中最引人注目的人物，与费凡不同的是，阿塞尼是位勇敢甚至大无畏的人，他不掩饰自己的观点：主张受到国家压制的教会独立。在教会财产世俗化之初，阿塞尼是唯一一位公开反对当局此方针的教会主教。

叶卡捷琳娜二世反常地接受了阿塞尼的异议，从那时起叶卡捷琳娜二世开始将阿塞尼视为自己的私敌，为迫害阿塞尼找借口。阿塞尼被逮捕，东正教最高会议上的同事对其进行了不公正审判，这些人乖乖地履行女皇意志，剥夺了阿塞尼的教职，将他发配到别洛泽尔斯基·费拉蓬托夫修道院，然后是尼科洛·科雷尔斯基修道院。阿塞尼被安置在大教堂祭坛下的单人囚室里，附近安排有残疾人守卫队。阿塞尼在修道院里享有极大自由，可以与守卫、访客、教士自由交谈，进行布道。因教士们普遍酗酒而严厉斥责他们，为此他在1767年被检举，重新流放。尽管阿塞尼面临沉重的监禁，他仍到处激烈地谴责叶卡捷琳娜二世的政策，甚至赢得了卫兵对他苦行、虔诚生活方式的尊重，这些人看到这位被贬黜的教会主教亲自提水和砍柴。这位卓越、热情、虚荣心重的人受到很多仇敌的控告，阿塞尼被更加严格地限制人身自由。人文主义思潮盛行时，女皇仍极其残忍地对待他。显然，她知道阿塞尼的崇高道德和热情，知道他作为传教士的权威和才华。女皇害怕阿塞尼会抹黑自己的政策，公开羞辱和迫害会使他变成一个受人尊敬的殉教者，因此所有对阿塞尼的迫害都是在高度保密的情况下进行的。1768年，叶卡捷琳娜先是免去了他的教职并将其秘密送往堪察加半岛，但随后女皇改变了主意，命人将他带到了雷维尔斯基要塞。起初，阿塞尼在那里享有一些自由——他可以去教堂，也可以在要塞周围散步。但随后，当有关他即将越狱的谣言传到圣彼得堡时，当局加强了对这位被贬黜神职人员的监禁条件。当这名囚犯（押送队和卫兵都不知道他的真名）被安置在要塞的囚室中时,圣彼得堡发出的监禁特别指示,把阿塞尼称为"某个农民安德烈·布罗迪亚金",然后叶卡捷琳娜二世又将"布罗迪亚金"改名为"弗拉利亚"。从那以后资料显示,阿塞尼成为"安德烈·弗拉利亚",叶卡捷琳娜二世指定警卫和官兵来看守他。

"与他聊天要留神,因为这人是个十足的伪君子,很容易让人们陷入不幸,如果这些守卫不会俄语会更好……有时,他自己很健谈,会将自己的事情宣扬出去……嘱咐人们不要相信他,同时要严格禁止他说话。如果他仍要说话,那么就用塞口物把他的嘴塞住,起初塞口物不用放在他的嘴里,直接放在他的口袋里用来震慑他,一旦有时他不服从,就用它堵住他的嘴。"

对阿塞尼的看守的指示是严禁给囚犯钱。事实是,即使是最可怕的秘密监狱,尽管采取了所有预防措施,它的门和锁仍然会被所谓的"金钥匙"——贿赂——打开。在雷维尔斯基要塞的最后几年,阿塞尼被"储藏"起来,也就是说,他被砌藏在一个囚室里,食物是用一根绳子通过破窗户递给他的。这一切让人们将阿塞尼视为受难者,叶卡捷琳娜二世本人也承认这一点:"人们历来都崇敬他,习惯将他视为圣人,但他不过是一个大流氓和伪君子。"阿塞尼先被囚禁在修道院,然后被囚禁在要塞中,他成为受难者,就像前沙皇伊凡·安东诺维奇为"真正信仰"成为受难者一样。阿塞尼作为真正的殉教者被关在牢房里,于1772年去世。

# 1785年：《农村条例》草案

叶卡捷琳娜二世对农村的管理始于"萨尔蒂奇哈案"的判决，达里亚·尼古拉耶芙娜·萨尔蒂科娃是个被判处剥夺贵族身份和终身监禁的凶残女地主，但还有许多像萨尔蒂科娃一样的杀害成千上万农奴的"人类怪物"仍逍遥法外。叶卡捷琳娜二世是农奴制的无条件反对者，这源于她对自由、启蒙、人文主义的态度。但她是位政治现实主义者，农奴制仍然是她作为政治家无法忽视的顽固现实。

叶卡捷琳娜二世只能在道德层面谴责农奴制，减轻这种秩序的极端性，提倡奴隶主对待农奴时有善心。《立法指令》关于农奴问题的总体思路实际上被简化为呼吁人们减轻对农奴的压迫。实践却不同：在叶卡捷琳娜二世统治下，顿河和乌克兰成为帝国的一部分后开始实行农奴制。继1760年签署地主有权不经审判将农奴流放到西伯利亚的法令后，1765年女皇又签署了允许地主让他们的农奴从事艰苦劳动的法令。从安娜·伊凡诺芙娜统治时期就开始的剥夺农奴合法权利的现象仍在继续，他们不再宣誓效忠君主，他们被禁止履行义务，被禁止包工劳作。

就法律本质而言，农奴制在叶卡捷琳娜二世的改革性统治期间没有发生任何重大变化，没有出现解放或至少是减轻奴役的情况。此外，还发生了加强农奴制的自然过程，导致农奴转变为奴隶。与社会"主要成员"——贵族——地位和经济水平密不可分的农奴制，仍是叶卡捷琳娜二世立法的禁区。然而不得不承认，另一半人口的情况——国有农民加上以前修道院的农民——一直是女皇关注的重点。这反映在叶卡捷琳娜二世于1785年编制的《农村条例》中。尽管这份文件是份草案，但它构成了女皇建立的等级社会中必要的"下层"联盟基础。《农村条例》在结构和主要思想上与1785年4月21日同日发表的《城镇法令》草案可以相提并论。

与其他法令一样，《农村条例》旨在使农民的财产地位合法化，主张其财产权、人身自由、从事农业和某些手工业的阶级职业权利不可剥夺，拥有出售不动产和动产的权利。与贵族和市民一样，农民也分为六类：最高等级的农民可以免受体罚；根据《农村条例》，农村成立民选自治机构，通过选举组建阶级法院，并建立与国家代表互动的机制。

这几乎完成的草案却没有成为1785年第三版的《城镇法令》，这其中的原因不得而知。研究人员大多倾向于得出以下结论：叶卡捷琳娜二世不想惊动贵族，对农奴们来说，他们可以将这样的"城镇法令"理解为对他们自由的承诺。可以认为，在某些有利于废除农奴制的情况下，叶卡捷琳娜二世在《农村条例》中为国家农民制定的法律模式可以适用于包括以前农奴在内的俄罗斯全部农民。

[文 献]

18世纪下半叶，贵族的文化水平和意识促使他们将农奴视为"贱民"，是贵族拥有的固定资产，这种所有权是永恒不可改变的。叶卡捷琳娜二世在写到贵族们完全不理解自己的农奴是和他们一样的人时，并没有夸大其词，只要将这一说法大声说出来就会有被扔石头的威胁，这并不是叶卡捷琳娜二世在文学上的夸张表述。世纪末的农奴制和世纪初一样，在《圣彼得堡公报》中，人们可以读到以下公告："出售的是一个16岁女孩，表现非常好，身体很健康，会洗熨衣服，还会做饭。去过一些地方，在德国要塞工作过，会驾驶双座轿式马车。在石头剧院对面拐角处第二座原色房屋上标着价格……"

# 叶卡捷琳娜二世宪法草案

研究叶卡捷琳娜二世资料的历史学家可以充分评价这位多产女皇留下的整套法律和法案，女皇曾戏谑地认为自己正在受"法律"之苦，但她却无法遏制自己"草拟法律"的意愿。18世纪法律范畴中的"宪法"一词需要理解为"机构""体制"或"法律元素"，是法律规范的整体系统。当时叶卡捷琳娜二世庞大的立法工作具有完全不同的含义，尤其在18世纪70到80年代，实施了由大型立法部分组成的"普遍法规"方案。叶卡捷琳娜二世的法律改革的公共性已经初步创立，改革并不仅限于创建具有所有法律属性的阶级制度，而是创建单一的国家法规。这项一人难以完成的巨大工作被女皇完成得相当顺利。

开明君主制的合法性是法律法规的基础。叶卡捷琳娜二世在18世纪80年代中期开始制订这个宏伟计划。由于她的努力，宪章法令出现，其他重要法律草案被起草，组成了"骑兵君主制"的单一法制体系。1787年拟定的《致参议院指令》占据了该法律汇编的中心位置。就其名称而言，它似乎与1767年法典委员会的指令相呼应，这标志着立法活动进入一个新阶段，为《城镇法令》的颁布奠定了阶级制度基础。

在法典委员会立法指令后，女皇编制了《致参议院指令》，对重新制定专制法律地位基础进行了最严肃的尝试，尽管我们无法在专制政府形式论证中看到新想法。用谚语"换汤不换药"来描述这件事最合适不过了。《致参议院指令》中有一切关于独裁必要性的古老论点：地理因素——这种制度在广大俄罗斯的合理性；君主的最高目标——有利于人民。《致参议院指令》比以前更清晰地确认了专制权力完全不可动摇的原则，也就是说，专制权力是唯一的法律来源。同时，独裁者永恒且至高无上的权利就像不可违犯的法律一样被确立。在试图动摇专制制度的一个基础时，叶卡捷琳娜二世意识到该做法会给俄罗斯带来无数可怕的后果。最后，叶卡捷琳娜二世在《致参议院指令》中谈到王位继承问题，众所周知，这可能是18世纪专制制度最尖锐的问题。叶卡捷琳娜二世总的立场是：与其他国家开明君主一样，王位继承顺序应由法律确定，其中必须遵守最重要原则——统一继承、优先继承、男系继承。还规定了剥夺继承人王位继承权的条件。

"关于一般合法化"同样重要——法律被认为是处理社会关系的唯一原则：规定了作为臣民不可剥夺的一系列合法权利：生命权、人身安全权、健康权、姓名权、无罪推定权，以及要求司法保护、上诉、向当局申诉的权利。叶卡捷琳娜二世还制定了一些旨在保护法律制度、保证法律的不可侵犯性的条例。所有臣民都必须遵守法律，承认法院及其决定的合法性与特权，禁止对法律未规定的犯罪行为进行惩罚。除此以外，今后法律不再具有回溯效力。法律宣布了宗教信仰自由，禁止"因思想和言论"惩罚人们。法律汇编的特殊性在于，这些臣民的"共有法律"以及"在最高权力面前人人平等"是通过阶级法制来实现的。如此一来，在这个半数人口都是农奴的国家，法制变得相当和谐与平衡。

叶卡捷琳娜二世没有刊登国家法律汇编，这可能并不是因为俄罗斯社会不够成熟无法实施此类法令。叶卡捷琳娜等时代的立法实践表明，超前意识的法律行为往往是形成同一法律意识和社会公民要素的重要里程碑。叶卡捷琳娜并不急于公布《致参议院指令》，她大概在质疑这个官僚机构是否有能力成为"法律的捍卫者"。

专制制度在维护立法不可侵犯性的同时，又十分依赖于偶然性——类似继承人的个人观点和偏私。在不容置疑的权利基础上的专制统治不受限制并且对君主权限没有明确规定，转过头来专制对于独裁者来说有出人意料的一面，让他在某个时候毫无防备。从1682年开始，独裁者的庞大权力屡次受到冒险主义者的攻击，使其不止一次成为近卫军和"夜皇"宠臣的俘虏。几百甚至几十个醉酒的近卫军就足以推翻合法君主，立新人为王。在这些君主中，有两位沙皇（伊丽莎白·彼得罗芙娜、叶卡捷琳娜二世）被证实是违反所有法律规范、誓言和传统"王朝规则"的篡位者。总之，专制在法律之外的"领域"变得更加强大和成熟，这是专制的强项，但同时也是它的弱点：它会在事故面前毫无防备，成为冒险主义的牺牲品。俄罗斯在专制政权成立之前就存在选举产生的法律代表机构(地方自治机构和其他机构)，在原则上，这种机构可以保障俄罗斯国王——沙皇——的权力和人格不受侵犯，保护法律及其确立的程序是此类法律机构的职责之所在。但那时独裁者将失去不受监督的统治权，因此君主不能同意设立这样的机构。整个18世纪及以后俄罗斯长期政治不稳定的原因就在于此类机构的缺失。这种局势是个恶性循环，直到1917年才被破解。

## [文 献]

彼得大帝在对未来的焦虑和对自己国家未来的怀疑中去世，叶卡捷琳娜二世同他一样，在自己生命的尽头悲伤地写道：

"不知道我到底为谁工作，我为帝国的利益付出的辛劳以及热情都不会白费。我知道，我无法将自己的精神状态传下去。"

可能是本着同样的想法，彼得大帝在1715年写给儿子阿列克谢的信中表达：

"我是人，终有一死，那我要将这些至高无上的业绩留给谁？难道这些要被回收走吗？我要变得像福音的懒惰仆人一般，把自己的才能带到地下！？"

叶卡捷琳娜二世突然发现，自己用一生建造的"开明君主大厦"（就像曾经的彼得统治的国家一样），它的命运受制于继承人的"美德""中庸"等精神品质。

## [笔 记]

叶卡捷琳娜二世多年的努力工作，使其成为一位经验丰富的立法者，同彼得大帝和亚历山大二世一起成为俄罗斯历史上最重要的改革者。数千页的法律草案被保存下来，叶卡捷琳娜二世在上面密密麻麻地写下修正和补充意见，她深入研究了立法的所有微妙之处，知道如何着眼于未来的许多年。她逐渐有了国家管理方面的经验。叶卡捷琳娜二世以其令人难以置信的工作能力、毅力、热爱和对创造性工作的兴趣而著称，作为一个来自国外的女性，她在国内外成功地获得了极大的权威。这得益于多年来她与当时欧洲最有影响力的哲学家和公众人物——伏尔泰、达朗贝尔、狄德罗等——的通信。她写了数百封信给她的长期收信人梅尔基奥·格林，开明的欧洲社会均知道这些信的存在，这使得叶卡捷琳娜二世作为一位仁慈、高贵、聪明和眼界广阔的统治者而声名鹊起。

# 叶卡捷琳娜二世时代的启蒙运动

在 18 世纪的俄罗斯，启蒙运动被人们理解为一场反对迷信和无知，通过科学和教育来提高人们修养和文化水平的运动。叶卡捷琳娜二世的密友伊万·伊万诺维奇·贝茨科伊在启蒙运动中起到了特殊作用。18 世纪 60 年代，贝茨科伊对主要的贵族教育机构进行了改革，创建了新的军事学校。但他最著名的事业是在 1764 年建立了皇家贵族女子学校。该学校坐落于斯莫尔尼复活修道院内，又被称为斯莫尔尼贵族女子学院，学生都是来自贵族家庭的女孩——她们在封闭的校园里，在法国高级贵妇的监督下接受了优质教育。她们中的许多人成为受女皇与宫廷宠爱的人，后来成为令人羡慕的新娘和圣彼得堡沙龙的开明女主人。俄罗斯博物馆大厅内拥有迷人面孔的德米特里·格里高利耶维奇·列维茨基的肖像注视着我们，她是斯莫尔尼贵族女子学院第一届的毕业生。贝茨科伊是个真正的浪漫主义者，同女皇叶卡捷琳娜二世一样，他也被启蒙思想迷住了，他坚信俄罗斯的所有不幸都是由无知和文化教育缺失造成的。

贝茨科伊作为俄罗斯学校的杰出教育家和改革者而载入史册。他认为教育能够做到无所不能，但接受教育不能一蹴而就：首先，有必要开办一些封闭学校，让这些"未来俄罗斯公民的父母"在里面接受教育……随着时间的推移，这些家庭中新一代的真正公民将会诞生——他们会成为开明、聪明、清醒、有教养、勤奋、负责任的忠诚臣民。贝茨科伊提出的教育理念令人赞叹：只用仁爱教育孩子，从不打他们（当时打孩子到处都有发生），不要用学究气来控制他们。教师必须有开朗的性格，否则不应该让他靠近孩子——毕竟，孩子们在老师面前不应该感到害怕，而应该持敬爱之心。老师应该做到不说谎、不伪装，是一个充满理性、心灵纯洁、思想自由、不奴颜婢膝、性格坚毅的人，应该说他想的，做他说的。

莫斯科路沿线的新圣女修道院为小贵族阶级出身的少女开设了一所学校。1764

年，贝茨科伊成立的艺术学院教育之家接收5—6岁有天赋的孩子们。年长的青年在科学院中学学习，从那里可以升入科学院大学，那里起初由M. V. 罗蒙诺索夫，后来由I. I. 列佩欣、V. M. 塞弗金院士授课。瓦西里岛沿线有时会让人们想起牛津或剑桥——这里有很多不同的生源：除了陆军军团和海军军校的学员之外，还有艺术学院、科学院、矿业学校、师范学校和私立教育机构的学生。1819年，圣彼得堡大学开办在瓦西里岛著名的十二学院大楼里绝非巧合，当时这里是圣彼得堡知识分子和官员的聚集地。杰出的塞尔维亚教育家F. I. 扬科维奇·德米列沃是圣彼得堡基础学校和教师教育之父。1783年他主管义务学校，旨在为俄罗斯培养教师。他负责编写新教科书，免费提供给学生。学生们也可以在私人学校和寄宿学校接受教育。到1784年，圣彼得堡有将近50所学校。维堡一侧的陆地海洋医院外科学校或丰坦卡的医学院培养出了很多优秀的医生。

# 叶卡捷琳娜二世时期的文学和媒体

叶卡捷琳娜统治时期是俄罗斯科学、文学和媒体繁荣发展的时期。叶卡捷琳娜二世与科学也有着不一般的联系,她崇尚知识却又不喜欢学术。作为一个自学成才的人,她讽刺那些接受系统教育的人,在她看来他们学习的是一堆无用真理,即使没有这些,她也能轻而易举地经营自己的俄罗斯帝国。除了"一知半解的情结"之外,叶卡捷琳娜二世还有"外省人情结",她想超越法国国王、法国学术,超越当时世界公认的知识之都巴黎。总体而言,这对俄罗斯教育的发展是一个很好的激励,叶卡捷琳娜二世本人是位仁慈、宽容的统治者,她擅长写作,而且深知印刷品上发表的东西对于改善社会的重要性。受启蒙思想熏陶,女皇试图将言论自由引入俄罗斯生活中。

在叶卡捷琳娜二世统治时期结束时,尽管她已经背离了自己年轻时所信奉的原则,但在她的统治下俄罗斯发展了自由主义,文学和媒体取得了重大成功。伊丽莎白·彼得罗芙娜时期的天才 M. V. 罗蒙诺索夫和 A. P. 苏马罗科夫被新一代作家取代,18 世纪 60 年代中期,丹尼斯·伊万诺维奇·冯维辛的才能开始闪耀。

与冯维辛一样才华横溢的剧作家 Ya. B. 克尼亚日宁、V. V. 卡普尼斯特和 G. R. 德尔扎文一生中创作了许多俄罗斯经典诗歌。德尔扎文在俄罗斯文学的确立上起到了巨大作用,他的颂歌是真正富有诗意的杰作。德尔扎文的诗歌充满力量、威力和表现力,直到今天我们仍能感受得到。德尔扎文出身落魄贵族家庭,在多年磨砺后成为士兵,后来当了官,他的职业生涯不仅归功于他的智慧、热情和真诚,还归功于他的诗歌。

1782 年,德尔扎文创作了一首颂歌,这成为他进入王宫的通行证,也成为他多年的安全保障。这就是著名的颂歌《费利卡颂》,其中诗人将叶卡捷琳娜二世虚构为之中的吉尔吉斯公主,并称赞她的各种美德:

>……不珍惜你的宁静,你在读经台前书写、阅读。
>
>你的笔下充满了对凡人的祝福;没有娱乐,像我一样从早到晚工作。

大家立刻就想到了诗中写的是女皇,最重要的是,女皇本人也非常喜欢这首颂歌。女皇说,没有人像德尔扎文那样了解自己。作为奖励,叶卡捷琳娜二世送给诗人一个金色鼻烟盒,包装上写着"吉尔吉斯公主献给德尔扎文"。德尔扎文毫无幽默感的上级甚至一开始怀疑他收受了外国人的贿赂。颂歌《费利卡颂》字里行间透露着幽默,有一种朝气蓬勃的真挚感情,更准确地说是爱,但这不是普通、肉体的爱,而是一种崇高状态——人们之所以爱统治者只是因为她是统治者。德尔扎文对叶卡捷琳娜二世的爱更加复杂,他因新法典立法委员会制定的《立法指令》喜欢上了女皇。《立法指令》中有很多正确的思想:俄罗斯的救赎在于专制,专制者有义务依法执政,法律必须公正,人人都要遵守法律。《立法指令》还定义了自由是"做法律允许的任何事情的权利"。德尔扎文认为一个新的时代已经到来,有这样的君主,邪恶和不公正就会消失,但从宣言到切合实际的政策还有很大距离。尽管如此,颂歌《费利卡颂》为他开辟了权力之路,他受到女皇注意并被提拔成了总督,但他无法在任何地方停留很长时间,因为他尝试执行《立法指令》中的原则,结果他赢得了一个古怪、好斗和惹是生非的响亮名声。不过叶卡捷琳娜二世懂得如何欣赏他性格中的直率、坚持原则、诚实等品质。1791年,女皇任命他为信访事务的国务大臣。在维护正义、履行职责的事情上,他从不会有顾虑,但这并不总是令女皇满意——毕竟作为独裁者,女皇有时会对法律不屑一顾。有一次两人争吵得非常激烈,德尔扎文甚至对着女皇大喊大叫,当她试图转身离开时,他抓住了女皇的披肩。女皇对跑过来的国务大臣说:"瓦西里·斯捷潘诺维奇!留在这里沉住气。"德尔扎文担任国务大臣近两年,他与女皇是朋友,也争吵过,这段时间他对这位非凡的女性有了十足了解,对她的许多幻想都烟消云散了。德尔扎文的直率和固执让女皇感到厌烦,有一次他病倒康复后,发现女皇免去了自己的国务大臣职位,并让他担任参议员——这是典型的"被降级"了。

让我们不要把德尔扎文看得过于简单——他不是堂吉诃德。堂吉诃德是一个真理爱好者,他直言不讳,这些品质深深进入了德尔扎文的血肉中。当然,这个角色符合他冲动的性格,但在很多方面,这只是德尔扎文的游戏伪装。事实上,他知道谴责的度，也知道在必要时如何保持沉默，否则德尔扎文无法被誉为非凡的生活爱好者，他诗歌的字里行间流露出来对生活、食物和身体愉悦的热爱。在他位于丰坦卡街房子的一间屋子里，他建了一个真正的东方亭子，里面有柔软舒适的羽绒沙发，饭后在这里打个盹儿简直棒极了。直到垂老之时，他依旧会被"无家可归黑皮肤姑娘的敏锐目光"所迷住，德尔扎文对女性一向很没有抵抗力。1799年，他写下情色诗《俄罗斯姑娘》，他写的《逗乐愿望》甚至被收录在柴可夫斯基的歌剧《黑桃皇后》中：

*如果亲爱的姑娘们*

*可以像鸟儿一样飞翔，*

*停坐在树枝上，*

*我愿变成树枝，*

*上面有成千的姑娘*

*坐在我的枝丫上……*

亚历山大一世统治时期，德尔扎文成为部长，但是在德尔扎文的一生中让其永垂不朽的并不是他在仕途上的成功。人们称赞他是个天才，是位真正的语言魔术师。即使是现在，我们似乎还能在《红腹灰雀》这首诗中听到德尔扎文在他朋友苏沃洛夫将军的葬礼上，伴随着轻柔长笛和有节奏的鼓声的悲伤的声音：

*你在唱什么战歌*

*如同长笛声一样，亲爱的狙击手？*

*我们应该和谁一起对抗鬣狗？*

*现在谁是我们的领袖？谁是有钱人？*

*强壮、勇敢、敏捷的苏沃洛夫在哪里？*

*北方的巨雷躺在棺材里。*

*谁照耀着军队的辉煌，*

*骑着马，吃着面包干；*

> 在寒冷和炎热中磨剑,
> 
> 睡在稻草上,守望到黎明;
> 
> 数以千计的军队、城墙和城门
> 
> 被少数俄罗斯人赢了去?

俄罗斯作家创作的作品可以在俄罗斯印刷厂免费印刷。叶卡捷琳娜二世时期,印刷厂变成了私人印刷厂,作品出版获得了前所未有的自由。尼古拉·诺维科夫在众多出版商中是佼佼者,他出版了 1000 多本不同书籍。

诺维科夫不仅仅是个出版商,他还为所有图书爱好者组织了一个覆盖整个国家的完整图书销售系统。诺维科夫创办了很受社会欢迎的杂志——《雄蜂》《画家》《空谈家》,他在这些杂志上与叶卡捷琳娜二世进行论战,而女皇对新闻和戏剧也并不陌生。众所周知,女皇写了十几部剧作。D. 斯威夫特、G. 马布利和其他西欧作家的众多俄语译本首次出现在诺维科夫的印刷厂。翻译已成为俄罗斯作家的一项重要业务,18 世纪 70 年代成立了"外国书籍翻译大会",其成员有 A. N. 拉季舍夫、N. A. 利沃夫等人。

诺维科夫的能量是无限的,才华横溢的作家们不断地聚集在他周围。诺维科夫和他身边的人都是莫斯科共济会的成员,他出版了共济会文学作品。为此诺维科夫受到了当局迫害。叶卡捷琳娜二世去世后,他才被解除囚禁,那时他已经被折磨得伤痕累累。同样的命运也曾降临在 A. N. 拉季舍夫身上。叶卡捷琳娜二世时期有大量的私人期刊,除了诺维科夫,还有 A. P. 苏马罗科夫、M. M. 赫拉斯科夫、M. D. 丘尔科夫、I. A. 克雷洛夫、E. R. 达什科娃和许多其他人印刷出版了这些作品。俄罗斯读者立即对期刊样式表示赞赏,这使得人们从文学和政治世界中学到更多知识成为可能。许多杂志的主要目标是娱乐读者,但内容也与时俱进,希望能潜移默化地教育、启发读者。杂志的标题甚至也不言自明——"有效娱乐""空闲时间""天真锻炼""善意"。俄罗斯第一份讽刺杂志《杂事》于 1769 年问世。

该杂志在那个时代是先进的——杂志上发表了大胆的文章,包括那些反对农奴制的文章。叶卡捷琳娜二世也在其中发表自己的文章。诺维科夫在期刊《杂事》中进行辩论,有时他的文章相当尖锐,这引得女皇不悦,但这是一种既定的政治写作风格,在期刊上进行辩论是被允许的,叶卡捷琳娜二世对此忍受了很长时间。

这份出版物的灵感可能来自于叶卡捷琳娜二世与格里戈里·奥尔洛夫的私生子阿列克谢·博布林斯基"教育"之旅的丑闻。阿列克谢·博布林斯基被派往欧洲学习，因其冒险经历而在巴黎成名。正如女皇亲信所通告的那样，博布林斯基"过着堕落生活，整晚都在打牌，还欠下很多债"。一些无赖围绕在他身边，把盘缠抢光……女皇将其托付给俄罗斯驻法国大使，在得知儿子放荡生活后就要求他回国，但博布林斯基放肆地拒绝服从女皇的意愿。他搬到伦敦，在那里这个年轻人的风流史仍在继续。正如一位他同时代的人所写道，有一次，博布林斯基早上冲进他房间，请求他立即和他一起去巴黎，"因为他认识的一个女人突然离开，而没有她，他就活不下去"。在博布林斯基离开俄罗斯后第6年，他被引诱到俄罗斯，之后女皇将他软禁在爱沙尼亚庄园。

[文　献]

来自任何阶层的有才华的人都有机会凭自己的才能升到相应地位，获得国家或学术文艺庇护人的资助。这方面的例子有很多，从发明家 I.P. 库利宾到小提琴家康多什金。有这样一个鲜为人知的故事，1781年一位来自托尔若克的年轻而谦逊的面包商震惊了圣彼得堡知识分子圈。

"他，"一位同时代人写道，"精通希腊文、拉丁文和法文，能轻松解读德摩斯梯尼和其他希腊哲学家的作品；物理学识深厚，推翻了牛顿系统和欧拉系统中的很多观点；同时他精通最抽象的数学公式，能够对神学作出准确判断，甚至令东正教最高会议中最博学的成员感到惊讶；他拥有惊人的逻辑思维和记忆力，以至于人们对他给出的问题答案毫无异议。这位才华横溢的年轻人从未师从过任何人，而是通过自学获得知识。"

他攒下了120卢布，准备去英国留学，女皇得知后不仅允许他去英国，还每年赞助他600卢布——这在当时是笔巨款。当然这种奇妙运气很少见，并不是每个人都能碰到。

\* \* \*

诺维科夫最喜欢批评的是对一切外国事物怀有巨大热情、对外国骗子盲目信任的行为。有这样一个外国冒险家和骗子,他在自己家乡被警察通缉,来到俄罗斯后凭借自身优越感摇身变成了一名家庭教师:"我是法国人,一次交谈我就可以拿走很多钱。"一位受人尊敬的德国教授反对他的这种说法:"我来这里是为了看看在英明女皇统治下的帝国,并且为我自己谋得一个体面职位。"

诺维科夫在杂志上发表过著名而有趣的公告:

"一只俄罗斯小猪,远游异域开悟,得益于游历,归来时已成为一头完美的猪,想看的人可以在这座城市的许多街道上免费看到它。"

[人　物]

### 丹尼斯·伊万诺维奇·冯维辛

冯维辛是著名的剧作大师。按当时的说法,不善表达、看起来有些虚弱的他,当拿起自己剧本草稿品读时就像变了个人。同时,他还懂得模仿人,模仿他们的声音和举止,观众辨别出他模仿的是哪位熟人后哄堂大笑。在彼得夏宫、舒适的冬宫里,吃过菠萝和草莓等水果之后,冯维辛和他的喜剧《旅长》被"端"到女皇餐桌前,他的表演引得共进晚餐的女皇与几位朝臣"笑声不断"。直到现在——在饱食后的权威面前表演娱乐节目仍是许多艺术家的命运,冯维辛也不例外。作为一个高傲且忙碌的人,他总是寻求当局、人民的关注。前往意大利时,他写道:"我想在意大利讲究穿戴……充当俄罗斯参议员!看上去是一位多么尊贵的贵族啊!这是别人对我的称赞,尤其是当他们看到我身上穿了一件镶有金环和流苏的貂皮长礼服时……"

伟大的剧作家、别人恶习的揭露者,断然不会自嘲,他表现得像米特罗凡努什卡。然而,这也经常发生在伟大的艺术家身上……

第三道菜过后,高谈阔论的他吸引到了女皇注意,王位继承人的导师尼基塔·帕宁对冯维辛称赞有加,并让他成为自己的助手。贵族的邀请接踵而至,冯维辛名声大噪。冯维辛在一次参观圣彼得堡后,心情久久不能平复,与其说是对宫廷的奢华感到震惊，不如说是对剧院的宏壮感到震惊，此后他对剧院充满了热情。他尤其喜欢喜剧和讽刺作品，他仿佛是为戏剧而生的，许多人害怕成为他笔下的人物。冯维辛聪明、善于观察、无情，对他根本不喜欢的人会表现得毫无怜悯心。他无法抗拒来自世俗享乐、女人、食物、华美衣服的吸引，这种事情常有：厌恶世俗的他，自己却没有摆脱它！

"有很多厉害的人，"他在给朋友的信中写道，"但是，我向你发誓，一切都是虚无。我不愿与任何人交谈，即使为了小小的乐趣。"

揭发别人恶习的他本人并不善良、仁慈。不知何故，帕宁赐给了他一千个农奴，他用代役租制使这些人破产，招致了农奴造反；饥饿农奴们衣衫褴褛的景象引得调查人员恐惧和怜悯……但勿要谴责冯维辛，因为有许多厌世者和守财奴没有为社会创造任何有用的东西，而冯维辛将自己的厌世症倾注在精彩戏剧中。《旅长》的意义是什么？这是第一部以现代性为原型的俄罗斯喜剧，用生活中的典型俄罗斯素材写成。

同时，冯维辛很难兼顾剧本创作和宫廷服务，他从小就患有可怕的、有时难以忍受的头痛，用他的话说：头疼成了"我一生的不幸"。也许冯维辛患有高血压，他一直处于中风的边缘，这个病随时可能将他击倒……

1774年，冯维辛与一位富商的女儿卡特琳娜·赫洛波娃结婚，社会都谴责这段门不当户不对的婚姻。婚后，冯维辛开始了漫长的海外旅行，回到俄罗斯时，他已经退休，那时他完成了《纨绔少年》的构思。该剧作涉及了俄罗斯民族特征中的性格和心理。《纨绔少年》充满了诙谐幽默，易于理解和接受，直到现在《纨绔少年》仍然很好笑，这使我们与它的古老语言和解。该剧在首都交际界受到热烈追捧，获得了巨大成功。1782年《纨绔少年》在所有观众的热烈期盼下登台亮相。波将金曾说的一句名言，后来变为格言，可追溯到这个时候："丹尼斯死了，就不会有更好的剧作了！"

波将金和冯维辛从小相识——他们在同一所中学学习，当波将金成为女皇宠臣时，两人仍继续来往，俩人关系变得很特别。不止一次，早上冯维辛在贵族厕所里扮演着开心散播谣言并模仿周围人的小丑。然而，这对他的职业生涯几乎没有任何帮助，叶卡捷琳娜二世不喜欢他并刻意回避他。女皇的不待见让冯维辛心烦意乱，他无法获得自己所期待的荣耀。怎么回事呢？当然，女皇嫉妒他接近波将金，不喜欢冯维辛亲近她的老对手帕宁，但更重要的是，只能写出平庸戏剧的女皇妒忌冯维辛的才华。她不明白这个小丑是怎么写出让人捧腹的作品的，他取得惊人成功的秘诀是什么，为什么只有朝臣为自己的戏剧喝彩，而社会大众却不像引用冯维辛剧本的内容一样把自己写的剧本拿来引用？毕竟，她剧本写得也很犀利！也许她害怕冯维辛——怕他将自己放入喜剧角色中！所以，她无论如何也不亲自接见冯维辛：万一不经意间发现她身上的某些东西，让整个欧洲蒙羞怎么办！

冯维辛的头痛越来越严重，中风接踵而至。在剧作家去世前一天，诗人伊万·德米特里耶夫在德尔扎文的家中见到了冯维辛：

"……冯维辛来了。第一次见到他，我浑身一颤，感受到了人身上的所有贫苦与空虚。他走进了德尔扎文的办公室，在两名年轻军官搀扶下……他的一只胳膊不受控制，一条腿也僵硬了……他费力地说着每个字，声音嘶哑而狂野，但他的大眼睛闪闪发光……"

冯维辛带来了一部新喜剧。

"他向自己的助手示意，让其一口气读完了这部喜剧。随着阅读的进行，作者本人用眨眼、点头、那只健康手的动作来表达自己对其中部分内容的喜爱。即使在身体痛苦状态下，他心灵的嬉戏依旧没有离开。尽管叙述艰难，但他不止一次让我们发笑……我们在晚上十一点与他分开，第二天早上他就已经躺在棺材里了。"

# 叶卡捷琳娜二世时期的圣彼得堡

叶卡捷琳娜二世为圣彼得堡感到自豪，这座城市成为她的家乡。在位的那些年里，她不遗余力地装扮着自己的首都。然而这座城市在1777年遭遇了第一次大洪水。不幸往往来得非常突然，9月10日午夜过后，西风急剧增强，凌晨5点，涅瓦河河水漫过两岸，"瞬间淹没了城市的低洼地区"，人们不得不乘船沿着涅瓦大街和其他街道航行。那天早上的水位比平常高出310厘米，后来这么高的水位曾出现过两次：1824年（上升410厘米）和1924年（上升369厘米）。一股来自海上的狂风席卷着屋顶上的铁片、瓦片、玻璃，击碎了叶卡捷琳娜二世所在冬宫的玻璃窗扇。许多进入涅瓦河的船只和三桅船被吹离了锚，在暴风雨冲击下互相撞击，被抛上岸。在瓦西里岛，来自吕贝克的船有的不仅被冲上岸，还有的被冲到了远处的森林里。与此同时，夏园被毁：许多大树倒下，建筑物被水冲毁。洪水很快退去，这座城市呈现出一片可怕的景象：人与动物的尸体、倒下的栅栏、洪水带来的木材、大大小小的船只、折断的树木——乱七八糟地堆积在屋顶掀翻、窗户破损的破旧房屋中。所有的地窖和仓库被淹，货物被泡坏，商人损失惨重。只有鱼到处都是——水突然退去，在地窖、在地下室、在房间、在街上，在所有意想不到的地方都发现了鱼……

叶卡捷琳娜二世统治下的城市生活变化迅速，到了18世纪末圣彼得堡的人数超过了莫斯科——大约有20万人居住在这里，但那个时代的圣彼得堡并不拥挤。城市命运是由叶卡捷琳娜二世统治时期俄罗斯的统治地位决定的，这座城市成为世界政治中心之一，女皇有超过三分之一世纪的时间居住在此地，并光荣地统治着庞大的帝国。俄罗斯的经济和军事实力达到顶峰，这令同时代人惊叹不已。欧洲没有比俄罗斯圣彼得堡更宏伟的宫廷了，叶卡捷琳娜二世逝世那一年（1796年），宫廷的花销是巨大的，几乎达到了所有政府开支的12%！

帝国的强大也反映在了城市面貌上，我们可以通过盛大庆祝活动、广场游行以及圣彼得堡居民的生活方式来判断这一点。叶卡捷琳娜时期，与莫斯科"精神"的冲突表现得尤为明显，圣彼得堡充斥着时髦、新奇的西方元素，浮躁但又无情、冷酷具有侵略性，圣彼得堡的一切与莫斯科的古罗斯氛围、热情好客、善良但懒惰、消极、无进取心相对立。宫廷表现出对"更高领域"形势的消息灵通，这甚至赋予了随主人从圣彼得堡一起到莫斯科的仆役以意义和重要性。

此时，圣彼得堡成为最大的港口，它的贸易量占俄罗斯对外贸易的一半和海上贸易的三分之二，在这里从事贸易的商人会获利。瓦西里岛口岸上挤满了来自18个欧洲国家的船只。1760年有338艘船进入港口，而到1797年数量达到1267艘，其中一半以上是来到港口做贸易的英国人。来自美国的船只开始逐渐出现，一些来自波士顿和马萨诸塞州其他城市的船长以与俄罗斯贸易为主要职业，在两国之间航行数十次，称自己的船为"圣彼得堡号""涅瓦号"等。他们给美国带去了各种各样的商品，主要有铁、帆布、软皮、皮革、大麻、猪油和亚麻以及数以百万计的鹅毛。历史学家甚至开玩笑地推测，1776年7月4日美国《独立宣言》签署时用的是俄罗斯鹅毛笔。

# [文　献]

这座庞大的城市住着不同民族、不同面孔、不同阶级的人，这给参观者留下了奇怪印象。

"提到圣彼得堡，"法国人塞古尔写道，"脑海中会呈现出矛盾景象：在这里，你会同时遇到文明和野蛮、10世纪和18世纪的痕迹、亚洲和欧洲、斯基泰人和欧洲人、骄傲贵族和无知之人。一方面，时髦华丽的衣着、豪华的宴会、盛大的庆典就像身处巴黎和伦敦一样，另一方面这里有穿着亚洲服饰的商人、车夫、仆人、农民，留着长胡须，戴着皮帽和手套，有的穿着羊皮大衣把斧头别在腰带后面。这些衣服、羊毛鞋和粗糙的半高筒靴让人想起斯基泰人、达契亚人、罗克索兰人和哥特人……但是，当这些人在驳船或马车上唱着悠扬却有些单调的悲伤歌曲时，人们会立即想起这些人不再是古代自由的斯基泰人，而是在鞑靼人和俄罗斯波雅尔统治枷锁下失去了自尊心的莫斯科人。"

赛古尔精准地注意到了圣彼得堡起源的鲜明反差。他写道："尽管这里充满奢华与艺术的魅力，但权力仍不受任何限制，永远只有主人和奴隶，不管他们的名字多么好听。"正如 N.I. 屠格涅夫所写，在叶卡捷琳娜时代，"人们会被带到圣彼得堡的棚子里出售"。冒险家和好色之徒卡萨诺瓦用一丁点儿钱买了一个年轻女孩，当被问到买卖什么时候生效时，他的俄罗斯同伴回答说："哪怕现在都可以，如果你想，你可以给自己一个完整后宫，这里不缺美女，你只需要说句话。"外国人不习惯居住在有成群结队仆人的富裕地主家中，因为那里有令人作呕的贵族生活场景，充斥着接连不断的侮辱，甚至是殴打。

# 叶卡捷琳娜二世时期的建筑

那些对伊丽莎白时期印象深刻的圣彼得堡人会注意到这座城市发生的变化。与伊丽莎白·彼得罗芙娜统治时期的建筑风格不同，城市广阔空间里矗立的浮夸的巴洛克风格建筑被威严而雄伟的古典主义风格建筑所取代。巴洛克风格向古典主义风格转变时恰逢叶卡捷琳娜二世即位。当时建筑的风格之争陷入冲突局面，18世纪60年代初期，巴洛克式天才F. B. 拉斯特雷利计划以他特有的风格在萨多瓦亚和涅夫斯基大街拐角处设计一个新的中心商场，但叶卡捷琳娜二世并不喜欢拉斯特雷利的方案，她得到了商人们的强力支持——毕竟，商人们要为巴洛克式建筑花费很多钱！最终，商场的设计由1759年成为艺术学院院士的法国人瓦隆·德拉莫特负责，感觉到被冒犯的拉斯特雷利退出，他的时代已经过去。瓦隆·德拉莫特的古典主义风格作品很符合女皇口味，符合启蒙运动的世界观。

带有涡纹、变幻莫测的曲线、华丽的装饰的巴洛克风格的象征性建筑物符合任性的伊丽莎白·彼得罗芙娜女皇的口味，她留下了奢华的冬宫、沙皇村、彼得夏宫和拉斯特雷利设计的斯莫尔尼大教堂。叶卡捷琳娜二世的美学品位相对于前者来说就更胜一筹了，她更倾向于清晰、和谐、相称、高贵的古典主义风格。建筑和结构的意义变成了理性、简单和自然。叶卡捷琳娜二世愤怒地嘲讽那些具有上个时代特征的象征性建筑物："谁知道这到底是什么，这透露出愚蠢、令人难以忍受的寓意，规模如此巨大，耗费人们无尽努力制造出来毫无意义的东西。"她还写道，她讨厌"折磨"水的喷泉，这让水变得不自然。叶卡捷琳娜二世的这些言论并不意味着伊丽莎白时期的巴洛克建筑将被摧毁或重建。那个时代的特别之处在于建筑师有将新旧时代建筑结合起来的能力。

俄罗斯的古典主义在其发展过程中被认为经历了一定的演变。起初它受到来自法国古典主义思想的强烈影响。瓦隆·德拉莫特就从事这一风格的研究，从18世纪60年代开始，他不仅建造了中心商场，还建造了小冬宫、艺术学院（与A. F.科科里诺夫一起）、新荷兰画廊（与S. I.切瓦金斯基一起）。大概从18世纪80年代开始，法国学派崇高而朴素的建筑风格被起源于16世纪意大利建筑天才安东尼奥·帕拉迪奥的清晰、优雅的形式取代。亚历山大·菲利波维奇·科科里诺夫在瓦隆·德拉莫特的协助下，在涅瓦河畔建造了艺术学院大楼。叶卡捷琳娜二世时期的其他建筑师同样才华横溢：安东尼奥·里纳尔迪建造了奥拉宁鲍姆的中国宫和圣彼得堡的大理石宫，伊万·斯塔罗夫建造了陶里德宫和亚历山大·涅夫斯基修道院的三一大教堂。

贾科莫·夸伦吉的众多建筑，如科学院大楼、冬宫剧院、沙皇村的亚历山大宫在圣彼得堡广受欢迎。后来，夸伦吉建造了近卫军骑兵的练马场和斯莫尔尼学院。与夸伦吉相匹敌的是沙皇村著名画廊的创建者查尔斯·卡梅伦，他于1780年建造了巴甫洛夫宫。尼古拉·利沃夫是市邮局大楼的创建者。

当然，也有很多拥有独特风格的杰出大师，并不符合古典主义原则，他们试图在创作中结合巴洛克和古典主义，这些人中就有大理石宫的创造者安东尼奥·里纳尔迪，大理石宫奇迹般地实现了这两种风格的融合。然而，最终还是古典主义获胜并开始决定这座城市的面貌。不能不提的是尤里·费尔滕与他所建造的优雅的切斯梅教堂和举世闻名的夏日花园栅栏。费尔滕还设计了一个宏伟的方案：为圣彼得堡的河流和运河装饰花岗岩堤岸。最终，泥泞的河岸变成叶卡捷琳娜运河堤岸的优美弧线，丰坦卡河在郁郁葱葱的铸铁格栅花边中闪闪发光。在这种基调和风格影响下，人们开始在河流上建造石桥，彼得保罗要塞外面被装饰上了花岗岩。

两位杰出的建筑师——V. I.巴热诺夫和M. F.卡扎科夫——代表了莫斯科建筑古典主义发展趋势。巴热诺夫的察里津宫和位于莫霍瓦亚的著名的帕什科夫故居毋庸置疑成了建筑杰作。卡扎科夫尝试重建克里姆林宫参议院大楼，建造莫斯科大学主楼和彼得罗夫宫，以及在俄罗斯居民中非常受欢迎的贵族议会大厦，也就是众所周知的带有宏伟圆柱大厅的联盟之家。如果说莫斯科古典主义风格的建筑并不能代表整个莫斯科建筑，那么巴热诺夫和卡扎科夫的圣彼得堡建筑从根本上改变了北方首都的面貌。到了18世纪末，在C.罗西、A. D.扎哈罗夫、O.蒙费朗和其他人的巧妙补充下，圣彼得堡看起来就像一座新城，这座城市一直延续到当今时代。

叶卡捷琳娜二世不喜欢莫斯科，她认为莫斯科充斥着令人厌烦的人群和恶臭。

而在谈到圣彼得堡时，"这是我的首都！"是叶卡捷琳娜笔下的真实记录。A. V. 克瓦索夫对特别委员会关于石头建筑的方案给予了充分认可和无限资金，该委员会制订了重建首都中心的长期计划，该计划实质是重建街道，"在一条街道上建造的房屋由统一连续的立面和高度组成"。这直接源于彼得一世时期的"警察"国家概念，并得到叶卡捷琳娜二世的支持。此次重建多亏了能工巧匠，才没有把这座城市改造成无聊阅兵场上的一排排兵营。

没有纪念碑的帝国是不存在的：方尖碑、形形色色的狮子和英雄骑士雕像都是帝国首都的标志。叶卡捷琳娜二世时期建造了大量的纪念碑：彼得为纪念1720年格伦纳姆胜利而建的木质方尖碑，矗立在三一广场上；除了伊丽莎白·彼得罗芙娜时期脆弱的木质凯旋门，叶卡捷琳娜时期还有根据古罗马和法国模型建造的青铜、大理石纪念碑。K. B. 拉斯特雷利从事彼得大帝骑士雕像工作30多年，重现了罗马马库斯·奥勒留的雕塑风格。但在伊丽莎白时期，拉斯特雷利的作品以及雕塑家A. 马泰利亚的骑士纪念碑并没有被安置在广场上。到叶卡捷琳娜二世统治时期，这些巴洛克式纪念碑已经过时，拉斯特雷利创作的彼得大帝雕像在板棚里伫立了半个多世纪，直到1801年保罗一世才让其重见天日，并将其竖立在米哈伊洛夫斯基城堡前，他的这一做法惹恼了自己的母亲。叶卡捷琳娜二世始终关注自己统治的不朽。

沙皇村公园内陆续出现了纪念柱和纪念碑，如海军纪念柱（1771年）、切斯马纪念柱（1771—1778年）、卡胡尔方尖碑（1771年）、在城市火星广场矗立着的纪念鲁缅采夫胜利的方尖碑（1799年），两年后又有了A. V. 苏沃洛夫纪念碑。然而叶卡捷琳娜二世时期公认的最重要的纪念碑是著名的青铜骑士，它成为帝国的象征。

青铜骑士的建造过程是一部真正的史诗，它的创造者法国雕塑家艾蒂安·莫里斯·法尔科内于1766年应叶卡捷琳娜二世之邀为彼得一世创作纪念碑，在俄罗斯他甚至获得了艺术学院院士的称号。1770年人们在拉赫塔附近发现了一块巨大的花岗岩，它成为彼得大帝骑马雕像的基座。石头是从卡累利阿用驳船运来的，然后卸到岸上。对围观群众来说，呈现出了宏伟而奇妙的景观：如山一样的石头"自己"从船上滑落，在几十个铜球上沿着沟槽"滚"到指定地方。但很快就出现了问题：法尔科内想加工岩石使其成为所需形状，但遭到周围所有人的反对——不能破坏如此美丽的"狂野"悬岩！但法尔科内固执己见："我是在为雕像制作基座，而不是与此相反！"

法尔科内在巴黎为这座纪念碑制订了一个不同寻常的方案：骑士不仅要站在一块岩石上，而且还要全力飞速地冲上它。为了实现这一目标，作坊附近搭建了一个特殊平台，在雕塑家的眼前骑士坐上马背从宫厩连续飞奔了数百次。表现最好的是两匹漂亮的马——叶卡捷琳娜二世的最爱——著名的"钻石"和"随想"。法尔科内同伊万·贝茨科伊维持了一段艰难关系，后者是女皇密友，后来成为该项目的负责人。法尔科内一到作坊他们的争吵就立即开始。贝茨科伊试图向雕塑家下达指示，法尔科内向女皇本人抱怨这位监督人。贝茨科伊建议法尔科内模仿马库斯·奥勒留的宏伟雕像，但后者仍旧坚持自己创作风格。与此同时，这位法国人任性且总是对一切不满，拒绝收俄罗斯人为徒。

在巴黎时，法尔科内就让自己的俄罗斯雇主惊讶不已，他不认可30万里弗的报价费用，并说这项工作仅花费20万里弗就够了，他不需要更多的钱。到达圣彼得堡后，雇主对法尔科内提出了各种各样的要求，使后者筋疲力尽。然后雕塑家要求增加20万里弗，但雇主没有再给他这笔钱……令人惊讶的是，在圣彼得堡的12年生活中，法尔科内只见过女皇几次。不知什么原因，叶卡捷琳娜二世选择以书信形式与其交流，而这整卷的长期通信几乎都传到了我们手上。1777年秋天，纪念碑将近完工，只剩下最后的润色……但大师的功力已然耗尽。国库不再支付费用，叶卡捷琳娜二世中断了与法尔科内的通信，对他提出的关于对贝茨科伊、平庸助手、懒惰工人的绝望抱怨保持沉默。总之，法尔科内决定离开，之后他又拖了一年，于1778年秋天怀着沉重心情离开了俄罗斯首都。他的主要杰作、他的灵魂留在离涅瓦河岸很近的地方，法尔科内没有机会看到自己设计的纪念碑在1782年揭幕——他未被邀请。法尔科内作品的后续由费尔滕完成。

# 建造冬宫

叶卡捷琳娜二世时期的庆祝活动以其宏大和美丽著称。同伊丽莎白·彼得罗芙娜时期一样，舞会和化装舞会在宫廷中举行，有数千名宾客参加。女皇选择拉斯特雷利于1762年完成的冬宫作为自己的主寝宫。这座宫殿是个杰出的建筑作品，涅瓦河连列厅（包括国王议事大厅）沿着涅瓦河绵延160米。主楼梯处有个带有教堂的华丽连列厅，所有的大厅都装饰着华丽雕刻和绘画。由于拉斯特雷利的辞职，宫殿内部装饰未能完成巴洛克和洛可可风格的计划。尽管如此，宫殿大厅却成为宫廷庆典的宏伟舞台。1765年冬天，著名冒险家贾科莫·卡萨诺瓦参加了冬宫的一个舞会，体验了一场梦幻般的奢华后卡萨诺瓦回忆着写道："房间装饰与宾客着装都呈现出奇异奢华之景，场面十分壮丽。"1778年在冬宫参加舞会的英国人W. 考克斯也持有同样的观点：

俄罗斯宫廷的富丽堂皇无法用最奇异精致的话语来描述。古亚洲的华丽与欧洲的精致相结合……宫廷服饰的光彩和琳琅的宝石保留了其他欧洲国家的华美。

虽然那天宫中聚集了8000人左右，但这整群人并没有和宫廷贵胄混在一起，他们在一道低矮屏障后面，伴着相同音乐起舞。

众所周知，女皇非常喜欢大自然与村庄，她尤其热爱沙皇村的公园、池塘的平静水面和树木的沙沙声。"你无法想象沙皇村在温暖天气里有多美好。"她在1791年7月给格林的信中如此写道。幸运的是，与格林不同，我们可以感受到女皇心爱的公园依旧生机勃勃。

叶卡捷琳娜二世时代最引人注目的建筑还是冬宫。隐藏在寂静森林中的法式建筑——一座反思的殿堂，一个友好的、"非官方"的交流场所——被改造为沙皇住所附近的豪华宫殿。一跨过冬宫门槛就发现自己置身于一个不同寻常的世界，仿佛来到了奇妙的帝国和陌生的世界。叶卡捷琳娜二世不遗余力地装饰着自己的冬宫，到1790年，冬宫里有近4000幅画作、38000本书，以及20000块版画和石刻。列出这些画作背后的著名艺术家的名字，一页纸都不够。徜徉在这些艺术作品中，参观者会感到与众不同，感到自由、欢快和自然，就像冬季花园玻璃穹顶下放声高歌的鸟儿。这座花园里的夏天仿佛永远不会结束。

圣彼得堡上流社会成员愿意倾尽所有与叶卡捷琳娜二世玩捉迷藏、绳圈或糖纸游戏，或者和她一起唱其最喜欢的俄罗斯歌曲，围在身穿鲜艳服装的女皇的周围对他们来说是一件非常幸福和幸运的事。众所周知，没有被邀请到冬宫的官员很少会担任要职。在这个简单、自然的环境中，一个人无论怎么假装都会被人看透；如果他是个傻瓜，就会立刻被人们看穿。

[文 献]

彼得大帝纪念碑揭幕仪式被设计成帝国的凯旋，类似于盛大的戏剧表演。在阅兵部队和挤满广场的无数观众面前，出现了一座"野生石山"，就像一个巨大的匣子，一个用彩绘帆布制成的装饰品。当女皇到达广场时，一枚信号弹升空。

"突然，"《圣彼得堡新闻》写道，"……观众惊讶不已，眼前的野生石山轰然倒地……最后，从四面八方消失得无影无踪，不留任何痕迹。骑在马上的彼得在观众惊讶的目光中出现……"

与此同时，天空被来自涅瓦河的大炮轰鸣声撕裂，广场上所有军团的步枪都发出了一阵快速的噼啪声。"主人平静马暴怒。"一位当代人对这座独特的骑马雕像做出了描述。直到现在，青铜骑士正如19世纪开始所说的那样，仿佛散发出某种非凡的力量的专制威严，甚至某种魔力。

[人 物]

## 建筑师尼古拉·利沃夫

利沃夫精彩地度过了52年岁月。他很幸运,凭借天赋和机遇获得了成功,获得了浪漫爱情,获得了上帝和权威的青睐,以及富足、创造力和忠诚的朋友。利沃夫设计建造的宫殿和教堂屹立数百年,他所获得的荣耀比地球上任何人都多!利沃夫来自特维尔边远地区,年幼时进入圣彼得堡的伊兹麦洛夫斯基兵团,在兵团和兵团学校他获得了大量知识,随后其才华开始展现。利沃夫是位英俊、随和、开朗和与众不同的人,有点像莫扎特,身上有着天才的光辉,这是种难以捉摸、潜在、反复无常的品质。众所周知,这种品质不会落在每个人头上。利沃夫被称为"俄罗斯的莱昂纳多"——他的爱好广泛,创造力无限。除了诗歌、音乐、绘画,他还喜欢雕塑,最重要的是他内心对建筑的深深依恋。利沃夫在警卫队服役时间不长,作为队长退役并出国,出国的这段旅程充当了他的大学教育,期间他学习并吸收了德累斯顿、卢浮宫、埃斯科里亚尔、罗马等地的杰作,这些建筑成为利沃夫创作作品的灵感来源和参照。结束旅程后,利沃夫以成熟艺术家、创作者的身份回到了俄罗斯。

18世纪80年代初对利沃夫来说尤其幸运,他身边不仅出现了善良的天才玛莎,而且还拥有了强大的庇护者——叶卡捷琳娜二世的国务大臣,然后是俄罗斯总理亚历山大·别兹博罗德科。后者赞赏利沃夫的杰出才能和人文素养,并将其引荐给了叶卡捷琳娜二世。女皇对利沃夫的设计很满意,并开始委托他建造各种建筑。1780年,他建造了著名的彼得保罗要塞涅夫斯基门,随后设计和建造了圣彼得堡邮局,这里有利沃夫和家人住了十多年的国有公寓。18世纪80年代末到90年代初,利沃夫在邮局的公寓被称为文学沙龙,许多杰出人物,包括作家和艺术家经常来访,如博罗维科夫斯基、卡普尼斯特、赫姆尼策、列维茨基、奥列宁等。利沃夫是位知礼节的好主人,他不被客人厌烦,但会对客人的交谈内容定标准。所有人都认为他的品位毋庸置疑,甚至称其为"品位天才"。加夫利尔·德尔扎文在利沃夫的生活中占据了特殊的位置,俩人成为好友然后又成为亲人(他们娶了一对姐妹花)。利沃夫纠正德尔扎文的诗歌,对德尔扎文来说这属于权威指正;而利沃夫,一个随和、不嫉妒的聪明人,从来没有试图超越德尔扎文。

同时,利沃夫本人也具有极高的文学天赋。在文学辞藻华丽且矫揉造作的时代,他的作品代表着朴素和自然，这在当时文学中是不同寻常的，他了解俄语的价值，收集俄罗斯民歌。

然而，俄罗斯感谢利沃夫并不是因为他的歌剧和诗歌，这些作品没有经受住时间的考验……事实上是因为俄罗斯的庄园，利沃夫被称为俄罗斯庄园之父。

多亏了利沃夫，那些类似于农民住宅的不舒服的房子被古典主义风格的贵族庄园取代，优雅的门廊、墙垛、柱子在俄罗斯文学作品中为人们熟知。庄园布局考虑了自然和周围环境的总体和谐，它们坐落在高地上，被花园、公园巧妙包围，倒映在静止池塘或静谧的河流中，柔善地看着世界，给周围带来和谐与安宁，展示了人类建筑如何成为自然的延续。这样的庄园成为万千贵族最爱的巢穴，他们在马车上匆匆赶路，期盼着远处温暖家中闪闪发光的白柱，一座优雅的镂空凉亭出现在池塘上方的公园中，教堂圆顶从树冠中出现，这就是家乡形象。

利沃夫的贵族庄园内生活惬意，客人们惊讶于这位建筑师的非凡创造力。利沃夫家的壁炉也起到了空气调节器的作用，里面加热的空气进入管道，通过管道进入装有玫瑰水的特殊花瓶，然后从水中升起，芬芳在房间里蔓延开来。利沃夫家里的所有这些设计（以及许多其他事物）都是为了享受生活：

让我们在夏日的傍晚聚在一起放松一下。

草地上的菩提树下，

被家居生活包围，

一群健康的孩子，

一群快乐的爱我们的人。

他（上帝）说过：他们是多么幸福……

利沃夫"脑洞大开"地实践自己的想法，不断地发明东西。他想出了"筑土"——一种用石灰层夯土建造建筑物的特殊技术。凭借这种技术利沃夫建成了盖特契纳修道院城堡，现在这座建筑物依然完好无损！随后利沃夫投入到俄罗斯浴场重建改造项目中，并不断被吸引到商业项目中去致富。但可惜的是，利沃夫的交易通常是高买低卖。总的来讲，长时间待在别墅中度假的人总是热衷于搞不切实际的计划，利沃夫也是如此，他决定在别墅旁边建一个小酒馆，但这并没有给他带来任何收入。别墅里存放着利沃夫在博罗维奇附近发现的大量煤炭,他甚至写了一本"关于俄罗斯土煤的好处与使用"的书。为了发财,他把煤带到了圣彼得堡,但他失败了——煤不小心被点着,尽管消防员极力救火,但大火还是着了起来……整个圣彼得堡在两年间都冒着浓烟。

到19世纪初,利沃夫开始不断生病,叶卡捷琳娜二世和他的庇护者别兹博罗德科也相继去世。赚钱的念头毒化了利沃夫的生活,不过他仍然继续创作。从圣彼得堡到莫斯科的路上,所有房屋、教堂、邮局、桥梁和哨所,都是由利沃夫完成的。

1803年,利沃夫去世……

# 圣彼得堡的娱乐消遣

在叶卡捷琳娜二世的统治下，圣彼得堡成为一座娱乐之城，有着无休止的庆祝活动的宫廷理所应当地成为娱乐中心。但只有少数人被允许进入宫廷，当然，不被允许的人也不会无聊至极。

贵族们喜欢在俱乐部的牌桌上自娱自乐。1770年在加勒纳亚街开业的阿格林斯基俱乐部有五十名会员。有些人作为俱乐部会员候选人一辈子都被"闲置"着，尽管在许多其他地方也可以玩纸牌。从整体上看，加勒纳亚街就像是伦敦的翻版不是巧合，许多英国人住在那里，附近的滨水区被称为英国街，人们可以在伦敦登上一艘船，然后在英国街下船，却感觉不到与伦敦有什么区别——同样的雾，同样的酒吧，同样的英文对话。

音乐爱好者组成音乐俱乐部，成员们为管弦乐队做出了贡献，可以不受限制地聆听音乐演奏。贵族家中的节日盛况并不逊色于皇宫场面。所谓的"贵族舞会"变得有规律，由最富有的贵族们"开桌"：这意味着，如果一人收到主人的邀请，那么从现在开始，他每天都可以出现在餐桌上。"此外，"一位回忆录作者写道，"我们参加这些丰盛晚宴的次数越多，我们就越有可能会成为贵宾，就好像我们是在施以援手而不是在接受恩惠。"

卡萨诺瓦写道，1766年夏天叶卡捷琳娜二世指示里纳尔迪在宫殿广场建造一个旋转木马圆形剧场，这是俄罗斯帝国两个世纪以来七个旋转木马剧场之一（当时"旋转木马"这个词被认为是指男性）。自然，18世纪的旋转木马根本不是我们读者所熟知的游乐设施，而是一场取代了骑士比赛的盛大庆祝活动。巨大明亮的舞台拉开帷幕，开始了主持人、小号手和参与者的序幕会演。旋转木马由几轮活动组成，被称为瓜德利尔——1766年有四个民族有这种娱乐：斯拉夫人、罗马人、土耳其人和印度人。旋转木马的参与者是拥有完美骑术的上流社会男女，他们穿着古装，牵着训练有素的贵族血统马匹驾驶战车,围绕竞技场的巨大圆圈进行连续竞技,战车和骑手在疾驰中用长枪、环、球进行各种技巧表演,完成复杂动作,这一切都让看台上成千上万的观众兴致高涨。在整个表演过程中,管弦乐队进行演奏。女皇和评委坐在主讲台上,宣布瓜德利尔的获胜者,胜利者被女皇亲自授予珍贵礼物。

政府在宫殿广场上为人们安排了简单表演。节假日,人群把娱乐时间献给了塞满炸鸡和肉的烤牛平台,不远处独特的喷泉将酒水喷到池中。这种无偿配给总是以广场变成散乱的垃圾场结束。

[文 献]

叶卡捷琳娜二世制定的冬宫宾客行为守则中有很多幽默文段,但聪明人明白,幽默背后隐藏着相当严肃的要求:

"1. 把所有的等级都留在门外,例如帽子,尤其是剑。

2. 地方主义和傲慢也应该留在门口。

3. 要快乐,但不要破坏任何东西,不要破坏氛围或吹毛求疵。

4. 想坐下、站着、散步都可以,不用管任何人,按自己的想法行动。

……

10. 你不能把家丑带出小屋,进到一只耳朵里的东西会在出门之前从另一只耳朵里流出。"

冬宫宾客行为规则不亚于彼得苛刻的集会规则。当然,人们被迫喝的不再是装在巨大高脚杯里的酒,而是水,或阅读瓦西里·特雷迪亚科夫斯基整章的《忒勒马科斯》——当然这是种可怕的惩罚,但对健康却不致命。但主要的是重视这些规则的制定者——女皇——的用心。冬宫既是一座神奇的宫殿,也是一座博物馆,里面是一群受邀与女皇分享休闲时光的人。

# 叶卡捷琳娜时期的剧院

剧院是圣彼得堡主要的娱乐活动场所之一。夸伦吉于 1783 年至 1785 年在彼得罗夫建造的冬宫剧院只允许高贵观众观看法国戏剧,其他剧院则更加平民化。观众们喜欢观看克尼亚兹宁的《瓦季姆》、卡普尼斯特的《诽谤》、卢金的《被爱改变的莫塔》,当然还有冯维辛的《旅长》和《纨绔少年》。1782 年,观众喜爱的演员伊万·德米特列夫斯基选择《纨绔少年》作为自己的公益演出剧目。优秀演员和剧作家帕拉维尔什奇科夫的表演带给戏剧现场的,除了雷鸣般的掌声外,还有按照当时传统扔上舞台的钱包雨。演员 S. N. 桑杜诺夫和 T. M. 特罗波斯卡娅也很有名。雅科夫·舒姆斯基是位无与伦比的喜剧演员,他在《纨绔少年》中凭借表演让整个剧场的观众笑得肚子痛。

18 世纪 80 年代初,石制的莫斯科大剧院在圣彼得堡首次开幕,其规模和室内装饰令所有人惊叹。

一位同时代人写道:"剧院的建造是之前没有人见过的新风格:舞台很高很宽敞,为观众准备的大厅形状是四分之三圆。按照当时的风俗,戏曲、话剧、芭蕾都在剧院上演。最受欢迎的是 O. A. 科兹洛夫斯基以民间故事《磨坊主、巫师、骗子和媒人》为主题创作的喜剧歌剧。"这里和冬宫剧院的表演音乐都是由意大利作曲家 B. 加卢皮、T. 特拉埃塔、G. 帕埃耶罗创作的。他们的作品也在宫廷舞会、化装舞会和晚宴上演出。朱塞佩·萨尔蒂凭借歌喉闻名,而在教堂合唱乐和室内歌剧方面,当时没有人可以与宫廷唱诗班负责人德米特里·博尔特尼扬斯基相提并论。他和另一位作曲家 M. S. 别列佐夫斯基一样是土生土长的乌克兰人,在意大利接受教育,没有他,无法想象俄罗斯艺术史上会有俄罗斯民族歌剧的一席之地。在宫廷和圣彼得堡最好的房子里,人们享受着小提琴大师、前农奴 E. I. 坎多什金的演奏,以及

O. A. 科兹洛夫斯基最受欢迎的波兰舞曲《胜利的雷霆》的演奏，用加夫利尔·德尔扎文的话来说：很少有人能对这首如此庄严雄伟的乐曲无动于衷，这首曲子是叶卡捷琳娜二世统治的颂歌。

# 叶卡捷琳娜二世时期的绘画和雕塑

叶卡捷琳娜二世领导下的艺术学院成为18世纪俄罗斯艺术发展最重要的中心。在伊万·伊万诺维奇·舒瓦洛夫深思熟虑的安排与监督下，艺术学院成为培养俄罗斯人才的"温室"。从该学院走出的出众艺术家有费奥多尔·罗科托夫、德米特里·列维茨基、弗拉基米尔·博罗维科夫斯基、安东·洛先科。在古典主义熏陶下，加上各自的才华，他们才能彼此不同。费奥多尔·罗科托夫成年后来到学院，并成为叶卡捷琳娜二世加冕肖像画的作者，他因出色的室内肖像作品而闻名，能够瞬间捕捉到被描绘人物的主要特征。费奥多尔·罗科托夫早早离开圣彼得堡，远离宫廷，之后定居在莫斯科，成为当时的时尚艺术家之一。

大约20年的时间里，德米特里·列维茨基领导的艺术学院肖像画作班培养了整整一代俄罗斯肖像画家。列维茨基因其真人大小的肖像画而成名，但更值得一提的是，列维茨基因一系列斯摩棱斯克女性——斯莫尔尼学院毕业生的肖像画——而闻名。列维茨基以舞台上不同角色的不同形式，为女孩们创作了非比寻常的仪式肖像，他设法传达自己笔下女主人公的非凡优雅，在他的肖像画中女主人公诙谐中透露着优雅。

弗拉基米尔·博罗维科夫斯基与利沃夫的知识分子圈子关系密切。他学识广博，成为一名时尚的"家庭"艺术家，可以在画布上描绘出整个贵族家族的情况。博罗维科夫斯基为叶卡捷琳娜二世、她的儿子保罗·彼得罗维奇、她的孙子亚历山大和康斯坦丁等人创作了很多肖像画。这位长寿之人一直是杰出的室内肖像大师，还曾在亚历山大一世手下工作过。他的画作中没有罗科托夫的亲密感，没有列维茨基的幽默和快乐，但透露着美丽和优雅，人物姿态优雅。博罗维科夫斯基在小幅画像和圣像绘画上做了很多研究，这对于他所在的艺术家圈子来说是不寻常的。

安东·洛先科是杰出的历史流派大师，也是古典主义中最受欢迎的画家。在罗蒙诺索夫之后,他是第一个不仅关注圣经和古代戏剧,而且关注俄罗斯历史事件的画家。1770年,他展出了戏剧性的诗意画作《弗拉基米尔和罗格涅达》,这在当时是不寻常的,因为这过去似乎是"拙劣"的。洛先科是俄罗斯最好的黑白绘画艺术家之一,以肖像画闻名的叶夫格拉夫·切梅索夫可以与其相匹敌。费多特·舒宾在俄罗斯雕塑史上占特殊位置,当时俄罗斯的雕塑技艺尚未达到欧洲水平,他并不具备雕刻人物和人物构图的天赋,但他擅长对半身雕塑进行令人震惊的心理描绘。这位大师雕刻的大理石作品栩栩如生,人物脸部表情丰富。

# 18世纪下半叶的服装和发型

18世纪的俄罗斯服饰和发型深受波兰和法国影响，随着臣民面貌的改变，彼得大帝开始了他著名的改革。从1698年开始，彼得下令用短的波兰式服装代替旧的长襟服装。城门上张贴了服饰样例，所有违反法令之人被要求跪在地上，衣襟被人用剪刀剪短。剃须也是强制执行，以同样的方式。彼得大帝本人，忠实于自己的荷兰品位，穿得像阿姆斯特丹的市民或水手。然而这种时尚并没有在俄罗斯扎根，臣民们都穿上了法国贵族式的服饰。

这一现象在18世纪中叶变得尤为明显，当时风靡的时尚从属于洛可可风格。洛可可风格要求优雅、轻盈、精致和温暖的色调，浅粉色或鲜红色的衣着打扮在未婚男性圈子里变得很普遍。伊丽莎白·彼得罗芙娜和叶卡捷琳娜二世时期上层社会的男人追崇法国时尚。圣彼得堡是俄罗斯的潮流引领者，来自法国的船只停泊此处，带来了新的面料、鞋子、珠宝和"小百货"。

男士服装包括衬衫、无袖短上衣、长袍、短裤、长袜和鞋子。外套是用丝绸面料、天鹅绒、锦缎缝制的长袍，内衬是毛皮。无袖短上衣几乎完全重复了长袍的剪裁，从长袍下面可以看到，无袖短上衣只用两个纽扣固定。在无袖短上衣下，他们穿着一件由麻布或亚麻织物制成的衬衫，带有褶边和开襟。后来，衬衫用粗棉布缝制，饰有皱褶花边。衬衫用珍珠、黄金和宝石制成的小纽扣系着。到19世纪初，风格被简化——纽扣由骨头、牛角、木头制成。

及膝长裤采用与长袍相同的面料缝制而成。鞋子是直楦的，每个人都必须穿鞋（主人强迫仆人必须穿鞋），当时人们穿高跟的和厚底的鞋。到该世纪末，出现了前面有大切口且没有后跟的鞋子。长袜是彩色和白色的，冬季长袜的内衬是毛皮。帽子由羊毛或绒毛制成，有一个圆形冠冕，帽檐上镶着花边或细带。

燕尾服代表男装的"时代特征"，它出现于18世纪末，雏形是一件"改造过"

的长衫，在时尚影响下，它的前后长度开始变化，通过剪裁和纽扣的特别设计凸显了高腰设计。曾经燕尾服的后面分叉并加长到膝盖，前面几乎缩短到胸前，然后受到潮流影响，前面再次变长。在时尚方面，燕尾服有自己的"古怪"，它们不断地被变尖和变圆。燕尾服是立式翻领，衣服前面的纽扣不得超过三个。俄罗斯燕尾服的历史有其戏剧性的一页。1796年即位的保罗一世开始压制人们穿燕尾服、戴法式圆帽，认为这些是"革命堕落"的象征，男性应该身穿军装或民用制服或长衣。直到亚历山大一世即位，对燕尾服的压制才停止，它再次公开出现在大街上和沙龙里。

起初，燕尾服是用来在街上游玩和骑马时穿的衣服——因此，它的边襟有不同的长度。后来它被"引进"沙龙，成为世俗、非军事的贵族阶层的服饰，随后仆人们也开始穿上了它。燕尾服不像长袍一样颜色鲜亮，历史上它一开始是浅黄或粉红色的。后来多数情况下，燕尾服发展成为用绿色、紫色、咖啡色、蓝色、黑色的布和天鹅绒、丝绸缝制。

手杖的时尚，就像领带一样，在18至19世纪期间不断变化。当时流行的是带有象牙或黄金制成镶头的高手杖，之后出现了带有弯曲手柄的手杖，然后是漆面或银边手杖，竹子或芦苇制成的棍子也被用作手杖。手杖上的秘密是人们可以在其中安装进去长柄手枪或精巧短剑。

18世纪从西方传来的女性服装主要元素包括胸衣、蓬松的裙子、对襟无扣的连衣裙。18世纪男女服饰往往颜色一致，用同种面料缝制而成，人们对深浅不同颜色的叫法有些古怪——"新人的颜色""意志消沉的眼睛的颜色"。紧身胸衣和系带是改变身材的主要手段，借助带花边或金银绦带的紧身胸衣，用系带收紧背部……为了尽可能地收紧紧身胸衣，女仆会用膝盖顶在女主人背上。根据当时流行的时尚，淑女身材应该是挺拔、匀称、苗条的。一些女士会因穿紧身胸衣窒息昏过去。18世纪初的裙子是圆形或钟形的，从30年代开始，裙子后加上了奇形怪状的拖地后襟，在裙子后下方安上了棉质圆形物体，改变了女士的身形轮廓，让她们看起来像只肥尾羊。

裙子被放在用芦苇或鲸骨制成的框架（裙撑）上。18世纪，有箍裙撑出现了，这是一种用铁丝或马鬃做框架的裙撑，这样女人们就可以捏着裙子穿过门口。接下来出现了更加舒适的柔软的圆形裙撑，整件衣服有几十个窄皱边、缎带和蝴蝶结，使用了大量材料。在隆重场合，礼服上安着一个可拆卸的拖地裙摆，所有裙子都拖地——女性露出脚踝被旁人窥探到被认为是不可接受、不道德的。

18 世纪 70 年代法国时尚被英国时尚取代：端庄的白色礼服，朴实的装饰，没有蕾丝、缎带和褶边。上身穿着所谓的长袍，对襟无扣裙子替代了之前的夏季服饰。贵族女士的长袍上装饰着宝石、小链、花边、缎带、金刺绣，每个人都试图在珠宝数量和美感上超越对手。丝袜是用丝绸、棉、羊毛做的，尖头鞋是用皮革缝制的，居家鞋是用锦缎、缎子和天鹅绒制成的。

在 18 世纪，出现了理发馆。理发师同时又是大夫，在理发店里，他们给客人梳头、刮胡子、剪发、抽血和放血。

毫无疑问，必须承认 18 世纪的第一位时尚达人是伊丽莎白·彼得罗芙娜女皇。同时代的人注意到她对着装和娱乐有着十足的热情，而且她的衣服、发型和珠宝都非凡且优雅。众所周知，女皇禁止其他女士模仿自己的穿衣打扮。叶卡捷琳娜二世写道：女士们应该穿着朴素，如此女皇会在她们的陪衬下显得光彩夺目。尽管有女皇愤怒的威胁，女性的"卖俏花招"依然强大，每个人都尽可能地打扮得更精致和更优雅。

整个 18 世纪，法国是俄罗斯时尚服饰和"小百货"的主要（且取之不尽的）来源地。伊丽莎白·彼得罗芙娜统治时期，俄罗斯驻巴黎外交代表一直处于破产边缘——他把所有钱都花在了为女皇购买长袜、鞋子和面料上。在 I. P. 埃拉金写的一首讽刺诗中，描述了女皇这位时尚达人突然发现自己脸被晒黑时的苦恼，对她来说这是不可接受的！

> 在这里，他耗尽了所有香水，
> 我们同各种人借债，
> 并且，知道我们喜欢新事物，
> 从法国带来口红时，他们笑了，
> 从我们这里白白拿走三倍的钱。

叶卡捷琳娜二世统治的 18 世纪下半叶，庆祝活动与伊丽莎白统治时期一样隆重，但在叶卡捷琳娜二世人道的统治下，每个人都以自己的品位为导向。叶卡捷琳娜二世开始规定服装的款式和剪裁风格，在宫廷里，司仪依旧关注着女士们、先生们的着装。时尚杂志也出现了，人们从杂志中汲取了必要知识，以保持自己的形象。路易十五和伊丽莎白·彼得罗芙娜时期的洛可可风格被古典主义风格所取代，后者的特点是以简单的线条为时尚，巨大的卷发和辫子不再出现。一位富有的贵妇人会为当天准备几套衣服：早上她穿着轻薄的"晨礼服"做针线活，甚至接待客人，戴着一顶有蝴蝶结、褶皱和丝带的帽子，系在下巴下面。包发帽是欧洲城镇妇女着装的变体，是家庭主妇的一种象征。接近中午时，她换上一件带有最少褶边、丝带和装饰的"家居服"。更衣室出口处，女仆拎着一件"拜访礼服"，在仆人帮助下，女士不得不系上胸衣，将腰部收紧到"黄蜂"的粗细，穿上高跟鞋。

  18世纪发型的历史，其复杂程度不逊色于服饰。18世纪上半叶，男人和女人都戴着笨重的假发，我们可以在A. D. 缅希科夫或G. I. 戈洛夫金的庄重肖像上看到。彼得一世对假发持强硬态度，他留着一头长发，他的假发是用自己头发制成的，头冷的时候他会戴着这顶像帽子一样的假发。假发很贵，需要从欧洲进口。为了美观，假发被撒上粉末。18世纪中叶著名的时尚达人、奥地利大臣考尼茨想出了一种为假发上粉的独创方法：在一个特殊的房间里喷洒粉末，考尼茨戴着假发走进房间，六个拿着大扇子的仆人将粉末"撒"到他的假发上。撒完粉后，考尼茨换下了沾满粉的衣服去迎接客人。18世纪30年代在比龙的影响下，德国假发时尚在俄罗斯出现，"普鲁士辫"取代了昔日华丽的假发，"普鲁士辫"由人们自己的头发或假头发编织而成。叶卡捷琳娜二世时期，男人戴上所谓的"长鼠尾"，后脑勺的头发从后颈处被一条云纹丝带包裹起来，形成一根细棒。"鸽翼"发型由修剪过的鬓角的一缕头发组成，用丝带系在后面并被稍微卷了卷。假发时尚也出现在军队制服上，假发是制服的一部分，而且是非常不舒服的一部分。假发需要护理，需要保持卷曲并涂上粉末，而这一切操作要在行军过程中完成。到了叶卡捷琳娜二世时期，这种做法才被放弃。但直到18世纪末假发时尚才消失。

  18世纪初女性发型的时尚被称为"font-tange"，一种复杂的戴着珠宝的高卷发——这个发型让人联想起帽子，该发型是从法国引进的。18世纪30年代，发型的体积变小，流行"扑了粉的小发型"（头发环着头部卷成花环，后脑勺保持平整），该发型后来的变体之一是垂到胸前的蛇形卷发，我们在一幅安娜·伊凡诺芙娜女皇的著名肖像中见过这种发型。"蛋形"发型是伊丽莎白·彼得罗芙娜女皇最爱的发型：头发从额头向上蓬松，梳理顺滑，在发型的最顶端用优雅的小钻石王冠固定，除了女皇其他女士是被禁止做这种发型的。18世纪下半叶，厚重的大假发突然兴起。这种高框假发非常笨重，上面还撒着粉末和面粉。框架和假发上带有装饰船的"护卫舰"发型出现了。在玛丽·安托瓦内特的发型中，线框是用头发编成的，上面戴有许多发髻。

在18世纪，自然肤色被认为是"错误的"（更不用说晒出来的黑色，只有在田间劳作的平民才有），这就是为什么有必要在脸上、脖子上和手上涂抹一层厚厚的粉底（顺便说一句，这些粉含有铅或锌，对身体十分有害），脸颊涂上重重的腮红。

为了消除陈旧亚麻布的气味和人的体味，人们使用有香味的擦拭剂，后来香水出现了。伊丽莎白·彼得罗芙娜统治时期就有美甲师，他们通过为女士们做指甲谋生。18世纪末19世纪初，人们对一切古物充满热情，装饰品都仿照古董样式来做。香水和口红很流行，但脂粉很少被使用，普通女性会将头发染成流行的栗色。

两个世纪以来，百姓的衣着和发型变化不大，整个18世纪，农民不需要刮胡子，他们的妻子和女儿继续把头发整齐地梳成辫子，用格瓦斯把头发抿光。农民通常穿着衬衫、衬裤和长袍。衬衫几乎到了膝盖，袖子又长又直，胳膊下面有长方形的嵌入物。左侧有开衩的无领衬衫裁剪成束腰形式，空心衣领很常见。斜领衬衫也很流行，衬裤和内裤用的材质是帆布或印花布，有时也用德国布缝制。衬衫外面会套各种长袍——原色粗呢外衣、无领上衣、紧腰细褶长外衣。穷人的鞋子是带鞋垫的麻布鞋——一条长约三尺的土布，从脚趾到膝盖缠绕在脚上。冬天穿皮大衣和短皮大衣，在冬季漫长的旅程中，熊皮或狼皮制成的大衣被套在上面。18世纪农妇的服装变化缓慢，保留了从远古祖先那里继承下来的传统形式。主要衣服是衬衫，它的上部（紧身胸衣）同缝制袖子的薄布一样与贴身穿的衬衣下部形成对比——那部分是由帆布制成的。衣领和手腕上的袖子被细带束起，衬衫被遮在其中。衬衣外穿上一条长长的、宽大的家织萨拉凡、一条帕内瓦裙子或两者都穿。紧领的萨拉凡也很常见，后来被人们称为短皮大衣或对襟无扣女短衫。通常老年妇女穿成这样：吊带裙上高高地系着宽腰带（或衬衫下的腰带），被用作胸衣。

与古代一样，18—19世纪的农民妇女在萨拉凡上穿一件短衣遮住胸口，它的叫法有坎肩、女棉背心。她们还穿有袖或无袖的斗篷，斗篷带有毛皮饰边，能够用来防寒。

18世纪，在城市中肥大女外衣流行起来：这是一种古罗斯和欧洲时尚的特殊结合，自由、宽大，就像古俄罗斯的奥帕申服一样，为手臂留出缝，还有兜帽。欧洲时尚仍然渗透到农民阶层中,到 19 世纪初在工人和农民中舒适的裙装——女短衫、裙子和头巾——取代了萨拉凡。很长一段时间,这些衣服被称为"德式"衣着——外国女人通常这样穿,但之后这种衣服在俄罗斯扎根并变得司空见惯,人们试图将新旧元素结合起来,除了围巾她们还戴着俄式女帽或双角帽。没有人取消女孩和妇女头上戴的传统头饰,她们喜欢用头饰盖住头发。农民的脚上穿着的草绳编的鞋,主要在夏天穿。冬天或地面泥泞的时候,他们穿着用整块皮革制成的鞋,腿上束着绑腿,也有穿毛毡靴的。这些衣服、鞋子,以及普通的金属、玻璃装饰品风格,一直持续流行到 1917 年革命前。

## [文 献]

整个 18 世纪的宫廷中,着装都是有规定的,当局颁布了每个宫廷假日穿衣打扮的法令,这些行为属于真正的国家"时尚暴政",能与彼得一世剃胡子和穿短衣的法令相提并论。叶卡捷琳娜二世的前任伊丽莎白·彼得罗芙娜以严厉著称,1748 年她下令:女士们在参加舞会时"不要从脑后绾起头发,如果需要穿长袍,那么女士们后脑勺的头发需要往上翘"。对服装颜色和款式同样作出了规定,伊丽莎白的其他法令看起来像是时尚杂志建议:

"女士们——白色塔夫绸长衫,袖口、包边和裙子是绿色的,侧面有一根细金银绦带,头上有一个普通的蝴蝶结,还有绿色的丝带,头发顺滑地绾起;绅士们——白色长衫,无袖短上衣和长衫要有翻袖口,开衩和绿色领子……活结上面有金银边饰,此外,这些活结有小的银色流苏。"

\* \* \*

不难猜测,复杂的发型很难保持清洁。18 世纪的一份回忆录的其中一章被明确地命名为"女士和虱子",其中介绍了一个治疗虱子的方法:"取一些盐,在上面挤上新鲜的柠檬汁,放到烤箱里烘干,然后磨成粉末撒在头上。"

# 18 世纪的食物和饮品

宫廷与贵族家中的宴席十分奢侈，但贵族只是喜欢吃得好。G. R. 德尔扎文的诗中对餐桌的描述仍然是俄罗斯文学史上最"开胃"的描述之一：

我环视桌子——我看到了不同的菜肴排成一个带有图案的花坛：
深红色的火腿，绿色的蛋黄青菜汤，红黄色的馅饼，白色的奶酪。
……
一切都让人眼花缭乱，
香啊，
并不是因为有大量外国调味品，
一切都是俄罗斯的传统菜肴：菜肴是家制的，新鲜的，健康的……

自叶卡捷琳娜二世时期以来，法国菜在俄罗斯风靡一时，彻底改变了俄罗斯的用餐习惯。从法国聘请的高级厨师为贵族们准备了在路易十六的宫廷里出现过的菜肴。许多熟悉的食品被激发出新的口味：之前肉被切块煮或炸，然后放冷用手抓着吃，现在则以一种特殊方式烹制——敲打、研磨、切成小份，"配菜"之类的东西（主要是蔬菜）出现在了餐桌上。

俄罗斯美食家会熟记以前不为人知的新菜肴名称——"汤""土豆泥""甜馅卷""肝""酱汁""肉饼"。还有一些从未见过的美味佳肴——牡蛎、龙虾。菜肴的变化体现在很多方面，从餐桌布置开始，叉子变成了必需品，不是让客人从自己腰带上取下巨大的匕首组合在一起使用，而是配着一把小餐刀。随着瓷器产业的发展，沙拉碗、肉汤碗被端上餐桌，巨大的金、银或锡盘在整个晚餐过程中都保持不变，样式统一可替换的瓷盘出现了，每套餐具各有特点。替换餐具的过程被称为

"间歇"，午餐时桌子上的盘子和许多东西都会更换三四次。汤、冷盘，然后是热菜，之后是沙拉、甜点，以奶酪和水果结束整顿饭，每次上菜都有一套餐具和盘子。

桌上的陈旧习俗，如把煮好的东西都放在厨房里，甚至用羽毛和人造花装饰菜品都被取消了。菜肴都变成小份，新鲜烹制的菜肴按照一份一份的订单被端进来。正如18世纪后期的《烹饪笔记》中所指出的："最好一盘一盘地按顺序上菜，而不是突兀地直接从厨房把菜都端上来，这样客人随时可以就餐，所需仆人会更少，弄脏衣服的频率也低。"

更重要的是18世纪70年代和80年代出现了新事物——餐厅，与其在宫殿里举行相当少见的华丽而拥挤的宴会（也被保留下来），不如一伙人在餐厅里吃得好。而且，菜品的选择不亚于宫廷宴席，在上菜之前准备食物有助于烹调技术发展，使食物变得美味。到19世纪，上菜的顺序终于确定下来：冷的开胃菜，热菜（如果有汤，那在热菜之前），然后是甜品——甜点、蛋糕、冰淇淋，这在成年人中非常流行。

餐厅开启了节日盛宴新篇章，宴会变成在很少仆人服务下的非公开的亲密交流（服务人员必须没有面部表情，对餐桌上发生的事情不做任何反应），为了亲密交流还有一些自助服务元素。餐厅系统也从根本上对家庭聚餐做出了改变，宴会出现了，主人邀请几位亲密客人前来赴宴，他和厨师提前制定菜单，点菜后厨师开始准备（厨师们自己主动或被邀请准备这顿晚餐）。

平民老百姓的菜单随着时间变化得少一些。士兵和水手们的饮食虽然单调但可以吃饱。作战时，士兵的口粮包括面粉、米和盐，每天都可以分到浓浓的菜汤和黄油肉粥。根据彼得一世的规定，一整天内士兵可以获得2俄磅面包、2俄磅肉、2杯葡萄酒、1俄升啤酒。

但实际情况却是，军需部门贪污和盗窃横行，导致士兵经常吃不饱，这对他们路过或驻扎村庄里的鸟类、牲畜场和牧场构成了可怕威胁，士兵们一到村庄里就立即开始搜查农民养的家禽。火腿、咸鱼、面粉、饼干等作为"船舰军粮"（即海军口粮）被征收。这几乎没有秩序，奸诈狡猾的供货商提供的肉和鱼不新鲜甚至腐烂，面包干长满霉菌，桶中淡水迅速变质，士兵开始生病，船上的死亡率骇人听闻。

农民缺乏食物。农民家庭的餐桌上很少看到肉，叶卡捷琳娜二世给伏尔泰写信说俄罗斯农民经常吃鸡肉，后来改吃火鸡肉，这一说法被认为是玩世不恭的笑话。

面包、格瓦斯、用面包和格瓦斯做的面包渣汤、酸白菜和蒸芜菁,以及森林果实中的腌干蘑菇、渍的浆果等,成为农民的固定饮食,他们有时还会用捕获的野兔、鱼或森林鸟类来改善伙食。作物歉收和饲料缺乏对农民的口粮造成了可怕打击。

[文 献]

在小说中经常提到酱汁——18世纪俄罗斯盛宴中不可或缺的一道菜。那时出现了许多由各种原料组合制成的美味酱汁,里面添加了蘑菇、果汁、葡萄酒、香料。其中一种酱汁至今仍广为人知——奶酪白汁,下面是这种酱汁的食谱:

"早上起床,将普罗旺斯牛油、小牛肉和火腿放入平底锅中翻炒,加入大蒜、香菜、胡蒜……一个洋葱和三个丁香……一杯香槟红酒,一杯白醋,小火煮……"

读者朋友们,试试吧,煮一下吧!

# 俄罗斯医学起源

俄罗斯医学在 18 世纪开始发展。在此之前，只有王室成员和大贵族才能享受医疗服务，而这一时期在俄罗斯已经形成了一个完整的医疗系统。俄罗斯开设了 10 家医院和 500 多家诊所，不仅是受伤的士兵，任何"生病"和"疲惫不堪"的人都可以在这里得到"帮助和安抚"。军队、政府和"非官方"（私人）药房的数量有所增加，"非官方"药剂师有权从国外订购所需药材。在莫斯科有几所医学院，成立于 18 世纪初的莫斯科医学院（内外科）被认为是第一所主要医学学校，随后成立的是圣彼得堡医学院。莫斯科医学院在尼古拉·比德卢的指导下运营，属于新型的高等医疗机构，那里有训练有素的治疗师，在理论和实践上同样强大。比德卢和助手教授学生解剖学和其他专业学科。学生们使用的教科书，有当时著名的戈特弗里德·比德卢的解剖图集，有荷兰解剖学家布拉修斯和布兰查德的作品，以及尼古拉·比德卢本人的《解剖学通识》。学习是艰难的，并不是每个学生都能顺利读完 5 到 10 年的课程。比德卢抱怨道："我带了 50 个人，只剩下 33 人，其中死了 6 人，8 人逃跑了，1 人因不服管教被送去当兵……"同时可以胜任内外科的毕业生被分配到陆、海军队。他们都属于"医生"系统，堪比现代的助理医师。

长期以来，俄罗斯没有培养医生的教育机构，医学生只能在国外获得医生文凭。彼得大帝时代的所有医生都是外国人，这并不奇怪。彼得的御用医生拉夫伦蒂·布卢门特罗斯特担任科学院的第一任院长，在俄罗斯工作的另一位受过高等教育且经验丰富的医生是尼古拉·比德卢，毕业于索邦大学的鲍里斯·波斯尼科夫被认为是俄罗斯的第一位医生。

成为医生是有严格要求的：外科医生不能"太年轻或太老"，"对病人说的话不轻易动怒"，要博得（病人）好感，不要在没有与同事商议的情况下开始手术。

手术期间对医生的规定如下："做医生该做之事，不受病人的哭声的影响。"要考虑到当时并没有麻醉剂，外科医生要采取断然措施，被手术的人被仆人守着，手术中缓解疼痛的唯一方法是喝一大杯伏特加或威士忌。

俄罗斯复制了西欧的医学系统和药物体系。药用植物、狗与狐狸的油、野兔踝骨、狼牙和鹿角被用作药物。恢复"因意外疾病改变身体美观"的外科手术发展成功。医院可以进行各类手术，如正骨、缝合、分离、移除、假肢等，初期驼背也能得到纠正。静脉切开术（放血）是最常见的治疗方法之一，人们认为放血可以提高机体及其组织的活力，维持生命。人们最害怕流行病，那一时期很少有一年不发生流行病的。

最可怕的是瘟疫，1770—1772年席卷俄罗斯南部地区的瘟疫最令人难忘，它是种"易传染热病"。最糟糕的是1770年夏天，瘟疫降临莫斯科，导致第二首都社会与经济生活完全瘫痪，人口外逃，平民爆发起义，但最终被武装力量镇压。当时一天就有几千人死去，掘墓人的衬衫上都沾满了焦油，焦油的火焰到处燃烧。许多人经常用大蒜涂抹身体，用醋冲洗身体，认为这是防治瘟疫的可靠手段。隔离和熏蒸得到重视，疫情开始后，政府立即在通往国家中心和首都的道路上设置了防疫警戒线，任何人都无法通过。信使用杜松和其他有气味的植物点燃篝火来传递疾病肆虐地区的情况。把信件泡在醋水中，然后抄写员远离信件誊写一份后送到首都。莫斯科医生亚格尔斯基研究出一种抗鼠疫的粉末配方："……磨碎的巴库塔木和切碎的杜松针各6俄磅，捣碎的销石8俄磅，硫黄2俄磅，将这些药物用树脂混合均匀后，就会产生有着强烈气味的粉末。这种粉末会散发一种有毒气味，人们在使用过后会失去知觉。"

那个时代的医疗手段不限于熏蒸。俄罗斯流行病学创始人达尼洛·萨莫伊洛维奇医生对瘟疫高发地区的医务人员提出了一种新的疫苗接种方法：将浸有腹股沟淋巴结炎分泌物——化脓瘤——的纱布敷在前臂上。他试图在显微镜的帮助下发现"特殊的优质生物"——一种瘟疫微生物。《瘟疫论》中写道："我们引起民众的心理恐慌，这会增加他们的患病风险。通过展示病情来激发人们的精神不是更好吗？……"

炭疽病——一种人类和动物的常见疾病——也是18世纪人们的一个可怕的"客人"。1744年、1745年和1756年的炭疽病的暴发尤为可怕，该病名称是由《论炭疽》一文的作者斯捷潘·安德列夫斯基医生创造的，他让自己患上了这种疾病并记录过程，直到失去知觉。人们称炭疽病为"火疙瘩"。

与瘟疫或炭疽病相比，天花是当时世界上一种常见的、普遍的疾病，有数以千万计的人患病，正如现代科学家所发现的那样，只有开曼群岛、所罗门群岛和斐济群岛的当地人幸免于天花的入侵。欧洲人调侃道："天花和爱情只是擦肩而过！"人们对天花的关注程度不亚于我们对流感的关注，天花被戏称为非洲天花，暗示天花起源于黑暗大陆。重症天花几乎是致命的；通常情况下，大多数患者患的是轻症天花，其中只有十分之一的人会因此死去，这种情况就发生在彼得二世身上。然而，即使是轻症天花，康复后也会因为天花溃疡在脸上出现许多麻子，天花痘破了之后会留下很深的"坑"。正如一些人对患者的脸恶毒地说的那样："魔鬼在晚上打豌豆。"

天花疫苗的第一次接种是在叶卡捷琳娜二世时期进行的。得知英国医生丁姆斯代尔成功接种天花的消息后，她邀请医生到俄罗斯进行天花试验，并决定用自己身体做试验，五天后试验宣布成功，这是一项显著的成就。女皇冒着巨大风险——从一个患有天花的男孩身上提取原生态病毒用于疫苗接种，随后王位继承人王子保罗·彼得罗维奇也接种了天花疫苗。当叶卡捷琳娜二世得知法国国王路易十五死于天花时，她非常愤怒——在开明的18世纪，怎么会有人死于天花！她用自己的行动来鼓舞人心。

和过去一样，人们主要靠自己或求助于巫医和巫师来治病。虽然用草药和其他成分奇怪的药物来治病也是必不可少的，但在民间医学中"驱除病魔"的神秘治疗方法仍占据重要位置。在民间对于疟疾和冷热病，人们用蜘蛛膏、鸡蛋液涂抹一根手指来治疗。除此之外，也有使用金鸡纳的。

[笔　记]

当时医生得出了不同液体在机体内不断循环的观点。18世纪50年代后期，布瓦索尼埃医生写了一篇关于伊丽莎白·彼得罗芙娜女皇健康状况的文章："毫无疑问，随着青春消逝，人身体中的液体会变得越来越稠且循环缓慢，尤其在伴有坏血病症状的时候。"通过放血和其他技术稀释这些液体一直是医学界的重要目标。在

18世纪,医生们走上了发展实验的道路,这些尝试往往非常残忍。1705年,被判处死刑的罪犯科兹玛·朱可夫被彼得一世下令免于处决,他被送给比德卢医生用来"解剖",做完某种手术后第六天,朱可夫"死在了比德卢医生的研究院里"。

# 爱情、婚姻、女人和孩子

17世纪普遍存在的强迫性婚姻并没有促进出生率的增长，也没有"利于国家发展"，更不符合彼得一世为俄罗斯引入的欧洲"宫廷"行为模式。为此沙皇改变了俄罗斯古老的婚姻制度，取消父母包办婚约，规定在婚礼前六周订婚，新娘的亲属有义务让她见到自己的未婚夫。年轻人有选择婚姻的自由，正如法令所明确规定的那样，订婚可能会被取消。如果订婚后，新郎或新娘不想结婚，那么双方可以获得自由。在婚礼上，神父应该"严肃询问"年轻人是否是自愿结婚。当局谴责由父母包办的强迫婚姻、忽视新娘与新郎的年龄、忽视他们"彼此的好感"、给新婚夫妇灌输"憎恨配偶"的思想。1722年4月22日，彼得大帝下令禁止父母或地主进行强迫婚姻。

1724年的一项法令禁止奴隶之间的强迫婚姻，要求奴隶们要自愿结婚，不要在沉重处罚的胁迫下通婚。离婚也变得更容易，彼得曾经说过：

> 上帝设立婚姻是为了缓解人在世间的沧桑与苦楚，世上没有什么结合比美满的婚姻更神圣；至于不道德之事，则直接违背了上帝旨意，因此解除它是公正的，也是有益的，而继续不道德的婚姻是对灵魂的亵渎。

整个18世纪都在实行彼得颁布的婚姻规定。但是正如在俄罗斯经常发生的那样，这个涉及纯粹私人范畴的法规没有得到很好的执行。孩子的命运仍完全由父母掌控；地主也可以自行决定自己农奴的婚姻，自己还保留着对年轻女性的"第一夜权力"。

彼得大帝反对早婚，他记得自己家庭生活的不幸，在他母亲娜塔莉亚·基里洛芙娜的要求下，他在17岁时就与叶夫多基娅·费奥多罗芙娜完婚。按照彼得一世的想法，贵族只有在接受了最低限度的教育并达到一定的条件后才能结婚。彼得还简化了婚礼程序，为了防止婚姻中的各种"骗局"，禁止在其他教区结婚。对婚姻合法性负有责任的配偶及其担保人的姓名被记入婚姻登记簿，之后登记簿被送到了东正教最高会议。

然而，彼得本人却很少考虑他的王位继承人阿列克谢的个人意愿，1711年彼得不顾儿子的反对，让其娶了德国公主夏洛特·索菲娅。重要的是，这位新娘不信奉东正教，婚后仍信奉路德教派。这段婚姻成为他人的榜样。首先是允许贵族与非基督徒结婚，然后是允许贵族与出身"卑微"的人结婚，前提是"不要强迫，不要在信仰上互相指责"。众所周知，M. V. 罗蒙诺索夫在国外娶了一位叫伊丽莎白的德国人，后者跟随他来到俄罗斯。

被俘虏的瑞典人中有许多不同领域的专家，为了将他们留在俄罗斯，彼得大帝允许他们在不改信东正教的情况下与信仰东正教的俄罗斯人通婚。这一举动是对古代东正教教规的公然违反，打破了婚姻传统，并为这个相当保守的制度引入了些新鲜血液。

如果配偶中的一方因犯罪而被永久流放或做苦役，双方婚姻关系就会被终止，离异的配偶可以再婚。这对一个女人来说尤其重要，她可以不用再随丈夫一起流放，也不用像修女那样戴着面纱。尽管在18世纪常见情形依然是——妻子遵循传统和风俗要陪伴丈夫一起流放，但有些罪犯的妻子在获得教会许可后解除了婚姻，她的嫁妆财产也会得以保留。

尽管历史上曾经有过夫妻之间情深义重的例子，但18世纪俄罗斯因为爱情步入婚姻的人却很少见，只是从西欧传来的对待女性遵守礼仪道德、追求崇拜优雅女士的规范逐渐地在俄罗斯扎根。从彼得大帝时代漫画版"丘比特"宣传开始，社会开始理解男女之间爱情的内在价值。爱情成为婚姻的主要动机，同自己相爱的人结婚是年轻人一生向往的目标，而无法与心爱之人结合则往往成为年轻人痛苦甚至自杀的原因。18世纪末尼古拉·米哈伊洛维奇·卡拉姆津创作了《可怜的丽莎》，这一作品中就饱含了这些情感，同时促进了这些情感的发展，这往往是感伤文学的特征。

与贵族婚姻相比，农民婚姻发生的改变较小，18世纪，结婚年龄提高了，特别是在自由农民中，他们可以在20岁时结婚。而农奴就不同了，他们的主人，考虑让自己的奴隶繁衍"后代",就会强迫农奴早早完婚。未让自己 13—15 岁子女结婚的农奴会受到处罚。与古时候一样,农民环境中的婚姻通常是由农民生活的家庭和经济状况决定的。因此,出现了年龄差很大的婚姻,还产生了各种偏差。

经济基础也是商人之间联姻的核心,为了不吃亏,谨防被欺骗,双方都会首先核查对方的"家产"。如果新郎对嫁妆感到满意,就会到新娘家提亲;如果双方洽谈满意,新娘和新郎的父亲会击掌宣布他们的决定(就像商业中达成交易一样),各自再喝杯雪利酒,直到结婚当天再会面。新娘的父亲会说:"为女儿向上帝祈祷,击掌为定,干了这杯酒!"

农民的婚礼多半在收入差不多的家庭间举行,如果男奴娶了另一个地主家的女奴,那么男奴的主人以及男奴的家人会为女奴支付金钱来"赎身"——这笔钱约等于女孩的成本,地主们并不鼓励这种婚姻。1815 年,农奴和自由人的婚姻发生了改变,自由阶层的妇女嫁给了农奴后,仍会保留她原有的社会地位,这与旧传统有所不同。在农家环境中,理想新娘的形象是身体健壮、个子高,然后是道德品质。

女孩的父母要努力先把年纪大的女儿嫁出去,年纪小的女儿在婚前会被管得更严格,穿着也更差——如果年纪小的女儿更漂亮,而且有追求者,那么她就会比年纪大的女儿出嫁得早。

和以往一样,婚礼的中心环节是结婚仪式。法定结婚年龄为 16 岁,但平民中有 14 岁甚至更小年龄就结婚的。19 世纪初贵族之间的通婚年龄提高到 17—23 岁。到 25 岁"不出嫁的女孩"被称为"好挑剔""坏脾气"的"老姑娘"。同以往一样,近亲通婚是不被允许的。在俄罗斯,配偶通常拥有与丈夫相同的姓氏,住在同一个地方,拥有相同的社会地位。进入第三次婚姻需要得到教会的特别许可,而第四次婚姻则是无效婚姻,除非获得都主教或君主的祝福。

离婚在当时有非常严格的规定,只有在有充分理由的情况下(如配偶一方通奸或患有无法治愈的精神疾病),东正教最高会议才会给予离婚许可。社会上对待离婚的态度还是发生了变化,尽管离婚仍被视为丑闻,但不再是个别现象。离婚的女人被称为"自由女性",许多配偶为了避免麻烦和流言蜚语,在没有正式提出离婚申请前就直接分道扬镳,这很符合当时的社会情况。事实上,A. V. 苏沃洛夫和许多知名人士都与自己的妻子离了婚。康斯坦丁·巴甫洛维奇大公和妻子安娜·费奥多罗芙娜离婚之事持续了很久，安娜受不了康斯坦丁的暴躁脾气，回到德国后永远留在了那里。

然而，农民中是不存在离婚的情况的，为了应付艰苦劳作，他们生活在由几代人组成的无法分割的大家庭中，这样的家庭非常稳固。但在同一屋檐下操持家务的女性们很难维持和气，处理好彼此之间的关系尤其困难。家族会议由家族成年男性组成，只有"女当家"（一家之主的妻子或母亲）才能参加。

19世纪前十年，当沃尔特·斯科特的浪漫主义小说盛行时，人们开始普遍认为结婚前男女双方应该谈一段沟通心灵的恋爱。但在生活中，婚姻常常以完全不同的方式发生，更简单，更平凡。众所周知，在18至19世纪，一降雪，许多庄园的贵族家庭会带着家中的待嫁女性前往莫斯科。莫斯科成了"新娘集市"：年轻人在舞会、晚宴、沙龙中相互了解，在此期间"婚事"也被讨论和拟定。对于担任媒人的中年妇女来说，下雪天是旺季——频繁走进不同家庭为不富裕的贵族和商人张罗相亲事宜。新郎候选人来拜访女方，新娘（最重要的是她的父母）仔细评估候选人的优点，拒绝不合适的人选。整个过程在果戈理的戏剧《婚姻》中以夸张的形式展现得淋漓尽致。

社会并不否认两情相悦是婚姻幸福的有利条件，但新郎的地位等级与新娘的嫁妆仍被认为是重要条件。如果达到结婚年龄的男青年社会地位不错、为人正派，而且是经熟人介绍，那么新娘父母（有时是她自己）会对未婚夫年长新娘很多岁的事实视而不见，也会忽略男青年可能会让新娘不满意的情况。同样也存在财产挥霍一空的贵族准备迎娶中年、丑陋但富有的新娘或寡妇的现象：

> 对她有其他想法，
> 赞德不了解她，
> 追求她身后的三百个农奴，
> 还有那三层楼的房子。
>
> K. 斯卢切夫斯基

即使男女相爱或双方有好感，父母的意愿在婚姻中也是至高无上的。如果父母拒绝婚姻，年轻人要么听从父母意愿，要么离家出走偷偷结合，期待将来父母能原谅他们，但这种情况非常罕见——在社会上私奔会被谴责，国家认为这种行为是触犯法律的。众所周知，在安娜·伊凡诺芙娜女皇统治时期，违背父母意愿出逃并结婚的年轻人如果被抓，婚姻关系将被解除，女方被送回她父母那里，而男方将会受到惩罚。

18世纪80年代，著名建筑师尼古拉·利沃夫遇到并爱上了参议院首席检察官的女儿玛莎·迪亚科娃。这对年轻人迅速陷入热恋，但遭到女方父母反对——当时利沃夫没有工作且穷困潦倒。他被禁止见到玛莎，被她的家人拒之门外。陷入恋爱中的利沃夫绝望地徘徊在首席检察官家房子周围，情急之下他通过女仆给玛莎传递纸条，写下诗句：

> 玛莎不在我身边——我无法在世界上独活……
> 不，如果我们不相爱，
> 最终走不到一起。
> 我们被禁止相爱，
> 但你知道，你忘记了什么，
> 我们彼此的心又在倾诉什么。

与玛莎姐姐亚历山德拉订婚的诗人瓦西里·卡普尼斯特看到自己这位朋友陷入痛苦，就想出了一个冒险计划，带着自己的未婚妻和她的妹妹参加舞会。有一天，卡普尼斯特改变了他的惯常行程，把女孩们带到了瓦西里岛的海港，那里有一座木制的小教堂。利沃夫和神父已经在里面等候了，玛莎和尼古拉结了婚，随后卡普尼斯特带着姐妹俩去参加了舞会，好像什么事都没发生过一样。几年来，这些年轻人一直隐瞒着他们的大胆行径。

> 这是我结婚的第四个年头……利沃夫绝望地写道："不难想象，这种情况，再加上几乎是吉卜赛人的生活，给我带来了多少麻烦。以友谊为幌子，费了无数辛劳与艰辛向人们隐瞒这段婚姻。当然，要不是她赋予我力量，我的手段和耐心都被磨没了。"

花了四年时间，玛莎和利沃夫的婚姻才获得她父母的同意。只是在婚礼一切准备就绪的最后一刻，两位年轻人向玛莎父母透露了已婚的秘密，玛莎父母震惊之余为了不让婚礼筹备落空，代替玛莎和利沃夫结婚的是仆人和女清洁工。

传统上，媒人在缔结婚姻、收集相关年轻配偶信息以及帮助（非免费）父母为其子女选择合适伴侣方面发挥着重要作用。媒人通常是来自商人和小资产阶级的妇女，她们化着妆且穿着鲜艳，土耳其披肩和华丽的连衣裙让她们在人群中脱颖而出。为贵族服务的媒人穿着欧洲风格的服饰，但以同样的方式开展业务。对她们来说，撮合年轻人结婚已经变成一项有利可图的生意。

尽管彼得大帝为俄罗斯人的家庭生活带来了改变，但在18世纪，丈夫对妻子拥有绝对权力，法官在宣判离婚时会非常听信丈夫的意见，他仍是家庭共同财产的主人。家庭中妇女被殴打和虐待是常见的事，这类案件很少引起公众的注意，也不会在法院或其他国家机构审理。通往职位与头衔的道路对女性来说是完全封闭的，只有在叶卡捷琳娜二世时代发生了变化——E. R. 达什科娃公主成为俄罗斯第一位担任公共职务的女性，她被任命为科学院院长。这是位很特别的女人。

在俄罗斯女性团体中，在达什科娃之后不再有女性担任高级职位。但随之而来的悖论是18世纪四分之三的时间里俄罗斯王位上都是女性，不过也没有改变社会对女性能力的轻蔑态度，这在当时属于老生常谈了。安娜·伊凡诺芙娜女皇统治时期，历史学家V. N. 塔季谢夫在1730年创建了一个特别委员会项目，他提出以下论点："女性天生不适合出来工作。"这种视女性低人一等的态度持续了数十年甚至更久。人们认为，对女性的个人侮辱与她无关，但与其保护者（丈夫、父亲、兄弟等）有关，他们会惩罚侮辱之人。

18世纪至19世纪下半叶，贵族女孩在接受教育方面有了一些选择。有些女孩接受家庭教育，在父母与保姆的严格监督下长大，家里会聘请家庭教师来教授写作、阅读，女孩们学习两三种语言、音乐、舞蹈、女红，家庭教育开始试图给女孩们灌输举止谨慎的思想，她们只能在家庭教师的陪同下上街，家庭教师很多都是英国妇女。根据良好举止的要求，女孩们只能在家中饮酒。但渐渐地，她们开始被邀请参加宴会，"庸俗"的美国风俗开始蔓延。

其他不在家里接受家庭教育的贵族少女会进入贵族少女学院，在那里接受严格监督。一个从封闭的贵族少女学院毕业的女孩受过教育同时又为人谦虚，她花时间参加舞会、晚宴、滑冰，与密友通信，并朗诵客人写的诗集。女孩阅读法国小说，顺从父母意愿，梦想着自己的新郎是位勇敢骑士。在父母面前，上述这一切往往都是生活表象，在女孩内心深处则是激情沸腾，有源于爱情和情欲的"疯狂"。

[文　献]

A.V. 苏沃洛夫无所顾忌地决定自己家农奴的婚姻，他在一封信中指示管家："院子里仆人已经长大成人了，给他们买些女孩。"关于买女孩为妻有这样的说法：

"长相不重要，身体健康就行。女孩们赤身裸体像鸡一样被一个个地抓到车上……完整无缺地被运到目的地。"

据说，随后新娘和新郎站成两排按身高配对，在"向左转"的命令下配对成功的新人被带到教堂结婚。至于年轻人的情感，没人会考虑。

A.S. 普希金写道：

"他们曾经问过一个老农妇，她是不是因为爱情而结婚的。'因为爱情？'老妇人回答说，'我当时很固执，但主人威胁要用鞭子打我。这就是常见的所谓的爱情。'"

[传说和谣言]

### 新娘是如何被挑选出来的

人们讲述了叶卡捷琳娜二世如何为孙子康斯坦丁挑选新娘的逸事。众所周知，来自德国的三姐妹，她们其中有一人将成为新娘。女皇从窗口望着新娘候选人下马车。第一个下车时被裙子缠住了。"笨拙！不合适！"女皇说道。第二个小心翼翼地从车里爬出来，像螃蟹一样。"行动迟缓！不合格！"女皇挥了挥手。只有第三个灵巧地从车上跳了下来，在飞奔中展平自己的衣服。"就这个！"女皇指着第三个说道。

## [人 物]

### 达什科娃公主

叶卡捷琳娜·罗曼诺芙娜·沃龙佐娃（达什科娃是她结婚后的名字）于1744年出生于著名的沃龙佐夫家族。伊丽莎白女皇时期，其父罗曼·沃龙佐夫变得非常富有，因其令人难以置信的贪婪与无礼而闻名，甚至获得了"大口袋罗曼"的绰号。不过达什科娃是在罗曼的兄弟 M.I. 沃龙佐夫总理家中长大的，后者为她提供了良好的家庭教育。达什科娃是真正在启蒙运动熏陶下成长的孩子，当伏尔泰、孟德斯鸠、狄德罗声名鹊起时，她长大了。俄罗斯对启蒙运动思想持开放态度，这个年轻女孩读了很多书，就像未来的叶卡捷琳娜二世年轻时那样，在成堆的法国书籍旁度过了自己的"家庭学校"时光。

1761年冬季的一天，大公夫人叶卡捷琳娜·阿列克谢耶芙娜与达什科娃在沃龙佐夫家相遇，交谈期间达什科娃对大公夫人赞不绝口……并彻底爱上了她。在达什科娃周围这相当庸俗、无聊的世界里，这位聪明、受过良好教育的32岁大公夫人在她眼中似乎是一缕曙光，让这位15岁的女孩决定将自己全身心地献给大公夫人。这完全是浪漫迷恋，那时的达什科娃完全生活在浪漫世界里。有一次，做客归来时，她遇到了英俊的大公达什科夫，达什科娃立即爱上了他，俩人很快就结了婚，生了一儿一女，虽然那时她自己还是个孩子。

但年轻公主对大公夫人的迷恋比对英俊丈夫的迷恋要深得多。很快达什科娃就发现自己丈夫并不中用，为人败家且懒惰。但与大公夫人之间的恋爱关系就获得了一种莫名魅力，这段恋情成为宫廷秘史：伊丽莎白·彼得罗芙娜女皇即将去世，王位继承人彼得·费奥多罗维奇压迫自己的妻子叶卡捷琳娜，叶卡捷琳娜需要来自"社会所有合理力量"的支持，达什科娃一头扎进了阴谋的恋情……

然而，叶卡捷琳娜在与自己年轻的仰慕者交谈时，对自己的计划谨慎地保持沉默。未来女皇正盼着伊丽莎白·彼得罗芙娜死去，不耐烦地给英国大使写信抱怨"这个丑女人什么时候死"，并从英国大使那里得到用来支持政变的钱。至于年轻浪漫的达什科娃呢，叶卡捷琳娜认为此人不错，很好利用，可以让她到处宣传自己的美德，也许在什么大场合就会派上用场……

后来情况并没有改变，彼得·费奥多罗维奇成为沙皇彼得三世，继续压迫自己的妻子，甚至有传言说他想将其流放。在近卫军和社会中，人们憎恨"德国人"彼得三世并对其妻子表示同情，阴谋谣言接连不断地流传。在达什科娃看来，自己不仅处于阴谋中心而且是主要动力和核心。直到去世，达什科娃仍坚信叶卡捷琳娜成为女皇是多亏了自己的努力。

事实上，年轻公主并不了解叶卡捷琳娜和奥尔洛夫兄弟阴谋的真正推动力。当政变在1762年6月28日到来时，叶卡捷琳娜从彼得夏宫逃到圣彼得堡，政变在没有"主要阴谋家"的情况下发生了。达什科娃解释说自己"有事情"迟到了，因为裁缝没有时间准备她的男式服装。但在这样的日子里怎么可能没有服装呢？事实上，达什科娃只是睡过头了，没有人告诉她政变的开始，一切都结束后，她来到了冬宫……

达什科娃是第一位以朋友和首席女顾问身份进入女皇住宅的人，令她感到很不愉快的是，她恰巧看到格里戈里·奥尔洛夫懒洋洋地躺在女皇的沙发上，随意撕开信封，肆无忌惮地阅读最机密的参议院文件。然而直到那天前，这位女皇的女性密友都不知道，游手好闲的奥尔洛夫在政变及叶卡捷琳娜生活中会扮演什么样的角色……过了一段时间，达什科娃在朝堂上犯了个不值一提的小错误，叶卡捷琳娜二世彬彬有礼却严厉地表示让其自量，两人昔日的友谊已不复存在。至此，达什科娃的心碎了……

达什科娃心灵上的这个伤口从未愈合，她无法原谅叶卡捷琳娜的忘恩负义与背叛，虽然在别人看来女皇并不是她想的这样。类似事情经常发生，只是人们对同一件事的看法和感觉不同。达什科娃非常生气地离开圣彼得堡前往莫斯科附近的庄园，在那里她开始务农，她放荡的丈夫被自己的债务彻底压垮，很快就去世了……

1769年，达什科娃以米哈尔科娃夫人的名义踏上去往国外的长途旅行。在那里，人们第一次真正欣赏到她的教养与智慧——这个来自野蛮国家的女人拥有非凡的品质，她可以与伟大的哲学家和百科全书家平等争论。达什科娃出国之行怀揣着崇高目的——让自己的儿子帕维尔接受良好教育，她为此定居在苏格兰爱丁堡。帕维尔在爱丁堡大学读了两年，达什科娃就住在他附近。

当达什科娃回到俄罗斯时，在每个人看来1762年的事件已经过去很久，而达什科娃作为俄罗斯第一位博学女性的名声已经传到圣彼得堡。务实的叶卡捷琳娜二世决定再次起用她，让其担任圣彼得堡科学院院长，这是个非常重要的职位，学院需要有人时时管理。达什科娃没有让人失望，她非常谨慎、聪明且知识渊博，能让官员和科学家们保持清醒。1783年，在达什科娃倡议下，一个新学院——俄罗斯学院——成立了，与"大"的科学院不同，它是研究俄语的学术性机构。达什科娃为俄罗斯学院设定的任务是推广俄语，收集整合俄语并展示其空间、丰富与美感，为其设定固定规则，揭示其说法的简洁性和实用性，并找到其远古起源。正是在这个时候，展开了对俄语与历史的热捧。俄罗斯学院的主要任务是编写第一本俄语及其语法词典，达什科娃在这件事上的功绩是巨大的，凭借她的能干、意志与决心，这本词典仅用了6年时间就完成了，没有它就不可能有今天俄语的存在。达什科娃创办了《俄语爱好者的对话》杂志，德尔扎文、冯维辛、克尼亚日宁在上面发表了他们的作品，叶卡捷琳娜二世也刊登了很多她的东西。

达什科娃性格偏激，很难相处，与很多人都吵过架，尤其与自己孩子的关系极其紧张。达什科娃用她寸步不离的监督扼杀了儿子帕维尔的主动精神：帕维尔从小便接受教育，但长大后成为一个软弱、胆怯、酗酒之人。而当帕维尔瞒着自己母亲偷偷娶了办事员的女儿时，达什科娃的怒火与悲痛是无止境的——毕竟，他的做法羞辱了达什科夫大公家族的名声。达什科娃的女儿阿纳斯塔西娅的情况更糟，她深陷丑闻，债务缠身甚至被警方监督。最后达什科娃剥夺了女儿的继承权，并在遗嘱中禁止女儿接近自己的棺材。

到叶卡捷琳娜二世统治末期，达什科娃的学院事业发展并不是特别好。叶卡捷琳娜二世被法国大革命期间所发生的事件吓坏了，她害怕新闻界出现任何关于"革命""共和国"的报道。不幸的是雅科夫·克尼亚日宁的剧本《瓦迪姆·诺夫哥罗德斯基》在学院的出版物上发表，其内容歌颂了古代罗斯共和自由主义。达什科娃显然没有查看此剧本，女皇看后"臭骂"了她一顿。总而言之，人们对达什科娃不满，她对周围的一切也不满意，她的性格在年老时变得更加糟糕。这样一个严厉而任性的女人，引起奴仆和下属的恐惧，成为官廷与城市中的笑柄。达什科娃很聪明，她洞悉一切，但却无法驾驭自己的性格。

达什科娃提出辞职后立即被应允了，随后叶卡捷琳娜二世去世，保罗一世即位后想起了达什科娃，遂将她驱逐到一个遥远的村庄。达什科娃不得不在拥挤的农舍里住了几个月，但她依然勇敢而自豪地忍受着苦命。保罗一世去世后，达什科娃在她的庄园里度过了自己生命最后几年，她将所剩时间都花在了写著名的《达什科娃公主回忆录》上。她的"回忆"带有极大的偏见和主观,她写这些是为了再次回到1762年,至少在纸面上纠正过去,证明自己是对的,自己在此事上被冒犯、被低估。而令人惊讶的是,1762年革命的参与者们早就死了,叶卡捷琳娜二世也已去世。此时,拿破仑已经站在了俄罗斯的边境,达什科娃仍在与叶卡捷琳娜二世、与全世界争论。为什么?她想向我们这些后人证明什么?我们钦佩这位非凡的女性,我们感谢她对俄罗斯文化和科学做出的贡献。所有人都清楚,她的人生还算顺遂,一生过得精彩有趣,充满非凡事迹,留下无数足迹,与各种人交锋,好像过了十多个人的人生。似乎她没有理由悲伤,以某种方式向后代为自己辩护。但达什科娃始终是那个天生拥有野心、骄傲的达什科娃。然而在古老的俄罗斯文学记载中,在她无比崇敬的俄罗斯圣经中,骄傲被认为是最严重的罪恶,是其他人类罪恶之母……

# 叶卡捷琳娜二世的最后几年

在叶卡捷琳娜二世统治的最后几年，她的创造能力减弱，社会生活明显停滞，宠臣当权猖獗。大体来说，叶卡捷琳娜在历史上被视为一个轻佻的女人，贪图情爱。直到现在，还有关于女皇非凡性奇遇的传闻，说她拥有数百名的情人，与往常一样这些谣言有些夸大其词。不过女皇确实有很多情人（她一生中大概有三十个）。但在当时，更加自由的风气盛行，对配偶保持忠诚被认为是种怪癖（正如苏马罗科夫剧中的女主人公所说："我是一个不爱丈夫的城镇女人！"），向异性献殷勤和爱情冒险很流行。从这个意义来说，叶卡捷琳娜二世与她的同时代人没有什么不同。同时，女皇是一个异常感性的女人，她承认自己不能没有爱，但每次她的情人伴侣都无法达到她提出的严格要求。接近暮年的叶卡捷琳娜不想放弃自己的幻想与激情，她发现自己被虚假想法支配：她可以借助艺术、交际和榜样，为自己培养出一个值得信赖的生活伴侣。"心灵教育"对她所迷恋的年轻宠臣们没有起到任何作用，这些年轻人变成了普通舞男，女皇以牺牲国家的代价支持着他们。

法国大革命的爆发吓坏了女皇，她开始表现出从未有过的偏狭与保守，叶卡捷琳娜二世转向反动是由她最后的宠臣普拉顿·祖博夫促成的，他俘获了女皇年迈但却不屈服的心。她进入了自然周期，这对每个政治家来说都是不可避免的，即使是最聪明和最有经验的人。过了兴盛时期，人的天赋在某个美好时刻褪去后就会进入一个腐败、衰败和消逝的时期，不管女皇曾有多么聪明、威严、有远见，她晚年时却被这些宠臣改变了自己的思想、意志和分寸。祖博夫兄弟在宫廷中的可耻统治标志着叶卡捷琳娜的统治走到末期。普拉顿·祖博夫是一个21岁的浪子，年轻，无知，但英俊，肌肉发达，有着丰满的额头和美丽的眼睛，他是波将金的敌人为了报复波将金而提拔的——在那之前，几乎所有女皇的年轻宠臣都是波将金的手下，对其构不成任何威胁。1789年夏天，祖博夫请求当局允许他指挥女皇前往沙皇村途中的护卫队,他在女皇马车旁招摇过市,引起了女皇的注意,祖博夫与女皇共进午餐后博得了与女皇善意交谈的机会。几天后,他成为女皇的情人,两周后祖博夫获得了上校和副官职位。年轻人迅速受到青睐,年迈的女皇开始写信给波将金谈论自己的"新宠"。

波将金一开始并没有特别惊慌——他认为,虽然这个新宠没有像其他所有人一样得到他的认可,但并没有什么特别危险之处,毕竟,祖博夫还曾试图奉承过自己。叶卡捷琳娜二世写信给波将金:

> 我很高兴,我的朋友,你对我和这个新人很满意,这是个非常可爱的孩子,不傻,有一颗善良的心,我希望他不会被宠坏。今天,他一笔一画地给你写了一封甜蜜的信,在信中概述了大自然是如何塑造他的。

祖博夫当上了近卫重骑兵的旗手和将军,波将金对此没有反对但他仍保持警惕。他开始说服叶卡捷琳娜,告诉她,祖博夫是个蹩脚、一文不值的人。以前女皇会听波将金的话,正如祖博夫后来写道的,"女皇总是顺着他的意思,简直把他当作一个苛刻的配偶来畏惧。她只爱我,并经常指着波将金让我以他为榜样。"但后来她变得固执,拒绝离开她的"小新人"。

即使在波将金活着的时候,叶卡捷琳娜二世也开始教祖博夫处理事务,但并没有取得多大成功。彼得·扎瓦多夫斯基恶毒地写道:"祖博夫为了处理文件拼尽全力折磨自己,既没有聪明的头脑,也没有卓越的能力,这超出了他的真正实力,成为他的负担。"祖博夫不是一个完全愚蠢的年轻人,而且他知道如何塑造一个聪明人的表象,他能灵活地讲法语。波将金死后,他的主张愈加有影响力,甚至不时地责骂贵族,他的头衔是如此富丽堂皇,看起来就像他从波将金那里偷来的一样:

帝国特级公爵、防御工事总干事、黑海和亚速以及复活轻骑兵舰队和黑海哥萨克军队的总司令、步兵将军、副官、骑士卫队总司令、叶卡捷琳诺斯拉夫、沃兹涅先斯卡亚和陶里达省总督、国家军事学院成员、帝国教育之家名誉慈善家、艺术学院爱好者。

就其本性而言,祖博夫是个典型的趋炎附势者:在叶卡捷琳娜二世统治时期他开展反对革命恐怖的运动,亚历山大一世时期的他随身携带宪法草案。祖博夫以这种方式决定国事"一切照旧"。在祖博夫家族的统治下,这位睿智女皇似乎变得愚蠢了,她同意派"可爱男孩"瓦列里安·祖博夫前往东方探险,行军至波斯和印度。1796年,他追随曾经彼得大帝的脚步,占领了杰尔宾特,然后占领巴库。叶卡捷琳娜二世写道,瓦列里安在两个月内完成了彼得大帝在两年内所做的事情,遇到的阻力比伟大沙皇遇到的还要多。

祖博夫家族对女皇产生影响的事件有:对波兰起义的残酷镇压、第三次瓜分波兰及波兰国家的最终毁灭、与共济会的斗争、对诺维科夫和拉季舍夫的迫害。当然,事情的实质并不在于祖博夫兄弟对女皇的特殊影响,而在于女皇本人,她曾经说过:"祖博夫兄弟一个无远见,另一个目光狭小,但我不会在其影响下变愚蠢。"唉,到了生命尽头,她开始失去自己的英明才能,那种总能拯救自己的自我嘲讽,让她从旁人视角审视自己、改正自己犯下的错误的英明才能。毕竟,早些时候当她接到征服印度的计划时,她会幽默地回答:"俄罗斯有足够的土地,不必去征服印度。"有人向她提议从北美国家"扩张"国土时,她回答道,俄罗斯有很多自己的担忧,最好让美洲印第安人自己决定自己的命运。而她派瓦列里安·祖博夫参加此次冒险行动,直到保罗一世登上王位才停止了这种荒诞行军。如果再过一个月,瓦列里安·祖博夫的军团无疑会在道路上死于饥饿和困难。

整个祖博夫家族在"嬉戏"中掌权,祖博夫的父亲收受贿赂,普拉顿兄弟的仕途成就令旁观者感到惊讶,其他人都在他们面前卑躬屈膝。大名鼎鼎的苏沃洛夫欣然将自己心爱的女儿苏沃洛奇卡嫁给了宠臣的哥哥尼古拉。唯独王子保罗试图与其反唇相讥,有次吃饭时,叶卡捷琳娜对自己儿子说:"我看出你是认同祖博夫公爵的意见。"保罗回答说:"陛下,难道我说了什么蠢话?"每个人都想取悦女皇的红人:德尔扎文为他献诗,未来在1812年战争中获胜的英雄库图佐夫将军每天早晨为其煮一些特殊的东方咖啡。一位外交官说得好:"每个人都对祖博夫卑躬屈节,所以他认为自己很伟大。"

[文 献]

1789年8月,叶卡捷琳娜二世告诉了特级公爵波将金一件有趣的事:原来祖博夫"有一个弟弟(18岁的瓦列里安),目前是个卫兵,只不过是个小孩子,一个有学识的男孩，在骑兵卫队担任中尉，请帮我们把他调过来……健康开朗，像苍蝇一样活泼起来……"

要知道祖博夫的"弟弟"后来也成了女皇的"学生"，一周后，叶卡捷琳娜二世派信使会见波将金，带来了关于其中一个兄弟（祖博夫）的故事：

"我对他和他兄弟的举止行为感到非常满意，他们是最天真的人，对我是真心的：大哥很聪明，而弟弟是个有趣的孩子。"

从女皇9月6日的信中得知，这个"孩子"很快就被宠坏了：

"可以送给这孩子一个骠骑兵护卫队吗？写下你的想法……但愿你知道我们的孩子已经19岁了，我非常爱这个孩子，如果不让他靠近我，他就会像个孩子一样哭泣。"

9月17日波将金刚决定了骠骑兵护卫队的命运就收到了女皇通知：

"我们的孩子瓦列里安·祖博夫，我让他以中校的身份入伍，特别想去你的军队，很快就会到那里报道。"

"孩子"紧急到军队报道的原因很无聊——哥哥嫉妒弟弟，没有其他原因。从那时起，"黑头发"的"活泼"普拉顿·祖博夫就被单独留在了宫殿里……波将金并没有让瓦列里安·祖博夫长时间留在自己身边——这位特级公爵不需要间谍，他派瓦列里安带着苏沃洛夫抓获伊斯梅尔的消息前往圣彼得堡，根据传说，他要求瓦列里安将以下内容转告女皇："我身体很好，只有一颗牙齿影响我吃东西，我会来彼得堡把它拔掉。"这里暗示已经非常明显了，但特级公爵来不及拔出干扰他的这颗"牙齿"死亡就降临了，这让瓦列里安感到非常高兴。

叶卡捷琳娜二世身上发生了什么？毕竟，我们知道她不是位放荡的女人或埃及艳后，当然在年龄的影响下，女皇心理显然发生了一些变化，但这不是主要原因所在。她渴望的永远年轻、爱与温暖的灵魂对她耍了个可恶把戏。1779年10月12日，冬宫剧院发生了件奇怪的事，那年春天叶卡捷琳娜二世在办公桌前"庆祝"了她痛苦的50岁生日。10月12日那天，她同官里的人观看了莫里哀的短剧，剧中女主人公说："三十岁的女人能谈恋爱，放心去谈吧！但是六十岁的女人？这是不能容忍的！"坐在包厢里的叶卡捷琳娜二世刹那间的反应是荒谬的，她跳起来说："蠢货，很无聊！"然后匆匆离开了大厅，演出被打断了。这件事由法国代理公使科尔伯龙不夹杂任何评论地讲述出来。台上女主人公的这番话，出人意料地刺痛了五十岁的女皇，无论如何，她都不愿接受即将到来的晚年和内心的空虚。这些男孩并不适合她，从她写给自己众多年轻宠臣的信件中可以看出，在她的脑海中，这些人显然被融合成单一形象，这一形象被赋予了不存在的美德，那些女皇希望在他们身上看到并培养的美德，她需要人为地保持年轻的感觉和不褪色的爱。

* * *

也许对祖博夫最生动的描述是在俄国服役的法国人 C. 梅森，他的描述毒辣而无情：

"随着女皇失去她的实力、行动和才能，祖博夫获得了权力与财富。每天早上，无数的谄媚者踏破他的门槛，挤满走廊、接待处。老将军和权贵们，并不羞于贿赂他手下的奴仆，我们经常看到这些奴仆是如何推搡驱赶长时间挤在门口的将军和军官们的，因为他们，奴仆们都无法给大门上锁。这个年轻人冷着一张脸，坐在扶手椅上，穿着极不体面的睡衣，小指挖着鼻孔，眼睛漫无目的地盯着天花板，噘着嘴，勉强屈尊地去注意周围的人。他用自己的猴子来消遣，让它跳过卑鄙谄媚者的头，或者和小丑交谈。那些老人如多尔戈鲁基、戈利岑、萨尔蒂科夫和其他所有人都在他的目光注视下，谦卑地跪在他脚下……"

[笔　记]

叶卡捷琳娜二世曾写过一段咒语般的文字："我通过教育年轻人为国家做了很多好事。"唉，结果正好相反！由于叶卡捷琳娜二世毫不吝啬地给她的"学生"礼物与奖励，导致每位新宠都对国家造成了巨大破坏，而且这些宠臣辞职后，奖赏也不会被收回。以下是亚历山大·兰斯基身上所获奖赏的大致成本估算，由于早逝，他没有凭借自己的"身份"获得所能获得的一切：10万卢布的存衣室，一套勋章和书籍，宫殿中的房间，一张价值30万卢布可坐下20人的堂馔。他的所有亲属都获得了晋升与奖励，如果不是因为早逝，总司令军衔，甚至还有相应的元帅职位，都会收纳到他的口袋。三年时间里不算其他礼物，他从女皇那里得到了700万卢布，一件镶有钻石纽扣的礼仪长袍（价值8万卢布），圣彼得堡的两座房子，以及沙皇村的一座房子。

# 叶卡捷琳娜二世之死

叶卡捷琳娜二世于1796年11月5日去世。直到去世前一天，她不止一次写过，在朋友的陪伴下，伴随着轻柔音乐声死去是件多么美好与崇高的事。但是死亡是在两个房间之间的狭窄通道中突然降临。女皇中风了，几个仆人好不容易才把肥胖的女皇从走廊里拖出来，放到地板的床垫上。叶卡捷琳娜二世在床垫上，经过几个小时的痛苦折磨后，在没有恢复知觉的情况下死去，没有留下遗嘱。

[传说和谣言]

### 叶卡捷琳娜二世的遗嘱是否存在过？

该问题至今仍然没有答案。众所周知，女皇不宠爱自己的儿子保罗·彼得罗维奇，认为他不适合当政，并让他远离政务。为了建立法律和万事万物的秩序，女皇坚信在继承问题上，如果继承人的道德和政务素质不符合做一位开明、仁慈的君主，那么就有权剥夺"不合格"继承人的继承权。与此同时，女皇亲近保罗和玛丽亚·费奥多罗芙娜的孩子，也就是她的孙子亚历山大和康斯坦丁，并不止一次暗示在她死后，俄罗斯将由亚历山大统治，她准备让其在16岁结婚，众人普遍视其为继承人。1792年亚历山大大婚前夕，她写信给自己的永久收件人M.格林，在信中顺便提到了一下："我们先让亚历山大完婚，然后在大型庆祝活动时及时将他加冕为王，到时候一切都变得美好、宏伟、壮丽！"信中字里行间好像透露着保罗这位真正继承人早已从世间消失，但叶卡捷琳娜当时并没有做出最终决定。

根据一个普遍传言，那份属于亚历山大的遗嘱被保存在女皇办公室的一个特殊信封中。女皇中风后，保罗·彼得罗维奇从加特契纳前往冬宫，女皇的助手别兹博罗德科大公将信封交给了保罗。这一传言并没有可靠依据，但后来别兹博罗德科获得保罗一世的嘉奖并成为俄罗斯总理这一事实是毋庸置疑的。他几乎是已故女皇随行人员中唯一一个在新君主统治下也能让自己"站稳脚跟"的人。

# [人 物]

## 亚历山大·别兹博罗德科大公

亚历山大·安德烈耶维奇·别兹博罗德科是18世纪最耀眼的政治明星。他于1747年出生在格鲁霍夫的小贵族家庭里（或者，正如当时官方说法，他是乌克兰人）。这个男孩居家接受家庭教育，另一个说法是，他还曾在基辅神学院学习过。考上神学院之前，他父亲让他大声读过三遍圣经，此后别兹博罗德科可以随时引用圣经中的任何内容——未来的政治明星拥有非凡的记忆力。

1765年别兹博罗德科开始在乌克兰军队服役，机缘巧合下他最终被叶卡捷琳娜二世派在乌克兰的总督P.A.鲁缅采夫任用，后者急需一位有进取心、有智慧且了解乌克兰的官员。别兹博罗德科对鲁缅采夫来说是无法被替代的，鲁缅采夫无论去哪里都带着自己的这位秘书，对其很是满意。因为圈子里没有人像别兹博罗德科一样在行军途中能够如此轻松、巧妙地撰写所需文件或记住三个月前彼得·亚历山德罗维奇在某个话题所说的话。

1770年随着土耳其战争的开始，鲁缅采夫迎来了属于自己的荣耀，击败了土耳其人。当时别兹博罗德科没有在辎重车队中避难，而是上了战场。别兹博罗德科性格的另一面在这里展现出来——冒险、有勇气、自由不羁，他一生都保持着这些品质。但作为伯乐的鲁缅采夫在别兹博罗德科身上发现和为之称赞的不仅是其勇气，鲁缅采夫不久就确信别兹博罗德科也可以出色地完成外交任务。总之，别兹博罗德科被公认为是一个有前途的人。鲁缅采夫希望在首都有值得自己信任的人，1775年鲁缅采夫将别兹博罗德科顺利引荐到圣彼得堡，甚至允许其在宫廷中接近女皇。鲁缅采夫把他介绍给叶卡捷琳娜二世时说："我向陛下呈献一颗未被雕琢的宝石，您在内心会给他一个标价。"的确，叶卡捷琳娜二世很快就相信，负责接收呈文的新任国务大臣具有非凡的才能：非凡的记忆力，成熟而敏锐的头脑，能够简短、清晰、明智地报告最复杂的事务，然后作出解释，可以准确地表达女皇脑海中刚刚浮现的东西，表达女皇的想法或隐藏的意愿。别兹博罗德科具有惊人的工作能力，能够在不做任何涂改的情况下快速起草重要的国家文件。

同时，别兹博罗德科从小就因喜欢节日宴席而出名，在轻浮的贵妇圈子里消遣，在风月情中表现出极度的贪得无厌和不知疲倦，他是一个永恒的单身汉，是妓院里的常客。这让女皇不悦，但她宽恕了别兹博罗德科的众多缺点和恶习。他常伴女皇左右——是战友，是助手，是守口如瓶、值得信赖的人。别兹博罗德科是叶卡捷琳娜二世许多法律草案和公务信函的起草者，没有他就不会有女皇宏大的立法。叶卡捷琳娜二世非常欣赏别兹博罗德科的才能，并早早提拔他的官职。渐渐地，别兹博罗德科从内政转向外交，并在这个领域取得了巨大的成功。实际上是他管理着俄罗斯外交部并在邮政部门兼职。在外交上，别兹博罗德科不仅表现出是一位经验丰富、谨慎的外交家，而且还是俄罗斯南方外交政策理念的建设者。别兹博罗德科在谈判桌上是位真正的高手，没有人能在微妙的桌上博弈中击败他——他熟知对桌人的民族与个人心理，然后通过自己的能力说服对手。

别兹博罗德科公务取得非凡成功的核心是个谜，甚至是三个谜。毋庸置疑其中一个来自上帝：他光秃的额头上闪耀着天才的金色光芒。他的分析能力与敏锐的头脑是上帝赋予他的。一般来说，这样的人很少见，当权者身边更是如此。法国伯爵塞古尔写道："在别兹博罗德科壮实的身体里隐藏着最精密的智慧。"很大程度上得益于上帝赐予的天赋，这个乌克兰人成功地迎来事业高峰，以至于后来他可以在位于涅瓦大街附近的叶卡捷琳娜广场叶卡捷琳娜二世著名纪念碑脚下威严地"坐下"来。

但别兹博罗德科成功的秘诀不仅在于其政治家的才华横溢，另一个谜隐藏在他强大的内心里。他异常迷人，深受周围人喜爱，无论男女，但尤其受女人喜爱。他外表笨拙肥胖，衣着随意，却凭借自己的聪明才智、温和的乌克兰式幽默、慷慨、善良、温柔、热爱生活和无所顾忌的乐天性格赢得人们好感。别兹博罗德科的受欢迎程度非常高，他的朋友中有许多身份显赫的人。权力、智慧和善良——这就是吸引他们来到别兹博罗德科身边的原因。在大型聚会上，他像熊一样难为情且愁眉苦脸，但在小范围的朋友聚会中，尤其是在女人中，他表现得优雅、和蔼可亲。他是俄罗斯歌曲的忠实听众，可以不间断地听，别兹博罗德科一定有来自上帝的高雅品位。别兹博罗德科位于邮局附近的房子是首都最豪华的房子之一，一走进他家中就像在过节！主人的非凡慷慨和高雅品位在人们心中留下了深刻印象，他是位音乐迷和美食家。

别兹博罗德科的第三个谜是他有使统治者高兴并与各种各样人相处的才能。在国家君主身边，他很清楚自己的位置，可以提出想法，帮助实施，然后，并不期待来自君主的赞美和微笑，他会退到一边："无须夸奖，我都听够了！"

多年来，别兹博罗德科成功击退了对他不怀好意之人的攻击，知道如何保持住在叶卡捷琳娜二世身旁的位置直到她去世。即使在1796年保罗一世上位之后，别兹博罗德科也能保持原有地位。据传言他通过将黑丝带系着的著名信封交给保罗一世赢得了对方青睐，信封里面是叶卡捷琳娜二世支持亚历山大·巴甫洛维奇大公，而不支持保罗继位的遗嘱。新皇立即将信封扔进壁炉，对别兹博罗德科的行为赞不绝口。这一切似乎都是真的：尽管别兹博罗德科以前是其母亲的亲密伙伴，但保罗一世对别兹博罗德科很是慷慨，他被提拔为总理和特级公爵，还获得了巨额财产和其他丰厚奖励，如镶嵌着钻石的耶路撒冷圣约翰大十字架。

放纵的生活方式加上大量辛勤劳作加速了别兹博罗德科生命的终结，他没有活到52岁，在中风后于1799年4月去世，留下了巨额财富和一群私生子，还给人们留下了对其作为一位聪明、随和、有趣，同时又务实，帮助叶卡捷琳娜二世建立帝国的伟大杰出人物的美好回忆。

# 不受欢迎的继承人

叶卡捷琳娜的儿子保罗·彼得罗维奇出生于1754年，当时的伊丽莎白·彼得罗芙娜女皇立即将这个新生儿带到身边，以便将其培养成自己的继承人，而叶卡捷琳娜在儿子出生几周后才见到他。保罗没有体验过来自父母的亲情，多年来他与父母，尤其与母亲的关系一直没有好转，冷漠、疏远和不信任将母子二人分离。保罗在没有孩童玩伴的环境中长大，脆弱且十分敏感，导师尼基塔·帕宁给了保罗良好的教育，但同时也教唆他反对自己的母亲和她的政权。保罗被按照未来"优秀君主"的目标来培养，在与女人和朋友的关系中，他被视为具有中世纪优雅风度的"骑士"。与此同时，保罗满腹豪言壮语，对装腔作势、琐碎的外在表象而非内涵感兴趣。多年来，这在保罗灵魂中种下了现实世界和想象世界之间无法解决的矛盾。保罗身上表现出来的是肆无忌惮和歇斯底里的愤怒，同时他还对神秘主义产生了兴趣。

叶卡捷琳娜成为女皇后，她自己也试图减少见儿子的次数。在伊丽莎白·彼得罗芙娜女皇去世前，由保罗的导师尼基塔·帕宁领导的一部分贵族将这位年轻人视为伊丽莎白的直接继承人。根据此种王位继承方式，保罗的父母彼得·费奥多罗维奇和叶卡捷琳娜·阿列克谢耶芙娜会被免除权力。然而，与彼得三世即位的规划背道而驰的是，叶卡捷琳娜登上皇位，之前的计划和意图触犯了这位新女皇。她将儿子视为政治对手，并试图让他远离朝堂，这自然让保罗与他的母亲更不亲近。保罗担心母亲去世后，王位不会传给自己，而是传给自己的儿子亚历山大。这不是空穴来风，因为有关女皇传位意图的谣言由来已久。

18世纪80年代中叶，在准备著名的"对参议院指示"草案时，叶卡捷琳娜二世特别关注了当时对她很重要的一个议题——剥夺先前已被批准的继承人权力的可能性。在研究该草案的过程中，叶卡捷琳娜二世了解了彼得大帝时期关于该议题的基本法令，女皇确定了允许剥夺继承人继承权的几个因素：继承人试图推翻在位君主，参与了对君主的叛乱；继承人缺乏执政所必需的素质和能力；继承人信奉非正统宗教；继承人拥有另一个国家的王位；在位君主罢免继承人的王位继承权。最重要的规定是要在继承人未成年的情况下设立摄政制度，摄政王由最高政府机构（议会和参议院）从皇室成员中任命，同时这些人必须保证遵守王位继承法。所有这些关于剥夺继承人继承权的精心规定，都直接关系到"对参议院指示"草案中的当代王朝形势和皇室中的复杂情况。叶卡捷琳娜二世和她的儿子保罗之间的关系一直不稳定，到1780年这段关系变得非常糟糕，并且持续到叶卡捷琳娜二世去世。社会上流传着叶卡捷琳娜二世打算利用1722年的法律规定剥夺儿子的王位并将这些权利转让给她宠爱的孙子的谣言。历史上，彼得大帝与他的大儿子阿列克谢之间就发生过这样的事。

保罗的权力哲学是复杂而矛盾的，他试图基于传统、理想甚至地理因素的观念，将专制与人类自由和法治结合起来。但随着岁月的流逝，保罗曾安静地在办公室拟订的国家重组方案被灰尘覆盖，渐渐被遗忘。作为继承人，他的生活逐渐变得绝望——母亲的威力是巨大的，叶卡捷琳娜二世领导的军队所取得的胜利令人震惊，而继承人保罗很少会有人记起。

在 G. G. 奥尔洛夫去世后，叶卡捷琳娜二世将他在加奇诺（后来的加特契纳）的庄园交给了保罗，保罗与自己年轻的妻子玛丽亚·费奥多罗芙娜在这里定居。这里远离了会引起保罗恐惧与仇恨的"大宫廷"，继承人在加特契纳创造了自己独特世界。那是一个军纪森严的世界，一个有着明显普鲁士精神秩序的军营，毕竟对保罗来说，像自己的父亲彼得三世一样，他们理想中的君主形象是普鲁士国王腓特烈二世。

在庄园的栅栏后面，保罗感到安全，他身边的人虽然不是很聪明也没有受过良好教育，但很忠诚，在这里他的意志不受限制。这一切都影响了保罗的性格，他习惯服从，不能容忍任何"自由想法"。法国大革命加剧了保罗的保守主义和偏狭之心，他背离了自己年轻时的梦想和与帕宁拯救灵魂的对话。在加特契纳，保罗变成了我们后来认识的他——紧张、病态的自负、反复无常、多疑。

[文　献]

　　叶卡捷琳娜二世对王子阿列克谢的历史案件的描述值得注意，女皇对亲权权力进行了反思："必须承认，为拯救共同事业而被迫与自己后代分开的父母是不快乐的。专制和亲权权力结合（或被结合），我相信明智的君主彼得大帝无疑有理由不承认自己那位忘恩负义、不听话且无能的儿子。"

　　王子阿列克谢在叶卡捷琳娜二世出生前10年就去世了，在后者对前者的生动形象描述中，勾勒出了彼得大帝继承人的负面特征，叶卡捷琳娜二世所熟悉的另一个相似形象就是王子保罗："这个人对自己父母充满了仇恨、恶意和报复性的嫉妒。他听信谄媚，不相信真相，没有什么比诽谤和诋毁他光荣的父母更能让他高兴的事了。他已经是一个懒惰、懦弱、三心二意、不稳定、苛刻、胆小、酗酒、火暴、固执、伪善、无知、头脑很平庸、身体虚弱的人。"

　　叶卡捷琳娜二世意外离世，她没来得及如自己之前所想的那样行使任命继承者的权力，1796年11月6日，保罗一世无阻碍地登上俄罗斯王位。

# 18 世纪第五位沙皇

登上皇位后,保罗一世试图急起直追,将自己的观点付诸实践。保罗是位才华横溢之人,但其悲剧就在于:他一生中的大部分时间都在等待"轮到自己身上"的王位,为自己作为继承人的前途未卜感到悲痛和担忧。等待继位的岁月持续了二十多年,他在流逝的岁月中感到平庸、无意义、屈辱和烦恼,性格变得糟糕,这些情感使这个男人从一个曾经开朗、浪漫的青年变得神经兮兮。上台后,保罗一世无法克服要报复摧毁他母亲统治下所建立一切的心理。拘泥于细节,前后矛盾,喜欢用简单粗暴的方法解决问题——所有这些都成为他的统治风格。保罗的性格变得更糟了,之前他凭借意志力压制住的对母亲的恐惧感爆发了:保罗变成了一个难以捉摸、脾气暴躁、任性、严厉且有暴君风范的统治者。他没有国家行政经验,且为人固执,无法理解复杂的政治问题。同时,他不仅不能容忍周围人自由表达意见,也不能容忍任何带有独立性的表现。成为独裁者后,他开始实施"加特契纳"式改革,建立的不是一个他曾与尼基塔·帕宁津津乐道的"充满理性和法律的王国",而是一个粗暴、令人压抑的国家。

[笔　记]

为何年轻时曾满怀自由主义思想的保罗会变成严厉的独裁者呢?保罗一世的个性和政治观点已经被争论了两个世纪,这位俄罗斯史上的悲剧人物身上充满了矛盾与复杂。显然,保罗一世的政治观点是在诸多因素影响下形成的,并在他一生中经历了一定的演变,这些观点归根结底是建立在 18 世纪开明人士结合叶卡捷琳娜二世启蒙思想的基础上,他们都树立了创建 18 世纪"共同利益"的乌托邦目标。但保罗一世与叶卡捷琳娜二世对这些观点的解释和实施方式却是不同的,这最终决定了保罗一世改革与叶卡捷琳娜二世改革之间存在着显著差异。

众所周知，保罗一世世界观的形成深受其导师尼基塔·帕宁的影响，后者一直拥护限制俄罗斯皇权的观点。尼基塔·帕宁曾在1763年提出的变革，实质上是建立一个贵族式国务议会来限制女皇的权力。在继承人的教育系统中，帕宁奠定了"基本法"至上的总体思想，没有它，继承者就不可能成为一个真正有价值的君主。这个想法本身并不是特别新颖，自从孟德斯鸠、伊万·舒瓦洛夫以来，该观点已经被广泛地书写和谈论，各种想法也一直在流传。帕宁的见解和推理在由他于1783年去世前为保罗编写的《关于不可或缺法律论述》一书中得到了充分和完整的表述。这些论述的实质是18世纪典型的三段论法：

1. 权力赋予君主完全是为了人民的利益。
2. 人们的幸福只能由绝对有德行的君主给予。
3. 考虑到君主作为自然人是一定有弱点的，因此获得绝对的美德是不可能的。

如此得出结论：君主只能通过一种方式实现人民的利益——"在他的国家中基于共同利益设定不可改变的规则，同时他自己不能违反这些规则。"这套规则本身并不那么重要，重要的是君主不能违反它们。但是，专制主义的致命陷阱就在于此，因为这消除了专制主义最重要的先决条件——完全的、不受控制的权力，可以随时改变法律，随意制定法律，在没有任何法律的情况下进行统治，而法律就是主权者的意志。

当然，帕宁的所有这些想法都与当时的政治形势密切相关，包含了对叶卡捷琳娜二世宫廷里宠幸当权的谴责——统治不来源于法治，而是源于"贪欲"。"不是君主的脾气适应法律，而是法律适应他的脾气"，君主被满怀贪欲的宠臣——通常是一个不值一文的人——所奴役，这就为独断专行开辟了道路，而专制制度就"超越信仰"。根据帕宁的说法，一切都取决于宠臣的专断，每个人都害怕他，他的目光、姿势、言语暗示着："崇拜我，否则我可以毁了你！"

相信读到这些内容，保罗会想到自己十分了解的、极受叶卡捷琳娜二世宠爱的奥尔洛夫和波将金。对保罗来说，帕宁的宪法思想不仅从道德、有益于国家尊严的角度来看是重要的（对于保罗来说，这些概念不是一句空话），而且对于他的未来也同样重要。当时，保罗的未来一片昏暗，叶卡捷琳娜二世对他十分不满，她对待他的方式就像伊丽莎白曾经对待讨厌的彼得·费奥多罗维奇一样。换句话说，叶卡捷琳娜二世手握1722年彼得大帝颁布的《王位继承法典》，就像在继承人的头上举着一把斧头一样，该法典允许她任命自己的任何臣民作为继承人，并在必要时，可以撤销作出的王位继承决定。再加上有其他因素：保罗的敌人散布他是"私生子"的谣言，叶卡捷琳娜二世对保罗儿子亚历山大的宠爱，宠臣对继承人的羞辱和压迫，保罗对父亲彼得三世悲惨命运的回忆，以及保罗对自己命运和自由的怀疑与恐惧。总而言之，考虑到这一切，保罗认为建立男性直系王位继承法这样的"基本法"变得至关重要。在缺乏上述法律的情况下，他看到了俄罗斯政治不稳定和他地位岌岌可危的原因。

1787年，保罗起草了一部类似的法律，要求王位由长子继承。这是必要的，以便"国家不会没有继承人，如此一来继承人始终由法律指定，让谁来继承变得毫无疑问，这样就保留世代继承的权利，不侵犯自然的权力，避免代代相传的困难"。后来，经过这些考虑，保罗一世在1797年4月5日加冕当天批准并公开宣读了《王位继承法》，该法应凌驾于特定独裁者的意志之上，并取消了彼得1722年颁布的《王位继承法典》。

但事实证明，这样的"基本法"是不够的，保罗悲剧的根源在于，他认可帕宁的思想，试图将专制的无限权力与人的自由、个人的权利和法律的权利结合起来，总之是将不相容的东西结合起来。他写道："我们发现，根据国家的广袤程度来协调必要的君主制行政权力是比较好的，其优点是每个国家都需要自由，以保护自己免受专制主义或君主本人的影响。"

但事实证明，原则上这种"协调"是不可能的，保罗一世憎恨自己母亲，将这种仇恨转移到由她引入的自由主义秩序以及她的宠臣和她官廷中的一些人物身上，保罗一世否认了叶卡捷琳娜二世通过改革给俄罗斯带来的一切。结果，无论保罗一世如何谈论权力、法律，如果他不承认和延续叶卡捷琳娜二世的改革，国家就不可能继续前进。在他的思想、思维与行为方式中，"加特契纳"式的生活模式脱颖而出。他想加强纪律，引入严格监管和不可或缺的秩序，并将其视为解决所有弊病的灵丹妙药。保罗一世摧毁了他母亲建立的"开明君主国"，开始建立"行政国家"。这是他个人悲剧和死亡的根源⋯⋯

# 保罗的军队改革

保罗一世认为军队是一切的基础,登上皇位后他开始改革军队。不能说叶卡捷琳娜二世军队取得了辉煌的胜利就不再需要进行改造与改进,军队是一个永远鲜活的、发展中的有机体。然而,保罗在军队中的改革并不涉及征兵或战术与战略方面的改变。这些改革触及了军队的外部生活,建立了军队训练秩序,制定了新章程,改善了部队物质供给,严格了纪律,消除了在兵团中盛行的军官专横、贪污、混乱及与服役有关的形式主义。但与此同时,对军队"不守纪律的行为"(保罗一世的话)的强制处分却是采取的异常严苛、过分严格、极其仓促的措施,伴随着虐待、暴力、侮辱和镇压,给军队和社会留下了极其痛苦的阴影。与"不守纪律的行为"的斗争首先意味着侵犯贵族权利,在彼得大帝之后采用的惯例是,贵族的权利从婴儿时期就被记录在册(为了资历和等级),并且还获得了长久的、几乎无限期的假期,而保罗一世果断地结束了这种规定。但是,在保罗一世对三年制军士制度和终身休假制所进行的坚决斗争中,有一个更大的目标,而不是简单地实现军队的秩序,或狂热地想要消灭他所憎恨的"波将金精神"。保罗一世无法接受贵族们因叶卡捷琳娜二世的改革而享有的阶级自由,对他来说,贵族所拥有的服役与否的法定权利是具有侮辱性的,被他视为"不守法纪"的表现。而这背后不仅仅是一时兴起,而是一种不同于叶卡捷琳娜二世社会制度和国内政治观点的体系。

简而言之,保罗一世关于贵族自由与贵族服役之间关系的观点如下:

1. 军队中"不守纪律""道德败坏""秩序混乱"是因为贵族自由和特权的滥用。

2. 有开明、有觉悟的人才能享有自由和特权。

3. 一个有觉悟、开明的贵族明白特权和义务是密切相关的,考虑到祖国的繁荣与为君主献身,他就永远不会滥用它们。因此,这样的贵族会忠诚服役,而滥用特权的都是一文不值的闲人，应受到惩罚。

　　保罗提出的看似合乎逻辑的蓝图不可避免地与叶卡捷琳娜二世通过阶级特权、自由和权利将国家发展成为文明自觉社会的计划发生了冲突。二者思想冲突的结果是保罗一世出台了旨在停止叶卡捷琳娜二世阶级改革的政策，实质上，该政策终结了贵族选择职业的自由，废除了贵族自治机关。1799年，省级贵族议会被废除，也恢复了对贵族的体罚。这一代人对这种回到过去的日子感到非常愤慨。

## 官僚主义和警察制度的加强

对整个管理体系和国内政策的重新定位是保罗一世思想的进化,当时行政、官僚主义方面在行政系统中占主导地位。官僚取代了贵族选举产生的职位,总督以牺牲阶级权利为代价获得更大的行政自由,治理开始遵循军事—警察制度。与此同时,新兴法院系统日渐成熟的制度也受到严重打击,取而代之的是官员和警察的行政管理。很明显,叶卡捷琳娜二世计划对参议院进行改革,即扩大阶级管理的原则已经无从谈起。此时行政措施的执行,就像在军队中一样仓促粗鲁,不可避免地滋生出了舞弊、荒谬与杂乱无序。

保罗开始积极与国家机构中存在的"堕落"做斗争,纪律变得更加严苛,服役也变得严格,即使是最轻微的罪行也要受到惩罚。工作时间从早上5点或6点开始,但晚上8点以后,没有特别许可,任何居民都不得上街。之前只是普通的换岗仪式的守夜游行,变成了一项由皇帝和王位继承人都必须参加的重要国事。军阀精神笼罩着首都,在大街上遇到皇帝本人是件特别危险的事,他对路人的外表要求极为严格。圣彼得堡的居民听到了很多荒谬法令,1800年4月,禁止从国外进口任何语种的各类书籍……甚至包括音乐,即乐谱也不能引进。然后下令将所有私人印刷厂"查封,禁止出版印刷任何书籍"。同一年,保罗还发布了一项特殊规定:只有在君主鼓掌的情况下,人们才可以在剧院里鼓掌……警察会突袭检查那些无视禁令穿马甲、时髦鞋和戴"法式"圆形帽的路人。

这解释了保罗一世对不同群体的政策的矛盾性,作为公正的执行者,他强迫贵族服役,但同时也关照他们的福利:1797年12月,他为破产的地主设立了国家辅助银行,最重要的是,他将大量的农民分配给地主,在他统治的四年里他分配的农民数量是他母亲几十年分配所不及的。同时,他作为一个对地主"严格"的沙皇受到群众尊敬，他认为所有国有土地都应该分配给地主。在保罗看来，地主比国家行政人员更关心农民。保罗还关心贵族阶级的纯洁性，在1798年下令将所有非贵族出身的军官排除在军队外。

# 米哈伊洛夫斯基城堡的建造

保罗一世统治时期，米哈伊洛夫斯基城堡的建造是圣彼得堡历史上的重大事件，该项目的设计者是 V. 巴热诺夫和 V. 布伦，不过保罗一世本人在其中也起了很重要作用，他的建筑偏好是基于对骑士城堡的浪漫憧憬，希望创造出不同于自己母亲的"放荡"宫殿的建筑物。毕竟，所有的皇宫都改名为"城堡"（冬宫变成了"冬季城堡"）绝非偶然，富丽堂皇的陶里德宫曾经是叶卡捷琳娜二世送给波将金的礼物，现在它被保罗送给了骑兵军团，那里布置有兵营、马厩甚至还有士兵的厕所。正如当时的人所写："在豪华的叶卡捷琳娜大厅里堆放的沙子有一码高……还有停放马匹的房间，里面全是粪便和污水……许多房间里全是污垢。"

等待米哈伊洛夫斯基城堡的是不同的命运，它将成为沙皇的主要官邸。在保罗时代这项于 1797 年 2 月 26 日开工的"突击工程"，拟在三年内完工，不惜财力、人力、物力，白天有两三千人在施工，晚上在火把与篝火的光亮下仍有同样数量的人劳作。现成的石板是从佩拉被拆毁的叶卡捷琳娜乡村宫殿中运来的，他们还使用了当时建造圣以撒大教堂的建筑材料。米哈伊洛夫斯基城堡在 1800 年 11 月 8 日完工，这座建筑建造得异常仓促，在那里的生活很不便利。城堡被石墙包围，前面是一个巨大的阅兵场，坐落有拉斯特雷利为彼得一世设计建造的纪念碑。保罗一世把这座纪念碑从谷仓里拖出来，并用铭文装饰它。城堡内部装饰极尽奢华，但保罗一世在他的新住所居住没有超过一个月。1801 年 3 月 11 日，城墙、护城河和城堡都没有能从阴谋者手中拯救它们的创造者——保罗一世被杀。当天，宫廷被再次迁至冬宫。后来，许多人在围绕城堡南立面的铭文中读到了预言的象征意义："这所圣殿适合长久居住。"铭文所包含的字母与保罗一世在世界上生活的年数一样多，他于 1754 年出生在伊丽莎白·彼得罗芙娜的夏宫中，而这座宫殿正在建造米哈伊洛夫斯基城堡的地方。

### 圣安娜勋章

圣安娜勋章1735年由石勒苏益格-荷尔斯泰因公爵卡尔·腓特烈为纪念他的妻子安娜·彼得罗芙娜而设立。他的儿子，未来的彼得三世，圣安娜勋章大师，于1742年抵达俄罗斯，开始将圣安娜勋章授给俄罗斯臣民。随着1762年彼得三世去世，保罗一世继承了圣安娜勋章大师的头衔。在1773年俄罗斯拒绝了保罗的荷尔斯泰因属地、头衔和勋章后，保罗为自己保留了这个称号，甚至将这枚外国勋章秘密授予他在加特契纳的随行人员。1797年4月5日，在他加冕的当天，保罗一世将这个勋章完全列入俄罗斯勋章系统。勋章分为三个等级，座右铭是"授给热爱真理、笃信宗教和忠实的人"。它在俄罗斯勋章的分量相对较低，实际上是官员和军官的服役年限资历的徽章。到1831年，已有17.1万人获得这枚勋章。勋章的十字架是金的，上面镶有红色的珐琅。

### [文 献]

按照同时代人的普遍看法，保罗一世登基之初的瞬间变化是令人震惊的。叶卡捷琳娜二世时期看似"永恒"的法律以及贵族所拥有的权利和特权，突然变成了一纸空话。人的尊严、贵族荣誉被以最粗鲁的方式践踏。以下是A.M.屠格涅夫回忆录中关于保罗一世与所禁服装"斗争"的摘录：

"我……在1796年11月8日，沿着涅夫斯基河河堤前往冬宫。在夏园旁边涅瓦河流向莫伊卡河的河渠上方架起的弧形桥上我看到……大理石宫附近，警察、官差和岗警聚在一起行事，上演了滑稽可笑的一幕。警察与岗警把路人的圆帽扯下，撕成碎片扔到街上，截短行人的燕尾服、军大衣和常礼服上的翻领，蛮横地向遭受侮辱与损失的受害者宣布特殊规定……救赎之门近在眼前，我冲进大厅，把门关在身后，跑上楼梯。"

＊ ＊ ＊

1797年4月5日加冕之日，保罗一世批准了《王位继承法》，确立了严格的王位继承顺序，即以男性后裔为主，而不是按照1722年由彼得颁布的《王位继承法典》中以专制者的意志为主。《王位继承法》规定：

"在我们友好协商且意见统一的情况下，出于对祖国的热爱我们平静颁布该项法案。在我死后，根据自然继承法，我的长子亚历山大优先享有继承权，之后是他之后的所有男性子嗣；如果长子这一脉继承中断的话，继承权就传到二儿子一脉，仍然根据长子优先的顺序，以此类推。如果我有更多的儿子，长子会继承这与生俱来的权利。在我最后一代男性子孙中断后，继承权仍然在这一代人身上，但会落到女性身上，就像之前的女皇统治一样，这样才能让王位代代相传。按照同样的顺序，男性继承王权优于女性。"

如此一来，该法案并未将女性排除在王位继承之外，而是对她们设定了限制：

"若继承王位的女性嫁人，她的丈夫不能成为君主，但可以凭借君主配偶的身份享有荣誉，享受除头衔外的其他利益。"

换句话说，该法案引入了英格兰实施的女王配偶制度，1797年的法案在整个19世纪和20世纪初的俄罗斯都在实行。保罗一世还颁布了《皇室条例》，在人数众多的皇室家庭中设置了优先权，它规定皇室成员的收入由所谓的"皇室地产"部门提供。

[ 笔 记 ]

值得注意的是，保罗一世众多的、有时荒谬的警察措施并非无中生有，也不是从他崇拜的腓特烈二世那里引进的。警察工作的基础即"规律性"牢牢扎根于18世纪专制意识形态中，这是专制中不可或缺的元素，所有统治者对其实施程度各不相同，侦查和检举也是如此。从众多方面来看，保罗一世延续了自己前任的众多警察制度。他首次授予教会主教世俗勋章，这就从逻辑上使得整个教会遵循专制政策，彻底征服教会。保罗一世在管理体制和内部政策上与叶卡捷琳娜二世的风格有很多相似之处，叶卡捷琳娜二世和保罗一世的统治理论和实践都是从依赖忠实可靠的人开始的。如果说在叶卡捷琳娜二世的领导下，参议院总检察长维亚泽姆斯基在行政管理中发挥了巨大作用，那么保罗一世在位时也加强了总检察长别克勒米舍夫的管理权力。像叶卡捷琳娜二世一样，保罗一世在管理方面一贯严格地实行私人"部长级"方式，他恢复了合议部门，但不是为了恢复合议制度，而是使其成为变相的部长制度。从废除叶卡捷琳娜二世时期的驻军司令开始，权力由总督接管，他们是像阿拉克谢夫或阿尔哈罗夫一样的特别行政人员，在沙皇指示规定范围内行使巨大权力。叶卡捷琳娜二世曾设法维持的个人权利体系在自己儿子那里最终得到了加强，后来该体系甚至开始趋于暴政。风靡一时的"祖国之父"——慈悲睿智、严厉而公正的父权制概念——在整个18世纪内并没有过时，保罗一世像彼得大帝一样深入研究生活中的各种细枝末节，按照"规律"和警察秩序的标准以及他自己的推理来调整它们。保罗一世的社会政策不仅是对叶卡捷琳娜二世阶级改革的消极反应，也是唯一君主面前所有人皆为国家奴隶古老原则的实现。沙皇认为自己是一心造福人民的国家最高权力的承载者，他将人们视为服从自己的臣民，如有必要，无论其等级、官职、出身如何，他们均可被沙皇鞭笞、送往西伯利亚，或被剥夺财产、官级、勋章，当然还有他们"基本的"阶级特权。

# 苏沃洛夫的意大利－瑞士之战

随着保罗一世的上台，俄罗斯的政策发生了翻天覆地的变化。早在很久之前，俄罗斯军队就开始为与发生革命的法国展开敌对行动做准备工作，但在1796年被保罗一世中断了。请求俄罗斯帮助的奥地利人被迫与当时夺取政权的拿破仑达成休战协议。保罗一世很快意识到他别无选择——他不能只按照与自己母亲"相悖"的原则行事。法国的侵略迅速蔓延到整个欧洲，威胁到当局和保罗一世本人。反法联盟（俄罗斯、英国、奥地利、那不勒斯、土耳其）的成立可以追溯到拿破仑夺取地中海重要战略要地马耳他岛屿的时候。保罗一世宣布自己是马耳他骑士团的庇护者，同意履行马耳他骑士团首领的职责，这一举动属于非法，是未得到教皇认可的行为，但却符合保罗一世年轻时的"侠义"理想。1798—1799 年，在乌沙科夫的指挥下，俄罗斯－土耳其联合中队一起（在进行长达一个世纪的对抗后，这两个不共戴天的敌人之间发生了令人难以置信的转变）征服了爱奥尼亚群岛，沙皇海军上将在那里成立了拥有立宪民主权力的七岛联合共和国。然而，在地中海的另一边，此时盟军的情况却很糟糕，本来在海上没有优势的法军却在对战意大利军队时大获胜利，占领了意大利的许多领土。法国的成功令奥地利担忧，后者要求俄罗斯立即进行干预，保罗一世不得已将当时最杰出的指挥官亚历山大·瓦西里耶维奇·苏沃洛夫从流放中召回，派他前往意大利。苏沃洛夫率领俄奥军队在两周内从法国人手中解放了伦巴第，之后又解放了整个意大利北部。根据苏沃洛夫的计划，有必要展开攻势，行军至巴黎。然而，奥地利并不情愿俄罗斯在镇压法国大革命中成为主导。奥地利违背了之前的约定，对瑞士的 A. M. 里姆斯基－科萨科夫军团没有施以任何援手；而为了援助瑞士，苏沃洛夫从意大利穿越阿尔卑斯山进行了一次异常艰难和危险的行军，但为时已晚——法国人击败了 A. M. 里姆斯基－科萨科夫军团。苏沃洛夫不得不一无所获地返回，1800 年，他被召回俄罗斯。

此时，保罗一世对维也纳和伦敦的战事感到非常恼火，奥地利对俄罗斯在意大利开创的所有帝国事业进行刁难，英国开始通过占领马耳他来对抗俄罗斯在地中海的势力。之后，俄罗斯与英国断绝同盟，禁止英国商品的进出口。保罗一世对英国不满的原因是，在地中海与法国的战斗中，保罗一世与受法国压迫的马耳他骑士团建立联盟，而英国拒绝将马耳他岛从法国人手中解放出来。保罗一世以他特有的热情和对骑士角色的兴趣，对马耳他和骑士团的命运如此着迷，以至于在1798年马耳他骑士团大团长逃亡后，尽管教皇和欧洲列强都不支持保罗一世的主张，他却出乎所有人的意料接管了马耳他军团。一些历史学家认为，保罗一世被自己通过领导马耳他骑士团来联合所有欧洲贵族，从而扼杀法国大革命的奇妙想法所吸引。

保罗一世开始与巩固了自己在法国权力的拿破仑亲近，为了帮助他的新朋友，1801年保罗一世突然命令俄罗斯军队（40个哥萨克团）开始征战英属印度——部队既没有准确的行军路线图，也没有供给和冬衣。此次行军发生在保罗遇刺的前两个月，随后新皇亚历山大一世即位后的第一天晚上就下令取消这一疯狂的举动。

# 保罗一世在米哈伊洛夫斯基城堡去世

对保罗一世的暗杀筹备已久,众多贵族臣民都认为由其继续统治国家,将对他们的阶级利益甚至生命构成威胁。这些人有的被捕和被流放,有的被军队开除,有的被剥夺军衔和贵族地位。同时,保罗一世好猜忌且任性,他迅速收紧军队法纪、不断演练和阅兵的行为引起士兵的不满。刺杀的阴谋者中有高级朝臣、官员和军方人员,当他们得知保罗一世打算取消儿子亚历山大的继承权时,他们就果断开展了行动。亚历山大被叶卡捷琳娜二世青睐,是叶卡捷琳娜二世中意的善良、人道、心爱的孙子,拥护他登上王位是此次阴谋行动的目标。与此同时,尚不清楚亚历山大是否知悉此阴谋。

尽管保罗一世在位期间提出的建立秩序、维护正义、遏制偷窃等目标是有益的,但他的治国风格、粗暴方式及令人措手不及的决策使他的统治显得异常压抑与残酷。N.M.卡拉姆津作为此事件的同时代人精准地传达了人们当时的感受:

> 叶卡捷琳娜的儿子本可以凭借自己的才能使祖国受益,但他与我们所期待的样子截然相反,他的做法令俄罗斯人震惊,保罗一世不遵守任何规则,用恐怖方式进行国家统治,他只听从自己的一时兴起;我们对于他来说不再是臣民,而是奴隶;无错之人会被处决,无功之人却会受到奖赏。保罗一世这些行为剥夺了惩罚的震慑和奖赏的魅力,他憎恨自己母亲创下的国家智慧成果……他向善,却靠邪恶的暴躁为生:保罗每天都在想办法恐吓他人,他自己畏惧所有人,思考着为自己建造一座坚不可摧的宫殿和陵墓。社会处于恐惧和混乱之中。保罗一世失去了现实感,从一个极端冲到另一个极端,他变得疯狂多疑,把真正忠于他的人从他自己身边推开,但这一切只会助长近卫军和宫廷圈子里的阴谋。这个阴谋带来了血腥的结局——

1801年3月11日晚上保罗一世被暗杀。由于一名守卫军官的背叛,一群阴谋者闯进了戒备森严的米哈伊洛夫斯基城堡,来到了沙皇的卧室将其杀死了。尽管发生了这次悲剧,但社会上的臣民还是松了一口气,正如保罗年轻时曾写过的这句谴责专制的话语:"专制吞噬一切,最后会被自己毁灭。"

## [传说和谣言]

### 保罗一世是怎么死的?

沙皇被暗杀事件有许多谣言,其中最常见的说法是受惊的沙皇躲在壁炉屏风后面,然后被阴谋者从那里拖了出来,但这很可能是假的。阴谋者突然闯入沙皇卧室,保罗一世从床上立即跳下来与他们打了照面。保罗一世与凶手之间发生了激烈争吵,保罗一世威胁要惩罚他们。怯懦的沙皇不见得会在激昂烂醉的武装阴谋者面前表现果断,其中一位阴谋者尼古拉·祖博夫被他的威胁激怒后用鼻烟盒击打了保罗一世的太阳穴。沙皇在摔倒后,剩下的阴谋者一拥而上袭击了他,经过长时间的挣扎,保罗一世被一名军官用一条围巾勒死了。同时代的一些人称,玛丽亚·费奥多罗芙娜皇后睡在宫殿另一侧卧室,她在得知自己丈夫的死讯后,试图像叶卡捷琳娜二世一样夺取权力,但阴谋者将其锁在了宫殿的房间里,直到她认可亚历山大为新的沙皇后才被放出。

## 第四部分

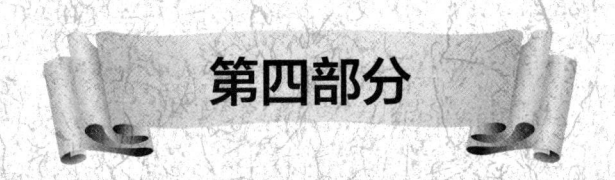

# 亚历山大时代
# （1801—1825）

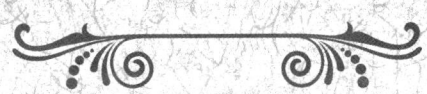

## 亚历山大一世登上王位

在俄罗斯社会中，很少因为某个人的死亡而给人们带来喜悦与快乐之情，这种情景对基督徒来说是有些不伦不类的。但此类情况却发生在1801年3月12日，也就是保罗一世遇刺后的第二天。总之，"葬礼盛宴"来了：保罗一世统治时期，每个人都因恐惧而受尽折磨，每个人都渴望改变；当亚历山大一世登上王位，宣称保罗一世"死于中风"时，所有人都松了一口气，保罗一世的谋杀者们更是异常高兴。

学者们未明确证实亚历山大是否参与了此次谋杀，显然当时他知道此事的存在，而且赞同阴谋者推翻自己父亲让自己称帝的意图。

根据亚历山大的说法，他显然不希望保罗一世死，或者更确切地说，他尽量不去想这位被废黜的沙皇的命运，尽管当时亚历山大只有两个选择：第一，宣布自己父亲疯了，将他关进要塞或者修道院；第二，杀了自己的父亲。每个人都明白这不是游戏而是生存……在谋杀发生之后，阴谋者头目彼得·帕伦来到了亚历山大的卧室，而当时亚历山大要么是睡着了，要么是在装睡。他在得知父亲的死讯后，泪流满面，帕伦粗鲁地说道："停止你的幼稚行为！千万人的福祉，取决于你的坚定态度！去让士兵们看看吧！"亚历山大擦了擦眼泪，走出去说道："我父亲死于中风，我在位期间的一切政务，都将按照我敬爱的祖母叶卡捷琳娜女皇的原则和意志去执行！"

但人们最终只关心结果，而且结果是显而易见的：在许多人看来，这位"温柔与和平天使"已经登基，臣民们立即开始崇拜新沙皇，在一切方面亚历山大都与阴郁、丑陋、不人道的父亲截然相反。他身材高大，五官精致，有着一头金色的卷发，脸上带有迷人的微笑。他举止优雅而且保持着异常的朴实品质，对每个人都和蔼可亲。

可以说，亚历山大一世达到了德尔扎文的期许，德尔扎文为他的出生写过一首诗：

　　你要有当权者的激情，成为王位上的人！

　　完全不清楚亚历山大与他的母亲玛丽亚·费奥多罗芙娜皇后的关系是如何发展的。尼古拉一世回忆说，他在冬宫里（透过半开的门）看到亚历山大泪流满面地跪地哀求玛丽亚·费奥多罗芙娜相信自己是无辜的，对发生的政变和对他父亲的谋杀一无所知。

## [文　献]

　　与亚历山大一世关系密切的亚当·恰尔托雷斯基亲王回忆了新政权建立的最初几个小时：

　　"完成刺杀保罗一世的行动后，阴谋者没有任何尺度和体面可言，无耻地表现出自己的喜悦之情。此时人们不仅在精神上，而且在身体上沉浸在狂欢中，宫中酒窖被打开，大家为了新皇和政变英雄的健康不断喝酒庆祝。这些人第一次有种将自己归类为阴谋参与者的自豪感，每个人都想被铭记，每个人都通过谈论功绩来曝光自己，每个人都证明自己在这场致命浩劫中脱颖而出……在这种无耻的淫乱欢乐中，沙皇和皇室成员没有现身，他们以泪洗面，惊恐万分地将自己锁在了宫里。"

　　回想一下，保罗一世的父亲即亚历山大一世的祖父彼得三世于1762年"死于腹绞痛"。对于一些人来说，这种如此"意外"的死亡会引发人们的重重顾虑。一位法国妇女在克里姆林宫圣母升天大教堂的亚历山大一世的加冕典礼上，看到亚历山大一世被叶卡捷琳娜二世时期的贵族、保罗一世时期的达官显宦和自己的年轻朋友们包围着，她写道：

　　"亚历山大穿过大教堂，前面是杀害他祖父的凶手，周围是杀害他父亲的凶手，显然他周围都是谋杀犯。"

# [人　物]

## 玛丽亚·费奥多罗芙娜皇后

玛丽亚·费奥多罗芙娜，原名索菲·玛丽·多萝西娅·奥古斯塔·路易丝，在叶卡捷琳娜二世的授意下嫁给了保罗·彼得罗维奇。索菲于1759年出生在符腾堡王国腓特烈二世·欧根公爵家庭，后来全家搬到了世袭领地蒙贝利亚尔，在法国启蒙思潮之前，那里就一直有一种法国人的精神……索菲的父亲不是一个冷酷无情的军人，他常与卢梭通信，在家庭中营造了一种相互关爱和信任的美好氛围。卢梭提出的用自然和爱养育孩子的观点成为这个家庭的主要思想，父母没有把孩子交给家庭教师和退休军官照顾，而是自己来抚养。索菲从小就注重细节，做事有条不紊。

保罗与索菲约会结束后立即做出了结婚的决定，保罗回家了，索菲准备前往俄罗斯。皇室联姻是件重要的国事，叶卡捷琳娜二世对索菲的父母提出了一系列条件，其中最沉重的一条就是他们永远不能来俄罗斯。圣彼得堡里的每个人都喜欢继承人的这位新娘，叶卡捷琳娜二世写道："每个人都因为她沉浸在喜悦中……"1776年9月，索菲皈依东正教，成为玛丽亚·费奥多罗芙娜，然后她与保罗举行了婚礼，过上了安逸的家庭生活。得知新娘怀孕后，叶卡捷琳娜二世将距离沙皇村不远的一大片土地给了这对夫妇。那里成为保罗时代的开端。

年轻的玛丽亚在俄罗斯生活的时间越长，对周围世界了解得越多，她的处境就愈加复杂。她惊讶地发现，五十岁的女皇竟然拥有很多年轻的情人，她的寝宫简直就是个淫窟。后来玛丽亚得知保罗和他的母亲之间没有亲情与关爱，单纯的她因为这种情况感到忐忑，她把自己温馨的家庭回忆带到了俄罗斯，曾经自己家里的每个人都彼此相爱，彼此关心，而在俄罗斯这一切似乎是不可能的，而且变得很糟……

在这里需要注意的是，玛丽亚是个善良、可爱之人，但却不是个特别聪明的女人。对于玛丽亚来说，叶卡捷琳娜不是伟大的改革者和杰出的政治家，而是个恶毒的老妇人。此外，玛丽亚无法原谅她的婆婆将自己的长子亚历山大和次子康斯坦丁从身边带走，让他们远离父母，并用女皇自己的方式抚养他们。

玛丽亚勤奋地学习俄语，总的来说她做任何事情都很上进，但她没有像叶卡捷琳娜二世那样对俄罗斯抱有热爱。玛丽亚没有被她婆婆的热情野心所灼伤，她从小就梦想着在俄罗斯做出一番大事业，她的世界与她婆婆的世界有着无限距离。只要她心爱的丈夫在身旁，她就舍得用圣彼得堡的所有奢华换取自己舒适的窝。每年春天，他们都带着毫不掩饰的快乐离开冬宫，躲进迷人的加特契纳湖边，然后来到巴甫洛夫斯克。在那里，她会和孩子们一起走过她最喜欢的公园，参观她打造的亭子、农场和喜欢的角落。

20年来，玛丽亚生下了4个儿子及6个女儿，她是位出色的女主人，保罗在这里找到了自己的救赎和安慰。玛丽亚抚养孩子，做各种家务，绘画，多年来她与保罗的夫妻关系几乎一直是完美的；此外，他们在反对叶卡捷琳娜方面也是一致的。然而，多年来的祥和开始从以前亲密无间的家庭中流走——夫妻两人没有发生过任何争吵，玛丽亚的温柔是无法估量的，但保罗变了，他年轻时不显眼的恶劣行径，在成熟的岁月里被凸显出来。玛丽亚几乎无法缓和他的偏执、古怪和猜疑，然后她不再像在婚姻最初几年那样被他迫切需要……因为，另一个女人出现了。

宫廷侍女叶卡捷琳娜·涅利多娃长得不漂亮，但聪明机智，玛丽亚因其无聊的积极性和沉重感输给了对方。玛丽亚担心涅利多娃会成为她丈夫的宠儿，但随着时间的推移，这两个女人间的关系有所缓和，涅利多娃离开了宫廷，两人以自己的方式或者甚至一起试图拯救保罗。而保罗固执地走向自己的尽头，不想再听玛丽亚和涅利多娃的意见。

此时，玛丽亚·费奥多罗芙娜已经成为皇后，但这并没有给她带来幸福与安宁。在宫廷里，保罗一世营造出焦虑、紧张的氛围，而玛丽亚在操持宫廷礼仪中找到了救赎，在礼节规矩的掩饰下，她像躲在屏风后面一样隐藏着自己的焦虑与不幸。一些历史学家认为，1801年3月11日保罗一世遇刺之夜，玛丽亚·费奥多罗芙娜曾试图夺取政权，就像1762年叶卡捷琳娜二世那样。这种说法很难让人信服——玛丽亚之前的生活与叶卡捷琳娜二世截然不同，她并没有获得权力的野心与欲望。

保罗死后是漫长的守寡岁月，她又活了将近四分之一个世纪。我们不知道玛丽亚·费奥多罗芙娜是如何接受长子亚历山大也参与了谋杀保罗一世的事件的，但孩子们都很尊敬她，而且她的话不止一次对俄罗斯政治产生了影响。

玛丽亚·费奥多罗芙娜将寡居生活的大部分时间奉献给了慈善事业，与此同时，她并没有变成一个安静的老太婆，依旧坚强、精力充沛，不知道什么是疲劳和沮丧。她一丝不苟、勤勉尽责，一如既往地做着公益事业，顾家，关心着保罗的家人……1828年10月24日死亡意外地降临到她身上，未知的疾病令她的生命转瞬即逝，几乎到了生命尽头，玛丽亚都不相信自己一向精力充沛、健康的身体会面临这种考验。当她的儿子尼古拉一世见到母亲即将去世时，他请求她领圣餐。

"怎么了？"她问道，"我现在很危险吗？我明天再做这件事！"

"为什么要拖延？"儿子小心翼翼地问道。

之后她听从了儿子的建议，就像一如既往地服从自己的命运一样……

[传说和谣言]

### 玛丽亚·费奥多罗芙娜的日记被保存了吗？

玛丽亚·费奥多罗芙娜日记失踪的故事充满了神秘色彩。众所周知，这位严谨、端正的皇后一生都在记述详尽的日记，日复一日，厚达几十本。根据一种说法，为了不让王室私密生活信息传给后人，她的儿子尼古拉一世在其死后将日记整理后放在壁炉里烧掉了。另一种说法是，所有这些可以揭开俄罗斯半个世纪历史秘密的无价史料，与玛丽亚·费奥多罗芙娜皇后的遗体一起被埋葬在圣彼得堡的彼得保罗大教堂里。

## "年轻朋友"与改革草案

从统治开始的最初几天,亚历山大一世内心就感到恐惧和信心不足。从小他就学会了隐藏自己的情感,微笑着向每个人鞠躬,但他的灵魂中却充满了困惑和恐惧。政变的结果——父亲被谋杀——把亚历山大吓坏了。

恰尔托雷斯基亲王回忆说,保罗一世死后,亚历山大沉浸在绝望中……认为是自己造成了父亲的死亡,这一想法对他来说是可怕的,他觉得好像一把剑刺穿了他的良心,这件不光彩的事给他留下来的影响是不可磨灭的,他的名字被与之永远联系在了一起。整整几个小时,他一直一言不发,一个人神情阴沉地一动不动待着。这样的状态每天都在重复,那时他不想看到身边的任何人。

总之,亚历山大以弑父身份开始了自己的统治,他父亲的鲜血浸透了雪白的帝王长袍衣边,王位周围站着的是杀害其父亲却急切等待被奖赏的凶手们,这简直太可怕了!

亚历山大是个敏感之人,他时刻都在承受痛苦,却没有人可以谈心。此时,亚历山大与伊丽莎白·阿列克谢耶芙娜的婚姻已经步入正轨。亚历山大16岁时在祖母叶卡捷琳娜二世的授意下,与14岁的路易丝·玛丽·奥古斯塔结婚,后者皈依东正教后改名为伊丽莎白·阿列克谢耶芙娜。伊丽莎白有着高尚的品质和善良的心灵,是个迷人、睿智的女人。夫妻俩相貌出挑,是年轻人崇拜的偶像,但这段婚姻并不幸福。起初,这对公认迷人的年轻夫妇幸福地生活在一起,但在亚历山大登上王位后,伊丽莎白·阿列克谢耶芙娜对他失去了吸引力,他们的孩子玛丽和伊丽莎白在襁褓中夭折。多年来,亚历山大公开与自己的情妇住在丰坦卡宫殿中,至于伊丽莎白·阿列克谢耶芙娜皇后,沙皇则任由她自生自灭,虽然伊丽莎白总是站在自己丈夫的立场支持他,但她并不是他的战友与朋友。亚历山大下意识地想用宏大的改革来弥补弑父这一严重罪行,此外,亚历山大明白他父亲所创造的权力体系令人生恶,急需对其作出改变,社会上的每个人都在等待转变。

在他统治的最初几天,亚历山大就写了几封有相同内容的简短信函:"我不需要告诉你我有多期待见到你。我希望上天能在你的旅途中保佑你身体康健。"这封信被寄给了那不勒斯的特使亚当·恰尔托雷斯基亲王。帕维尔·斯特罗加诺夫、尼古拉·诺沃西尔佐夫和维克多·科丘贝三人也收到了类似的邀请。

他们都是亚历山大的朋友,在亚历山大还是王位继承人的时候就把他们带到了自己身边。这群受启蒙思想影响的年轻人崇拜伏尔泰、卢梭,他们期待自由变革,期待颁布"有重大价值"的法典,旨在永远结束保罗一世统治时宫廷内外随处可见的暴政、专制等丑恶现象。值得注意的是,最激进的革命观点是由这个圈子的领头人亚历山大提出的,在他身上可以看到拥护共和政体的瑞士导师弗里德里希·凯撒·拉哈普(曾被叶卡捷琳娜二世指派给他为老师)的思想痕迹。

> 亚当·恰尔托雷斯基继续说,亚历山大憎恨无处不在的专制主义,不管它以何种形式表现出来。他热爱自由,在他看来,自由应该属于所有人,他对法国大革命极为感兴趣,尽管他不认可这些可怕的谬见,但他仍希望共和政体取得成功并为之欢欣鼓舞。

在法国思潮的影响下,俄罗斯社会变革中兴起的有益思想吸引了年轻人,他们坐下来书写方案,与亚历山大进行讨论……但后来保罗一世驱赶了这个受人尊重的群体,将这些年轻人派到庄园和大使馆任职,最后留下亚历山大独自一人。亚历山大成为君王后立即邀请他的朋友们举办一次全体聚会,那时的他力量满满,充满了愿望和幻想。"来找我,来找我,我的朋友们!"

位于圣彼得堡的卡缅诺斯特洛夫斯基郊外宫殿成为19世纪初俄罗斯改革派的真正总部。1801年6月24日,在与沙皇共进晚餐后,斯特罗加诺夫、恰尔托雷斯基和诺沃西尔佐夫被秘密带到了更衣室,而亚历山大已经在那里等着他们。新的非官方机构秘密委员会召开了首次会议,这个机构由亚历山大一世的"年轻朋友"组成。尽管当时他们已经不再那么年轻，但"年轻朋友"是在文学作品中对这些人的称呼：诺沃西尔佐夫 39 岁，科丘贝和恰尔托雷斯基都 33 岁，斯特罗加诺夫 27 岁，亚历山大才 24 岁！

诺沃西尔佐夫宣读了工作方案，该方案将分三个阶段进行：讨论国家局势，开展国家改革（毕竟，俄罗斯的全部力量在于其国家结构），然后用"符合民族真正精神所创建的宪法"来完成改革。和多年前一样，沙皇让他的朋友们惊讶，亚历山大说前两个阶段时间拖得太久，有必要直接进入正题：颁布"致俄罗斯人民公文"，宣告人民不可剥夺的权利，即宪法！亚历山大的"年轻朋友"被冲昏了头脑，他们虽然满腹思想道理，但却忌惮突然的自上而下的改革会给这个国家带来巨变……

人们仍沉浸在摆脱保罗一世统治枷锁的时刻，等待政府做出改变——要知道这是每个新政府开始时的共同点。成为进步的共和党人士开始变成一种时尚，就像在前额上梳着不整齐的发髻一样。一些达官显贵将法国的《人权和公民权利宣言》放在侍从长袍的口袋里——没有人愿意被大家认为是落后分子和农奴制的维护者。许多达官显贵也渴望成为"年轻的改革者"，甚至有更多人成为沙皇那批"年轻朋友"中的一员，他们满怀自由地坐下起草改革方案，这些人中有些人已经不再年轻，甚至他们根本不是亚历山大的朋友，而是杀害保罗一世的凶手。拥有数万农奴的普拉顿·祖博夫，没完没了地参与其中，一同研究关于解放农奴的草案。严格来说，参议院地位是当时问题的根本。我们会不禁想起叶卡捷琳娜二世统治初期和 1763 年尼基塔·帕宁关于参议院的改革计划！现在正在讨论赋予参议院议会地位的想法，这样一来会彻底改变整个局面，参议院将凌驾于独裁者之上！亚历山大一世完全支持这种意图。

"年轻朋友"构想的改革制度吓坏了亚历山大一世身旁的人们，这是件严肃的事情：他们正在创造一个国家。自伊万·卡利塔时代以来，他们一直在积累权力，而亚历山大却要把一切都交给由祖博夫和德尔扎文坐镇的参议院！母亲玛丽亚·费奥多罗芙娜反对儿子的想法，沙皇的所有亲信都反对，最重要的是，亚历山大之前的老师拉哈普也不同意这一创举，而这位老师在沙皇心中分量很重，亚历山大曾说过："老师除了没有生育自己，其他事情都做到了。"拉哈普从国外给学生写信说，如果参议院改革草案获得通过，那么君主就名存实亡了。这个瑞士人非常了解俄罗斯社会，他对参议员和俄罗斯贵族的意图不抱任何幻想：

不要让无限权力误入歧途，将权力英勇地维护下来，直到在你的领导下完成必要的工作，你可以为一个充满活力的政府保留尽可能多的权力，目前任何对皇权的限制都来自遥远的未来……

亚历山大一世开始踌躇，1801年9月15日在莫斯科为新沙皇举行庄严的加冕典礼时，人民获得了免费的食物和饮品。亚历山大宣布宣言和法令：免除人们25戈比的年度人头税……仅此而已，并没颁布之前提到的"致俄罗斯人民公文"，也没有提到参议院改革！

然后，正如经常发生的那样，困难的国际形势使改革者无法坚定实现梦想。"奥斯特利茨的太阳"不仅对俄军来说是灾难性的，而且对亚历山大一世的自由主义思想来说也是如此。他所有的力量都开始投入与"篡位者波拿巴"拿破仑的斗争（或虚伪的友谊）中。

不要忘记，无限的权力和其拥有者的可怕责任甚至会令人间的天使堕落，而现在君主已经在冲着司法部长德尔扎文喊道："你还想教导我吗？我还是不是君主？我想干什么，就可以去干什么！"渐渐地一切都恢复了正常。然后1812年著名的彗星挂在俄罗斯的天空中，大考验时刻已经到来。

## [人　物]

### 亚当·恰尔托雷斯基

"他人中的自己人，自己人中的陌生人"，这样的表述最适合此人的生平事迹。

"我，"他后来写道，"不希望卷入俄罗斯事务，我以不寻常和偶然的方式使自己陷入困境，我就像处于异国土地上的外来植物一样，我的情感同我的俄罗斯同僚们的情感并不在一个步调上……"

此外，恰尔托雷斯基在回忆录中阐明了他能长期处于如此奇怪境地的两个原因——"对沙皇的情深义重和有益于自己祖国的意愿让我能够继续为俄罗斯服务。"

总的来说，经历18世纪末国家灭亡后幸存下来的许多波兰人发现自己处于同样奇怪的境地——祖国固然亲切，但他们更需要活下去。波兰起义被镇压后，叶卡捷琳娜二世下令将恰尔托雷斯基招募到俄罗斯官廷。

恰尔托雷斯基于 1795 年抵达圣彼得堡，诅咒自己的命运，憎恨俄罗斯，憎恨俄罗斯的一切，认为自己是俄罗斯集中营的囚犯、人质。但在宫廷里，这位波兰贵族受到了优待，恰尔托雷斯基在青年人中脱颖而出，被任命为亚历山大王子的副官。这个讨厌俄罗斯的一切的俘虏……与自己的压迫者交上了朋友。事实证明，叶卡捷琳娜二世的孙子根本不认同当局的观点，他同情波兰，拥护自由，憎恨专制，有时两人连续几天不分开，分享他们内心深处的梦想，他们是如此友好以至于让朝臣们感到不快，于是恰尔托雷斯基被派往意大利。但在亚历山大登上王位后，他立即将恰尔托雷斯基召回宫内，并让他加入了秘密委员会——亚历山大青年时代的朋友圈。

恰尔托雷斯基沉浸在俄罗斯政治与"年轻朋友"圈子里的纷争中，他有自己的利益追求。无论发生了什么，作为一个波兰人，他始终渴望复兴自己的祖国。当皇帝提议让他领导刚成立不久的外交部时，他同意了。恰尔托雷斯基的计划很明显：拿破仑发动战争致使欧洲局势变得剑拔弩张，联盟成立又瓦解，在这种情况下，与拿破仑建立联盟会给波兰复兴带来可能，同时亚历山大似乎并不反对这个想法。但事实证明，亚历山大要么不愿意，要么是不能实现恰尔托雷斯基的梦想：奥斯特利茨战役、普鲁士战役的失败以及后来他与拿破仑的"卑微友谊"都让俄罗斯蒙羞。只有胜利者才能决定波兰的命运，而这位获胜者实现了恰尔托雷斯基和像他一样的人的梦想，在拿破仑的领导下华沙公国成立。后来拿破仑战败，波兰王国成立，亚历山大坐上国王宝座，他给波兰制定了当时的民主宪法，而恰尔托雷斯基在这件事上起的作用很大。不过，恰尔托雷斯基的时代似乎已经过去——许多波兰人不明白恰尔托雷斯基的立场和感受，对他加以白眼。萨皮哈回忆说：恰尔托雷斯基和帕克将军进行了五次决斗，直到恰尔托雷斯基身负重伤。疗伤期间，亚历山大经常拜访他，大家都明白，如此激烈的决斗（表面上是因为一个女人）实际上有政治含义的弦外之音。恰尔托雷斯基的对手是拿破仑的将军，曾参与过波兰解放斗争，而恰尔托雷斯基则站在俄军的立场。

然而，并不是所有波兰人都像帕克将军一样极端，随着时间的推移，他们了解到恰尔托雷斯基内心的想法。作为国家议会成员、参议员、省长、行政委员会成员和维尔纳教育区的监护人，恰尔托雷斯基为波兰做了很多事情。但 1830 年华沙起义开始时，他接管了国民政府，一直试图劝说统治波兰的统治者向波兰人让步。恰尔托雷斯基了解沙皇尼古拉一世的性情，反对将其从波兰王位上除名，但革命和战争有其自身的发展逻辑，通常会导致暴虐和流血事件的发生。起义军被击败，"大移民"开始了，恰尔托雷斯基逃到巴黎，在那里又生活了30年。他在同样以失败告终的第二次波兰起义前夕也就是1861年去世……

## [笔　记]

为什么对启蒙运动和进步思想深信不疑的亚历山大，却不敢"试水"，给俄罗斯立宪？这有几个重要的原因：首先，他从来都不是一个果断、意志坚强的人，怀疑、犹豫使他痛苦不已，尽管他能巧妙地将其掩盖。因此，君主拟定这份"公文"并不完善。其次，他清楚地看到，自己的四个"年轻朋友"——改革者——已经加入了由自己杀父凶手所领导的见风使舵者阵地，而这些人想要一部不是为俄罗斯而是为他们自己的宪法，梦想着如何扩大权力，甚至征服（出于相当合法的原因）沙皇。

因此，亚历山大一世中意拉哈普推迟立宪的提议：事实上，当周围有这么多未解决的任务时，当这种无限权力可以用来完成未来目标的情况下，没有必要急于限制自身权力。秘密委员会的"年轻朋友"们对此表示赞同，他们提议从农奴事务着手，以改革不完善的国家机制。众所周知，如果你想推迟改革，可以先从农业土地问题和重组机关入手……沙皇也听取了在他身边刚崭露头角的年轻人斯佩兰斯基的建议。

斯佩兰斯基提问道：

"一个一半人口都是奴隶的国家，而这个国家中的奴隶制又与政治和军事系统各个部分密不可分，如何能在这种情况下制定一部宪法？没有公众舆论，如何能废除奴隶制，建立公民社会？没有媒体自由，如何唤起舆论？以及如何在缺乏启蒙思想的奴隶社会中允许媒体自由？"

这意味着国家需要的不是立宪、自由，而是普通教育——中学、大学、书籍，只有这样才能开始重组国家。总而言之，俄罗斯通往自由之路的准备工作是艰巨且永无止境的……我们需要的不是梦想家，而是可以起草法律、制造舆论以"协调人民接受新宪法体制"的官员们。即使是现在，也很难反驳这一点，另一个问题是，没有自由，启蒙是可能的吗？

# 国家改革

亚历山大一世与年轻改革者们进行的蓬勃活动又持续了数年，不置可否，他们给俄罗斯颁布了许多人性化的法令。虽然农业问题一如既往地没有得到解决，但国家机制成功进行了大规模改革。如此一来，一切问题瞬间就被解决——新的国家议会和各部委都成立了。正如你可能猜到的那样，这些年轻改革者都成了上述国家机关中的部长、高级官员。多亏一位条理清晰的人站在国家改革源头，使得管理领域的变革才会一直持续到1812年，此人就是米哈伊尔·米哈伊洛维奇·斯佩兰斯基。他是牧师之子，很早就展现出了宰辅之量，被人们视为杰出官员，沙皇与其也走得很近。得益于自己的智慧、学问和对国家制度的了解，斯佩兰斯基成为沙皇改革的主要谋士，最终，他计划将专制的俄罗斯逐步转变为一个拥有国家议会与杜马的君主立宪制国家。在其计划中，立法、行政和司法部门权力的明确分工同贵族和商人的选举权相结合。自1810年以来，斯佩兰斯基实施了一项创建国家议会和部委制度的计划，然而亚历山大一世不敢进一步进行可能会削弱专制者权力的大刀阔斧的改革。他开始怀疑斯佩兰斯基对自己图谋不轨，于1812年将他流放到下诺夫哥罗德。之后，斯佩兰斯基成为西伯利亚总督（1818—1821年在任），在尼古拉一世统治时期他才回到圣彼得堡。

[文 献]

莫杰斯特·科尔夫转述了斯佩兰斯基与沙皇最后那次决定性的谈话。总的来说，没有理由不相信他的转述——他能通过各种途径了解到沙皇的行为和态度：

"……亚历山大突然变脸，开始用最严厉的语气与斯佩兰斯基交流，从平常的'你'变成了冰冷的'您'：'我们应该把一切搞清楚，米哈伊尔·米哈伊洛维奇，我早就注意到您在与我作对，现在我更加确信这点。'君主的这些话惊得斯佩兰斯基目瞪口呆，他想极力辩驳，但君主不允许，亚历山大用极度激烈与冗长的惯用语气继续自己的讲话，一个字都不让斯佩兰斯基辩驳。就像审判犯人时，威严法官所用夹杂着愤恨的严厉语气，甚至连速记员都难以捕捉到这些细节……亚历山大开始指责他做的事：作为政府掌舵人，他在各种场合都对政府作出恶评，甚至在办公室也不止一次大声谈论所谓的帝国垮台；试图通过提出的增加税收的财政措施激起人们对政府的反抗情绪；谄媚法国制度却牺牲自己国家利益；不满足于国家体制的整体变革，利用诡辩让君主深陷其中，甚至计划通过破坏参议院来摧毁亚历山大和彼得统治俄罗斯的最后一环节；尽管已经被授权处理众多事务，但他仍试图扩大自己的管辖范围，并企图利用自己在外交官员中的威望窃取外交机密；甚至牺牲个人感情同自己的宿敌阿姆菲尔德和巴拉索夫联手，扫除他权力之路上的障碍。君主继续说道：'您建议他们与您组成负责所有国事的"三人组"，而作为君主的我只是你们手中的一枚棋子！'"

亚历山大一世是个非常复杂且自相矛盾的人，他喜欢装腔作势且自恋。许多人认为他爱记仇、虚伪且不真诚，但同时他又善良且多愁善感。有时，沙皇看起来可能是"软弱而狡猾"（根据普希金的说法），但没有人——无论是自由派还是保守派——能够说服他，违背他的意志。他几乎总是避免明显的冲突，但他知道如何为所欲为，而且和他的许多前任一样，在涉及神秘之处——专制权力——时，他就表现得特别多疑和愤世嫉俗。斯佩兰斯基成为这种怀疑和猜忌的牺牲品，因为他的计划不知不觉地接近了这个神秘之地……

## 高加索战争的开端

在亚历山大一世领导下，俄罗斯帝国在高加索地区迈出了决定性的第一步：格鲁吉亚被并入俄罗斯。18世纪末的格鲁吉亚还不是个统一的国家，东格鲁吉亚（卡尔特利-卡赫季王国）多次向俄罗斯君主提出请求，于1783年依据《格奥尔吉耶夫斯克条约》纳入俄罗斯利益范畴。在1801年，东格鲁吉亚成为俄罗斯的领土。1803—1810年，俄罗斯还吞并了格鲁吉亚西部。"在友好刺刀的庇护下"，格鲁吉亚人从敌人波斯那里找到了救赎；格鲁吉亚贵族迅速进入俄罗斯精英阶层（让我们记住巴格拉季昂将军），但从那时起，俄罗斯官员和将军就开始向格鲁吉亚发号施令。此外，格鲁吉亚成为俄罗斯帝国的一部分标志着高加索战争的开始，当时通往梯弗里斯王国之路穿过了北高加索的土地，自由的高地人与俄罗斯发生了冲突。

### "希望号"与"涅瓦号"

1803—1806年，I. I. 克鲁森施滕（"希望号"小巡航舰船长）和Yu. F. 利相斯基（"涅瓦号"小巡航舰船长）是俄罗斯舰队中第一批环游世界的人，他们访问了日本、新阿尔汉格尔斯克、俄罗斯在北美的属地首府，发现了许多新岛屿，并制作了数百张海洋地图，收集到了独特的收藏品。两艘船只在部分航线上一同行驶，"涅瓦号"于1806年7月返回喀琅施塔得，而"希望号"于1806年8月返回。这次探险历时约3年，"涅瓦号"首次在142天内完成了从中国南方的广州直达英国朴茨茅斯的航程。

这两艘三桅小巡航舰配备有船帆装置，船员人数较少："希望号"上有58人，"涅瓦号"上有47人，两艘船都是1803年从英国购买的，当年春天来到圣彼得堡，第二年夏天就从喀琅施塔得启航。"希望号"将以N. P. 雷扎诺夫为首的俄罗斯大使团送到了日本（伦科姆的《朱诺和阿沃斯》中完美呈现了这一事件）。"美国人"F. I. 托尔斯泰伯爵，一个臭名昭著的丑闻制造者、麻烦制造者和决斗者，以其恶作剧而闻名，曾在这艘船上担任志愿兵。作为对其无礼流氓行为的惩罚，克鲁森施滕让托尔斯泰在加拿大海岸附近的锡特卡岛上下船，从那里这名满是文身的人踏上了前往俄罗斯的奇幻之旅。1808年返回喀琅施塔得后，一位美国商人租用"希望号"将货物运往纽约，但同年12月这艘小巡航舰在丹麦附近的冰层中被困住后沉没了。"涅瓦号"寿命较长一些：1808年10月，在L. A. 高格莫斯特勒船长的指挥下，它重新起航前往美国、新阿尔汉格尔斯克，然后前往堪察加。1813年冬天，"涅瓦号"在太平洋克鲁兹岛附近沉没。

## 与拿破仑的两次战争

像自己的父亲和所有的罗曼诺夫王朝君主一样,亚历山大一世热衷于分离、行军、战场,喜欢训练优秀的军团沿着阅兵场用力踏步,对最无足轻重的违反章程行为保持严格而挑剔的态度。但同时,他不像腓特烈大帝或拿破仑那样迷恋战争,将自己置身在枪林弹雨中。19世纪初,战争即将来临。事实上,从法国大革命开始的那一刻起,战争就从未停止过。没有人听信叶卡捷琳娜二世的警告——她曾写道,这场革命注定会变质,"新帖木儿"会取代共和党人。"新帖木儿"的名字叫波拿巴,许多人并没有感受到来自"新帖木儿"的征服威胁。第一任领事公使杜罗克将军回忆说:与亚历山大一世会面时,自己感到很难为情,因为沙皇在谈话中使用了法国已经不再用的"公民"这一词。亚历山大在告别杜罗克时说:"告诉拿破仑,没有必要怀疑他在追求新的战绩。"但政治发展的必然性导致亚历山大与拿破仑发生了冲突。

### "东方号"与"和平号"

"东方号"与"和平号"两艘俄罗斯船只在1819年至1821年间使俄罗斯作为伟大发现者的故乡而闻名。在F. F.贝林斯豪森和M. P.拉扎列夫的指挥下,它们航行到南半球,并于1820年1月28日发现了前所未见的南极洲。1818年奥赫廷斯卡亚造船厂建造了一艘三桅16炮小巡航舰"东方号",同年在洛杰伊诺耶波列"和平号"被打造出来。两艘船从南极洲海岸英勇航行归来之后,"和平号"被用作仓库船后于1830年被拆解成了木柴,而"东方号"早在1828年就被拆解了。

在这里，亚历山大一世的私人情感发挥了重要作用，1802年5月他在梅梅尔会见了普鲁士国王弗里德里希·威廉和他的妻子路易丝王后，王后给他留下了不可磨灭的印象，他爱上了她。是的，沙皇真的很喜欢路易丝，这个女人明显不同于自己那位笨重、愁眉苦脸的皇后。亚历山大和路易丝似乎是为彼此而生的。

路易斯王后的女侍从福斯写道：沙皇是个迷人的男人，这种魅力令人无法想象。他金发碧眼的脸庞异常吸引人，但他举止拘束，有一颗完美、敏感、温柔的心……沙皇是位殷勤端正的男人，可怜的他对王后完全顺从与着迷。

这是一段陶醉的柏拉图式浪漫——亚历山大经常对追求本身感兴趣，在他看来这种崇高的浪漫会从亲密肉体关系中消失。但事实证明，这段浪漫关系的政治后果是相当切合实际的。而当时拿破仑无法抑制对世界统治的渴望，践踏凌辱普鲁士，将普鲁士国王和迷人的路易丝赶到了普鲁士唯一的自由领土——东普鲁士。当然，不仅是因为拿破仑对这位美丽女士做出令人愤慨的行径。事实是，在拿破仑增强实力之后表现得像位无耻之徒，粗暴地违反了欧洲君主制社会认可的风俗习惯。他先称自己为终身执政官，然后称自己为皇帝。对于欧洲君主制沙龙来说，这无异于一个乔装的马倌进入贵族大厅！1804年3月，与波旁王朝后代恩金公爵谈和无望后，拿破仑在文森斯城堡的护城河中逮捕并射杀了对方。正如驻圣彼得堡撒丁岛特使约瑟夫·德·梅斯特所写的那样："愤慨已经达到极限，善良的皇后在哭泣，康斯坦丁大公怒不可遏，亚历山大一世深感不安。人们已经不再接待法国的特使。"法俄双方开始互换尖锐的照会，拿破仑侮辱亚历山大一世，暗示保罗一世被杀时，如果有国外的人介入这件事，情况就会变得很奇怪。1805年秋天，亚历山大一世匆匆赶往柏林，在那里与路易丝进行了再一次的感人会面，普鲁士国王、王后、沙皇上演了中世纪的浪漫一幕：晚上他们去了地下工事，这个黑暗潮湿的地方矗立着腓特烈大帝的棺椁，三人在它面前为永恒的友谊发誓，然后虔诚地亲吻了冰冷的石头。但生活不是浪漫史，没过去几年，亚历山大一世不再与普鲁士朋友拥抱，而是拥抱了拿破仑。

但在此之前，有场臭名昭著且不幸的奥斯特利茨之战。1805年同奥地利一道对拿破仑发动的战役中，俄罗斯本质上并没有任何战略利益，看来俄罗斯是想给竟然敢同自己一起称帝的"厚颜无耻之人一个教训"！1805年战斗前夕，拿破仑带着真诚的困惑询问自己身边的俄罗斯代表："我们双方为什么要打仗，让我们互相摧毁的最重要原因是什么？"

1806年，俄罗斯开始与普鲁士结盟对拿破仑发动新的战争，1806年10月14日在耶拿和奥尔施泰特战败后，普鲁士实际上已不复存在。1807年1月26日至27日，在科尼斯堡附近的埃劳，俄罗斯人和普鲁士人付出了惨重代价才成功击退了法国人的猛攻；但随后在弗里德兰，拿破仑却击败了俄罗斯人。

## [文 献]

盟军未能给拿破仑一个教训：奥地利军队在乌尔姆附近向法国投降，1805年11月20日，拿破仑在奥斯特利茨附近大败俄罗斯军队。那天，亚历山大一世为了看到军队的部署爬上了山丘，向受命指挥部队的米哈伊尔·伊拉里奥诺维奇·库图佐夫将军问道：

"怎么样，米哈伊尔·伊拉里奥诺维奇，一切还顺利吗？"

"谁能怀疑您指挥下的胜利！"

"不，不！这是您指挥的。我只是个旁观者！"

库图佐夫走后，亚历山大一世茫然地对随从说：

"还不错！本来我应该指挥战斗，但我不想挥舞军刀进攻。"

但等到一开战，亚历山大一世就忍不住对战事插手，见库图佐夫违反先前批准的前进指示，便问库图佐夫：

"是什么耽搁了进攻，米哈伊尔·伊拉里奥诺维奇？"

"我在等待所有军队集结成纵队。"

"我们是在察里津草地上，直到所有兵团都上来行军才开始？"

"是的，陛下！这就是我不开始的原因，因为我们目前不在察里津草地。但是，如果您发布命令……我们会与上帝一起！进攻！"

这个致命错误在很大程度上决定了该战役的溃败，俄罗斯军队的进攻非常不成功。承受着巨大损失的俄罗斯军队开始撤退，士兵们从战场上逃跑，沙皇也屈辱地动身跑掉了。从那以后，亚历山大一世发誓远离战场——他彻底明白，这不是他该做的事。

# 在提尔西特与拿破仑结盟

最后,双方不得不谈和,而亚历山大换了套说辞。

"告诉拿破仑,"沙皇对法国特使说,"法国和俄罗斯之间的联盟是我的意愿,我相信只有它才能确保世界幸福与和平。我很高兴地期待能与拿破仑国王建立联系,这样我们将在没有中间人的情况下进行商议,可以在几天内就缔结持久和约!"

与拿破仑谈和甚至友好相处的消息让俄罗斯军官感到非常不安。正如十二月党人 S. G. 沃尔康斯基公爵回忆的那样,他和斯普林波特男爵"感到悲痛,喝得醉醺醺的,吐在了篝火上,惊讶的是火没有被熄灭"。

1807 年 6 月 25 日,在提尔西特附近涅曼河中的一艘木筏上,亚历山大一世不得不拥抱拿破仑这个他最近在法令中称为"人类之敌"的人。此外,亚历山大一世还被迫观看拿破仑向路易丝王后求爱,为了拯救普鲁士,她(连同自己的丈夫)不得不接受邀请。谈判结果是缔结了和约,当时拿破仑认为自己愚弄了所有人。

虽然拿破仑满怀自负与虚荣心,但他却能在事后冷静地评判一个人,他明白俄罗斯皇帝并不简单。随后,他在圣赫勒拿岛写道:

亚历山大可以轻易使人着迷,但我得提防他,此人很虚伪,他是没落帝国时期真正的拜占庭人。他当然有真正的或伪装的信仰,但这些最终只是他的成长经历和导师给他的调色。很有可能他愚弄了我,因为他精明、狡猾、机智,他会大有作为。如果我死在这里,他将是我在欧洲真正的继承者,只有我能阻止他。

然而，两人拥抱的那一刻是亚历山大一世的耻辱。正如普希金愤怒地写道（此事件发生时他8岁）：

> 我们知道他很温顺，
> 不是我们的厨师，
> 而在波拿巴的帐篷里，
> 双头鹰的毛被拔掉了。

然而，许多证词和文件被保存下来，其中讲述了亚历山大一世如何遭受失败并被迫与拿破仑建立友谊，他如何不得不撒谎、逃避以拯救俄罗斯及自己的王位。这些年来，他发生了翻天覆地的变化，幻想消失了，在位初期的浪漫主义消失了，大国统治者的责任沉重地压在他肩上，但亚历山大一世并不想摆脱这个重担，他已经习惯了这种力量，就像奴隶习惯了被自己磨光的锁链一样。

谈判的结果是，俄罗斯与法国缔结了同盟条约，并与拿破仑的敌人——英国——断绝了关系。此外，俄罗斯同意恢复部分波兰领土，组建不再受制于俄罗斯的华沙大公国。

拿破仑认为需要打击英国的盟友——瑞典——的抵抗。因此在法国的施压下，俄罗斯作为其新盟友开始与瑞典人开战。胜利来之不易，俄罗斯军队甚至不得不穿越波的尼亚湾的冰层。但这场战争的成果是显著的：根据1809年9月俄瑞双方签订的《弗里德里希加姆和平条约》，芬兰成为俄罗斯的一部分。芬兰从亚历山大一世那里获得了非常自由的宪法法典，拥有帝国其他地区无法想象的广泛自治权。但很快，1812年的战争给所有这些事件蒙上了阴影。

## 1812 年战争开始

与拿破仑开战已是迫在眉睫。提尔西特之后，俄法两国的结盟变得不稳固，拿破仑的胃口变得越来越大——他已经梦想着统治世界。拿破仑对俄罗斯总体政策感到不满，并对亚历山大一世拒绝将妹妹叶卡捷琳娜·帕夫洛芙娜嫁给自己感到气愤。随即，他向 15 岁的安娜·帕夫洛芙娜求婚，又遭到了拒绝。另一方面，拿破仑在波兰的行径激怒了俄罗斯，尽管亚历山大一世并没有实力与征服半个欧洲的拿破仑抗衡。

每个人都感觉到战争的临近，悬挂在莫斯科上空的亮尾彗星被视为不祥之兆。1812 年 6 月战争确实开始了，拿破仑在没有宣战的情形下率领 50 万军队越过俄罗斯边境，决定立即袭击俄罗斯的心脏莫斯科，这里一直是俄罗斯真正的经济、贸易中心，也是俄罗斯的主要交通枢纽。巴克莱·德·托利将军和彼得·伊万诺维奇·巴格拉季昂将军开始带领军队撤到俄罗斯内陆，以防止敌人将他们各个击破。亚历山大一世最初在西部边境附近的德里萨营地驻扎部队，想起他在奥斯特利茨的失败后，他离开这里的军队前往了圣彼得堡。之后他又在卡门诺斯特洛夫斯基宫安顿下来，那里有一个广阔的公园，环境安静祥和。在这里他们做出了最重要的决议，在与委员会成员进行激烈争辩之后，亚历山大一世决定迎合舆论要求，那就是将争执不断的苏格兰人巴克莱·德·托利和格鲁吉亚人彼得·伊万诺维奇·巴格拉季昂在军中的指挥位置让给不受沙皇待见的俄罗斯大将 M. M. 库图佐夫。君主说："公众想任命他负责此次战役，而我不会再插手，库图佐夫表示他会誓死不让法国人进入莫斯科。"人民的声音就是上帝的声音……

另一方面，库图佐夫非常怀疑能否不辜负人民的期望以及君主的意志，此时的敌人太可怕且不可战胜了。"我，"他说，"摆在我面前的是一个极其艰难的竞技场，我几乎无法与拿破仑对决，他继续进攻，而我们退却了，当时情形的确如此。"库图佐夫从卡门诺斯特洛夫斯基宫回到家中对亲人说："我们可能无法战胜敌人，但我会努力以巧制胜。"拿破仑仿佛从千里之外听到了库图佐夫这番话，同时在得知他被任命为俄罗斯军队指挥的消息后说道："这只北方的老狐狸。"而此时俄罗斯军队的情况也好不到哪里去，在离开首都的路上，库图佐夫得知了令人沮丧的消息：斯摩棱斯克向法国人投降了。这几乎要吃败仗了，库图佐夫苦涩地说："莫斯科的钥匙握在了拿破仑手中。"

# 博罗金诺战役

与 1380 年的库利科沃战役、1709 年的波尔塔瓦战役和 1942 年的斯大林格勒战役一样，博罗金诺战役在俄罗斯的历史上占有特殊的地位。1812 年 8 月 24 日至 26 日，战斗发生在莫斯科以西 110 俄里的博罗金诺村附近。对于库图佐夫来说，他不得不打这场仗，这是对公众舆论和军队情绪的让步——当时多撤退一步对每位俄罗斯人来说都是可耻的。俄罗斯军队在博罗金诺村附近的据点并不十分有优势，但他们别无选择，因为这里最接近莫斯科。军队不得不紧急加固这个防御点（搭建巴格拉季昂棱堡和雷耶夫斯基堡垒），在谢瓦尔迪诺堡垒英勇防守的军团为仓促建设防御工事赢得了时间。

1812 年 8 月 26 日，无视俄罗斯人的激烈抵抗，拿破仑集中优势兵力在傍晚时分将对方驱逐出了据点。法国人在据点过夜，天还没亮库图佐夫就命令自己的部队撤退。根据当时的军事书籍记录，拿破仑是胜利一方——他占领了俄罗斯守军在血战之后留下的所有俄罗斯阵地。

俄军在这场防御战中损失了四分之一的士兵，巴格拉季昂将军还受了重伤，但仍未被击败，库图佐夫也没提出休战。但他在得知失去主要阵地、部队遭受重创的消息后决定撤退。9 月 1 日，在菲利村的一次军事会议上，他决定撤出莫斯科，经过激烈争论后，库图佐夫用下面的话（顺便提一下，他是用法语说的）结束了会议：

我觉得我必须为一切付出代价，但我为了祖国利益牺牲自己。我命令你们撤退。

[ 文　献 ]

　　1812年7月6日，在波洛茨克，亚历山大一世皇帝签署了《人民呼吁书》。他华而不实却又忧心忡忡的语气证实了俄罗斯即将面临的严重危机（在这个意义上，会让人想起1941—1945年伟大卫国战争开始时苏联领导人的第一次讲话）：

　　"敌人入侵了我们的家园，手持武器继续深入俄罗斯。拿破仑的背信弃义可以摧毁一个世代存在的帝国；他用武力发动攻击，并试图集结欧洲力量推翻沙皇统治；他心怀背叛，嘴上却阿谀奉承寻找机会欺骗这些容易上当的人，给他们施加束缚。但如果囚徒看到他藏在花丛下的锁链时，主宰者的想法就会显露无遗，因此他需要一场战争来为自己的背叛正名……"

　　最后这段话，人们不清楚亚历山大一世在表达什么，或许他在模糊指责拿破仑奸诈入侵俄罗斯和背叛他们之前达成的和平协议。或许沙皇害怕拿破仑在他所占领的领土上废除农奴制，给予农奴自由，改变法俄两方的力量对比。

　　《人民呼吁书》以呼吁团结的口号结束：

　　"……高贵的贵族阶级！你们一直是我们祖国的捍卫者！在任何情况下，神圣的东正教最高会议和我们的神职代表，你们都呼吁大家祈祷祖国获得神圣庇护！俄罗斯人民！斯拉夫人无畏的后裔！这不是你们第一次把来袭的老虎与狮子牙齿打碎！团结起来！把十字架放在心中，把武器放在手里，地上没有任何力量能与你们抗衡！"

[ 传说和谣言 ]

### 库图佐夫领导了这场战斗吗？

　　近年来，历史学家对库图佐夫是不是博罗金诺战役中英勇的指挥官存疑（如果不是实际上的胜利，那么就只是道义上的胜利）。首先，有大量证据表明库图佐夫在战场上并没有掌握主动权，他表现得十分怠惰以至于参加战斗的N.N.拉耶夫斯基将军写道："没有人来指挥我们作战。"主动权完全被法军掌控，拿破仑左右了战斗进程，而实际上法军兵力比库图佐夫率领的士兵要少。拿破仑每次都把优势兵力集中在主攻线上，而库图佐夫缺乏效率和远见，只是通过从其他地区调动兵力来击退（或者说是延迟）对方的进攻。法国人在机动性和火炮火力方面都优于俄罗斯人，毫无疑问拿破仑在战术上赢了，他在损失少的情况下赢得了战斗（2.81万法国人对4.56万俄罗斯人，面对法国人的不断进攻，俄罗斯人一直防守，而这种掩护战中具有优势的作战手段此时却会落下风）。最终拿破仑达到了战略目标：占领了莫斯科，而此前库图佐夫一直表示保卫该城是俄罗斯军队作战的主要目标。

虽然拿破仑赢得了战斗，但他并没有击败俄罗斯军队。战斗结束后他没有看到敌军溃逃的熟悉场面，摆在拿破仑眼前的不是成群结队的俘虏（俄罗斯军队共损失了1000名士兵和15支枪，法国军队损失了同样数量的士兵和13支枪），面前的地上也没有数十面战败的敌军旗帜。

毫无疑问，俄罗斯军队经受住了最艰苦的战斗，作为参与了这场战斗的主人公之一，A.P.埃尔莫洛夫将军写道："法国军队被俄罗斯人击溃了。"该局面的原因不是得益于库图佐夫的军事天才，而得益于俄罗斯官兵们的非凡耐力，他们拥有牺牲自我的崇高爱国主义意识、荣誉和自豪感，而这种情感却因作战中的长期撤退受挫。一名士兵回答为什么他们能在博罗金诺附近如此决绝作战：

"因为我们没人可以指望，只能对自己说：'哪怕逃跑，我也只会站着跑！哪怕所有人都投降，我宁肯死也不投降！'这就是为什么每个人都站着死了！"

## 俄罗斯军队撤退与莫斯科大火

1812年9月2日,俄罗斯军队撤出莫斯科,这在公众与军队里被认为是一场悲剧,一种耻辱。警卫队长帕维尔·普希钦在他的日记中写道:

9月1日 星期一
令我们震惊的是,凌晨4点,我们通过多罗戈米洛夫斯卡亚哨所离开莫斯科,路过弗拉基米尔斯卡亚时,几乎所有喝醉的居民都在我们后面跑,责备我们不战而降。许多人加入了我们的纵队,以便在敌人进城之前离开。这一幕触动了我们内心……

9月2日 星期二
法国人进入莫斯科的消息引发全社会愤慨,我们之间喁喁怨言以至于许多军官宣称,如果和敌军缔结和约,他们将前往西班牙服役。

而西班牙与英国正在一起抵抗法国的入侵。

## 游击队和法国人的撤退

离开莫斯科的库图佐夫军队转向南方,在塔鲁蒂纳村附近占据有利位置,军队驻扎在塔鲁蒂纳营地不断补充新的力量。此时在俄罗斯,法国人就像在西班牙作战一样面临着游击战役,拿破仑的军队像往常一样没有随身携带食物供给,而是习惯通过扣押、抢劫当地居民的物资过日子。俄罗斯人民开始自发抵抗入侵者,仅斯摩棱斯克地区的农民游击队就有 16000 人。与此同时,前往法国后方得到民众支持的军官 D. V. 达维多夫和 I. S. 多罗霍夫领导常规部队展开行动。每个部队都有自己的战术:D. V. 达维多夫更喜欢突袭敌人后方,A. II. 塞斯拉文喜欢公开宣战,A. S. 费格纳更喜欢伏击与破坏。费格纳不仅以拼命的勇气著称(他试图在克里姆林宫杀死拿破仑,但他无法突破拿破仑的层层护卫),而且十分残忍,折磨并射杀了数百名囚犯。

拿破仑在俄罗斯开始征战,但他内心并没有很明朗的作战规划。面对俄罗斯游击队的"野蛮"行动,以及亚历山大一世对和平提议的沉默,拿破仑考虑到法军将会在被烧毁的莫斯科度过一个饥饿的冬天,于是决定在 10 月 7 日撤出俄罗斯。

从莫斯科突破到南部道路(小雅罗斯拉夫战役)的尝试失败后,拿破仑转向斯摩棱斯克。他害怕被俄军包围,手忙脚乱地把战利品、大炮、伤员和落队的士兵留在路上,有组织的撤退逐渐演变成无序的溃败。得益于俄罗斯将领的行动迟缓与不协调,拿破仑将大军残部渡过别列津纳河同对方顽强抵抗到底。众所周知,波兰人和德意志人在别列津纳附近的战斗中发挥了决定性作用。维克多元帅有三个师——两个德意志部队和一个波兰部队,骑兵都是德意志人;在内伊元帅的指挥下只有三百名法国人,其余都是波兰人。然而,最终的结果让法国人备受打击:在撤退的 14.6 万人中,只有 1.42 万人成功逃脱。而俄罗斯军队的损失也很大——从塔鲁季诺军营派出的 14 万人中,只有 2.75 万人到达涅曼河,不到总人数的五分之一!

那么在博罗金诺战役和莫斯科大火期间亚历山大一世在做什么呢？人们可以对他表示同情，1812年的秋天对他来说尤其可怕，当时沙皇焦急且充满恐惧地等待着载有信使的三驾马车的马蹄声——如果俄罗斯突然不再有军队怎么办？听到军队在博罗金诺战场上并没有被击败的消息时，他内心闪过短暂喜悦，随即这份喜悦被莫斯科失守、军队撤退、整个城市被烧尽的悲痛消息所取代。在那些日子里，亚历山大身心似乎被某些东西摧残了，据说，他向自己妻子要了一本《圣经》——在此之前他似乎从未碰过此物。他写道："莫斯科大火照亮了我的灵魂，让我的内心充满了从未有过的温暖信仰。那一刻我认识了上帝。"有些人只有在遭遇不幸时才求助上帝……

但事实证明，另一个更重要的情况对俄罗斯产生了直接影响：此时亚历山大一世拥有了自己以前无法想象的决心和意志。他变成一个硬汉，拿破仑对他和他的国家所做的一切都让他感到气愤。亚历山大一世一遍又一遍地重复着同样的话：没有和平，没有谈判，决战到最后一刻。"我会尽我所能，宁肯蓄起胡须同最后一个人分享同一个土豆，也不会让我的祖国和我亲爱的臣民受到羞辱，他们的牺牲是值得的。拿破仑和我之间只能留一个，要么我，要么他，但我们不能一起统治，我已经看透他，他不能再欺骗我。"

## [文　献]

I.R. 巴塔绍夫商人家中的伙计马克西姆·索科夫留在莫斯科的主人家中，在给他主人的信中描述了1812年9月莫斯科发生的事情：

"……这样，就在同一天也就是9月5日，一场强盗行为明目张胆地开始了。天一亮，我第一个在（房子的）大门口，被四个士兵带走，他们脱掉了我的靴子、背心和裤子，还拿走了主人剩下的纸币（法国士兵夺走了主人的大量钱财）。然后士兵像蝗虫一样袭击了我们这群可怜人，每个人都浑身上下被抢光。那些从火焰中幸存下来的房子也被他们洗劫一空，所有的储藏室和箱子都被砸烂，无论什么物件儿都被全部抢走装进马车带走。商店的门不仅被砸坏，而且墙上被砸出两个洞，许多住户的箱子、抽屉柜和橱柜都被砸开抢光，桶里的镰刀、铁丝、铁皮和商品散落一地，为了防止这些被住户偷走，我们多次把这些东西放在一起锁起来，但新来的法国人,一看到锁着的仓库就会把锁打烂,渴望缴获些战利品,但最后什么也找不到。他们让谷仓敞开着,这样就可以从里面成捆儿地拖出一些东西,最后仓库里什么都没剩下。我们不可能一直守着,因为法国人能带走谁就带走谁,并把他们的战利品带回自己营地,因此我们在火灾中幸存下来的谷仓仍被洗劫一空……9月5日这一天,他们不断洗劫我们所有人,我们被脱光不下10次或更多次。到了晚上,许多人没有衬衫穿,赤着脚,我自己只裹着一件薄皮大衣过夜,而其他人却什么都没有穿。9月6日这天同样的洗劫再次开始,他们甚至从我们手中夺走了面包片,因为除了破布和蒲席之外,我们已经没有任何东西了。这天,他们打破了压着白石的地窖,里面放着主人收藏的铜器和最好的瓷器、漂亮的女装还有钱,而所有这些都被抢走了。我们再次锁上了我们的谷仓,而法国人也又一次砸开锁并把墙凿了个缺口,搬出一些东西。7日、8日、9日、10日,他们一如既往地这么对待我们,我们衣衫褴褛,日夜都得不到休息,一些人离开了,而其他人又出现了……"

这一切并不完全归咎于法国人和他们的盟友,A.I.科舍列夫回忆起他的一家回到莫斯科郊区庄园:

"12月我们回到郊区,发现房子、地窖、棚屋里的所有物品都被洗劫一空。几天来,我们借用路边人家的木质餐具喝茶,令我父亲感到特别不安的是,这次洗劫不是法国人干的,而是我们自己的农民和一些用人干的。这对他来说无比痛苦,因为他认为自己是那个时代最好的地主之一,并且对待自己的农奴很仁慈慷慨,表现得像接受英式教育且被莫斯科公认的'自由领主'。"

## [人 物]

### "骑兵少女"娜杰日达·杜罗娃

著名的"骑兵少女"娜杰日达·杜罗娃的故事有两个版本。第一个版本源于她的日记,含有文学作品色彩;第二个版本记述了真实历史事件。每个人都知道第一个版本:A.格拉德科夫创作的戏剧《很久以前》是以它为基础创作的,由拉里萨·戈卢布金娜扮演主人公的电影《骠骑兵之歌》也是以它为原型演绎的。

第一个版本是17岁贵族少女在自己父亲的兵团长大后爱上了军事事业,遂决定离家为祖国而战。她以别人的名义报名参军,在军队中她打着贵族之子的幌子当上年轻旗手，参与同拿破仑军队的战争并取得了丰硕的成果。

第二个版本更加戏剧化和具有浪漫主义色彩。18岁的贵族少女娜杰日达·杜罗娃嫁给了萨拉普尔市的一名官员，一年后生下了儿子伊万，在1806年离开丈夫和儿子与一名哥萨克大尉私奔。这位大尉的军团在萨拉普尔驻扎了一段时间后，杜罗娃同他们一起离开了自己的家乡，在大尉的掩护下，她开始了自己的兵役生涯，参加战争对抗法国人。而她的父亲则四处发信，请求各方抓住逃跑的她，并把她遣返回家……

这样的故事有很多，它们很快就结束了：营地爱情就像野火一般炽热、善变，明亮且短暂，那里艰辛的生活并不适合贵族女孩，但杜罗娃却没有退缩逃离。从那一刻起，关于她生命写照的两个版本就紧密交织在一起。与大尉分手后，杜罗娃并没有回家，她假装成未成年贵族子弟加入了康诺波尔斯基枪骑兵团（她伪装得很成功，兵团中的人没有发现）。杜罗娃加入战斗，学会了使用沉重的长矛，和战友一起勇敢拼杀，然后她会装作不谙世事的"男孩"解释说，你只需要和自己战友一起战斗，而不是和下达"拔出军刀！前进—前进！"命令的人一起战斗。然而，她始终没有得到机会与敌人针锋相对——她的战友们怜爱这个小冒失鬼，保护"他"免受危险，要求"他"做的事就是不要在行军途中睡着，不要从马上摔下来落后于骑兵队。而且上述情况一直都在发生，要不是她那匹忠实的马杜罗沃·阿尔基德（根据指挥官的说法，马显然比它的骑手聪明），每次都带着绝望的"骑兵少女"回归俄罗斯军队，那么她肯定会被法国人俘虏或被掠夺者杀死。杜罗娃是见过一点血的：正如她所写，有一次她不得不斩杀一只战利品——鹅，还有一次她不小心用军刀伤到了自己的马。阿尔基德的死是她最可怕的损失，那匹马被篱笆刺穿了腹部，几天来杜罗娃不断抽泣，像死人般躺在阿尔基德的坟墓上。她认为自己是一个毫无价值的军人，讲述了战争期间发生在自己身上许多可笑荒谬的事，这些事件的意义基本上可以归结为一点：在战争中她虽然长着一张非女性的面孔，但生理与心理的考验对她来说是十分残酷的。

克服了所有的困难，杜罗娃成为一名勇敢无畏的战士，她牢记A.P.叶尔莫洛夫将军的话："一个懦弱的士兵不应该活下去。"有一次，杜罗娃救了一名受伤的军官，把自己的马送给了他，她后来还因此被授予圣乔治十字勋章。是什么引导了这位身穿军装的不寻常女性的一生？可以说，她像让娜·达尔克（圣女贞德）一样，一生都被对祖国的热爱和对军队的无限热情所引导。

与此同时，在亲人的控诉下，官方展开不停的搜寻后最终找到了逃跑的杜罗娃。关于这位非凡战士的故事传到了亚历山大一世本人的耳朵里，他命人将杜罗娃带到冬宫并与她进行了两次交谈。我们不知道沙皇和杜罗娃之间的会面过程，但杜罗娃离开皇宫后并没有因为被揭穿是女人身份而受到女性章程惩罚，而是成为一名化名为亚历山德罗夫的骑兵上尉，领取了由政府颁发的特殊抚恤金，沙皇还赐予她胸前佩戴圣乔治十字勋章的荣耀。1812年，恰逢动荡与困苦时期，杜罗娃孤军奋战的大胆精神成功地引领了整个俄罗斯社会（包括妇女）的非凡爱国热潮，杜罗娃在博罗季诺原野作战时腿部受伤（万幸的是炮弹在她身旁擦肩而过）。伤口和与上级的不和导致她独自离开部队并成为库图佐夫的一名勤务兵——这种放肆举动被允许了，毕竟，在她身后站着的是君主和令人生畏的阿拉克切耶夫伯爵。不知出于何种原因，阿拉克切耶夫非常赏识杜罗娃。杜罗娃（以亚历山德罗夫上尉的身份）指挥一个中队参与了俄罗斯军队境外行军，她一心投入军务，为自己部下获取干草、燕麦、军需品等。与此同时，杜罗娃的父亲继续坚持要求她回家。1816年，杜罗娃终于以司令部上尉的身份退役，回到了自己的家乡萨拉普尔。

生活在如此偏远的地方令杜罗娃感到浑身不自在，之后她搬去了更大的城市——叶拉布加，在那里度过了平静的岁月，直到1866年去世。

在叶拉布加，娜杰日达·杜罗娃以她的行军日记为基础书写了回忆录，普希金本人给予这本回忆录十分高的评价，并开始在他《现代人》的杂志上刊登。时至今日，人们仍在津津乐道地阅读这些"札记"——它的作者是如此有才华、机智、暖人心窝。

[传说和谣言]

### 谁烧毁了莫斯科？

拿破仑军队刚进入莫斯科就发生了火灾，整个城市很快被大火淹没。谁烧毁了莫斯科？法国人指明莫斯科总督F.V.罗斯托钦确实计划在俄罗斯军队撤离后放火烧毁首都，并提前拆除了城市中的所有灭火设备。同时，法国人将莫斯科的房子洗劫一空，为了掩盖踪迹放火烧了这些房子。众所周知，侵略军不仅枪决了俄罗斯人，还枪决了法国纵火犯。不管怎样这座伟大的城市，连同它的无价财富，都在大火中消亡了。最悲惨的是，俄罗斯军队用数百辆手推车将消防水管和其他灭火装备推出城外，却将博罗金诺战场的22500名伤员和军官抛弃，让他们任由获胜者摆布。目击者写道，极为可怕的是被遗弃在城中的伤员发出的哭喊声，其中许多人在莫斯科大火中被烧死。

* * *

### 青铜骑士来找亚历山大了吗？

从表面上看，亚历山大一世在卡门诺斯特洛夫斯基宫度过的可怕几个月里没发生任何变化：和以前一样宫殿里没有警卫，他独自溜达了很长时间——沙皇喜欢多走路。同一时间，占领莫斯科的敌军对第二首都造成威胁，人们开始加强喀琅施塔得的防御工事，并决定将舰队迅速运到英国。在得知拿破仑"洗劫"所占领国家博物馆和宫殿后，俄罗斯决定将皇家珠宝和艺术品带到芬兰，远离战场。俄罗斯人还打算移除被视为帝国象征的最重要纪念碑，其中包括青铜骑士。然后奇迹发生了，亚历山大一世仿佛做了一个梦：伴随轰隆声和地面晃动，他跑到院子里，看到一个青铜巨人走进大门，盯着亚历山大威胁地说道：

"年轻人，你让俄罗斯成了什么样？好吧，别担心，只要我在彼得堡，敌人就不会踏上这片土地。"

然后青铜巨人疾驰而去……难怪人们相信，在参议院广场上矗立着保护神，他的心脏在纪念碑的深处跳动。这就是为什么在封锁期间青铜骑士没有被拆除，而是被藏在了一座沙山中。

[笔 记]

导致拿破仑失败的原因有很多：他自己的误判和失误；"寒冷的冬季或许是俄罗斯上帝"；俄罗斯士兵与军官的英勇和耐心，他们为了胜利可以牺牲数十万生命；库图佐夫在小雅罗斯拉夫附近占据优势位置，博罗金诺战役之后库图佐夫作战变得谨慎，扭转了被动局面。所有这些都阻碍了法国人赢得战斗。"守在"塔鲁季诺期间，士兵们嘲笑库图佐夫，说总司令每天睡十八个小时。"感谢上帝让他睡着了，"一位说俏皮话的人开玩笑说，"除了为胜利做准备，他每天都无所事事。"最终，事实证明，时间对库图佐夫有利，拿破仑无法忍受守在被焚毁的莫斯科，决定离开莫斯科向南行军。

# 俄罗斯军队的解放战役

拿破仑离开莫斯科南下，但在小雅罗斯拉夫同俄军的战役中，他意识到对方军队力量的强大，随后法军被迫撤退到满目疮痍的斯摩棱斯克。库图佐夫率领军队乘胜追击，对亚历山大一世来说，胜利时刻已经来临。获胜者想见一见自己的军事统帅，12月7日亚历山大离开彼得堡，12月11日在维尔纳，军队大声呼喊着迎接他。亚历山大一世再次出现在士兵们眼前，亲吻着令他不快的库图佐夫，之后转向部队，庄严地讲道："你们拯救的不只是一只俄罗斯，你们拯救了整个欧洲！"库图佐夫向君主回应道：

俄罗斯已经解放，战争必须在这里结束，战争从涅曼河畔开始，就从这里结束。为什么要流俄罗斯之血来拯救欧洲？让它用自己的方式自救！拿破仑的垮台给英国带来的利益比俄罗斯要多得多。

然而，亚历山大一世内心充满愤怒：还有谁会为数以万计的俄罗斯士兵的生命着想？俄罗斯将军曾有一句名言："这没什么，女人会生出新的士兵。"1812年12月25日圣诞节那天，亚历山大一世发表了最终驱逐法国人的宣言，这让俄罗斯人感到高兴。1813年1月库图佐夫的军队已经越过涅曼河，普鲁士加入俄罗斯阵营，随即奥地利、英国、瑞典也加入了，但盟军的情况并不是一直顺利。同时代人记录到，令拿破仑敌人震惊的是，他在3个月内"神奇地组建了一支新军队"，甚至还赢得了几次胜利。但后来拿破仑输掉了一场关键战役——1813年莱比锡附近的"人民之战"，此后法军撤回法国。战败前夕，拿破仑没有利用最后机会与对手言和，认为自己能解决战斗中的所有问题，但这一次他失算了。1814年3月初，联军在与顽强抵抗的拿破仑军队的几场战斗中均以失败告终，拿破仑正准备展开决战，但联军突然没有应战，而是直奔巴黎。在俄罗斯军队遭受最大损失的战斗同时，联军攻破法国首都，这座城市随即投降了。投降和约上写着"巴黎向伟大的盟国君主投降"，拿破仑签署了退位协议，亚历山大一世骑着一匹白马进入巴黎，而这匹白马是拿破仑在1807年赠送给他的。护送不速之客回家的传统得到了确立，敌人投降了，巴黎人惊讶地看着香榭丽舍大街上布置着顿河哥萨克的露营地。

对战拿破仑的胜利以前所未有的方式将欧洲几个大国团结在了一起，他们决定建立一个新秩序。然而，他们恢复了1814年之前已经过时的边界、秩序和政权，新秩序本质仍是旧的。同时，有利于获胜者的欧洲地图被重新绘制。新决议于1814年在维也纳会议上以外交方式确定，俄罗斯、奥地利和普鲁士组成神圣同盟，以对抗各种形式的革命。

库图佐夫再也去不了巴黎了，他于1813年春天在国外去世。指挥官的遗体被带到圣彼得堡并埋在喀山大教堂的地下墓地中，大教堂的拱门下悬挂着数十面虏获的旗帜。为纪念战争的胜利，俄罗斯打造了纪念奖章。

亚历山大统治最辉煌的时期开始了。人民再次对俄罗斯沙皇表达了最热烈的爱与感激之情，钦佩他的美丽及天使般的容貌。谈判代替了血腥的战斗，胜利者瓜分了欧洲，然后举办了之前世界上未曾出现过的舞会：半数欧洲国家的主权者跳着不同的舞步参与其中。维也纳会议会集了两位皇帝、两位皇后、五位国王、一位王后、两位王储、三位大公、三位亲王、二百一十五位公爵、三十二位德意志贵族和殿下。而所有人都看向这位庄严高大的金发皇帝——俄罗斯沙皇，他被公认为万王之王……

亚历山大抽时间处理事务：他的血液中充满了责任感。他非常重视"万王之王"这个史无前例的"称号"，坐在神圣同盟的大会上，作为同盟中首要角色的他认为：在神圣同盟的庇护下，在未来几个世纪里他真的会帮助自己深爱的欧洲处于和平状态。这样的目标吸引着亚历山大，他开始从世界范畴思考问题，仿佛他已经拥有了全世界。正如历史学家尼古拉·希尔德所写的那样，"关于俄罗斯特定目标的清晰定位在俄罗斯文件中消失了，文件中开始出现关于邪恶才能、至高无上、俄罗斯为某事而奋斗的模糊解释。最重要的是，这些文件给俄罗斯带来的只有麻烦、费用和仇恨"。

[ 文　献 ]

君主卖弄轻浮与女士们调情，维也纳警察侦探记录了这一点：

"在帕尔菲伯爵舞会上，沙皇对塞切尼·吉尔福德伯爵夫人表示好感，对她说：'您丈夫缺席了，但我很愿意代替他的身份。'埃斯特哈齐女公爵说道：'难道陛下是把我视为要征服的领地？'她的丈夫狩猎时，她收到亚历山大皇帝通知自己的便条，亚历山大将在她家开办晚会。随后女公爵给他发了一张女士名单，让他把不想见的人划掉。除了女公爵，皇帝把所有人都从名单上划掉了！"

另外一名警察侦探的记录：

"亚历山大皇帝轮流或同时追求齐希伯爵夫人、埃斯特哈齐女公爵、奥尔斯佩格女公爵、塞切尼伯爵夫人，还有梅特涅的两位情妇——萨根公爵夫人和巴格拉季昂女公爵。"

截获的一封亚历山大写给路易丝·德·贝斯曼的信中写着：

"再见了，我唯一的爱！因为责任，我无法飞入你那让我幸福无比的怀抱！"

[ 传说和谣言 ]

### 小酒馆

人们认为，小酒馆－快餐店在巴黎的出现归功于俄罗斯入侵者，俄罗斯军官没有充足的工夫坐在餐桌旁，他们不断地对服务员大喊："快点！快点！"这是否属实不得而知（这与民间谈资非常相似），但我们可以肯定地说，俄罗斯的军官在法国过得很愉快。1814年俄罗斯军队从法国撤军之前，占领军指挥官M.沃龙佐夫公爵亲自掏腰包偿还了俄罗斯军官在法国餐馆吃饭欠下的所有债务。这一举动让他几乎破产，尽管在此之前他非常富有。然而，与将军同样高贵的君主并没有让沃龙佐夫陷入贫困境地。

# 亚历山大的新政策

沙皇并没有将俄罗斯放在心上,甚至都不想回到那里,在其统治的最后十年里,他经常离开俄罗斯前往欧洲待很长时间……据说,"万王之王"在胜利后进入俄罗斯领土的第一件事就是亲自狠狠地殴打那些不修边幅的士兵……

拿破仑战败后,亚历山大一世皇帝热衷于建立一个以神圣联盟和俄罗斯为首的新的世界秩序,却没有谈及任何内部改革。他得出的结论是:俄罗斯的人民不可能发生转变,尽管他给1808年并入帝国的芬兰以及后来的波兰制定了宪法。亚历山大一世坚信,只有秩序、严格的纪律,而不是自由才能改善俄罗斯的情况。对于亚历山大一世来说,让他无条件信任的人只有一个,这个人就是阿列克谢·阿拉克切耶夫。沙皇怀着罕见的信任与苦闷,从国外给他写信:"……我看到自己执政十四年,经历了两年毁灭性和最危险的战争之后,失去了那个我无限信任的人。我可以说,我没有像信任你一样信任任何人,没有人比你更重要,永远是你忠实的朋友亚历山大。"

[人　物]

### 阿列克谢·阿拉克切耶夫

"在我的生活中,我总是遵循同样的规则——我从不在职位上争辩,而是执行字面上的命令……我知道很多人不喜欢我,因为我很严厉,但我能怎么办?是上帝把我创造成这样的!人们的注意力转向我,我对此会心存感激。温和的法语交谈不会达成任何协议!"

阿列克谢·安德烈耶维奇·阿拉克切耶夫于1769年出生在别热茨克附近的一个贫穷贵族家庭。阿拉克切耶夫虽没有在才能和学业上大放异彩,但以执行力著称,为此他的战友每天都会殴打他,但领导却赞赏阿拉克切耶夫的热情,将他提拔为中士留在了军团中。当时王位继承人保罗·彼得罗维奇决定在加特契纳建立自己的炮兵部队,事实证明阿拉克切耶夫是炮兵部队首领非常合适的人选。从那一刻,正如阿拉克切耶夫所写的那样:自己"三十年的幸运之旅"开启了。阿拉克切耶夫在整个"加特契纳时期"都与王子保罗待在一块,当保罗登上王位时,他被赐予了奖章并受到重用。但事实证明,阿拉克切耶夫的时代是短暂的,根据保罗一世的法令,阿拉克切耶夫因为某种行径被"驱逐",流放到格鲁齐诺的庄园服役。然而,很快保罗一世就召回了他并封其为伯爵,赐予了他一枚写有"虔诚不奉承"铭文的徽章,但一年后他再次失宠,被流放到格鲁齐诺。

亚历山大一世在1803年召回了阿拉克切耶夫,对他友善并任命其为军事部长。两人很早之前就认识,阿拉克切耶夫特别喜欢亚历山大。保罗严厉统治时期,阿拉克切耶夫违反章程,将继承人从艰辛中解救出来,他像一个有爱心的叔叔一样让亚历山大得以依靠,总之,阿拉克切耶夫很宠爱亚历山大。而且亚历山大一世也知道这一点,他正需要这样的人。阿拉克切耶夫是唯一一个虔诚不奉承自己的人。是的,阿拉克切耶夫不聪明不英俊,但忠贞不渝,比任何人都更爱君主。他不行窃,讲真话,不耍小聪明,从未教导亚历山大一世。阿拉克切耶夫确实宠爱皇帝,而且崇拜他!同时,亚历山大一世统治初的自由主义时期,阿拉克切耶夫的观点是极其反动的,他非常讨厌改革者斯佩兰斯基提出的想法,只是出于嫉妒他得到亚历山大一世青睐。而沙皇需要斯佩兰斯基和阿拉克切耶夫都陪在自己左右,这两个人就像亚历山大一世的两种实体——自由主义与保守主义、人道与残酷、思想自由与奴役服从——紧密交织在一起。1812年阿拉克切耶夫迎来了胜利:斯佩兰斯基被流放了!

阿拉克切耶夫的外表并没有给人留下深刻印象,他看起来像位年长的驻军军官,说话很慢且带有鼻音,似乎总带着某些忧虑。他个人生活并不如意,阿拉克切耶夫与娜塔莉亚·霍穆托娃结婚后不久,因为军人独断独行的性格就导致了离婚。然而,他有许多情妇,其中最著名的是普卡洛娃夫人,阿拉克切耶夫是这位情妇丈夫的朋友,甚至还和他做些买卖。

然后,著名的娜斯塔西娅·明基娜,一个美丽、意志坚强的女人出现了,她俘获了阿拉克切耶夫的心。根据一种说法,阿拉克切耶夫是通过报纸上的广告购买的这个女人——这种行为在有农奴制的俄罗斯很常见。阿拉克切耶夫深爱着她,并没有在她身上看到任何令人不悦甚至厌恶的特质，他还对明基娜的孩子米哈伊尔·舒姆斯基同样关照。可这个年轻人竟然是个不中用、胡作非为之人，后来死在了一家小酒馆。1825年，一场悲剧在阿拉克切耶夫的生命中发生了：明基娜被受她残忍对待的农奴刺死，这给阿拉克切耶夫带来了永无止境的悲痛。他把明基娜安葬在教堂，每天早上都来到她墓前鞠躬。正如一位当代人所写，他彻底放弃了国家事务，着手于"屠杀家仆"。

1825年12月14日这一天不仅对参议院广场上的叛军，而且对阿拉克切耶夫来说都是致命的。他表现出了懦弱，不敢与新任沙皇尼古拉一世出征镇压暴乱。一个人坐在冬宫里，他心中不仅有恐惧，还有愧疚，毕竟，1825年6月在格鲁齐诺，十二月党人的线人舍伍德向他告密，但阿拉克切耶夫并不相信他，要求提供更多信息，然后明基娜被人杀害……后来，舍伍德声称，由于宠臣的耽搁使得暴乱未被提前得知。

从12月14日起，阿拉克切耶夫不再是宠臣，而成了退休人员。有人建议他去格鲁齐诺享受"乡村空气"改善他的健康状况。但随着明基娜和亚历山大一世的去世，阿拉克切耶夫的世界崩塌了，以前的他强大且无所不能，现如今他变得一无所有：这是所有一时得势之人的命运。宫廷立即将他遗忘，即使是对他最忠诚的人也离开了他，他完全变成了孤身一人。悲恸欲绝的阿拉克切耶夫在格鲁齐诺空荡荡的庄园里徘徊，于1834年在那里去世。他去世的消息令很多人感到惊讶——人们原以为他早就不在人世了呢！

# 军事点

阿拉克切耶夫的名字永远与军事点联系在一起，据说，这个想法出自亚历山大一世本人。部分原因是沙皇希望建立类似哥萨克的定居点，来减少高昂的军队开支。阿拉克切耶夫本人对军事点的想法持怀疑态度，他认为建立军事点后无法将军队的战斗力保持在所需水平，国家侧重点会从军事目的转移到农业上。事情就这样发生了——诺夫哥罗德和其他省份的军事点变成了一种特殊的农业群落。但阿拉克切耶夫精准地履行皇帝下达的命令，着手工作。

在阿拉克切耶夫和其下属的严密监督下，农民变成了军事点的定居者，如果农民少睡觉多工作的话他就会成为模范管理者。众所周知，这个实践最终失败了，但在亚历山大看来，在轰鸣的鼓声下，使俄罗斯变为文明国家的简单途径被找到了……

事实上，军事点对于农民来说已经成为真正的苦役，他们遭受着不断的细节监管、阅兵式演习、最严厉的纪律与最严酷的惩罚。

# 十二月党人

关于某些秘密社团活动的谣言和秘密报告让亚历山大一世和他周围的人感到十分担忧。神秘的共济会分会在当局看来尤其可疑,虽然它其实是一个完全无害的团体。1822年,沙皇颁布了一项严格法令,关闭了包括共济会在内的所有秘密社团。那时出现了许多秘密社团,将有思想的人汇集在其中是社团成立的重要原因。总的来说,十二月党人思想的根源来自复杂的社会过程中人们受到启蒙运动、法国大革命思想以及1813—1814年的俄军海外战役的影响。

从国外征战归来的年轻俄罗斯军官对俄罗斯现实,包括农奴制、残酷的审查制度和专制制度感到痛心。再加上考虑到战后生存条件,专制政府显然无力也不愿意继续对社会和国家进行改革。考虑到浪漫主义,"祖国之子"们要为俄罗斯未来繁荣做出贡献的真诚愿望,是众多社团成员贵族青年的愿望。

1816年,第一个秘密社团"救世联盟"(或称"祖国真正忠实之子协会")成立。它由年轻军官亚历山大·穆拉维约夫、谢尔盖·特鲁别茨科伊、尼基塔·穆拉维约夫等人领导。1818年,他们还成立了一个新的、人数更多的社会团体"繁荣联盟",至少有两百名成员。"繁荣联盟"的指导机构是基本管理局,到了1821年基本管理局宣布联盟自行解散,尽管其领导人并没有打算停止革命活动,而只是试图以这种方式摆脱不可靠的形形色色的联盟成员。

很快一个新秘密组织被创建,其特点是它由两部分构成:以首都军事单位为基础的北方同盟,以驻扎在乌克兰第2军团为基础的南方同盟。制定未来行动纲领是十二月党人运动新阶段的特点,当然纲领需要在起义者胜利的条件下才能实施。针对俄罗斯如何发展的分歧很快浮出水面:南方同盟公认的领袖帕维尔·伊万诺维奇·彼斯捷尔上校提出的方案,主张建立临时最高革命委员会,即类似军政府的独裁政权,彼斯捷尔为自己明确分配了委员会中最高独裁者的角色。新的权力机构引入宪法,根据该宪法,俄罗斯成为一个单一的共和制国家,拥有一院制立法议会——人民大会,掌握最高政权的杜马——特殊委员会,其五名成员中的每人担任国家元首和政府首脑一年。最高会议执行终生监管职能,监督宪法遵守情况。这部宪法保障所有俄罗斯公民的基本公民自由,包括免除农奴制。

宪法的作者与北方同盟领导人尼基塔·穆拉维约夫对俄罗斯有不同看法。全俄立宪会议创建了国家基础,但宪法将俄罗斯定义为类似于美国的强大联邦机制的君主立宪制国家。全国被划分为15个"主权",最高立法机构由掌握最高政权的杜马和人民代表议院组成。尽管南方同盟成员和北方同盟成员一直保持着联系,但关于为秘密组织活动建立共同平台的讨论被明显拖延了。秘密组织活动的信息被泄露,在叛徒的帮助下,当局也得知了这一消息。尽管如此,1825年12月的过渡期让阴谋者们始料未及。

[文 献]

教化"野"农民,给他们灌输对秩序与劳作的喜爱,让他们保持组织性、戒酒、做到节俭并不容易,这些品质是通过残酷手段培养出来的。每个人都惊讶于阿拉克切耶夫的残忍,他的手段即使在那个时代也是罕见的。"……确实,关于他的事迹无须用笔墨来书写,鲜血就可以。"格鲁齐诺村的牧师写道。阿拉克切耶夫不是一个享受折磨受害者的虐待狂,而是一个对秩序和纪律的无情拥护者。不犯错就不会受到惩罚,惩罚也是完全按照规定作出惩罚。极其残酷的刑罚是被称为"走绿街"的鞭打,数十名士兵手持树条鞭站成两排,当被惩罚的人被带过去时,参与行刑的人必须全力以赴使劲抽打他。诺夫哥罗德军事点的一名士兵回忆说:

"如果被发现受鞭打得少,处罚者就会让他光脚走整条街,如果走到一半受罚的人摔倒站不起来的话,处罚者就把他绑在组成十字形的火枪上(我不知道是否使用了担架),有时会让一名士兵背着他直到惩罚结束。如果受惩罚的人实在受不了,他就会被带去医务室,等医好之后再将惩罚进行完,只是这种情况很少见,因为作为士兵们的优秀指挥官,他知道自己手下能承受多少下鞭子,如果处罚不当那就意味着死亡,指挥官会命令将死者拖上雪橇,让人随意处置!是的,惩罚并不容易:需要挥舞鞭子精准击打,而为了保持稳定需要用拇指握住鞭子,以便在鞭打时能使出力气。用鞭子的行刑者不能放水，也不能表达同情，因为司务长会带着粉笔在队伍后面监督打叉：看看鞭子是否挥舞得当，鞭子有没有握牢，抑或是有没有少打。当所有人认为领导对行刑者的表现感到满意时，鞭打就结束了。"

[笔　记]

　　总的来说，像阿拉克切耶夫这样的人的存在与成功是有自己的秘诀的，社会总是需要这样的人，他们可以担任官员、军人、教师、教授、记者。他们是警察规则的歌颂者，盲目服从上级，有时甚至有仇外心理。每个政府都迫切需要这样的人，他们仕途的顺利不是出于个人才能、天赋，而是得益于权力的召唤。对于叛乱者、自由主义者以及最普通的人来说，这类人都十分可怕……

## 亚历山大时代的圣彼得堡

保罗一世统治时期，彼得堡宛如一座大军营，民众时刻担心因为没有按规定着装而被抓捕。经过严格而沉闷的统治过后，另一个明快而又自由的时期突然到来。人们时常可以看到亚历山大一世在晴朗的日子里沿着宫殿堤岸漫步，他礼貌地同熟人打招呼，对女士们表现得更加绅士。人们尽其所能用最时尚的服装和发型把这里变成另一个巴黎。

所有人都享受着这位圣彼得堡新主人所带来的新鲜空气。

作家德斯塔尔回忆说："……很荣幸能与亚历山大交谈，第一件让我惊讶的事是其表情所展现出来的不同寻常的仁慈与威严，他身上同时具备这两种特质。我说的仁慈是指他在处理欧洲重大问题时所表现出的高贵与诚恳触动了我……君主年轻而又稚嫩的外表可能会让人怀疑他是否心智成熟，但他就像一个历经很多不幸的人一样，对待每件事都要深思熟虑。"

亚历山大一世统治初期，圣彼得堡就拥有了很多独特迷人的特征，此时古典主义进入高雅奢华的帝国风格阶段。在亚历山大时期建了带有著名半圆形柱廊的喀山大教堂，根据保罗一世的想法，此处重现了古罗马圣彼得教堂的柱廊。在建设的十年时间里（1801—1811），教堂的设计者、建筑师安德烈·沃罗尼钦每天都出现在施工现场。此人曾是亚历山大·谢尔盖耶维奇·斯特罗加诺夫伯爵的农奴，他无限感激自己的主人，伯爵不仅帮助有天赋的他在俄罗斯和国外接受良好教育，并且给了沃罗尼钦自由，此后仍一直资助他，为他提供了很多设计订单。1811年沃罗尼钦因对建造喀山大教堂做出的贡献而被表彰，被授予世袭贵族头衔。除了喀山大教堂之外，他还有另一个保存至今的杰作——圣彼得堡矿业学院，夏宫和巴甫洛夫斯克宫的一些建筑也出自他之手。但喀山大教堂是这位于1814年去世的建筑师的顶尖之作，在首都历史中占据了特殊地位。虽然这一建筑物的优点有些被夸大了（大教堂距离罗马布拉曼特和米开朗琪罗的宏伟创作还有很大差距），但喀山大教堂仍是这座城市的标志并具有伟大的象征意义。这座教堂自始至终由俄罗斯建筑师设计，由本土建筑材料（奥洛涅茨的大理石、普多日斯基的石材、谢尔多鲍里斯基的花岗岩）建成，由 V. 德穆特·马利诺夫斯基、I. 普罗科菲耶夫、I.P. 马尔托斯、S. 皮蒙诺夫等人负责雕塑和绘画。在反对敌人入侵的那一年，这里成为新的国家神社、俄罗斯的万神殿。参与对抗拿破仑入侵的军队在这里向圣母祈祷，缴获的战旗和所占领城市的钥匙也被保存在这里，1813 年库图佐夫元帅也被安葬于此，之后，B. 奥尔洛夫斯基在大教堂前面为库图佐夫和巴克莱·德·托利竖立了纪念碑。

在涅瓦大街的最西端，安德烈·扎哈罗夫建了一座新的海军部大楼。安德烈·扎哈罗夫于 1761 年出生在一个贫穷的少尉家庭，从小就被送去艺术学院学习，后来那里成了这位未来院士的家园。之后扎哈罗夫来到巴黎，师从建筑师 R. F. 查尔格林和 K. N. 勒杜，回国后在艺术学院任教。

扎哈罗夫设计和建造了很多建筑物，除了少数普通的教堂外，大多数都是典型的办公大楼——军事学校、医院、军营、仓库。他还重建和修复了海事管理部门的各种公共建筑，如赛艇港或亚速海上的灯塔。如果他没有在 1806 年被委任重建 18 世纪 30 年代伊万·科罗博夫建造的海军部大楼，也许我们就很难把他与当时其他平凡的建筑师（扎哈罗夫于 1811 年去世）区分开来。之后的事实证明，扎哈罗夫从以前"无趣"的作品中积累经验，作品体现出来的只是建筑学的初级课程，这颗俄罗斯古典主义的璀璨钻石正在经受初步打磨。

与扎哈罗夫辉煌的作品竞争不是件易事，但另一位伟大的圣彼得堡建筑师卡尔·罗西还是完成了这项任务，建造出另一个杰作：紧挨海军部大楼的总参谋部大楼。意大利人罗西于 1775 年出生在威尼斯，但他一生都住在圣彼得堡，师从文森佐·布伦纳，与他一起在巴甫洛夫斯克工作了很多年，同时与 J. 夸伦吉、C. 卡梅隆、V. 巴热诺夫共事多年。总的来说，他有很多优秀的老师。如果再算上罗西 1806 年建造的佛罗伦萨学院，那么我们就会了解他艺术天赋的起源。

他出色的才华在于不仅能够建造一两个成排的华丽建筑，而且能够创造结构整齐的建筑群，将帝国的宏伟庄严与建筑理念的纯洁和清晰、优雅和比例相称都巧妙地结合在一起，简而言之就是"精确之美"。他细腻地感受到帝国首都的精神气质，构思出将冬宫广场上形色不一的房屋与总参谋部大楼（1819—1829）的宏伟相结合。

18米高的巨型拱门顶部用一辆很有气魄的战车来装饰这座大楼，这不仅仅是一个拱门，更是一个致敬1812年胜利的凯旋门。

罗西出色地完成了最艰巨的任务：用一个合适的角度将冬宫广场与大海街道连接。根据罗西的说法，街道略微弯曲"流入"广场，在总参谋部的拱门下经过，这个创作立即成为经典！

在瓦西里岛一端，同海军部大楼隔河相望的是出自托马·德·托蒙之手、令人惊叹的"古色古香"的有楼梯及古战船船头形装饰圆柱的交易所。诗人K. N. 巴蒂乌什科夫在1814年感叹道："这是这座城市最雄伟最美丽的一部分，是托蒙最有价值的作品！"夜幕降临，瓦西里岛港口挤满了来自世界各地的船只，带来了各种新奇罕见的物件。以寓言作家克雷洛夫为首的圣彼得堡美食家们经常去"交易所吃牡蛎"。维亚泽姆斯基写信给普希金："交易所里有很多美味等你品尝：牡蛎、奶酪、各种糖果。"克雷洛夫打破了纪录，一次吃了多达80只牡蛎！在那里，您还可以听到数千种异国鸟类的鸣叫声，这些鸟笼被放置在交易所大楼宽敞的楼层上等待出售……

瓦西里岛东端的海角汇聚了喀山大教堂、海军部、参谋总部以及罗西设计的其他建筑作品，还有亚历山大一世时期的建筑物，像耶拉金宫（1824）和米哈伊洛夫斯基城堡（1825）等宫殿，还包括拐角处由建筑师E. T. 索科洛夫设计的公共图书馆（1801），J. 夸伦吉设计的会展中心（1807），R. 法拉利设计的城市杜马（1804），最后是O. D. 蒙费朗在1820建造的狮子宫。普希金长诗《青铜骑士》的主人公、不幸的叶甫盖尼就是坐在狮子宫入口的石狮子上才躲过了洪水活了下来。所有这些"繁荣的古典主义"建筑成为亚历山大一世时期圣彼得堡的主导建筑景观。

诗人康斯坦丁·巴丘什科夫如此写道：

> 离开彼得堡，去看看西方的古都：破败的巴黎，烟雾缭绕的伦敦，此时人们就会领悟到彼得堡的魅力之处。看呀，彼得堡的建筑群多么的一致！部分与整体相融！建筑物多么宏伟时尚，总的来说，在水的映衬下建筑物有了更多样的变化。看看夏园的栅栏，它反射出里面菩提树、榆树和橡树的绿色！一切是多么的轻盈与和谐！

圣彼得堡的世俗生活：

同时代人回忆道：保罗统治时期，圣彼得堡的公共娱乐生活受到约束，随着他的继承者登上王位后才恢复……喜剧歌剧和杂耍表演蓬勃发展……冶炼工发挥出色……在悲剧女演员中，谢苗诺娃夺得头筹。频繁的化装舞会和戏剧表演轮番进行，而且在斋戒期间每天都会举行宗教音乐会，演奏亨德尔、莫扎特、海顿的曲目。夏季上流社会的人没有散去，亚历山大夏日住在卡门诺斯特洛夫斯基宫，另一群人定居在邻近的岛屿上，人们经常安排公共庆祝活动。

7月22日在彼得夏宫举行皇太后玛丽亚·费奥多罗芙娜的命名日，这一节日的规模甚至超过了圣彼得堡冬日里的节日。与此同时，乡村住宅花园与公园成为庆祝活动的豪华背景。作家P.沙利科夫在1805年描述了他所看到的景象：

无数的花坛和林荫道，镜面般的河水与池塘，教堂和售货亭都在明亮的阳光下闪烁着五彩斑斓的颜色。再加上喷泉的喧嚣、瀑布的号角声与漫不经心的散步者，这一切都会让你觉得你身处美妙的天堂。仅仅如此吗？玛丽亚在这里宴请亚历山大！

王朝的节日是全国性的休息和庆祝日，每年圣彼得堡所有人都期待7月22日这一天的到来，人们在那天都沉浸在节日的兴奋中。庆祝活动前几天，会有成千上万的人从城市会集到夏宫：贵族待在豪华的马车上，市民、平民都在附近过夜。一份19世纪20年代的杂志告诉我们：

几个人挤在车上，开心地忍受着颠簸与焦急；大马车里，一家人储备着充足的粮食，他们都耐心地吞下布满厚厚灰尘的食物。而且，马路两旁还有很多行人，开心喜悦之情战胜了空空的钱包；各种水果和浆果小贩冲向彼得夏宫，希望在那能赚到钱和伏特加。码头也呈现出一派热闹的景象，这里的船上挤满了成千上万的人。

彼得堡人会在彼得夏宫待几天——公园对所有人开放，成千上万的人在街上过夜。对任何人来说在这个温暖而短暂的明夜中过夜似乎都不会感到疲倦。贵族睡在轿式马车里，市民和农民睡在板车上，数百辆马车组成了真正的露营地。到处都可以看到咀嚼粮草的马匹，人们以最美丽的姿势入睡。这是一群和平的人，一切都异常安静有序，没有常见的醉酒和争吵。节日结束后，客人们同样悄悄地启程离开圣彼得堡，生活又回到原来的轨道，直到第二年夏天。

晚上，在大皇宫吃过晚饭和跳过舞后，每个人都被邀请参加在下层公园举办的化装舞会。此时彼得夏宫公园正在发生变化：就像在18世纪一样，林荫小道、喷泉、小瀑布，装饰着成千上万个发光的灯碗和彩灯。到处都有乐队演奏，身着奇装异服的宾客们沿着公园的小路漫步，为盛装的骑兵队伍和王室成员的马车让路。

亚历山大登基后，圣彼得堡异常欢快地迎来了它建成的第一个百年。1803年5月，首都不断举行庆祝活动，观众们在建成之日那天看到无数穿着节日盛装的人挤满夏园的所有林荫小道……在察里津草地上摆着各种民间游戏摊位、秋千和其他设备。

晚上，夏园、堤岸上的主要建筑、堡垒和彼得大帝的荷兰风格小房子在灯光映衬下闪闪发亮。涅瓦河上，帝国舰队中的一支小船队被旗帜和彩灯装扮一新，在其中一艘船的甲板上可以看到俄罗斯舰队的起点，即所谓的"俄罗斯舰队的祖父"。

[文　献]

在亚历山大的领导下，人们成为宫殿盛大庆典的见证者和参与者。作为热情好客的主人，沙皇每年都邀请首都居民庆祝节日。冬宫城市化装舞会的邀请函会被发往各处，1月1日这一天，成群结队的彼得堡人纷纷涌入沙皇官邸。正如一位当代人所写，当时不仅贵族可以来冬宫，商人、市民、店主、各式各样的工匠，甚至是衣着得体的农民和农奴也可以来。有时君主一家会带着一大群随从，艰难地穿过人群，从一个大厅走到另一个大厅。

毫不夸张地说，在这一天，人们被邀请到沙皇的家里去享受美食：

"大厅里有许多餐具柜，上面放着金银餐具、各种不含酒精的饮料、优质葡萄酒、啤酒、蜂蜜、格瓦斯，从最精致到最普通的各种食物……餐具柜周围是一群接着一群的人，他们清空柜子后，柜子会被再次填满。在这样的节日里，有时会有25000到30000人来到冬宫庆祝。外国人惊叹于人群的秩序与礼节，以及君主对其臣民的信任，让他们怀着爱、奉献和沾沾自喜之情在他周围聚集了五六个小时。这里没有任何礼仪拘束，但同时也没有人与皇室过分亲近。"

[笔　记]

不可思议的是，扎哈罗夫如何在近半公里长的普通工业和仓库建筑群中创造出无比宏伟且优雅和谐的杰作，又是如何在不破坏科罗博夫作品的情况下赋予它新的庄严华丽外表，使建筑物的外墙装饰变得不单调而鲜明生动。海军部巨大而宏伟的塔楼已成为圣彼得堡的象征，"魔术师"扎哈罗夫除了赋予这栋建筑物协调性之外，还在其设计中注入了某种魅力。两个世纪以来，我们的视线一直在"追逐"这种魅力，从尘世喧嚣中的涅瓦大街沿着金色的尖顶，望向小船、天空、永恒、上帝……

\* \* \*

可以毫不夸张地说，这是俄罗斯史上一次不寻常且史无前例的节日盛典，人民受到王室的邀请与款待，与沙皇一起共度节日。如果我们当时住在圣彼得堡，那么我们也可以在品尝皇家盛宴后说："我曾在皇宫喝蜂蜜，喝啤酒……"毕竟，这座城市的人口不超过15万人，因此每五个彼得堡人中就有一位有幸能为君主的健康举杯！

## 亚历山大一世妹妹们的命运

彼时欧洲和俄罗斯发生了很多大事，但罗曼诺夫家族的生活依旧照常进行，亚历山大一世的家庭成员有妻子、母亲、三个弟弟和五个妹妹。总的来说，保罗一世和玛丽亚·费奥多罗芙娜为孩子们的成就感到幸福：儿子亚历山大、康斯坦丁、尼古拉、米哈伊尔——一个比一个出类拔萃。总之，帝国的继承人人选有很多。玛丽亚又生了六个女儿，其中五个长大成人，孙女的出生并没有让女皇叶卡捷琳娜二世感到十分高兴，因为在她看来，女孩比男孩差得太多。最主要的是她们会给皇室增添不少麻烦，对王位继承也没有多大帮助。但这些女孩和男孩们一样，都接受了良好教育，转眼便到了她们出嫁的年纪。

最年长的两个姐姐亚历山德拉和埃琳娜死得很早。1796年，俄罗斯皇室尝试与瑞典国王古斯塔夫四世联姻，古斯塔夫还特意来到圣彼得堡会见新娘，但是一切变得太快：信仰新教的瑞典国王不想娶信仰东正教的亚历山德拉为妻。如果想联姻成功，亚历山德拉就不得不皈依新教，因此叶卡捷琳娜二世没有同意这桩婚事。经过痛苦而漫长的谈判，瑞典国王离开了彼得堡，而女皇气得病倒了。可怜的亚历山德拉陷入绝望中，此时她成为宫廷阴谋与俄罗斯无能外交的无辜受害者。

不久叶卡捷琳娜二世便去世了，1799年保罗一世在位期间，亚历山德拉嫁给了奥地利王位继承人约瑟夫。两人一开始在维也纳生活，随后去了匈牙利，1801年3月，18岁的亚历山德拉在匈牙利因难产而死。她的妹妹埃琳娜的命运与姐姐亚历山德拉惊人的相似，姐妹俩几乎同时结婚。10月亚历山德拉结婚一周之后，埃琳娜与梅克伦堡的弗雷德里克王子结婚，后来与自己的丈夫一起定居在什未林，1803年9月，19岁的埃琳娜死于肺痨。

女儿们的死震惊了母亲玛丽亚·费奥多罗芙娜和随后登基的亚历山大一世，他们怀着极大的忧虑把玛丽亚·帕夫洛芙娜送去了国外。1804年，玛丽亚嫁给了魏玛公国王位继承人卡尔·弗里德里希王子，玛丽亚在这个因文化传统而闻名整个欧洲的小国度过了漫长岁月——魏玛是歌德、席勒和许多杰出德国启蒙者的家乡。融入了魏玛宫廷中的玛丽亚聪明、含蓄，且有修养、懂艺术。1828年，玛丽亚的丈夫成为公爵，她成为公爵夫人当上了魏玛的女主人。她深受魏玛精神的熏陶成为真正的德意志人，从各个方面融入了德意志。歌德与玛丽亚是朋友，他讲道：

> 我从1804年就认识公爵夫人，每每被她的智慧和性格所叹服。她是我们这个时代最好和最杰出的女性，即便她不是我们的君主，也是位伟大的女性。

1843年，玛丽亚·帕夫洛芙娜邀请伟大的作曲家弗朗茨·李斯特担任宫廷乐队指挥。她于1859年去世。

亚历山大一世的四妹叶卡捷琳娜·帕夫洛芙娜的命运更加复杂。起初在1807，她与丧偶的奥地利皇帝弗朗茨一世的婚姻受挫，随后令罗曼诺夫家族头疼的事来了——拿破仑决定与婚后多年无子的约瑟芬皇后离婚，并向叶卡捷琳娜求婚。叶卡捷琳娜的母亲玛丽亚·费奥多罗芙娜为此感到震惊，故意拖延时间不予答复，随后快速为自己女儿谋得了另一位新郎——奥尔登堡的乔治王子。婚礼于1809年举行，这对年轻的夫妇婚后决定定居俄罗斯，乔治被任命为特维尔州长，于是俩人便前往特维尔生活。他们在伏尔加河畔的新宫殿里过着多姿多彩的生活，伴随着卡拉姆津的到来，此处逐渐形成了一个远近闻名的文学沙龙。1812年12月乔治在感染斑疹伤寒后去世，叶卡捷琳娜生活在悲伤和沮丧中，她在俄罗斯战胜拿破仑之后前往欧洲，在那里开始与符腾堡王储威廉交往，威廉为了娶她很快便与自己的妻子离婚。之后叶卡捷琳娜成为符腾堡王后——斯图加特的女主人。她精力充沛，像在魏玛的玛丽亚一样，努力成为一位德意志人。像保罗的其他女儿一样，叶卡捷琳娜有教养，为人聪慧，身边一直围绕着知识渊博之人。叶卡捷琳娜生下两个女儿，生活一切似乎都很顺利，但1819年1月，她却死于一场看似并不严重的疾病。当时她的脸上出现了皮疹，医生和她自己起初没有在意，但突然这种皮疹变成了丹毒——一种可怕的炎症，随即病毒侵入大脑，年轻的叶卡捷琳娜不久便去世了。

安娜是最后一个离开母亲玛丽亚·费奥多罗芙娜的孩子，她于1795年出生在加特契纳，之后出生的是尼古拉，接着是1798出生的米哈伊尔。皇帝保罗一世尤其偏爱这几个晚出生的孩子，他说如果自己母亲将这几个年长的孩子从身边夺走，那么他就永远和自己的小儿子和女儿们生活在一起。保罗时常一边抚摸这几个孩子，一边称他们是自己的小羊羔，这是安娜对自己这位将整个国家置于危难之中的父亲最美好的回忆。后来她长成一位美丽的姑娘，1809年她突然成为全欧洲关注的焦点。拿破仑在对叶卡捷琳娜·帕夫洛芙娜求婚失败后没有气馁，随即就向安娜抛来橄榄枝。沙皇一家对拿破仑的求婚没有立即回复，后来拿破仑短暂等待无果后便向奥地利皇帝的女儿、18岁的路易丝求婚。安娜在1818年嫁给了滑铁卢战役中战胜拿破仑的荷兰王子威廉，后者在1840年成为荷兰国王，安娜成为荷兰王后。荷兰人至今仍然称其为"安娜·波洛尼"。她于1865年去世，为保罗一世女儿们的故事画上了句号。帝国消亡，战争被遗忘，但保罗与玛丽亚所生的女儿们在欧洲历史上留下了迷人的"王朝攻势"的痕迹。不要忘记，她们的血液仍然流淌在欧洲许多皇室成员的血管中，由于他们的女儿，俄罗斯永远与欧洲王朝、欧洲文化和整个欧洲联系在一起。

[文　献]

正如后来的皇帝尼古拉一世写到的那样：

"除了被赋予非凡重要的礼节，我们童年的生活与其他孩子非常相似。从每个孩子出生的那一刻起，皇室就会派一名英国女仆、两名值夜班的女士、四名保姆或女佣、一名乳母、两名贴身男仆、两名低级侍从、八名仆人和八名司炉工人来照料他的生活起居。在圣洗仪式上，所有的女仆甚至包括乳母在内都要身穿箍骨裙和束腰的连衣裙。想象一下，一个来自圣彼得堡郊区的俄罗斯平民农妇，头顶着抹润发油的高发髻，抹着粉，身材奇怪的她身穿箍骨裙，紧身胸衣收紧到令人窒息的程度……"

所有复杂的家庭程序都不是由玛丽亚·费奥多罗芙娜本人操持的，而是由公爵夫人夏洛特·卡罗夫娜·利文负责，而经常怀孕且忙于宫廷生活的玛丽亚被叶卡捷琳娜二世命令远离自己的孩子。从本质上讲，利文是位了不起的女人，这位俄罗斯公爵夫人成为公主们（亚历山德拉、埃琳娜、玛丽亚、叶卡捷琳娜和安娜）的第二个母亲，这些孩子真诚且深深地爱戴着她。寡妇利文抚养着六个孩子的同时还担任女皇孙女的家庭教师。这位家庭教师诚实、直率、聪明、有明确的道德准则，深得玛丽亚·费奥多罗芙娜的心意，她在罗曼诺夫家族度过了整整40年，凭借教学成就被授予特级女公爵封号……1796年2月25日，叶卡捷琳娜二世写信给男爵M.格林：

"昨天在化装舞会上，伊丽莎白（亚历山大的妻子）、安娜（康斯坦丁的妻子）、亚历山德拉公主（13岁）、埃琳娜公主（12岁）、玛丽亚公主（10岁）、叶卡捷琳娜公主（8岁）加上宫廷女郎——只有二十四人，没有男舞伴，伴着俄罗斯音乐翩翩起舞，每个人都洋溢着喜悦之情。今天宫廷和城市里的人都在谈论这场舞会，她们每个人都穿着华丽，表现得比其他人都优秀。"

\* \* \*

太后陷入了绝望：难道要再次拒绝法国国王？要牺牲年仅15岁的女儿？玛丽亚·费奥多罗芙娜将这段婚姻视为一种牺牲，她明白与拿破仑的冲突可能会威胁到俄罗斯，但自己女儿的命运更让她提心吊胆：

"如果她第一年没怀上孩子，她将不得不忍受很多。要么国王和她离婚，要么她会以她的荣誉和美德为代价要孩子。这一切让我不寒而栗！一方面是国家利益，另一方面是我孩子的幸福……同意这门婚事就等于毁了我的女儿，但只有上帝知道，付出这样的代价后能否使我们国家免于灾难。局势实在是太可怕了！我，作为她的母亲，将成为导致她不幸的罪魁祸首！"

# 1824年洪水

亚历山大一世统治时期，圣彼得堡及整个国家都命运多舛。两场可怕的灾难——一场是自然的，一场是社会的——袭击了俄罗斯。1824年11月7日，圣彼得堡遭遇了第二次洪水，这次洪水比以往所有发生过的都要强，更具破坏性。虽然人们做了准备，居民们也提前被警告即将发生的灾难，但无人能想象等待这座城市的是场多么可怕的灾难。伴随着风雨交加的恶劣天气以及河流与运河水位的上升，一股似太平洋海啸般可怕的浪潮突然从海上袭来。一位见证者写道："广袤无垠的水域似乎是一个沸腾的深渊，在深渊上散布着波浪的薄雾，逆流而上，被咆哮的旋风冲破。白色的泡沫在不断聚集的水团上打转，最后疯狂地冲向岸边。许多木制建筑无法承受巨大的水团冲击而轰然倒塌……一瞬间河水漫过堤岸与运河，从地下管道里像喷泉一样喷涌而出。"

冬宫广场立即变成了一个汹涌的湖泊，洪水冲破了未完工的总参谋部大楼附近的围栏，冲出拱门，然后像掠夺者一般奔向大莫尔斯科耶运河和涅瓦河，使河流们变得更加汹涌。汹涌的洪水将圣彼得堡的街道与广场变成了湖泊，唯独留下青铜骑士一动不动地矗立在那里。不久后，所有这些场景都在普希金的杰出诗作中有所描述。有些人侥幸得以幸存，但更多的人死在冷水中。牲畜被淹死，物资和财产都浸泡在水中。到了晚上，洪水消退后，整个城市到处都是人与动物的尸体，地面上覆盖了一层厚厚的泥浆，掺杂着水流带来的各种各样的垃圾，还有从墓地里被水流冲刷出来的棺材。

伴随悲剧总是有一些可笑的事情发生。寓言作家克雷洛夫在帮助邻居搬家到自己家阁楼的时候发现了三年前挂出去晾晒而失踪的大衣。一个年轻的寡妇遇到了一件比熊皮大衣被虫蛀、布满灰尘更糟糕的事，当地报纸报道过有关她的不幸。她生活在瓦西里岛的另一端，在洪水前夕刚刚将自己的丈夫埋葬在斯摩棱斯克墓地，"在他的骨灰入葬时，她没有哭泣和痛苦，因为已故的丈夫生前一直因为嫉妒而折磨她。在安葬丈夫之后，她认为自己内心终于可以得到平静的时候，就在洪水退去的当晚，令她感到无比恐惧的事情发生了，她在自己家的门廊处看到了死去丈夫的棺材！没有办法，这位可怜的寡妇不得不第二次埋葬她那不安分的丈夫"。

## 亚历山大一世的晚年

众所周知，亚历山大一世生命最后几年充斥着阴郁、悲伤的气氛。在他看来，他的一生是徒劳的，无论权力还是名誉都不值一提，自己掌权后的改革目标也已失败。事实证明，他无法做到将俄罗斯秩序的基础——专制与自由——结合起来，亚历山大对俄罗斯及人民深感失望。他写道："我喜欢立宪机构……但是，立宪机构的引入对所有人都一样吗？所有国民都准备好平等地接受它们吗？我并不知道。"在统治末期，亚历山大一世发生了改变——他不再是一个赶时髦之人，不再像以前那样在镜子前卖弄。以前喜欢追求女性的浪子不再喜欢女人，而变得越来越喜欢独处，前往全国各地和欧洲游历，似乎他已经无法找到自我。无论晴天还是阴雨天，他乘着一辆敞篷马车不间断地在俄罗斯旅行，普希金称其为"一个流浪的专制君主"。似乎只有在印象的更迭，在星空下孤独的路途中，他痛苦的思绪才能得到缓解。沙皇理解并欣赏伟大的果戈理后来写的关于俄罗斯道路的舒缓之力。道路分散了思绪，但没有像信仰那样安抚灵魂。在亚历山大一世精神自我完善的历程中，沙皇经历了几个阶段：起初，他渴望成为一个没有圣坛、法衣和圣歌的普通基督徒，路德派的简单仪式，各种宗派主义者以及教友派信徒的严厉吸引了他。之后，亚历山大一世对神秘主义也并不陌生，着迷于"内教会"各种信徒的对话，但很快就对这些人的大公无私表示怀疑。接着他重新回归东正教并沉溺其中。

似乎发生在1824年11月7日的那次可怕洪水成为致命的转折点，亚历山大一世透过冬宫的窗户看到汹涌的洪流灾难及无数人的尸体。在神下达平息狂虐海风旨意之前他无法对自己臣民进行任何救助。在第二天视察灾情时，他听到人群中有人说"因为我们有罪，上帝对我们作出惩罚"。沙皇则认为"上帝是在惩罚我的罪孽"，也许他所指的不仅是自己参与谋杀父亲，或许还有别的事情。

1825的夏天，皇后伊丽莎白·阿列克谢耶芙娜病情加重。两人一生都生活在一起，但却没什么感情，他们只在约定的日子聚在一起，其他日子就分开。有一天沙皇突然以不同的眼光看待自己妻子，他的这种做法是否出于怜悯、同情、悔恨，还是因为真诚的基督徒信仰——这一切都无从得知，但他决定余下的日子陪着妻子一起度过。出于某种原因，他们决定去俄罗斯南部接受疗养，然后选择了塔甘罗格——一个偏远的南部城镇。亚历山大继续前进，9月1日，他乘坐马车来到普尔科沃高地后，沙皇长时间眺望着首都，在随同人员看来，他像是在和自己的首都道别……

[ 传说和谣言 ]

### 亚历山大一世是驾崩还是隐退？

根据官方公布的信息，亚历山大一世于1825年11月19日死于塔甘罗格，尸体被紧急进行防腐处理后送往圣彼得堡，而伊丽莎白·阿列克谢耶芙娜也死于途中。在尼古拉一世执政期间，大约从1836年起国内开始盛传在民间生活着一个自称费奥多尔·库兹米奇的老人，睿智公正，受过良好教育，此人和亚历山大一世长得非常相像。但这位老人并不承认自己是亚历山大一世，他周游俄罗斯的名山大川，后来定居在西伯利亚，于1864年在那里去世。见过他的所有人都清楚，这位老人并非平民。

随后爆发了一场激烈且悬而未决的争论：这个人到底是谁？一些人说此人是曾经辉煌一时的骑兵卫队将军费奥多尔·乌瓦罗夫，某天他在自己的庄园神秘消失了。其他人认为他就是沙皇亚历山大一世。当然，后一项推测既来自众多疯子和好事之徒的异想天开，也来自一些人的仔细探究。他们注意到很多让人费解的事情——年仅47岁沙皇的死因：通常一个身体健康、活动自如的人，怎么就会突然死亡？关于沙皇之死的记录中有一些奇怪之处，所以有人怀疑这些资料是后来有人编造的。沙皇尸体被送到首都，人们打开棺材后，玛丽亚·费奥多罗芙娜太后看到亚历山大"像摩尔人一样黑"的脸时，脱口而出："这不是我的儿子！"这一场景令在场每个人都感到惊讶，有人解释说尸体之所以如此是因防腐不当造成的。也许，像"沙皇隐退"这一说法的支持者声称的那样，上述差错并不是偶然？在11月19日前不久，一名信使在沙皇面前坠马而亡，这个人的尸体被放在棺材里，而亚历山大本人则……

人们还注意到,亚历山大一世在生前最后几个月发生了很大的变化,似乎有什么重要的想法占据了他的大脑,使他在同一时间既陷入沉思又坚决果断。他变得非常喜欢在塔甘罗格附近独自散步。有故事讲到,一位不知名的军官在路上请求一个农民用车把他送进城里,当时车夫和过路人都没能认出来这个满身灰尘的军官是他们的皇帝陛下。最后,亚历山大一世的亲信们回忆沙皇经常谈到自己感到疲倦想离开王位。在1826年8月15日,也就是尼古拉一世加冕前一周,他的妻子、皇后亚历山德拉·费奥多罗芙娜在日记中写道:

"也许,当我面对民众时,就会想起已故亚历山大皇帝曾有一天和我们谈起他的退位想法……"

而持相反看法的人表示:放弃权力宝座不过是亚历山大一世一贯的矫揉造作、故作姿态而已。而且无论如何,沙皇犯得着去他不喜欢的民众中生活吗?离开王位难道就没有其他的生活方式吗?瑞典的克里斯蒂娜女王在离开王位后,前往意大利去享受生活。他也可以在克里米亚定居并建造一座宫殿,退一万步讲,他还可以去修道院。但在第一种情况下,沙皇几乎不可能完全跳出世俗生活的困扰;而在第二种情况下,教堂附近的围观人群不会让前沙皇迈出一步。

总之,亚历山大一世之死一直没有清晰解读,研究亚历山大一世的一流专家、基础文献作家、历史学家尼古拉·希尔德说过:

"之所以产生上述争议只是因为有些人非常希望亚历山大一世和费奥多尔·库兹米奇是同一人,而其他人则并不希望如此。没有确切的证据证明谁的说法是对的,我同时可以给出足够多的支持上述两种不同说法的证据,但却无法得出明确结论。"

简言之,相信还是不相信?当然,你可以打开亚历山大和他母亲玛丽亚·费奥多罗芙娜的坟墓,采集DNA样本,得出最终结论……但在当时无法实现。我们就像亚历山大三世和许多其他人一样,一次又一次地回顾事实、作出假设,然而这些事实和假设堆积起来就不知不觉地成了一个鲜为人知的难题。我们注意到,除亚历山大一世之外,其他任何俄罗斯沙皇都没有类似的谣言。这难道是巧合吗?

# 王位空白期和参议院广场上的起义

1825年11月亚历山大一世在塔甘罗格去世的消息引发了圣彼得堡戏剧性事件的发生。参议院和东正教最高会议在收到来自塔甘罗格的悲伤信息后立即宣布康斯坦丁·巴甫洛维奇继位。但长期在华沙居住的康斯坦丁断然拒绝继承皇位，随后尼古拉合法登上了王位。十二月党人决定利用这段空白期发动起义。

当时革命者还处于制订和协调计划阶段，没有准备好采取武装行动。然而，在诗人K. F. 雷列耶夫的公寓聚集的"北方协会"决定在军队宣誓效忠尼古拉一世时展开行动。

始于12月14日凌晨的起义，从一开始组织者就犯下了致命错误，他们来不及将军营中忠于自己的部队集合到参议院广场，组织者在那一刻没有表现出必要的决心和团结。组织者缺乏经验，犹豫不决，在尼古拉·巴甫洛维奇阵营拖延了很久。圣彼得堡军事总督M. A. 米罗拉多维奇对这一阴谋了解甚多，但并不认为事态严重，他决定在兵变当天亲自去安抚暴动者，但却在参议院广场附近受了致命伤。

临近晚上，由于叛乱领导人的优柔寡断，他们漫无目的地让士兵站在广场上。此时主动权转移到了尼古拉手上，他派部队包围了参议院广场，用4门大炮镇压了起义。在得知圣彼得堡起义失败的消息后，"南方协会"于1825年12月底在白色教堂发动起义。当时"南方协会"的负责人P. I. 彼斯特尔上校在前一天被捕，领导起义的责任落在S. I. 谢尔盖·穆拉维约夫和M. P. 贝斯图热夫·留明的肩上。起初，起义取得了部分成功，但后来起义军被忠于尼古拉一世的部队包围和镇压，起义失败，部分人员被杀，部分人员被捕。圣彼得堡广场起义案件与"南方协会"起义案件被并案调查。

# 对十二月党人的审判

总共有316人被逮捕，他们都被关押在彼得保罗要塞潮湿狭窄的监狱里。调查由一个专门成立的委员会负责。事实证明尼古拉一世是一名优秀的调查员，调查均在他的严密监控下进行。

法院判决（1826年7月初）指出：

如果陛下有意愿通过设立刑罚类别让其中一些人活下去，那么这将是对法律的亵渎行为，更不属于国家行为，而是私人意愿。陛下慈悲……法院特别强调：虽然法律不能对专制权力所产生的怜悯施加任何限制，但最高刑事法庭还是要大胆地提出，这些罪行如此之严重，对国家安全产生如此之威胁，君主本人也不应该干预其中。

然而，在7月10日的判决中，尼古拉斯一世仍然表现出了怜悯之心，并没有实施自沙皇阿列克谢和彼得大帝时代以来国家犯罪法中规定的残酷惩罚，这一情形在关于十二月党人背叛国家罪的叙述中不知为何被忽略了。如果当时采用1649年的犯罪条例或者彼得大帝军事宪章中的法令条款，那么所有事件参与者都将受到处决，并且采用最残酷的处决方式——分尸、腰斩、鞭刑、钉刑——彼得大帝曾毫不犹豫地对叛乱分子采用了这些刑罚。按照尼古拉一世的意愿，罪犯被分为11类，不同类型被判处不同刑罚和刑期。叛乱的五名领导人（彼斯特尔、雷列耶夫、卡霍夫斯基、穆拉维约夫、贝斯图热夫）被绞死在彼得保罗要塞，其余人被流放西伯利亚。在其他城市此次案件的审查和判决持续了很长一段时间。当局向西伯利亚前后共流放了124人。十二月党人戴着镣铐，穿着囚衣，先后在尼布楚卡托加、赤塔监狱和其他地方服苦役，后来被转移到一处居民点。流亡的十二月党人和陪伴他们左右的妻子们，用自身的行动捍卫了尊严，彰显了高贵品格。流放期间他们过着充实而又文雅的生活，不气馁，不屈于现实。他们中的许多人在居民点从事科学研究、绘画、举办音乐会、教授课程，与朋友通信交流。1856新一代沙皇登基，亚历山大二世赦免了幸存的十二月党人，这些人最终从西伯利亚这个可怕的地方回到了家乡。

总的来说，1825年十二月党人事件给俄罗斯带来了悲剧性的后果，众多优秀人才不是死亡就是在流放途中失踪，社会生活一直笼罩在恐惧和沮丧之中。在经历反叛冲击之后，政府对国家现代化变革所提出的意见都表现得极为警惕与不友好。亚历山大一世时代在充满希望、乐观、幻想和改革的早春阳光下开始，在失望、恐惧、沮丧和绝望的十二月黄昏下结束……

[文　献]

里列夫和他朋友执行的计划失败了，可怜的他们被士兵带到参议院附近的广场上。他们沦为了政治游戏中的棋子，其中的部分原因来自革命军官的欺骗，说他们是在捍卫康斯坦丁皇帝的政权。士兵们也很盲目，他们听从指挥官的命令，在广场上他们开枪杀死了以前的战友、政府军的士兵。以下是叛军士兵里列夫写给他父母的信：

"我亲爱的父母，我向大地母亲低头！巨大的不幸降临在我身上，因为冬天的射击案件我入狱了，因此我很久没能给你们写信。监狱环境很糟糕……现在我又自由了，我获得了审判，同我的战友一起上法庭。我们有很多人，将近一百人或者更多。法庭上的审判是可怕的，各式贵族戴着勋章对我们进行了长时间的审判，而新的君主尼古拉陛下也对我们作出审判。因为这次案件，每个人都被判如下，'根据法律的明确规定，所有被告无一例外应被判处绞刑、处苦役，但是我们如教父般仁慈的沙皇下达了让我们所有人都去同波斯人作战的法令，以将功补过。所以我可能很快就会离开，不知何时才能回家。再见了，亲爱的父母和所有的朋友。聪明的人说这些波斯人住在很远的地方，我们不会很快找到他们。我会活着，我会回来……我要停笔了，否则他们会把我们再次关进监狱……"

\* \* \*

十二月党人的妻子坚决要求随同丈夫一起流放西伯利亚，将自己的命运同心爱之人永远联系在一起，她们用自己的崇高情操谱写了一段传奇故事。当局千方百计地想阻止这些本来属于上流阶层的女子前往西伯利亚，威胁称她们将失去原来舒适体面的贵族生活。沃尔孔斯基大公的妻子玛丽亚·尼古拉耶芙娜·沃尔孔斯卡娅公主写道：

伊尔库茨克总督见我决心已定，告诉我："好好想想，签了这份文件会有什么后果。"

"我不用看，我会签的。"

"我得到命令要搜查你所有的物品，你不能携带任何贵重物品。"

说完这句话，他就走了，然后派来了一群官员，他们只允许登记很少的物品：一些内衣、三件外套、全家福和一个旅行急救箱。他们向我出示了这份臭名昭著的文件让我签字，以便我记住里面的内容，我被允许保留一份副本。

当这些人离开，我的用人看过文件，眼含热泪地对我说："公爵夫人，你做了什么，读一下他们对你提的要求！"

"无所谓，我们收拾行李赶快出发吧。"

以下就是这份声明的内容：

1. 妻子如果想继续保持与丈夫的婚姻关系，自然应该与他共命运，承担相应后果：她将失去以前的头衔，即承认自己是一个流放罪犯的妻子，同时忍受这种状态可能带来的一切苦楚。作为流放犯之妻将受到与犯人同等的待遇，当局无法保证她免受来自低贱阶层的侮辱，甚至她会被暴力对待，而这些施暴人并不惧怕惩罚。

2. 在西伯利亚定居点生下的子女将进入国家农场当农奴。

3. 不允许随身携带任何现金或贵重物品；这不仅是现有规则所禁止的，也是为她们的安全着想，因为在这些地方随时会遇到各种犯罪行为。

4. 一起抵达尼布楚地区的农奴的权利将被剥夺。

行李被翻得乱七八糟，重新整理的时候，我想起我需要一张通行证。总督在我签署文件之后没有再迎接我，我不得不在大厅里等他。我去找他，他以一个哥萨克人的名义签发了一张通行证，这个人本来是护送我的，而我的名字位置上写着

"……随行"。

回到家后,我找到亚历山德拉·穆拉维约娃,她刚刚到家。我比她早几个小时离开,但比她早到了8天。我们一起喝茶,有时笑,有时哭——我们的笑声引来官员检查她的行李。

## [ 传说和谣言 ]

### 参议院广场叛乱历史的秘密

关于十二月党人和参议院广场起义的历史中有很多含混不清的地方。一些历史学家认为,在十二月党人密谋的同时,总督米洛拉多维奇和卫队的指挥官曾试图发动宫廷政变。对将军们来说,尼古拉既年轻又陌生,他的上台不会带来任何好处,因此他们决定强迫尼古拉宣誓效忠康斯坦丁,将军们相信能够说服康斯坦丁大公登上王位。然而,尽管米洛拉多维奇和其他人走投无路之下写信求央,康斯坦丁仍坚持拒绝继承皇位。如此一来就产生了一个王位空位期,十二月党人正好利用了这个时机。

然而十二月党人内部并没有达成一致,他们对于国家改革、南北两个秘密协会的规划也大相径庭,这些计划注定不会成功。根据帕维尔·伊万诺维奇·彼斯捷里草拟的俄罗斯法典,俄罗斯将建立一个共和国,并以彼斯捷里为首成立军政府来治理国家。根据尼基塔·穆拉维约夫草拟的宪法,俄罗斯应该成为一个具有相当自由体制的君主立宪制国家。不清楚的是,假如起义成功,十二月党人内部是否能够对国家建设达成一致,当然这些计划注定不会成真。

起义本身还存在许多谜团,至今仍然无法合理解释为何公推的起义领袖特鲁别茨科大公没有出现在参议院广场上,起义军在广场上站了好几个小时,而他就住在广场不远的地方,如果他因为怯懦或者背叛而没有现身,那为什么起义失败之后十二月党人没有谴责他?特鲁别茨科本人的回忆录也没能解开这个谜团。

最后,文献中关于十二月党人秘密协会的分支和组织机构的记述让人产生了很大的疑问。被告,也就是这些流亡者,在他们被判处叛国罪之前,是否一直在夸大他们的行动,实际上他们并没有相对固定的组织架构,他们的会面和会议通常只是一场宴会以及对政治作出尖锐的批评而已,这种情况很常见。自伊凡雷帝执政以来,人们一直都在讨论重建国家的方案。碰巧的是，十二月党人相关的秘密组织大部分材料都追溯到他们被调查和流亡西伯利亚期间。调查本身的材料清楚地表明所有时代的政治调查都自然而然地把十二月党人这样一个实际上存在时间很短的组织"构建"得更具目标性，任务更具明确性，组织也更加正式化。不要忘了在那个时候到处都充斥着烧炭党和共济会的阴谋，十二月党人有意或无意地推波助澜。他们之中许多人感觉自己不是类似穆尼希或者奥尔洛夫家族那样的叛乱分子，而是烧炭党中追求自由的一员战士。

有证据表明，早在1821年，亚历山大一世就知道这些军官在组织秘密会议，也知道他们谈话的内容以及对国家未来的讨论，但并没有太过在意。针对这些阴谋，副官瓦西里奇科夫将军向沙皇汇报，沙皇回复道："亲爱的瓦西里奇科夫！自我执政你就一直在我身边，你知道我是赞同和鼓励这些幻想与企图的。"也许这也能解释1825年两名军官——忠实的舍伍德和迈伯罗达——公开指责军队中存在秘密社团行为了。如果不是米洛拉多维奇集团造成的王位空白期，也许叛变根本不会发生……

# 第五部分

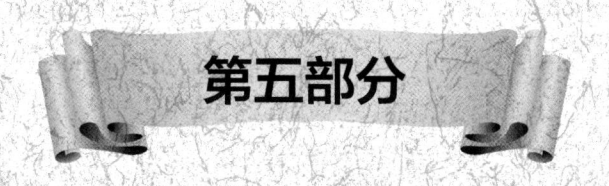

# 尼古拉一世统治时期
# （1825—1855）

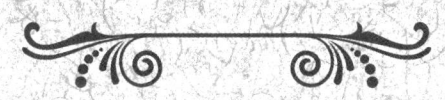

## 尼古拉一世的个性

尼古拉一世在 29 岁登上王位，他起初的感受是犹豫不决和怀疑。尼古拉对俄罗斯未来的关注不亚于十二月党人。毋庸置疑，他是个有责任感的人，对他来说，祖国的利益不是一句空话，但他对自己要做的事情只有一个相当模糊的概念。在尼古拉以前的生活中，他并没有为自己成为俄罗斯君主的命运做好准备。

尼古拉生于 1796 年，从小就是一个粗鲁、霸道、顽劣任性的男孩。他所接受的教育未给其心智带来任何有益的东西。尼古拉不喜欢阅读（不同于自己的祖母叶卡捷琳娜二世或哥哥亚历山大一世），也没有广阔的视野和智慧。在晚年，尼古拉时常回忆起被邀请到宫廷的教授们所讲的枯燥乏味的课程。玛丽亚·费奥多罗芙娜皇后对自己的儿子产生了强烈的影响，在很长一段时间里，尼古拉通过她的视野来看待生活。

尼古拉真心希望为俄罗斯谋求利益，但他并没有做好扮演专制者角色的准备。尼古拉很早就迷上了军事和射击，他在其中看到了战争的意义。这位强大而英俊的战士，既没有成为一个伟大的军事改革家，也没有成为伟大的军事指挥官，在克拉斯诺耶塞洛的演习或在马尔斯广场的阅兵对他来说就是他在军事技能上的巅峰。

尼古拉一世命运的悲剧性，就其本身而言并不亚于其兄长亚历山大一世。亚历山大一世真诚地想进行社会所需的改革，但在无法克服的困难面前——守旧的公众舆论和社会中缺乏能够支持沙皇改革的政治力量——停了下来。尼古拉一世也有同样的经历。尽管根据尼古拉一世的成长经历、思维方式和兴趣，他更像是一个战士和工程师，而非敏锐的政治家、策略家和思想家，但他还是察觉到了十二月党人思想建设性的一面，从他统治初期就试图走俄罗斯需要的变革之路。1826 年 7 月 13 日，关于执行对国家罪犯判决的宣言称："这样一来，我们一直认为是整个俄罗斯事业就完成了，罪犯得到了应有处决，祖国摆脱了多年来潜伏在它中间不良思潮的影响。"进一步确认，造反和破坏性的"大胆梦想"时代已经过去，俄罗斯生活的改善只能通过逐步、自上而下的"国家机制改进"来实现。众所周知，十二月党人并没有隐瞒自己的观点，并认为他们在调查期间所说或所写的东西至少有一部分会被君主在位期间使用，有益于俄罗斯的发展。在十二月党人受审和他们的领导人被处决后，尼古拉一世下令从调查案件中摘录内容供内部使用，其中涉及十二月党人关于国家改革和消除不足的所有想法。这份摘录被放在沙皇的办公桌上，不止一次被翻阅。然而，十二月党人所希望的和尼古拉一世所考虑的改革，在其统治期间从未实施。为了讨论和实施这些改革，尼古拉一世成立了许多秘密委员会来讨论各种改革方案，但这些方案被搁置起来，直到一段时间后才不得不再次对其进行研讨。

事实是，意识到变革的必要性，尼古拉一世坚决反对任何动摇帝国根基的尝试，他从祖先那里继承帝国，并认为自己有神圣责任将其完整地传给后人。尼古拉一世认为不可改变的基础包括统治形式——专制者的无限权力、俄罗斯的军事力量和农奴制的不可动摇性。尼古拉一世缺乏打破这些基础的政治意愿和决心；他的内心不是个改革者，对实施也没有创新手段。

同著名历史学家 N.M. 卡拉姆津的谈话对刚刚执政的尼古拉一世的政治观产生了强烈影响。卡拉姆津不断鼓励皇帝：作为独裁者的角色是崇高的，沙皇的主要任务是保障社会福祉、和平与安全，独裁者的使命是不断为俄罗斯服务。

卡拉姆津作为历史学家写的东西不止这些，但上述内容是对尼古拉一世很重要的东西，此外，卡拉姆津的思想被尼古拉一世大大简化。沙皇宁愿把对祖国的服务理解为团级或师级指挥官的服务，他们需遵守上级规定，监督士兵和军官的纪律、秩序和军事装备，这与沙皇对军事上小事的偏爱相吻合。尼古拉一世不知不觉地将这些观点转移到国家——一个比团或师复杂许多倍的有机体——的治理上。尼古拉一世讲述了他待在士兵中感觉不错的原因：

这里有秩序，有严格绝对的法律，没有全知全能，也没有反对意见，每件事都是彼此相通的，没有人能够在学会服从之前发号施令，没有人在没有正当理由的情况下抢先一步；所有人都服从于一个明确目的……这就是我待在这些人中感觉不错的原因。我把所有的人类生命看成是一种服务，因为每个人都在服务。

## [文　献]

恐怖的流血事件、执政初期环境的不确定性以及经验与知识的缺乏都严重影响了年轻皇帝尼古拉一世的状态。同时，尼古拉一世还坚决地平息了十二月党人的叛乱。在其统治的最初几天，他对法国特使说：

"我向你们重申，我的统治是在忧愁的预兆和可怕的责任下开始的。我可以履行职责。我将施以仁慈、宽厚，有些人甚至会说我过于慈悲；但对领头人和阴谋者我将毫不怜悯，会不留情地对他们加以处置……我将百折不挠，我会有义务地给俄罗斯和欧洲上一课。但我不厌其烦地告诉你们：我的心被撕裂了，我的眼前不断浮现出我登基那天的可怕景象。"

*　*　*

卡拉姆津的权威意见和他在《古代和现代俄罗斯笔记》中反映的思想在许多方面成为尼古拉一世执政的思想基础。这位伟大历史学家的作品写于1811年，直到1900年才出版。此书中提出的思想是如此重要，以至于俄罗斯每个受过教育的人都知道这本书。卡拉姆津写这本书的目的是通过研究过去的俄罗斯来看待当代俄罗斯从而指导沙皇。他认为，俄罗斯唯一可能的政治秩序是专制，它作为一种超阶级、超国家的父权力量确保俄罗斯社会的进步。他批判彼得大帝的所作所为：

"将古代技能说成是荒谬的，加以铲除，赞美并引进外国技能，俄罗斯君主在自己心中羞辱了俄罗斯人。自暴自弃是否会使个人和公民有能力做伟大的事情？对祖国的热爱是由这些民间特性滋养出来的，在世界主义者的眼中是无罪的，在深思熟虑的政治家眼中是有益的。启蒙是值得称赞的，但它包括什么？在对幸福生活所需的知识方面，艺术、技巧、科学没有其他价值。俄罗斯的服饰、饮食、胡子并不妨碍学校教育。两个国家可以站在同一公民启蒙水平上，有着不同的风俗习惯。一个国家可以从另一个国家借用有用信息而不遵循其习惯。"

卡拉姆津还制定了俄罗斯保守主义原则："我们需要的是守旧智慧，而非创造性智慧"，"国家秩序中的任何消息都是邪恶的，只有在必要时才应诉之于此"，"为了国家存在的稳固性，奴役人民比在错误时间给予他们自由更安全"。所有这些思想非常契合尼古拉一世的心意。

# 尼古拉一世周围的人

尼古拉一世周围的人非常顽固和守旧，这严重影响了他改革的行动和政策。碰巧的是，当时的政治家中没有可以推动皇帝发起改革的人。陪伴在皇帝周围的人比他更守旧，这些人抵制一切，甚至是自己君主的温和改革。在军队方面，尼古拉一世将陆军元帅 I.I. 迪比奇和 I.F. 帕斯凯维奇提拔到首要地位。使他们脱颖而出的不是他们作为将军的才能，而是他们对皇帝的忠诚，在12月恐怖的兵变事件之后，沙皇极其看重这种忠诚。出于同样的原因，尼古拉一世把1812年战争中许多有经验的战争英雄排挤到次要地位，这些人在某种程度上与十二月党人有关联或同情过他们。因此，A.P. 埃尔莫洛夫将军和 M.F. 奥尔洛夫将军退伍了。

多年来，卡尔·内塞尔罗德一直担任外交部长。同迪比奇和帕斯凯维奇一样，他以服务精神而著称，随时准备拥护令皇帝满意的政治路线。合乎皇帝心意的只有一条路线：暴力镇压欧洲自由主义和革命运动，甚至包括武装干涉，正如1848年在匈牙利反抗奥地利人时所做的那样。在维也纳的要求下，俄罗斯军队被派到那里，将匈牙利的起义扼杀在血泊中。在很大程度上，由于内塞尔罗德的不灵活政策，俄罗斯在欧洲被称为"国际宪兵"。

国内制度由警察和宪兵维持。与尼古拉最亲近的人是 A.H. 本肯多尔夫伯爵，后来是 A.F. 奥尔洛夫伯爵，他接替前者成为宪兵队长。意识形态管理者是国民教育部长 S.S. 乌瓦罗夫伯爵，他是"东正教—专制—民族性"思想概念的提出者。

毫无疑问，尼古拉管理体系中也有杰出的人物，如 M. 斯佩兰斯基和 E.F. 坎克林。斯佩兰斯基在尼古拉时期参与了精简立法的关键任务，他收集了1649年以来颁布的所有法律，并按时间顺序排列在47卷《俄罗斯帝国法律全集》中。然后，通过从大量的法律中剔除那些已经过时或被废除的法律，他编写了15卷现有法律。这些法律书籍在1833年出版，成为国家机构活动的基础。坎克林担任财政部长将近21年，作为一名经验丰富的金融家和经济学家，他是农奴制的反对者，并始终认为维持农民丰衣足食是财政稳定的基础，而只要农奴制存在，这是无法实现的。因此，坎克林坚决抵制所有通过增加人民税收来摆脱困境的方案，奉行紧缩政策，甚至经常拒绝沙皇本人允许花费国库资金的想法。得益于他的努力，俄罗斯进行了货币改革，卢布在国际外汇市场上得以稳定。

同样杰出的人物还有P.D.基谢廖夫，他于1837年担任财政部长，即负责国家（国有）农民。基谢廖夫试图改善这一大批人的处境，他们饱受官员专横、税收和农作物歉收的困扰。通过重组农民管理机构、自治、放宽警察制度和其他手段，基谢廖夫试图改变农村状况。但仅靠一人努力，即使是聪明而精力充沛的部长，也显然是不够的。

[文　献]

毫无疑问，尼古拉一世是个坚毅、武断、专制的人。他几乎不能容忍周围人对自己提出异议和怀疑。结果是，沙皇周围随行人员逐渐由不同才能等级的人组成，但这些人多半是顺从和善于执行之人。1852年，驻圣彼得堡的巴伐利亚外交官奥托·德布雷伯爵是这样描述的：

"沙皇尼古拉拥有巨大、不容置疑的能量，他内心满怀权力，以至于无法想象有什么人或什么事能反抗他。亲近这样的君主，等于在一定程度上放弃了自己的个性和自我，内化成某种性格。与此相呼应，人们在俄罗斯君主的高级官员身上只能看到不同程度的顺从和服务精神……"

自然，这对尼古拉一世的统治风格产生了直接影响。

# 尼古拉一世与亚历山德拉·费奥多罗芙娜的家庭

1817年，尼古拉与普鲁士国王弗里德里希·威廉三世的女儿、19岁的路易丝·夏洛特结婚，她的东正教名字是亚历山德拉·费奥多罗芙娜。这对年轻人一见钟情。亚历山德拉·费奥多罗芙娜是个善良且严守教规的女性，她从事了很多慈善工作，并把自己的钱捐给慈善事业。所有知道皇后的人都被她的外貌和德行所折服。人们被她柔弱、耀眼的美貌，优雅的服饰、发型，以及温柔的目光所吸引。尽管在一些人看来，她就像一只被关在金笼子里的无忧无虑的小鸟，被沙皇"用花蜜和蜂食投喂，用旋律和芬芳哄骗"，但她并不是没有真实、深刻的感情。众所周知，亚历山德拉对1825年的流血惨案大为震惊。在得知十二月党人的妻子们（她们的生活同样习惯于舒适）打算与自己的丈夫们一同流放西伯利亚时，她说道："我如果是她们，我也这样做！"

皇后一生都是个时尚的女人，她不假思索地在欧洲的时尚商店和度假胜地挥霍金钱，她喜欢成为公众场合的焦点。亚历山德拉·费奥多罗芙娜喜欢节假日，尤其是舞会，在舞会上她总能成为第一美人：在俄罗斯没有任何人会比她跳得好，穿得好。家庭幸福被她糟糕的健康状况（她生了8个孩子，而且不适应圣彼得堡的气候，经常生病，不得不离开俄罗斯去欧洲度假胜地治疗）和丈夫的不忠所掩埋，尼古拉一世是个充满情趣且极具吸引力、令人无法抗拒的骑士。在皇帝幸存的7个子女中，特别突出的是长子凯萨列维奇·亚历山大（未来的皇帝亚历山大二世）、女大公奥尔加·尼古拉耶芙娜（未来的符腾堡女王），以及女大公亚历山德拉·尼古拉耶芙娜——一位异常美丽和有天赋的歌手，在与丹麦王位继承人弗雷德里克·威廉结婚几个月后死于肺病。

尼古拉的小儿子、大公尼古拉耶维奇也是一位杰出的人物。作为一名职业水兵，他拥有政治家和改革家的智慧，在大改革时代，他多方面帮助了自己的哥哥亚历山大二世。总体而言，这样的幸福之家在罗曼诺夫王朝很是罕见。

# 第三厅和宪兵队

在镇压了1825年的起义之后,保卫政权被视为当局的首要任务。十二月党人事件被视为国家安全体系中的一个重大缺陷,于是政府决定弥补这一缺陷。1826年,在军事将领和尼古拉一世密友亚历山大·赫里斯托弗洛维奇·本肯多夫的领导下,成立了宪兵队和沙皇内阁第三厅。正是本肯多夫为新部门提交了组织方案,并很快被任命为机构负责人。同一时间,他成为特殊军事单位宪兵队的负责人。

改革背后的想法是将全国划分为几个大的宪兵区,由宪兵将军和军官领导,他们得到了第三厅秘密特工的积极协助。该机构本身有四个勘察部门,负责监测可疑人员、旧信徒、伪造货币者、外国人,同时负责被列为秘密事项的农民问题,受秘密警察的特别监督。多年来,第三厅的工作变得越来越复杂,从1828年起,它还开始处理戏剧审查问题。

新机构最重要的职能是根据收集到的信息为沙皇编撰"奏文"。尼古拉一世把关注社会状况设为规章制度,如果可能的话,他还想了解"每个人的呼吸"。第三厅成为专制独裁者的信息中心,一些办公厅关于"俄罗斯人心"的报告流传至今。

但是,如果第三厅的活动仅限于收集、分析公众舆论状况的信息的话,那么,它的活动就会受到限制。尽管规模不大,但很快它就成为俄罗斯最有影响力的机构,几乎决定了每位公民的命运。本肯多夫,尤其是他的继任者L.V.杜贝尔特,成功地布局了一个密集特工网,包括有偿的和自愿加入的成员,任何对现有秩序表示哪怕最轻微不满的人都会被抓进去。杜贝尔特没有停止故意通过下流手段挑拨人们不满情绪的行为,最有名的是1849年对M.V.布塔舍维奇·彼得拉舍夫斯基圈子进行的挑衅行为,F.M.陀思妥耶夫斯基是该圈子的成员。

警察与第三厅的行为给整个国家造成了令人窒息的恐怖气氛。在俄罗斯生活十分艰难,特别是那些有思想、有良知的人深受其害,文学也遭到迫害,成为当局通过严苛审查进行最严密监督的对象。一些作家和出版商受到迫害和镇压。一件特别引人注目的案例是退役近卫军上尉 P.J. 恰达耶夫于 1836 年在《望远镜》杂志上发表了《哲学信札》。在他的作品中，恰达耶夫对俄罗斯的历史命运进行了极具批判性的反思，对其过去和使命表达了非常大胆且有争议的观点。这激怒了尼古拉一世，他赞同本肯多夫的观点，即"俄罗斯的过去是了不起的，它的现在是更加出色的，它的未来是非笔墨所能形容的"。《望远镜》杂志立即被封，编辑被流放，恰达耶夫被宣布发疯了。尼古拉一世对退役上尉文章的批示成了"诊断"基础："读了这篇文章后，我发现它的内容混杂了一个疯子放肆的无稽之谈……"当局认为，只有吹毛求疵、纸上谈兵的疯子才会批评这世界上最好的制度。

任何人都不可能躲避秘密警察遍布的眼线。这是 A.S. 普希金不幸的原因，他在尼古拉时期拼命挣扎，以维护自己的内心世界。第三厅的特工和宪兵不仅对设想的政治犯罪或建立的秘密团体感兴趣，而且对那些在某种程度上与官方观点不同的人的言论和意见也感兴趣。特工和宪兵拆开私人信件，查看人们阅读的书籍，窃听人们的友好谈话。1834 年春天，普希金得知自己写给妻子的信件在邮局被拆开，并且让第三厅复印呈献给了沙皇。他愤懑且伤心地在自己日记中写道：

> 我们政府的行径是多么的不道德啊！警察拆开丈夫写给妻子的信件并且将它们读给沙皇听，沙皇并不羞于知道维多克人和保加利亚人的私情！无论你说什么，专制行为都是英明的。

然后，他期待着给妻子的下一封信也会被拆开，他写道：

> 一想到有人偷听你和我的谈话，我就很生气。没有政治自由的生活是可以忍受的，但家庭侵犯是无法忍受的——刑事奴役也好不到哪去。小心点吧。你的信可能也被复印了：这可是国家安全局的要求。

圣彼得堡链索桥边的建筑（丰坦卡河堤，16 号）是第三厅"敲打"人民的地方，整个圣彼得堡的人都知道且忌惮这个地方。因为对当局的任意批评都会导致被抓到此地。这个机构和其他类似的国家机构一样，关注的是对秩序和法律的保护，而自身却滥用法律。正如 A.I. 科舍列夫回忆的那样，普希金的朋友德尔维格男爵出版了一份报纸：

有次，第三厅负责人本肯多夫伯爵把德尔维格叫来，强烈甚至粗暴地斥责他在报纸上刊登了一篇自由主义的文章。德尔维格男爵以其特有的泰然，平静地说："根据法律，当一篇文章被审查员遗漏时，出版商不负责任，公爵大人不应该斥责这个出版商，而应斥责审查员。"第三厅负责人大怒，对德尔维格说："法律是为下级写的，不是为领导写的，你们无权在与我的辩解中提到它，并利用它为自己辩护。"

[文　献]

第三厅在 1832 年的报告：
"更高级监督关注帝国各地的大体思想倾向，从 1832 年收到的所有信息中确定，俄罗斯国家全境各阶层对政府的态度普遍令人满意。当然，不能否认无良的人存在，但他们的数量太少，以至于淹没在普通大众中；他们几乎不值得关注，也不能引发任何顾虑。所有的人都万众一心地热爱君主，对他忠心耿耿，对他为国家利益所做的不懈努力，对他对所有国家政府部门不知疲倦的关注，以及他的家庭美德给予充分肯定。即使异见者也无法否认他的这些高贵品质……不满意的人被分为两类：第一类是以 N.S. 莫尔维诺夫为首的所谓俄罗斯爱国主义者。第二类是那些认为自己贪图权势的意图受到侮辱，与其说是指责政府行为，不如说是不满君主选择的对象。这类人的首领是 A.B. 库拉金大公，他大声疾呼反对滥用权力，仅仅因为他自己被阻止参与这些活动。"

这里似乎没有必要特别解释：政治警察想表明，由于他们的努力，国家一切都很好，王位周围的臣民们团结一致，可悲的"异见者"团体对国家和政府构不成威胁。很有可能是这样的。

\* \* \*

本肯多夫本人写道：

"沙皇尼古拉急于根除已经悄悄渗入政府许多部门的弊端，并且由于阴谋突然被揭露，使得新政权在最初几分钟内就沾满了鲜血，他相信各地都需要一种更加警觉的监督，这最终将汇集到一个中心；君主选择我组建一支更高级的警察部队，保护受压迫者，监督舞弊行为和有舞弊倾向的人。自从众多影响我国青年教育的法国冒险家把他们国家的革命开端带到俄罗斯以来，后者的人数已经增加到令人震惊的程度，上次战争以来，由于我们的官员与欧洲各国的自由主义者的亲近，我们的胜利眷顾我们。"

从本肯多夫的笔记中可以看出，第三厅的主要任务是打击国内的麻烦制造者，打击西方革命和自由主义思想对俄罗斯的渗透。

# 农民问题

农民问题一如既往是俄罗斯的主要问题，解决该问题也意味着解决国家内政的其他难题。对尼古拉一世来说，俄罗斯社会因农奴制的存在而遭受经济、政治和道德损害是不可否认的事实。他自己不止一次地公开谴责对待农奴的暴力行为，并谈到地主对待农民天生扮演父亲、指挥官的角色。因此他一即位，就开始着手解决农民问题。1826年12月6日，由亚历山大一世的旧友V.P.科丘贝伯爵领导的秘密委员会成立了，该机构考虑改革农奴制之路，以期在将来废除农奴制。但1826年的委员会以及1835年、1839年、1840年、1844年和1848年根据帝国法令成立的其他类似委员会的工作并不成功，在尼古拉一世30年的统治期间，废除农奴制的最终目标没有实现。

前文已经提及了尼古拉一世的保守主义。他坚持在无限长远的未来废除农奴制的想法，同时土地财产在任何时候都保持在地主手中。沙皇的这一想法明显地反映于他1842年3月30日在国务会议上的发言中：

> 毫无疑问，我们现在的农奴制是一种实实在在、显而易见的罪恶，但如果现在去触碰它会是一种更有害的罪恶。亚历山大一世在执政之初曾打算给予农奴自由，但后来却偏离了这一想法，认为这一做法为时尚早，也不可能实现。我从未敢这样做：距离这一做法的时间还很遥远，在目前看来，任何这样的想法都只会给国家公共安宁和利益造成侵害。普加乔夫的暴动证明了暴民的暴动能达到什么效果。

同时，作为一个清醒的人，尼古拉一世意识到，这种情况不可能永远持续下去。因此他的发言自相矛盾，他强调说：

但无法掩盖的事实是，当前的思想已经今非昔比；任何明智的观察者都清楚，目前的情况不可能永远持续下去。但是，如果目前的情况不能继续下去，如果不发生普遍动乱，就不可能采取激烈措施，那么，有必要为逐步过渡到不同的秩序做好准备，并在不惧怕任何变化的情况下，冷静地讨论其益处和后果。

就是这样，一直活到生命尽头，尼古拉一世都在对变革必然性的认识和对废除农奴制破坏整个权力体系的恐惧之间摇摆不定，正如历史学家A.A.凯瑟韦特所写：

笔尖吱吱作响，文件堆成山，委员会不断更迭，执政领域的活动具有高强度工作的所有特征，但文字工作并未在实际生活中得到任何反馈。这是一种持续的官僚主义的"原地踏步"。只有让活跃的社会力量参与到国家的工作中来，才能赋予政府变革尝试真正的意义，但这种参与恰巧不属于尼古拉一世统治时期的政治方案。

但我们不会像苏联时期的历史学家那样，他们没有看到尼古拉一世统治时期任何一个积极的时刻。尼古拉一世的统治表明，即使在这样沉闷的时代，改革的思想材料也在逐渐积累。君主谈到农奴制的不道德，谴责那些没有人性的残忍农奴主，这一点不能不引起注意。随着农奴问题委员会展开的系列活动、官员和贵族对这一问题的广泛说明，以及最后基谢廖夫针对规范国家农民地位做的非常有用的工作，社会正在逐步为废除农奴制做准备。尼古拉一世颁布的那些不彻底但总体上积极的法律不能被抹杀。

这些法律指的是在1826年委员会工作期间通过的法律：一项法律是剥夺了地主在没有农奴的情况下出售土地的权利（这在以前会使农奴失去生计），另一项法律是禁止地主让农奴做繁重的采矿工作。后来，禁止公开拍卖农奴和拆散其家庭，也禁止将老农奴送往西伯利亚。对管理特别暴力的地主庄园的国家监督变得更加彻底。虽然这些法令的执行情况不佳，但尼古拉一世的所有这些努力并没有白费，这是在为未来工作。但尼古拉一世时代的人们的生活并没有变轻松，当时的处境仍然十分悲惨。

[笔　记]

　　当时俄罗斯历史的悲剧在于：已经成熟的变革并没有开始，这使人们陷入失望和悲观。在尼古拉一世统治的社会中，明显缺乏有活力、渴望变革的人。这是个萧条冷漠的时代。参议院广场上的悲剧也是整个俄罗斯社会的悲剧，有才能、活跃且具有前瞻性的人最后要么流亡到西伯利亚或高加索，要么与世隔绝被吓破了胆。贵族的革命精神化为乌有。尼古拉一世同时代人打趣道，俄罗斯社会中最勇敢的人是女人，果戈理笔下的英雄们——诺兹德列夫人、马尼洛夫人、奇科夫人、索巴凯维奇人——是尼古拉一世那一代人真实的概括性描写。我们应该等待有能力改变生活的新一代的到来……

## 与波斯和土耳其的战争

虽然维也纳会议后俄罗斯在欧洲的统治地位得到了普遍承认,但在东方却并非如此,俄罗斯在高加索地区的政策深受其邻国波斯和土耳其的厌恶。波斯不能接受1812年失去达吉斯坦和北阿塞拜疆的损失。1826年,阿巴斯·米尔扎的庞大波斯军队开始了对俄罗斯的战争,但俄罗斯军队在几场战斗中相当轻松地将其击败。在击退波斯人对舒沙要塞的进攻后,I.F. 帕斯克维奇的军队于1827年9月占领了埃里温,并于1828年2月在特克曼查伊村签署了和平协议,根据该协议,东亚美尼亚成为俄罗斯的一部分。尽管波斯人对和约不满,并于1829年摧毁了俄罗斯驻德黑兰大使馆,杀死了俄罗斯特使A.S. 格里鲍耶陀夫,但彼时波斯已无力抵御俄罗斯的侵略。

与此同时,新的冲突在南方已经爆发。俄罗斯加入了英国和法国反对土耳其的斗争,土耳其屠杀了希腊的基督徒。在尼古拉一世整个统治期间,俄罗斯同奥斯曼帝国之间的关系十分复杂。在征服黑海北岸并在黑海西岸、东岸取得巨大进展后,俄罗斯对其作为黑海强国的地位感到不满,希望扩大贸易和航行权利。从经济角度来看,新俄罗斯、乌克兰的经济发展以及城镇、港口的快速建设使黑海地区对俄罗斯变得很重要。土耳其的明显衰弱导致俄罗斯和欧洲列强——英法——对所谓海峡占有欲望的增加。在博斯普鲁斯海峡和达达尼尔海峡,在中东,有世界上最重要的战略要地,这里是通往"东方的钥匙",拥有这些钥匙就能在亚洲获得领土,占领工业品销售市场和原材料产地。俄罗斯的政策声称自己是斯拉夫人的领袖,是东正教的支柱;俄罗斯的传统动机也很重要:把巴尔干斯拉夫人从土耳其人的枷锁下解放出来,以及在穆斯林土耳其统治下的中东地区保护东正教的神圣性。

1821年在希腊突然爆发了反对土耳其人的起义。从未支持过"叛军"的尼古拉一世意识到,拒绝支持希腊人会损害俄罗斯的威信。试图同欧洲国家一起解决希腊问题的尝试并未成功，1826年爆发了俄土战争。同土耳其的战争一如既往的艰难。直到1829年夏天，俄军才攻克巴尔干山脉并占领了埃迪尔内（阿德里安堡）。1828年俄、英、法三国联军舰队在纳瓦林角战胜土耳其人，成为俄土陆战的序幕。这场战争俄罗斯大获全胜。俄军越过多瑙河，围攻瓦尔纳、舒姆拉和西里斯特里亚等要塞并迫使其守军投降，然后向阿德里安堡进发。前线部队指挥官报告说看到了君士坦丁堡，似乎"穿越到圣索菲亚大教堂"这个古老的梦想即将实现。然而尼古拉一世并未决定进行下一步行动并下令军队停下。攻占伊斯坦布尔会从根本上改变国际局势，俄罗斯会发现自己面对的是对彻底打败奥斯曼帝国毫无兴趣的欧洲列强的敌对联盟。

### "亚速号"

作为俄罗斯海军最辉煌的战舰之一，拥有74门大炮的"亚速号"主力舰于1826年在其第一任指挥官、未来的海军上将M.P.拉扎列夫的监督下在阿尔汉格尔斯克附近建造。"亚速号"战舰完成了前往喀琅施塔得的行军，从那里又前往了地中海。

在拉扎列夫的指挥下，1827年10月"亚速号"在希腊海岸附近加入了同土耳其舰队的纳瓦里诺战役。在这场战斗中，"亚速号"为自己赢得了荣誉——击沉了两艘土耳其护卫舰和一艘海防舰，并烧毁了一艘60门炮的护卫舰，阻止了敌方抢滩并且炸毁了一艘土耳其80门炮的舰艇，同英国舰艇"阿尔比恩号"一起摧毁了土耳其的一艘64门炮的旗舰。"亚速号"自身被击穿，留下了153个弹孔，在实际上没有桅杆的情况下艰难地到达了马耳他。"亚速号"是俄罗斯舰队中第一艘因英勇而被授予圣乔治旗的船只。未来许多伟大的俄罗斯海军统帅都在"亚速号"上作战过。1830年，"亚速号"返回喀琅施塔得后被拆毁。同年一艘名为"亚速纪念号"的战舰被打造出来。这一名称在舰队中保存至今。

### "水星号"

黑海舰队有许多由坚固的克里米亚橡木建造的小船只，其中有20门

> 炮的两桅横帆军舰"水星号"。"水星号"于1820年在塞瓦斯托波尔下水。1829年5月在A.I.卡扎尔斯基领导下,"水星号"在博斯普鲁斯海峡附近突遇土耳其分舰队,被土耳其两艘主力战舰(一艘有110门炮,另一艘有74门炮)追击。
>
> 军事会上,"水星号"的军官们决定不投降,如果无法抵抗就与敌人同归于尽。在追击过程中,"水星号"摧毁了一艘土耳其战舰的桅杆,迫使其停泊,然后经过三个小时的战斗,又摧毁了第二艘战舰的桅杆,后者开始落后于"水星号"。"水星号"船身留下了22处弹孔,船帆遭受了300处损坏。在回到塞瓦斯托波尔后,这艘双桅军舰被授予圣乔治旗,在塞瓦斯托波尔的水手街心花园里为卡扎尔斯基船长树立了一座写有"后人榜样"的纪念碑。

根据1829年9月签订的和约,俄罗斯获得多瑙河三角洲和黑海东海岸至波季的沿海地带,最重要的是,为巴尔干斯拉夫人取得了更大的自治权,也为希腊取得了独立权利。

身处战区的尼古拉一世本人却很不走运。1828年10月,尼古拉一世乘坐"玛丽亚皇后号"顺流而上从瓦尔纳驶向敖德萨,在临近多瑙河口时遭遇了一场36小时内没有平息的可怕风暴。受损的船只迅速漂向土耳其海岸,沙皇面临着被对手俘获的危险。水手们费了很大力气才成功阻止了船舰的危险偏航,并驾驭其驶向敖德萨。

俄军在高加索的行动取得了胜利,在其强攻下,土耳其的卡尔斯要塞和埃尔泽鲁姆要塞纷纷陷落。1829年9月,《亚得里亚堡条约》签订,多瑙河三角洲和从阿纳帕至波季的沿海地带(包括阿布哈兹海岸在内)归入俄罗斯。摩尔多瓦和塞尔维亚在奥斯曼帝国内获得自治,希腊独立。

# 1830—1831 年：镇压波兰起义

1830 年 11 月爆发的华沙起义沉重地打击了尼古拉一世的威信。沙皇对波兰人的"忘恩负义"特别反感，因为他们比他的其他臣民拥有更多的特权，但还是在 1831 年 1 月 13 日的议会上"敢于"正式剥夺尼古拉一世的波兰王位。同时，由于俄罗斯违反了亚历山大一世授予波兰人的 1815 年宪法，波兰人开始了起义。

派往波兰的元帅 I.I. 迪比奇无法镇压起义，然后他被更加果敢、有高加索作战经验的陆军元帅 I.F. 帕斯凯维奇代替。格罗霍夫和奥斯特罗文卡的血战以俄军的胜利而告终，8 月，帕斯凯维奇占领了华沙。起义很快被镇压，许多波兰人逃往西方，军事法庭判处暴乱者死刑或流放西伯利亚。波兰起义对尼古拉一世的哥哥康斯坦丁·巴甫洛维奇来说是场真正的悲剧。

镇压波兰起义后，尼古拉一世剥夺了波兰的国家地位，废除了宪法，将波兰分为几个普通的俄罗斯省份，在华沙建了亚历山大要塞并向波兰人宣布："我告诫你们，只要稍有异动，我就会下令摧毁你们的城市。"1831 年后，尼古拉对革命思想渗入俄罗斯的恐惧只增不减。这些思想在沙皇看来像霍乱瘟疫，于 19 世纪 30 年代初渗透到全国，传到首都、军队，甚至皇室内部。但对于尼古拉一世而言，另一种瘟疫更可怕。难怪他写信给自己的密友、陆军元帅帕斯凯维奇："我最害怕的是精神瘟疫。"同时他尽可能频繁地下令更换在华沙的驻军，提前预防革命思想渗透到军队中。沙皇特别警告：不要让俄罗斯军官和士兵与波兰妇女接触，在他看来，波兰妇女的魅力比叛军的枪和大炮更危险。

## 白鹰勋章和圣斯坦尼斯瓦夫勋章

1831年，波兰王国解体后，两枚波兰勋章——白鹰勋章和圣斯坦尼斯瓦夫勋章——被归入俄罗斯。

白鹰勋章是奥古斯特二世于1705年创立的，勋章的十字架在1831年被重新设计：十字架背景下的白鹰形象与俄罗斯双头鹰和帝国皇冠相得益彰。勋章座右铭是"为了信仰、君主和法"。

圣斯坦尼斯瓦夫勋章是最后一任波兰国王斯坦尼斯瓦夫·奥古斯特·波尼亚托夫斯基在1765年创立的。该勋章的十字架是金色的，带有双白条纹的红色绶带。勋章座右铭是"奖赏，勉励"。后来，该勋章成为最常见的官方勋章之一。

## [文　献]

康斯坦丁对待波兰人的观点是他父亲保罗一世"训诂学"思想和他哥哥亚历山大一世的自由主义思想的惊人混合。例如，他认为祖母叶卡捷琳娜二世统治下的波兰分治是一件不体面的事情。关于此事他写道：

"在我的内心深处，我过去是、现在是、将来也是俄罗斯人，但不是那些盲目而愚蠢的俄罗斯人，这些人坚持允许自己的为所欲为却不允许其他人如此。这句广为流传的话——'我们俄罗斯母亲是通过踩着她的咽喉自愿取得的'——不断引起我的反感……每个波兰人都相信自己的祖国是被占领的，不是叶卡捷琳娜征服的……在和平年代，她没有宣战，采取了被正直之人所厌恶的最可耻手段。"

很难相信，这些话不是出自赫尔岑和奥加雷夫，而是由叶卡捷琳娜二世的孙子、亚历山大一世的兄弟、俄罗斯的王子康斯坦丁所写……然而，考虑到波兰人希望恢复波兰国家的合法性，康斯坦丁认为这在原则上不可能："波兰人渴望任何有助于他们复兴的东西，这种渴望应被认为是正常的，但他们不被允许采取行动，因为这是种犯罪行为。"他不反对波兰国会的召开和制定宪法，但却极力嘲笑这些机构。王子对犯错的军官说，现在"给他们宪法"，他把扮演滑稽的波兰爱国者的小丑、官廷信使别利亚耶夫带在身边，王子请求上帝在议会期间让他们失聪，或者最好割掉他们的舌头……同时，波兰的一切都很"和平和安静"……这只是暂时的。

1830年11月28日圣彼得堡突然收到了令人震惊的消息。"华沙。11月18日凌晨2点。全民起义，反叛者掌握了城市。王子还活着，身体状况良好，目前安全地待在俄罗斯军营里。"很快起义席卷整个波兰。对康斯坦丁而言，这发生的一切都是灾难。他所钟爱的充满和谐秩序的世界倒塌了，暴动就像火灾、传染病一样几个月就席卷了整个欧洲。康斯坦丁早就知道了波兰人的暴动意图，但他认为波兰人是爱戴他、尊敬他的，他们不敢发动起义。此外，他希望靠自己所训练的波兰军队——他知道军队里每位士兵的名字——来镇压任何叛乱。但这支军队背叛了他……康斯坦丁没有察觉到，他在波兰15年的专断统治对于波兰人来讲实际上是很痛苦的，他放荡不羁的性情甚至招来人们的憎恶。

因此，当波兰代表团来到康斯坦丁面前，向他索要波兰王位时，他对波兰人的忘恩负义感到愤怒："我已经忘记了一切，事实上，我比你们任何人都更称得上波兰人，我娶了波兰女人，我和你们在一起，一直说你们的语言，导致现在很难用俄语来表达……如果我想——你们都会在第一时间被消灭。"

随后俄军攻入波兰……康斯坦丁成为讨伐者首领，但他是位古怪的讨伐者。当波兰龙骑兵骑着马与他的部队对峙时，他为他们感到高兴，为他们的训练有素和勇气感到骄傲（"好极了，好极了，小伙子们！"），然后说波兰士兵是整个世界上最好的。这很难让俄罗斯将军和尼古拉皇帝本人满意，沙皇对波兰人的"忘恩负义"感到愤怒，决定彻底粉碎波兰的自由主义。康斯坦丁被叫到后方，忧伤疲惫的他前往维捷布斯克，在那里他患上了霍乱，很快，1831年6月15日他在极其痛苦中死去。弥留之际，他对守在自己床边的洛维奇说道："告诉陛下，我快死了，恳请他原谅波兰人。"洛维奇女大公比康斯坦丁多活了不长时间。她跟着康斯坦丁的棺材从维捷布斯克步行到圣彼得堡，在起义开始一年后，即1831年11月17日，在流亡中死去。

## [人　物]

### 康斯坦丁·巴甫洛维奇

1826年8月22日中午，新沙皇尼古拉一世的加冕仪式在莫斯科克里姆林宫的圣母升天大教堂举行。像往常一样，这是一个多彩而庄严的场面，充满了深刻的象征意义：加冕为俄罗斯君主，就像当时看来的那样，加入了无数统治者的队伍中。大家都注意到，尼古拉的哥哥康斯坦丁·巴甫洛维奇走到了新君主面前，尼古拉没有向他伸出手，而是迅速起身亲切地拥抱了他。而在这一活力无比的行为中，充满太多的温暖和感激之情。康斯坦丁把属于自己的帝国王位让给尼古拉……为什么呢？康斯坦丁没有当上俄罗斯君主是朝堂的秘密，这一谜底不太可能被揭开。

叶卡捷琳娜二世在康斯坦丁1779年出生之前就知道三件事：保罗的妻子玛丽亚·费奥多罗芙娜会生下男孩，他将被命名为康斯坦丁，并且成为拜占庭帝国的皇帝。这是俄罗斯在对土耳其人的战争中取得军事胜利的时代，是对所谓"希腊计划"充满热情的时代，即把土耳其人赶出博斯普鲁斯，复兴希腊拜占庭帝国。叶卡捷琳娜说道，当此事发生时，需要一位王子，一位名叫康斯坦丁的拜占庭王位候选人。毕竟，"康斯坦丁"是拜占庭帝国创始人的名字，也是拜占庭最后一位皇帝君士坦丁·帕拉奥洛古斯的名字，他死在自己首都的废墟上。康斯坦丁是保罗和玛丽亚的二儿子，叶卡捷琳娜亲自抚养他，就像对待他们的大儿子亚历山大一样，并且给他灌输希腊精神。

而后，随着年轻人年龄的增长，他的祖母为他找到了一位新娘——萨克森–科堡的朱莉安娜公主，她的东正教名是安娜·费奥多罗芙娜。但两位年轻人的生活并不顺遂，趁着丈夫前往意大利，安娜跑到了德国并在那里定居。然而玛丽亚·费奥多罗芙娜并不允许她的儿子离婚，直到20年后这一决定才有所松动。届时康斯坦丁早就住在了华沙，并爱上了乔安娜·格鲁钦斯卡。

众所周知，康斯坦丁与他父亲保罗和哥哥亚历山大一样热衷于军事，他很高兴的是，在1814年击败拿破仑后，他被任命为波兰军队的指挥官，为此搬去了华沙。这样波兰就进入他的生命中。然后唯一的爱也进入他的生命中，这个人是乔安娜·格鲁钦斯卡女大公。他们相识于1815年的舞会上，当时乔安娜20岁。但直到1820年，康斯坦丁的母亲才允许他与安娜离婚，之后他们才结婚。当时亚历山大一世给她授予了洛维奇女大公的头衔。恬静的家庭生活开始了。康斯坦丁爱上了波兰，热爱那里的人民、文化，交谈和思考都喜欢用波兰语。但他仍然是俄罗斯沙皇派在波兰的总督，充当波兰流民迫害者的角色。关于康斯坦丁的一切都乱七八糟。

为什么康斯坦丁拒绝王位？一些历史学家说："他不想当君主是出于利己主义，他不愿意承担权力的重担，不愿意承担国家和王朝君主的沉重责任，他逃避责任，想过平静的婚姻生活，不想在不间断的官廷仪式中受煎熬。"另外一些人认为，康斯坦丁的这一举动是由于其品质中的英勇和现实主义。据称,他写道"没有感觉到自己有才能、有力量或有精神去匹配上他因出生而可能享有的权利"。第三批人说,众所周知康斯坦丁在外表和气质上都比他的其他兄弟更像保罗一世——康斯坦丁·巴甫洛维奇被称为"专制旋风"不是没有道理。了解自己的他担忧会落得像父亲一样的下场。针对这一问题人们争论不休,也没有任何解答,但康斯坦丁的行为是不寻常的……

对新沙皇尼古拉一世来说,康斯坦丁出现在自己身边是很重要的,这样就可以压制关于兄弟之间敌对或秘密斗争的荒谬谣言。尼古拉尤其想让康斯坦丁出现在莫斯科加冕典礼上。起初康斯坦丁不想离开华沙前往莫斯科。在与康斯坦丁的亲信告别时,尼古拉说不可能改变自己哥哥的想法,但"无论如何,在你抵达华沙时,去找洛维奇女大公,并代表我亲吻她的手"。这一举措奏效了。康斯坦丁让尼古拉感到极其高兴的是,他于加冕典礼前夕突然出现在了莫斯科。但在加冕礼结束后,他突然离开前往华沙。

# 亚历山大·普希金

普希金被公认为诗歌天才，是俄罗斯文学史上的一个特殊人物。众所周知，年轻的普希金受到诗人 N.M. 卡拉姆津，尤其是公认的俄罗斯诗歌大师 V. A. 茹科夫斯基、G. R. 德尔扎文和整个阅读界的欣赏。亚历山大·普希金 17 岁时从皇村学校毕业，之后，人们对普希金的热情并没有消退，反而有增无减，而这一点是当局无法忽视的。新沙皇于 1826 年 9 月同普希金会面，并为他提供了个人审查权。通过这种方式，沙皇试图平息他的前任亚历山大一世所代表的当局与诗人之间的长期冲突，后者用尖锐和残酷的诗歌（《村庄》、《自由》、其他讽刺当权者的短诗）无情地抨击当局，这些诗歌像传单一样在全国各地分发。众所周知，亚历山大一世面对普希金的讽刺短诗做出的反应是迫害。1820 年，普希金被圣彼得堡军事总督米洛拉多维奇召见，在他的命令下，普希金将自己所有的自由思想诗歌（除了关于阿拉克切夫的讽刺短诗）写在专门的册子上，为此得到了沙皇的正式赦免，但随后普希金被流放。亚历山大一世对普希金非常恼火（除了写诗之外，他还沉溺于社会青年典型的无节制放荡行为中），据说普希金要被送到西伯利亚或索洛夫基流放，但穿戴整齐并佩戴所有勋章的 N.M. 卡拉姆津向沙皇请求，这才救了普希金。沙皇将他送去新罗斯服役，一开始是在基什尼奥夫，随后是在敖德萨，从那里又到了普斯科夫村，即米哈伊洛夫斯科耶村。

1826 年流放回来之后，普希金处于沙皇，还有第三厅负责人 A.H. 本肯多夫的监督之下，把完成的作品交给后者审查。作为交换，普希金获得了顺利回归世俗和文学生活的机会，并开始出版《文学报》，然后是《现代人》杂志。同时，他与他的对手——文学家和出版商 F.V. 布尔加林——产生了激烈争论，他指责后者（不是没有依据的）进行告密和有偿间谍活动。同时，到 19 世纪 30 年代初，普希金本人也基本放弃了激进的反政府立场，并以激昂的诗句赞扬沙皇果断镇压 1830—1831

年波兰起义的行为。

1831年普希金同娜塔丽娅·尼古拉耶芙娜·冈察洛娃结婚，他们接连生了四个孩子。这段时间里普希金深入研究18世纪俄罗斯文学，并有许多创作。对家庭物质状况的担忧使他苦恼（这也不妨碍他玩牌输掉大量金钱），出版商事业也没有取得成功，同当局和上流社会之间关系复杂，其中有不少对他心怀妒忌和不怀好意的人。1836年普希金同荷兰国王的公使赫克纳和其义子丹特士发生了尖锐冲突，后者公开追求娜塔丽娅。众所周知，冲突以1837年1月27日普希金与丹特士之间的决斗结束。普希金腹部受了重伤，在两天后就去世了。

[文　献]

普希金在外表上没有给人留下深刻的印象，不高的个子，身材瘦瘦的，皮肤黝黑。他有时古怪，有时冷漠。这是他保护自己免受自己的身份所引起的好奇心影响的方式。审查员A.B.尼基坚科关于他这样写道：

"……诗人普希金来了。这个人个子不高，看他的第一眼没有什么特别之处。端详他的脸，从下巴到眼睛，很难发现他身上体现出来的诗人天赋。但他的眼睛一定会让你停下脚步：在他的眼睛里，你会看到诗歌燃起的火光——像春天新鲜的玫瑰花蕾一样美丽，铿锵有力，充满力量和情感。"

[传说和谣言]

在苏联历史学界，普希金的决斗故事被广泛认为是沙皇政权对这位热爱自由的诗人的某种阴谋。关于普希金的书籍中写道：杀害诗人的丹特士背后站着的是秘密警察和尼古拉一世本人，据称丹特士在决斗时身穿可以抵御子弹的特殊铠甲。事实上决斗是公平公正的，丹特士没有穿什么铠甲，尼古拉一世与这场决斗毫无关系。可以证明这一点的文件有很多。这是引用1837年2月3日尼古拉一世在彼得堡写给自己兄弟米哈伊尔·巴甫洛维奇大公信中的内容：

"自从我的上一封信以来，除了著名的普希金在与丹特士的决斗中受伤后死亡外，这里没有发生什么重要的事情。尽管人们本应期待一场决斗来结束他们的尴尬局面，但由于丹特士娶了普希金妻子的妹妹，而普希金妻子又以书面形式放弃了所要求的补偿，希望这件事被掩盖起来。直到那时，普希金做了任何人在他位置上都会做的事。虽然没有人可以责怪普希金的妻子，但丹特士的行为，尤其是他那邪恶的父亲赫克纳的行为没有什么理由。没有人了解决斗的最后依据，普希金写给赫克纳最无礼的信，使丹特士在这种情况下变得没有过错。面对真正依据时可以说：'把大自然拒于门外，它还会从窗口飞进来；不能违背客观规律行事。'(C'est le cas de dire, chasser le naturel, il revient au galop) 普希金死了，谢天谢地，他是以基督徒的身份死去的。这一事件引起了大量的猜测，其中大部分是非常愚蠢的，对赫克纳行为的指责是公正、理所应当的，他的行为像一个肮脏的流氓。丹特士在普希金不在的时候劝说普希金的妻子委身于自己，似乎对她爱得死去活来。当丹特士第一次向普希金发起决斗挑战后，又突然向普希金妻子的妹妹求婚，然后普希金的妻子向丈夫透露了看似完全无辜的两人的所有卑劣行为，这一切都被揭穿了。普希金拒绝进行决斗，他本应继续坚持该立场——但却没忍住。丹特士和普希金决斗的见证人丹扎斯在法庭受审，案件依法审理结束后，流氓赫克纳将从俄罗斯离开。"

# 乌瓦罗夫的三原则

尼古拉一世希望叛乱者被一批新的人民取代，他们守法、有信仰、忠于君主。教育新一代的任务由 S.S. 乌瓦罗夫承担，他是一位杰出的学者、古代专家和文学家，他研究"东正教—专制—民族性"的概念。乌瓦罗夫写道："俄罗斯生活在强大、博爱、开明的专制精神的保护下。"这些都体现在民族性上——俄罗斯民族不断变化的性格总称。后来这些思想抛弃了最初的教育理念，成了保守主义分子和民族主义者的慰藉。长期以来，乌瓦罗夫的理念通过他所创建的中学和大学教育体系得到落实。

他的不成功有许多原因，其中主要原因在于社会改革的理论同实践相矛盾。俄罗斯的生命同它周围的世界无情地摧毁了培育新一代忠诚臣民的和谐思想体系。推行将近 20 年的教育体制的堕落是乌瓦罗夫努力白费的原因。乌瓦罗夫特别信奉阶级，这也就意味着教育体系中会存在不公正。

乌瓦罗夫改变了教育体系中的很多方面，最主要的是将学校置于国家机关最严格的监督之下。督学是所创教育区的主要人员，通常是从退役将军中任命的。在乌瓦罗夫的领导下，开始了对大学权利的严重侵害，1835 年通过了削弱大学独立性的新规定。在尼古拉统治末期尽管中学数量大幅增加，但那里的教学质量已经变差。乌瓦罗夫连续不断地缩减科目数量，取消了那些唤醒思想、强迫学生比较和思考的学科，因此，统计学、逻辑学、数学的众多分科，还有希腊语被从教学中除去。正如乌瓦罗夫所言，做这些就是为了筑建"理性堤坝"——这些概念阻止新的、革命性的、破坏性的思想涌入俄罗斯，学校被令人不快的单调和沉闷所笼罩。乌瓦罗夫成立了单独的监督机构，让他们没日没夜地跟踪学生，大幅减少私人寄宿学校的数量，并打击家庭教育，将其视为机会主义的来源。

但就像俄罗斯经常发生的那样，即使是改革者最佳的良策，在通过官府施行后，所得到的直接结果就是相反的预期。乌瓦罗夫开创的事业也是如此。这些举措是站不住脚的，根据乌瓦罗夫的方法所塑造出来的"新人"也没有成功。"叛乱的思想"仍旧渗透到俄罗斯，占据了所有新人的大脑。这在19世纪40年代末期变得明显，当时在欧洲开始的革命埋葬了尼古拉一世和他的思想家保护俄罗斯作为欧洲稳定和正统主义牢固堡垒的希望。绝望的尼古拉一世不仅拒绝了乌瓦罗夫和像他一样的人的效劳，而且公开对所有异己思想和自由主义采取一贯粗暴的镇压政策，通过警察力量和恐怖措施来掌握国家政权。这无疑让俄罗斯遭受严重的国内危机，结果爆发了克里米亚战争。

## [文　献]

现代观点认为，S.S.乌瓦罗夫试图阐述俄罗斯的理念，直到现在人们仍在夜以继日地寻找。在《主要原则教程》中他写道：

"在欧洲宗教和国民机构迅速衰落的情况下，随着有害观念的广泛传播，周围国家是一片可悲景象。国家必须在坚实的基础上得到加强，人民的福祉、力量和生命就建立于此，找到构成俄罗斯独特特征且只属于它的基础，将其民族性的神圣遗迹汇集成一个整体，并在此基础上加强我们的救赎之锚……俄罗斯人真诚地、深深地依恋着自己父辈的教会，自古以来一直把它视为社会和家庭幸福的保证。对祖先信仰没有热爱的民族，就像从莫诺马霍夫王冠上偷走一颗珍珠一样，人们是不会同意失去一条东正教教义的。

"专制主义组成了俄罗斯的政治生存条件。俄罗斯巨人屹立于此就像屹立在自己伟大的奠基石上一般……俄罗斯生活在强大、博爱、开明的专制精神保护下的救世信念必须渗透到人民的教育之中，并与之一起发展。与两个原则同样重要，同样有力的是第三个原则：民族性……关于民族性的难点在于新旧观念的统一，但它不会使国家退步或停滞不前，它也不需要思想上的固定。

"国家组成就像人的身体，外观随着年纪的增长而变化：五官随着年龄变化，而面貌却不需要改变。反对事物的周期规律是不恰当的，如果我们保护我们的民族观念神圣不可侵犯，如果我们把它们作为统治的基本理念，尤其在国民教育方面，那就足够了。这些应该纳入公共教育体系的主要原则，以便将我们时代的利益与过去的传统和未来的希望结合起来，使民族教育符合我们的事物秩序，这同欧洲精神无异。"

正如我们所见，摆在乌瓦罗夫和许多同代人面前的迫切问题，直到今日仍存在，那就是俄罗斯道路的选择，它处在一个充满矛盾、不完美、令人担忧、不断变化的世界中。如何不落后于人，又不失自己的面子，不失独创性——这是包括乌瓦罗夫在内的许多人所担忧的。他提出了自己的意识形态理论，其基础如上所述，并试图借助强大的杠杆——国家教育和教育体系——来实现他的理想。

## 莫斯科小组与彼得·恰达耶夫

俄罗斯思想界艰难地克服了十二月党人的溃败。知识分子在大学和狭窄青年圈子里的生活透露着微光，他们在那里读书，作报告，进行争论。第三厅对从事医学和自然科学的学者的严密监视要少一些，在这些人中，德国思想家谢林的哲学思想尤其受欢迎。谢林的哲学问题，然后是黑格尔、康德和其他似乎远离政治的德国哲学家的问题，开始在私人期刊《莫斯科新闻报》《望远镜》《莫斯科电讯报》《莫斯科日报》的版面上进行讨论。

总的来说，在尼古拉时代的莫斯科，这座古老首都里的人都热情好客，自由自在，不同于拘礼、"扣上所有扣子"的彼得堡，这里的生活方式和风俗习惯更轻松，更自由。从19世纪30年代开始，这里的知识分子的生活就开始沸腾起来。莫斯科学生小组是这一生活的证明。尼古拉·斯坦凯维奇是其中一个小组的首领，亚历山大·赫尔岑是另一个小组的首领。斯坦凯维奇身边聚集了后来在俄罗斯成名的人，如维萨里昂·别林斯基、康斯坦丁·阿克萨科夫、季莫菲·格拉诺夫斯基、米哈伊尔·巴库宁等人。赫尔岑和他朋友尼古拉·奥加列夫组建的小组会议同样有趣。小组成员被西方哲学尤其是法国思想深深地吸引，对乌托邦主义者圣西门的作品读得入迷。在一次学生聚会时，成员们唱起了革命歌曲，这导致他们的处境很糟糕。他们被告密，被捕，或遭受数月的监狱生活，或被流放远省。这批受难人之中就有赫尔岑。他是富裕地主之子，莫斯科大学的学生，他经历过迫害与流放，曾在省厅任职，表现得像是位天才文学家，在1847年因为无法忍受俄罗斯令人窒息的氛围而前往西方。1853年他在伦敦创立了"自由俄罗斯"印刷所，那里成为俄罗斯人反对尼古拉体制的中心。赫尔岑的出版物尤其是《北极星》和《警钟》在俄罗斯大受欢迎，在那里塑造了舆论思想。赫尔岑本人是一个深沉、好钻研、刻薄的人，是任何狂热思想的反对者。他置身所有党派之外，在他那个时代的政治激情中保持独立、不偏见且廉洁、睿智，了解革命者和保守派的真正价值。

那些年在报刊上，甚至在与朋友的交谈中讨论政治问题，都是真正的自杀行为。于是，社会生活就像填满污秽的源头，它开始在别处冲出，以别样的形式表现出来。尽管审查制度极其严苛，每一个印刷字都要被审阅，但在19世纪30年代至50年代，俄罗斯小说和文学批评迅速发展。这起源于伟大的普希金，在19世纪30年代他自己开始出版《现代人》杂志，里面刊登的有短篇小说、中篇小说和评论。普希金凭借自己的讽刺文章使读者们提高了文学品位，向他们展示了官方、萨迪厄斯·布尔加林庸俗的低趣味文学与俄罗斯年轻作家真正"有思想"文学之间的区别。评论家 V.G. 别林斯基成为反对派青年人的真正偶像。他出身于穷苦的牧师家庭，中途退学，但他天赋十足，可以从仿制品中鉴别正本文学作品。但最重要的是，人们期待着别林斯基的评论文章和俄罗斯文学评论，就像对待最重要的宣言一般，他能在其中表达社会情绪，找到最精确的词汇来表达那个时代人们的不安与想法。任何"理性堤坝"都不能阻止思想的运动，这在别林斯基的文章中得到了极好的表达。

俄罗斯文学成为各种不同思想竞争的场地，在艺术作品和文学作品中碰撞出关于俄罗斯未来极其不同的观点。在19世纪40年代俄罗斯社会开始出现严重的分裂，出现了哲学和社会思想的两个主要趋势——"西方主义者"和"斯拉夫主义者"。

恰达耶夫的尖锐文章引发了文学中的空前辩论。恰达耶夫被官方视为"疯子"，是对莫斯科的沙龙生活感到失望且焦急不安的常客，成为尼古拉时期俄罗斯生活中无法找到自己位置的查茨基、奥涅金、毕巧林等"多余人"的原型。

围绕恰达耶夫《哲学书简》的辩论越演越烈。顺便说一句，他们还唤起了对俄罗斯历史的兴趣，这一领域在很大程度上仍未被研究，这使得俄罗斯思想社会分裂为西方派和斯拉夫派。一些思想家支持恰达耶夫让俄罗斯亲近西方的观点，继续推行彼得大帝时期接受西方价值观的政策方针。这些思想家包括别林斯基、格拉诺夫斯基、赫尔岑和奥加列夫，他们创立的哲学思想同19世纪40年代初出现的斯拉夫派哲学思想相对立。后者同样拥有强大的知识分子队伍，加入其中的卓越人才有基列夫斯基兄弟、阿克萨科夫兄弟、霍米亚科夫和许多其他人。他们世界观的本质归结为两个假设。第一种假设：俄罗斯人民不同于其他人民，完整地保留了基督教的起源，始终在古罗斯民主村社的自由原则中生活，而彼得大帝的改革则曲解了这种独特发展。第二种假设：在西欧历史的发展中文化的腐朽与堕落很明显，俄罗斯不能迎合该文化，不能效仿它的价值观。传统应该是俄罗斯独特文化的根基。斯拉夫派如此忠于该思想，他们蓄起了胡须，有些人甚至穿上了彼得时期之前的衣服。街上的莫斯科人经常把他们误认为是前来拜访的波斯人——他们那早已被社会遗忘的长襟是如此荒唐。

斯拉夫派利用乌瓦罗夫的"东正教—专制主义—民族性"原则，但他们并不是当局的官方思想家，他们谴责这一原则在外表形式上明显的西方化，以及对思想和思想家的压制。同时，19世纪40年代末当局对文化的压迫越来越严重。M.V. 布塔舍维奇·彼得拉舍夫斯基小组案件轰动一时，该小组每周五对不同主题——言论自由、出版自由、讨论文摘和最近在新闻界发表的文章——进行讨论。在间谍和奸细的帮助下，第三厅的 I.P. 利普兰迪在1849年破获了彼得拉舍夫斯基小组案，成员 F.M. 陀思妥耶夫斯基被抓。23人中的15人"因推翻俄罗斯现行国家制度的犯罪意图"被军事法庭判处死刑。尽管沙皇用苦役替代了处决，但当他们被绑在柱子上、用袋子盖住脸、被用空枪模拟处决后才被告知这一点。对新闻界的严苛迫害开始了：书刊被大肆检查，不允许最无害的作品出版，一些作家被逮捕并流放。乌克兰伟大诗人塔拉斯·舍甫琴科的命运十分悲惨，1847年他被强迫参军并被送到里海沿岸的奥伦堡省当了10年兵。首都里的杂志社关门，大学教授被迫害。在许多人看来，尼古拉一世的统治没有尽头。

## [文　献]

"西方人"的趋势起源于彼得·恰达耶夫的著作，他在里面直接提出了一个问题：俄罗斯人民，我们是谁，我们生活在哪个世界——西方还是东方？1836年《哲学书简》发表后，恰达耶夫因此遭到迫害，他得出了一个令人失望的结论：俄罗斯的命运令人痛心，它注定要逝去，因为它既没有百年的文化、历史传统，也没有强大的宗教支持。"我们活着"——恰达耶夫写道——"对一切都冷漠以待，在最近的地平线，没有过去，没有未来。"恰达耶夫看到了与欧洲和解的出路，看到了天主教在俄罗斯的传播。为回应沙皇尼古拉一世对其疯掉且缺乏爱国主义的指责，恰达耶夫1837年写了《疯人的辩护》，从中可以看出，作者仍然坚持自己的观点：

"对祖国的爱，是一种美好的感情，但是，还有一种比这更美好的感情，这就是对真理的爱。对祖国的爱会造就英雄，对真理的爱会造就智者和人类的恩人。对祖国的爱会分裂各民族，引起民族仇恨，并会马上给大地披上丧服；对真理的爱会传播知识的光芒，创造出精神的享受，并使人们接近上帝。"

\* \* \*

到尼古拉统治末期，审查制度简直扼杀了新闻界和作家们。这是亚历山大二世时代著名建筑师之女E.A.斯塔肯施耐德日记中的一段笔记。笔记传达了从一个难以忍受的沉闷房间里走出来之人的感受，并告诉其他人关于里面的恐怖：

"1856年9月15日，星期六……当我们不在圣彼得堡时，杂志社发生了改变……去年是什么样的！审查制度对词汇十分挑剔，看见了并不存在的隐藏思想；划掉带有如暴君、小学生、士兵、石头的页面和单个单词，使作家作品变得面目全非，这一行为激怒了作家们。与此同时，真正存在的邪恶并没有被根除，而是增加了，因为不满情绪在增加。书刊检查员并不理解什么是石头，就拥有将这一词汇划掉的权力，这样一来歪曲了诗作内容，这一行为完全令人无法忍受。作家和诗人真不幸！怎样才能巧妙地不让作品消失，将其印刷出版？没有关于合乎书刊检查要求和不符合检查要求的具体规定。总体规定：细节取决于检查员的观点、理解和想法。检查员自己是受到制约的，他要用自己的职位来为漏网的文章负责，也就是用自己糊口的饭碗和家庭负责。如果碰巧检查员糟蹋或者不让任何作品出版，作者和他的小组只能抱怨。又或者因为检查不到位或其他原因被放行，出版的作品引起人们的关注，那事情就会变成更加可怕的样子。当检查员受到处分时，不只作者一人，连同他的小组、整个城市和检查制度都会失去理智，而作家和杂志社的人都会掉脑袋。难道一切都结束了，每个人就会满意吗？"

# 尼古拉时期的圣彼得堡

尼古拉时期的圣彼得堡比不上亚历山大时期，这时的彼得堡更像是带有"沙皇围栏"的宏大建筑工程，周围都是建筑物。在尼古拉一世统治时期，这些建筑不仅竣工，而且闪耀着永恒的美丽。建筑师卡尔·罗西过早衰老，1832年生病的他请辞退休，直到1849年去世再也没有触摸过笔。他似乎很早就耗尽了自己的精力，一下子把他所有的精力投入到圣彼得堡的街道和广场上，精神空虚的他变得麻木，等待死亡。在1832年之前，他不仅完成了海军部的凯旋建筑群，还有许多其他建筑。他建立了全新的、出人意料的、宏伟的亚历山大剧院广场建筑群。无论是从地面仰视还是鸟瞰，这个建筑群至今仍以各种体量的和谐令人惊讶。

同时，还能看到阿尼奇科夫花园中的雅致亭子、灯笼、栅栏——所有这些都结合成每个音符都身在其中的统一的、独特的建筑旋律。当人们看到宏伟的帕台农神庙、米哈伊洛夫斯基宫以及被拱环连接的参议院和主教会议大楼组成一个建筑"风琴"时，人们对罗西的创作产生了巨大的钦佩之情。罗西完成了尼古拉一世时期复杂的建筑物——为两个国家上层机关建造了大楼，使其在尺寸与装饰上同对面的参议院和主教会议大厦相得益彰。罗西凭借天赋将这三座建筑与参议院广场建筑群、近卫军竞技场、街心花园中间的青铜骑士融为一体。

距离罗西杰作不远的地方是他的竞争对手奥古斯特·蒙费朗的作品，海军部广场是奥古斯特·蒙费朗的"战场"，他在这里"战斗"了将近半个世纪。起初他建造了一座具有三个立面的宏伟建筑——洛巴诺夫·罗斯托夫斯基住宅。同时，蒙费朗接手了有风险的任务——改造圣以撒主教座堂。这个建筑好像中了魔一般，自18世纪60年代末以来，起初是里纳尔迪，然后是布伦纳，都无法将它完成。蒙费朗比他们更加幸运，他在自己死前的1858年完成了教堂改造。而他于1818年就开始了这项工程，也就是说他改造这座巨大建筑用了40年！

献给亚历山大一世的纪念柱（亚历山大柱）成为好几代建筑师装饰圣彼得堡阅兵中心作品中的"最后一点"。宏伟的建筑物围在广场周围，广场又与涅瓦河地带融合在了一起。在彼得保罗要塞、瓦西里岛和冬宫之间由大自然创造的"水"（以及冬天的"冰"），平缓地流到一连串的人造广场。冬宫广场、海军部广场（现在的海军部大街和亚历山大花园）、参议院广场（现在的十二月党人广场）、交易所广场和战神广场形成了一个雄伟的城市开放空间综合体，呈现出了人与自然的统一。众所周知，在1762年沿着涅瓦河广场建造"列厅"的想法已经在建筑委员会的实施计划中，但是对这一想法的实践仅仅是在尼古拉时期。这些广场凭借自身的历史与建筑形式融为一体，但彼此又各不相像。冬宫广场被总司令部大楼强有力的弧形紧包住，就像亚历山大柱周围卷入的某种旋涡。海军部广场在被分割成一条大道和一个城市花园之前，是一个盛大的阅兵场，在节日里整个俄罗斯卫队都在这里列队。涅瓦河的清冷和1825年12月自相残杀的痛苦记忆就停留在海军司令部相邻的参议院广场上，而在蒙费朗这一作品的后面是圣以撒广场——"一个非同寻常之地"，政府机构所在地。

　　1839年，对于习惯于巴黎狭窄舒适环境的法国人A.卡斯廷来说，这些广场的包围圈似乎是一片荒地，周围都是稀疏的建筑。然而，对于俄罗斯人来说，这些连串的广场是整个大帝国时代具有广阔空间的建筑象征。这些广场对每个彼得堡人内心而言都有众多意义，人们可以感觉到时间缓慢而不可阻挡的运动，同时也可以感觉到每一瞬间的不可捉摸性。在建筑与自然不可分割的融合中，在微妙的北方色彩与色调的惊人组合中，蕴含着深刻、清晰和水彩画般的雅致。

　　圣彼得堡的中心是海军部。当时，人们聚集在这里，彼此相邻而居，坐在同一个沙龙和糕点店里，与异常有才华的人争论、结交和争吵。A.S.普希金、V.果戈理、M.I.格林卡、V.A.茹科夫斯基、I.A.克雷洛夫、V.A.特罗皮宁、P.A.维亚泽姆斯基、V.F.奥多耶夫斯基和许多其他人，在涅瓦大街上随时会看见他们或独自或成群结队地走在街上。

[笔　记]

　　法国人蒙费朗不仅是一位杰出的建筑师，而且还是一位了不起的工程师。在1828年3月20日圣以撒大教堂安装第一根柱子时，整个王室都前来观看，没过多长时间柱子就被安上了。升起巨大的柱子共用了45分钟，比克里姆林宫中被浇铸的著名沙皇钟从坑里吊起的时间还要长5分钟，而那之后将近100年间，人们都无法从坑中吊起如此重物。在冬宫广场竖起的亚历山大柱成为建筑师无与伦比的工程业绩。1832年5月30日，尼古拉一世同上万人围绕在柱子竖起的地方，他们都看到了，通过运用精巧装置在100分钟内将一根重达650吨、高近50米的柱子升起并安装完毕。一项真实的世界工程纪录诞生了！

# 涅瓦大街和郊区

得益于 V.S. 奥戈罗德尼科夫的版画，我们能很清楚地知道那个时代的涅瓦大街是什么样子的。涅瓦大街有十分美丽的建筑布景，以首都上层社会的精神生活为背景。如果我们仔细观察奥戈罗德尼科夫描绘的荷兰教堂全景图，就会看到普希金戴着高帽沿着涅瓦大街行走。这几乎就是一张照片。如当代人所写，"人们在沿着涅瓦大街散步的人中会发现普希金的身影"。

普希金在莫伊卡街 12 号租了一套公寓，诗人的最后悲剧就在这里展开。与每位圣彼得堡人一样，普希金在涅瓦街上拥有自己的"足迹"。在涅瓦大街或附近住着他的朋友和熟人，有 A.F. 沃耶伊科夫家中的沙龙（茹科夫斯基也住在那里），有 A.N. 奥列宁管理的公共图书馆，还有 I.A. 克雷洛夫和 N.I. 格涅季奇工作的地方。涅瓦大街的"书廊"（从涅瓦大街开端到阿尼奇科夫大桥）对于普希金和其他文学家而言是真正的精神"都市"——无数书店、乐谱摊位和商店、编辑部、出版社、印刷厂都集中在一起。无论是书店、图书馆，还是咖啡店和糖果糕点店，普希金都受到了热烈的欢迎，在那里他总是可以与朋友坐在一起阅读最新的报纸，一起喝酒。其中一家位于莫伊卡街角的糖果糕点店（沃尔弗和贝朗日糖果糕点店）被所有知道普希金悲惨死亡情况的人所熟知。1837 年春天，卡尔大帝——周围的人称呼他为布留洛夫——与诗人 V.A. 茹科夫斯基和宫廷首席侍从、音乐家 M. 维尔戈尔斯基做了件非同寻常的生意：布留洛夫为茹科夫斯基画了一幅肖像，然后举行了抽奖活动。女皇买下了这幅画，收到的 2500 卢布作为农奴艺术家塔拉斯·舍甫琴科的赎金。

后普希金时代的涅瓦大街上，文学生活依旧蓬勃发展。1846 年，诗人 A.N. 普列谢耶夫和作家 F.M. 陀思妥耶夫斯基走进了沃尔弗和贝朗日糖果糕点店。他们在这里偶遇了布塔舍维奇·彼得拉舍夫斯基，而这个人极大地改变了陀思妥耶夫斯基的生活，给他带来了苦役般的日子。从 19 世纪 40 年代初开始，作家的生活重心转移到了阿尼奇科夫桥旁边的文学屋，V.G. 别林斯基、I.S. 屠格涅夫、I.I. 帕纳耶夫、D.I. 皮萨列夫都住在那里。前来投奔别林斯基的有 N.A. 涅克拉索夫、I.A. 冈察洛夫、F.M. 陀思妥耶夫斯基、L.N. 托尔斯泰。

19 世纪 30 年代到 50 年代间，圣彼得堡的音乐生活多样且有趣。上流社会的人们努力不错过众多意大利巡回演员尤其是歌手的音乐会。除了在冬宫和大理石宫外，音乐会、歌剧表演、化装舞会和舞会还会在涅瓦大街上——阿尼奇科夫大桥和斯特罗加诺夫宫以及它们的花园里和夏季舞台——举办。夏天音乐会时常在城外举行，巴甫洛夫斯基公园附近的"娱乐场所"尤其出名。在米哈伊洛夫斯基广场上有罗西为米哈伊尔和马特维·维尔戈尔斯基兄弟建造的房子，里面的音乐沙龙因其精致而闻名。在这里，当时最伟大的音乐家，如弗朗茨·李斯特、路易·柏辽兹、罗伯特·舒曼举行了音乐会。在涅瓦大街上有许多音乐俱乐部和音乐厅开业。

其中最著名的是普希金的朋友恩格尔哈特家的音乐厅，在广告中该厅被称为"喀山教堂对面的古老音乐协会厅"（现在这里成为音乐协会小厅）。从 1830 年开始，那里举办过尼古拉一世、亚历山德拉·费奥多罗芙娜和许多朝臣都曾参加过的化装舞会。后来这里开始举办音乐会，有名望的人都慕名前来。多年来，同时代的人都记得弗朗茨·李斯特举办的迷人音乐会。参加过他在 1842 年 4 月 8 日举办的音乐会的 V.V. 斯塔索夫写道：

> 李斯特迅速挤过人群，走向大厅中央耸立的放有两架钢琴的舞台，跃过台阶跳到舞台上，猛地扯下他手上的白手套，扔在钢琴下的地板上，迎着雷鸣般的掌声向四面八方的观众鞠躬行礼，这种场面在圣彼得堡从 1703 年开始或许都不曾出现过。他坐下了，一瞬间沉寂席卷大厅，好像所有人突然都死掉了，李斯特在没有前奏音符的情况下开始弹奏《威廉·退尔》序曲。序曲结束后，大厅在雷鸣般的掌声中颤抖，他快速走到另一架钢琴旁，每次弹奏新乐曲都换钢琴，脸的朝向也从大厅的一面转向另一面。

谁说节目主持人在 20 世纪才出现的？！

正午的炮声从海军部要塞传来，齐射和绚烂的礼炮烟花让我们想起，尽管这里是郊区，但仍然属于俄罗斯帝国的首都，属于这座军事荣耀之城。住在陆地上的人，未曾有一刻忘记这一点——圣彼得堡是军事首都、要塞之城，整个城市的生活都服从于军事管理。清晨开始于"起立"的信号，城市不同地点的军团用号角点名。有经验的人在明朗天气中听到铜喇叭的声音，会望向远处拥有蓝色圆顶的三一大教堂，立刻说："伊兹马伊洛夫军团的士兵应该是第一批醒来的！"然而，从伊兹马伊洛夫团中传出的喇叭声立即被住在铸造厂大街和主显圣容大教堂附近定居点的普列奥布拉任斯基军团接上。瞬间谢苗诺夫斯基军团里立刻响起号角，从扎戈罗德尼大街一直延伸到莫斯科路的号角声依次从骑兵卫队、近卫军车队传来……战鼓的隆隆声从训练场传来，行军连队的英勇军歌在城市街道上响起。傍晚随着信号"一切正常"降临，紧接着是漫长而庄严的"黎明"演出。身穿不同制服的士兵随处可见，这不值得惊讶——城市里有许多兵营、练马场、马厩、军械库、仓库、粮仓及其他商店、医院、指挥部大楼和军官集会室。大多数情况下，这些建筑物相邻，组成了大城市内的小市区，这里的街道被称为队连。

尼古拉一世时期的城市经历了两次动荡，其中一次动荡很可怕，另一次则很惊人。1834年12月17日夜晚冬宫的火灾是件可怕的事，火从宫殿中坏掉的一个烟囱处烧了起来。整个城市都目睹了这熊熊的烈火，这一场景就宛如布留洛夫笔下栩栩如生的画作《庞贝末日》。

宫殿在冬天的黑暗中燃烧起来，在大火持续的30个小时里，一大群人沉默地站在冰冷的环境中。宫殿广场被士兵围得水泄不通，到处摆满了家具、镜子、名画、雕塑、灯具和其他非比寻常的财宝。在士兵勇敢无畏的抢救和尼古拉一世有条理的指挥下，成功救下了许多宝贵的遗物：近卫军团旗帜、1812年军事纪念馆画作、宫殿教堂器物、皇室房间内的摆设。冬宫，一个世界艺术的宝库，被保护了起来。当大火熄灭后，摆在人们面前的是一幅可怕的景象：烧焦的墙壁、坍塌的天花板和楼板、燃烧后废墟散发的浓烟和臭味。宫殿的修复工程几乎在灾害发生后就立即开始了，有将近1万人不分昼夜地在进行火灾后的修复工作。到了1840年，他们的努力工作取得了成功——他们被授予刻有"勤奋战胜一切"字样的奖章并非没有道理。

铁路的开通是尼古拉时期圣彼得堡一件不可思议的事情。成千上万的圣彼得堡人为了一睹这从英国进口来的一出发就嘶嘶作响且带有长长轨道的奇怪工事，都聚集在一起。毕竟，有关俄罗斯不可能修建铁路的谈论太多了——铁路如何经受住俄罗斯的严寒？但一切都进展顺利，铁路建设工作全面开展，1851年8月18日第一辆沙皇专列从圣彼得堡出发驶向莫斯科。

沙皇本人决定测试这条新道路，该路成了俄罗斯几个世纪以来最重要的干线。这座城市发展迅速：到19世纪中叶，有50万人在此居住！基本上，这些人是来自周边省份的农民、建筑工人和工匠。每天早上他们的出现并没有使中央街道变得热闹起来，正如果戈理所写的那样，"此时的女士走路姿势通常不雅观，因为俄罗斯人喜欢用苛刻和强烈的语言来表达自己，当然，即使在剧院里也不会听到这种语言"。

## [文 献]

市中心午夜的丰富、喜庆、盛装生活与圣彼得堡其他地区的生活完全不同。看来在同一个城市里，除了官殿和涅瓦大街，还有生活在不同历史时期甚至不同季节的几个"城市"。N.A.涅克拉索夫在《亚历山德拉·伊万诺芙娜生平》中写道：

"我不了解读者们是否知道，在圣彼得堡除了许多出名的奇迹，还有一个奇迹是，同一时间圣彼得堡的不同地方的季节完全不同。当圣彼得堡市中心不再有雪的痕迹，当沿着涅瓦大街是疾驰的夏季轻便马车，当首都里的男女都身穿轻便优雅服饰成群结队地在街上高兴散步时，圣彼得堡另一端的维堡区完全被冬天统治，路面上还积着厚厚的一层雪，大自然多云阴沉，居民只有在裹着皮衣时才上街……透过栅栏，隐约可见半覆盖着雪的阴森树木，雾凇弥漫，十个车夫中只有一人怀着绝望的心情勇敢地驾着马车出行。喔，维堡区到涅瓦大街是如此的远！"

离涅瓦大街远的不仅仅是维堡，还有彼得堡区的奥赫塔。没有什么可以打搅它的沉寂生活，只有豪华四轮车沿着岛上的卡缅诺斯特罗夫斯基路疾驰时——圣彼得堡有钱人的时髦游园——它才恢复生机。他们驱散笨拙的鸡鹅，驶向落日下缓慢走在路上哞哞叫的牛群时，不耐烦地放缓车速。然后马车加快步伐，马蹄和车轮踏起的许多尘土在空气中飘了许久后，慢慢地落在低矮房子的屋顶上和带有摇摇欲坠的篱笆与栅栏的菜园里。看上去这里根本就不是圣彼得堡，而是另一个遥远的省城……

## 古典主义的秋天

　　城市里工人数量的增加、铁路、在涅瓦河上行驶的第一艘蒸汽船散发的烟雾、建在郊区拥有高耸烟囱的工厂——所有这些都在诉说着一个新时代的到来。这个时代迫不及待地站在圣彼得堡的门槛，向这个城市承诺新的东西。许多人已经感觉到工业时代的临近。帝国式的圣彼得堡成为过去，它的风格在逐渐改变，新的需求出现，欧洲工业革命的喧嚣传到了圣彼得堡，新机器、新材料、新技术理念出现了。严肃的帝国风格令建筑师们感到束缚，自由选择风格的时代已经到来。蒙费朗坚定地完成了自己那个时代已经过时的圣以撒大教堂，但也在考虑参照文艺复兴时的其他风格。尼古拉一世本人也倾心于新样式，他对新哥特式风格很迷恋。他在自己宏伟的帝国首都中，在他心爱的彼得夏宫里，为自己，为自身的灵魂，建立"哥特"世界。

　　高贵的十字军骑士角色合乎尼古拉一世的心意——这是"旧秩序"、东正教、弱者庇护者的角色。新哥特式样式体现出了沙皇的内心世界，他不想住在四面八方都是镀金的巴洛克式和帝国风格的宫殿中，他选择在自己的"庄园"里，就像英国人一样拥有一栋不大却舒适的房子——在祖传城堡遗址旁，这里的石头地板被几十代教区居民的鞋子磨坏了。尼古拉一世的"哥特式"梦想在实现过程中没有遇到阻碍。如此一来，他在彼得夏宫附近建造了充满新哥特式精神的亚历山大庄园。这里出现了"古老的"大理石桥、哥特式的农场宫殿和小教堂，以及小小的哥特式水井、凉亭、警卫室。铁质栅栏的镀金尖的顶部，暗示了亚历山大庄园被无数的骑兵卫队守护着。别墅宫殿成为庄园的中心，那里将"彼得夏宫地主"（尼古拉一世对自己的称呼）和他妻子亚历山德拉·费奥多罗芙娜皇后的主要想法与梦想都实现了。对于一个富裕（但有节制）的家庭，可以用以下修饰语来描述这座别墅：大（但不是巨大的）、相称、位于适当的高地、与自然风景相融合、明亮、优雅、舒适、精致。别墅里所有的房间彼此都不相似，屋子被精心挑选的绘画、哥特式家具和纪念小摆件塞满。

根据当代人的描写，可以想象到沙皇庄园内的生活：夏日的清晨，柔和的光线照进不带窗格子的高大窗户里，潺潺流水的喷泉旁是白色的北方大理石凉台，棕榈树之间放着一张优雅的茶几，瓷器在阳光下熠熠发光，周围弥漫着诱人的咖啡味。庄园的女主人亚历山德拉皇后喝着自己清晨的咖啡，聆听着屋后孩子们的欢声笑语，孩子们奔向她问好……

然而，到了19世纪中叶，扎哈罗夫、罗西、蒙费朗代表的严格古典主义被束缚住，而海因里希·斯塔肯施耐德代表的自由古典主义是放任自己在寻找建筑形式的过程中体现自身想法。海因里希·斯塔肯施耐德——来自加特契纳附近的德国磨坊主之子——由于钱不够未能完成艺术学院学业，但之后斯塔肯施耐德被蒙费朗聘为绘图员，成为他最喜爱的助手。绘图员的繁重工作、贫穷、疾病让斯塔肯施耐德生活得很艰难。由于出生平民家庭，他长期无法获得当时十分重要的军官头衔，但他依旧坚持工作，等待自己时机的到来。这一时刻在1833年到来，斯塔肯施耐德引起了尼古拉一世的关注，遂令其担任宫廷建筑师。如果没有斯塔肯施耐德的建筑作品，很难想象如今圣彼得堡的样子。斯塔肯施耐德的卓越才华在仿古风格占主导地位的折中主义时代大放异彩。当时建筑师们突然感觉到了不必再依赖古典主义规则，并开始自由借鉴过去看起来合适的元素与手法。选择是巨大的："哥特式风格""新文艺复兴"吸引了中世纪或文艺复兴时期的爱好者，"俄罗斯风格"来自巴尔马和波斯特尼克的杰作，对东方的热情带来了"摩尔式风格"，而拉斯特雷利等巴洛克天才的作品催生了"新巴洛克"。

斯塔肯施耐德是仿古风格方面的优秀大师，更加偏爱"新文艺复兴"和"新巴洛克"。同时，他的才华如此不俗，以至于其风格称得上是一种特殊的"斯塔肯施耐德风格"——他的建筑物的风格是宏伟的外观与异常雅致的室内景观的结合。

[笔　记]

　　从外观来看，官方帝国风格的所有旧价值观依然在圣以撒大教堂上得以体现。没有人敢怀疑圣以撒大教堂的美学价值，虽然没建好就已经过时了。它巍峨地耸立在城市上空，就像布留洛夫的画作一样美轮美奂，被成千上万聚集在"庞贝遗址"附近的人欣赏。教堂、布留洛夫画作、19世纪帝国风格的圣彼得堡，所有这些都充满了那种纯粹的美丽，是一种秋季花园与生俱来的美好与忧伤。对于这种纯粹，没有任何东西能够企及，但我们所了解到的是，这是枯萎之美。

## 尼古拉时代的住宅与服饰

尼古拉及其家庭的生活方式成为殷实贵族阶层的典范，城市别墅与农村庄园共同成为19世纪贵族阶级的经典住宅。它们各不相同，有些布局不大，是木制房子，有些奢华程度并不逊色于贵族的宫殿，但它们的共同点在于都是一家人的住宅。圣彼得堡、莫斯科和各省级城市的整条街道和街区都建有别墅。别墅内部装饰大体一致：正门独立豪宅是双楼层（夹层）的，里面是穿廊式房间，从头到尾通过所有房间，依次是客厅、餐厅、闺房、书坊和"舞厅"。19世纪中叶穿廊式房间的平直度开始发生偏差，出现了用软垫家具、屏风围起来的舒适角落。

华丽客厅、豪华卧室、台球室、画室成为主人富足的象征，红木家具、长沙发、高靠背沙发、灰白色花瓶、客厅的吸烟桌、三边镶玻璃的橱柜都很流行，日常使用的都是陶瓷餐具。由于冬季严寒，壁炉在富人家庭里很流行，但也不能完全取代俄式灶炉。舒适方便的卫生间是富裕家庭的必备，大镜子与钟表（挂钟、座钟、落地式大钟）也很流行，没有乐器（大键琴、钢琴、机械风琴）的房子是无法想象的。

这样的房子里总是挤满人。节假日的每天上午，都会给孩子们上演早场戏和儿童舞会。他们在这里接待客人、弹奏乐器、跳舞、用餐、打牌，简而言之，一切都是为了消遣时光。沿着别墅的所在地段，还矗立着很多服务性建筑。这里远离主卧房，有厨房、澡堂、地窖、冷藏室、小仓库、马厩，马厩后来变成了车库。院子里的侧屋住着仆人。

人们的服饰也在逐渐发生改变。在男人的衣橱中，燕尾服延续了自己生命，成为十分常见的民用礼服：既适合街头也适合沙龙，既适合绅士也适合仆人。当然它的样式与颜色也发生了变化，在19世纪不存在花哨的燕尾服，燕尾服是单色的，甚至有些压抑严肃，就像在庆祝活动和官方招待会上穿的晚礼服一样。燕尾服价格昂贵，必须穿燕尾服的人常常只能去租赁。

燕尾服是服饰的首选，但并不是19世纪典型男士服饰的唯一样式，它与带条纹或斑点的马甲一同穿。燕尾服下男裤有不同选择，但裤子通常很短，要么配着翻口靴子穿（上街、骑马），要么配着长袜便鞋穿（参加舞会）。身穿燕尾服的男士，头上必然会有一顶白色大礼帽，然后佩戴着彩色领节——起初是颈巾的变体，打上一个华丽的结，后来出现了带着钻石扣针的黑色领结。手杖是整套服饰的结束，而在18—19世纪间，手杖的时尚也经常变化。

在燕尾服出现之后，男士服饰的下一个最重要的变化发生在19世纪20年代。紧身短裤、长袜和带扣环的矮勒皮鞋被长而宽的裤子取代——这是现代长裤的前身。确切来讲，短裤只在舞会上穿，人们在街上或街心花园散步时穿的是长裤。19世纪上半叶，鞋子上面出现了带有套带的长裤，这又导致了短靴的流行，更准确地说是半靴。矮勒皮鞋再次流行起来，但样式相较于18世纪已经不同了，更类似于现代的半靴。

长礼服的"血统"来源于燕尾服。这是对长袍的一些回归，但保留了燕尾服剪裁（腰部）的许多特征。长礼服同燕尾服的区别在于缺少正下方的切口，纽扣数量明显增加。长礼服是双排扣剪裁，必须有翻领，上面缝着纽襻和流苏。与燕尾服不同，长礼服足够大众化，不同阶层的人都能穿。

皮夹克是燕尾服的另一个"继承者"，它没有常见的长后摆。一开始人们只在家里穿夹克，但后来到了19世纪下半叶，它"走上"了街头。当回想起早期人们宽松的无领上衣时，俄罗斯人的衣橱中都存有一件短外衣或者长衫（简单地讲就是家居服），漂亮的服饰是由丝绸或天鹅绒制成的，塞满了能御寒的棉绒和毛皮，带有披肩领、舒适的口袋和腰带。长衫的袖口通常是别的颜色。

外衣也一直在变化。皮大衣和肥大斗篷一直被使用，但在19世纪带有披肩的御寒长礼服成为普遍流行的外套装扮。与其极为接近的是在保罗一世时期军队里出现的军大衣，它在军官服饰中寻得了一席之地，男性和部分女性都会穿。大斗篷的一个变体是不带袖子的长长的黑色斗篷。在彼得改革时期出现的，由军官、百姓戴的三角帽依旧在男士帽子中保留了重要意义，尽管它也发生了变化，与起初带有弧形边缘的三角帽完全不同。到了1811年，在军队中它最终被制帽所取代，此后样式几乎没有发生变化，并逐渐成为军人制服的一部分，还成为其他文职部门以及学生制服的一部分。在19世纪20年代，一种带有宽边的帽子——玻利瓦尔（以拉丁美洲的解放者、西班牙征服者的名字命名）——成为男性的时尚。但最主要的是，19世纪步入了大礼帽时代，像许多其他服饰一样，它的长度、宽度、样式都发生了变化，有时帽檐向上弯折，有时向下。

女性时尚异常迅速地响应了时代的需求。日益尖锐的波兰问题将对襟无扣的"波洛涅兹"舞裙带到了俄罗斯，18世纪末到19世纪初的欧洲大事件几次改变了时尚趋势。在19世纪初法国革命和拿破仑时代的影响下，古风主题占主导，帝国风格盛行。巨大的裙子和箍骨裙成为法国"旧体制"的命运，尽管新时尚在俄罗斯和那些体制落后的国家也被接受。各种束腰外衣出现——轻薄、半透明的连衣裙，高腰齐胸，领口与胸前敞开，上面系着浅色围巾或三角巾。大体格、丰满的美女时尚过时了，所有人都是苍白而富有浪漫气息的"丽莎"和"阿玛莉亚"。这种美女的头部装饰不再是包发帽和礼帽，而是人造花、花穗甚至鲜花做的冠状头饰花环（就像阿卡迪亚牧羊女一样）。拿破仑征战埃及后，用奢华的东方面料制成的缠头巾、天鹅绒贝雷帽开始流行起来。披肩也成为时尚品，印度来的披肩——单色，带有鲜艳的花边与流苏——尤其受到青睐。19世纪30年代至40年代，女性们戴各种由无数条带装饰的包发帽和礼帽。为了模仿军人，时尚女性戴上了带有小遮阳帽檐的制帽。参加舞会的许多人头上都戴着珠串羽毛装饰的包发帽。在家中戴的是薄纱和细纱制成的漂亮帽子，上面装饰有波纹式贴边与鲜花。戴在耳朵上的贵重长耳坠成为时尚，还有值钱的笨重手镯和胸针，在头发上还可以看到一把用骨头或檀香木制成的昂贵梳子。

19世纪初男士发型盛行的是帝国时代风格，像罗马帝王发型一般的古风发型成为潮流。他们的发型在肖像雕塑中清晰可见，这些肖像仿品装饰着宫殿和贵族的房屋（顺便说一下，发型的名称来源于罗马皇帝"提图斯""卡拉卡拉"）。自然发色流行起来，涂脂抹粉的头发则不再流行。鬓角和以前不被接受的小胡子也成为潮流的趋势。

女性所有的"实力"都表现在能够优雅修饰脸形的鬈发上。鬈发一般呈管状、带状、螺旋状、刨花状。发型上戴有发髻，发型的新方向促进了理发艺术的发展，理发店不再负责假发制造，而是负责剪发、卷发和造型。19世纪20年代到40年代，女性的发型在鬓角处堆积有过多的辫子、卷发和束发。得益于头发的"环扣"

和"花节"组合，发型似乎稍微抬高一点儿，而后脑勺露在外面。渐渐地，鬓角的发髻和发束被细小蓬松的一绺卷发所取代，这被称为"风积雪"或"蓬松奶油"。

到19世纪中期，出现了一种英式卷发的时尚，头发不再像以前那样像郁郁葱葱的云朵，而是落在肩上。除此之外，头发上装饰着许多丝带、羽毛、人造花和天然花。18世纪末到19世纪初是对一切古风充满热情的时期，因此装饰品使用鲜花和人造花模仿古董样式。香水和口红很流行，但化妆品没有被过度使用。世俗女性将头发染成时尚的栗色。到19世纪中叶女性不再往脸上涂化妆品，而强调自然特征，加深或减轻面部阴影。就像服饰一样，法国化妆品被视为最优质的。美容业正在蓬勃兴起，根据这一趋势，头发本身是美丽的，可以按照自己的喜好，做出漂亮发式，然后需要对其进行打理和保养。保持卫生、经常洗头以及沐浴开始被认为是对女性的强制性要求，对干净身体的崇拜开始出现并流行。

香水首次有了男士香水和女士香水的分类。法国人牢牢抓住了香水制造的优先权，他们严格保守酯类和香精制造的秘密。在法国，面霜的出现替代了粗糙的美肤粉。法国的化妆品商人生产出涂在指甲上的乳液和粉末，涂完的指甲就像上了清漆一样闪闪发光。

# 饭店的出现

早餐在 19 世纪的俄罗斯宫廷和市井中开始普及，它们类似于法式早餐（咖啡和甜点）与英式早餐（烤牛肉、火腿煎蛋、香肠、配着鲜奶油的浓茶）的结合。俄罗斯人的早餐必须有加奶油和糖的咖啡或茶、小圆面包、蛋糕、炸面包块、雷瓦尔和兰芹面包，还有各种各样的凉菜——火腿、冻肉。在比较贫穷的家庭，前一天剩的饭菜被热起来当第二天的早餐。早餐是在餐桌上进行的，桌上铺着白色的星形桌布（最干净的桌布上印有主人的名字，餐巾纸也成了用餐的基本需求）、瓷器或银质餐具——咖啡壶、水壶、糖碗、糖精钳、滤网、不同用途的勺子。如果咖啡是从厨房或者配膳室端来的，那么茶就会在桌上现煮。拿破仑战争时期，咖啡的运输变得困难，随之价格飞涨，于是人们往咖啡里面开始加菊苣，让其口味变得淡一些，但更加可口、健康。不过，随着在东方战场上与土耳其的交火，促进了土耳其咖啡的普及。最终，人们开始关注食物的新鲜、厨房的整洁和厨师的卫生。

来到餐厅的人可以根据自己意愿，在配膳室察看他们自己点的鸭子或鱼的烹饪过程。19 世纪初，圣彼得堡上层社会流行着"去交易所品尝牡蛎"的传统。交易所位于瓦西里岛的狭长沙滩上，来自荷兰的牡蛎船只抵达这里的港口。在港口、街头品尝美味成为时尚。除了单一样式的锅炉与平底锅，厨房里还出现了不少新的器具，如研磨器、饼干模、打蛋器，等等。

19 世纪的烹饪方法对烹饪原料要求极高。人们意识到，鱼只有从干净的河里刚刚钓出来的时候才最新鲜；如果屠宰前，家禽被长时间喂以优质谷物，或者给小牛喝奶油，则肉的味道会发生显著变化。

将之前不搭配的食材组合在一起变成了一种时尚。食物烹饪的准备步骤也增加了：有的食材需要长时间地在水里和牛奶中浸泡，有的则需要蒸一下或者放在冰上。19 世纪初，在俄罗斯的圣彼得堡和莫斯科出现了第一批法式餐厅（饭店）。几乎与其同一时间出现的是英国俱乐部——这是对外人不开放的餐厅，俱乐部成员只有在固定时间聚在一起，在固定时间吃午餐或西式菜肴（法式菜肴中夹杂着意式、英式、德式菜肴）替代了传统的俄罗斯菜。与此同时，俄罗斯人开始对新菜式做出自己的改变，这些菜式逐渐变得日常，被人们所习惯，欧洲菜式得到了补充。

叶卡捷琳娜时期的贵族 A.S. 斯特罗加诺夫伯爵成为世界著名菜肴"斯特罗加诺夫牛肉"的发明者（可能是无意间）。亚历山大一世时期，财政大臣 D.A. 古里耶夫因用葡萄干和核桃在奶油凝皮上烹制肉酱与碎麦米粥而出名。女厨师托尔日卡·达里亚·波扎尔斯卡娅因鸡肉饼菜肴变得出名，这道菜肴至今仍存在，被我们称为"波扎尔斯基肉饼"。

俄罗斯的茶是冲泡的（而不是像英国人那样煮一会儿），喝的时候可以加糖当点心。18 世纪下半叶饮茶成为一种独特的民族消遣方式，茶炊可以让水在很长一段时间内保持非常高的温度，人们可以喝上几个小时、几十杯的茶。喝茶的间歇，人们脖子上搭着毛巾愉悦地闲聊，吃着小甜面包、面包圈和馅饼。很难查明茶壶是什么时候出现的。叶卡捷琳娜二世时期的金属行军茶炊保留了下来，它分为两部分，每部分都有小旋塞：一个是茶水出水口，另一个是开水注水口。

得益于俄罗斯美食，法国流行起了零食文化（开胃菜），与葡萄酒和伏特加一同放在配膳室——一个在用餐前被所邀客人挤满的专门房间。在餐前喝杯伏特加，品尝萨尔费托什卡鱼或鱼子酱、熏鲑鱼、三文鱼和白鲑鱼，是俄罗斯宴会的一种仪式性礼节。从传统的俄罗斯美食中，保留下来的是符合新的烹饪趋势的东西，或者是俄罗斯老饕们所喜爱的东西。没有人能够拒绝露酒、甜酒、馅饼、薄饼和粥（平心而论，我们注意到在那时中国面条和意面开始取代粥）。但在传统菜肴上出现了改良，人们开始往粥里加油（"油多菜不坏"），往煎饼中放入各种肉和馅料。还出现了新的馅饼，里面的馅是三文鱼和鲑鱼，酱汁从馅饼上面的小孔里倒进去，让馅饼变得异常好吃。

## 萧条的经济

从制造厂到工厂——当制造厂的手工劳动被工厂的机器劳动所取代时，这是最有前景的经济发展之路。工厂的标志是蒸汽机，比原始水力机器动力更强大。尽管蒸汽机在运行时非常脆弱且不耐用，需要烧堆成山的木材，但蒸汽机是有未来的——工程师们一直在改进它。俄罗斯的蒸汽机大部分是从英国引进的。19世纪30年代，俄罗斯进口了4000台蒸汽机；40年代数量达到了11700台；而到了50年代，这一数量就到了48000台。因此，部分企业变成了工厂，在轻工业（如纺织业）和冶金工业领域，机器逐渐代替了人工。

轻工业改变了发展方向，从亚麻、帆布生产转向了棉纺业。这是因为西方国家舰队使用蒸汽机后减少了对俄罗斯帆布的需求。除此之外，棉布对于买家来说比亚麻布更便宜。棉纺织业的纱是从英国进口的，机器生产的快速引进提升了该行业的竞争力。

重工业也没有远离技术发展，远远落后于欧洲国家的冶金业也取得了巨大进展。在蒸汽机的帮助下，引入了轧制金属的"英国炼铁法"，从而大大节省了材料和劳动力。热鼓风的方法开始使用，它使得铸铁冶炼速度更快，质量更高。冶金业开始用煤替代传统的木材。工人数量不断增加，仅1825年到1860年间制造业工人数量就从211000人增加到565000人。值得注意的是，因农奴操作机器水平不佳，自由劳动力的份额一直在增长。机器让女性和儿童代替男性操作成为可能，他们比男性劳动力更便宜。

俄罗斯紧随欧洲国家步伐，开始了铁路建设。1837年从圣彼得堡到沙皇村的第一条铁路开通，之后在1851年开通了从圣彼得堡到莫斯科的固定路线。之后出现了彼得堡—华沙铁路。当时的铁路十分原始，只能运输少许货物，而客运列车的运行速度也不理想。随着欧洲国家生产、机械化和工人数量的显著增长，俄罗斯经济长期落后于先进的欧洲国家。起初这种差距并不明显，但随后俄罗斯人频繁地证实了自己国家经济的明显不足。由于质量差，俄罗斯工业产品匮乏，制造水平低下，技术落后。技术上的落后也影响到了人民、军队和政府的生活条件。

国内市场的发展始终是一个经济体成功的指标。在尼古拉时期，这一过程继续发展。国家经济区的明显边界固定下来：莫斯科中部非黑土区以及西北部地区变成了工业区；中部黑土区与西南区主要是农业区，因为这里的黑土地能够带来大丰收；伏尔加河中游地区专门从事农业和工商业活动。总的来说，一个个单一的经济有机体正在出现，每个地区都在一个全俄罗斯的市场中发挥各自的经济角色。贸易额也快速增长，在城市的大型集市和县城、村庄的小市场都可以看到丰富的工业产品。

贸易网络——摊位和商店——不断扩大，越来越多的商品和农产品流向市场。从1831年到1860年，每年的粮食出口从1800万普特增长到了6900万普特。这巨大的增长额也伴随着国家和居民收入的增加。最重要的产品——粮食和土豆——的收成正在增加，尽管增速缓慢。饥饿，这一中世纪的灾难，出现的频率越来越低。由于种植面积的扩大——荒地开垦与草地翻耕——市场上开始出现越来越多的农作物产品。但在中部地区，这并没有太大帮助，那里的土壤太贫瘠了，气候对农业来说太恶劣了。

机械被应用到农业上，减少了劳动力，尽管当时距离蒸汽机的使用还很远。想要自己土地获得收入的地主们勤奋地研究种植法，他们开始培育俄罗斯没有过的新作物。甜菜习惯了乌克兰的土地环境，该植物生长得个大且甜，工厂可以从其"顶部"提取糖，逐渐取代了日常生活中的蜂蜜与糖浆。南方开始种植向日葵——从其身上可以提炼出纯度极好的植物油。许多农场专门为邻近城市所需而进行种植（如蔬菜、水果），或饲养良种牲畜。对于地主来说马匹养殖是赚钱的聚宝盆——没有马整个经济发展都会停下。但先进、有盈利的农场只是众多落后庄园海洋中的小岛，住在"海洋"中的地主们对"时髦"的农业方法持不信任态度，反而更加指望祖辈传下来的耕种方法，不梦想着扩大土地与农奴收入。这一切的背后是一个严重的问题，如果不解决该问题，这个国家就无法继续前进。

# 农民问题

在俄罗斯,就没有比农奴制更重要的问题了。第八次人口调查时(1833年),有1150万男性农奴记录在册。这相当于全国总人口的44.9%,农民总人数的53%。尽管到第九次人口调查时(1850年)农奴人数降到1130万人,所占比重仍然很大——农民总人数的49%。农奴经济在整体上严重影响着国家经济——要知道国家一半的居民都是农奴。同时,尼古拉时期农奴制向奴隶制方向发展。许多国务要人都担忧家仆数量的增长,在19世纪40年代初期家仆数量就不少于200万人,即每6个村民中就有一位家仆。这意味着农民处于无地状态,他们因土地短缺或被地主赶出而被剥夺土地。所谓的"农奴月粮"得到普及,当农民被剥夺自己的农户时,他们每个月从地主那里领一次食物。所有这一切都和美国阿拉巴马州或弗吉尼亚州的奴隶种植园经济相同。

在18世纪地主的庄园里,残暴与专断行为盛行。暴力、"初夜权"、农奴女性组成地主整个"后宫"都是正常现象,在马厩里被鞭打致死的农奴有很多。年轻的普希金写道:

唉!无论将目光投向哪里——
到处都是灾难,到处都是镣铐,
无数致命耻辱的规矩,
被压迫的无力眼泪……

农奴制给了一人凌驾于其他人之上的巨大权力——正如地主与农奴们的关系。农奴几乎一直对自家地主的劳动不感兴趣,总是想着花样来躲避工作,减轻负荷,使事情变得比预期更糟。相反,地主和管家们都尽力加强对农奴们的监管,加重惩罚力度，想出新的方法来监督核算农奴劳作。被鞭打是农奴生活的一部分，他们会因为懒惰、不服从、偷窃而被惩罚。然而肉体的惩罚早已不再是有效的管理手段，体罚被农奴视为一种无法避免的邪恶，就像忍受坏天气一样。毫不奇怪，在这种情况下，劳动作为唯一可以生存和改善生活的方法的崇高目标消失了。欺骗、偷窃、中伤、把自己的事情搞糟并不是可耻的，反而是可以当众自夸的举动。

认为"不知道自由的农奴不想要自由"的想法是不正确的。对自由的追求是人与生俱来的天性。

自由的梦想演化出了关于"白水国"的奇幻传说——这是一个可以躲避所有压迫，可以让人变幸福的神奇国度。在数百万人无权的情况下，人们无法理解自由对于他们自己、家庭、村庄、国家而言是一种责任。农民认为自由是从各种社会责任中完全解放出来。在自由中生活——意味着农奴不依赖于任何人，不用履行诸如社会成员要对总需求承担纳税，或者维护自己村庄桥梁与道路的责任。对于俄罗斯人来说，从奴隶到自由的道路清晰可见，但这条路仍要走几十年之久。

严重的经济问题出现了。劳役庄园在经济上已经无法获利，不能够给地主带来收益。农奴耕种的土壤变差，很少采用新的农耕技术、使用新的设备，因此产量开始下降。农奴企业也没有获得收益——世袭工厂里农奴和仆人在织布机和穿线机前工作。低效的世袭生产力无法同大型的纺织厂相竞争，那里的雇佣工人是在昂贵的西方织布机前劳作。地主已经无法支付购买新的织布机所需要的费用，奴隶们也无法好好地操作机器，因此到了19世纪中叶这种工厂开始关闭。同时地主的需求开始增长，他们已经不再满足自己父辈的饮食和衣着。相应的，地主们的债务也水涨船高，他们中的许多人没有资金，挥霍着子孙后代的财产或者开始干起冒险的事，就像果戈理笔下《死魂灵》的主人公一样。众所周知，主人公奇奇科夫利用两次人口调查中间的15年空隙，收购"死人"，然后把它们以"活人身份"抵押给银行，从中获利。庄园抵押成了躲避彻底破产命运的最流行手段。国家通过地产抵押贷款给地主，帮助他们，这样债务人越来越多。1843年超过一半的庄园被抵押。

农村的社会形势也依然紧张。农民们靠即将解放的谣言生存，骚动与反抗几乎不间断。在尼古拉一世统治时期统计的起义就有556起，大概有一半被军队镇压——起义者们的发言与苛刻要求是如此严肃与普及。毫不夸张地讲，上百万的农民生活在即将自由的流言中。其中一个典型案例是，1847年春维捷布斯克省与普斯科夫省当局被奇怪的现象所困扰。整个村庄与地区的农民迫切地低价出售牲畜、农具、房屋,而且成群结队地东迁。阻止这不断迁移的尝试并没有成功。原来,正如当代人所写的那样,农民间一直传播着这样的消息,"在尼古拉时期建设铁路的工人会被给予特权,地主的农奴在铁路上工作三年就可以同自己的家人摆脱农奴制"。农民们赶紧前往。据说,如果不在5月15日前赶上建路工作,就不会被给予自由。在士兵与暴力的镇压下,当局艰难地阻止了成千人奔向自由的运动。

许多地区地主与农奴之间也变得剑拔弩张。许多头脑聪慧开明的地主想到必须通过改革来解开矛盾的结子。1842年,"穆里纳事件"轰动一时:穆里纳村的主人沃龙佐夫伯爵与自己的农奴签订协议,根据协议内容,农奴们获得了完全自由,可以按自己意愿结婚,以自己的名义获得财产,迁移到其他土地工作。沃龙佐夫这不可思议的举动受到了社会的谴责。但在19世纪40年代至50年代间,经济推动越来越多像沃龙佐夫一样的地主去思考改革的必要性,特别是在发达地区——组织商业性有收益的农场。废除农奴制的核心问题甚至不是农民的合法解放,要知道很多人都明白给奴隶自由的必要。土地问题是主要问题,土地的价格经常上涨,但只有土地才能在未来给地主和农民带来稳定收入。尼古拉一世不断重复土地所有者的财产是神圣的,"任何人都不应该触碰它"。当局上层都明白,不能把所有土地留给地主——否则就会发生叛乱。为此当局通过不断寻找,得出这样的解决方案:在农奴制不可避免被废除的情况下,地主将保留大部分土地,但也会给农民留下最低限度的生活用地。

当局尝试了几种将农奴制过渡到自由的模式,1842年通过了《义务农民条例》。农民根据与提供土地地主的协议,必须向地主支付租金或在地主的土地里工作。地主不可以撕毁协议、改变租金或者剥夺土地。该法律是完善的,但只有在地主的意愿之下才会产生效力,没有人有权强迫地主与他的农奴签订这样的协议。

根据P.基谢列夫的想法,将"财产登记规则"引入乌克兰、立陶宛与白罗斯似乎有发展前景。它们的核心在于,这些规则决定了地主转让给农民的土地数量,也规定了农民对地主有利的义务范围。一旦通过"财产登记规则",双方就不能对其作出更改。

这些非常温和的举措并没有解决农奴制问题,主要是农奴制至少被纳入了某种法律框架。农奴不再是单纯的役畜,而是合法的一方,是协议的一方。这对俄国来说是一个巨大的飞跃，基谢廖夫在西部省份的经验后来被用在1861年农奴制的废除上。

## [人　物]

### 大公夫人埃琳娜·帕夫洛芙娜

皇室中并不是每个人都持保守观点，大公夫人埃琳娜·帕夫洛芙娜恰巧就是这样。1824年，德国公主作为罗曼诺夫王朝沙皇之子的未婚妻前往圣彼得堡，她的未婚夫是米哈伊尔·帕夫洛维奇大公，而帕夫洛维奇大公断然拒绝与她结婚。见到这位来自符腾堡家族的17岁的公主玛丽亚后，米哈伊尔立刻表示不喜欢——因为玛丽亚心气太高，太聪明，无聊且审慎，总之，他们不是一路人。这个少女是太后玛丽亚·费奥多罗芙娜的亲侄女，太后费了很大力气才劝说公主不要离开。在此期间，米哈伊尔受到来自各方面的压力，作为家族中最年轻的一员，只能服从母亲和他的兄弟们——亚历山大一世、康斯坦丁大公和尼古拉大公——的意愿，他叹息一声，于1824年2月与埃琳娜·帕夫洛芙娜——这是符腾堡公主的东正教名字——举行婚礼。

很难想象，像埃琳娜与米哈伊尔这样不同的人组成夫妻会是什么样的。埃琳娜在巴黎著名的寄宿学校接受了优质教育，她在少年期间，天性聪颖，求知欲强，对精密科学表现出了不同寻常的能力。杰出的法国动物学家乔治·居维叶甚至想将她视为自己的学生，但这位公主自出生就注定了不同的命运。她在15岁时得知自己将要成为帕夫洛维奇大公的妻子，于是在仅有字典及语法书的情况下自学掌握了俄语，随后前往了俄罗斯，这震惊了官廷人。随后，埃琳娜·帕夫洛芙娜对科学产生了兴趣，凭借聪慧与学问在罗曼诺夫王朝脱颖而出。谈到她，沙皇尼古拉一世都很自豪，这是不无理由的："她是我们家庭中的学者。"

"这是我们家中最粗暴无知的人。"这是沙皇尼古拉一世对自己兄弟米哈伊尔的评价。确实，与米哈伊尔相比，即使像康斯坦丁与尼古拉这样热情的军事迷，都看起来像是软弱无能的自由主义者。米哈伊尔有着令人难以忍受的对细节的过分拘泥与暴躁脾气，尼古拉一世在听到军官们对他的抱怨后，每次都会发出一声苦涩的叹息。一枚失去光泽的纽扣或者扣子没有被扣上都会引得米哈伊尔暴怒。不过尽管如此，军人们仍然爱戴自己的这位军长，称他是"善良的坏人"。正如米哈伊尔传记中写道的，"大公打着严厉的幌子，隐藏的是一颗善良的心"。米哈伊尔是气性不大的人，并且异常机智，他的语句和表达方式在社会上被当作笑话重复出现。

孩子们（埃琳娜与米哈伊尔有五个女儿）总能感受到父亲那颗善良的心。他一旦在傍晚时出现在孩子们的卧室里，她们就会从床上跳起来，尖叫着骑在他的脖子上。不过当她们的母亲进来时，她们就会安静地躺在被子里，让母亲冰冷的嘴唇亲吻自己的额头。在埃琳娜·帕夫洛芙娜身上，没有米哈伊尔的善良和直率。从她的行为上总能感觉到她内在的纪律、克制、秩序、理性和缜密。自然，这对夫妻相处得不融洽。在他们25年的婚姻中，米哈伊尔开玩笑道：年年"此生再过五年，我们的婚姻就可以被称为三十年之战"。但他并没有等到这场"战争"的结束，1849年米哈伊尔突然去世。

在那之后，大公夫人的生活并没有发生太大的变化，在她的米哈伊洛夫斯基宫（现在大家都知道它是俄罗斯博物馆）里，一连串的招待会与庆祝活动继续进行。这些节日活动不逊色于皇室举办的节日，甚至超过了它们：埃琳娜·帕夫洛芙娜具有极高的品位和发明能力。M.科尔夫在米哈伊洛夫斯基宫参加过其中一次节日活动后写道："将奢华的魅力、想象力的发挥和优雅的品位融为一体，即使在我们辉煌的宫廷中，我也从未碰见过。"为了将此种节日的盛宴描绘出来，有必要将绘画与诗歌、布留洛夫的画笔与普希金的羽毛笔结合起来。法国人卡斯汀也有同样的看法，尤其被米哈伊洛夫斯基宫中充满异域风情的冬日花园所震撼。卡斯汀写道："我不知道这是梦境还是现实。所有这一切不仅仅是奢华，而是诗情画意。"

多年来，米哈伊洛夫斯基宫不仅成为举行节假日活动的琼楼玉宇，大公夫人埃琳娜·帕夫洛芙娜举办的沙龙也成为聚会场所。卡斯汀注意到这位女主人的非凡魅力和策略，以及她的能力，正如另一位目击者所写的那样，她会"按照每个人的情况"与客人交谈。这既显示了主人对客人的了解，也显示了主人的高素质教养。卡斯汀惊叹于大公夫人对法国当代文学的出色掌握，而且她对俄罗斯文学的了解也不差。有几次埃琳娜·帕夫洛芙娜被看见与普希金在一起谈论，甚至还会阅读当时的非法出版物——被叶卡捷琳娜二世禁止的"札记"。普希金在日记中写道：她"为这些札记而癫狂"。埃琳娜·帕夫洛芙娜同瓦西里·茹科夫斯基和费多尔·秋切夫交好，前者帮助她精进俄语。她特别喜欢果戈理的散文，清楚地表明自己是一位非凡的读者。

埃琳娜·帕夫洛芙娜作为真正的科学艺术资助者而名声大噪——她具有美感，品位优雅，学识渊博，听觉敏锐。凭借对艺术作品的良好鉴赏力，大公夫人帮助了伊万诺夫、布留洛夫、艾瓦佐夫斯基等艺术家，在她的沙龙里举办音乐会及有内涵的座谈会。此外还有许多作家、学者、音乐家来她的沙龙做客，其中最耀眼的明星是才华横溢、精力充沛、雄心勃勃的安东·鲁宾斯坦。安东·鲁宾斯坦起初在她的音乐会上为歌手们伴奏，然后承担起组织音乐晚会的任务。他在埃琳娜·帕夫洛芙娜的全力支持下创立了俄罗斯第一家音乐学院（圣彼得堡音乐学院）——柴可夫斯基成为这里的第一位毕业生。埃琳娜·帕夫洛芙娜是罗曼诺夫家族中有名的世界主义者，在她的领导下音乐明显朝着亲西方的趋势发展；她不喜欢东正教，认为它是"不断鞠躬行礼的宗教"；她是妇女解放的支持者，创立了著名的圣十字架慈善修女会。关于她的慈善与慷慨，一位作家在1881年这样写道："这无须重复，每个穷人都知晓。"

亚历山大二世统治初期对于埃琳娜·帕夫洛芙娜而言是黄金时期——伟大改革开始了。年轻的沙皇高度评价自己的这位婶母，倾听她的想法，赞同她的笔记与方案——否则他们会深陷复杂的官僚主义难题中。突然间，埃琳娜·帕夫洛芙娜的沙龙似乎成为"改革领域"，就像沙皇的弟弟康斯坦丁大公的住所大理石宫一样。在其他地方遇不到的人们可以在这里探讨政治问题。

无须上流礼节和烦冗的官廷礼仪规矩，高级官员甚至沙皇本人都会在埃琳娜·帕夫洛芙娜的沙龙里会见所谓的"自由主义官僚"——当时还有满腹新思想的小官和教授，这些人真诚地期待改革，对于当局而言十分重要。他们中的D.N.契切林无端指责埃琳娜·帕夫洛芙娜有野心，称其想插手国家大事：她想让"皇室成员们都习惯见到这个面孔"。最终当局逐渐习惯于请教那些独立于埃琳娜·帕夫洛芙娜的专家与人才，倾听这些人的想法。

埃琳娜·帕夫洛芙娜不仅是热情好客且开明的沙龙女主人，她还擅长倾听，并不忘记给争论者们续茶。她在1856年决定将自己庄园里的农民从农奴制中解放出来。米哈伊洛夫斯基宫沙龙里的重要成员、伟大的改革者N.A.米柳亭为埃琳娜·帕夫洛芙娜起草了一份将她的农民从卡尔洛夫卡庄园解放出来的方案，里面的主要内容是——农民的解放应该以土地换取赎金的方式进行。这一提议成为1861年农民解放的主要思想。埃琳娜·帕夫洛芙娜是最早阅读1861年2月19日未发表宣言中的一人，这并不奇怪——因为她与宣言有密切关系。

在米哈伊洛夫斯基官长期保留了举办豪华大餐、奢华舞会、音乐晚会的传统，人们可以在那里聆听文尼亚夫斯基的小提琴、达维多夫的大提琴或安东·鲁宾斯坦的钢琴演奏。然而，随着时间的推移，大公夫人的健康状况日渐恶化，她越来越频繁地离开宫殿去温泉治疗，渐渐地退出了政治圈子。但她对改革所做出的贡献没有被遗忘：亚历山大二世给埃琳娜·帕夫洛芙娜颁发了她应得的"改革工作者"奖章。埃琳娜·帕夫洛芙娜于1873年去世。

## 欧洲宪兵和高加索地区的征服者

在对外政策上，尼古拉一世不想有任何变动："维也纳体系"，也就是战胜拿破仑之后确立的国际秩序，应该继续存在。尼古拉一世把1848年欧洲的革命运动视为对个人的侮辱，他在欧洲获得了"革命驯服者"和"欧洲宪兵"的绰号并不令人惊讶。当时出现了一句悲痛的波兰谚语："俄罗斯士兵脚踩过的地方，就是不毛之地。"1849年，俄罗斯沙皇在镇压"敢于"脱离奥地利帝国的匈牙利起义时特别残忍，一支俄罗斯围剿军团被派去援助奥地利人。

自19世纪初以来，俄罗斯在北高加索的帝国运动就遇到了高原人的抵抗，特别是在将军事线——边界——从捷列克河向南移到孙扎河、高加索山脚下，并在那里建造俄罗斯堡垒之后。1818年到1820年间建立了三座要塞——格罗兹纳亚（现在的格罗兹尼市）、弗内萨普钠亚和布尔纳亚。很难准确说出，高加索战争是什么时候开始的——事实上它持续了整个19世纪上半叶，不仅对高加索人民，而且对俄罗斯人民而言，都是场悲剧。1812年战争的英雄亚历山大·叶尔莫洛夫在1816年被任命为高加索地区的总司令，使这个问题变得更加严重。他表现得就像一个残酷无情的殖民者。叶尔莫洛夫运用各种手段征服卡巴尔达人、车臣人和其他人民。如果他下达的让高原人迁往平原的命令（在那里更容易控制他们）没有被服从，他就会下令摧毁村庄，烧毁房屋和庄稼，砍伐园子和森林。就这样创建出了"死人区"，那里没有任何人居住，而高原人被驱逐到山上，在那里他们被剥夺了全部，死于饥饿、疾病与寒冷之中。叶尔莫洛夫为对平民实施的可怕暴行辩护，他写道："在这对共同概念感到陌生的无知人民之间，第一条法则就是权力。唯有武力震慑才能让高原人顺从。"叶尔莫洛夫的继承者I.F.帕斯克维奇尝试沿着高加索的黑海岸边建立俄罗斯统治，开拓同高原人斗争的新阵地。尼古拉一世的惩罚性政策导致了穆里德主义思想在北高加索，特别是在达吉斯坦的传播。穆里德是一个在与"异教徒"斗争的同时，走在与真主会合的路上的人。许多来自高加索山区的战士加入了穆里德的队伍。从1834年起，杰马·勒丁，也就是众所周知的伊玛目沙米尔，成为群众运动的领袖。他因在达吉斯坦山区扎根，然后将车臣人与达吉斯坦人统一在一个国家而闻名，该国是一个基于伊斯兰教的伊玛目国，有自己的管理机构。杰马·勒丁彻底改变了对俄罗斯人的战术：避免正面攻击，做好防御，转而采取突袭伏击、迅速突袭和迅速撤退到本地山区的战术。因此，他成功地摧毁了高加索驻军司令M.S.沃龙佐夫于1845年派往伊玛目首都的整个围剿勘察队。伊玛目沙米尔是位有天赋、聪明的传教士，也是位严厉公正的统治者和勇敢的战士，他成为高原人的领袖与英雄。1859年，多次取得对俄作战胜利的沙米尔被困在古尼布山村，随后向俄罗斯军队投降。

# 克里米亚战争的开端——阿利马河岸的败仗

在到达黑海并沿黑海海岸向东推进很远之后，俄罗斯想要夺取君士坦丁堡和海峡（博斯普鲁斯海峡和达达尼尔海峡），土耳其的衰败促进了这些意图的生成。但被称为"东方钥匙"的博斯普鲁斯海峡处还有其他强国（英国、法国）的势力。正是因为有了它们，俄罗斯才无法划分其在中东的势力范围。军事威胁被认为是获得政治和经济利益最有效的手段。1853年，A.S.缅希科夫亲王殿下抵达伊斯坦布尔，在俄土关系的所有争议问题上表明了非常强硬和不妥协的立场，这实际上诱发了战争。他是有意为之：俄罗斯早就开始在多瑙河口集结军队，黑海舰队也已进入战备状态。俄罗斯外交官推算出土耳其将屈服于武力，而在与俄罗斯的争端中支持土耳其的英法两国将无法联合起来——它们之间存在着巨大的分歧。尼古拉一世没想到的是，英法两国联合在了一起，土耳其为了实现自由，拒绝了俄罗斯的最后通牒。

著名的克里米亚战争开始了。尼古拉一世相信俄罗斯对战土耳其的优势，打算重现1826—1829年的胜利之战。确实，一开始在多瑙河岸，尤其是高加索地区，俄罗斯军队取得了军事行动的胜利。俄罗斯舰队将土耳其舰队封锁在了其港口，1853年11月18日海军上将P.S.纳希莫夫在西诺普战役中取得了辉煌的胜利，烧毁了一支庞大的土耳其舰队。当时，大家都很佩服这位将军的勇气。水手迈斯特连科回忆道："啊，纳希莫夫！他很勇敢，沿着船舷走，当敌人的炮弹呼啸而来时，他只是挥一挥手……"西诺普战役的消息刺激了英法联军的行动。1853年12月联军舰队进入黑海，而到了1854年2月俄罗斯才向英法宣战。俄罗斯舰队被封锁在了自己的主要基地——塞瓦斯托波尔。1854年9月初，联军在克里米亚的叶夫帕托里亚无障碍登陆，不久之后，俄军在阿利马河附近的战斗中被击败，撤回塞瓦斯托波尔。这次失败的原因不仅在于指挥官A.S.缅希科夫的平庸，而且在于军队缺乏对战强劲敌人的准备。

[文　献]

  当时很明显的是，由于陆军和海军的技术装备问题，俄罗斯军队无法应对战争。俄罗斯军队的失败是由尼古拉一世的统治以及军队的总体状况导致的。从保罗一世时期开始，统治者就将注意力放到了操练上，准确地说是严酷机械的练兵，将士兵们训练成活着的冲锋枪。"军队是辉煌的，但这是外在的辉煌，"一位当代人在19世纪30年代写道，"而实质上却蕴含着破坏精神和身体力量的种子。因为不寻常的死亡率，军队每年都有四分之一的人消失。"

  1835年，军队中有23.1万人，其中有17.4万人生病，1.1万人死亡……这样的损失在任何战争中都没有记录。众所周知，尼古拉一世时代的士兵相比敌人的子弹更害怕医院，因为在那里会被活活饿死。一份当时人的证词写道："这种训练方法对人的生命来说是一种毁灭。士兵同时被拉起和放下，向上是某种立正姿势，向下是腿和脚趾的伸展。士兵必须在所有肌肉和神经紧张的情况下，慢慢地把腿伸到半人高的地方，然后迅速放下，用整个身体靠在上面，由此，整个内脏被不断地拉伸和摇晃，（很容易）产生肺痨和炎症。"

  阿利马河畔的战役显示，俄罗斯在军备上远远落后于自己的对手。早在19世纪40年代，英法两国的军队就引进了来复枪——一种远射程的上膛步枪。俄罗斯军队中仍是滑膛枪在服役，其射程比步枪差3到4倍。在阿利马河畔的战役中，联军的每位士兵都配有一把远射程步枪，而俄罗斯军队中23名士兵才能有一把远射程步枪。其余22人的射击没有击中目标，只是因为滑膛枪射出的子弹根本没有射中敌人。

  我们都知道，军队是国家与社会的一面镜子。事实证明，尼古拉一世的保守政策无法利用当时的最新技术进步来改善军事事务。即使是诸如蒸汽机对风帆的优势，以及有膛线武器对滑膛武器的远程效力这样明显而简单的事情，也是俄罗斯领导人所不能理解的。宪兵队副队长L.V.杜贝尔特1847年——在克里米亚战争很久之前——在自己的日记中写道：

  "英国海军开始给螺旋桨驱动的船只上发条。我想到的是，他们的军舰会用蒸汽前行，而我们的只能用帆，在第一场战争中，我们的军舰就会被打光！喀琅施塔得的'玩具'……无济于事……我坦率地向我的上司表达了这个想法,还说了,常识告诉我们,如果外国列强将其海军力量转化为依靠蒸汽,我们也应该这样做,并努力使我们的舰队保持与他们一样的灵活性。但上司却对我说:'你,和你的常识,都是真正的笨蛋!'"

因此,到了1853年俄罗斯舰队在蒸汽发展方面远远落后于英法两国。英法两国共有258艘蒸汽船,而俄罗斯只有24艘,其中在黑海上仅有6艘!因此,西诺普的胜利者甚至无法从塞瓦斯托波尔湾出海,而没有舰队作战是极其困难的。炮兵的状况也很糟糕。1854年,当波罗的海奥兰群岛上的俄罗斯博马津德要塞被联军舰艇封锁时,俄罗斯人发现自己的炮弹甚至无法攻击到敌舰,而敌舰则可以毫无阻碍地向俄罗斯人的防御工事发射炮弹。俄罗斯士兵和军官的勇气再大也无法挽救这一事业。在忍受了几天可怕的炮声后,驻军被迫降下了旗帜。同样的事情经常发生,只是在塞瓦斯托波尔所发生的引发了无法想象的灾难性后果。

# 围困塞瓦斯托波尔

10月初，联军开始轰炸塞瓦斯托波尔。塞瓦斯托波尔的守军得到了从海湾入口处沉没船只上下来的水手增援，处于一种战斗状态。工程师们在托特莱本将军的领导下，设计了一套防御系统，迅速建立了防御工事，并在堡垒上巧妙地布置了海军炮。塞瓦斯托波尔的居民也积极地帮助士兵与水手。

担任防务负责人的是受陆军、海军和市民爱戴的指挥官——海军上将 V.A. 科尔尼洛夫和 P.S. 纳希莫夫，他们表现出了最大程度上的勇气和尊严。他们和成千上万的塞瓦斯托波尔保卫者一样，牺牲在了它的堡垒上。科尔尼洛夫在对驻军讲话时说："我们将战斗到最后一个人，我们没有地方可以后退，我们的身后就是大海，如果有人命令我们停火，我们就将其刺死！"

塞瓦斯托波尔人十分爱戴纳希莫夫将军。纳希莫夫毕业于海军武备学校，将自己的一生都奉献给了海洋。他没有自己的生活与家庭，船只就是他的房子，而那里的住户——军官与水手——就是他唯一挂念的家人。在严酷无情的尼古拉时代，纳希莫夫爱惜军官与水手，并信任他们，他受到塞瓦斯托波尔所有守卫与舰队人员的无限爱戴。作为真正的防御领袖的权威是无可争辩的，这位伟大的海军上将无法在投降的耻辱中活下来，死在堡垒中成为他的自然归宿。

塞瓦斯托波尔坚守了349天。起初联军希望在强力炮火的突击下拿下要塞，但俄罗斯人用大炮作出强力精准的回应，守卫们立即修复了堡垒上被破坏的地方，以至于联军指挥官犹豫是否要继续突击这里。数月的围攻开始了，在马拉霍夫高地展开了最主要的战役，这里的每一寸土地都浸满了守卫者和攻击者的鲜血，科尔尼洛夫的生命在此消逝。缅希科夫和他的军队站在克里米亚的深处，几次试图帮助被围困的人。1854年10月13日，在巴拉克拉瓦附近的山谷中发生了一场战斗，在这场战斗中，由卡迪根勋爵率领的英国精锐骑兵旅的进攻被俄军击退，然后几乎整个旅都被俄罗斯长枪兵摧毁。在英国，将这个克里米亚山谷称之为"死亡之谷"。然而，缅希科夫终究没能解救塞瓦斯托波尔。

对于所有被围困人员来说，即将到来的寒冬是一次艰难考验。舰队和武器方面的优势并没有长时间帮助联军作战，俄罗斯军队抵抗英勇，坚忍甚至狂热。手臂负伤的水手科尔帕科夫拒绝服从指挥官要求自己放下枪的命令："得了吧，长官大人，难道一只手就不能作战了吗！"到了1855年春天，塞瓦斯托波尔城内的处境变得更加艰难：联军在设备、武器、弹药上都拥有优势。一条铁路从巴拉克拉瓦——不断有增援船只停靠的主要港口——修到了塞瓦斯托波尔，而俄罗斯军队却陷入了可怕的泥潭，无法用人力或火药帮助塞瓦斯托波尔。到了夏天，一支由14万名英国、法国和土耳其士兵组成的庞大联军与4万名疲惫不堪的要塞守卫者交战。恰巧在滑铁卢战役纪念日，6月18日，塞瓦斯托波尔开始反击，但却失败了，联军也没成功拿下要塞。

守卫者们的力量已耗费殆尽。当代替缅希科夫的M.D.戈尔恰科夫大公向第二堡垒的士兵询问还有多少人时，他们回答道："够三天的，长官大人！"在法军的疯狂攻击下，9月8日主要防卫据点——马拉霍夫高地——失守。戈尔恰科夫从海湾的另一侧，即科拉贝尔纳亚一侧，透过望远镜看到的是高地山坡上的数百具尸体，以及高地顶部的一面法国三色旗帜。作为最高军事指挥官，当天他决定将驻军从要塞撤离。军队越过建在大布赫塔的桥，向北面移动，进入俄罗斯。守卫战的参与者列夫·托尔斯泰——当时还是位年轻的炮兵军官——写道："在来到桥的另一侧时，几乎每位士兵都脱帽画十字祷告。但这是另一种感觉，一种深深的沉重感：这种感觉类似于懊悔、羞耻与愤恨……"

[传说和谣言]

### 科尔尼洛夫军刀

1853年9月，科尔尼洛夫的副官格里戈里·热列兹诺夫中尉从苏呼米廉价购买了一把优秀的高加索军刀。之所以廉价，是因为所有拥有这把高加索军刀的人，都会在战争中牺牲。热列兹诺夫作为一位有文化的勇敢战士并不迷信，对那些建议他扔掉军刀的人嗤之以鼻。1853年11月5日，在科尔尼洛夫指挥的护卫舰"弗拉基米尔号"与土耳其汽船"佩尔瓦兹·巴赫里号"的战斗中，热列兹诺夫带着军刀（以备登船），在踏上甲板后立即被铅弹击中而死亡。在整理自己副官的遗物时，科尔尼洛夫保留了这把军刀，当作纪念品。1854年10月5日，在马拉霍夫高地，科尔尼洛夫被敌方炮弹击中，他佩戴军刀的腰部受了致命伤。断成两截的刀被保存在塞瓦斯托波尔守卫战博物馆中。

# 尼古拉一世之死

尼古拉本人没有活到塞瓦斯托波尔失守的消息传来，他不用忍受俄罗斯在战争后即将迎来的耻辱。夏天的彼得夏宫里，人们可以从高处看到站在喀琅施塔得附近封锁俄罗斯舰队的英法舰队。这一奇怪景象对于住在郊区的居民而言是无法忍受的，毕竟曾经的欧洲在俄罗斯独裁者面前是战战兢兢的，现在不可一世的敌人好像在嘲笑他们。联军对喀琅施塔得的封锁是一个可悲的象征，象征着尼古拉一世整个停滞不前的保守政策的失败和崩溃。1854 年 8 月底，女侍从官 A.F. 秋切娃看到了尼古拉在"唱诗班"：

> 在教堂里，我站在他旁边，对最近他身上发生的巨变而感到震惊。他的样子很沮丧，他的脸上布满痛苦的皱纹。当看到他祈祷时表露出痛苦和专注的神情时，不可能不对这个在上帝面前受辱沮丧的自尊强大之人怀有尊敬和悲哀的同情心。

1855 年 2 月 18 日尼古拉一世去世。盛传，尼古拉因无法坐等战败的屈辱就服毒自杀了。他在生命的最后时刻，下令解除了 A.S. 缅希科夫对南方军队的指挥权，承认了自己军队的全面溃败。国内许多人的感受被列夫·托尔斯泰描写了出来。强大的俄罗斯战败了：曾经似乎不可动摇的价值观实际上成了官方谎言，军队失去了一切可以失去的东西，舰队不复存在，国家深陷失败的耻辱之中。当代人回忆，社会上的情绪是令人痛心的，人们在希望中等到的是无法避免的战败。尼古拉一世的统治结局令人感到极其痛心。著名的国务要员 P.A. 瓦卢耶夫十分精确地表达了自己的观点："金玉其外，败絮其中！"几乎所有人都同意这一说法。塞瓦斯托波尔的战败证明，俄罗斯正在经历最严重的军队危机。尽管联军只能在远离重要中心的克里米亚站住脚，但继续战争对俄罗斯而言是不可能的。军事学院教授及将军 D.A. 米柳亭在自己名为《关于继续进行1856年军事行动之危害》的代表性报告中写到，国家资源已经被消耗殆尽。军队中还有100万服役人员，但武器却没了；军队中伤寒与霍乱肆虐。总而言之，军队没有战斗力，无法再承受任意一场战役，必须不惜一切代价结束这场战争。

米柳亭和其他人谈到其中的一个观察结果：在本国历史上，俄罗斯军队的发展历程好像是一个巨大的圆圈，再次来到了"1700年的纳瓦尔城墙下"。由彼得大帝在新兵兵役义务和终生服役制度基础上所创建的军队组织度过了一个半世纪，需要快速的重要改革。俄罗斯需要新的职业军队，而不是在阅兵场操练步伐的军队，需要的是由现代武器与先进军事策略武装的军队。与彼得大帝时期一样，必须重建舰队。但是，没有蒸汽船俄罗斯将寸步难行。

在对外政策上，尼古拉一世希望俄罗斯像以前一样居于首位。克里米亚战争揭露了俄罗斯外交上的严重失算，俄罗斯没能阻止英法同盟。1855年，奥地利也宣布加入联盟，俄罗斯被孤立了。俄罗斯为和平所要付出的代价变得更昂贵了，这在1856年2月开始的巴黎和会上就表明了。会议签订了和约，根据条约俄罗斯失去了在黑海上拥有军舰和所需军火库的权利。俄罗斯作为世界强国的威望被动摇了。俄罗斯的外交政策必须改变，其胃口必须与能力相称，必须考虑新的政策方向。但这需要新人——年迈的内塞罗德的时代已经过去。

与彼得改革前夕一样，19世纪50年代军事和外交危机只是国家危机的冰山一角，其核心是一场社会危机。尼古拉时期的俄罗斯一直未能解决最重要的农奴制问题，众多的委员会都没有解决任何问题。农奴对自由的渴望已变得不可阻挡。每一个登记成为民兵的农奴都将获得自由的谣言导致了群众暴乱，军事指挥部艰难地将其镇压。此外，反对农奴制和地主徭役的农民起义几乎席卷了所有省份。来自地方的消息称，农民越来越难以治理。他们对徭役表现出明显不满，不缴纳赋税，变得叛逆、顽固，顽强地期待新沙皇会给他们带来自由。在曾经没有声音的群众中，显然有一种潜在但强烈的发酵正在进行。牢记普加乔夫恐怖事件的当局不能无视这一点。废除农奴制将是亚历山大二世统治的首要社会目标。

在尼古拉一世统治时期，被隐藏到深处的其他问题不可避免地出现了。农奴制一旦被摧毁，连锁变化就不可避免——要知道国家的整个关系体系都是建立在农奴制的基础上。曾经由彼得大帝建立的政府官僚体系被证明是完全不可靠的。在尼古拉一世时期，也没有在这个方向上做任何事情。然而，在克里米亚战争的过程中，人们清楚地认识到，以旧的方式治理国家变得不再可能。官僚机构甚至无法向饥饿的人发放食物，无法或多或少修建将士兵送到克里米亚的耐磨道路与桥梁。

总之，以"土地"为基础的地方管理、地方自治和地方社会的问题与废除农奴制问题并列，并与之有直接的联系。要知道，一旦废除农奴制，自由人的人数就会增加一倍——数百万农奴将获得自由。如此，募兵制和自彼得大帝改革以来从未改变的按人头征税的制度都已经过时，如果不进行税收改革，普遍兵役制就不可能实现。法院同样如此，国家对司法改革的需求不亚于对废除募兵制与人头税的需求。自彼得大帝时代以来，一直按照"法律就像一根棍子，你怎么转，它就怎么转"的原则来决定人们命运的法院，必须废除。取而代之的是一个没有等级的、公开的、有独立法官和律师的法庭。

青年人和从事与文学、艺术创作相关的知识分子，受尼古拉统治意识形态影响最大。尼古拉当局沉闷且不愿意听任何新鲜话语，压制一切思考，像一只铁桶。而这只铁桶突然破裂：在首都流传着谣言，说新沙皇打算改变尼古拉一世的残酷大学规章，学校将是无阶级的，女性教育被允许，将发放外国护照！在过去，因为害怕第三厅特工，人们还不敢大声谈论这一切。而现在，漫长的严冬过去了，春天即将到来。但每个人都被尼古拉和他的宪兵吓得不轻，所有人都表现得小心翼翼，互相敦促要有耐心，循序渐进，但实际上却真的想尽快、立刻拥有自由。这是长期等待自由的必然结果。

社会运动在眼前复苏：在会议和学生演讲中，言辞变得更加大胆；1855年，赫尔岑的《北极星》首次在伦敦出版，其"光芒"传到了俄罗斯。每个人都在抬头看——我们年轻的沙皇在做什么，在想什么，在信赖谁，以及明天我们所有人会发生什么。"即将到来的波涛汹涌的大海"（普希金），就像在彼得、叶卡捷琳娜和亚历山大时代，在俄罗斯面前展开……

# 第六部分

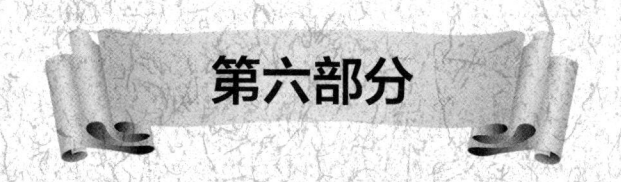

# 亚历山大二世统治时期——大变革时代（1855—1881）

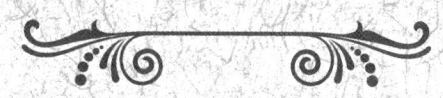

## 亚历山大二世个性改革的开端

尼古拉一世的长子亚历山大王子登上王位，他英俊、聪慧、受过教育。关于亚历山大二世，法国人 A. 屈斯蒂纳这样写道：

这是位名副其实的君主。他的外表谦虚但不胆怯，首先给人留下了极为有修养的印象，一举一动都很儒雅。他是我所见过的所有君主中最卓越的典范。

他身体轻盈，行动敏捷，年轻时是一名出色的骑手，勇敢无畏，沉着冷静。这些特点在刺客试图刺杀他的过程中不止一次表现出来。对这份"国王职业"，亚历山大比罗曼诺夫家族的其他人都有更好的准备。他的导师之一、诗人 V.A. 茹科夫斯基曾告诉亚历山大的父母，他不会把继承人培养成军队的指挥官，会将其培养成视俄罗斯为国家，而非阅兵场和兵营的开明君主。亚历山大·尼古拉耶维奇从本质上来讲不是一位改革者。在性格上，亚历山大·尼古拉耶维奇与他专制、有目标的父亲尼古拉一世不同，相比于公开的权力重担，更喜欢平静的家庭生活。然而，作为一个有责任感的人，他毫不犹豫地接受了自己的命运。成为沙皇后，亚历山大二世感到肩上担负着巨大的责任。同时，亚历山大二世从一开始就成为激进改革的倡导者：废除农奴制，改革陆军和海军、财政、法院和地方政府。或许年轻沙皇和他周围人一样，起初并没有想象到这条道路的艰难；他不止一次地表示怀疑，他不喜欢许多新创造的东西。然而，他认为没有其他办法能解决威胁俄罗斯的内部危机，使帝国恢复到以前的大国地位。

亚历山大二世有这方面的必要才能，他接受过良好的教育，他为登上王位做了长期而认真的准备，因此对实际情况非常熟悉；他还经常出国旅行，有机会将俄罗斯的情况与外国的情况进行比较；了解几种欧洲语言也有助于亚历山大二世的改革。

亚历山大二世根本不准备改变从父亲那里继承来的旧秩序，但他也明白俄罗斯各个领域需要变革的必要性。克里米亚之战对俄罗斯的羞辱促使其下定决心。他眼含热泪地阅读了来自克里米亚的报告，被迫同意塞瓦斯托波尔投降，签下了最艰难的《巴黎和约》，根据该和约，俄罗斯被剥夺了黑海上的舰队，并失去了在那里的所有影响力。战败的打击如此之大，亚历山大二世不顾内心的恐惧，不顾自己的优柔寡断，不顾保守派的拼命抵制，始终坚持实施改革，支持推动改革的上层自由团体。

亚历山大二世掌权鼓舞了很多人。沙皇感觉到，社会思想是站在他这一边的。赫尔岑在表达他同时代人的意见时，从英国给他写信：

> 陛下，您的统治是在艰难时机下开始的。您身上没有血腥污点，您没有来自良心的谴责。您父亲的死讯不是由谋杀他的人带给您的（暗指亚历山大一世的死亡），您不需要走过洒满俄罗斯人鲜血的地方就能坐上王位，您不需要通过处决来宣布您的登基（暗指尼古拉一世的登基）。你们家族历史上几乎没有出现过您这样一个有着干净开端的例子。

1856—1861年是公开化时代。赫尔岑号召沙皇：

> 陛下，请给予俄罗斯言论自由。我们的思维禁锢，我们的思想因缺乏自由而毒害我们的胸怀，它在审查的枷锁上呻吟……请让我们发表自由演讲。我们有需要对世界和自己说的话。

很快，令保守派害怕的是，在报纸上已经可以读到尼古拉一世时期禁止的文章了。突然间一切都变了：审查制度变松了，军事驻扎点被撤销，一个又一个的禁令被取消，政府开始发行出国通行的护照！在普遍慌乱的局势中，关于变革的方式、方法和节奏的激烈辩论与争论的公众舆论正在形成。公众舆论支持年轻沙皇，不仅是宫廷献媚者,人民也称沙皇为"解放者"。

改革方案在政权内部酝酿已久。亚历山大镇压了贵族和官员中不可调和的改革反对者的反抗,支持社会上持有自由观点的拥护者。在复杂的国家改革事务上,沙皇有很好的伙伴和助手:沙皇的兄弟康斯坦丁·尼古拉耶维奇大公、罗斯托夫采夫、米柳亭兄弟、瓦卢耶夫等人。

# 废除农奴制

废除农奴制是早期改革的核心事件，后来被称为"大改革"。废除农奴制的宣言一开始就写道："君主的爱，对所有臣民一视同仁。"

我们在心里发誓，要用我们的王室之爱和关怀拥抱我们所有社会阶层所有等级的忠诚臣民，从那些保卫国家挥舞刀剑的人到那些手握粗糙工具工作的人，从那些履行较高国家职务的人到那些在田间耕作或犁地的人……

接下来是关于改变几个世纪以来的旧秩序的话："地主庄园的农奴制和宫廷农民的农奴制被永远废除了。"在发表宣言的同时，沙皇还签订了农民条例，其中规定，在起初的两年里一切照旧，地主的土地仍是他们的财产。

然而"宣言"与"条例"的实施成为国家政治经济生活中真正的突破口。A.I.赫尔岑在自己的文章《警钟》中表达了进步思想社会的观点：

第一步完成了！……亚历山大二世做了很多；现在他的名字已经位于所有前人之上。他以人权、慈悲的名义同贪婪的卑鄙小人们做斗争，并摧毁了他们。俄罗斯人民与世界历史都不会忘记他……我们向他的解放者之名致敬。

[文 献]

政府担心民众会发生暴动。E.P.佩尔佐夫写道："2月19日前夜，每个看守所都有几辆大车（在彼得堡有十三辆），还有体罚用的树条。当被问及为什么突然需要如此大量的树条时,警察们毫不犹豫地回答:'为了鞭打院子里那些不再听主人话的人。'"

在一名军官的带领下,带着上膛步枪的士兵们被秘密带入每个看守所,听从警察当局的命令,射杀了一些人。警察召集了所有房屋的看守人,命令他们监督院子里或屋前街道上聚集的人不能超过三个,听一听是否有人在谈论农奴的解放问题,留心观察是否有超过三个的客人,甚至在牌桌上的谈话也要立即上报。警方承诺,如果情况属实,告发者可获得5卢布,被告发者会受到200鞭子的惩罚。农奴制的废除在首都并没有引起骚乱,但在接下来的两年里,骚乱蔓延到全国。农奴们对他们从农奴制中解放出来的条件不满意,对土地问题的解决更不满意。全国各地有一千多起暴乱记录,1861年春天在喀山省的贝兹德纳村发生了一次真正的起义,随后被当局用武装力量镇压了。

# [人 物]

## 康斯坦丁·尼古拉耶维奇

保守派对亚历山大二世的弟弟康斯坦丁·尼古拉耶维奇大公的痛恨超过其他人。他们认为,是康斯坦丁从他的"蛇窝"——彼得堡的大理石宫——鼓动亚历山大二世改革,从而"将俄罗斯毁灭"。的确,改革是在不同方案中的争议和讨论中诞生的。康斯坦丁自始至终都是最狂热的改革拥护者,他比亚历山大小9岁(出生于1827年),但这并不影响他们之间的情谊。当时尼古拉一世决定让康斯坦丁成为一名海军军官,因此他获得了海洋方面的教育(优秀的航海家与学者F.P.利特克是他的老师),成为优秀勇敢的水手。康斯坦丁在17岁时就已经开始指挥"尤利西斯号"双桅船,完成了远海航行。像许多海军军官一样,康斯坦丁多才多艺,很有天赋,大提琴拉得很好,还擅长画画。大公最常居住的地方是斯特列利纳的大宫殿。这座宫殿是他的父亲尼古拉一世早在1831年送给他的,宫殿由建筑师A.I.斯塔肯施耐德打造,并装饰有许多艺术品。

就像在大理石宫中一样,大公全家在此过冬,宫内经常举办戏剧表演、音乐会和舞会,前来参加的人不仅有宫中官员,还有许多优秀人士——作家、音乐家。伟大的约翰·施特劳斯为宫殿中美景创作了一首名为《斯特列利纳阳台》的四重奏,并为女主人创作了一首名为《亚历山德拉》的华尔兹。

虽然康斯坦丁与亚历山大二世的观点相同，但他有时过于激进——他表现出来的喜怒无常、冲动性情与此有很大关系。康斯坦丁大公不仅是一位在俄罗斯社会中享有高级荣耀的职业海军军官，而且还是一位杰出的海军部长和海军上将。康斯坦丁的名字与俄罗斯舰队复兴，以及新型舰艇——装甲舰——的建造联系在一起。康斯坦丁从英国订购了第一艘装甲舰，剩余的船只是在俄罗斯打造的。他还首次聘请了著名作家——A.N. 奥斯特罗夫斯基、D.V. 格里戈罗维奇和 I.A. 冈察洛夫等——在海军部任职。他们写下了关于俄罗斯军舰行军的札记，而冈察洛夫的散文集《帕拉达号护卫舰》甚至超越了它的时代。

在1861年2月19日解放农奴的宣言发表后，康斯坦丁领导了农业制度改革主导机关。

康斯坦丁·尼古拉耶维奇意志坚强，态度坚决，多次鼓励有所疑虑的亚历山大二世继续实施改革。1866年，为了"将各阶级的声音传达到王室"，康斯坦丁向沙皇提交了一份关于在国务委员会下建立一个由他领导的谘议机构，该机构经地方自治局和城市选举组建。虽然康斯坦丁的草案没有被实施，但他对皇帝的影响一直持续到亚历山大二世去世。

1881年3月1日亚历山大三世掌握政权后，一切都发生了变化。新皇帝到达冬宫后，指着跪在父亲尸体旁啜泣的科科叔叔（康斯坦丁·尼古拉耶维奇的爱称），愤怒地要求道："把这个人赶出去，他让我父亲变得不幸，使他的统治变得阴暗。"亚历山大三世不想待在这位自由主义者和"好色之徒"的身边。康斯坦丁与萨克森－阿尔滕堡的弗雷德里卡公主的婚姻并不幸福，后者在东正教中被命名为亚历山德拉·约瑟芙娜，两人生了六个孩子。康斯坦丁几乎公开地与马林斯基剧院的芭蕾舞演员A.V.库兹涅佐娃住在一起，并与她生下两个女儿，他为库兹涅佐娃购买了一所豪宅。后来在1891年，王子尼古拉·亚历山德罗维奇从库兹涅佐娃手里买下了这栋房子，并把它送给了自己心爱的芭蕾舞演员M.F.克西辛斯娃。受辱的大公在日记中写道："他们想把我像扔一只不合适的旧手套一样扔掉！"1881年5月，他永远地抛弃了自己的妻子和国家职务，带着库兹涅佐娃和他们的女儿来到了克里米亚的奥兰达庄园，在那里他一直生活到1892年去世。

# 市政与司法改革

农奴制的废除影响了很大一部分人口，打破了几个世纪以来建立的社会关系体系，还引起了政府、司法、军队、财政和教育方面的改革。农民的解放要求对地方政府进行改革。从1864年开始，国家引入了地方自治局——地方选举机构，负责经济事务。地方自治改革是由内政部长P.A.瓦卢耶夫构思的，其目的是为土地财产管理引入替代方案，地方自治局负责人多半是从贵族中选举产生中。地方自治局管理地方财产和资本，分配和征收税款，修建和维护道路，为居民提供食物，经营村庄里的医院和学校，并负责预防流行病和动物疫情。土地所有者、城市居民和农民选举出由地方执行机关任命的县地方自治局。地方自治局在俄罗斯生活中的重要性怎么估计都不为过，它是公民社会一个强有力的萌芽。成群结队的农民前往地方自治局寻求帮助和正义，通常这两者都会得到。地方自治局的医生和教师成为俄罗斯知识分子的象征，他们将自己的精力和知识无私地奉献给人民。

1870年通过了《城市自治条例》，确定了新的城市生活的公共管理特点。当选的城市杜马负责推选市长和市政府成员，同时管理城市经济多方面事务，如美化城市，监督消防安全和卫生标准，照管贸易和工业，促进证券交易所、信贷机构以及医院、慈善机构和教育组织的发展。《城市自治条例》让俄罗斯城市从中世纪的状态中走了出来。

人们抱怨最多的是司法体系中充满违法行为。1864年，随着新的司法法规的批准，司法改革开始了，亚历山大改革的目的是建立"高效、公证、仁慈和人人平等"的法院。法院最终从行政部门中分离出来，法官是终身任命的，在形式上独立于官员的个人意愿。新法院是公开的，由陪审团组成，它以控辩双方辩论制为基础，并引入了辩护权和独立律师。当选的治安法官单独负责审理小型案件。在法律界，出现了有才华的法官和律师。当时，A.F.科尼律师的表现尤为出色。1877年，他负责审理伤害圣彼得堡市长 F. 特列波夫的革命者维拉·扎苏里奇案件。陪审团宣判扎苏里奇无罪，公众欢呼雀跃。这次审判后，亚历山大二世设法通过了一项法律，是关于在没有陪审团的情况下，特别法庭负责审理政治案件。后来所有的革命者都是这样被审判的，包括刺杀沙皇本人的民意党分子。但陪审团审判的制度在俄罗斯一直保留，而且随着时间的推移，成为司法和法治的一个基本特征。

# 陆军和海军改革

在克里米亚战争中被击溃的俄罗斯军队也迫切需要改革，而且是彻底的改革。从 1861 年开始，D.A. 米柳亭将军对军队进行了改革，他成为军事部长，然后是陆军元帅。军队改革的实质是由征兵制向全民服兵役制过渡，军队管理系统改变，陆军部重组，建立新的训练学校，重新武装陆军和海军。将军们顽固地、长期地抵制军队改革——旧的征兵制度和尼古拉一世时期的训练学校在老将军们看来是不可替代的。直到 1874 年才通过了一项法律，废除了征兵制，并要求所有阶级人员在军队中服役 6 年（海军服役 7 年）。与此同时，现代线膛长枪开始出现在军队武器装备中；炮兵工厂开始铸造不逊色于英国的大炮。在新开设的训练学校，新一代有文化的军官正在接受培训。军队换上了比以前更加舒适的新制服，它有点类似于美国内战期间的美军制服。

海军所需要的改革并不比陆军少，摆在面前的就是在蒸汽牵引力基础上，重新建造带有新武器装备和装甲的舰队。前面提到的康斯坦丁·尼古拉耶维奇大公在舰队改革中的功绩是毋庸置疑的。他对舰队所需了如指掌，主张发展装甲舰，并为远洋作战建造高速蒸汽帆巡洋舰。俄罗斯并没有放弃在世界海洋上与英国作战的想法。19 世纪 60 年代随着低舷铁甲舰的建造（在浅水区作战的装甲舰），海军复兴开始了。得益于康斯坦丁和其他海军上将的努力，军舰装备了线膛炮，水雷被开发出来，潜艇也得到了试验。然而由于资金不够，舰队建造得很慢。例如，著名的战舰"彼得大帝号"的建造就花了八年时间！

### "彼得大帝号"

1869年，俄罗斯第一艘战舰"巡洋舰号"下水（1872年它取名为"彼得大帝号"）。根据A.A.波波夫的设计，该舰在圣彼得堡的加勒尼岛造船厂打造，最终于1877年投入使用。它的原型是美国的低舷铁甲舰（一种拥有强大火炮的战舰，用于在近海和河上作战）。这艘低座船舰中间耸立了装甲"堡垒"。

最初"彼得大帝号"在低舷铁甲舰之列，而在1873年它开始被视为装甲舰。在很长一段时间内，它是俄罗斯最好的舰艇之一，以其良好的适航性而著称，尽管它没有参加过战斗，但却被认为是世界上同级别的最强舰艇之一。从1906年起，它成为一艘炮兵训练舰，并在第一次世界大战期间成为潜舰基地。令人惊讶的是，第一艘装甲舰的船体一直保存至1959年，那年它被拆解为废品。

## 教育改革

1864年,《初等国民学校章程》获得通过,这份文件确定了一个新的中小学教育体系。地方自治学校提供基础教育,随后是面向所有阶级的七年级制男子中学,中学被分为人文(古典)与技术(现实)两种类型。人文中学的学生不需要考试就能进入大学,而技术中学的学生则进入技术学院。在中学教育的形成过程中,上演了一场激烈的斗争。国民教育部长D.A.托尔斯泰是古典教育的倡导者,认为科学和其他自然科学的教学是有害的。最终,他的观点被纳入了1871年通过的《文科中学和中学预备学校章程》中。得益于A.V.戈洛温,大学改革是在自由主义精神中进行的。1863年的法规恢复了在尼古拉一世时代被破坏的大学自治权,为职位和教研组的更换确立了选举原则,甚至为大学生引入了独立法庭。

# 波兰起义

正如俄罗斯这个多民族国家经常出现的情况一样,改革导致了国家问题的恶化。亚历山大二世放松了对波兰的镇压政策,并大赦了波兰的政治犯。波兰政治犯被赦免不仅没有平息波兰骚乱,反而导致了波兰解放运动的加强。1863年,波兰武装起义开始,有"刽子手"绰号的维尔诺总督M.N.穆拉维约夫凭借枪杀与绞刑架勉强镇压了这场起义,他在波兰的残暴行为多年来被人记住。波兰被俄罗斯的武装手段所"驯服",然后屈服于俄罗斯的霸权。

[文 献]

波兰起义军和俄罗斯政府军之间的战斗是持久、血腥且力量悬殊的:波兰人除了勇气能与政府军相抗衡外,其余什么也没有。以下是1863年6月8日《北方蜜蜂报》一篇文章中的一段话:

"在一个叫托马舍夫的村镇……村镇被叛乱者占领,一支从扎莫希奇出发的强大武装机动纵队带着一门火炮……到达托马舍夫后,纵队中派出两百名哥萨克人,从左右两边包围了这个村镇。为了使叛乱者陷入困境,让步兵轻松将其赶出托马舍夫,大炮向叛乱者占为营房的房屋发射了两枚普通榴弹,其中一枚点燃了营房。然后,当相当一部分叛乱者冲到尤瑟夫路上时,他们同配备有马枪的哥萨克人相遇,双方停下来展开了小规模交锋。大炮又发射了一枚普通榴弹,叛乱者从爆破处逃走,想要突围到奥地利边境,但在那里叛乱者又遇到了哥萨克人,几乎全部被杀;留在军营里的人希望能坚持下去,但步兵们突击拿下军营,消灭了里面剩下的叛乱者。"

笔者在收集安娜·伊万诺芙娜女皇时期的俄波战争材料时,偶然发现了这篇文章。1734年2月28日《圣彼得堡新闻》中描述了波兰起义者和俄罗斯军队在考斯勒镇附近展开的一场小规模冲突：波兰人被哥萨克人攻击，哥萨克人狡猾地引诱波兰人开枪，然后突然掉头，采用游牧民族著名伎俩——通过假撤退来引诱敌人。而当时波兰人并没有注意到，"俄罗斯中校摧毁了磨坊旁边的桥，切断了他们通往森林的路，哥萨克人占领了所有可以逃跑的地方，所以（波兰人）最后被迫去了粮仓"。哥萨克人和龙骑兵从四面八方包围了粮仓，并放火焚烧，"那些没有被哥萨克人烧死的人，被长矛刺死了。还有人注意到，两名弓箭手看到自己的战友被刺死，就在自己身上画十字后再次跑进火里，与战友一起被烧死"。

这两篇文章之间相隔了129年！报纸的排版、字体和语言都发生了变化，土地上已经繁衍了四五代的波兰人和俄罗斯人，但俄罗斯人对波兰人和波兰的态度却一直没有改变。如果在1734年和1863年能够结束这段血腥的编年史就好了。

# 新的对外政策

在克里米亚战败后,俄罗斯不得不重新创建新的对外政策。毕竟,俄罗斯是战败一方,1856 年签订的《巴黎和约》损害了俄罗斯的国家尊严,俄罗斯在黑海驻扎舰队的权利也被剥夺了。在亚历山大一世时期建立的以俄罗斯为首的"维也纳体系"土崩瓦解。俄罗斯不得不从根本上修改所有熟悉的对外政策原则,这虽然很艰难,但也是必要的。新任外交部长戈尔恰科夫亲王在他的第一份通告中通知所有列强,俄罗斯将撤销对"神圣联盟"成员的道德义务,而集中精力"发展国内政策",专注于"国家力量的发展"。

这并不是闭关自守的举措。相反,戈尔恰科夫是在尝试为俄罗斯找到盟友。他对法国的指望被证明是站不住脚的,所以 1870 年法国在与普鲁士的战争中失败后,俄罗斯不得不寻求与新成立的德意志帝国和奥匈帝国建立友谊。为此,1873 年三方缔结了所谓的三皇同盟(德皇威廉一世、奥皇弗朗茨·约瑟夫和俄皇亚历山大二世),但这并没有巩固俄罗斯的世界地位。

亚历山大·米哈伊洛维奇·戈尔恰科夫亲王,是 A.S. 普希金的学生和朋友,他在俄罗斯驻欧洲国家大使馆工作过,是一位经验丰富的外交官。俄罗斯在克里米亚战争受辱之后,戈尔恰科夫在本国外交复兴中发挥了巨大作用。他为人大胆、坚决、坚定但不鲁莽,与包括俾斯麦在内的许多欧洲政治家有着良好的个人关系。他为俄罗斯寻找盟友,戈尔恰科夫的主要目标是修改《巴黎和约》,而他最终实现了这一目标。戈尔恰科夫于 1879 年退休,深居简出。他不是一个普通人,是一个在俄罗斯外交史上留下深刻印记的光辉人物。

# 高加索战争结局

在亚历山大二世时期，长达半个世纪的高加索战争结束。尽管高加索地区穆斯林的最高伊玛目沙米尔有政治家的才能，有领袖的智慧，有能力完成不可能完成的任务——将许多交战的高加索民族和部落联合起来对抗俄罗斯人几个世纪——但他无法应对俄罗斯的巨大力量。新一代的俄罗斯军官与将领成长起来，他们学会了如何在山区作战。他们中有真正的"高加索人"，对高山民族的心理与天然地形了如指掌。特别著名的是上校格里戈里·扎斯男爵和将军雅科夫·巴克拉诺夫，他们是顿河哥萨克人，令高山民族感到恐惧。他们利用高山民族的战术将自己武装起来，在侦察和主动行动方面处于有利地位，甚至不给高山民族集结成队突袭的机会，同时对"非和平"的村庄进行焚烧和抢劫。

元帅 A.I. 巴里亚京斯基大公作为研究高山民族的行家而出名。1845 年他在高加索开始了自己的职业生涯，因不顾一切的勇气而名声大噪，1856 年他成为独立高加索军团的总司令。在多次击败沙米尔的尝试失败后，巴里亚京斯基采用了从三个方向压迫伊玛目领土的战术，这使得沙米尔无法对俄军发动集中攻击。1859 年，沙米尔在古尼布村被包围，8 月 26 日他无条件投降。当天，巴里亚京斯基给沙皇写了一封短电报，让信使送到了辛菲罗波尔电报站："古尼布被占领，沙米尔被俘并被送往彼得堡。"这场夺去 77000 名俄罗斯人和数十万高山族人生命的战争结束了。被俘的沙米尔被带到了卡卢加。

1861 年夏天，亚历山大二世在沙皇村接见了沙米尔。沙米尔祝贺沙皇将俄罗斯人民从奴役中解放出来，并请求对方允许自己去麦加朝觐，但被亚历山大二世拒绝了。沙米尔第二次请求前往麦加是在 1866 年，当时他出席了王位继承人亚历山大·亚历山德罗维奇的婚礼。为了让沙皇相信他会返回，沙米尔和他的儿子们一起接受了俄罗斯公民身份，并被授予世袭贵族身份。最终在 1868 年，沙米尔获得了朝觐许可，他和他的儿子们一同上路。他访问了麦加和麦地那，1871年2月4日，他在那里去世，被葬在麦地那。沙米尔的长子加齐·马戈梅德没有从朝觐地返回俄罗斯，在俄土战争开始后，他率领一个土耳其师，在围攻巴亚泽特时表现出色，后来成为土耳其军队元帅，之后于1902年在麦地那去世。沙米尔的另一个儿子穆罕默德·凯末尔也在土耳其军队服役，同样成为元帅，他一直活到87岁，于1951年去世。

[文　献]

据被高加索山民劫持为人质的德兰斯夫人说，山地首领是一个"高大的人，他面色沉稳，洋溢着愉悦与活力。沙米尔看起来就像一头处于安宁状态的狮子。他的赤色长胡须给他的姿态增添了许多威严。他的眼睛是灰色的椭圆形，但他一直以东方人的方式半睁着。他的嘴唇是猩红色的，牙齿很漂亮，手又小又白，步伐坚定但不缓慢；他浑身透露出位高权重者的气势"。

# 俄罗斯在远东与中亚

海峡争夺战失败后，俄罗斯从19世纪中叶开始加强了对远东地区的关注。由海军上将G.A.涅韦利斯科伊组织并领导的阿穆尔科考队于1849年成立。他在阿穆尔河（即中国的黑龙江）河口定居，领导了许多绘图工作，足够清晰地确定了与中国之间的边界。根据1858年与中国签订的《瑷珲条约》，阿穆尔州被割让给俄罗斯；随后根据1860年的《中俄北京条约》，乌苏里斯克被割让给俄罗斯。1860年，在佐洛托伊罗格湾建立了马约尔港军事驻地，后来改名为符拉迪沃斯托克，意为"我拥有高加索"。对于一个只有200名居民的小镇来说，这样一个挑衅性的名字说明了俄罗斯在该地区雄心勃勃的计划。

俄罗斯在中亚的活动更加活跃，对浩罕汗国、希瓦汗国以及布哈拉酋长国的征服持续了数年——从1863年到1881年。军方提议向中亚出兵，并向沙皇承诺将一举征服"亚洲人"。由于俄英两国在英属北印度的殖民利益发生了冲突，担心与英国关系变得复杂的外交官们反对出兵。最终，军方的提议占据了上风。

已经开始的侵略行动是艰难且残酷的。最终浩罕汗国被剥夺了独立性，而希瓦汗国和布哈拉酋长国成为俄罗斯的保护国。1881年，俄罗斯成功占领了土库曼的关键要塞盖奥克泰佩。俄罗斯最终放弃了海外殖民地（1867年把阿拉斯加卖给了美国），建立了从波罗的海到太平洋、横跨欧亚大陆的辽阔大陆帝国。

[传说和谣言]

### 我们已经把阿拉斯加永远售卖了吗？

至今，售卖阿拉斯加事件引发了大量谣言和传说。到了1967年，有人声称，阿拉斯加仅被售卖一百年。许多人认为，美国人在购买阿拉斯加时，向俄罗斯官员行了巨额贿赂。事实是怎样的呢？在签订售卖阿拉斯加合同时，美国承诺在10个月时间内向俄罗斯付清720万美元。期限将至，但对方却没有钱。在美国发生了巨大的丑闻——众议院投票弹劾民主党总统安德鲁·杰克逊，而另一场竞选活动正在开始。新闻界也是一片哗然。据俄罗斯驻华盛顿特使斯托克尔男爵所说，"整个新闻界都在反对这一领土收购。各类报纸都宣称，美利坚合众国所拥有的领土可以养活2亿人口，没有必要将其边界扩大到缺乏资源和不适合耕种的区域，尤其是在国家背负巨额债务的时候"——这是内战的结果。但斯托克尔显然是反应过度了——这种观点在新闻界并不普遍。民主党和共和党在其领导人的领导下，都赞成购买阿拉斯加。斯托克尔故意夸大其词并劝说彼得堡方面，必须向国会领导人和高级官员行贿，以使出售阿拉斯加的合同在参议院不受阻碍地通过。

活在现实世界的亚历山大二世认同大使提出的向最高行政代表行贿的意图。最终出售阿拉斯加，俄罗斯收到的不是720万美元，而是703.5万美元，也就是说，斯托克尔花了16.5万美元用于行贿，这一金额在当时是十分巨大的。自然，人们都相信了斯托克尔的话，毕竟收受贿赂的美国人没有给他行贿的收据。与此同时被人们所熟知的是，斯托克尔因为在国会中办理事务就向沃克律师支付了一笔2万美元的巨款，并向众议院的共和党多数党领袖史蒂文斯支付了1万美元。大家都知道，尽管史蒂文斯憎恨约翰逊总统，但却赞成吞并阿拉斯加。简而言之，斯托克尔除了从圣彼得堡得到了奖赏外，很可能还将售卖阿拉斯加的金额中的至少10万美元收入囊中，之后他从俄罗斯退休，顺利地隐匿在德国自己的家乡。

# 俄土战争：解放保加利亚

出乎亚历山大二世与他的将领们的意料，这场1877年到1878年的战争十分艰难且残酷。如同美国内战一样，习惯于低效滑膛枪时代的军事配备战术明显落后于军械商创造性思维的快速进步以及冶金和金属加工的发展。因此，19世纪60年代到70年代的战争是极其血腥的。画家韦列沙金是俄土战争的目击者，他在他的画中最生动地表达了这一点。

起初，俄罗斯以解放反抗土耳其人的巴尔干斯拉夫人的名义在行军中组建军队越过多瑙河，迅速前进。罗马尼亚人和保加利亚人用鲜花迎接军队。将土耳其人从希普卡山口击退后，俄罗斯兵团打通了通往伊斯坦布尔的道路。然而，出乎意料的是，从西面（塞尔维亚）来的土耳其军团开始了进攻，并占领了普列文的关键要塞，对俄罗斯后方造成了巨大威胁。俄罗斯军团三次进攻普列文，损失惨重，不得不转为围攻。在希普卡，土耳其人愤怒地冲进山口，试图摧毁盘踞在那里的俄罗斯人和保加利亚人。随着冬季的到来，被围困在希普卡的近万名俄罗斯士兵被冻僵了，在普列文的土耳其人也异常艰苦。最终，奥斯曼帕夏交出了这个要塞。

军队的损失如此巨大，战争进程也是十分的艰难，在行军过程中，亚历山大二世绝望地给叶卡捷琳娜·多尔戈鲁卡娅写信："上帝啊，帮我们结束这场败坏俄罗斯与基督徒声誉的战争吧！这是内心的呼喊，没有人比你更清楚这一点！"

1877年12月，I.V.古尔科将军的军队离开普列文，在冰冷的山路上冒着雨雪穿越巴尔干，之后占领了索菲亚。M.D.斯科别列夫解救了被围困在希普卡的部队。1878年1月，斯科别列夫的军队到达了距伊斯坦布尔几公里的圣斯特凡诺镇。谈判开始了，根据最终和约条款，巴尔干国家获得了独立，但后来在1878年的柏林会议上被割去了部分领土。

## 改革的最后阶段

1866年被认为是俄罗斯伟大改革历史中的一个重要阶段。当时，保守派的抵抗愈演愈烈，尤其是在1866年4月初德米特里·卡拉科佐夫在夏日花园附近企图刺杀亚历山大二世之后。在国内推行的改革令社会动荡不安。一些人欢天喜地地迎接改革，另一些人则对破坏几个世纪以来的基础而感到愤慨。地主与农奴觉得自己在土地改革中受到了伤害。事实是，按照《农民条例》，地主以前的土地仍是他们的个人财产，而农民要想获得分地，必须支付钱财或者做工服役。这一条例已经不再被称之为农奴条例，而是《临时义务农民条例》。不服从地主的农民仍会像以前一样被鞭打。"条例"规定了逐步形成的地主与农民法律上的新关系。其实质是，相较于农民而言，地主处于更加有利的地位。国家从地主那里给农民购买土地，并向农民提供贷款，让其购买土地。但随后，农民必须在49年内通过每年的"赎金"（包括利息）来偿还贷款。

大多数地主无法适应新的经济现实，对自己的处境怨声载道，认为实行地租代替代役制与徭役制，对他们来说收入太少了。而贫穷成了农民的必然命运，土地所有权仍然是公共的，这使他们无法经营自己的农场。农民认为地租不公正，嫉妒地主的土地财产，要求从中分给自己一部分。众多农民起义席卷全国——两年内就有一千多起。部分激进的"虚无主义者"认为，反对专制的时刻已经到来，在全国各地发放呼吁使用暴力的传单。当局几乎立即采取了镇压措施：传单的作者和传播者被逮捕，言论自由受限。1862年，《现代人》和《俄罗斯言论》两家期刊被关闭。很明显，改革并没有得到全社会的支持。由于当局在实行改革过程中表现出来的迟缓与不彻底，许多自由党人开始对当局的行动感到失望。然而亚历山大二世并没有退缩，在经过几年的彷徨与怀疑之后，1878年他开始了改革的最后一步。要求制定宪法成为自由主义者（首先是资本主义者）的主要诉求，亚历山大二世对此犹豫不决，但最终倾向于与改革者站在一起。俄罗斯实行宪法制度的想法在政府内部被积极探讨。所有这一切都发生在民意党对沙皇发动恐怖袭击的气氛中。1880—1881年的政府首脑是米哈伊尔·塔里埃洛维奇·洛里斯·梅利科夫伯爵——这是一位经验丰富的军事将领和精明的政治家。他深得亚历山大二世的信任，沙皇委托其领导非同寻常的权力机关——最高行政委员会，并交给他两项任务：以坚定的手段遏制恐怖分子，为宪法改革做准备。梅利科夫的第二项任务比第一项完成得更顺利。看到他准备的改革草案后，1881年3月1日亚历山大二世对周围的人说道，今天他"迈出了宪法的第一步"。据传，俄罗斯未来的宪法草案就放在亚历山大二世的桌子上，但就在当天，恐怖分子暗杀了他，不幸再次降临到了俄罗斯。

## "人民意志"与沙皇

民粹主义出现在19世纪60年代末期，在十年后陷入了危机——民粹主义者在农民中进行的革命宣传尝试失败了，被民粹主义者吹捧的人民，正在友好地把煽动者交给警察。革命者们开始了有关未来革命斗争的激烈争论，这些争论以友好聚会的名义在秘密接头处进行。

1878年，当陪审团宣判恐怖分子扎苏里奇无罪时，部分革命者产生了错觉，认为自己已经得到了人民的支持，只需要通过谋杀沙皇来推动革命的发展。秘密革命团体"土地与意志"在全国拥有四通八达的消息网，甚至还有自己的报刊，但在1879年8月发生了分裂：和平宣传的支持者合并成了"黑色分割党"；恐怖暗杀的支持者则变成了"民意党"，该党对沙皇进行"宣判"并着手执行：1866年卡拉科佐夫第一次暗杀沙皇，一年之后别廖佐夫斯基尝试在巴黎刺杀亚历山大二世。

然而从1879年开始，民意党开始对沙皇展开真正的刺杀。同年，A.K.索洛维约夫在宫殿广场上向他开了五枪，但亚历山大作为职业军人，在奔跑中躲过了子弹，成功逃脱。那年秋天，在莫斯科附近，沙皇乘坐的火车躲过了爆炸。1880年2月5日，斯捷潘·哈尔图林在傍晚6点引爆了冬宫餐厅，但沙皇碰巧用餐迟到了。民意党是一些纯粹无私之人，但也是狂热的危险分子。他们既不珍惜自己的生命，也不在乎在谋杀沙皇时牺牲身边无辜人的生命。例如，哈尔图林在冬宫安放炸弹的时候，他深知爆炸必然会杀死沙皇卫兵队中的许多士兵，但这也没能让他停下。最终，在爆炸中有11人死亡，56人受伤。

[文　献]

1881年3月10日，民意党执行委员会给亚历山大三世写了一封信，开头写道："陛下！充分了解到当前您所经历的苦恼，执行委员会认为自己没有权利屈服于自然的委婉情感，这种情感可能要求在一段时间内等待以下解释。有种比人类最合法情感更高的东西，那就是在祖国面前的责任，一种公民不得不牺牲自己和自己的情感，甚至牺牲他人情感的责任。"

民意党确信，在叶卡捷琳娜运河上发生的流血惨案并非偶然事件，格里涅维茨基等人的所作所为不是简单的"一帮恶徒"的行为，抓到一些革命者，当局不会停止运动。新人将取代那些被绞死的人，因为"革命者是由环境、由人民的普遍不满、俄罗斯对新社会形式的渴望而创造的。消灭整个人民是不可能的，人民的不满情绪也不可能通过镇压的手段被消除；相反，不满情绪只会因此而迅速生长。这就是为什么那些被消灭的人不断被越来越多的新人所取代，这些人更加愤世嫉俗，更加精力旺盛"。

俄罗斯有两条可能的道路：

"要么是任何人都无法阻止的、完全无法避免的革命，要么是最高权力者自愿将最高权力转给人民。为了祖国的利益，为了避免浪费力量，为了避免那些总是伴随着革命的可怕灾难，执行委员会建议陛下选择第二条路。"

为此必须有两个条件：普遍的政治赦免和"召集全体俄罗斯人民的代表，修订现有国家和公共生活形式，并根据人民的意愿对其进行改造……在遵守上述条件下选出来的人民议会，其做出的决定我们将无条件服从，不允许自己再以任何暴力方式反对被人民议会认可的政府。如此一来，请陛下做出决定。在您面前有两条路，选择权取决于您"。

新沙皇亚历山大三世立刻就做出了选择：他远离他父亲走的西方主义改革之路，转而走向民族主义和独裁主义的镇压之路，正如当时写的那样，"温暖的人民专政"之路。持有不同世界观与不同目标的其他人加入了遭受可怕损失的革命运动。众所周知，他们"走自己的路"：把党作为蛊惑人心的教派，谎称所谓"无产阶级专政霸权"。他们会不惜一切代价夺取权力——只为保持巅峰状态。

[ 传说和谣言 ]

### 亚历山大二世的秘密婚姻

　　打破沙皇家庭平静的惊人事件相当简单。1866 年，47 岁的沙皇又有了一个情妇——17 岁的公爵小姐叶卡捷琳娜·多尔戈鲁卡娅。一年后，人们发现这不是单纯的通奸，而是一种深刻而强烈的感情突然击中了这位中年君主。多尔戈鲁卡娅在黄昏时分来到冬宫，用自己的钥匙打开门，进入曾经属于尼古拉一世的居室，在那里她等待着自己的爱人……

　　如果亚历山大二世的父亲尼古拉一世看到自己的儿子，选择在自己的房间与少女幽会，就像是在讥笑自己这位罗曼诺夫王朝家族道德的守护者，他一定会龙颜大怒。尼古拉认为，尊卑联姻亵渎了王位。1865 年在自己的婚外情开始前不久，亚历山大二世亲自教导自己的儿子萨沙（未来的亚历山大三世）："不允许你的家庭尊卑联姻——这会动摇王位。在我们家里没有比私通更严重的事了。"但这却发生在他自己身上！怎么回事呢？年轻的多尔戈鲁卡娅是如何赢得君主的青睐的？

　　或许她是凭借自己少女的天真与纯洁吸引到了亚历山大二世。众所周知，亚历山大二世在一次访问斯莫尔尼时，看到了多尔戈鲁卡娅。亚历山大二世在她 10 岁的时候就认识她了，并被这个女孩绽放的美丽震撼。他记得当他访问她父母在波尔塔瓦附近的庄园时，这个曾经的小女孩大胆地坐在他的腿上……而后来——在足够的暗示下，御前拉皮条之人介入了。一位常出入宫廷和多尔戈鲁卡娅家的女士，在夏园，之后还有某地，制造了公爵小姐与沙皇的"偶遇"。而多尔戈鲁卡娅不明白：没有爱情怎么会这样？不同于其他女性，多尔戈鲁卡娅并没有立刻被沙皇吸引。惊讶于少女蹊跷的倔强，沙皇对她的兴趣突然认真起来，用不同的眼光看她。沙皇就像位年轻的骑兵少尉，对她产生了浓厚兴趣，开始热情地在公园和其他僻静的地方寻找与多尔戈鲁卡娅约会的机会，逐渐赢得了她的芳心。1866 年 7 月，他们在彼得夏宫附近的观景宫度过了第一个夜晚，据说沙皇对多尔戈鲁卡娅说："哎，我现在不自由了。一有机会我就会娶你，因为从现在起我要在上帝面前，永远把你当作我的妻子。"

　　多尔戈鲁卡娅等了 14 年，直到 1880 年春天，亚历山大二世妻子玛丽亚·亚历山德罗芙娜皇后去世。多年来，玛丽亚·亚历山德罗芙娜皇后一直以非凡的体面与谦卑忍受着苦难,没有无理取闹,也没有斥责丈夫的不忠。即便如此,亚历山大二世在1877年末从俄土战争中归来时,还是把多尔戈鲁卡娅安置于自己在冬宫的寝室楼上,这样他的妻子玛丽亚·亚历山德罗芙娜皇后就能听到她丈夫的私生子们在她的头顶上跑来跑去,这毒害了她曾经幸福平静的生活。许多年过去后,她的儿子亚历山大三世曾在一次交谈中谈到俄罗斯的典范时,感叹道,如果要给谁封圣,那个人应该是自己的母亲!我们可以理解他——整个家庭的悲剧都是在他眼前上演的。

不知道是什么原因导致亚历山大二世和玛丽亚·亚历山德罗芙娜皇后曾经光芒四射的婚姻的结局如此悲惨。1837年在达姆施塔特,23岁的亚历山大对这位15岁的美丽女孩一见钟情。亚历山大的父母在收到儿子请求同意他的选择的信后,不情愿地去见了恋爱中的儿子。所有人很久之前就知道,这个女孩并不是黑森大公路易二世的亲生女儿,而是他妻子威廉明妮公爵夫人同一位官廷绅士之间秘密恋爱的结晶。然而他们同意了这门亲事,于1840年举行了亚历山大与玛丽亚的盛大婚礼——人们开始称女孩为继承人的年轻妻子。这对年轻人一直生活得很幸福。但在亚历山大二世见到多尔戈鲁卡娅的那一刻开始,他同玛丽亚的婚姻开始"坏死"。或许他已经无法在妻子身上找到能在年轻的多尔戈鲁卡娅身上看到的东西(众所周知,存在着沙皇描绘多尔戈鲁卡娅的色情画)。成为皇后的玛丽亚被无法改变的官廷礼节所束缚,成为对外习俗、仪式的奴隶。此时,亚历山大二世的生活开始变得不同。大变革的开始改变了他的全部生活方式,他埋头于问题的旋涡中,而这些问题不曾给他片刻安宁。这样看来,亚历山大二世在自己家中是孤独的。皇后忙于常见的官廷事务,经常生病,一点儿也帮不到他。她深陷在官廷和家庭事务中,被宗教情绪深深地感染,与困扰君主的国家问题相去甚远。就这样不知不觉地,她停留在自己丈夫与其兄弟康斯坦丁所处的动荡世界之外。而在与多尔戈鲁卡娅恋爱后,亚历山大二世意外地获得了理解与回应……

一些当代人证实,沙皇用多尔戈鲁卡娅的眼光看世界,用她的词汇来交流。但似乎事情还要更复杂,亚历山大二世需要一个倾听者,一个活泼的、有同情心的人。多尔戈鲁卡娅逐渐涉足许多困扰亚历山大二世的事务核心,她倾听,对他提问,给他自己的意见。如果沙皇以任何方式重复自己"袖珍顾问"的想法,那这就是他自己的想法,这是多尔戈鲁卡娅之前就已经从他那里学到过的!此外,多尔戈鲁卡娅过着隐居生活,她的整个家族也许除了她的姐姐之外,都故意不与她往来,因此沙皇确信,多尔戈鲁卡娅背后站着的并不是一个由贪婪、诡计多端的亲戚和狡猾权贵组成的宗族。

年复一年,多尔戈鲁卡娅与沙皇变得越来越亲密——在相同程度上,彼此互相需要。在多次出行时,亚历山大二世每天都会给她写信(一天不是写一封信,而是两到三封),保存下来的大概有三千封!沙皇写给多尔戈鲁卡娅的信是非正式的,真情流露的,有时还强烈吐露自己长期冥思苦想后的成果。

处于权力顶端的亚历山大二世确信,他就像每个人一样,能够拥有与他人隔绝的个人生活和他人无法接触的私人世界。但这正是他想错的地方:每个统治者都生活在众目睽睽之下,他的一举一动、一言一行都会被关注,被讨论,成为大事,被八卦笼罩。他同多尔戈鲁卡娅的恋爱、约会,同多尔戈鲁卡娅的秘密旅行,同多尔戈鲁卡娅在国外和克里米亚的会面,很快就在自己曾经美满的家庭中引发了可怕的混乱、悲伤和愤慨。继承人亚历山大·亚历山德罗维奇王子尤其变得郁郁寡欢。他是个普通但直率、单纯、善良的人,他真诚地爱着自己父亲,崇拜他,因此无法谴责自己父亲的行为。但他为自己那受到侮辱且被抛弃的母亲感到痛苦伤心。皇后在生命的最后时刻好像说道:"我宽恕了我作为皇后所遭受的侮辱,但我不能原谅丈夫给我带来的痛苦。"

自然,在亚历山大·亚历山德罗维奇眼中,多尔戈鲁卡娅是使自己母亲和家庭遭遇所有不幸的罪魁祸首。某次多尔戈鲁卡娅以宫中女官的身份出现在夏宫,并在舞会上跳舞。亚历山大二世没有等到舞会结束就坐上马车离开了。亚历山大·亚历山德罗维奇送走他之后返回大厅中,穿过跳舞的男女,走近有普列奥布拉任斯基乐团演奏的舞台。一位同时代的人写道:"尽管玛丽亚·费奥多罗芙娜公主也在跳舞的人群中,他(亚历山大·亚历山德罗维奇)大声地喊道:谢谢,普列奥布拉任斯基的乐手们!回家吧!跳舞突然中止,继承人与自己的妻子一起退到内室,尴尬的客人们匆匆离开。"

继承人当时可能无法忍受这个女人,特别是这个给他母亲带来如此多悲伤的女人竟然在这里与上流社会人士愉快地跳舞。突然中断舞会——未来的沙皇表明了自己对父亲情人参加官方宫廷庆典这一事实的态度。

许多人不明白,为什么沙皇与这个女人的关系如此重要,而且他如此强烈地维护她。亚历山大二世一直强烈制止提及这个敏感话题，因为在他看来，这是对他个人生活的野蛮干涉，正如他认为的，自己的生活是禁止其他人干涉的私人生活。1872多尔戈鲁卡娅在冬宫生下儿子乔治，1873年又生下女儿奥尔加。孩子的出生对多尔戈鲁卡娅来说既快乐又悲伤：他们的父亲爱他们，经常和他们玩耍，但他们却被认为是私生子。同时，亚历山大也为自己的儿子感到骄傲，他说这个男孩身上流着很多俄罗斯人的血液——这对罗曼诺夫家族来说是非常罕见的！但在1874年，这对私生子——乔治和奥尔加——的地位发生了巨大变化。在1874年7月11日沙皇给参议院的法令中，授予了他们贵族身份和"特级公爵"头衔。他们还得到了一个姓氏——尤里耶夫斯基。这一姓氏是由乔治或尤里的名字演变而来的。1876年亚历山大二世和多尔戈鲁卡娅的第二个儿子鲍里斯出生了，不过很快就夭折了，而在1877年他们的小女儿叶卡捷琳娜出生了。

1880年5月20日，玛丽亚·亚历山德罗芙娜去世。毫无争议，直到她生命结束，她的丈夫依旧对其冷酷无情。在玛丽亚·亚历山德罗芙娜生命最后的日子里，她已经无法站立，所有人都看到她将命不久矣，而与此同时亚历山大每晚都会离开皇宫前往有多尔戈鲁卡娅和孩子们等待他的沙皇村过夜。一天夜晚，玛丽亚·亚历山德罗芙娜安静地离开了，而在她床边打盹的助理护士甚至都没有发现。皇后好像感觉到，丈夫为了与多尔戈鲁卡娅关系合法化，一直在等自己死掉。

与玛丽亚·亚历山德罗芙娜的婚姻对皇帝来说就是牢笼。在同多尔戈鲁卡娅举行婚礼后，他说："啊，这一天我等了太久了！十四年。这简直是种折磨！我无法再忍受她，一直以来我都感觉自己的心脏已经无法承受这种枷锁。"1880年7月6日，40天的服丧期还没有结束，君主就在沙皇村与多尔戈鲁卡娅举行了婚礼。对皇帝而言，自己与玛丽亚·亚历山德罗芙娜的关系成了一种负担，但与活在一个屋檐下的多尔戈鲁卡娅的关系却并不是循序渐进的。他如此急于在上帝面前把自己的婚姻合法化，全然不顾忌40天服丧的宗教习俗，或许是他对自己的行为感到羞愧，婚礼是秘密举行的，只有几个人出席（其中没有王位继承人和他的妻子）。还有一个奇怪的现象：在同一天，他向参议院签署了一项法令，授予多尔戈鲁卡娅"尤里耶夫斯卡娅公爵夫人的名字，并冠以特级公爵夫人"。为什么这样？毕竟，她是在与皇帝缔结合法婚姻，而且不是成为尤里耶夫斯卡娅，也不是成为无冕之王，而是成为罗曼诺夫家族中一位君主的妻子。然而，或许皇帝想在多尔戈鲁卡娅的所谓加冕仪式之后再保守他的婚姻秘密。他下令查询彼得大帝在1724年5月为叶卡捷琳娜·阿列克谢耶芙娜加冕的情况——这是这位执政专制者第一次也是最后一次为其妻子加冕。

收到与新婚夫妇喝茶邀请的朝臣们被多尔戈鲁卡娅对沙皇的狎昵举止惊讶到了。总体而言，多尔戈鲁卡娅的举止在他们看来是粗俗的、土气的，她的服饰也是如此。或许部分情况是这样的。从斯莫尔尼学院毕业之后，多尔戈鲁卡娅几乎所有的时间都在与世隔绝中度过，远离了世俗的沙龙。她从来没有时间在那里"成为有文化、懂礼貌的人"，也不去学习完美的宫廷淑女所需的文雅外表和举止。但也许对沙皇而言这就是她的美德：没有学到沙龙里的优雅举止，她没有成为虚伪之人。她在别人面前与亚历山大打交道时可能和没有别人时一样简单。这使朝臣们感到害怕，他们习惯了十分严格的礼仪规范，据了解，这些规范甚至推广到沙皇家庭中

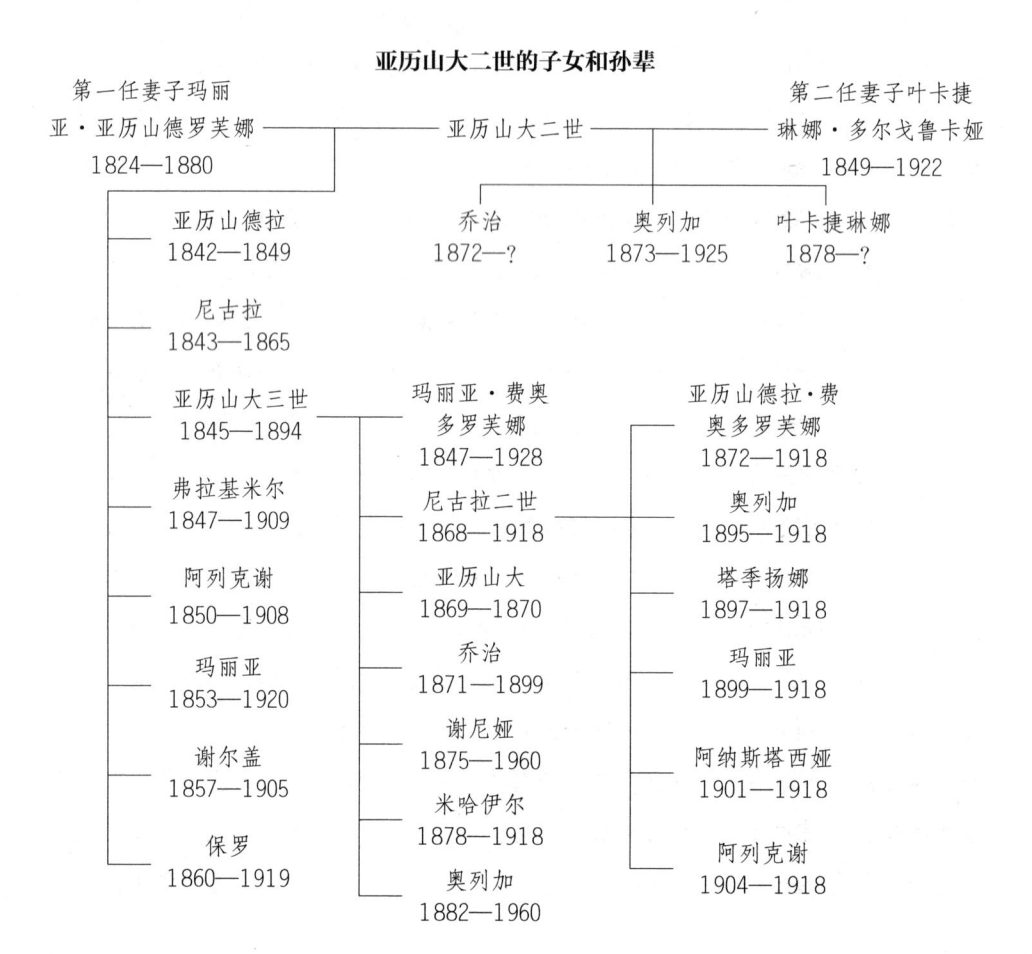

## 亚历山大二世的子女和孙辈

第一任妻子玛丽亚·亚历山德罗芙娜 1824—1880 —— 亚历山大二世 —— 第二任妻子叶卡捷琳娜·多尔戈鲁卡娅 1849—1922

玛丽亚·亚历山德罗芙娜的子女：
- 亚历山德拉 1842—1849
- 尼古拉 1843—1865
- 亚历山大三世 1845—1894
- 弗拉基米尔 1847—1909
- 阿列克谢 1850—1908
- 玛丽亚 1853—1920
- 谢尔盖 1857—1905
- 保罗 1860—1919

亚历山大三世与玛丽亚·费奥多罗芙娜 1847—1928 的子女：
- 尼古拉二世 1868—1918
- 亚历山大 1869—1870
- 乔治 1871—1899
- 谢尼娅 1875—1960
- 米哈伊尔 1878—1918
- 奥列加 1882—1960

叶卡捷琳娜·多尔戈鲁卡娅的子女：
- 乔治 1872—?
- 奥列加 1873—1925
- 叶卡捷琳娜 1878—?

尼古拉二世与亚历山德拉·费奥多罗芙娜 1872—1918 的子女：
- 奥列加 1895—1918
- 塔季扬娜 1897—1918
- 玛丽亚 1899—1918
- 阿纳斯塔西娅 1901—1918
- 阿列克谢 1904—1918

628

"一半"的普通茶会中。

  沙皇并没有急于让人起草文件：年龄、王位的重负制造了自己的破坏性事务，恐怖分子对他发起的捕杀也在紧锣密鼓地进行。1880年夏天，他签署了一项为孩子们分配资金的法令，这可以保障他们的未来。他仿佛预感到了自己的死亡，并且知道自己的继承人亚历山大对多尔戈鲁卡娅的态度，他要求儿子在自己死后，不要让自己的妻子和孩子得不到保护。同时，众所周知，亚历山大想把王位交给继承人亚历山大·亚历山德罗维奇，然后与多尔戈鲁卡娅和孩子们一起去法国，在尼斯买一栋别墅，在那里自由地迎接衰老和死亡……然而，在授予多尔戈鲁卡娅和她的孩子（乔治、奥尔加和叶卡捷琳娜）特级公爵头衔的元老院法令中指出，"可能随后出生的"孩子也可以获得这一官衔。这意味着沙皇在考虑自己与多尔戈鲁卡娅家庭的未来。

  据传，1881年3月1日，沙皇似乎答应了多尔戈鲁卡娅，在米哈伊洛夫斯基驯马场的警卫交接班时，他会回到官殿，然后他们一起去夏园散步。多尔戈鲁卡娅等着丈夫，已经穿上了去散步的衣服，突然听到远处的爆炸声。这次爆炸杀死了沙皇，杀死了他们的未来。多尔戈鲁卡娅在圣彼得堡住了一段时间后，出国去了尼斯，一个他们与亚历山大一直梦想的地方。她一直活了很久很久，直到1922年。

## [笔　记]

  "刺杀沙皇"的历史凭借其独特的悲剧性和致命的不协调性令人们感到震惊。毫无争议的是，民意党是狂热分子，盲目追求自己的目标——刺杀沙皇。但与此同时，他们仍是诚实、无私的人。民意党中没有任何人渴望权力，他们没有用手中的炸弹拼命争取权力，这一党派只是为了组织恐怖袭击而成立。民意党的目标是崇高而具体的：建立议会制度和保障基本自由。碰巧的是，亚历山大二世也在朝着同样的方向前进：走向自由和宪法。杀死他后，民意党没有实现自己的目标（人民沉默了），但他们没有让沙皇将自己的政治改革（宪法和议会）进行到底。

# 刺杀亚历山大二世

民意党一次又一次地尝试对沙皇执行"死刑",这个恐怖组织由安德烈·热里雅鲍夫领导。但是命运一直眷顾亚历山大二世,对他的多次刺杀都失败了。沙皇不是胆小鬼,尽管危险,也不改变自己的习惯。他无法忍受,在自己国家,在自己的首都,作为皇帝的自己,因为犯罪分子而要躲藏逃避。恐怖分子正是利用了这一点。

与此同时,警察一直在坚决地追踪恐怖分子,并在1881年3月1日前夕逮捕了民意党执行委员会的负责人安德烈·热里雅鲍夫,但他没有泄露该组织在近期实施谋杀沙皇的意图。他们计划将地雷埋在马来亚·萨多瓦亚街地下通道来炸毁沙皇的马车,沙皇在回宫的路上通常会乘坐马车经过那里,或者计划在沙皇的马车离开米哈伊洛夫斯基宫时将其炸毁。热里雅鲍夫的助手索菲亚·佩罗夫斯卡娅已经做好了准备工作。

3月1日,在看到沙皇带有护卫队的轿式马车从米哈伊洛夫斯基宫出发前往叶卡捷琳娜运河河畔时,佩罗夫斯卡娅挥动起了白色围巾。看到这一信号,恐怖分子N.雷萨科夫与N.格里涅维茨基准备袭击。就在沙皇的马车与哥萨克护卫队来到运河时,雷萨科夫将一枚炸弹扔到了他们脚下。然而沙皇没有被爆炸伤到,一个无意中走过来的男孩却在爆炸中丧命。当沙皇从马车里走下来时,站在人群中的格里涅维茨基直接把第二枚炸弹扔到沙皇身边。当爆炸烟雾散去时,摆在目击者眼前的是一幅可怕的场面:大约有20人被炸死和炸伤,"在雪地、瓦砾和血迹中,有炸碎的衣服布料、肩章、佩剑和人身上带血的肉"。

没有人给沙皇包扎,人们在送沙皇回冬宫时,他身上的血液不受控制地涌出,浸满了雪橇底部。很快亚历山大就死了,他身穿普列奥布拉任斯基制服下葬,没有王冠和勋章——在他死前不久,他曾对多尔戈鲁卡娅说过,不想让在棺材中的自己像"马戏团里的猴子"一样。之后在刺杀的地方,人们建起了滴血救世主教堂。

[文　献]

蓄意杀害沙皇的参与者弗罗连科回忆起难忘的1881年3月1日这一天：

"……运河上，事情就这样发生了。当亚历山大二世来到运河，第一个投掷人看到他后，就把炸弹扔了出去。炸弹落在马车的前部，但却没有伤到沙皇。他从车里跳出走向了因爆炸受伤的路人。护卫队抓获投掷者雷萨科夫，并将其带到沙皇面前。'很好，没什么可说的！'沙皇说道。'谢天谢地，他们没有成功！'他又补充道。'谁还知道他，我的上帝！'就像雷萨科夫说的那样（这就是有关他回答的传闻）。但事实并非如此，实则是在此期间第二位投掷者——格里涅维茨基——在向沙皇靠近，然后把炸弹扔在了两人之间，炸弹滚到沙皇脚边爆炸了；然后沙皇与格里涅维茨基倒地，他们两人的腿都受伤了。沙皇被搀扶着走上雪橇。此时第三位投掷者忘记自己腋下夹的公文包里的炸药，冲过去帮助沙皇坐在雪橇上。

[人　物]

### 维拉·菲格纳

维拉·菲格纳出生在喀山林务员尼古拉·菲格纳家中，这是一个贵族家庭。林务员和他娴静的妻子有四个女儿——维拉、莉达、热尼亚、奥利加——"都去参加革命了"。但两个儿子却走上了不同的道路：彼得是位工程师，管理冶金工厂；而尼古拉则成为一名歌手，多年后享誉全世界，他出色的男高音受到威尔第和普契尼的赏识。当尼古拉在帝国舞台上大放异彩的同时，他的妹妹维拉在施利塞尔堡要塞里服无期徒刑。

维拉毕业于喀山的一所封闭式女子学院，是该学院的第一名学生，获得了"金花字奖章"。毕业后，维拉回到了母亲家不大的庄园里，对小地方的枯燥生活感到无聊。维拉是一个会给人留下深刻印象的漂亮女孩，而且她拥有活泼的性情，任性且顽皮，因此她拥有一个有趣的绰号"跛脚的韦罗奇卡"。自然，有许多青年男子追求她。1870年她与法院调查员亚历山大·菲利波夫结婚，丈夫对其爱之若狂并同意离职与她前往瑞士。维拉功名心重并决定无论如何都要当上医生，在俄罗斯这是不可能的，因为当局认为高等教育不属于女性。在苏黎世维拉激动地跨过医学院的门槛，带着热情投入学业中。菲利波夫夫妇身边出现了许多熟悉的俄罗斯移民——苏黎世成为上百名俄罗斯女孩前往学习的地方。在苏黎世咖啡馆和出租公寓里，各种不同的问题被激烈探讨，曾经远离政治的维拉开始着迷于女权主义和社会主义，并以她一贯直率、武断的性情，开始表达最激进的观点。但圣彼得堡官方要求所有在苏黎世从事革命活动与道德败坏的俄罗斯学生立刻离开苏黎世。许多女孩（包括维拉的妹妹莉达，她也在那里学习）服从了当局带有威胁性的要求，没有完成学业就回家了，但女孩们内心被革命的热情和反专制主义的愤怒所填满。为了完成医学学业，维拉搬到了伯尔尼。她在医学和革命之间彷徨了一段时间，但当她听到妹妹莉达在俄罗斯被捕的消息时，在1875年没有完成自己的学业就回到了圣彼得堡……

是什么指引这些人的生命？首先，他们在人民面前有一种巨大的负罪感：我们如此幸运、成功、富有，生活在满足中，饱食终日，一切都由仆人打理（顺便说一下，有一次民意党的印刷厂被查封——他们没有自己搬运装有铅排版的箱子，而是雇用搬运工和看门人去搬，这些人察觉到了所搬物品的异常沉重，警觉地报了警），而人民却在受苦。

一个名为"土地与自由"的秘密组织成立了。他们的核心宗旨很简单：无须胡思乱想，只要与生活在绝望中的人民、农民一同去实现他们的愿望。什么对他来说是最重要的？是能够养家糊口的土地。然而，1861年的改革使农民破产，他们渴望得到土地。此外，农民们还梦想着自由。这被民粹主义者理解为对公民自由的渴望。他们作为教师、调查员、救护员和宣传员必须到人民中去进行宣传，推动人民为土地和自由进行革命斗争。

维拉和热尼亚前往了偏僻的村庄萨马拉。热尼亚开始给孩子们教学，而在喀山接受过医学培训的维拉则开始为农民治病。在工作的10个月里，据她回忆，共接诊了5000名患者！到人民中去的运动开始后还不到一年，几乎所有民粹主义者都对所采取的行动感到失望。人民的教育和医疗是必要的，但这需要很长的时间——你会在村子里待一辈子，却等不到一次全民起义。因此，尤里·特里福诺夫将自己关于民意党的小说精准地命名为《不耐烦》。然后，一种名为"君主炸药"的思想出现了：必须炸毁沙皇，打倒整个系统所依赖的核心，到时候人民作为个体将在全国范围内起义。简而言之，从民粹主义秘密组织"土地与自由"分裂出来的恐怖组织民意党，开始刺杀亚历山大二世。维拉自然是与这群"不耐烦"的人在一起。

虽然所有革命者都公开否认谢尔盖·涅恰耶夫杀害一名涉嫌叛国的同志的事实，但他们还是很佩服他，并努力践行他的"革命者的教条"：

"革命家是注定要灭亡的人。他不拥有属于自己兴趣、事务、感情、眷恋。他只知道一条科学，即毁灭科学。他蔑视社会思想和社会道德。所有亲情、友情、爱情、感激甚至荣誉感，都必须被革命事业的单一冷酷激情所镇压。"

涅恰耶夫将"这整个腐朽的社会"的人分为几类。前两类——"特别残暴的恶棍"，应该按照革命党人提供的名单，把他们消灭掉。第三类——有影响力的"上层牲畜"，应该迷惑他们，通过洞悉他们的"肮脏秘密"，使他们成为奴隶。达官显贵、自由主义者、空谈家和教条主义者也将面临同样的命运。然后，还有单独一群人——妇女，她们中的大多数人都是胸无点墨、没有思想、没有灵魂的娇媚者。但社会上也有一些女士是"热心、忠诚"的，但缺乏革命认知。可以利用这些人来满足革命需要。最后是女性战友，"完全是我们自己人的女性，她们完全是我们最宝贵的财富，没有她们的帮助，我们就做不到"。维拉·菲格纳就属于这种人。

的确，无法想象没有女性的民意党地下组织。只有那些冒充配偶并租用所谓"公共公寓"（任何一个使用炸药的人都可以在其中找到办公桌、住所和新护照）的夫妇才没有引起警察和看门人的怀疑。维拉不止一次用她的美貌和魅力迷惑"上层牲畜"，招募爱慕她的官员和平民入党。L.A. 季霍米罗夫写道："她本身就是一个非常迷人、从骨子里就透露着坚决的恐怖分子。她凭借自己的真诚和美丽吸引了很多人。她是一个不可替代的鼓动者。她是位不折不扣的美女，举止迷人娇媚，吸引了她遇到的所有人。"另一位当代人 H. 米哈伊洛夫斯基注意到维拉的智慧与美貌，强调她"没有任何特殊才能。她的每一句话、每一个手势都有自己的目标性，没有任何犹豫和迟疑。然而，在她身上并没有那种禁欲主义的严厉性格，这类人的特点往往就是如此"。维拉·菲格纳不是理论家，她爱好的是有组织性的、地下的工作。尽管季霍米罗夫也写道："她的头脑一片混乱，作为阴谋家，她只有在聪明人的领导下才会有好的表现。"

无论如何，如果没有维拉·菲格纳的参与，1881年3月1日刺杀沙皇的企图就不可能发生。在得到亚历山大二世被刺杀的消息后，维拉和她的战友们喜极而泣。她写道，最终他们承受的所有苦难"在这一刻得到了救赎，杀死沙皇后，这个沉重的担子从我们肩上卸下，为了给俄罗斯的复兴让路，必须结束反动势力"。但是，没有！俄罗斯并没有崛起。1881年4月3日，民意党人被处决的那一天，维拉在圣彼得堡乘坐马车，突然车厢旁挤满了从谢苗诺夫斯基广场返回的人群，维拉的战友们刚刚在那里被处决。她看着这些嘈杂的人，看到了"许多人面容激动，但不含有一丝忧虑与悲伤"。她尤其记得一个英俊的小市民，他"帅气的脸庞因激动之情变得扭曲了"。她也是如此……这就是维拉为之奋斗的人民。面对这一令人沮丧的现实，维拉认为有必要继续自己的事业。维拉赶赴全国各地，聚集被当局镇压毁掉的组织。

维拉在哈尔科夫被抓，她是被暗探局招募的民意党的新领导人谢尔盖·德加耶夫出卖的。总的来讲，只有通过背叛才能抓到维拉。她似乎一直受到命运的保护：不只一两次，维拉在警察出现的前一天、前一个小时就逃脱了逮捕。正如季霍米罗夫写道的，维拉是一个"完全缺乏阴谋论技能的人，充满激情，热情洋溢，她没有谨慎的概念。她成了德加耶夫的密友，后来此人以最无耻的方式出卖了她"。的确，在抵达哈尔科夫后，德加耶夫见到了维拉，并在交谈中得知，维拉每天早上8点离开家，而且丝毫不惧怕被逮捕。据说，在这里没有人认识她，但梅尔库洛夫——一个前组织成员，在圣彼得堡时曾因叛国而有污点——碰巧遇到她。德加耶夫离开后，过了几个月，一天早上8点，维拉从屋里出来，突然看到梅尔库洛夫迎面向她走来。

随后，维拉被捕，并被监禁数月，她的母亲很少来探望他。在受到严厉审判后，从1884年起在施利塞尔堡无限期地服苦役。在那里，维拉和她的同志们继续他们的斗争。以前的敌人是专制政府，现在的敌人是狱卒。随着时间的推移，囚犯们获得了越来越多的权力：散步、阅读、社交、在修配厂工作、种菜、通信。所有囚犯都服从维拉，称她为"指挥官母亲"。她仿佛是钢铁打造的，拥有百折不挠的意志。其中一位监狱负责人提及她：

"11号囚犯就像整个监狱的崇拜者，囚犯们以最大的尊重和敬意对待她；她无疑掌控着整个监狱的舆论，每个人几乎都无条件地服从她的命令；可以非常肯定地说，囚犯们以集体绝食、拒绝锻炼、罢工等形式提出抗议都是按照她的旨意进行的。"

1889年监狱里爆发了一次囚犯绝食，几天后，所有参与者都放弃了，只有维拉独自坚持，对自己这些软弱的同志感到非常愤怒。

1904 年，维拉在监狱里待了 20 年后，获得了自由。她的母亲曾被告知"当自己躺在棺材里的时候，才能看到自己的女儿"。为了和女儿做最后的告别，已经病入膏肓的她在给沙皇尼古拉二世的请愿书中恳求其释放自己的女儿。"沾满鲜血的尼古拉"倾听了这位不幸妇女的恳求，将维拉的无限期监禁改为 20 年，该判决恰巧很快就会到期。维拉不想得到沙皇的任何怜悯，甚至一开始还反对被释放，但其对母亲的爱战胜了她作为革命者的骄傲。她自由了，但没赶上见母亲最后一面。在释放后不久，她出国了，开始坐下来写自己的回忆录。

维拉在第一次世界大战期间回到了俄罗斯，她知道布尔什维克人承诺的代价。在 1917 年 9 月，她写道："所有的人都厌倦了空话，厌倦了不作为，厌倦了陷入我们矛盾的沼泽。只有布尔什维克像大海中的梭鱼一样游来游去，没有意识到，由于自己的暴乱和黑暗中难以实现的圈套，他们正可耻地把祖国出卖给德国人，把自由出卖给反动者。"总之，维拉不接受布尔什维克的政变，并谴责劫持人质是有损文明人体面的做法。在苏维埃时代，她仍然像在施利塞尔堡时那样顽强不屈，尽管她有时处于极度贫穷和饥饿状态下。1932 年，当 E.M. 雅罗斯拉夫斯基建议维拉加入前政治犯和流亡者协会（该协会处于苏维埃党的关怀下）时，这位老妇人坚定地表示"不！"怎么能加入一个赞同死刑的组织呢？她写道：

"冒着人身自由和生命安全受到威胁的风险，不知道进行政治调查的现代方法，不知道是什么原因导致被调查的人在根本没有犯罪的情况下认罪，协会被要求作出决议，认同国家政治保安局的活动，而且，唉，给予了批准认可。"

之后就是对布尔什维克政治权力垄断的指责——"无党派人士被布尔什维克奴役"。在当时，如果有这样的言论，可能会受到送进集中营或长途流放的惩罚。但维拉没有被牵连。她于 1942 年去世，享年 90 岁。

# 第七部分

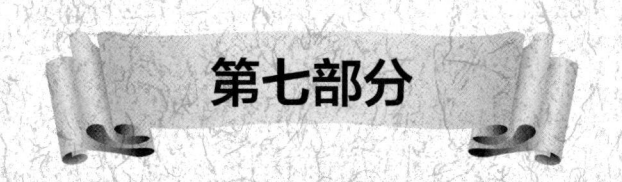

# 亚历山大三世统治时期（1881—1894）

# 亚历山大三世——"加特契纳的隐士"

亚历山大二世之死对于俄罗斯来说是巨大的损失。尽管有来自保守派的压力及在改革过程中出现的许多看似无法解决的问题，但亚历山大二世还是坚持了下来。时间让他成为一名杰出的改革者，或许他能找到一种解决专制和社会之间主要矛盾的方法，这种矛盾已经使俄罗斯分裂了几十年。亚历山大二世成功超越了保守主义和激进主义，自信地领导国家走上了一条与俄罗斯传统没有激烈冲突的西方自由主义价值观之路，而专制主义——以前是所有自由主义事业的扼杀者——成为它们的源泉。但命运没有让亚历山大二世继续追求这种经过斟酌的前瞻性路线……

亚历山大二世去世后，他的长子亚历山大·亚历山德罗维奇登上王位。在父亲去世的当天，亚历山大三世在严密的护卫下迅速离开冬宫，躲避在加特契纳，那里成为他多年的避难所。新沙皇担心自19世纪60年代中期以来就一直威胁自己家人生命的可怕谋杀。出于这个原因，他将自己在莫斯科举行的加冕仪式推迟了两年半之久。社会上称他为"加特契纳的隐士"，他的门前有警卫24小时值班。1881年3月11日，波贝多诺斯特耶夫写信给自己以前的学生，让其在睡觉前亲自锁上身后的门，"不仅是卧室，还有所有的房间，直到出口的房间都要上锁"。此外，"每晚睡觉前一定要观察门锁是否完好，它们可以很容易被切断"。专制者应该每晚都要亲自检查"家具下面是否一切正常"。

面对如此建议，人们可能会相信这样的传言：在沙皇下榻的圣彼得堡阿尼奇科夫宫周围建起了一条有照明的地下长廊，以防止恐怖分子在宫殿附近埋放炸弹。确实，亚历山大三世有很多担心。在19世纪80年代，民意党至少组织了五次试图谋杀他的行动（列宁的哥哥亚历山大·乌里扬诺夫是参与者之一）。毫不奇怪，在这样的氛围中，在这样的意识里，亚历山大三世隐居起来，经常和他的副将喝酒。同时，亚历山大三世是如此热爱生活和所有的快乐！他是一个狂热的渔民和猎人（他在别洛维日猎杀了几十头野牛），经常旅行，喜欢和朋友们在一起。

正如谢尔盖·维特所写的那样，他"完全是个普通人，可以说是有着低于平均水平的智力、低于平均水平的能力和低于平均水平的教育"，但亚历山大三世有自己独特的智慧与表现力。正如了解他的维特所写的那样，无论他进入房间时穿着什么服装，他都不可能不被注意。沙皇"并不英俊，他的举止相当粗鲁"，最重要的是他看起来像"一个来自中部省份的俄罗斯壮汉……尽管如此，他的外表反映出了他伟大的性格，心地善良，温厚，公平、坚韧，这无疑让周围人敬仰他"。他是一个狂热的渔民和猎人，喜欢喝好酒、吃美食。他的话对庞大的罗曼诺夫家族所有成员来说就是法律，罗曼诺夫家族中的所有"顽劣之人"都非常害怕亚历山大。他们知道，沙皇不能容忍王室中各种"放纵"和对婚姻不忠的表现，认为俄罗斯的第一家庭应该是所有家庭的榜样，是体面的、东正教例行举止的榜样。正是由于这个原因，他谴责父亲与多尔戈鲁卡娅的关系。

正如常见情况一样，继承人持有的观点与他父亲的观点相反。从很小的时候起，亚历山大三世就反对西方式的改革，敌视一切能够改变无限专制制度的机构和事业，他的性格不像他父亲那样是个改革者或思想家。总而言之，从执政开始亚历山大三世就将自己父亲时期以洛里斯·梅利科夫为首的所有部长革职，并对政策进行了突然改变。

[人 物]

### 康斯坦丁·波贝多诺斯特耶夫

康斯坦丁·波贝多诺斯特耶夫（1827—1907），法学教授，经典著作《民事（刑事）诉讼程序》作者，接受了优质教育，在参议院任职，曾是未来皇帝亚历山大三世的老师，对于继承者来说有极大的威望。在仕途早期，他属于自由党派人士，但从19世纪60年代中期开始，他转到了保守派阵营。这主要是由于卡拉科佐夫刺杀和1863年的波兰起义给他留下深刻印象。当时，许多起初支持改革的人对当局选择道路的正确性在心中不知不觉地产生了疑虑。波贝多诺斯特耶夫担心西方式的改革会导致俄罗斯传统生活方式的毁灭，这种毁灭建立在对沙皇与整个秩序的"人民信仰"之上。"无论国家权力有多大，"他写道，"它建立在人民和政府之间精神自我意识的统一之上，建立在人民的信仰之上：权力在从人民的意识和人民的信仰中开始分化的那一刻起就被削弱了。"他雄心勃勃，意志坚定，在亚历山大三世手下干出了一番事业，成为神圣议会的首席检察长。在这种完全的意识形态职位上，他开始与主观革命幻想做斗争，与破坏"基于民间信仰的意识"做斗争，走上自觉合理的保守主义道路。他给沙皇灌输的主要思想是从过去继承下来的秩序，其主要优点是最高权力与人民之间的密切联系。在俄罗斯，在东正教基础上的"人民专制"是温暖的，是靠近俄罗斯人民灵魂的。没有专制制度，俄罗斯无法生存，专制与东正教一同成为俄罗斯生活的特有基础，它们的关系无论如何都要维护。俄罗斯不需要创新，地方自治分裂了人民。习惯于主权国家统一的俄罗斯，不需要各种"空谈会发表的腐化性言论"。波贝多诺斯特耶夫称宪法是"我们时代的大谎言"，并认为俄罗斯革命和丑恶的叛乱要比宪法好。前者还可以很快被打败，并在这片土地上恢复秩序，后者则是整个机体的毒药，被"俄罗斯灵魂不接受的"谎言不断腐蚀着。这些想法得到了新沙皇的支持，他曾说："宪法？为了俄罗斯，沙皇要向牲畜起誓？"

波贝多诺斯特耶夫有时并不像人们描绘的那样蒙昧无知，尽管他的外表和举止会有一些非同寻常，甚至有些阴郁，这使他看来就像一只可怕的夜行鸟。他是一个无私、诚实、直率之人，对官廷中的阴谋很陌生。在沙皇身边，他不是一个典型的朝臣，不喜欢八卦和奢侈。透过他的严厉与干练，显示出了他对亚历山大三世的仁慈和真诚的爱。他意识到自己坚持维护旧政权的努力是徒劳的，沙皇权力离人民越来越远，俄罗斯已经进入了决定性阶段。1900年，他写道，国家正在"全速向宪法迈进，没有任何东西，没有任何制衡，没有任何思想，没有任何文化原则"，俄罗斯注定要崩溃。

# "人民专制制度"与更加严格的政治体制

许多人希望亚历山大三世以和解的名义赦免刺杀亚历山大二世的凶手。然而，民意党案件以死刑判决结束。新沙皇说，如果有人企图刺杀他，他会原谅，但他不能原谅杀害自己父亲的凶手，而且，这种怜悯会鼓励其他新的罪犯。A.哲利亚博夫、S.佩罗夫斯卡娅、N.里萨科夫、T.米哈伊洛夫和 N.基巴尔奇被公开处以绞刑。

严格的警察制度在俄罗斯建立，并通过"加强紧急警卫的条例"加以强化。最终，在策反和招募的革命者的帮助下，当局成功扭转局势，逮捕了民意党的爆炸恐怖分子。但这并没有使沙皇安心，他依旧害怕有人企图谋害自己。据传，有一天，亚历山大三世意外地进入警卫室，看到警卫官雷特恩男爵迅速将什么东西藏在身后，他不假思索地就对男爵开枪。后来发现，雷特恩并没有藏匿左轮手枪或炸弹，只是藏起了一支点得不合时宜的香烟。

从很久以前开始，亚历山大三世就不赞同他父亲的思想的总体方向，他从原则上反对亚历山大二世的政策。从他执政的第一天起，波贝多诺斯特耶夫就建议沙皇："必须立即果断地宣布新政策。现在有必要立即结束所有关于言论自由、关于任意集会、关于代表大会的讨论。这些都是空虚浮躁之人的谎言，为了人民的真理和人民的利益，必须摒弃这些谎言。"

随着亚历山大三世统治的开始，出现了所谓的"人民专制"时代，这在很大程度上是与亚历山大二世的西化政策相对立的。《莫斯科新闻报》的出版商 M.N.卡特科夫成为"人民的、独特的、温暖专制"思想的鲜明推崇者，他通过贵族"有生命力的环节"与人民联系在一起。他还写了 1881 年 4 月 29 日的宣言草案，该宣言因为其中有一句夸张的话被称为"菠萝宣言"——"把专制统治的责任放在我们身上"。

这份宣言开始对亚历山大二世的改革和所有的甚至是温和的自由主义发起了攻击。卡特科夫的影响力是巨大的，他与波贝多诺斯特耶夫和内政部长 D.A.托尔斯泰一起组成俄罗斯实际的统治团体。在他们的努力下，自由派的部长们被免职，并出台了取消大学自治权的反动大学宪章，限制了学生们的学习和生活条件。

与此同时，军队开始换装，潇洒的欧洲制服被舒适的半身夹克、长裤、彩色宽腰带、小羊皮帽子代替，这种服装被军队长官称为"男人的制服"。大部分宫廷人员、达官贵族与军官蓄起了浓密的胡子。亚历山大三世本人并不好战和残暴，他甚至不喜欢骑马，在不得不骑马的情况下，他会费力地爬上一匹巨大的德国重挽马。保罗·特鲁贝茨科伊的著名亚历山大三世纪念碑将他的个性刻画得淋漓尽致。

"人民专制"体制的建立导致了周边地区俄罗斯化的加剧，助长了大罗斯民族主义的崛起。沙皇不喜欢外国人和异族臣民，亚历山大三世时期开始大规模地屠杀犹太人。然而，当局严厉处理实行大屠杀的人，用武力制伏他们，因为亚历山大三世尽管有民族主义观点，但他把大屠杀视为反政府的暴乱，视为叛乱。人们认为这话是他说的："当犹太人被打时，人们的内心是喜悦的，但这种情况不允许发生。"但国内总体形势有利于反犹太主义的发展。在亚历山大三世时期接收犹太儿童入学的条件变得苛刻，对犹太人从事的一些职业进行了限制。1891年，近2万名犹太人被强行驱逐出莫斯科。

[人　物]

### 玛丽亚·费奥多罗芙娜

丹麦公主玛丽亚·索菲亚·弗雷德里卡·达格玛（生于1847年）是王位继承人——亚历山大二世长子尼古拉·亚历山德拉王子——的未婚妻。他们于1864年相识并订婚。然而，在他们举行婚礼前，王子突然病倒（由于从马背上摔下来），并于1865年春天在尼斯去世。在尼斯，达格玛在未婚夫的尸体旁遇到了死者的弟弟亚历山大王子。达格玛在给她父亲的信中提到了尼古拉弥留之际的最后几个小时，他在死前清醒过来，认出了自己的未婚妻："我永远、永远无法忘记我走近他时他看我的眼神……"然后她写到死者的弟弟："萨沙，他是如此崇高地爱着他，不仅是作为兄弟，而且是他唯一和最好的朋友。"哥哥去世后成为王位继承人的亚历山大，对达格玛印象非常深刻。亚历山大让父亲写信给哥本哈根，向达格玛求婚。得到了肯定答复后，1866年亚历山大来到了丹麦。达格玛的回复是迅速的，甚至是激烈的。亚历山大本人对所发生的事情描述如下：

"……然后我决定先开口，对她说：国王（公主的父亲克里斯蒂安九世）是否对你说过我的求婚和我的谈话？她问我：什么谈话？然后我说，请她允许把她的手给我。她冲到我身边，拥抱我。我问她：在我亲爱的哥哥之后，你还能爱吗？她回答说除了他心爱的弟弟，她不再爱任何人，并再次用力吻了我。我和她的眼泪都流了出来……"

1866年9月，达格玛第一次踏上俄罗斯的土地，并很快皈依东正教，成为玛丽亚·费奥多罗芙娜，在10月她与亚历山大结婚。这个女人虽然不是特别漂亮，但举止优雅，穿着一直优雅、有品位，性格开朗。米妮（她的父母在家里这样叫她，所以她的丈夫也如此称呼她）的家庭生活很幸福，生了六个孩子，从未与她的丈夫分开过——他们甚至一起去猎熊。亚历山大三世和玛丽亚·费奥多罗芙娜是一对完美夫妻，他们的关系从未改变，他们如此相爱，直到最后仍保持着对彼此的温柔情感和忠诚。对玛丽亚·费奥多罗芙娜来说，要适应俄罗斯，适应独特的俄罗斯官廷礼仪生活确实不容易。这里与丹麦国王城堡——弗雷登斯堡——的简单、自由和亲切的生活方式是如此不同。她不止一次地与丈夫争吵，而丈夫对她总是亲切和友善，但对他们周围的人却表现得很无礼。甚至后来，在她的儿子尼古拉统治时期，在玛丽亚身上仍可以感觉到弗雷登斯堡的自由主义精神，无论是她对维特的同情，还是对被尼古拉代理人波布里科夫总督公然侵犯的芬兰自治权的捍卫。这对夫妻之间互相通信的内容，仍然散发着他们相互关爱的温暖，充满了对彼此的关心和对即将来临的会面的期待。玛丽亚·费奥多罗芙娜是一个天性善良的女人。同时，她很聪慧，意志坚强，对政治感兴趣。亚历山大三世很珍视他的妻子，经常就外交政策问题征求她的意见，因为这些问题很多都与罗曼诺夫家族和欧洲相关的王室家族有关：玛丽亚·费奥多罗芙娜的妹妹亚历山德拉嫁给了英国的王位继承人爱德华王子（1901年当上国王）；她们的兄弟威廉登上了希腊王位，成为乔治一世国王。诚然，在政治问题上，有一点沙皇对自己妻子还是很警惕的：尽管她很温柔温顺，但永远无法掩饰她对普鲁士人、对整个德意志帝国的厌恶，他们残酷地攻击弱小的丹麦，并夺走了一系列重要领土。后来，随着第一次世界大战的爆发，她不再拘礼地表达自己的感情："五十年来我一直憎恨普鲁士人，现在我对他们的仇恨不可调和。"

玛丽亚·费奥多罗芙娜生了六个孩子，有五个活了下来。1868年儿子尼古拉

(未来的尼古拉二世)出生,1869年亚历山大出生(两岁时夭折),随后乔治、谢尼娅、米哈伊尔相继出生,最后一个来到世上的是奥列加。他们的家庭氛围很友好,家里人会取一些非常滑稽有趣的绰号。夫妻二人称彼此为"萨沙的小漂亮"和"米妮的小英俊",称尼古拉为"尼基",称乔治为"若林",称米哈伊尔为"米什金",称奥列加和早逝的亚历山大为"宝贝"。玛丽亚同丈夫一样,对亚历山大二世和多尔戈鲁卡娅之间的尊卑婚姻没有任何好感,在这一点上她的态度甚至超过了不敢公开违拗父亲的丈夫。即使在亚历山大二世和多尔戈鲁卡娅结婚后试图在家庭中实现和平时,玛丽亚也不希望她的孩子接近亚历山大二世和多尔戈鲁卡娅的孩子。正如她对自己的一个内侍官说的那样:"孩子从我这里被偷走了,沙皇试图让他们接近可怕的小私生子。"而事实上,这只是孩子们在空闲时间一起玩耍的问题。"然后,"玛丽亚悲怆地回忆道,"我像一只真正的母狮一样站起来,保护我的幼崽。我和君主之间上演了沉重的一幕。"根据其他资料,这场冲突实际上的结果是,亚历山大二世对他的儿媳妇进行了责骂,而她乞求他的原谅并服从他的意愿。

亚历山大三世去世后,当玛丽亚成为皇太后时,她无法与儿子尼古拉二世的妻子亚历山德拉·费奥多罗芙娜找到共同语言,她们之间立刻就产生了嫌隙。许多人认为皇太后在她儿子的统治中发挥了过大的作用,使她的儿媳妇黯然失色。这甚至反映在宫廷仪式上:沙皇与他的母亲通常是第一对入场,而皇后则是与一位大公第二对入场。正如亚历山德拉·费奥多罗芙娜的兄弟恩斯特·路德维希公爵写道的:"玛丽亚皇太后是一个典型的婆婆。应该说,面对这样一个有野心的婆婆,举止严肃而坚定的阿历克丝并不是个简单的儿媳妇……尼基,凭借他细腻的情感策略,一直试图找到一些折中的方法,但每次他都无法应对自己母亲的铁腕。"

毫无疑问,亚历山德拉·费奥多罗芙娜嫉妒婆婆的声望,嫉妒她在宫内、社会上的影响力。实质上,两个女人争夺的是对尼古拉的影响——他是个懦弱、封闭的人。玛丽亚·费奥多罗芙娜想将自己的意愿强加给儿子,与沙皇的随从们相比,她以一种更自由的意志来调整他的政策。研究人员认为,得益于玛丽亚·费奥多罗芙娜的帮助,沙皇在1905年秋天让她认为"有清晰头脑的杰出人物"维特担任部长理事会主席,这引发了重要的政治改革。但大概从1905年开始,玛丽亚·费奥多罗芙娜对儿子的影响开始减弱,尼古拉完全受自己妻子亚历山德拉·费奥多罗芙娜的掌控,这影响了尼古拉最后几年的总体统治精神。像其他许多明智的人一样,皇太后试图同拉斯普京对皇室的影响做斗争。这又导致了她与儿媳关系恶化，与儿子关系变冷淡。因此，不顾玛丽亚·费奥多罗芙娜的抗议，但在妻子和拉斯普京的建议下，沙皇于1915年接管了最高指挥权。玛丽亚·费奥多罗芙娜在自己的日记中写道："他完全不明白这可能给我们和整个国家带来的危险和不幸。"的确，事情的后续发展表明，这一步对于君主制和君主声誉来说是错误的。然而，可以理解尼古拉，他不再是少年，已经对自己母亲的建议、抱怨和抗议感到厌倦。玛丽亚·费奥多罗芙娜认为自己做的事情合情合理，她的这种想法来源于典型霸道母爱的末世论逻辑。1914年初，她告诉财政部长V.N.科科夫采夫：

"明白吗？我是多么为未来担忧，如此忧郁的想法占据着我的脑海。我的儿媳妇不喜欢我，所有人都认为她对我的权力有一些嫉妒。她不明白，我只有一个愿望——就是让我的儿子幸福，而我看到我们正在走向某种灾难。君主只听奉承者的话，但没有看到，在他脚下有一些他还没有意识到的东西正在滋生。"

如今，我们无从得知听从皇太后的建议是否能拯救俄罗斯和王朝，但我们知道，听从亚历山德拉·费奥多罗芙娜的建议没有给俄罗斯和王朝带来益处……

皇太后将她儿子的退位视为一场灾难。1917年3月3日在莫吉廖夫与儿子谈话后，她写信给女儿谢尼娅："一切都太可怕了，没有什么可希望的。我的心在流血。"尽管这位70岁的老妇人的最后一句话应作形象的理解，但她的悲痛是相当真诚的。

玛丽亚·费奥多罗芙娜不仅比她丈夫多活了很多年，还几乎活过了她所有的子女（除了女儿谢尼娅）和许多孙子孙女，于1928年在丹麦去世。她被英国人从布尔什维克手中救了出来，英国人在1919年用一艘特殊的巡洋舰"马尔堡号"把她带出了克里米亚。玛丽亚·费奥多罗芙娜被劝说了很久。尽管她被软禁了几个月，生命受到了威胁，但她并不想离开俄罗斯——对她来说，自己早已没有其他的故乡。1918年4月，当她踏上"马尔堡号"那一刻时，相机拍下了她的形象：以大炮为背景，一个小小的孤独身影，戴着昂贵的黑色头巾，表情孤僻，倒背着手。她很可能一直在凝视着消失在地平线的克里米亚海岸线。永远地离开俄罗斯，她的心情可能与1888年在博尔基附近发生沙皇列车可怕灾难的那一天一样。当时她在给哥哥的信中说，火车失事后，"是我生命中最可怕的时刻，当时，我意识到我还活着，但我的亲人都不在我身边。啊！这太可怕了"。但奇迹发生了——当时她所有的亲人都活了下来。奇迹在1919年没有再次发生。

## 与法国的联盟

亚历山大三世以"和平缔造者"的身份载入了俄罗斯官方历史。一方面是由于这位君主的谨慎和非暴力,另一方面是由于他能够找到妥协的办法,能够不让俄罗斯陷入负担沉重的联盟中。尽管如此,同他父亲一样,寻找盟友仍然是亚历山大三世时期俄罗斯的主要问题。俄土战争以柏林会议结束,这没有给俄罗斯带来外交上的成功,人们指望在斯拉夫人的名义下,俄罗斯人的鲜血能让俄罗斯统治巴尔干地区,但这种期望是不正确的。俄罗斯与罗马尼亚、塞尔维亚,之后是保加利亚的关系破裂。最终奥匈帝国与德意志的支持者、科堡的斐迪南成为保加利亚大公(沙皇)。起初俄罗斯期望与德意志交好。1881年,三国皇帝(俄罗斯、奥匈帝国与德意志)同盟成立。但由于国家间的贸易竞争,俄罗斯同德国在巴尔干地区的不友好局势,德国在巴尔干地区有了一个更亲密但是与俄罗斯更敌对的盟友——奥匈帝国,因此联盟失败。到19世纪80年代末,该联盟只存在于纸面上,俄罗斯不得不开始接近共和政体的法国,而法国对与任何强国组成的反德联盟感兴趣。1891年,亚历山大三世不得不聆听被所有君主和君主主义者厌恶的《马赛曲》。一支法国舰队来到喀琅施塔得进行友好访问,受到沙皇的隆重招待。

与法国结盟成为多年来俄罗斯欧洲政策的基础。同盟对法国是有利的——俄罗斯两次阻击了德意志对法国的进攻,为此法国人十分感激亚历山大三世。作为1893年缔结的法俄联盟的纪念碑,在巴黎修建了亚历山大三世桥。

# 经济政策

毫不奇怪，亚历山大三世时期的经济政策主要包括修改19世纪60年代制定的"人民专制"经济理论，其基础是加强国家在所有领域的权力。这导致了对地方自治局和其他选举机构的控制加强。然而有影响力的自由主义者、财政大臣N.H.本格在很长一段时间内设法保留了他的席位并进行了改革。得益于他，俄罗斯通过了对资本主义发展至关重要的工厂立法，他还成为俄罗斯"税收改革之父"。在他的领导下，废除了1724年就引入的、早已过时的人头税。本格还废黜了阻碍劳动力流通的护照制度。

然而，当卡特科夫的代理人I.V.维什涅格拉茨基取代本格的职位后，国家在经济中发挥更大作用的想法占据了主导地位。一个保护主义的关税率被采纳，带来国库关税收入的增长。当局对面包关税进行调节，并监管银行活动。铁路政策发生了变化：私人道路开始被赎回到国库，提高了国有道路的赢利能力。维什涅格拉茨基的经济政策由1892年接替其担任财政部长的谢尔盖·维特继续执行。

# 贵族阶层与资产阶级

农奴制的废除与其他自由主义改革必然对俄罗斯的社会结构产生影响,尤其是对贵族阶级产生影响。贵族阶级在俄罗斯国家体制、军事、文化和经济方面发挥了巨大的作用。俄罗斯大多数的教育家、著名收藏家、文学(艺术)的资助者、艺术家、建筑师和演员都出身于贵族阶级。俄罗斯文学在其历史上相当长的一段时期内,几乎只有贵族文学。

贵族阶级也构成了当时正在形成的俄罗斯知识界的基础,他们凭借天赋加入其中,希望作为国家的医生、教师和工程师"服务人民"。最初,大多数革命者来自贵族阶层,他们是最早吸收启蒙运动和法国大革命思想的人,他们组建了十二月党人的秘密团体,即19世纪30年代到19世纪50年代的知识小组。从贵族阶级(包括高级贵族)中涌现了亚历山大二世时期最杰出的改革家。尽管如此,在秘密组织"土地与自由"、民意党以及后来的马克思主义小组的革命组织中,也出现了许多与自己阶级决裂的贵族,最鲜明的例子是弗拉基米尔·乌里扬诺夫(列宁)。

尽管19世纪上半叶有许多俄罗斯思想家(包括亚历山大·普希金)认为贵族是知识力量的主要来源,是荣耀的堡垒和国家的支撑力,但从19世纪中叶起,贵族独占的时代开始成为过去。在18世纪末,俄罗斯社会生活中的新阶层——来自俄罗斯不同社会阶层的人组成的所谓"平民知识分子"——的影响力加强。牧师、商人、士兵、农民、"外国人"家庭出身的有才华、有能力的人脱颖而出,开始在国家的知识、文化甚至政治生活中发挥越来越重要的作用。在被审查的时代,他们比贵族更适应为生存而斗争的严酷条件。在俄罗斯和国外接受教育后,他们成为杰出的工程师、文学家,形成了俄罗斯新的知识精英,获得了经济独立和财富。

然而，农奴制的废除虽然导致了贵族的衰落，带来了贵族巢穴和家族的消亡，但也成为19世纪下半叶到20世纪初俄罗斯贵族发展和复兴的推动力。由于被剥夺了从农奴身上获得的收入，贵族中最有能力的子孙后代急于接受教育。到了19世纪末，他们已经在各行各业中成功地与平民知识分子竞争——从工程师、医生到出版商和文学家。在白银时代的俄罗斯文化界的活动家中，贵族出身的人占的比例相当大，他们的影响力也很大。

贵族出身的人并没有被消磨了创业精神，从原来的封建社会各个阶层中渐渐地形成了资产阶级。在18世纪，该阶级的发展受到当局政策的阻碍。一方面，当局通过免费转让工业土地、矿产资源，甚至是农奴，来全面鼓励企业活动；但另一方面，又以各种方式对他们的企业活动进行严格限制，阻碍了竞争和商品及人力自由市场的发展。结果，在彼得大帝改革后的很长一段时间里，乍看之下，工业得到了空前快速的发展，国家实现了独特的"工业化"，但俄罗斯资产阶级对其社会地位和权力的认识并没有超过商人的水平。18世纪到19世纪上半叶的俄罗斯企业家要么是带有狭隘需求的商人意识的载体，要么是渴望获得贵族身份并与统治阶级融合。这就是17至18世纪的天才企业家，即斯特罗加诺夫家族和德米家族的命运，他们在第二或第三代时，已经失去了来自自己精明强干的祖先留下来的传统和思维方式。

但这种情况正在逐渐改变。19世纪下半叶资本主义的迅速发展有利于吸引非贵族出身的人、有种族意识的人、商人参与经营活动、工业、铁路建设和银行业务。这一时期俄罗斯最大的银行机构的老板里亚布申斯基兄弟出身于旧礼仪派，金茨堡男爵和"铁路大王"塞缪尔·波利亚科夫出身于传统犹太家庭。一般来说，银行资本的发展对生产的扩张至关重要。在伊丽莎白·彼得罗芙娜女皇时期出现了圣彼得堡的第一批银行，当时就确定了银行活动的两个主要领域——支持商人和企业家，支持贵族保留他们的土地财产。

然而，与生活的其他领域一样，19世纪60年代是银行业的一个转折点。这些年变革的主要特点是成立了许多面向信贷业务、工业、铁路建设和贸易的各种融资（主要通过公司化）的私营股份制银行和银号。贴现行、互助贷款协会、储蓄银行、信贷会和其他金融机构大量涌现，这些金融机构有着装饰精美的建筑。

成立于1703年的交易所继续发挥着重要作用，它数次改变地点，直到1816年搬入瓦西里岛的著名新建筑内。1910年，该交易所拆分为证券交易所和商品交易所，两者均在1917年被关闭。

俄罗斯形成的资产阶级在许多方面是优柔寡断的，对当局言听计从，自身的顺利发展在许多方面取决于当局。但是，随着资本主义关系在国内的发展，资产阶级财富的增长，以及其影响经济与政治的能力的提高，逐渐出现了某种资产阶级要求和愿望的"临界质量"。在国家杜马活动时期（1905—1917），这些要求和愿望形成了相当独特的意识形态纲领，组建了资产阶级政党，并推举了在革命中发挥重要作用的领导人。

政治的进程反映了经济的变化。在整个19世纪，俄罗斯的经济发展并不均衡。一方面，新的工厂陆续开张，其中许多工厂成为俄罗斯工业的翘楚（仅在圣彼得堡就有1841年的贝克尔大钢琴厂、1842年的法布雷特珠宝公司、1856年的波罗的海造船厂、1857年的冶金厂）。但另一方面，工业的发展也受到了俄罗斯在19世纪中期遭受的普遍危机的影响。这场危机是由尼古拉一世政府的保守政策造成的。当然，在他的统治下，俄罗斯企业从英国进口新机器，使用蒸汽机。然而，俄罗斯并不了解英国、法国和其他欧洲国家当时经历的飞速发展的工业革命。只是在克里米亚战争失败后，随着亚历山大二世改革的开始，经济才开始发生了根本性转变。19世纪60年代，工商业建设正经历着非同寻常的繁荣。这在纺织业和重工业中尤为明显。1862年成立了路德维希·诺贝尔工厂（现在的俄罗斯柴油机工厂）。1868年工程师N.I.普梯洛夫买下了当局的铸铁厂，把它变成了当时的先进企业——普梯洛夫工厂（现在的基洛夫斯基工厂）。在圣彼得堡、莫斯科、乌拉尔和其他地方，各种轻重工业企业、众多贸易公司、信贷公司、股份制和保险公司等相继出现。圣彼得堡几乎立即成为机器制造业之城，随后电气工程、化工及其他新兴工业也发展迅速。1900年到1913年，工业建设发展得尤为迅速。19世纪下半叶资本主义在俄罗斯的发展，带来了巨大的劳动雇佣市场、自由资本和积极的工业建设，以及许多高度复杂的机器——没有这些机器，工业生产就无法实现。工人阶级由此形成。19世纪80年代，劳动法的基础已经形成。渐渐地，到了20世纪初，在规模庞大的工业中心形成了有经验的工人阶级，工会运动出现并形成了规模，雇主和雇员之间为了利益而进行的永恒之战开始了。在19世纪末到20世纪初，许多慈善组织、教育机构、主日学校和其他学校涌现出来，帮助工人接受教育，帮助他们形成有关于自己社会地位的概念。在工人中，"工作贵族"脱颖而出——那些最熟练、最有经验的工人和工匠，他们生活得不比职员差，但这样的工人非常少。那时的俄罗斯还不是一个工业发达的国家，大多数工人都出身于农村，有时与土地紧密相连，他们给城市带来了鲜明的农民心理，与真正的无产者的心理相差甚远——他们不是第一代的雇佣工人，正是这群人成为革命期间激进政党争夺权力的动力与工具。

# 19世纪初到20世纪初的女性问题

俄罗斯社会的女性地位从19世纪初开始发生转变。18世纪的启蒙运动对于即将到来的时代的女性产生了影响。启蒙者争取平等的斗争与女性息息相关,尽管许多男性仍然远离与女性真正平等的想法,女性被视为低等、胸无点墨的生物。世俗社会的生活与文学紧密相连,其中浪漫主义是当时的时尚风气。女人的性格,除了受家庭关系和传统家庭教育影响(只有少数人在斯莫尔尼学院接受教育),再就是由浪漫文学塑造的。可以说,普希金时代的世俗女性是由书籍创造的。这些书籍让当时自学成才的女性形成了一种新的完美女性的形象,就像流行的新衣服一样,被首都和外省的贵族小姐所追捧。18世纪的女性典范——健康、粗壮、丰满的美女——正在被苍白、梦幻、悲伤的"手持法语书,眼眸流露出悲伤神情"的浪漫主义女性所取代。为了看起来时尚,少女们饿着肚子,几个月都不出门晒太阳。泪水和昏厥流行起来。健康、生育和做母亲的现实生活对真正的浪漫女郎来说,似乎是"粗俗""不匹配的"。对新形象的追求将女性提到了高位,女性的诗意化开始了,这最终有助于提高女性的社会地位,助长真正的平等,以往那些慵懒的年轻女士就证明了这一点,她们成为十二月党人的妻子。

同时,19世纪是一个卖弄风情的时代,对世俗的女人和男人来说是一个相当自由的时代。婚姻不是神圣的东西,忠诚不被视为配偶的美德。每个女人都要有自己的对象或情人。"花花公子"——18世纪赶时髦的人和情场老手——正在被效仿唐璜行为的骑士所取代。从亚历山大·普希金的朋友A.N.沃尔夫的日记中可以很明显地看出,爱情奇遇对他来说很重要,是体现他价值、重要性、权力、独立和轻松拥有女人的证据。沃尔夫陶醉于他对"温存激情艺术"的掌控,但他并没有被任何人深深吸引,他务实地观察到,"与一个女人的恋情远比与一个女孩相处有利可图……从空洞的温柔开始,希望很快就能到达实质"。

世俗的已婚妇女在与男人的关系中享有极大的自由（顺便说一下，订婚戒指最早戴在食指上，直到19世纪中期才出现在右手的无名指上）。在遵守所有必要的礼仪规范的同时，他们没有以任何方式限制自己。众所周知，"纯洁美丽的天才"安娜·克恩保持已婚妇女的身份，曾经与一位老将军结婚，但实际上过着独立的生活。一些男人为她着迷，与她相爱，其中包括亚历山大·普希金，安娜·克恩在生命尽头时，甚至与一个年轻学生相爱。

在19世纪，从1812年战争开始，许多世俗少女变成了慈善修女，她们不参加舞会，而是进入军营照顾伤员，承受国家所遭受的不幸。在克里米亚战争和其他战争期间，她们也做了同样的事情。1825年起义被镇压后，被流放的国家罪犯的妻子自愿有意识地接受失去以前崇高的地位，与父母甚至子女分离，所有这些都是为了与流放西伯利亚的丈夫共患难。这得到了社会的同情。在严酷的尼古拉时代，女性甚至比男性更自由，后者被对强大权力的恐惧所束缚。圣彼得堡和莫斯科的沙龙是一个相对自由、友好、坦诚交流的地方。

女性中有许多接受过教育的聪明人，她们是沙龙的灵魂，她们的沙龙聚集了作家和艺术家。阿芙多蒂娅·帕纳耶娃的沙龙就是如此，她和丈夫伊万·帕纳耶夫以及她以前的同居诗人N.A.涅克拉索夫住在同一所房子里。19世纪40—50年代，许多文学界知名人士（涅克拉索夫、屠格涅夫、托尔斯泰、陀思妥耶夫斯基）都来过帕纳耶夫家，以至于人们开玩笑说：如果帕纳耶娃家的天花板塌了，整个俄罗斯文学之花就会消亡。

随着19世纪60年代亚历山大二世改革的开始，人们对女性的态度普遍发生了改变。在俄罗斯开始了一条漫长而痛苦的女性解放之路。在女性中，尤其在贵族女性中涌现了不少坚定、勇敢的女性，她们公开与自己周围的环境、家庭、传统的生活方式决裂，否认婚姻和家庭的必要性，并积极参加社会、科学和革命活动。她们中有像维拉·扎苏里奇、索菲亚·佩罗夫斯卡娅、维拉·菲格纳等"虚无主义者"，她们加入了革命小组，参加了19世纪60年代著名的"到人民中去"运动，后来成为恐怖组织民意党和之后的社会革命党组织成员。在斗争中，女性革命者有时比她们的男性同志更加勇敢和狂热。她们毫不犹豫地刺杀著名政要，在监狱里忍受着侮辱和暴力，但依旧是不屈不挠的战士，受到所有人的尊重，并成为领导人。

对于来自民主、革命环境中的女性而言，乖谬的行为、对世俗女性寻常行为的蔑视，甚至对所谓的"千金小姐"的蔑视变得十分常见。这种类型的女人和女孩在N.G. 波米亚洛夫斯基所著的小说《庸人的幸福》中首次被描述。

> 随和、活泼的女孩喜欢多愁善感，故意不好好说话，大笑，吃甜食……我们有多少个这样可怜的、胆小的生物。她们读马林斯基，也许也读普希金的作品；唱"所有花朵中我最爱玫瑰"和"灰蓝的楼斗菜在呻吟"；她们一直在幻想，在玩耍。

她们努力穿得随意，剪短头发，戴着蓝色眼镜，穿着红色的"加里波第"衬衫，抽烟，并力求在一切方面实现与男人的平等。虽然有时这看起来很可笑，但更严肃的事情是，这唤起了女性学习和从事对社会有益职业的愿望。众所周知，在叶卡捷琳娜二世时期圣彼得堡有一所斯莫尔尼贵族少女学院，女性可以在那里接受教育。但这种教育并没有给女性提供参与公共职业的机会。直到1862年，第一批四所公立女子中学建成，教育才真正得到普及，有超过1000名女孩在那里学习。除了公立中学，私立中学也开始发展，那里有更多的自由和主动权，而且取消了惩罚。社会开始以不同的眼光看待女性，她们在助理医务人员、助产士、电报员、会计师和教师职业中寻求认可。这些课程开始在相当于大学的专业学校、培训班中教授。女性不仅试图掌握男人的常见职业，而且还试图闯入商业领域。因此，1863年在圣彼得堡出现了俄罗斯出版业历史上第一个也是唯一一个妇女出版互助协会，由玛丽亚·特鲁布尼科娃和娜杰日达·斯塔索娃创办。最初特鲁布尼科娃积极参与为工人组织主日学校，然后与许多像她一样独立并被解放思想熏陶的女性组建了小组。她们决定开始出版书籍，深入研究工作中的所有错综复杂的问题。安徒生的《童话》是她们决定出版的第一本书，但当局拒绝登记；随后是在当时非常受欢迎的G. 瓦格纳的《亚马孙河上的博物学家》。除了印刷厂，还成立了一个翻译协会和一个妇女装订室。着手业务、加入协会的女性努力维护自己的工作权利，最重要的是她们的物质独立。这种趋势成为19世纪下半叶俄罗斯生活的特点。越来越多的女性不仅来自人民,而且来自"社会团体",她们在办公室、缝纫车间、图书馆和书店工作。

女性在俄罗斯生活中的新地位(或至少是她们的抱负和意愿)不可避免地影响了日常生活,逐渐地改变了女性在男人眼中、社会上的地位,这反映在为年轻人编写的各种手册中。值得注意的是,可以将它们与彼得大帝时期"青年诚实之镜"的规定进行比较。

尽管取得了明显的成功,但女性教育的理念并没有得到官方认可。1863年的大学章程完全禁止女性进入大学课堂。因此,许多女性去国外——瑞士、法国和意大利——学习。然而,政府命令所有女学生返回俄罗斯。20世纪初,允许女性与男性一起在大学学习的尝试受到了政府的质疑。谢尔盖·维特在谈到女性教育问题时写道:"这将是使高等教育彻底改革的最好方式,因为女性一尝到科学的滋味,就会成为破坏性思想的载体和鼓动者,因此会认为自己是'高等的',为此不得不成为'先进的',并与一切'陈规陋习'和'落后'为敌。"

事实上,在革命之前,女性从未拥有过同男性一样的受教育权。直到1911年,她们才被允许作为旁听生上大学,随着第一次世界大战的爆发,她们被允许获得高等医学教育,但即便如此,也是与男性分开学习。因此,建立一个并列的女性高等教育体系来提升她们的水平迫在眉睫。1872年,依靠私人捐款的女性高级医学课程开设了。生活在极端贫困中的穷苦家庭的年轻女性在那里学习。对她们中的许多人来说,这个课程是摆脱她们所熟悉的苦役的唯一机会。尽管"高等女子讲习班学员"剪短的头发、鼻梁上戴着眼镜、穿得"很随意"(因此被称为"女学究")的一幕唤起了女性教育反对者的嘲笑,但军事医学院的许多教授以及门捷列夫和塞切诺夫等俄罗斯科学界的天才都明白这个机构的重要性,并无偿开设了女性医学学习班。医学学习班的例子被证明是成功的,1878年在圣彼得堡开设了有三个系——自然科学、物理—数学以及历史——的贝斯图热夫高等女子普通教育学习班。类似的学习班在许多城市开设。1910年,有超过5000名女性参加了这些课程,其中三分之一来自小资产阶级、工人和农民。在此之前和之后,俄罗斯都没有一个专业女性教育学校因其高水平的培训而更加出名。20世纪初,女性教育有了真正的突破。除了许多培养教育家、体育运动助理和教师的高等女性学习班外,女性以旁听生的身份进入大学和学院,并于1911年获得了参加大学文凭考试的权利。

1914年，技术学院的学生中女性占7%——这在当时是一个巨大比例，要知道那些反对女性技术教育的人，说女性是不能成为建筑师的，因为"她们穿着长裙很难爬楼梯"。

[文 献]

1896年《女士与男士的实用指南》：

"大多数女士受的基础教育程度不如男士多，她们更肤浅，更不严肃，更容易疲倦；美丽的女性更喜欢活跃的思想交流，不喜欢深入探讨任何问题；欢快、幽默的闲聊比干巴巴有条理的讨论更让女性高兴。因此，如果男人不想使她们厌烦和显得迂腐，必须使自己的谈话适应她们的这些特点……他也不应该走另一个极端，与女士们谈论与男人格格不入的无关紧要的小事。一个男人如果试图通过与女士们谈论纯粹的女性事务，如厨房和梳妆台，来取悦她们，这样做将一无所获，会显得他是一个无趣的绅士。试图以同样的方式来对待所有女性是错误的。有很多年轻女孩对重大的事情感兴趣，因此如果男人与她们进行更有意义的谈话，她们会非常满意。对于一个聪明并希望拓宽精神视野的女孩来说，当一个男人在交谈中向她表明自己是多么欣赏她的智慧并认为她有能力处理严肃的事情时，将获得极大的快乐。

"……大多数男人容易认为女人理念受限，胸无点墨，感情用事，小气，所以重视自己尊严的女人，不会在交谈中加强外人对她们的这种看法。我们建议年轻女孩愿意参与超出世俗思维范围的谈话，以克服自己的胆怯，通过抛出深思熟虑的问题来显示她们对谈话的主题是理解的。对男人来说，最绝望的莫过于发现自己的交谈者对自己正在热切叙述的东西持漫不经心的态度。

"许多男人不待见被称为'女学究'的女学者，当然，主要是那些本身不具备科学知识的人才会这么做。没有一个男人会原谅女人令人生厌的认知，同她一起会显得男人无知和无足轻重。因此，当你发现自己的知识会得到赞赏时，她们会对其做出正确评价。在与男人的谈话中，年轻女孩应该避免进行关于感情、爱情和恋爱关系的争论，她们不应该自己选择这些话题，因为永远不知道——谈论这样一个不靠谱的主题会有什么事发生。与其说是奉承，不如说是允许一个年轻女孩做相反的事。大部分情况下男人喜欢来自那双美丽双唇的小小调侃，相比于无条件地默许他们的想法，他们总是更喜欢辛辣的争论。因此，与一个男人诙谐的小调侃能赢得他的青睐。相反，无情地谴责他人，特别是年轻女孩——同龄女性，对她们表现出虚伪的友善，无情地揭露她们的缺点，幸灾乐祸地嘲笑她们的弱点，毫不客气地挑出她们日常生活中的所有小事，好奇地追踪他人的事情，散布流言蜚语——所有这些只会让你在男性眼中大打折扣。但善良的心灵和高尚的情操会打动和吸引男性，即使他自己并不具备这些品质。"

# 住 宅

在 19 世纪下半叶,城市独栋豪宅不再仅仅是贵族的居所。到 19 世纪中叶,不仅是贵族,富有的工程师、医生、艺术家和艺人也开始搬进独栋豪宅。芭蕾舞演员玛蒂尔达·克谢辛斯卡娅就住着这样的独栋豪宅,是由亚历山大·高更在 20 世纪初以时尚的新艺术风格建造的。著名建筑师 R.F. 梅尔策在圣彼得堡的石岛建造了一座新艺术风格的独栋豪宅,创作者自由发挥想象力,他的多层豪宅让人联想到古老的瑞典建筑,优雅地融合了不同的材料——花岗岩、木材和砖块。到 19 世纪末,城镇住宅变得更加紧凑,生活条件也得到了改善:水管、排水系统和电力出现了。随着农奴制的废除,家庭中仆人的数量减少,少量的雇工开始出现,大宅里开始出现厨房,厨房被安置在底层。中间层保留了公共区域的功能,有时房子的主人——律师和医生——在这里接待客户和病人。家人住在高层,那里有舒适的卧室、儿童房和衣帽间。半地下一层是仆人的住所。

19 世纪下半叶,许多富人开始在所谓的"出租屋"中占据大面积的公寓,虽然这种住宅早在 18 世纪就出现在大城市,但随着资本主义的发展,19 世纪下半叶才是建造出租屋的全盛时期,当时对劳动力的需求导致城市人口增加,土地价格上涨,房地产转变为一种有利可图的生意。巨大的、多层的、相邻的房屋开始充斥大城市的街道。从外观上看,它们被设计成某种著名的风格——古典主义、巴洛克或新艺术风格。这种房子里有几种类型的住所。有钱人(无论其社会地位如何)的昂贵、舒适的公寓位于主楼层。有时,他们占据了整个楼层,拥有几十个房间和宅内越冬花室。但主楼层的大部分住所中住着的仍然是中产阶级——律师、医生、工程师、军官、企业家和教授。通往他们公寓的楼梯很干净,装饰着彩色玻璃图案,有电动升降机,有门卫和电梯。在这样的房子里通常有第二个楼梯(后楼梯),仆人们会走这个楼梯来取木材和搬运垃圾。这些房屋有自来水、盥洗室、电,取暖靠自己锅炉房的蒸汽采暖设备。唯一没有的就是热水——洗澡和淋浴用的水是用一个烧木头的热水器加热的。

出租屋的特殊性在于，里面住着各种收入的人。半地下室和高楼层住着穷人，18世纪，他们从旧的木屋搬来这里，这些木屋被拆除以腾出空间建造新的公寓楼。如果昂贵的公寓位于市中心的楼房里，那么靠近郊区的出租屋不再拥有这样的豪华公寓。夹层里住的是比中间更穷的人，而最穷的居民则住在半地下室。在上层的屋顶下，那里有一个狭窄、肮脏、发臭的楼梯，堆满了垃圾。在顶楼上有阁楼——房间的天花板是由屋顶的坡度形成的，因此它是倾斜的。阁楼有充足的光线和空气，但夏天很闷，冬天很冷，而且经常漏水。学生和贫穷的官僚们住在这里。

城市一些地区建起的房子完全形成了贫民窟——这是资本主义城市的必然属性。由于城市的土地成本很高，地段所有者努力利用每一块土地，把高层住宅建在异常狭窄的地方——法律允许它们之间的距离不超过四米。结果，空间狭窄而逼仄，太阳光几乎无法照进来。房主将公寓租给户主，由户主将房间逐一出租给租户，这种情况并不罕见。还有一些人会得到租户提供的一个睡觉的"角落"，他们往往是租户的亲戚和熟人，来和在城里定居的工人或工匠住在一起。因此，这类公寓变成了多户型，成为工人的家。板棚也是工人的住所，这些拥挤、肮脏、低矮的建筑，通常是一个长长的房间，里面有双层床和用木板做的隔板，或者更多的是用毯子和床单隔开。

对于那些无家可归的人，从19世纪中叶开始，各大城市的慈善组织开始建造收容所——与工人住的板棚非常相似的过夜屋子。在里面，一个大房间里有一层木制的床铺，花5戈比就能得到装满稻草的床垫和枕头的铺位，还有开水，甚至有一些稀粥。收容所里比较干净和温暖，工作人员维持着秩序——醉汉和流氓会被无情地赶出去。早上8点，所有的住宿者都会被赶到街上。无家可归的人排着队，耐心等待收容所在晚上开放，这成为大城市的一个特点。

# 节日的宴席、食物和饮品

资本主义在俄罗斯的出现使餐馆和商店的生意变得有利可图。众所周知，在莫斯科和圣彼得堡开设著名美食店的莫斯科企业家叶利谢耶夫曾经在伏尔加河畔萨拉托夫的一家酒馆品尝了一些令人惊叹的馅饼。他说服了一位为酒馆烤制这些美妙馅饼的老妇人同自己一起去首都，从那时起，馅饼就丰富了"叶利谢耶夫斯基"商店里焙烤食物的品种。对俄罗斯人非常重要的面包行业也发生了变化。许多传统的俄罗斯面包烘焙方法被保留了下来，但也出现了创新。面包师菲利波夫因制作甜面包而闻名全国，几代人都在讲述菲利波夫如何发明了葡萄干面包。一位镇长在他的甜面包里发现了一只蟑螂而被激怒，菲利波夫解释说那是烧焦的葡萄干，镇长没有调查一下，就大口大口地把蟑螂吃掉了。19世纪，莫斯科无可比拟的罂粟籽面包圈的"时代"来临了，它甚至"持续"到苏联时代。在20世纪70年代的莫斯科，你可以在街上买一个热的面包圈，然后配一杯茶吃。

茶叶生意——鉴于饮茶在俄罗斯受到普遍喜爱——成为一个有利可图的生意。俄罗斯商人充分利用了陆路运输，从中国进口茶叶。众所周知，茶叶是用船运到欧洲的，但这往往使产品质量变差。

19世纪下半叶到20世纪初，俄罗斯的餐馆是一种特殊的、发展的、现已失传的亚文化，每一个了解它的人都以非同寻常的热情和喜悦来回忆它，因为它是如此美好。餐馆的前排是最著名、最时尚的餐厅。每家餐厅和后来的咖啡馆都有自己令人难忘和吸引人的特点。餐厅主人努力以"风趣"的方式来吸引食客。每家餐厅都因其特色菜而出名：或是有最好的露馅包子或鱼汤，或是有无可比拟的酱汁，或是有松露。但还有其他的"诱惑"之处：最好的吉卜赛合唱团，最好的伴奏者或歌手，最舒适的大厅，最出色的主人或受过训练的侍者总管。

众所周知，彼得一世本人对俄罗斯酒馆的魅力并不陌生，他喜欢在城边的"四艘巡航舰"小酒馆喝上一两杯他最喜欢的茴香酒。在18世纪，酒馆被包给"喜欢从事这项工作的各阶层人士"，也有酒窖和小餐馆。它们演变成为现代饭店或者小吃店。人们在酒馆里喝啤酒与伏特加，用一俄升装或半俄升装的酒瓶子。

在18和19世纪，外出就餐的最佳时间是在节假日，特别是在圣诞节、谢肉节和复活节。各种各样的食品、美味的饭菜和小吃在等待着所有游客。

[文　献]

雅罗斯拉夫尔的老居民S.V.德米特里耶夫于19世纪90年代在富商奥格拉诺家供职，他描述了主人是如何去下诺夫哥罗德集市采购两种大批量的茶叶——上海茶（从上海走海路运到此地的茶）和恰克图茶（从中国走陆路经过恰克图的茶），然后开始品茶：

"……康斯坦丁·米哈伊洛维奇命令在晚上准备好一壶开水，一个一直让开水不冷却的炉子，十个带把手和盖子的瓷杯，以及十个带茶匙的空杯子。

"他将茶叶放在瓷杯的杯盖上，在杯底写上了茶的名字，瓷杯对面放了一个空杯。他彻底冲洗了口腔，清洁了牙齿，穿着浴袍，空腹（不能吃喝，更不能抽烟）开始品茶。他把一小银匙茶叶放到杯子里，直接用炉子上的开水泡了起来，然后迅速把杯盖盖上。当所有的杯子都泡好后，他开始轮流将少量的泡好的茶倒入杯子中，之后开始品茶。在品茶过程中，他做了记录，并'吃了很多苦，不停地吐口水'。

……

# 亚历山大之死

亚历山大三世生命的最后几年特别艰难，压力很大。每个人都注意到沙皇身上明显的悲伤变化。意识到国家局势的严重性，他已经失去了以前平静的精神状态。众多问题令他苦恼："我觉得俄罗斯的事情并没有像它们应该的那样发展……我们有一个可怕的罪恶——没有法律。"1892年见过沙皇的A.F.科尼写道：

> 亚历山大三世不时地用手撑着头，眼睛一直盯着我。在那双深邃、令人动容的眼睛里，闪耀着一个灵魂，他对人的信任感到恐惧，对谎言束手无策，而他本身却对此无能为力。他的整个身子，微微低着头，额头深深地皱着——这是沉重的思考和痛苦失望的印记。……在灵魂深处唤起了对这个肩负着难以承受的重担之人的真诚怜悯。

1888年10月，在距离哈尔科夫45俄里的博尔基车站，发生了一场可怕的灾难：沙皇的专列出轨了。七节车厢被砸得粉碎，近50人死亡或受伤，而只有卷起呈半球形的餐车车顶，拯救了坐在车厢里的整个皇室家族，之后立即出现了关于强大的沙皇顶住了妻子和孩子头上掉落的车顶的传说。无论如何，这种不可思议的运气（罗曼诺夫家族的人都没有受伤，只有沙皇口袋里的银色烟盒被撞扁了）被皇室认为是上帝的恩典，是上天对罗曼诺夫家族的示意，让整个家族没有发生意外。但也有人认为，博尔基事件是亚历山大患病的起源，这使他进入了坟墓。总的来说，沙皇热爱生活和所有的乐趣。沙皇尽管外表强大，但身体却很虚弱，他因酗酒和不愿意寻求治疗而损害了健康。多年来，亚历山大三世这个年轻时能骑熊的强壮有力之人深受肾炎困扰。一些人认为，这一疾病是由沙皇在博尔基的火车出轨时所受的震伤引起的；而另一些人（不怀好意之人）则认为，这种疾病是随着沙皇多年来的酗酒而来的。亚历山大三世病情不断恶化，1894年10月20日，亚历山大三世在他可爱的孩子和妻子的簇拥下，在喀琅施塔得大主教的见证下安静地离开了人世，死时还不到50岁。亚历山大三世确信，他已经完成了他在世上的主要使命——防止俄罗斯发生革命。也许这部分是这样的：他是一个有着牢不可破意志和决心的人，坚定地统治着俄罗斯。这不是巧合。在1907年，谢尔盖·维特在被问及"如何拯救俄罗斯"时，他指着亚历山大三世的画像说："让他复活！"

# 第八部分

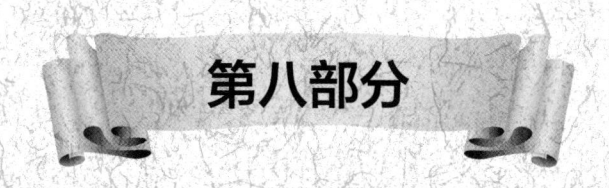

# 尼古拉二世统治时期
# （1894—1917）

# 尼古拉——人与统治者

亚历山大三世的继承人尼古拉26岁登上王位，他成为俄罗斯帝国的最后一位沙皇。在弥留之际，亚历山大三世嘱咐儿子维护专制制度——"俄罗斯的历史特性"。他确信，如果"专制制度崩溃了，上帝保佑，那么俄罗斯也会随之崩溃。原有的俄罗斯政权垮台，俄罗斯将迎来一个无尽动荡和血腥内乱的时代"。此外，亚历山大写信给儿子：

> 在对外政策上要坚持独立立场。你要明白，俄罗斯没有朋友。他们忌惮我们的庞大。避免战争……要果断勇敢，任何时候都不要表现出软弱。团结家庭，因为它是所有国家的根基。

不能说尼古拉二世已经忘记了他父亲的遗言。尼基——家里人这么称呼他——聪明、善良、爱家庭、敬畏上帝，但这还不足以让他统治俄罗斯。他是亚历山大三世的长子，当了十多年的王位继承人。但当他的父亲去世后，尼古拉很明显还没有准备好统治俄罗斯，他担心自己的命运。他周围所有人都看到了这一点。大公亚历山大·米哈伊洛维奇（桑德罗）回忆起亚历山大三世去世和尼古拉登基的日子：

> 亚历山大三世的去世最终决定了俄罗斯的命运。在亚历山大三世去世时，在场的亲属、医生、朝臣和仆人聚在他的尸体旁，每个人都意识到，我们的国家失去了君主代表的支柱，这一支柱能够阻止俄罗斯坠入深渊。没有人比尼基本人更了解这一点。那一刻，在我生命中第一次也是最后一次看到了他蓝色眼睛中饱含的泪水。他无法整理自己的思路。他意识到，自己已经成为皇帝，可怕的权力重担压在他身上。"桑德罗，我该怎么做！"

他可怜兮兮地感叹道。"俄罗斯现在会发生什么？我还没有准备好当沙皇！我无法统治这个帝国。我甚至不知道如何与部长们交谈。帮帮我，桑德罗！"帮助他？对我来说，我对国家管理了解得甚至比他还少！……

大自然并没有赋予尼古拉他已故父亲所拥有的君主的重要品质。最重要的是，尼古拉缺乏政治嗅觉、远见和让周围的人感受到并服从他的内在力量。然而，尼古拉也感受到自己的软弱，在命运面前的无助。他甚至预见到了自己的苦难命运："我将经受严峻考验，但不会看到奖赏的降临。"尼古拉认为自己是个永远的失败者："我的事业不会成功，我没有运气……"此外，他不仅没有做好执政的准备，而且不喜欢国家事务，国家事务对他来说是一种煎熬，一种负担："对我来说，一天的休息时间——就是没有报告，没有接待。我阅读了很多——又是成堆的文件。"他没有他父亲的激情和对工作的奉献精神。他常说："我试着不去想任何事情，而且发现只有这样才能统治俄罗斯。"同时，同他打交道也极其困难。尼古拉为人不坦率且好记仇，维特称他为"拜占庭人"，常常凭借自己的可信度来吸引别人，然后欺骗他。有一句俏皮话是这样描写沙皇的："他不说谎，但也不说真话。"

# 加冕礼和霍登加惨案

1896年5月14日，俄罗斯最后一位沙皇在莫斯科克里姆林宫的圣母升天大教堂加冕。宣读完信经后，尼古拉将1763年为叶卡捷琳娜二世制作的大帝国皇冠戴在了自己头上。用来涂油仪式的圣油被装在一个碧玉罐子里，据说这是曾经属于罗马皇帝奥古斯都的。仪式和庆祝活动吸引了所有参与者和挤满市中心的数十万名观众。

彩灯五彩斑斓，熟练的烟火技师将克里姆林宫变成了一个罕见的童话之城。

正如一位当代人所写的，"亚历山大花园的树上挂着火红的花朵和水果。在春日黄昏的黑暗背景下，一切都闪闪发光，闪烁着黄金、钻石和红宝石的光芒，然后是宁静的五月之夜"。

三天后，一场可怕的悲剧发生在即将举行公共庆典的霍登加广场。成千上万的人早在庆祝活动日的前一天晚上就开始在那里聚集，期望在第二天早上是第一批收到沙皇礼物的人。这天晚上没有月亮，一片漆黑，人们看不见自己前面的路，然后掉进了霍登加广场的坑和沟里，而后面的是从莫斯科来的拥挤人群。

到了清晨，在霍登加广场有将近50万的莫斯科人聚集。正如V.A.吉利亚罗夫斯基所回忆的那样：

> 热气开始在数以百万计的人群中上升，就像沼泽的雾气一样……拥挤场面十分可怕。许多人感到不舒服，有些人晕倒了，无法脱身，甚至无法倒下：他们失去感觉，闭着眼睛，像在老虎钳中一样挤在一起，与众人一起摇晃。

当开始派发礼物时，拥挤的情况加剧了。

根据官方数据,死了1389人,实际上有更多的受害者。遍地都是鲜血、被剥下的头皮、被压碎的胸膛……沙皇在早上得知了这场灾难,但他没有取消任何安排的庆祝活动,并在晚上与法国大使蒙泰维罗的迷人妻子一起为舞会开场。尽管沙皇随后访问医院并向受害者家属捐款,但已经太晚了。在灾难发生的最初几个小时,沙皇对自己人民表现出的冷漠使他付出了沉重代价。他获得了"血腥尼古拉"的绰号。

执政后,尼古拉表明,他一丝一毫不会偏离自己父亲所选的路线,也不会回到他祖父亚历山大二世曾经铺设的道路上。1895年1月,他在一个庄严的招待会上宣布了这一消息,出席招待会的不同阶级和城镇的代表是来祝贺他的婚姻。他警告在场的人,不要无谓地反对:

> ……让所有人知道,我将把我的全部精力投入到为民求福祉中去,我将像我那令人难忘的已故父母一样坚定不移地守护着专制制度。

总的来讲,尼古拉将贯彻这些观点到底,尽管与其父亲不同,他既没有能力,也不可能"坚定不移"地守护这些初衷。尼古拉是被迫做出妥协的。

## [人 物]

### 谢尔盖·维特

多年来,谢尔盖·尤利耶维奇·维特一直是俄罗斯的国家领导人之一,沙皇不喜欢他,但却不能没有他。维特1849年出生于一个荷兰家庭,毕业于敖德萨的新罗西斯克大学物理和数学专业,并成为铁路建设方面的专家。俄罗斯的铁路的快速建设始于19世纪70年代到80年代。维特引起人们的注意,是因为早在1887年,在博尔基附近沙皇专列发生灾难之前,他就提交了一份说明,警告说该路段道路状况很危险,高速行驶的列车有可能会发生碰撞。该事件成为维特在职场上崛起的开始。他具有独创性的思维、巨大的能量和商业头脑,在国家事务上成就了一番事业。维特带头开展了许多经济创举,强烈主张吸引外国资本进入石油生产和炼油及其他行业。他于1892年被任命为财政部长,通过1894年建立葡萄酒垄断、1897年进行货币改革（引入金卢布作为主要货币单位），以及工商业立法改革和组建农业工业需求特别会议而名留青史。

1902—1905年，他提出了对农民土地制度进行改革，这些改革后来由斯托雷平实施。维特是一个有抱负但急躁的人，并没有获得上层社会的青睐。沙皇周围许多人认为维特是个危险人物，会为了权力而发动政变，但沙皇不能没有他。

# 马克思主义

部分民粹主义者对恐怖活动的幻想破灭后，迷上了卡尔·马克思的新学说。1883年格奥尔基·普列汉诺夫和他的民粹主义同志组成了第一个马克思主义团体——"劳动解放社"。革命中的无政府主义者和恐怖分子鄙视那些拒绝实施暗杀而坐下来读马克思《资本论》的叛徒，甚至烧毁了他们的著作。相反，习惯猎杀"爆炸分子"的当局没有注意到勤奋阅读厚厚《资本论》的读者，起初也没有像迫害民意党人那样迫害马克思主义者。马克思主义在俄罗斯以成立小组的形式传播。他们中，一个名为"为解放工人阶级而斗争的联盟"于1896年由马尔托夫（尤里·奥西波维奇·策杰尔鲍姆）和列宁（被处决的恐怖分子亚历山大·乌里扬诺夫的弟弟）领导的一群革命者成立。"联盟"并没有存在很久，它很快就被揭发，其主要参与者被流放。那些没有被抓的人设法于1896年在明斯克召集了各个马克思主义小组的代表合并成为俄罗斯社会民主工党。俄罗斯社会民主工党后来分裂成"布尔什维克"与"孟什维克"。

# 俄日战争

1904年1月,通过攻击驻扎在仁川湾的俄罗斯巡洋舰"瓦良格号"和位于亚瑟港的俄罗斯海军基地,日本开始了与俄罗斯的战争。这场战争是由日本和俄罗斯之间的严重矛盾引起的。俄罗斯不断扩大其在远东地区的殖民地,很快它的利益就与早先改革后得到加强的日本帝国利益发生冲突。日本的战争准备似乎比俄罗斯更充分,使得俄罗斯遭受了几次灾难性的失败。1904年5月,日本舰队在对马海峡遇到了从波罗的海赶来的俄罗斯海军上将罗日杰斯特文斯基率领的舰队,俄军遭受了毁灭性打击。对马海峡的战败已经成为军事灾难的代名词。俄罗斯没有因为"战胜亚细亚"而产生社会凝聚力,反而遭受了军队的惨败,成千上万的人死亡。俄罗斯社会开始分裂,民族尊严受损,最终导致了革命的爆发。

亚瑟港要塞的保卫战成为俄日战争的主要事件。尽管总司令和远东总督叶夫根尼·阿列克谢耶夫作出了努力,但俄军仍在满洲里遭遇了失败,距离要塞越退越远。舰队在对马岛失利后,被围困的亚瑟港驻军变得毫无希望,最终投降。谢尔盖·维特与日本人缔结的《朴茨茅斯和约》并没有给国家带来稳定——一场革命正在俄罗斯肆虐。

### "瓦良格号"与"科雷兹号"

"瓦良格号"巡洋舰在美国(费城)建造,于1901年抵达喀琅施塔得,然后作为太平洋舰队的一部分被转移到符拉迪沃斯托克(海参崴)。从1903年起,在一级舰长V.F.鲁德涅夫的指挥下,"瓦良格号"与"科雷兹号"炮艇一起被安置在朝鲜的仁川港。1904年1月27日,日俄战争开始的那一天,"瓦良格号"试图返回符拉迪沃斯托克,但被日本舰队挡住了。鲁德涅夫没有向日本人投降，而是下令向处于优势的敌军进攻。这场战斗只持续了45分钟，在受到重创并有33人死亡和120人受伤后，"瓦良格号"返回了仁川港，在那里决定炸毁"科雷兹号"并沉没"瓦良格号"。

但"瓦良格号"巡洋舰搁浅在浅水区，被日本人打捞上来，改名为"索亚"。1916年3月，俄罗斯买回了这艘巡洋舰。因为著名的歌曲《瓦良格》，"瓦良格号"成为俄罗斯水手勇敢和坚定的象征。悬挂安德烈夫斯基旗帜的"瓦良格号"从符拉迪沃斯托克前往摩尔曼斯克。1917年3月，它前往利物浦进行维修，并留在那里。后来，英国人拆下了它的武装并将其卖为废品。在被拖曳过程中，该船在兰达尔福特附近的岩石上搁浅，并于1925年被拆解为废品。

"科雷兹号"是一艘1886年在斯德哥尔摩建造的炮艇，被俄罗斯买下。这是一艘过时的船，除了带有螺旋桨的蒸汽机外，还有风帆和用来撞击敌舰的锐利船首。"科雷兹号"在西伯利亚舰队和太平洋舰队中，不具有任何真正的实力。然而，由二级舰长G.P.别利亚耶夫指挥的"科雷兹号"在勇气上并不逊色于"瓦良格号"：两艘船一同迎敌，并与敌人展开了力量悬殊的战斗。

[文 献]

俄日战争不仅标志着俄罗斯在军事上的失败，而且成为俄罗斯海军的可怕耻辱。在1904年5月15日上午对马岛战役的最后阶段，涅波加托夫上将的分队被东乡上将的日本舰艇包围了，他在罗日杰斯特文斯基受伤后担任最高指挥，装甲舰"尼古拉一世号""鹰号""阿普拉辛号""塞尼亚文号"和巡洋舰"绿宝石号"都在其领导之下。这些舰艇没有受到严重损坏，而且完全具备战斗力。在日本的《海上军事活动说明》中记载：

"当时是上午10时34分，当第一和第二支队靠近到大约8千米距离时，'霞浦号'首先开火，然后其他船只开始作战；敌人不仅没有回应，反而突然降下船尾旗，发出投降的国际信号。东乡上将同意投降，停止了炮火，并命令我们的支队包围……敌人。"

然后，军使被派往涅波加托夫的旗舰"尼古拉一世号"，他们向涅波加托夫提出首批投降条件，并把他带到日本舰队的旗舰"三笠号"上。

"涅波加托夫上将回复表示同意，为了把这个消息传达给他的船只，要求我们给予一些时间。大约30分钟后，在完成指示后，海军上将与他的司令部人员穿上了礼服，走到甲板上，召集全体船员，友好地解释了不可避免的投降原因，并补充了以下内容：'我已经60岁了，我不怜惜我的衰老体格，我只怜惜你们的生命，你们还有很多年，我要求你们在忍受暂时的耻辱后，在将来本土舰队恢复后，为君主和祖国的利益服役。投降的责任我自己全权承担……'涅波加托夫用几乎听不到的声音说完了这些充满悲伤的话。所有军官都严肃地听着，发言结束后，海军上将和他的船员登上了我们的驱逐舰，于1点31分抵达'三笠号'。"

在大多数专家看来，涅波加托夫上将的行为违背了《海军条例》和俄罗斯舰队的传统。他有足够的时间召开战争委员会，该委员会可能不会决定降下安德烈耶夫的旗帜并将军舰交给敌人，而可能决定"关注船只破损情况——打开船底阀，也许炸毁底部，极可能为人们提供一切可以在水中支撑的东西，直到日本人接近，他们肯定会采取一切措施来拯救船员"，早先被击沉的俄罗斯船只上的船员已经发生过这种情况。此外，没有一个军官反对海军上将的命令，尽管根据条例，每个发过誓的人都可以不服从涅波加托夫的可耻决定。

受伤的中队指挥官罗日杰斯特文斯基副上将也表现得很可耻。他把指挥权交给了涅波加托夫，并从正在燃烧的旗舰"苏沃洛夫号"上先转到"布伊尼号"驱逐舰上，然后到"贝多维号"驱逐舰上，后者同"格罗兹尼号"驱逐舰一起出发前往符拉迪沃斯托克。据《俄罗斯政府公报》报道，5月15日10点，"值班班长奥布赖恩·德·拉西命令信号员西比列夫准备一面白旗。西比列夫问道：'我们为什么要投降？'对此，拉西回答说：'这是海军上将的命令。'"

当地平线上很快出现了烟雾，两艘日本驱逐舰在接近，俄罗斯驱逐舰出乎船员的意料，没有实施战斗准备。据水手萨维奇说，二级舰长巴拉诺夫来到海军上将面前，问是否要向出现的敌人舰队开火。海军上将回答说，有必要在不开火的情况下投降，并补充说向"格罗兹尼号"发出信号——"向符拉迪沃斯托克前进。"大约15点25分，随着敌人的第一声炮响，"贝多维号"刹住发动机，在参谋长的命令下，发出了"有重伤员"的信号，同时在指挥官的命令下降下了船尾旗，悬挂了白旗和红十字旗。"格罗兹尼号"看到"贝多维号"投降，开始全速离开，并与追上它的"卡格罗号"驱逐舰交战，经过两个小时的战斗，它沉没了……"贝多维号"的船员们不同寻常地喧嚷起来，一些人拿起了枪，另一些人把枪口对准了敌人，不想服从，对投降大声地表示不满；军官们安抚船员，说他们要为自己负责，海军上将的生命比驱逐舰更重要。

很明显，罗日杰斯特文斯基早就想要投降：当从"布伊尼号"转移到"贝多维号"时，他问指挥官的第一句话就是："你们没有白旗吗？"

然而，在那些可怕的日子里，还可以举其他例子来解释指挥官的行为。因此，"绿宝石号"巡洋舰与涅波加托夫的分队一起，没有服从投降的命令，而是全身心地投入摆脱敌人的自由行动中。三艘日本巡洋舰追赶它，但未能追上。

在日本的《海上军事活动说明》中记录了涅波加托夫支队在投降时所说的话："15点左右，'乌沙科夫号'战列舰从南方出现，'岩手号'和'八云号'被派去摧毁它。"事情是这样的，成功击退了所有水雷攻击的老式低速战列舰"乌沙科夫号"正在跟随涅波加托夫的分队，在16时30分，它看到地平线上一个日本中队的两艘装甲巡洋舰向它靠近。有人从远处向"乌沙科夫号"的舰长米克卢霍·马克莱通报了涅波加托夫上将中队投降的情况。然而，米克卢霍·马克莱并没有等待信号被研究清楚，说："够了！开火！"战斗双方实力悬殊，当战舰被严重损坏时，舰长下令打开船底阀，18点时战舰与拒绝离开的舰长一起沉没。日本船只靠近并接走了大部分船员（422人中的339人）。

# 1905 年革命与《十月宣言》

革命事件始于 1905 年 1 月 9 日，当时罢工的工人向沙皇提交了一份请愿书。请愿书中写道："不要拒绝帮助你的人民，将他们从无权利、赤贫和无知的坟墓中拯救出来……如果你不这样做，我们将在你的宫殿前的广场上为此献身。"事情就这样发生了：请愿书没有被接受，军队向示威游行者开火，数百人被子弹击中，死在雪地里。

在这种紧张的形势下，社会主义革命者继续着从 19 世纪 80 年代起就一直进行的反政府恐怖斗争。1905 年 2 月，莫斯科总司令、大公、尼古拉二世的叔叔谢尔盖·亚历山德罗维奇被暗杀。在克里姆林宫的参议院广场，一枚炸弹被当时被称为"投掷者"的伊万·卡利亚耶夫扔进了大公的马车。这次行动是由鲍里斯·萨文科夫领导的社会主义革命党战斗组织精心策划和执行的。他们研究了恐怖袭击对象的生活习惯，巧妙地追踪受害者的惯常行驶路线，在大公的马车可能经过的街道上的不同地方安排了几个"投掷者"，以其中一人投掷的炸弹的引爆而结束。

"流血星期天"引发了大规模罢工，以及陆军和海军中的起义与兵变，这迫使沙皇让谢尔盖·维特重新掌权。1905 年 8 月 10 日，日俄双方在美国朴茨茅斯正式举行和谈，9 月 5 日维特代表俄方与日方签订《朴茨茅斯和约》。之后他的作用急剧提升。虽然俄罗斯战败，并失去了半个库页岛，但对维特来说，这次和平是个人的胜利。外交部官员 A.A. 吉尔斯在他的日记中记录：

8 月 18 日。谢尔盖·维特从朴茨茅斯向君主发出了以下内容的电报："我谨向皇帝陛下上奏文，日本已经接受了您对和平条款的要求，因此，将通过您明智而坚定的决定，完全按照陛下的指示来恢复和平。俄罗斯将永远停留在远东地区。我们为执行您的命令付出了全部心血；如果我们不能做得更多，请您宽恕。"真的是伊凡雷帝时代的贵族风格！这里什么都有：忠诚、奉承、爱国的呼声，以及对自己功勋的说明，但诺亚其中一个儿子的精神占据优势……

9月15日。谢尔盖·维特在整个欧洲对他的赞美声中，携带各种桂冠回到了圣彼得堡。我们的官员明天将激动地迎接他，特别是他将立即参与审议有关刻不容缓地成立部长级内阁的问题，这已被推迟到他回来之后了。沙皇既害怕又不喜欢维特，而后者必然是俄罗斯总理职位合乎情理和迄今为止的唯一候选人。我可以想象，在我们上层领域会上演什么样的阴谋诡计。

9月中旬回到俄国，维特开始着手准备著名的《十月宣言》，该宣言给予人民自由，并宣布将选举国家杜马。1905年10月17日是俄国历史上的转折点，在那一天，尼古拉在他的日记中写道：

10月17日。星期一。遇难纪念日（在博尔基）。在5点钟的时候签署了宣言。经过这样的一天，我的头变得沉重，思想变得混乱。主啊，请帮助我们，把俄罗斯驯服。

值得注意的是，在1905年的紧张日子里，王朝最年长的成员尼古拉·尼古拉耶维奇大公做出了一个令人难以置信的大胆和负责任的决定：他禁止罗曼诺夫家族的所有成员参与镇压起义。

沙皇的顾忌和痛苦是可以理解的——直到这个时候，他依旧盲目地遵循自己父亲亚历山大三世和自己老师波贝多诺斯特耶夫在他年轻时给他灌输的思想。他坚信，俄罗斯不需要任何议会形式的政府，社会关系是父权制的："沙皇父亲"与自己的"人民孩子"直接沟通。在1897年的人口普查登记册上，他把自己描述为"土地所有者"和"俄罗斯土地的主人"（皇后在她的登记卡上写着"俄罗斯土地的女主人"），并确信仅凭他那句"这是我的意志"就能解决最棘手的问题。这种陈旧的观点与国家的实际政治形势不一致，最终导致尼古拉二世和俄罗斯陷入灾难。到了1905年10月，尼古拉二世已无路可走。于是他写信给亲信D.F.特雷波夫将军：

"是的，俄罗斯正在被赋予了一部宪法。我们中很少有人与之抗争，但对这场斗争的支持却不知从何而来，每天都有越来越多的人背离我们，最后发生了无法避免的事。"

《十月宣言》发表两天后，维特成为总理，并提出了一个改革方案，其中既有镇压革命起义的严厉措施，也有与自由派进行谈判的尝试。在维特的努力下，俄罗斯在1906年获得了一大笔借款，这有助于稳定国内的经济形势。随着革命运动的减少，沙皇不再需要维特，并于1906年春天让维特退休了。做完这件事后，沙皇变得轻松了，因为他无法原谅维特让自己在1905年所遭受的恐惧和羞辱。甚至在10年后，当维特去世时，沙皇都没有掩饰自己的喜悦，只关心能否得到维特的回忆录。但其作者深知自己国家的习俗，明智地将手稿藏在国外。

从国家杜马成立之初，沙皇就对它的所有倡议抱有敌意，不愿意以任何方式与人民选出的代表妥协，并急于在必要时解散杜马。总的来说，议会的存在，以及其所有有限的权利，似乎是对沙皇的侮辱。正如著名的俄罗斯法学家A.F.科尼所写的那样，1906年4月26日在冬宫举行的杜马开幕式就已经被罗曼诺夫家族视为专制制度的葬礼。玛丽亚·费奥多罗芙娜回忆说，在杜马会议召开后，皇帝哭了起来，然后"用拳头击打椅子的扶手，大喊道：'我创造了它，我也将毁灭它……'"

[文 献]

关于恐怖活动的实施，鲍里斯·萨文科夫在自己的《恐怖分子回忆录》一书中有详细的描写：

"在克里姆林宫刺杀未遂之前，卡利亚耶夫就有机会炸毁谢尔盖·亚历山德罗维奇的马车，当时他的马车正驶向大剧院。马车转到了沃斯克列辛斯基广场，在黑暗中卡利亚耶夫认为自己认出了马车夫鲁丁金，此人总是为大公爵驾车。然后，卡利亚耶夫毫不犹豫地冲了出去并挡住马车的路。他已经举起手，准备投掷炸弹。但除了谢尔盖大公外，他突然看到了车里的伊丽莎白大公夫人和帕维尔大公的孩子——玛丽亚和德米特里。他放下手中的炸弹，离开了。马车在大剧院前停下。

"卡利亚耶夫向亚历山大花园走去。走到我面前，他认为自己做得对：难道要杀死孩子吗？

"出于不安,他无法继续。他明白,错过这样一次刺杀机会,自己的权力受到了多大的威胁:他不仅拿自己冒险,还拿整个组织冒险。手持炸弹的他有可能在马车旁被捕,到时候刺杀行动也会被长期拖延。然而,我告诉他,我不会责备他,而是高度评价他的行为。然后,他提出一个问题:杀死大公的时候,是否要杀死他的妻子和侄子?我们从未讨论过这个问题,甚至从未提出过这个问题。卡利亚耶夫说,如果我们决定杀死整个家庭,他将在马车从剧院回来的路上向马车扔炸弹,而不考虑谁会在里面。我告诉他我的想法:我认为这样的暗杀是不可能的。"

萨文科夫描述的情况(当然,除非是他后来写回忆录时编造的)是那个时代革命者的典型:道德、人性与革命斗争的目的、理想发生了冲突。爆炸者认为自己是自杀式袭击者,除了他们憎恨的政要和将军之外,外人和无辜的人也可能受到伤害。在大多数情况下,他们做出了这些牺牲。值得回顾的是,1880年,斯捷潘·哈尔图林在冬宫安放了一枚炸弹,目的是炸毁亚历山大二世用餐的餐厅,他明知炸毁餐厅的同时会杀死沙皇的几十名警卫,这些警卫的营房位于哈尔图林安放炸弹的地下室和沙皇餐厅的楼层之间。结果,爆炸在沙皇进入餐厅之前就发生了,餐厅下面的营房成了地狱,一片狼藉。最终,卡利亚耶夫准备杀死大公及其家人,组织命令他这样做,自己要承担全部道德责任。这似乎是一个原则问题:党(组织)的意志比个人的意志和良知更重要,这一点在事后表现得淋漓尽致。

1905年2月4日,卡利亚耶夫成功地完成了自己的任务。

他在给同志们的一封信中写道:"……我在四步远的地方投掷……我被爆炸的旋风波及了,我看到马车爆炸了。烟雾散去后,我发现自己在马车后轮残余部分的旁边。我记得烟味和碎片就在我脸上,我的帽子被掀掉。我没有倒下,只是把脸转过去。然后我看到离我五步远的地方,离大门更近的地方,有成堆的大公的衣服和一具裸体……十步外放着我的帽子,我走过去,把它捡起来戴上。我回头看了看,我的外衣被一节木头刺穿,挂着很多碎片,整件衣服都烧焦了。血从我的脸上大量涌出,我知道自己走不了……周围没有人。我刚要走……我身后有人在喊:'抓住!抓住他!'一个密探的雪橇几乎从我身上碾过,他的手抓住了我。我没有反抗……"

* * *

众所周知,尼古拉二世长期以来一直反对通过《十月宣言》这一历史性文件。直到最后一刻,他还试图减弱宣言中对他来说在维特的草案中似乎很激进的立场。他把保守派的主要政要召集到他下榻的彼得夏宫,并与他们进行协商。只是维特的坚定立场挽救了局面,他说,如果自己的草案中有一个字被修改,他就拒绝担任政府首脑。处于绝境中的尼古拉二世服从了维特下的最后通牒。维特的强硬不仅是基于他固有的抱负和对自己选择的信念。他相信,俄罗斯在这个时候别无选择,无论所有人多么不喜欢这个宣言,正如维特所写的,这是"历史的必然进程,是存在的进步"。宣言一开始就以凄凉的话语开场,清楚说明了沙皇通过这一法案的必要性,这并不是巧合:

"首都和帝国许多地方的麻烦和骚乱使我们的心充满了巨大的悲痛。俄罗斯君主的幸福与人民的福祉是分不开的,人民的悲伤就是他的悲伤。从现在出现的动乱中,可能会出现人民的极端情绪,对我们大国完整性和统一性的威胁……为了顺利实施我们预先准备使国家生活平稳的举措,我们得知有必要将最高政府的活动联合起来。政府的责任是执行我们坚定不移的意愿:1. 在个人、良心、言论、集会和结社自由不可侵犯的原则下,赋予民众公民自由的坚实基础。2. 在不中止国家杜马选举的情况下,在可能的范围内,根据杜马会议前剩余的任期,现在征召目前完全被剥夺了自由选举权的阶层参加杜马,从而将普选原则的进一步发展留给新的法律秩序。3. 把未经国家杜马批准不得通过任何法律作为一项永恒的规则,并确保由人民选出的人有机会真正参与对我们权力行为的合法性监督。我们呼吁所有忠诚的俄罗斯之子牢记自己对祖国的责任,帮助结束这场骇人听闻的骚乱,并与我们一起努力,使我们的祖国恢复平静与和平。"

# 斯托雷平和他的政策

1906—1911年，意志坚定的总理彼得·阿尔卡季耶维奇·斯托雷平（1862—1911）制定了政策。他不得不与革命者、农民起义做斗争，并进行改革。斯托雷平认为改革的核心是土地。废除农奴制后，获得人身自由的农民并没有（由于改革的特殊性）成为土地完全的主人。购买土地的工作已经拖了半个世纪，因此，土地问题在几十年里仍然是最尖锐的问题。

许多工作能力强的农民的主动性受到了家村父权制生活、土地稀缺等的限制，以及村社对土地权力的阻碍。土地是公共的，村社定期在会议上安排土地重新分配——土地的重新分配取决于家庭的财富、人口的数量和土地质量。

斯托雷平改革的目标是在20年内建立一个富裕的农民所有者阶层。1907年，他在国家杜马会议发言：

> 政府的目标很明确：政府希望提高农民的土地所有权，希望看到农民富足，因为有财富的地方就有启蒙，当然就有真正的自由。但是，为了实现这一目标，必须给能干的、勤劳的农民，也就是给俄罗斯最杰出的人物提供机会，使其摆脱现在所受的那些桎梏，摆脱那些现在的条条框框。必须给他们机会巩固他们的劳动成果，使之成为他们不可剥夺的财产。

在1908年关于制定农民制度立法草案的演讲中时，他说：

> 法律的意义，法律的理念，对所有人来说都是清楚的。在俄罗斯的那些地方，农民的人格已经获得了一定的发展，村社作为一个强制性的联合体给其独立带来了障碍，因此有必要给予农民将自己的劳动用于土地上，

让其有劳作、致富和处置财产的自由；必须给予其在土地上的所有权，必须使他摆脱过时的村社制度的束缚。同时，在耕种拥有次要地位的地方，法律并没有打破村社制度，在那里有条件使村社成为利用土地的最佳方式。

得益于斯托雷平，俄罗斯才开始了土地制度的彻底重组。其核心是废除村社，并将农民安置到单独区段的土地上。在斯托雷平的倡议下，颁布了关于解散农村村社和农民有权拥有私人农场的法律。为了帮助他们，农民银行被改造，并制订了其他方案。

意志坚定的斯托雷平与杜马之间的关系很复杂，因为杜马与总理提出的农业政策没有达成共识。1907年6月3日，斯托雷平解散了看似激进的第二届杜马，该事件被公众视为一场政变。根据新的不太民主的选举制度，斯托雷平实现了保守的第三杜马的选举，该杜马服从于政府。

斯托雷平的土地改革解决了许多农民问题。其中一个问题——土地短缺——十分严峻。因此，斯托雷平主张鼓励农民从中部迁移到西伯利亚和其他未开发土地的地区定居，那里有数百万定居者涌入。这样做有时是在考虑不周、仓促的方式下进行的。农民家庭在被称为"斯托雷平"的不舒服的、囚车式的马车上，忍受着艰辛走了几个星期。数十万移民无法适应乌拉尔地区以外的生活，最终返回家乡。但仍有约250万人在西伯利亚定居。在与大自然的艰难斗争中，他们在新的地方开始了生活，并很快取得了成功。在这里，过去未曾有过的农民手工业合作组织正在发展，而经营活动也在蓬勃发展。

沙皇和朋党对斯托雷平很不满意，因为他们不希望有任何改革。皇后亚历山德拉·费奥多罗芙娜与斯托雷平作对，要求沙皇解除他总理的职务，尤其在斯托雷平没有掩饰他对格里高利·拉斯普京的不友好态度时，而后者在宫廷中的势力越来越大。总理向沙皇报告了拉斯普京的丑闻，并建议将他从宫廷中除名。对此，尼古拉温和地表示反对："我同意你的观点，彼得·阿尔卡季耶维奇，但十个拉斯普京都比一个歇斯底里的皇后要好。"这反映了王室中充满戏剧性的局面。是的，尼古拉本人也开始对他那精力充沛、意志坚定的总理感到厌烦。沙皇觉得（也许不是没有原因的）斯托雷平会把他推下王位。起初，沙皇喜欢斯托雷平，让他自信地指导政府，打击本位分裂主义。尽管斯托雷平的改革方案得到了普遍认可，但尼古拉二世不断听取来自右翼保守阵营对总理的批评意见,有时会采取与政府建议相反的行动,这阻碍了改革。

尽管斯托雷平有着坚定的信心,但他的总理位置却不稳固:改革并不顺利,他不仅与沙皇和宫廷贵族之间的关系存在难题,而且与贵族之间的关系也很艰难,这些人不满斯托雷平的地方改革剥夺了自己几百年来的特权和当地影响力。一些贵族代表认为,斯托雷平正在创建"类似于法国共和制的机构"。总之,到1911年秋天,斯托雷平已处于辞职的边缘。然而,9月1日,悲剧发生了——斯托雷平在基辅的一个剧院里被一名社会革命党员打成了重伤,此人在很奇怪的情况下,发现自己手里拿着枪处于守卫森严的剧院里。随着斯托雷平的去世,俄罗斯在无须恐怖革命的情况下实现复兴的最后机会已经消失了。毫无疑问,如果他还活着,在战争和动荡的岁月里,斯托雷平的人格会对国家局势产生重要影响,并帮助国家走出危机。

## [文 献]

斯托雷平不仅是一位有才华的管理者,还是一位经验丰富的政治家和论战者。他不止一次在杜马议会中与左派进行争论,表明对方提出的国有化、土地转让和农民土地权利平等化的道路是徒劳的。此外,在进行土地改革时,斯托雷平看到了与革命做斗争的最可靠方式。在1908年的一次演讲中,他说:

"先生们,让许多人感到窘迫的是,左派和右派都对私人财产原则进行抨击。但在这种情况下,左派是在反对合理与真正的自由原则。难道这还不清楚吗?村社的束缚和家庭财产的压迫对九千万人来说是一种痛苦的束缚。先生们,从今年9月在伦敦举行的社会主义革命党人最后一次代表大会的记录中可以看出,对于我们王国的重组,对于它在强大君主制原则下的重组,强大的所有者对于革命运动的发展是一种障碍。……政府在镇压了农村公开叛乱和夺取土地的企图后,为自己定下了通过加强私有财产或土地耕种来驱散农民阶级的目标。政府在这方面的任何成功都会严重损害革命事业。"

他进一步指出:

"从这个角度来看,农村的现状首先要求党对土地私有制进行坚定的批判,这种批判与任何个人主义倾向都是格格不入的。"

1917年，布尔什维克恰巧响应和支持了社会革命党人提出的关于土地国有化的口号。在此10年前，即1907年，斯托雷平发表了著名的反对左派分子的演讲：

"在政府看来，土地国有化对国家是灾难性的……在土地制度方面花了大约十年的时间，我深刻地认识到，在这个问题上需要艰苦的工作和长时间的努力。这个问题……必须解决。在西方国家，这需要几十年的时间。我们为你们提供了适度但正确的道路。反对国家体制的人希望选择激进主义道路，选择从俄罗斯过去的历史中解放出来的道路，从文化传统中解放出来的道路。你们需要伟大的动荡，我们需要伟大的俄罗斯。"

## 经济振兴与罗曼诺夫家族 300 周年

到 1913 年，俄罗斯经济蓬勃发展，对许多人来说，艰难的革命岁月之后，一个经济稳定的时代似乎已经来临。到 1913 年，维特的货币改革已经完全证明了自己的价值。1 卢布能够兑换 2.16 德国马克，或 2.67 法郎，或 2.54 奥匈帝国克朗。与 1900 年相比，国家的收入翻了一番，信贷和银行系统以及储蓄系统正在发展，外国银行也愿意在俄罗斯经济中投资。

这一年是罗曼诺夫家族建立 300 周年。从沙皇米哈伊尔·费奥多罗维奇到尼古拉二世共过去了三个世纪，这些时代在宣传中被描述为充满胜利与成就的时代。在贵族集会地和宫廷中，举办了奢华的庆祝活动和华丽的舞会。出于对 17 世纪时尚与习俗的迷恋，尼古拉二世甚至想让自己的宫廷人员穿上米哈伊尔·罗曼诺夫时代的衣服来装扮他的宫廷，只是由于资金缺乏这个计划未能实施。

# 第一次世界大战爆发

俄历 1914 年 7 月 19 日（公历 8 月 1 日）下午，德国大使手拿与俄罗斯宣战的照会来到俄罗斯外交部……早在前一天，德国就已向法国和俄罗斯发出了"双重最后通牒"。随后，奥匈帝国向俄罗斯宣战。

在那些夏日里，圣彼得堡经历了前所未有的爱国主义力量与团结的爆发。成千上万的示威者在无私爱国情怀的驱使下，来到宫殿广场，表示支持君主和军队与"德意志人"展开斗争，支持塞尔维亚独立，因为来自德奥的威胁正笼罩着塞尔维亚。人们唱起了国歌《上帝保佑沙皇》。伟大的歌唱家费奥多尔·夏里亚宾站在前排，唱着歌。当尼古拉二世出现在阳台上时，人群纷纷跪下。在那些日子里，工厂几乎停止了罢工。反对德国一切事物的斗争开始了。就在那时，圣彼得堡被重新命名为彼得格勒。

最初成功的俄军在前线的攻势以 1914 年 8 月在东普鲁士的坦能堡的失败而意外结束。另一方面，伴随着初期的成功，俄军对德国的盟友奥地利军队发起了攻击。1915 年 5 月，德奥军队的反击以俄国的惨败而告终——俄罗斯不得不割让立陶宛和加利西亚。一半的军队都丧失了战斗能力。俄罗斯的经济情形开始恶化，军用物资的生产落后于前线的需要。在战争期间，俄罗斯在现代军事装备方面的落后显得尤为明显——几乎没有坦克，飞机、汽车的数量也不足，如以前一样，马匹仍然是部队主要的运输力量。指挥部无能、后方的偷盗和无意义的牺牲越来越激怒公众。

所有人都祝愿那些在政府总动员中前往前线的人迅速取得胜利。起初，俄军确实在东普鲁士发动攻势后，取得了对德国人的第一次重大胜利。然而，紧接着，第一场灾难就发生了。俄军指挥官未能协调自己的行动，一支军队被德军包围，几乎全军覆没，而另一支军队则狼狈地撤退了。俄军损失惨重。俄军一度成功行军到德国盟友奥匈帝国在西南部的领土，弥补了失败的苦涩。但如之前所述，此次胜利也被证明是短暂的。俄军不得不放弃波兰——帝国经济最发达的地区。没有波兰的工业，作战就很困难。随后，战争陷入了所谓的"堑壕战"阶段，即阵地战。羞辱性的失败、无意义的牺牲、指挥部明显的无能、后方的盗窃——所有这些都引起了公众的愤慨。然而，在首都这些情绪并没有立即表现出来。战争的爆发无疑为许多企业（尤其是金属加工行业）创造了新的就业机会，来自国外的资本大量地流入，以军事订单为导向的生产也增加了。战争期间，彼得格勒的工业生产量增加了150%，工人数量也相应增加。战争还促进了汽车和电气制造等新产业的发展，伊戈尔·西科斯基开始在新村的工厂生产"伊利亚·穆罗梅茨"轰炸机。

很快就显示出，俄罗斯工业技术的落后是对生产的严重掣肘，人们开始通过加班加点来弥补。工人得到了额外的报酬，但通货膨胀正在吞噬额外的薪水。事实证明，俄罗斯经济无法在任何时间内承受来自全面战争的压力。经济形势持续恶化，在失去了留在德国占领区的波兰煤矿之后，燃料危机也成为现实，工厂的运作有时只有一天的煤炭供应。然后是粮食危机，它是由农村健壮男子参加了政府的大规模动员及俄罗斯低效的农业产量引起的。问题不在于燃料和食品的缺乏，而在于当局无法组织将它们及时运送到首都。货物开始在首都消失，"黑市"出现了，投机和盗窃开始了。总而言之，经过一年半的战争，首都已经面目全非。在西方还很遥远的战争，已经有力地入侵了首都的生活。欢天喜地的送战活动早已被遗忘，救护列车把受伤的、致残的和被毒死的人从前线运到首都。军医无法应对源源不断的伤员，各地开始了一场女性运动——她们接受护士培训，去帮助伤员并前往前线。沙皇家族的榜样在这项崇高事业的发展中发挥了重要作用——皇后和大公夫人都在医院里照顾伤员。

1915年秋天，尼古拉二世解除了在军队中很受欢迎的总司令尼古拉·尼古拉耶维奇大公的职务，自己接手了指挥权。这是一个严重的失误——从此以后，所有的军事失败都归咎于沙皇，因为他没有军事才能。在他的指挥下，1916年布鲁西洛夫将军领导的俄军仅一次成功地在奥地利前线取得了突破，但由于缺乏弹药，攻势很快就消失了。1916年到1917年初的军事行动的结果对俄罗斯来说是令人沮丧的。对抗德军的战线正在艰难地维持，军队缺乏基本必需品，士兵们在战壕里受冻挨饿，逃兵不断增加，后方的反战情绪日益高涨。

此外，仇外心理在一个充满谣言的社会中蔓延，在最高权力圈和宫廷中到处谈论关于德国人出身的皇后亚历山德拉·费奥多罗芙娜的破坏与间谍活动。关于皇后和格里高利·拉斯普京之间关系的肮脏谣言也传播开来。

大众舆论把失败的责任全部归咎于德国出身的皇后,据说她身边有德国间谍,控制了沙皇意志。然而,这种说法并没有真凭实据:皇后有德国血统,但从五岁起就在英国长大,她的母语是英语,而她对德国,特别是对威廉二世的态度一直是尖锐的否定。无论如何,公众舆论在一件事上是认真的——皇后对尼古拉二世的影响是有害的。

[文　献]

热衷于根据政治时机重新命名在苏联时代是一个值得注意的特征。众所周知,对作为一个可以带来(象征)邪恶或好的图腾地名的态度,可以追溯到古代。在叶梅利扬·普加乔夫的起义被叶卡捷琳娜大帝镇压后,叶梅尔卡(在提到国家罪犯时,使用贬义名讳是必须的)的家乡齐莫维耶斯卡娅被改名为波坦金斯卡娅,雅克河被改名为乌拉尔。通常情况下,当局甚至懒得解释改名的原因。但以下是我们在小报《彼得堡公报》上看到的关于首都改名的内容:

"……一个伟大的历史事实已经发生了。俄罗斯帝国的首都圣彼得堡,两个多世纪以来一直使用这个名字,根据帝王旨意,已经改名为彼得格勒。最优秀的斯拉夫主义者的梦想,在抗击德国主义的伟大时代实现了。世界上最伟大国家的首都被重新命名,当然有足够的理由才能做出如此决定。而我们这样的理由比需要的还要多。事实上,这个伟大的斯拉夫国家的首都迄今一直使用的是德国的名字。在哪个国家都存在这种事实,哪个国家的首都有一个外国名字。在俄罗斯的伟大建设时期,当彼得大帝离不开外国人时,就很容易理解,为什么在涅瓦河口建造后来成为首都的城市会获得'圣彼得堡'的名称。

"但现在,俄罗斯人民在人类活动的各个领域都取得了重大成就,俄罗斯——斯拉夫主义的首领——必须走自己的历史性的独特道路,其首都必须有一个斯拉夫语名字。根据俄罗斯君主的指令,从现在开始,将来亦是如此。俄罗斯首都获得新名称,离它最近的城市——彼得霍夫、施利塞尔堡、奥拉宁鲍姆和喀琅施塔得——的名字也必须发生改变,这些城市都是德语名字。守卫首都的喀琅施塔得要塞尤其需要被重新命名，因为现在正与我们交战的奥匈帝国境内有一个同名的城镇。"

这篇短文反映了当时席卷俄罗斯社会的仇外心理和浮夸的爱国主义。最后一个给喀琅施塔得改名的建议特别有趣，因为在文章作者看来，在敌对的奥匈帝国有一个同名的城市，似乎对俄罗斯构成了直接威胁。

## [人　物]

### 皇后亚历山德拉·费奥多罗芙娜

"遗憾的是，工作占用了这么多时间，我本想单独和她在一起！"沙皇尼古拉二世在他的日记中这样写他深爱的妻子。

"我的皇后"——尼古拉二世这样称呼她。在帝国末期的俄罗斯历史上，也许没有其他人物比这个有着冷漠、傲慢面孔的美丽女人更有争议性。她出生在德国（她是黑森-达姆施塔特的公主，当地人称其为阿历克斯），在英国长大。1894年，在亚历山大三世刚刚去世后，她成为尼古拉二世的妻子。这是一段因热恋结合的婚姻。"尼基"和"阿历克斯"互相爱慕，在当时的皇室中没有其他如此温暖、亲切的家庭，如此互相关爱的配偶。但这是令人震惊的矛盾：这样的夫妻似乎要过平静的私人生活，远离尘世的喧嚣，然而这对皇室夫妇的命运却恰恰相反——他们身处风口浪尖，置身公众视野。事实证明，深受人民爱戴的"俄罗斯土地上的女主人""一国之母"的角色，超出了骄傲、矜持和外表冷漠的阿历克斯的能力。

皇后是一个不善于交际、害羞的人，她不喜欢社交，并怕见周围的生人。在她的操持下，宫廷里没有像以往一样明亮、欢快的庆典。相比之下，另一位亚历山德拉·费奥多罗芙娜则完全相反，她是尼古拉一世的妻子，一位同时代的人这样提到她：

"皇后总是和蔼可亲，生动活泼，性格开朗，能够驱散所有羞涩，让每个人都感觉良好。彼得夏宫的院子是一个真正的家庭圈子，每个人都感觉不错。"

阿历克斯意识到自己的劣势，她看到自己的魅力不如自己的婆婆玛丽亚·费奥多罗芙娜太后：

"我的腼腆不是我的错，在教堂里，当没有人看到我时，我感觉自在得多，在那里我与上帝和人民在一起……人们之所以爱戴皇后玛丽亚·费奥多罗芙娜，是因为皇后知道如何引发这种爱，并在官廷礼仪范畴里能感受到自由，而我不知道如何做，我在人群之中会感觉很难，这会让我心情沉重。"

的确，很多方面阻碍阿历克斯做出"端正的"公共帝王之家的行为：她天生害羞，在人群中忧郁、拘束，不能也不愿意与人们找到共同语言，她才智浅薄、顽固、近乎偏执。

这对皇室夫妇向往隐居，远离喧闹的首都。彼得夏宫成为他们最喜欢的地方，那里有"隐秘的住宅"，周围是"一望无际的高大白墙，涂有'官方'——黄色和白色——的颜料"（根据A.N.伯努瓦的回忆）。1895年5月27日在这里，尼古拉带来了自己的阿历克斯，并在日记中写道：

"怀着喜悦与悲痛的心情，我来到了亲爱的亚历山大城，走进我们在海边的房子。和我的妻子住在这里似乎很奇怪。虽然空间很有限，但房间很幽雅，住宿条件很完美，楼下餐厅旁的新房间非常好。但整个房子最主要的美是离海很近！"

阿历克斯很喜欢这里，因为这里符合她的品位与习惯。最重要的是，她的家庭生活在这里得到了保护，不会受他人的窥视，令人厌恶的婆婆和亲戚们都住在远处的别墅和农场里。在这里几乎没有互通的房间，这样一来它的构造"隔绝"了外人的打扰。楼下是办公室，而二楼（有尼古拉的深色胡桃木书房、亚历山德拉的接待室和粉红色的画室）只允许少数人进入。大多数人无法进入三楼，这里有神圣的地方——卧室和小客厅（咖啡室），晚上一家人在这里聚会。孩子的出生导致了官殿的重建：在1895—1897年间，官殿的南侧增加了"儿童房间"。

沙皇希望有更多的时间与家人在一起，这导致在夏季国家的社会生活甚至官方生活都转移到了彼得夏宫。在彼得夏宫的大官殿中，沙皇接见了外国使节并颁发了奖赏。1897年夏天，他接待了德国皇帝威廉二世、法国总统费利克斯·福尔、暹罗王子，1890年接待了伊朗国王。部长们和军方都来亚历山大城向他汇报。总体而言，沙皇和俄罗斯生活中的重要事件都与彼得夏宫有关。1904年8月，沙皇从这里送别了准备向太平洋进军的罗日杰斯特文斯基的中队；1905年10月17日，沙皇在这里签署了关于给予公民自由的著名宣言；在这里，沙皇完成了国家变革，于1906年7月9日解散了第一届国家杜马，1907年又解散了第二届国家杜马。

阿历克斯与尼古拉的幸福生活实际上变成了一场悲剧，而命运在其中扮演了重要角色。连生了四个女孩让这对夫妇很伤心（"真让人失望！第四个女儿！"）——

尼古拉在阿纳斯塔西娅出生后这样在日记中写道），他们需要一个男性继承人。在这种背景下，亚历山德拉患上了折磨她的神经机能病，某种"王朝过失"的情结越来越强烈，因此她进一步封闭了自己。1904年，期待已久的阿列克谢王子的出生，在带来喜悦与欣慰的同时，也带来了巨大的悲伤——这个男孩有血友病，是阿历克斯从她的日耳曼祖先那里继承来的。一场持续的、绝望的但却隐藏在大多数人眼中的为这个重病孩子健康所做的斗争开始了。皇后自己的精神状况也在不断地恶化。她变得迷信，崇尚崇拜，容易有神秘的嗜好，被灌输了对奇迹的信仰，相信任何可以拯救、治愈王子的承诺。这里有一种帮助他们无辜受苦的孩子的热情愿望，以及革命前东正教的普遍精神：对神迹的渴求，寻找预言家、古里古怪的人、神医、超自然力量的载体。除此之外，还应该加上光明之人对灵性主义、东方教义的崇高迷恋，对其理解平淡而浅薄。在这一切神秘的迷雾中，远离真正的东正教，出现了拉斯普京，他与王室的亲密关系最终毁了王后和王朝的声誉……

渐渐地，社会上形成了亚历山德拉·费奥多罗芙娜的负面形象，人们开始指责她让国家遭遇各种麻烦，她的善良和真诚的行为、热情与情感被曲解。正如牧师乔治·沙维尔斯基所写的那样："比如说，她热情的信仰被称为伪善行为。当她在关心战争受害者时，顺着她的基督徒之心的欲望，将她的母性关怀转移到了德国和奥地利囚犯身上时，关于她倾心德国人和她叛国的传言立即开始流传。"

一张1916年的照片，是尼古拉的一个女儿在她父亲的书房里拍摄的，被保存了下来。亚历山德拉·费奥多罗芙娜正神情自若地坐在她丈夫的办公桌上，似乎在向尼古拉建议什么，而尼古拉则在她身后勤奋地做着笔记。这张照片与当时人们对沙皇的看法惊人的一致。仿佛亚历山德拉·费奥多罗芙娜在向沙皇口述她信中的内容。一个读了亚历山德拉·费奥多罗芙娜在1916年秋天写给尼古拉二世的信的人，认为也许通过这些信，她似乎在进行一种催眠，以控制尼古拉二世的意志，使他认为她和站在她背后的拉斯普京的所作所为是正确的：

"你是俄罗斯的统治者和主宰，万能的上帝任命你，在你的智慧和坚定面前他们所有人都要俯首……成为彼得大帝、伊凡雷帝、保罗皇帝——把他们都击溃。"

皇后在最后一种情况做的是不恰当的比喻，显示出她对俄罗斯历史了解得很少——因为保罗一世"把他们都击溃"是众所周知的。在其他方面，皇后和皇帝都真诚地相信人民、农民对他们和王位的爱。地方当局为王室夫妇的到来准备好的对君主忠心耿耿的游行，以及向他们保证人民对自己君主无私的爱的华丽语言，都助长了这种错觉。当局和君主制组织也滋生了这些。

1916年底，当国内局势开始具有社会动乱的特征时，皇后没有察觉，仍然坚持己见：

"多一点耐心，深刻相信在我们的朋友（拉斯普京）的祈祷和帮助下，一切都会顺利。向所有人表明你是统治者，你的旨意将被执行。伟大的时代已经摆脱了温情主义——现在是你意志和力量的统治！他们将被迫在你面前俯首，服从你的命令，按你的意愿和你指定的人工作。必须教导他们服从。这个词的含义对他们来说是陌生的：你用你的仁慈和宽恕宠坏了他们。他们为什么讨厌我？因为他们知道我有强大的意志，当我确信某件事情的正确性时，我不会改变自己的观点，而这对他们来说是无法忍受的。但这些人都是愚蠢的人。……我有责任让有不良企图的人无法靠近我，我会提醒你。敬畏我的人不看我的眼睛，图谋不轨的人不爱我。但是，那些诚实、纯粹忠于你的好人都爱我：看看普通人和军人，好的和坏的神职人员。一切都变得更加安静和美好，人们只需感受一下你的手。多年前，人们对我说过同样的话：'俄罗斯喜欢鞭子！'他们的天性是温柔的爱，然后是铁腕、惩罚和引导。"

皇后的总体思维方向和她的要求显然与现实相悖。同时，在帝国的末期，她与上流社会的距离越来越远，她公开鄙视上流社会。她与皇室发生冲突（尤其是在拉斯普京问题上），并破坏了与自己亲妹妹伊丽莎白·费奥多罗芙娜大公夫人以及其他曾经与她关系密切之人的关系。尼古拉和君主制被推翻后，前皇后与她的丈夫和孩子们一起走上了她自己准备好的宗教之路，1918年7月，他们的生命在商人伊帕季耶夫家的地下室中结束。

# 拉斯普京与对他的谋杀

来自西伯利亚的格里高利·拉斯普京对王室和宫廷有着特殊的影响。这是因为他非凡的个性和"长老"般的非凡能力。他是唯一能给患有血友病的王位继承人阿列克谢王子止血的人。因此,皇后亚历山德拉·费奥多罗芙娜极端信任拉斯普京,认为他是圣人。拉斯普京还利用其在宫廷的影响力,粗暴地干涉公共事务,成为政治中的一个重要角色,实现了撤免一些人、提升其他部长的目的。皇后在一切事情上都听从他的安排。1916年12月,她给在前线的丈夫写信:

> 亲爱的,相信我,你应该听从我们朋友的建议……他恳求尽快撤掉马卡罗夫。我非常赞同他的观点。作为统治者,听从你坚定的妻子和我们朋友的话,相信我们!……我们的朋友和加里宁(普罗托波波夫,未来的总理)恳请您最迟于14日前解散杜马。

类似的提醒、请求、梦境复述、预言和拉斯普京的话语充斥着皇后写的其他所有信件。所有这些都激怒了贵族、杜马议员和整个社会;关于"西伯利亚男人"与皇后的亲密关系最荒诞的谣言与流言蜚语被传播开来。所有这些都使王朝和最高权力失去了信誉。在沙皇兄弟米哈伊尔·亚历山德罗维奇的摄政下,支持尼古拉·尼古拉耶维奇大公或阿列克谢小王子进行宫廷政变的意图,在各种政治家和大公们的圈子里逐渐成熟。

各种政治力量试图诱使沙皇向自由主义反对派做出让步。但皇后亚历山德拉·费奥多罗芙娜以及在皇室中受人尊敬的拉斯普京却阻挡了政变之路。于是,人们策划了针对这位宠臣的阴谋。费利克斯·尤苏波夫把拉斯普京诱骗到圣彼得堡宫,在那里,阴谋家们先是给他下毒,但对他却没起作用,然后他们向拉斯普京开了几枪，之后便把尸体扔进涅瓦河的冰窟窿里……然而，拉斯普京的尸检结果显示他死于空气不足，也就是说，他是被淹死的。

后来，埋在沙皇村的拉斯普京的尸体被挖出并公开焚烧。

## [文　献]

费利克斯·尤苏波夫对在莫伊卡河畔的官殿里发生事情是这样描述的：

"……在这个吞下大剂量最致命毒药的人身边坐了这么久，看着他的一举一动，等待着注定的结局，我能假设他叫我去找吉卜赛人吗？尤其让我感到震惊的是，感受到并猜测到了一切的拉斯普京，现在却离预感自己即将死亡还很远。

"主啊，请给我力量干掉他！我想着，并慢慢地从背后拔出了我的左轮手枪……就像一道闪电贯穿了我的全身，我开枪了。拉斯普京发出狂野的、兽性的吼声，重重地仰面倒在熊皮上。我们检查了伤口：子弹穿透了他的心脏。毫无疑问，他已经被杀死了。

"尸体一动不动，但当我触摸到它时，我确信它仍然是温暖的。然后我俯身在他身上，摸了摸脉搏，没有跳动，他无疑已经死了。然后我再次走近他，开始仔细观察他的脸：他的脸抽搐地颤抖着，越来越强烈。突然间，他的左眼开始略微打开，一会儿，他的右眼皮也在颤抖……拉斯普京的两只眼睛……带着邪恶的表情盯着我……就像一场噩梦，卧在石头地板上的我站了起来。

"然后发生了不可思议的事情。拉斯普京猛地跳了起来，他口吐白沫。他被吓坏了，房间里响起了他狂野的吼声，我看到了他在空气中闪现的抽搐的手指……它们在那里，像烧红的铁，刺入了我的肩膀，试图抓住我的喉咙。复活的拉斯普京声嘶力竭地低语，不断重复我的名字。这种恐怖是无可比拟的。我试图挣脱，但拉斯普京铁钳似的双手以令人难以置信的力量掐住我。一场噩梦般的挣扎随之展开。在那具垂死的、被毒死的、被射杀的尸体里，有一种极其令人可怕的东西，被黑暗势力唤醒来报仇雪恨，至今我仍然以无法言表的恐惧来回忆那一刻。"

尤苏波夫接着说，拉斯普京设法站了起来，跑下楼梯到了院子里，在那里他被阴谋参与者、国家杜马的成员普利什凯维奇射了四枪，之后阴谋者们把他的尸体放到了车上，将其扔到了涅瓦河里。

# 大公党

1915—1916年,所谓的"大公党"得到了加强。早在1886年,亚历山大三世就重新修订了1797年的《皇室条例》。事实是,在过去的一百年里,皇室的人数已经增加了好几倍。他们中的大多数人都有妻子和许多孩子,这导致了巨大的开支。自1886年起,只有沙皇的孙子孙女才被视为大公。罗曼诺夫家族中有不少聪明、受过教育且有影响力的人,他们当中有自由主义者,但最多的是保守主义者。后者的意见对尼古拉二世来说是很重要的,而尼古拉二世作为一个软弱、有时优柔寡断的人,很容易受到自己亲属的影响,他特别看重自己的叔叔们——阿列克谢大公、尼古拉大公、谢尔盖大公和弗拉基米尔大公——的意见。

……在执政的头十年里,他坐在书房一张巨大书桌的后面,怀着一种类似恐惧的心情,听着自己叔叔们的建议和指示。体重250磅的阿列克谢大公和身高6英尺5英寸的尼古拉大公,他们特别喜欢用拳头敲打尼古拉的桌子。他们总是在要求什么……尼古拉大公标榜自己是一位伟大的将军,阿列克谢大公统治海军,谢尔盖大公想把莫斯科总督府变成他自己的世袭领地,弗拉基米尔大公坐镇艺术领域。他们每个人在陆海军中都有希望被优先培养和提拔的人,他们的芭蕾舞演员希望在巴黎给自己安排一个"俄罗斯季"的表演,他们令人惊讶的传教士渴望拯救沙皇的灵魂,他们神奇的医生要求被接见……到了晚上六点,这位年轻的沙皇已经筋疲力尽,情绪低落,头脑昏沉。他久久地看着自己父亲的肖像,希望自己能讲出像这位强大的俄罗斯第一主人一样的语言。

然而,到了帝国时代的末期,我们可以说部分大公试图影响国家的政权体制。

首先是在俄罗斯自由化和宪政发展方面，其次是试图限制拉斯普京和皇后的政治作用和重要性，他们认为这二人会给国家招致灭亡。"大公党"的领导人被认为是大公尼古拉·米哈伊洛维奇和尼古拉·尼古拉耶维奇，也有部分人认为是保罗·弗拉基米罗维奇，虽然后者关于政权民主化的观点没有得到大多数大公的支持。这些人明白体制的改变会导致罗曼诺夫家族作用和地位的下降，除少数情况外，他们在反对拉斯普京集团和皇后的斗争中团结一致。然而，这种"斗争"的形式是最简单的，仅限于与皇帝的会谈，并没有得出任何解决方案，他们之间也没有团结一致。只有在拉斯普京被谋杀后，当参与谋杀的德米特里·帕夫洛维奇大公被流放后，（在皇后的坚持下）大公们才联合起来，起草了一份支持德米特里的请愿书给沙皇。沙皇的答复是："没有人有权从事谋杀；我知道很多人的良心不安，因为德米特里·帕夫洛维奇并不是唯一一个参与的人。我对你们的诉求感到惊讶。尼古拉。"这就是大公们"有组织的"反对派斗争的结束。

# 王朝危机

1916年，俄罗斯社会出现了普遍的、系统性的危机。军事生产开始破坏国内市场，工业产品出现了前所未有的短缺，所有商品，尤其食品的价格都在上涨。城市的生活条件正在迅速恶化，为了面包排起的长队成为未来灾难的可怕象征。当局无力对抗通货膨胀、物价上涨、腐败和盗窃。在这种情况下，引入粮票这一救命措施的想法在很长一段时间内没有得到实施，粮票在1917年才出现，但已经太晚了。

军队中的情绪对当局来说变得特别危险。在这里，各革命党派的鼓动者开始号召士兵们不服从命令，进行反抗。战壕里恶劣的生活条件，越来越强烈的对战争的恐惧，以及普遍存在的叛国谣言，越来越多的士兵被抓——他们都是昔日的农民。城市驻军充满革命精神，不愿意上前线。

经济危机引发了政治危机。在第四届国家杜马议会中，政治内讧加剧，政府的支持者和自由主义反对派之间的矛盾愈演愈烈，他们要求增加议会在国家中的作用，赋予议会控制和管理职能，并对行政管理和军事事务进行改革。杜马的六个派别在1915年组成了一个反对派进步集团，坚持要改变经济政策。这些要求来自资产阶级，而最主要的是，前线的失败促使当局给予私人资本更多的自由，让其参与军事生产，接受和分配订单和利润。一个由十月党领导人A.I.古奇科夫领导的中央军工委员会出现了，但这并没有解决沙皇和杜马之间的关系问题。1916年2月，沙皇最后一次出席杜马例会开幕式，从那时起，他们的接触就保持在最低限度。

1916年至1917年初，彼得格勒的危机已经很明显了。甚至在彼得格勒的外观上也能感受到这一点，它已经失去了帝国首都的优雅与潇洒的外观。没有人再修理房屋的外墙和路面，几个世纪以来建立的日常生活秩序动摇了，崩溃已经开始了。大多数工业制品出现了空前的稀缺，所有商品与食品的价格都在上涨。政府无力与通货膨胀、物价上涨（战争期间物价上涨了三倍）和腐败做斗争，不得不为所有必需品推出配给卡。

## 二月革命——专制制度被推翻

1917年2月23日，数以万计的工人走上首都街头，喊着"面包！""打倒专制！""打倒战争！"的口号，向市中心行进，途中砸毁商店和面包摊，推翻有轨电车。在这些行动中，疲惫不堪之人的绝望、人群的从众心理以及左翼政党的革命鼓动者对他们行动的巧妙操纵得到了体现。到2月25日，罢工席卷了彼得格勒一半的工人，警察与人群开始发生冲突，军队赶来帮助警察。然而，街上的人们并不敌视这些被带出军营的"士兵"，众所周知，他们的步枪里甚至没有弹药。

位于莫吉廖夫最高指挥部的尼古拉二世对有关首都骚乱日渐激烈的电报作出了回应，要求"明天"平息骚乱。晚上，给士兵们分发了弹药。2月26日上午，示威人群再次向中心地带移动，到了部队所站的涅瓦大街。当人群接近部队时，"开火"的命令发出。两百多人当场死亡，数百名伤者被送往医院。人群散去了，涅瓦大街上的示威者被"清除"了，秩序似乎终于恢复了。然而，这并没有持续几个小时。转折点出现在夜间，沃伦斯基团的士兵们发生了暴动，这标志着2月27日上午彼得堡守备部队士兵全面起义的开始。各地的士兵与示威者反对互相残杀，警察局和监狱开始被破坏，所有囚犯开始被不加区别地释放。利特尼大街的地区法庭的火灾是暴乱的不祥象征。

起义者夺取了军火库，并将4万支步枪分发给人民。面对要求推翻君主制并宣布成立共和国的武装人群，当局无力抵抗。2月27日，国家杜马特别委员会在与当时由左翼政党组成的彼得格勒委员会举行会议后，组成了以G.利沃夫亲王为首的新政府。这在当时被称为临时政府，也就是说，在全俄立宪会议选举和召开之前，暂时是这样的局面。政府要求尼古拉二世退位，让他的兄弟米哈伊尔·亚历山德罗维奇大公执政。但是，直到皇帝收到所有前线指挥官要求其退位的电报后，他才停止反抗，并于1917年3月2日让位于米哈伊尔·亚历山德罗维奇大公。

虽然亚历山大三世更喜欢自己的小儿子米哈伊尔，但他在弥留之际并没有改变继承法，所以王位在他之后由他的长子尼古拉继承。米哈伊尔大公仍然是王位的继承人，直到1904年阿列克谢王子出生。他断然拒绝了皇储的头衔——他对成为继承人十分反感。米哈伊尔是一个普通、随和、开朗的人，他喜欢音乐。虽然他曾是个大力士，也是个战士，但他性格很好，甚至比他的皇帝兄长还要软弱。他的母亲玛丽亚·费奥多罗芙娜皇后对维特说："你想说，君主没有作为皇帝的性格？——这是真的——但在发生事情的时候，他必须由米沙（米哈伊尔）代替，而他的意志和性格更差。"米哈伊尔·亚历山德罗维奇与他的皇帝兄弟及母亲的关系都很不好，因为他违背了他们的意愿，娶了一个离过两次婚的人——纳塔利娅·谢列梅特夫斯卡娅——当时圣彼得堡最令人倾倒的美女。为了避免皇室亲属的愤怒，这对夫妇不得不在国外生活了几年。战争爆发后，米哈伊尔·亚历山德罗维奇被任命为高加索地区骑兵师的指挥官。

1917年2月27日，在他哥哥退位的前夕，米哈伊尔·亚历山德罗维奇在彼得格勒与国家杜马主席罗季安科交谈了几个小时，罗季安科将米哈伊尔视为阿列克谢二世皇帝的摄政者。

3月3日，米哈伊尔在百万街的布加金娜公爵夫人宅邸里接见了政治家代表团。然而，他们对俄罗斯和王朝的未来没有统一的看法，更重要的是，他们没有保证米哈伊尔的安全。米哈伊尔拒绝"接受最高权力"，他正式作为皇帝的时间只有一天——1917年3月3日。这样，俄罗斯就不再是一个君主制国家了。米哈伊尔被流放到彼尔姆，1918年7月13日晚上，布尔什维克在那里将他枪杀。

3月8日，退位的尼古拉二世被捕，与家人（妻子、儿子、女儿塔季娅娜、玛丽亚、阿纳斯塔西娅和奥尔加）一起被带到沙皇村，在亚历山大宫住到1917年7月底。然后他们被转移到托博尔斯克，之后又被转移到叶卡捷琳堡，在那里他们被枪决。

[笔　记]

退位不仅是尼古拉二世整个政策完全崩溃的结果，也是他作为皇帝个人声誉崩溃的结果。无论从外表还是从内心，尼古拉都不具备担任要职所需的魅力。他身材矮小，与他的亲戚——大公们——相比相形见绌，他们都像巨人一样。沙皇在群臣中，在自己又高又壮的年迈妻子身边很难被注意到。这不在于他的外在形象（尽管官廷部门意识到这一点的重要性，并建议他更经常在马背上露面，以弥补他身高的不足），而在于他个人内在的精神构成。一些人知道，另一些人则感觉到他缺乏意志、决心、"专制的胆魄"，以及人们尊重统治者的那种坚韧。当然，这也影响了人们对君主和君主制的看法。简而言之，他不善于扮演沙皇的角色。F.I. 夏里亚宾在同名歌剧中扮演沙皇鲍里斯·戈杜诺夫，他的表演受到普遍赞誉，他在自己的《面具与灵魂》一书中谈到了这个主题：

"你必须能够扮演国王。一个非常重要的角色，具有莎士比亚式的气魄。在我看来，沙皇需要一种特别的外貌，一双独特的眼睛。这一切都以一种雄伟的方式出现在我面前。如果大自然让我这个国王成为一个身材矮小甚至有点驼背的人，我必须找到一种基调，为自己营造一种氛围——正是在这种氛围中，我这个矮小、驼背的人会让人们产生与高大威严国王一样的印象。我必须确保每当我在我的人民面前做任意手势时，都会从他们胸口迸发出来对我这个国王的赞叹：

"——看，这就是沙皇！

"如果我弄不清气氛，我的姿态就像一个没有天赋的演员一样，结果是做作的，观众就会感到尴尬，人们的胸腔里就会传出半声嘶哑的闷哼声：

"——好一个沙皇！……

"不明白氛围——就会失败。"


[文　献]

1917年冬末春初，尼古拉二世退位成为所有事件的结果，尼古拉二世发表了退位宣言，里面写道：

"近三年来，在与试图奴役我们祖国的外敌进行伟大斗争的日子里，主神愿意将一个新的严峻考验降到俄罗斯。已经开始的国内动乱有可能对艰苦战争的进一步进行产生灾难性的影响。俄罗斯的命运，我们英勇军队的荣誉，人民的利益，我们亲爱祖国的未来，都要求不惜一切代价使战争胜利结束。凶恶的敌人正在耗尽他最后的力量，而我们英勇的军队与我们光荣的盟友一起，距离最终能够粉碎敌人的时刻已经不远了。

"在俄罗斯生活中的这些决定性日子里，为了迅速取得胜利，我们有责任为我们的人民提供便利，使所有人民的力量紧密团结在一起，并且在与国家杜马达成一致后，我们认为放弃俄罗斯国家的宝座和放下自己最高的权力是正确的。我们不希望与我们亲爱的儿子分离，我们将把我们的继承权移交给我们的兄弟米哈伊尔·亚历山德罗维奇大公，我们祝福他登上俄罗斯国家的王位。我们严嘱我们的兄弟与立法机构中的人民代表按照他们所确立的原则处理事务，并为此立下无法违背的誓言……

"以我们深爱的祖国名义，呼吁所有忠实的祖国之子履行对祖国的神圣职责，在国家考验的困难时刻服从沙皇，与人民的代表一起帮助他带领俄罗斯国家走向胜利、繁荣和辉煌。愿主神帮助俄罗斯。

尼古拉

1917年3月2日，15时，普斯科夫市"

# 大事年表

| 年份 | 事件 |
|---|---|
| 1682 | 4月27日费奥多尔·阿列克谢耶维奇去世，彼得一世被拥立为沙皇。<br>5月15日射击军发动叛乱，之后，俄罗斯形成了公主索菲亚和沙皇伊凡及沙皇彼得的三权分立局面，这一局面一直持续到1689年。<br>5月至9月，"霍万斯基党人之乱"。 |
| 1684 | 1月9日，沙皇伊凡五世与普拉斯科维娅·费奥多罗芙娜·萨尔蒂科娃结婚。 |
| 1686 | 俄罗斯与波兰实现"永恒的和平"，基辅过渡到俄罗斯的统治下，俄罗斯参与反土耳其的"神圣联盟"。 |
| 1687 | 斯拉夫-希腊-拉丁学院开设。<br>瓦西里·瓦西里耶维奇·戈利岑第一次率兵攻打克里米亚。 |
| 1689 | 1月27日彼得与叶夫多基娅·费奥多罗芙娜·洛普金娜结婚。<br>彼得一世推翻了索菲亚·阿列克谢耶芙娜及其政府，处决费奥多尔·沙克洛维特，流放瓦西里·瓦西里耶维奇·戈利岑。<br>9月7日，中俄缔结了关于边界的《尼布楚条约》，俄罗斯割让阿尔巴津给中国。<br>瓦西里·瓦西里耶维奇·戈利岑第二次率兵攻打克里米亚。 |
| 1690 | 莫斯科及全俄罗斯东正教大牧首阿德里安开始任期（1690—1700）。 |
| 1693 | 彼得一世两次前往阿尔汉格尔斯克（1693—1694）。 |
| 1695 | 亚速战役（1695—1696）。 |
| 1696 | 1月29日，伊凡五世去世，彼得一世开始独裁政治。<br>开始打造舰队，建立塔甘罗格。 |
| 1697 | 彼得一世开始随使团出访欧洲，访问荷兰、英国和奥地利（1697—1698）。 |
| 1698 | 射击军暴动，被镇压；彼得一世和奥古斯特二世在拉瓦-鲁斯卡会面。 |
| 1699 | 俄罗斯、奥地利、威尼斯、波兰与奥斯曼帝国签订《卡尔洛维茨和约》；俄罗斯与萨克森和丹麦签订联合条约；北方同盟成立。 |
| 1700 | 俄罗斯与土耳其签订《君士坦丁堡和约》，与瑞典之间爆发"北方战争"；丹麦在签署《特拉文达尔条约》后退出战争；卡尔十二世的军队在纳尔瓦击败了俄罗斯军队。 |
| 1701 | B.P.舍列梅捷夫的军队在利沃尼亚和爱沙尼亚取得了第一次军事胜利。<br>莫斯科开办数学和航海科学学校与炮兵学校。 |

续表

| 年份 | 事件 |
|---|---|
| 1702 | 彼得大帝发表宣言，以优惠条件邀请外国人到俄罗斯。<br>11月，俄罗斯占领诺特堡（施利塞尔堡）。 |
| 1703 | 俄罗斯军队于4月23日从施利塞尔堡沿涅瓦河右岸向下移动，之后占领宁尚兹要塞。<br>5月16日，圣彼得堡建城日。 |
| 1704 | 建立喀琅施塔得要塞，征服多帕特、纳尔瓦和伊万哥罗德。<br>与波兰立陶宛联邦在比尔扎伊签订了关于对瑞典采取联合行动的条约。 |
| 1706 | 俄罗斯-萨克森联军在卡利什战胜了瑞典人。<br>在莫斯科建立军事医院和医学院。 |
| 1707 | 康德拉季·布拉文领导的叛乱在顿河全面爆发（1707—1709）。<br>卡尔十二世开始对俄罗斯作战，俄罗斯军队通过白俄罗斯和乌克兰撤退。 |
| 1708 | 开始第一次地方改革。<br>7月3日，俄罗斯军队在戈洛夫钦被瑞典军队击败。<br>8月28日，俄罗斯军队在多布罗姆村附近取得胜利。<br>10月末，乌克兰盖特曼伊万·马泽帕加入瑞典人阵营。 |
| 1709 | 波尔塔瓦之战，俄罗斯军队战胜瑞典军队。<br>丹麦和俄罗斯签订了关于恢复北方同盟的哥本哈根条约。 |
| 1710 | 俄罗斯军队占领了里加、雷夫、维堡和克克斯霍尔姆，利沃尼亚和爱沙尼亚实际上并入俄罗斯。<br>俄罗斯和土耳其之间的战争开始。 |
| 1711 | 成立政府参议院。<br>俄罗斯与土耳其之间爆发普鲁特河之战。7月23日，双方签订《普鲁特和约》，俄罗斯被迫摧毁亚速舰队，向土耳其人交出亚速和塔甘罗格。 |
| 1712 | 事实上的首都从莫斯科转移到圣彼得堡。 |
| 1713 | 俄罗斯与波兰签订关于沿第聂伯河划分乌克兰的条约。 |
| 1714 | 通过了《一子继承法》。<br>甘古特战役，俄罗斯军队占领芬兰。 |
| 1716 | 彼得一世开始第二次出国旅行。<br>王子阿列克谢出国逃亡。 |
| 1717 | 合议制改革开始。 |
| 1718 | 王子阿列克谢回归俄罗斯，接受审判。秘密办公厅作为政治调查机构出现。7月27日，王子阿列克谢被秘密处决。<br>5月，俄罗斯和瑞典开始在奥兰群岛进行谈判。<br>11月26日，彼得一世颁布了国家进行人口普查的法令。<br>12月中旬，瑞典国王卡尔十二世被杀。 |

续表

| 年份 | 事件 |
|---|---|
| 1719 | 俄罗斯军队在瑞典登陆。 |
| 1720 | 颁布彼得一世的海事条例总章程。 |
| 1721 | 废除牧首制,成立东正教最高会议。<br>开始城市改革。<br>缔结《尼什塔特和约》。<br>10月22日,宣布俄罗斯为帝国,称彼得一世为彼得大帝。彼得被封为"伟人""祖国之父""全俄的帝王"。 |
| 1722 | 彼得一世签署关于王位继承的法令《王位继承法典》。<br>俄罗斯与波斯之间的战争开始。 |
| 1723 | 攻占巴库,占领里海南岸。与波斯缔结和平条约,将里海沿岸的领土并入俄罗斯。<br>建立了监察等级制度。 |
| 1724 | 与瑞典缔结防御和约。<br>开始对从国外进口的商品征收高关税。<br>开始征收人头税。 |
| 1725 | 1月28日,彼得大帝去世,叶卡捷琳娜一世登基。<br>8月,圣彼得堡科学院成立。<br>维图斯·白令开始第一次考察勘察加半岛(1725—1730)。<br>东正教大主教狄奥多西被废黜。 |
| 1726 | 设立最高枢密院。<br>与奥地利缔结盟约。 |
| 1727 | 5月6日,叶卡捷琳娜一世死亡,彼得二世登基。<br>亚历山大·达尼洛维奇·缅希科夫失宠并被流放。<br>萨瓦·拉古津斯基出使中国,与中国签订《恰克图条约》。 |
| 1728 | 宫廷从圣彼得堡迁往莫斯科。<br>维图斯·白令发现了亚洲和美洲之间的海峡。<br>11月30日,彼得二世与叶卡捷琳娜·多尔戈鲁基订婚。 |
| 1730 | 1月18日,彼得二世去世。安娜·伊凡诺芙娜开始执政(1730—1740)。<br>最高枢密院被废除。 |
| 1731 | 废除长子继承制法,合并世袭领地和庄园。<br>建立部长内阁,削弱参议院的权力。<br>在圣彼得堡成立了施利亚赫特军团。 |
| 1732 | 1月,宫廷从莫斯科迁往圣彼得堡。<br>将里海属地归还给波斯。<br>重新设立秘密办公厅。<br>与奥地利和普鲁士签订关于波兰王位候选人的柏林条约。<br>维图斯·白令奉命开始第二次考察勘察加半岛(1732—1741)。 |

续表

| 年份 | 事件 |
| --- | --- |
| 1733 | 波兰王位继承战（1733—1735）开始。 |
| 1734 | 俄罗斯军队围攻格但斯克（但泽）。 |
| 1735 | 与波斯签订《甘贾条约》。<br>俄土战争（1735—1739）爆发。 |
| 1736 | 蒙尼奇率领俄罗斯军队占领亚速，首次进入克里米亚。<br>俄罗斯第一次给贵族们设立了 25 年的服役期限，取代了贵族的终身服役制。<br>颁布法令，指定工人由工厂和工厂主管理。 |
| 1737 | 占领了土耳其的大型堡垒奥恰科夫。<br>比龙成为库尔兰公爵。<br>颁布关于免除贵族子女义务教育的法令。 |
| 1739 | 俄罗斯军队取得了在斯塔维恰尼附近战役的胜利。<br>与土耳其签订《贝尔格莱德和约》。<br>第一次远征日本。 |
| 1740 | 6 月 27 日，内阁部长 A.P. 沃伦斯基被处决。<br>8 月 12 日，伊凡·安东诺维奇出生。<br>10 月 17 日，安娜·伊凡诺芙娜去世，伊凡六世·安东诺维奇继位，比龙摄政。<br>11 月 9 日，蒙尼奇脱离比龙势力，安娜·利奥波多芙娜成为俄罗斯统治者。 |
| 1741 | 俄瑞战争（1741—1743）爆发。<br>8 月 23 日，俄罗斯军队在芬兰的维尔曼斯特兰德堡垒下彻底击败了瑞典军队。<br>11 月 25 日，伊丽莎白·彼得罗芙娜发动政变，推翻伊凡六世，登上沙皇宝座。<br>内阁被摧毁，恢复了参议院的权力。 |
| 1742 | 俄罗斯军队在芬兰取得胜利，瑞典人在赫尔辛福斯投降。 |
| 1743 | 与瑞典签订了《奥布和约》。 |
| 1744 | 开始第二次人口普查（1744—1747）。 |
| 1745 | M.V. 罗蒙诺索夫在圣彼得堡科学院担任教授。 |
| 1746 | 禁止非贵族购买农奴。 |
| 1747 | 颁布科学院第一份宪章。 |
| 1748 | 俄罗斯军团向莱茵河进军。<br>M.V. 罗蒙诺索夫化学实验室成立。 |
| 1750 | K.G. 拉祖莫夫斯基成为乌克兰盖特曼。 |
| 1752 | 开设海军军校。 |
| 1753 | 废除国内海关。 |
| 1755 | 成立《海关法典》编纂委员会。<br>在莫斯科创建大学，开设莫斯科大学和莫斯科体育学院。<br>俄罗斯第一部歌剧上演。 |

| 年份 | 事件 |
|---|---|
| 1756 | 俄罗斯戏剧院开幕。<br>设立最高法院会议。<br>俄罗斯加入七年战争（1756—1762）。 |
| 1757 | 圣彼得堡成立艺术学院。<br>俄罗斯军队在格罗斯－埃格斯多夫战胜了普鲁士军队。 |
| 1758 | 俄罗斯军队占领了柯尼斯堡。<br>佐恩多夫战役爆发。<br>罢黜总理大臣阿列克谢·彼得罗维奇·别斯图热夫·留明。<br>在喀山开设第一所省级中学。 |
| 1759 | 俄罗斯军队在库纳斯多夫取得胜利。<br>在圣彼得堡开设贵族子弟军官学校。 |
| 1760 | 俄奥联军攻占柏林。 |
| 1761 | 俄罗斯军队攻占科尔贝格要塞。<br>12月25日，伊丽莎白·彼得罗芙娜去世，彼得三世登上王位。 |
| 1762 | 开始第三次人口普查（1762—1766）。<br>建立国有银行。<br>发布关于废除"言行一致"的宣言。<br>废除秘密办公厅。<br>教会土地开始世俗化。<br>发布关于宗教自由的法令。<br>1月18日，发布《关于给予自由的宣言》。<br>4月24日，与普鲁士实现"永久和平"。俄罗斯退出七年战争。<br>6月28日，叶卡捷琳娜发动宫廷政变，彼得三世被推翻和逮捕。<br>7月6日，彼得三世在罗普夏被暗杀。<br>发布关于教会土地和财产完全世俗化并移交给经济部的法令。 |
| 1764 | 瓦西里·米罗维奇叛乱。<br>伊凡·安东诺维奇在施利塞尔堡被暗杀。<br>废除乌克兰的盖特曼。<br>在莫斯科开办孤儿院，在圣彼得堡开办斯莫尔尼贵族少女学院。 |
| 1765 | 自由经济协会成立。<br>发布地主有权将被定罪的农民送去服刑的法令。 |
| 1766 | 俄罗斯和英国签订友好贸易条约。 |
| 1767 | 叶卡捷琳娜二世发布"敕令"。起草新法典的委员会开始工作。 |

续表

| 年份 | 事件 |
| --- | --- |
| 1768 | 最高法院委员会成立。<br>与波兰贵族临时联盟作战开始。<br>成立两家纸币银行与银行监管网（1768—1769），引入纸币。<br>发行俄罗斯第一笔贷款。<br>俄土战争爆发。 |
| 1769 | 攻占霍廷要塞。<br>叶卡捷琳娜二世设立圣乔治勋章。 |
| 1770 | 彼得·亚历山德罗维奇·鲁缅采夫取得拉尔加河战役和卡古尔河战役胜利。<br>切什梅海战。 |
| 1771 | 9月，莫斯科瘟疫暴动。<br>俄罗斯军队向克里米亚进军。 |
| 1772 | 俄罗斯、奥地利和普鲁士签署第一次瓜分波兰的协议。 |
| 1773 | 在圣彼得堡成立矿业学院。<br>普加乔夫的叛乱开始。 |
| 1774 | A.V. 苏沃洛夫在科兹卢贾取得对土耳其人的胜利。<br>《库楚克-开纳吉停战条约》签订，俄土战争结束。<br>G.A. 波将金开始受宠。 |
| 1775 | 普加乔夫被处决。<br>剿灭扎波罗热西奇。<br>省级改革开始。<br>阶级法院成立。 |
| 1776 | G.I. 谢利霍夫远征美国。 |
| 1777 | 赫尔松市建成。<br>人们开始在新罗西斯克省定居。 |
| 1780 | 俄罗斯发起《关于英美战争中武装中立原则的公约》。<br>莫斯科彼得罗夫斯基剧院（大剧院）开幕。 |
| 1782 | 地方议会建立。<br>新的海关关税确立。 |
| 1783 | 发布允许建立自由印刷厂的法令。<br>克里米亚并入俄罗斯。<br>俄罗斯科学院开幕。<br>签署关于格鲁吉亚加入的《格奥尔基耶夫斯克条约》。<br>塞瓦斯托波尔并入俄罗斯。 |
| 1784 | 诺维科夫印刷厂成立。 |

续表

| 年份 | 事件 |
| --- | --- |
| 1785 | 《贵族宪章》颁布。<br>废除对贵族和商人体罚的法令。<br>G.A.波将金的军事改革开始。<br>艾尔米塔什剧院开幕。 |
| 1786 | 建立国家贷款银行。<br>颁布国民学校章程。<br>俄土战争（1786—1791）爆发。 |
| 1788 | 俄瑞战争（1788—1790）爆发。<br>攻占奥恰科夫。<br>在哥特兰岛取得了对瑞典人的胜利。 |
| 1789 | 俄国和奥地利联军在福克萨尼取得胜利。<br>苏沃洛夫在雷姆尼克取得胜利。 |
| 1790 | 与瑞典在维雷拉签订和约。<br>苏沃洛夫攻占土耳其要塞伊兹梅尔。<br>亚历山大·尼古拉耶维奇·拉季舍夫被流放。 |
| 1791 | 乌沙科夫在卡利亚克里亚角附近战胜了土耳其舰队。<br>在雅西与土耳其签订和平协议。 |
| 1792 | 波兰和立陶宛的权贵在圣彼得堡建立塔戈维查联盟。<br>俄罗斯和波兰之间的战争爆发。<br>俄罗斯驻日本的第一个大使馆成立。 |
| 1793 | 与法国的关系破裂。<br>俄罗斯和普鲁士达成第二次瓜分波兰的协议。 |
| 1794 | 塔德乌什·科希丘什科领导波兰起义。 |
| 1795 | 俄罗斯和普鲁士达成第三次瓜分波兰的协议。<br>波兰国王斯坦尼斯瓦夫·奥古斯特退位。<br>颁发关于建立帝国公共图书馆的法令。 |
| 1796 | 颁布限制出版自由的法令，关闭所有私人印刷厂。<br>颁布解散共济会的法令，共济会成员尼古拉·诺维科夫被捕。<br>V.A.祖博夫向波斯进军。<br>第五次人口普查。<br>11月6日，叶卡捷琳娜二世去世，保罗一世登上王位。 |

续表

| 年份 | 事件 |
| --- | --- |
| 1797 | 与英国签订贸易条约。<br>颁布《三日劳役宣言》。<br>建立审查制度。<br>改革俄罗斯嘉奖制度。<br>开设医学和外科学院。<br>颁布《皇室条例》。<br>米哈伊洛夫斯基城堡开始建造（1797—1801）。 |
| 1798 | 与英国和土耳其签订联盟条约。<br>与土耳其结盟对法国发动战争（1798—1799）。<br>与两西西里王国签订结盟条约。<br>保罗一世接受了马耳他骑士团大首领的头衔。<br>解放了地中海上的希腊岛屿。<br>允许旧信徒在全国各地建立教堂。 |
| 1799 | 苏沃洛夫的意大利行军。<br>在诺维的阿达河和特雷比亚河上战胜了法国人。<br>成立俄美集团公司。 |
| 1800 | 与法国结盟，与英国决裂。<br>颁布破产法规。<br>禁止进口外国书籍。<br>开始征服高加索地区。 |
| 1801 | 格鲁吉亚并入俄罗斯。<br>3月11日发生宫廷政变，保罗一世被暗杀，亚历山大一世登上王位。<br>秘密委员会成立，制订改革方案。 |
| 1805 | 与奥地利一起对法国发动战争。<br>在奥斯特利茨惨败。<br>与普鲁士结盟，对法国发动新的战争。 |
| 1807 | 埃劳战役中俄普联军艰难击退了法军。<br>弗里德兰战役，法国击败俄罗斯。<br>《提尔西特和约》签订。 |
| 1808 | 与瑞典的战争（1808—1809）开始。<br>芬兰并入俄罗斯。 |
| 1810 | 开始实行军事定居点制度。<br>斯佩兰斯基实施了一项创建国家议会和部委制度的计划，1812年被流放到下诺夫哥罗德。 |

续表

| 年份 | 事件 |
| --- | --- |
| 1812 | 拿破仑对俄罗斯发动战争，1812 年卫国战争开始。<br>亚历山大一世任命库图佐夫为军中指挥。<br>斯摩棱斯克战役。<br>博罗季诺战役。<br>俄罗斯军队撤出莫斯科，莫斯科大火。 |
| 1813 | 俄罗斯军队开始对外作战。<br>库图佐夫去世。<br>反法联军在德累斯顿战败。<br>莱比锡"人民之战"。 |
| 1814 | 反法联军攻破巴黎。<br>维也纳会议召开（1844.9—1815.6）。 |
| 1815 | 俄罗斯、奥地利和普鲁士组成神圣同盟。 |
| 1816 | 秘密社团"救国同盟"成立。 |
| 1818 | 秘密社团"幸福同盟"成立。 |
| 1821 | 秘密社团"南方协会""北方协会"先后成立。 |
| 1822 | 沙皇颁布了一项严格法令，解散了包括共济会在内的所有秘密社团。 |
| 1825 | 11 月 19 日，亚历山大一世在塔甘罗格去世。<br>11—12 月，王位空白期。康斯坦丁·巴甫洛维奇拒绝继承王位。<br>12 月 14 日，参议院广场发生叛乱。尼古拉一世登上王位。<br>12 月 29 日，切尔尼戈夫团的起义。 |
| 1826 | 7 月 13 日，叛乱领导人被处决。<br>国王宪兵队与第三厅建立。<br>叶尔莫洛夫远征车臣。<br>与波斯作战（1826—1828）。 |
| 1827 | 攻占埃里温和塔夫里兹。 |
| 1828 | 在特库曼查伊村，俄罗斯与波斯签订停战条约。埃里温和纳希切万汗国并入俄罗斯。<br>俄土战争（1828—1829）。<br>俄罗斯占领摩尔达维亚和瓦拉几亚，攻占土耳其的卡尔斯和巴亚泽特等要塞。 |
| 1829 | A.S. 格里鲍耶陀夫在德黑兰被暗杀。<br>在库列夫恰击败土耳其人。<br>攻占埃尔祖鲁姆。<br>攻克巴尔干山脉并占领了埃迪尔内（阿德里安堡）。<br>高加索地区的黑海沿岸并入俄罗斯。 |
| 1830 | 霍乱暴动。<br>11 月 18 日，波兰起义开始。 |

711

续表

| 年份 | 事件 |
|---|---|
| 1832 | 镇压波兰起义,对波兰的自由进行限制。<br>关闭维也纳大学。 |
| 1833 | 与土耳其签订联盟条约。<br>颁布《俄罗斯帝国法典》。 |
| 1834 | 颁布关于限制俄罗斯公民在国外逗留期限的法令。<br>开办基辅大学。 |
| 1835 | 制定新的大学章程。<br>第八次人口普查(俄罗斯有 5100 万人口)。 |
| 1836 | 彼得·恰达耶夫在《望远镜》杂志上发表了《哲学信札》。<br>M.I. 格林卡创作的歌剧《为沙皇献身》首演。 |
| 1837 | 从圣彼得堡到巴甫洛夫斯克的第一条铁路开通。 |
| 1838 | 任命 S.S. 乌瓦罗夫为公民教育部长。研究"东正教—专制—民主性"的概念。 |
| 1840 | 伊玛目沙米尔组建了车臣尼亚(之后的伊玛目国)。 |
| 1845 | 沃龙佐夫进军达尔戈。 |
| 1847 | 开始征服中亚(1847—1876)。 |
| 1849 | 镇压匈牙利的叛乱。<br>破获彼得拉舍夫斯基小组案件。 |
| 1851 | 圣彼得堡到莫斯科的铁路开通。 |
| 1853 | A.S. 缅希科夫出使伊斯坦布尔。<br>亚历山大·赫尔岑在伦敦创立"自由俄罗斯"印刷所。<br>克里米亚战争(1853—1856)爆发。 |
| 1854 | 向英国和法国宣战。<br>英法联军在克里米亚半岛登陆。<br>在阿利马河附近被击败,塞瓦斯托波尔被围困。 |
| 1855 | 亚历山大·赫尔岑的《北极星》首次在伦敦出版。<br>2月18日,尼古拉一世去世,亚历山大二世登上王位。<br>塞瓦斯托波尔陷落。 |
| 1856 | A.M. 戈尔恰科夫被任命为外交部部长。<br>《巴黎和约》签订。<br>8月26日,大赦十二月党人。 |
| 1859 | 伊玛目沙米尔投降。 |
| 1860 | 与中国签订《中俄北京条约》。 |
| 1861 | 成立部长委员会。<br>2月19日,解放农奴的宣言发表。 |

续表

| 年份 | 事件 |
|---|---|
| 1863 | 开始教育改革。<br>波兰武装起义开始。 |
| 1864 | 市政与司法改革。 |
| 1866 | 卡拉科佐夫第一次刺杀亚历山大二世。 |
| 1867 | 阿拉斯加被出售给美国。 |
| 1870 | 通过了《城市自治条例》。 |
| 1871 | 谢尔盖·涅恰耶夫案。 |
| 1873 | 希瓦汗国沦为俄国的保护国。<br>三皇同盟缔结。 |
| 1874 | 军事改革，废除征兵制。 |
| 1875 | 入侵浩罕汗国。 |
| 1877 | 俄土战争爆发，1878年1月双方在圣斯特凡诺签订和约。<br>俄罗斯军队越过多瑙河的通道，围攻普列文纳，在希普卡击败土耳其人，占领卡尔斯和索菲亚。 |
| 1878 | 秘密革命团体"土地与意志"开始组织活动。<br>颁发加快审判革命者暂行规则。 |
| 1879 | 4月5日，索洛维约夫刺杀亚历山大二世。<br>8月，民意党成立。 |
| 1880 | 2月5日，哈尔图林刺杀亚历山大二世。<br>2—8月，洛里斯·梅利科夫领导最高行政委员会的工作。<br>7月6日，亚历山大二世和叶卡捷琳娜·多尔戈鲁卡娅举行了婚礼。 |
| 1881 | 3月1日，亚历山大二世遭遇爆炸袭击，不久后去世。亚历山大三世登上王位。<br>4月3日，处决刺杀亚历山大二世的刺客。<br>8月，颁布关于加强和紧急安全的条例。 |
| 1882 | 开始对民意党的诉讼审判（1882—1884）。<br>创建工厂监察局。<br>禁止在工厂使用童工。<br>废除人头税。 |
| 1883 | 第一个马克思主义团体"劳动解放社"创立。<br>莫斯科基督救世主大教堂举行祝圣仪式。 |
| 1884 | 颁布《大学章程》。 |
| 1887 | 维什涅格拉茨基开始担任财政部长（1887—1892）。 |
| 1892 | 维特接替维什涅格拉茨基担任财政部长（1892—1903）。 |
| 1894 | 10月20日，亚历山大三世去世，尼古拉二世登上王位。<br>11月14日，尼古拉二世和亚历山德拉·费奥多罗芙娜结婚。 |

续表

| 年份 | 事件 |
| --- | --- |
| 1895 | 工人阶级解放斗争协会成立。 |
| 1896 | 5月14日，尼古拉二世举行加冕礼。<br>霍登加惨案。 |
| 1897 | 进行货币改革（引入金卢布作为主要货币单位）。 |
| 1904 | 俄日战争（1904—1905）爆发。<br>5月14—15日，对马海峡战役。<br>7月15日，V.K. 普列韦被谋杀。<br>12月20日，亚瑟港投降。 |
| 1905 | 1月9日，圣彼得堡示威工人被枪杀，革命开始。<br>8月10日，日俄双方在美国朴茨茅斯正式举行和谈，9月5日签订《朴茨茅斯和约》。<br>10月17日，《十月宣言》发表。<br>S.Yu. 维特组建政府（1905年10月19日—1906年4月14日）。 |
| 1906 | 11月9日法令，赋予农民从村社自由离开的权力。 |
| 1907 | 6月3日，斯托雷平解散第二届国家杜马。<br>1905—1907年革命结束。 |
| 1912 | 6月，第三届国家杜马通过斯托雷平的土地方案。<br>9月1日，斯托雷平在基辅被暗杀。 |
| 1914 | 第一次世界大战（1914—1918）爆发。<br>8月27日，俄罗斯军队在东普鲁士的坦能堡战役中失败。 |
| 1915 | 9月5日，尼古拉二世成为俄军总司令。 |
| 1916 | 6月，布鲁西洛夫将军率领俄军在奥地利前线取得突破。<br>12月30日，拉斯普京被刺杀。 |
| 1917 | 2月25日，彼得格勒大罢工。<br>2月27日，专制制度被推翻，成立了彼得格勒工人和士兵代表苏维埃。<br>3月2日，尼古拉二世退位。临时政府成立。 |

# 参考文献

*Ананьич Б. В., Ганелин Р. Ш.* Сергей Юльевич Витте и его время. СПб.,1999.

*Андерсен М.* Петр Великий. Ростов-на-Дону; Москва,1997.

*Анисимов Е. В.* Анна Иоанновна. М.,2004.

*Анисимов Е. В.* Елизавета Петровна. М.,2002.

*Анисимов Е. В.* Юный град. Петербург времен Петра Великого. СПб.,2003.

*Анисимов. Е. В.* Время петровских реформ. Л.,1989.

Аракчеев: свидетельства современников. М.,2000.

*Бескровный Л. Г.* Русская армия и флот в XVIII веке. М.,1958.

*Богословский М. М.* Петр I. М.,1941–1945.

*Болотина Н. Ю.* Князь Потемкин. Герой эпохи Екатерины Великой. М.,2006.

*Воскресенский Н. А.* Законодательные акты Петра I. М.; Л.,1945.

*Выскочков Л. В.* Император Николай I: человек и государь. СПб.,2001.

*Гельбиг Г.* Русские избранники. М.,1999.

Дворцовые перевороты в России.1725–1825. Ростов-на-Дону,1998.

Екатерина Вторая: pro et contra. СПб.,2006.

*Елисеева О. И.* Григорий Потемкин. М.,2005.

*Епанчин Н. А.* На службе трех императоров. Воспоминания. М.,1996.

Законодательство Екатерины II. М.,2000. Т.1–2.

*Каменский А. Б.* От Петра I до Павла I. М.,1999.

*Курукин И. В.* Бирон. М.,2006.

*Курукин И. В.* Эпоха «дворских бурь». Очерки политической истории послепетровской России. Рязань,2003.

*Кюстин А*. Россия в 1839 году. М.,1996. Т.1–2.

*Мадариага И*. Россия в эпоху Екатерины Великой. М.,2002.

Мария Павловна. Мемуары. М.,2003.

Николай I: личность и эпоха. Новые материалы. СПб.,2007.

Николай II. Воспоминания. Дневники. СПб.,1994.

Николай II. Дневники. М.,2001.

*Омельченко О. А*. «Законная монархия» Екатерины II. М.,1993.

Осада Кавказа. Воспоминания участников Кавказской войны XIX века. СПб.,2000.

*Павленко Н. И*. Петр Великий. М.,1990.

Петр I в русской литературе XVIII века. СПб.,2006.

Петр Великий. Воспоминания. Дневниковые записи. Анекдоты. Париж-Москва-Нью–Йорк. 1993.

Петр Великий: pro et contra. СПб.,2001.

Россия под надзором. Отчеты III отделения. М.,2006.

Семевский М. И. Исторические портреты. М.,1996.

*Стегний П. В*. Хроники времен Екатерины II. М.,2001.

*Таирова-Яковлева Т. Г*. Мазепа. М.,2007.

*Татищев С. С*. Император Александр Второй. Его жизнь и царствование. М.,1996.

Трагедия реформатора: Александр II в воспоминаниях современников. СПб.,2006.

*Троицкий Н. А*. Фельдмаршал Кутузов. Мифы и факты. М.,2002.

*Тургенев А. И*. Российский двор в XVIII веке. СПб.,2005.

Цареубийство 11 марта 1801 года. М.,1990.

*Шильдер Н. К*. Император Павел Первый. М.,1996.

图书在版编目（CIP）数据

俄罗斯帝国史 /（俄罗斯）叶夫根尼·安尼西莫夫著；高雅君译． —上海：上海三联书店，2024.6
 ISBN 978-7-5426-8449-3

Ⅰ．①俄… Ⅱ．①叶… ②高… Ⅲ．①俄罗斯－历史 Ⅳ．① K512.0

中国国家版本馆 CIP 数据核字（2024）第 072163 号

## 俄罗斯帝国史

著　　者 /〔俄罗斯〕叶夫根尼·安尼西莫夫
译　　者 / 高雅君
责任编辑 / 王　建
特约编辑 / 苑浩泰
装帧设计 / 鹏飞艺术
监　　制 / 姚　军
出版发行 / 上海三联书店
　　　　　（200041）中国上海市静安区威海路755号30楼
联系电话 / 编辑部：021-22895517
　　　　　发行部：021-22895559
印　　刷 / 三河市中晟雅豪印务有限公司
版　　次 / 2024 年 6 月第 1 版
印　　次 / 2024 年 6 月第 1 次印刷
开　　本 / 710×1000　1/16
字　　数 / 509千字
印　　张 / 45.75

ISBN 978-7-5426-8449-3/K·775

定　价：89.00元

© ООО Издательство «Питер», 2019
The simplified Chinese translation rights arranged through Rightol Media
（本书中文简体版权经由锐拓传媒取得 Email:copyright@rightol.com）
Simplified Chinese language copyright © 2024
by Phoenix-Power Cultural Development Co., Ltd.
All rights reserved.

本书中文简体版权归北京凤凰壹力文化发展有限公司所有，
并授权上海三联书店有限公司出版发行。
未经许可，请勿翻印。

著作权合同登记号　图字：10-2023-422号